AR课堂·财经系列经典教材

Pearson

Frederic S. Mishikin
Stanley G. Eakins

U0792046

金融市场与金融机构 第8版（全球版）

Financial Markets and Institutions

Eighth Edition（Global Edition）

［美］弗雷德里克 · S. 米什金
斯坦利 · G. 埃金斯 ◉ 著 周守亮 ◉ 译

东北财经大学出版社
Dongbei University of Finance & Economics Press
大连

辽宁省版权局著作权合同登记号：图字06-2016-260号

图书在版编目（CIP）数据

金融市场与金融机构：第8版（全球版）/（美）弗雷德里克·S.米什金（Frederic S.Mishkin），（美）斯坦利·G.埃金斯（Stanley G.Eakins）著；周守亮译．—大连：东北财经大学出版社，2019.6
（AR课堂·财经系列经典教材）
ISBN 978-7-5654-3423-5

Ⅰ．金…　Ⅱ．①弗…②斯…③周…　Ⅲ．①金融市场②金融机构　Ⅳ．①F830.9②F830.3

中国版本图书馆CIP数据核字（2019）第015794号

东北财经大学出版社出版发行
大连市黑石礁尖山街217号　邮政编码　116025
网　址：http://www.dufep.cn
读者信箱：dufep @ dufe.edu.cn
大连图腾彩色印刷有限公司印刷

幅面尺寸：200mm×270mm　字数：706千字　印张：28
2019年6月第1版　2019年6月第1次印刷
责任编辑：李　季　刘慧美　吉　扬　责任校对：美　吉
封面设计：原　皓　版式设计：原　皓
定价：125.00元

教学支持　售后服务　联系电话：（0411）84710309
版权所有　侵权必究　举报电话：（0411）84710523
如有印装质量问题，请联系营销部：（0411）84710711

代序

金融市场与金融机构是经济体中资金融通的重要媒介与枢纽。金融市场发挥着资产价格发现的功能并为金融机构的交易与服务提供了场所；金融机构依靠规模效应和信息优势促进金融市场繁荣发展。在金融市场与金融机构的共同作用下，各国宏观经济稳定运行并推动政府货币政策有效实施。后经济危机时代，世界经济环境的不确定性日益增加，掌握金融市场与金融机构的功能及其在经济运行中发挥的作用，明晰政府、企业、居民在金融市场与金融机构中的行为和影响，理解金融市场与金融机构的监督与治理等问题，是十分必要的。

本书基于金融市场与金融机构的全球视角，将丰富多彩的实践案例和日常运作融入理论阐述之中，以科学的态度进行分析与说明，具有较好的学术性、实践性和可读性。全书内容理论联系实际，系统地介绍了各类金融市场与金融机构的功能和特征，主要内容包括资产价格和利率的决定、存款机构、非存款金融机构、中央银行与货币政策传导机制、风险管理与新兴衍生工具等核心主题。基于作者多年的教学经验以及各方反馈，全书结构和主题顺序不断地修订完善，与现代金融知识和课堂教学逻辑相契合。本书适合作为经济类和工商管理类专业的本科生和研究生的专业教材，非经济类学生可将其作为选修教材进行修读。书中的案例和数据多取自欧美国家，有助于读者运用国际化的视野了解不同国家金融市场与金融机构的基本动态。然而，由于世界上各个国家的金融市场与金融机构存在差异，所以部分论述具有一定的主观性和片面性，需要广大读者保持更加客观、全面的视角去理解书中内容。

本书作者弗雷德里克·S.米什金，是哥伦比亚大学商学院银行与金融机构教授，主要研究领域为货币政策及货币政策对金融市场和总体经济的影响，先后出版了多部专著与教材，及上百篇学术论文。自1976年于美国麻省理工学院获经济学博士学位以来，他曾先后执教于美国芝加哥大学、西北大学、普林斯顿大学和哥伦比亚大学，具有丰富的教学经验。1994—1997年，他担任美国纽约联邦储备银行执行副总裁兼研究部主任、联邦公开市场委员会助理经济学家。2006—2008年，他是联邦储备委员会的成员。

本书译者周守亮副教授为东北财经大学国际商学院首届中外合作办学项目学生，留学加拿大多年，毕业后曾任职于东北财经大学萨里国际学院、国际商学院，多年来与我建立了深厚的师生情谊。多元的受教育经历，让他具备了国内教师的专业素质，同时又通晓国际化教学理念与人才培养模式。他中外融合的教学方式，受到国内学生、国际留学生的好评，负责的课程被选为教育部来华留学生品牌课程。同时，基于长期的跨境教育问题研究，他对高校的国际化课程变革具有深刻理解，先后获得国家自然科学基金项目、省教学科研成果奖。因此，相信由他负责此书翻译，能够有助于读者更加深入地学习金融市场与金融机构知识。

是为序。

赵彦志

2019年5月

前言

弗雷德里克·S.米什金语录

当我选择在2006年9月离开哥伦比亚大学，进入美联储时，我从未想过这份工作会如此令人兴奋，同时也带给我巨大的压力。我是如何知道世界经济将遭受艾伦·格林斯潘所说的“百年一遇的信贷海啸”（2007—2009年的全球金融危机）的冲击呢？当我在2008年9月重新回到哥伦比亚大学时，金融危机已经发展到非常严重的程度，当时信用市场完全冻结，美国最大的几家金融机构已经深陷泥潭。全球金融危机是自大萧条以来世界经历的最严重的金融危机，它彻底改变了金融市场与金融机构的性质。

基于之前发生的一切，对于金融市场与金融机构的研究变得尤为令人兴奋。我希望学生在阅读本书时能像我们写这本书时一样，从书中获得学习的乐趣。

2013年8月

第八版的更新

除了对2013年的数据进行更新外，各个章节均有很重要的更新。

金融市场与金融机构的新内容

根据正在进行的研究以及金融市场与金融机构的变化，我们将在本书中增加以下内容：

1. 关于Galleon集团内幕交易丑闻的案例（第6章）
2. 为何有效市场假说无法证明金融市场是有效的（第6章）
3. 关于担保债务凭证（CDOs）的案例（第8章）
4. 关于欧洲主权债务危机的案例（第8章）
5. 宏观审慎监管与微观审慎监管（第18章）
6. “大到不能倒”以及未来监管（第18章）
7. 网上章节

货币政策的新内容

在全球金融危机的余波中，中央银行在实施货币政策的方案中出现了许多重大的变化。其中包括第10章中的许多修正内容，即以下更新的内容：

1. 关于货币政策工具的讨论（第10章）
2. 为什么美联储为准备金支付利息（第10章）
3. 非常规货币政策工具以及量化宽松（第10章）
4. 全球金融危机期间的美联储贷款机构（第10章）
5. 关于伯南克和美联储对通胀目标的采纳的案例（第10章）
6. 更多关于中央银行是否应该戳破“泡沫”的讨论（第10章）
7. “不可能三角”的政策困境（第16章）

8.货币联盟（第16章）

网上附录

登录www.pearsonglobaleditions.com/mishkin，在该网站上可以浏览关于本书的新增内容，附录包括：

第4章：资产定价模型

第4章：资产定价模型在商品市场的应用：以黄金为例

第4章：可贷资金理论

第4章：货币市场的供给和需求：流动性偏好理论

第10章：美联储的资产负债表以及基础货币

第16章：国际收支平衡表

第18章：评价联邦存款保险公司和银行监管系统的其他改革建议

第19章：全球银行业危机

第24章：有关金融衍生工具的对冲交易的更多内容

教师在课堂上或许可以通过这些附录来补充课本上的内容，或者将之推荐给希望扩展关于金融市场和金融机构相关知识的同学。

特点

尽管本书经历了重大的改版，但它仍保留了作为最畅销的金融市场与金融机构教科书的最基本的特点。《金融市场与金融机构》第8版是对当今金融市场与金融机构的实用介绍。本书不仅为学生提供理论概念，更鼓励学生将理论概念与实际应用联系起来。本书通过提升学生的分析能力与实际问题解决能力，帮助学生做好在金融服务领域从业的准备。基本特点如下：

1.统一的分析框架，主要使用一些基础的准则来组织思考方式。这些准则包括：信息不对称（代理）问题；利益冲突；交易成本；供求关系；资产市场均衡；有效市场；风险测量与管理。

2.“实践经理”栏目包括近20个实际案例，重点强调金融执业者进入金融市场和金融机构的方法。

3.对各种模型都有详细的讲解步骤，能够保证同学们更容易掌握知识。

4.更高程度的灵活性为教师提供多种教学方式。

5.全书的国际化观点非常完整。

6.书中包括大量的案例，通过将理论与实际相结合提高同学们的学习兴趣。

7.本书重点关注电子科技（电脑和电信）对于金融系统的影响，提供了网上章节、网上练习和网上附录。书中的“电子金融”栏目解释了科技变化是如何影响金融市场与金融机构的。

灵活性

由于教师的教学方法多种多样，因此课本要有很大的灵活性，来满足不同教师的不同需求，这就是撰写本书最主要的目的。本书的灵活性主要表现在以下几点：

1.本书的核心章节提供了贯穿全书的基础分析，至于其他章节教师可视情况选择是否略过。例如，第2章介绍了金融系统的基础概念，教师在讲完第2章后，可以通过第三部分、第四部分和第五部分关于金融市场和金融机构的章节，更加详细地介绍金融框架和金融危机，也可以跳过这些章节而选择其他章节进行教学。

2.教师可以选择讲授所有侧重国际化内容的章节，若不想重点强调国际化观点，也可以跳过

第15章（外汇市场）和第16章（国际金融体系）。

3.“实践经理”栏目，以及第七部分“金融机构的管理”是独立的，跳过这些部分并不会影响到整体的连贯性。因此，有的教师希望减少关于管理方面的授课，着重强调公共政策，就可以做出如上选择。另外，第七部分内容可以提前进行授课，即在第17章讲完后授课。下方列出的学期课程计划解释了本书的重点，更多详细的内容请关注教师手册。

本书重点章节：第1章至第5章、第7章、第8章、第11章至第13章、第17章至第19章。

本书侧重国际化内容的章节：第1章至第5章、第7章、第8章、第11章至第13章、第15章至第19章。

本书侧重管理方面的章节：第1章至第5章、第17章至第19章、第23章、第24章。

本书侧重公共政策的章节：第1章至第5章、第7章至第10章，第17章、第18章。

教学辅助

教科书应该是目的性明确的工具，因此，本书提供了很多教学辅助。

1.每章开始的章节预览，能够帮助同学们理清章节是从哪里开始，为什么这些话题如此重要，以及不同话题是如何联系在一起的。

2.书中的许多案例，体现了书中的分析可以用来解释许多现实生活中的问题。

3.“实践经理”栏目属于特殊案例，介绍现实生活中执业经理都会解决哪些问题。

4.关于计算的例题可以引导同学们通过公式、线轴及计算器，来解决金融问题。

5.“电子金融”栏目解释了科技变化是如何影响金融市场与金融机构的。

6.全书超过60个图示，帮助同学们理解变量之间的关系及分析准则。

7.每章最后的“本章小结”列出了章节所有的重点。

8.重点词汇，即书中加粗的词汇，均列在每章末。

9.每章最后的“问答题”帮助同学们应用经济概念理解主题。

10.每章最后的“计算题”，总计超过250道，帮助同学们提高计算能力。

11.“网上练习”鼓励同学们从网上收集信息，从而提高他们的学习能力。

12.所有的习题答案参见教师手册及网上数据中心 www.pearsonglobaleditions.com/mishkin。教师可以灵活地向学生提供答案。

补充资料

对于教师

本书包括了同业中最全面的补充资料，这些资料使教学变得更加轻松，可以上网站查询：www.pearsonglobaleditions.com/mishkin。

1.网络教师手册：该指导手册出自作者，包括章节框架、概述、教学技巧，以及习题的完整答案。

2.网络PPT：由John Banko（弗罗里达大学）准备。主要内容包括讲义、书上的图表、PPT，总计超过1 000页，总结了全书的重点。

3.网络测试题文件：包括2 500多道多选题、判断题，以及简答题。文件中所有的题目可使用TestGen打开。该软件适用于Windows和Macintosh系统。

4.Mishkin/Eakins Companion 网站（http://www.pearsonglobaleditions.com/mishkin）:提供了网上章节、网上附录，以及相关数据和美联储网站的链接。

对于学生

1.学习指导：提供了章节总结，练习题，自我测试，以及所有练习题的答案。

2.Mishkin/Eakins Companion 网站（http://www.pearsonglobaleditions.com/mishkin）提供了网上章节、网上附录、术语卡片、网上练习，以及书中提及的链接。

特此鸣谢

由于工作量巨大，有太多的人需要感谢。在此特别感谢之前柯林斯出版社的经济编辑 Bruce Kaplan、前金融编辑 Donna Battista、现金融编辑 Adrienne D'Ambrosio，前开发编辑 Jane Tufts 和 Amy Fleischer。我们同样得到了哥伦比亚大学的同事和我的学生的帮助。

此外，我们还受教于外界对本版与之前版本的有见地的评论与反馈。这些反馈使这次的版本更为完善。特此感谢。

目 录 CONTENTS

第三部分 金融机构的基本原理

第六部分　金融机构

第七部分 金融机构的管理

网上学习

第一部分
概述

第1章
为什么研究金融市场与金融机构？

序言

在晚间新闻中你恰好听到债券市场正在蓬勃发展的消息。这是否意味着利率将会降低，而对于你的小型零售企业来说购买一台新电脑变得更容易了？经济将会好转，所以这是否是一个建立新厂房或增加新厂房的好机会？你应该通过发行股票和债券还是去银行贷款来筹集资金？如果你从海外进口货物，你是否应该担心货物会变得更贵？

本书通过考察金融市场（如债券、股票和外汇市场）和金融机构（银行、保险公司、共同基金和其他机构）如何运行，给出了上述问题的答案。金融市场与金融机构不仅影响着我们的日常生活，还涉及经济体系中数万亿美元的巨大的资金流；反过来，这些资金流亦影响着企业的利润、商品和服务的产量，甚至是美国之外其他国家的经济实力。金融市场与金融机构发生的变化引起了政客们的极大关注，甚至对选举产生了重大的影响。对金融市场与金融机构的学习将会使你理解许多有趣的问题。在本章，我们通过概括这些有趣的问题以及探索这些问题的价值，为本书搭建清晰的脉络。

1.1 为什么研究金融市场?

本书的第二部分和第五部分主要讲**金融市场**(financial market)。在金融市场中,资金从可用资金过剩的人手中流入可用资金短缺的人手中。诸如债券和股票市场之类的金融市场对于经济效率的提高是至关重要的,因为金融市场可以将资金从没有生产用途的一方转移到有生产用途的一方。实际上,完善的金融市场对于经济的快速增长极为重要,而金融市场不健全则是导致世界上许多国家贫穷的一个重要原因。金融市场的活动对个人的财富、企业和消费者的行为,以及经济的周期性表现都有直接的影响。

1.1.1 债务市场与利率

证券(security),也称为金融工具,是发行者对未来的收入或**资产**(asset)(金融求偿权或具有所有权的财产)的一种求偿权。**债券**(bond)是指在一段特定的期限内承诺定期支付的一种债务证券[①]。债务市场,即我们平时所说的债券市场,对经济活动尤其重要,因为它们能够确保公司或者政府为其经济活动筹集到资金。此外,债券市场也决定了利率。**利率**(interest rate)是指贷款资金的成本或租用资金的价格(通常表示为100美元贷款的年租费占100美元的百分比)。在经济活动中有许多种利率,如抵押贷款利率、汽车贷款利率以及不同债券的利率。

利率在不同的层面上都有重要的意义。在个人层面上,你可能因为高利率而无法购买房子或者汽车——因为融资的成本会变高;相反,高利率可能会鼓励个人的存款行为,因为你可以通过自己的存款获得更多的利息收入。在宏观层面上,利率对整个经济发展状况有着十分重要的影响,因为它不仅仅影响消费者消费或者储蓄的意愿,也影响企业的投资决策。举个例子,高利率会导致一个企业推迟建立一个新厂房,即使这个厂房可以提供更多的就业机会。

由于利率的变化会对个人、金融机构、企业乃至整个经济有很大影响,因此研究过去20年利率的波动就十分重要了。比如,在1981年,3个月期的国债利率达到16%的峰值,随后在1992—1993年间跌到了3%,在20世纪90年代中到90年代末上涨到5%以上,在2004年又下降到1%以下,到了2007年则升到5%,在2008—2013年下降到接近0的水平。

由于不同的利率有相同的变动趋势,经济学家经常把不同类型的利率统称为利率。如图1-1所示,不同类型债券的利率变化有很大差异。

例如,3个月期的国债利率的波动比另外两个债券利率波动更大并且平均来说利率更低。Baa级(中等质量)公司债券的利率平均来说比其他两个债券利率更高,并且和其他两个债券利率的利差在20世纪70年代变得越来越大,在20世纪90年代变得越来越小,尤其是在21世纪中期;但利差在2007—2009年的全球金融危机时期达到极大值后又变小了。

1.1.2 股票市场

普通股票(common stock)通常称为股票,代表着对公司的所有权,通常是指对公司资产和利润拥有求偿权的一种证券。发行股票并将股票卖给社会公众是公司筹集资金的一种方式。股票市场是指对公司收益求偿权(股票)进行交易的场所,几乎每个国家都有股票市场,股票市场是最为普遍的金融市场,这就是它被称为“市场”的原因。股票价格的大幅波动总会是晚间新闻的头条。人们经常发表他们关于市场走向的看法,并且吹嘘他们最近成功地预测了股票走势,但

① 在本书中,债券的定义是学术上通用的广义债券,它包含短期和长期的债务工具。然而,一些金融市场的从业人士把债券理解为仅仅像公司债券或者美国国债之类的特定长期债务工具。

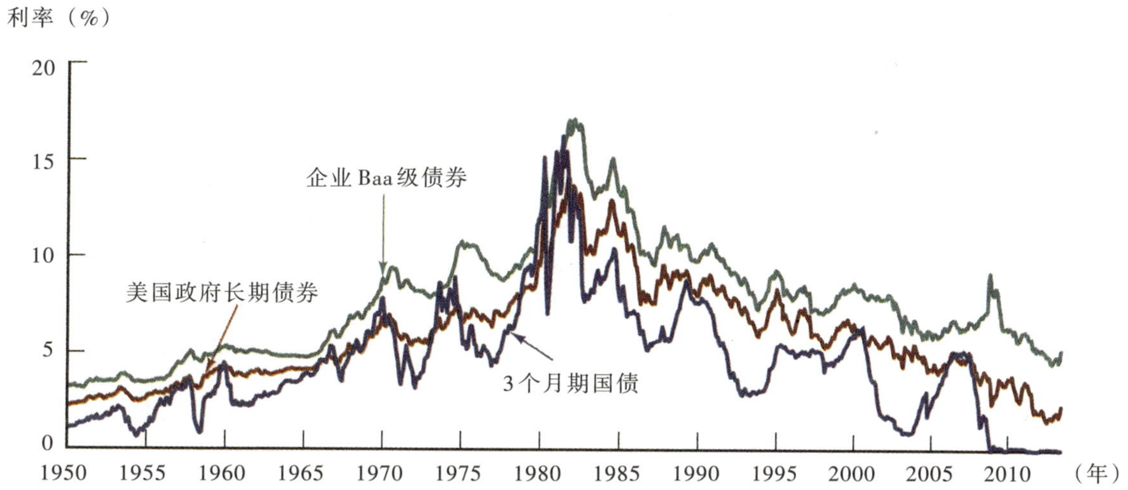

图1-1　部分债券利率（1950—2013年）

注：即使不同利率的波动趋势趋于一致，但通常有很大差异，差异也在波动。

是如果他们遭受巨大的损失，情绪又会变得十分低落。股票市场备受关注的原因就是：这是一个能让你快速致富或破产的地方。

如图1-2所示，股票价格波动十分剧烈。全球股市在20世纪80年代处于上升阶段，在1987年10月19日经历了史上最严重的一次“跳水”，即著名的“黑色星期一”，当日道琼斯工业平均指数（DIJA）下跌了22%。从那时起直到2000年，股票市场经历了史上最大的牛市之一，道琼斯工业平均指数冲过了11 000点的峰值。随着高科技泡沫的破裂，2000年的股票市场迅速下滑，到2002年年末，跌幅超过了30%。随后股票市场一路上涨，2007年上涨至14 000点，2009年又下跌了50%。从2009年起，开始了新一轮牛市，道琼斯工业平均指数在2013年达到15 000点的新高点。这些股票价格的巨大变动影响着投资者的财富和消费意愿。

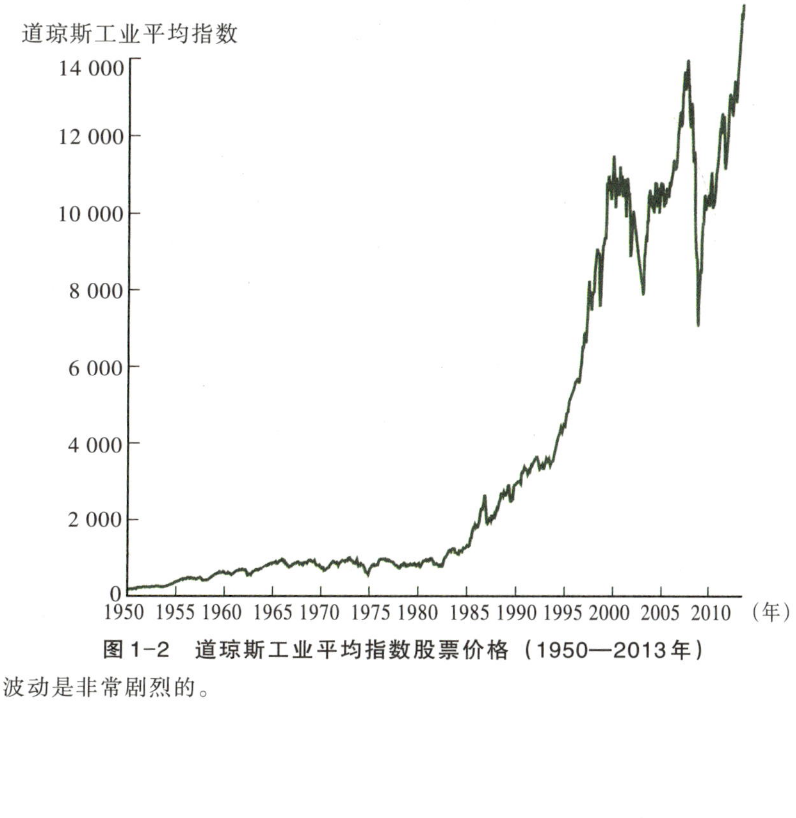

图1-2　道琼斯工业平均指数股票价格（1950—2013年）

注：股票价格波动是非常剧烈的。

股票市场也是商业投资决策必须考虑的重要因素，因为公司通过发售新股筹集到的资金将用于投资和支出，而股票价格会影响筹集资金的数量。公司的股价高意味着公司能筹集到更多的资金用于购买生产设施和技术装备。

在第2章，我们讨论了股票市场在金融系统里的作用，我们在第6章和第13章继续分析股票价格的变化及其对市场信息的反应等问题。

1.1.3 外汇市场

当资金从一个国家转移到另外一个国家时，它们要从最初国家的货币（比如美元）转化为目标国家的货币（比如欧元）。**外汇市场**（foreign exchange market）是该转化发生的地方，因此它是国家间资金转化流通的工具。外汇市场如此重要也是因为它决定了**外汇汇率**（foreign exchange rate）——用一个国家的货币表示另外一个国家的货币的价格。

图1-3显示了1970—2013年的美元汇率（用美元表示其他主要外币）。在这个市场中，价格的波动同样很大：美元的价值在1978—1980年达到了最低值，然后在1985年年初大幅度升值，但是从那以后再次下降，在1995年达到另一低值，在1995—2000年期间又重新升值。在2000—2013年，美元大幅度贬值，只在2008年和2009年有小幅升值的趋势。

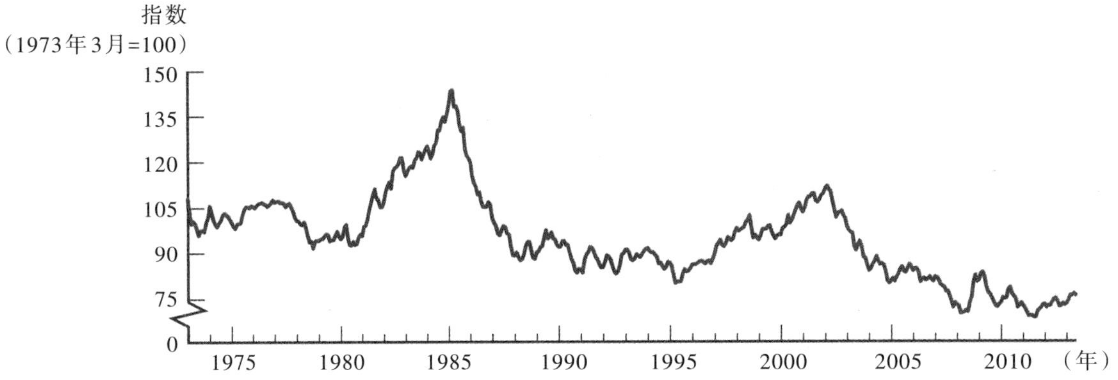

图1-3 美元汇率（1970—2013年）

注：近几年，美元相对于其他货币的价值波动剧烈。

汇率的这些波动对美国公众和企业来说有什么意义呢？汇率的变化对美国的消费者有直接的影响，因为它影响了进口商品的成本。在2001年，1欧元的价值为85美分，100欧元的欧洲商品（如法国红酒）价值85美元。当美元大幅疲软，1欧元的价值升到1.5美元时，同样100欧元的法国红酒则需要150美元购买。因此，美元的疲软导致外国商品变得更贵，使出国度假的成本变得更高。当美元贬值的时候，美国人减少对外国商品的购买，增加对本国商品的购买（比如在国内旅游以及喝美国本土产的红酒），美国的企业更加具有竞争力。

相反，美元的升值意味着美国出口商品的价格将会上升，因此外国人购买美国商品的数量下降。比如，在1970—1985年以及1995—2001年这两段时间内，美元的升值导致出口钢铁的数量急剧下降。美元的升值通过使外国商品变得便宜从而让美国人受益，但是同时也减少了国内外对美国生产的产品的需求，进而使美国的企业遭受损失，同时也减少了一些就业机会。

在第15章，我们会学习外汇市场是怎样决定外汇利率的，以及在外汇市场购买美元和卖出美元换取其他国家的货币的情况。

1.2 为什么研究金融机构?

本书的第二个主要关注的内容就是金融机构。金融机构在金融市场中进行金融交易。没有金融机构，金融市场将无法使资金从存款人的手中转移到有投资机会的人手中。因此，金融机构在提高经济效率方面有着至关重要的作用。

1.2.1 金融系统的结构

金融系统的结构十分复杂，包含许多种类的私有金融机构，有银行、保险公司、共同基金、财务公司和投资银行等——所有这些金融机构都受到政府的严格监管。例如，如果你想贷款给IBM或通用汽车公司，你不能直接去找公司的总裁提出贷款，你能做的是通过**金融中介机构**(financial intermediary)间接放出贷款。金融中介机构是像商业银行、储蓄贷款协会、共同储备银行、信用合作社、保险公司、共同基金、养老基金以及财务公司这样的机构，这些机构向有存款的人借来资金并贷款给其他人。

为何金融中介机构对于良好运行的金融市场如此重要？为什么它们对一些人授予信用而对其他人不授予信用呢？为何当它们延长贷款期限时要编写复杂的法律文件呢？为何它们是经济体系中受到最严格监管的企业呢？

我们会在第7章通过建立一个完整的框架分析美国和世界其他国家的金融机构来回答这些问题。

1.2.2 金融危机

有时，金融系统会失灵并发生**金融危机**(financial crisis)。大多数金融市场的崩溃主要是由于资产价格的大幅下跌，以及金融和非金融机构的破产导致的。金融危机是数百年来资本主义经济的一种典型特征。金融危机之后商界一般会出现严重的衰退。在2007—2009年之间，美国经济遭受了自大萧条以来最严重的金融危机。次级住房贷款的违约造成了金融机构的巨大损失，不仅使许多银行破产，还造成了贝尔斯登和雷曼兄弟两家美国最大的投资银行的破产。该危机造成的影响是自第二次世界大战以来最严重的经济衰退，如今我们称之为“大衰退”。

我们将在第8章讨论金融危机为什么会发生，以及为什么对经济有如此大的破坏力等问题。

1.2.3 中央银行及货币政策的执行

金融系统中最重要的金融机构就是**中央银行**(central bank)——负责执行货币政策的政府机构，美国的中央银行是**联邦储备系统**(the Federal Reserve System)，也可以简称为美联储或者**联储**(the Fed)。**货币政策**(monetary policy)包括利率和货币数量的管理，货币数量也就是**货币的供应量**(money supply)，定义为可用于购买产品、服务或者偿还债务的支付手段。因为货币政策会影响到利率、通货膨胀和经济周期，而这些因素对金融市场和金融工具都有重要的影响，因此，我们将在第9章和第10章研究美国以及其他国家的中央银行是如何执行货币政策的。

1.2.4 国际金融系统

国家之间流动资本的大幅增加意味着国际金融系统对本国经济的影响也愈发巨大。影响货币政策执行的一个重要因素就是一个国家的汇率相对于另一个国家的汇率是否是固定的，即采取固定汇率制度。是否存在限制资本跨境流动的资本管制对国内金融系统和经济绩效的影响非常大。

国际金融机构，如国际货币基金组织，在国际金融系统中发挥的作用是有很大争议性的，所有这些问题会在第16章给出解释。

1.2.5 银行及其他金融机构

银行是接收存款并发放贷款的金融机构。银行包括商业银行、储蓄贷款协会、共同储蓄银行、信用合作社。银行是普通人接触最频繁的金融中介机构。当人们需要贷款买房或者买车时通常到当地银行进行贷款。大多数美国人将他们大部分的金融资产以普通支票账户、活期储蓄账户或者其他类型的银行存款形式存在银行。因为银行是经济体系中最大的金融中介机构，所以我们应当仔细研究银行。然而，银行并不是唯一重要的金融机构，事实上，一些其他金融机构，诸如保险公司、财务公司、养老基金、共同基金和投资银行在近些年快速发展，同时它们的发展也导致银行的地位下降，因此，我们同样应该仔细研究这些机构。我们将在第6章和第7章研究银行和这些机构。

1.2.6 金融创新

过去，如果人们要从银行提取现金或者查看账户余额，需要询问柜台人员。如今，你可能更习惯用自动取款机进行提取现金的操作，或是使用家庭电脑查看银行账户余额。为了了解这些新技术是如何发展的，我们将在第19章中研究**金融创新**（financial innovation）的发展，并且重点关注信息技术的巨大进步如何推动**电子金融**（以电子方式提供金融服务）的发展。同时我们也需要研究金融创新，因为它向我们证明了金融机构的创新性思维能够带来巨额的利润。通过学习过去的金融机构如何进行创新，我们能够更好地了解其未来怎样进行创新。这些知识为我们提供了金融系统是如何随时间变迁的有效信息，并帮助我们不断更新对银行和其他金融机构的了解。

1.2.7 金融机构的风险管理

近些年来，经济环境存在的风险越来越大。利率大幅波动，国内外股票市场崩溃，外汇市场发生投机危机，金融机构出现了自大萧条以来最严重的倒闭现象。为了避免由经济环境造成收益大幅度的波动（甚至可能是损失），金融机构必须思考如何应对这种日益增加的风险。我们将在第23章研究这些机构在进行风险管理时所使用的技术，在第24章中考察这些机构如何利用新的金融工具（如金融期货、期权和互换）来管理风险。

1.3 管理应用的视角

研究金融机构的另一个原因就是金融机构在全国范围内拥有最多的雇员，并且雇员的薪资水平也较高。因此，一些人研究金融机构的原因非常现实：在金融领域你可以找到一份好的工作。即使你对别的行业很感兴趣，你也应该了解金融机构的运营方式，因为在生活中，无论是作为个人、雇员还是企业的拥有者，你都会时常与金融机构打交道。了解金融机构的管理方式会帮助你在需要向金融机构借款或者决定为它们提供资金时达成更好的交易。本书通过名为“实践经理”的应用案例，强调了应用管理的观点，帮助学生理解金融市场和机构。这些案例会介绍真实生活中发生的问题，这些问题都是金融机构的管理人经常会遇到并需要在工作中解决的问题。例如，金融机构的经理如何做出一款能够盈利的新的金融产品呢？金融机构的经理如何控制由利率、股票价格以及外汇利率的波动所带来的风险？经理是否应该雇用联邦储备政策方面的专家，以帮助机构了解未来的货币政策？

"实践经理"案例不仅会回答这类问题，还会提供一些必要的金融分析工具，它们会让你体会到作为一名经理人的感受。

1.4　我们将怎样学习金融市场与金融机构？

本书着重建立一个统一的分析框架来学习金融市场与金融机构，而非关注那些马上要过时的乏味的学习方法。该框架运用一些基本概念来帮助读者理解资产价格、金融市场结构、银行管理以及货币政策在经济中的作用。这些基本概念包括均衡、解释金融市场行为的基本供求分析、探求利润、以交易成本和信息不对称为基础了解金融机构。

该框架会时刻保持知识的更新，同时也让材料变得更加有趣。这样可以让读者学到真正的知识而不是仅仅记住材料，因为这些材料在期末考试之后很快就会被忘记。该框架同样会为大家提供所需的工具，这些工具有助于理解金融市场趋势以及诸如利率和外汇利率这样的变量。

为了帮助大家理解和应用该框架，在本书中，我们构建了简单的模型，模型中的变量都是恒定的，并且经过仔细的研究，模型延伸的每一步都经过明晰的处理。之后，通过每次只改变一个变量，模型可以解释不同的现象。

为了增强模型的实用性，本书还重点运用了理论分析和经验数据，以便于大家了解真实生活中的事件与数据。为了使金融市场和机构的研究更有意义，也为了帮助大家学习材料，除了"实践经理"的案例外，本书还包含了大量的附加案例及模拟案例，这些案例说明了如何使用书中的分析来解释实际生活中发生的情况。

为了使大家能够在现实生活中很好地工作，同学们必须会运用一些工具来对主要金融出版物和网页上的金融新闻进行跟踪。本书设置了近400个章末问题，这些问题要求同学们应用分析概念来解释真实发生的事件。请重点关注预测类问题，这些问题为大家提供了应用本书中金融概念和工具的机会。

1.4.1　探索互联网

互联网已经成为金融研究中极其重要的来源。我们在几个方面强调了这个工具的重要性。首先，在本书的表格和图表中如果应用了网上的信息，我们均会提供网址。这些网站通常包含额外的信息并且经常更新。其次，我们在每章末尾增加了相关的网上习题，这些习题能促使你登录到与本章相关的网站，接触到实时的数据与信息。我们同样在每章的末尾标注了与本章讨论材料相关的网站。大家可以根据感兴趣的内容登录网站来进行更深一步的讨论，网站的网址会经常发生变化，我们已经尽力选择固定的网址，但是哪怕是政府的网站也会发生变化，本书的出版商网站（www.persongloballeditions.com/mishkin_eakins）会持续对之进行更新以供读者参考。

1.4.2　收集数据并制作图表

下面的网上练习尤为重要，它展示了如何将来自网站的数据输入Excel中做进一步的分析。建议大家独立完成这部分的问题，以便能更好地完成之后的网上练习。

1.5 网上练习

1.6 结论

金融市场和金融机构是极具吸引力的，你不仅能学到宝贵的职业技能，更会对那些新闻媒体报道的金融市场与金融机构方面的问题有更清晰的理解。

本章小结

1. 金融市场中的活动对个人财富、企业行为和经济效率都有直接影响，尤其是这三个需要我们特殊留意的金融市场：债券市场（决定利率）；股票市场（对个人财富以及公司投资决策有重大影响）；外汇市场（外汇汇率的波动对美国的经济有重大影响）。

2. 货币政策会影响利率、通货膨胀和经济周期，这些因素对金融市场和金融机构都有着重大影响，因此我们更需要了解美国和其他国家的中央银行是如何执行货币政策的。

3. 银行和其他金融机构通过把一部分人手中没有生产性用途的资金转移到另一部分有生产性用途的人手中，从而在提高经济效率方面发挥了重大的作用。当金融系统失灵并引发了金融危机时，金融公司会同时破产从而对经济造成严重的破坏。

4. 了解如何管理金融机构是十分重要的，因为在生活中，不管是个人、公司雇员，还是企业的所有者都会与金融机构接触。“实践经理”不仅能提供特殊的分析工具，同时也让你感受到做金融机构经理的工作是怎样的感觉。

5. 本书强调通过基本原理建立研究金融市场和金融机构的理论框架，并以此框架进行分析，同时也强调了理论分析和经验数据的结合。

重点词汇

金融市场　证券　资产　债券　利率　普通股票　外汇市场　外汇汇率　金融中介机构　金融危机　中央银行　联邦储备系统　货币政策　货币的供应量　金融创新　电子金融

问答题

1. 为何金融市场对经济稳健很重要？
2. 当利率降低时银行如何盈利？
3. 英镑贬值对欧元区的德国消费者有什么影响？
4. 美元升值对欧元区的贸易有什么影响？
5. 股价下跌对商业投资有什么影响？
6. 股价上涨对消费者的消费决策有什么影响？
7. 联邦储备系统是美国的中央银行。浏览当地的地方中央银行的网站，调查其功能。
8. 讨论银行在国家经济增长中发挥的作用。
9. 外汇汇率变化是怎样影响金融机构的盈利能力的？
10. 查看图1-3，在哪些时间你会选择去亚利桑那州的大峡谷而非伦敦塔旅游？
11. 良好的金融市场是未来经济发展和金融稳定的重要支撑，请解释。
12. 除银行外，其他主要金融中介机构有哪些？
13. 为什么需要对利率进行管制？请解释利率的含义和用途。

14. 什么是债务市场？其中的债券是如何交易的？
15. 为什么金融机构的经理十分关心美联储的行为？

计算题

表 1–1 列出了 2014 年 2 月的美元和欧元的汇率。

表 1–1　　汇率表

日期（2014）	美元/欧元
2/1	1.348781
2/2	1.328781
2/3	1.352399
2/4	1.350628
2/5	1.351799
2/6	1.360180
2/7	1.361194
2/8	1.363577
2/9	1.363577
2/10	1.364353
2/11	1.365278
2/12	1.359235
2/13	1.366992
2/14	1.369081
2/15	1.369300
2/16	1.369300
2/17	1.370679
2/18	1.375730
2/19	1.376089
2/20	1.368862
2/21	1.372465
2/22	1.373730
2/23	1.373741
2/24	1.374172
2/25	1.374726
2/26	1.367002
2/27	1.371264
2/28	1.380712

哪一天将 300 美元兑换成欧元最合适？哪一天最不合适？二者兑换的欧元的差额是多少？

第2章

金融系统概述

序言

假设你想要创建一家公司并生产一种最近发明的低成本机器人——该机器人可以打扫房间（甚至可以擦玻璃）、割草和洗车，但是你没有资金将这项极好的发明投入生产。沃尔特继承了很多钱，如果你和沃尔特能够合作，他就能为你提供资金，公司的机器人也就能够被生产出来。同时，你、沃尔特和整体经济都会变得更好：因为沃尔特可以在投资中获得高收益，你可以通过生产机器人变得更加富有，而我们可以拥有清洁的房间、干净的汽车及整洁的草坪。

金融市场（债券和股票市场）和金融中介机构（银行、保险公司、养老基金）最基本的职能就是让像你和沃尔特这样的人走到一起，让资金从资金盈余的人（沃尔特）转到资金短缺的人（你）手中。更实际地说，苹果公司发明新产品iPod时，需要资金将其投放市场；地方政府需要修建道路或者学校时，也需要除当地的税收外更多的资金。运营良好的金融市场和金融中介机构对于经济的健康运行有着重要的作用。

研究金融市场和金融中介机构对经济的影响，我们需要对它们的总体结构和运营有一定的了解。在本章，我们主要研究金融中介机构以及金融市场交易中的重要工具。

本章为金融市场和金融机构的学习提供了大致的概述，我们将在第三到第七部分详细学习金融市场和金融机构的法规、结构和发展。

2.1 金融市场的功能

金融市场履行的重要经济职能就是将资金从资金盈余的人手中转移到资金短缺的人手中。该职能在图2-1中展现。拥有存款并出借资金的人在图的左侧；需要为支出筹资的人在图的右侧。出借人主要是家庭，但也有一些是企业和政府（尤其是州和地方政府），外国人和外国政府有时发现他们有额外的资金，也会把资金出借。借款人主要是企业和政府（特别是联邦政府），但是有些家庭和外国人也会借款为自己购买汽车、家具或房屋等活动筹集资金。图2-1中箭头表明了资金从出借人流向借款人的两条路线。

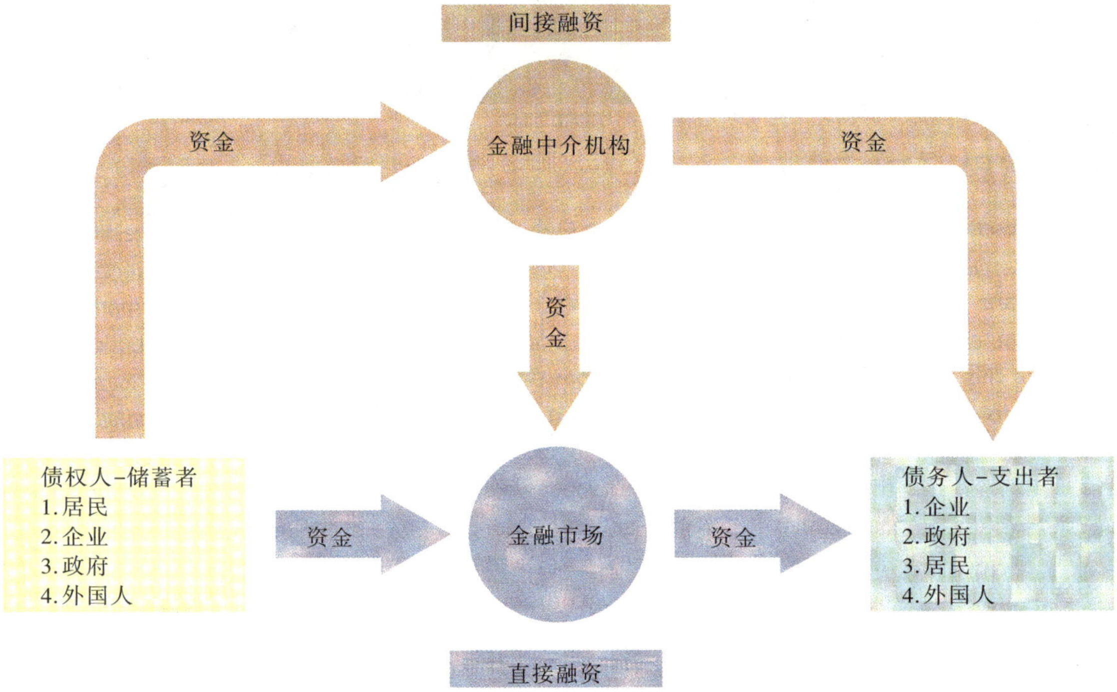

图2-1 金融系统中的资金流动

在直接融资中（图2-1底部的路线），借款人通过在金融市场向出借人销售证券（也称为金融工具）直接获得资金。证券是对借款人未来收入和资产的求偿权，是买入方的资产，但对于出售证券的个人或者公司来说是**负债（liability）**。例如，如果通用汽车公司需要筹集资金来建造一个生产汽车的新厂房，它可以向出借人销售债券或股票。债券是一种负债证券，承诺在特定的期限内按时支付欠款，而股票是保证拥有者能够分享公司的利润和资产的一种证券。

为何资金从出借人到借款人的渠道对经济如此重要呢？那是因为进行储蓄的人们通常不像企业家那样能接触到很好的投资机会。让我们从个人层面上考虑这个问题，假定你今年存了1 000美元，如果没有金融市场存在，那么你将无法借款或者放贷。如果你没有任何投资机会可以让你的存款盈利，那么你将仍然只能持有1 000美元而没有任何收益。如果木匠卡尔能够用你的1 000美元进行生产，他可以用这笔钱购买新的工具来缩短修建房屋的时间，这样他每年可以赚取额外的200美元。如果你和卡尔合作，你可以把1 000美元借给他而获得一年100美元的利息，这样你们的财富都会增加。你可以用你的1 000美元每年赚100美元，而卡尔也会多赚100美元（200美元的额外收入扣除100美元的利息）。在没有金融市场的情况下，你和卡尔可能永远无法取得联系。你们只能维持现状，甚至还会更糟。在没有金融市场的情况下，资金很难从没有投资机会的人手中转移到有投资机会的人手中。因此，金融市场在提高经济效率方面发挥着至关重要的作用。

即使有人不是为了扩大生产而借款，金融市场的存在仍然能带来许多好处。假设你最近刚结婚，也有一份好的工作，希望购买自己的房子。尽管你的薪水很高，但是因为你刚刚开始工作，并没有足够的存款。一段时间后，当你有充足的存款可以买房时，你却老去并无法充分享受生活。没有金融市场，你就无法购买房子。

如果存在金融市场，有存款的人可以借钱给你，你就有资金购买房子，虽然支付了利息，但是你仍很高兴能在年轻的时候住上自己的房子。之后，在你有足够钱的时候可以还清自己的贷款。贷款的发生会使你的生活变得更好，借给你钱的人的生活同样变得更好——他们可以收获利息，如果没有金融市场，他们将一无所获。

现在我们明白了为什么金融市场在经济中有着如此重要的作用。它使得资金从没有投资机会的人手中转移到有投资机会的人手中。金融市场有利于**资本**（capital）的有效分配，从而促进提升整个经济体系的生产力和效率。事实上，我们将在第8章继续探索：金融危机时期的金融市场一旦崩溃——就像最近的一次危机——会造成严重的经济困境，甚至会导致政治的不稳定。

运行良好的金融市场还能直接提升消费者的生活水平，因为消费者可以延迟支付他们的消费。金融市场为年轻人提供资金，这样他们就能够买得起需要的物品，而不是被要求立刻全款购买。运行高效的金融市场可以提高社会公众的福利。

2.2 金融市场的结构

理解了金融市场的基本职能后，让我们继续了解它的结构。下文从几个方面说明了金融市场的基本特征。

2.2.1 债务市场和权益市场

公司和个人可以通过两种方式取得融资。第一种也是最普遍的一种方法是发行债券或抵押贷款这类的债务工具，借款人会定期偿付给债务工具持有人固定的金额（利息和本金的支付）直到一个特定的日期，即到期日，亦是最终支付的时间点。债务工具的**到期日**（maturity）就是这个债务工具终止的时间。如果一个债务工具的到期日短于一年，那么该债务就是短期的；如果到期日大于等于十年，那么就是长期的；如果介于二者之间，则被称为中期的。

第二种融资手段是发行普通股这类**权益**（equity），表示对企业的净收益和资产的所有权。如果你拥有一个公司发行的一百万股票中的一股，那么你就对这个公司的资产和净收益有一百万分之一的所有权。权益持有人通常会定期收到**股利**（dividend）。权益由于没有到期日，因此被认为是长期证券。除此之外，持有股票意味着你拥有公司的一部分，所以你有权对公司的重要决定以及董事的选举进行投票。

与持有公司的债务相比，持有股票最主要的缺点是股票持有人只有剩余索取权：这意味着公司在向股票持有人支付前，必须优先支付债务持有人。权益持有人的优点是可以从公司利润或资产价值的增长中直接获得收益，而债务持有人就无法享受这些好处，因为他们收到公司的付款是固定的。我们将在第7章详细讨论债务和权益工具的优缺点，该章提供了学习金融结构的理论框架。

20世纪90年代初期以来，美国权益市场的总市值在4万亿美元到20万亿美元之间波动，其波动主要取决于股票的价格。尽管相对于其他金融市场，普通人更了解股票市场，但是债务市场的规模远超过权益市场——在2012年年末，债务工具的价值是38.2亿美元，而权益市场的价值是18.7亿美元。

2.2.2 一级市场和二级市场

一级市场（primary market）是指需要融资的企业或者政府机构发行新的证券，如债券或股票，然后出售给初始购买者的金融市场。**二级市场**（second market）是证券进行二手交易的金融市场。

人们并不了解一级市场是因为出售原始股通常都是在私下进行的。**投资银行**（investment bank）有助于证券在一级市场的出售。投资银行通过**包销**（underwrite）证券完成销售，即保证公司证券的价格，然后把它们出售给公众。

纽约证券交易所和纳斯达克是二级市场的典型例子，尽管债券市场（那里进行大公司和政府已经发行的债券的交易）的交易量更大。其他二级市场包括外汇交易市场、期货市场和期权市场。证券经纪人和交易商对二级市场的运行至关重要。证券**经纪人**（broker）是投资者的代理人，他们将购买者和出售者进行匹配；证券**交易商**（dealer）则是从发行方买入证券并卖给另一方。

当一个人在二级市场购买证券时，卖出证券的人得到了钱，但是发行证券的公司并没有获得新的资金。公司只有在一级市场发行新股会获得新的资金。不过二级市场有两个重要的职能：首先，它使得公司更容易通过销售这些金融工具得到资金，也就是说，使金融工具具有流动性。金融工具的高流动性使人们更愿意得到它们，也就使得企业更加容易在一级市场出售证券。其次，它决定了企业在一级市场出售证券的价格。在一级市场购买证券的投资者支付的价格不会高于他们在二级市场的预期价格。证券在二级市场的价格越高，发行公司在一级市场发行证券的价格也会越高，发行公司也就能筹得更多的资本。因此，二级市场中的情况对于公司发行证券来说是最相关的因素。正是由于这个原因，本书更关注二级市场而不是一级市场。

2.2.3 交易所和场外交易市场

二级市场有两种组织方式。一种是建立**交易所**（exchange），即证券的购买者和出售者（或是他们的代理人或经纪人）进行交易的场所。纽约证券交易所、美国证券交易所和芝加哥商品交易所（交易小麦、谷物、银和其他原材料）都是典型的例子。

另外一种方法是建立**场外交易市场**（over the counter market），持有证券的各地交易商直接与接受他们价格的人进行证券交易。场外交易市场中的交易商通过计算机联系，并互相了解彼此的价格，因此场外交易市场是非常有竞争力的市场，而且这种市场和交易所几乎没有差别。

尽管大公司的股票都在诸如纽约证券交易所这样的大交易所进行交易，但是仍然有很多普通股民通过柜台进行交易。美国债券市场就是场外交易市场，而且它的交易量远大于纽约证券交易所。大约40家准备买卖美国政府债券的交易商建立了这个市场。其他场外交易市场包括交易其他金融工具的市场，这些金融工具包括可转让存单、联邦基金、银行承兑汇票和外汇。

2.2.4 货币市场和资本市场

另一个区分市场的方法是基于市场中交易的证券的到期期限。**货币市场**（money market）是一种只进行短期债务工具（到期期限通常小于一年）交易的金融市场；**资本市场**（capital market）是一种进行长期债务工具（到期期限大于一年）和权益工具交易的金融市场。货币市场的证券交易一般要比资本市场的证券交易更活跃，即有更好的流动性。同时，就像我们在第3章所讲的，相对于长期证券，短期债务价格波动较小，因此短期证券是更安全的投资方式，企业和银行经常在货币市场用暂时闲散的资金来赚取利息。资本市场的证券，如股票和长期债券，经常被诸如保险公司和养老金机构这类金融中介持有，因为保险公司和养老金机构的未来资金流的不确定性很小。

2.3　金融市场的国际化

金融市场的国际化是很重要的趋势。在20世纪80年代以前，美国金融市场的规模要远远超过其他金融市场。但是在最近几年，美国金融市场的主导地位在逐步减弱，这是国外金融市场的飞速发展，如日本存款大规模的上升，以及其他金融市场的放松管制（使得这些市场能够扩展其他业务）共同导致的结果（见全球视野“美国资本市场丧失优势了吗？”）。美国的企业和银行现在更愿意进入国际资本市场来筹集资金，同样，美国的投资者也经常去国外寻找投资机会。同时，国外的企业和银行从美国人手中筹集资金，外国人也成为美国重要的投资者。对国际债券市场和股票市场的分析可以让我们对金融市场的全球化有一个总体概念。

全球视野

美国资本市场丧失优势了吗？

2.3.1　国际债券市场、欧洲债券和欧洲货币

国际债券市场的传统交易工具是外国债券。外国债券在本国外的任何一个国家出售并以该国的货币计价。举例来说，德国的保时捷公司在美国发行债券，并用美元计价，那么它就是外国债券。几百年来，外国债券一直是国际资本市场的重要工具。实际上，在美国19世纪建造的铁路中，大部分都是通过在英国发行的外国债券进行融资。

最近的国际债券市场的创新是**欧洲债券（Eurobond）**，该债券不以销售地的货币计价。举例来说，在伦敦销售的债券却以美元进行计价。现在在国际债券市场中超过80%都是欧洲债券。这些债券发展非常迅速，导致欧洲债券市场的规模已经超过美国公司债券市场。

欧洲债券的变形就是**欧洲货币（Eurocurrency）**，它是外国银行的外国货币存款。欧洲货币中最重要的是**欧洲美元（Eurodollar）**，它是外国银行或者美国银行在外国分行的美元存款。这些短期存款能赚取利息，因此与短期欧洲债券很相似。美国银行从其他国家的银行或者自己的外国分行借入欧洲美元，欧洲美元现在已经成为美国银行资金的重要来源。欧元是在欧洲货币系统国家使用的货币，因此需要区别欧洲债券、欧洲货币和欧洲美元。只有当债券在不使用欧元的国家销售并按欧元计价时，这种债券才能被称作欧洲债券。事实上，大多数的欧洲债券并不是以欧元计价而是以美元计价的。同样，欧洲美元与欧元没有任何关系，欧洲美元是外国银行的美元存款。

2.3.2　世界股票市场

直至前不久，美国股票市场都是全球最大规模的股票市场，但外国股票市场也愈发重要，美国在此领域并不总是独占鳌头。对投资外国股票的兴趣不断增加促使美国共同基金的兴起，共同基金主要在国外股票市场进行交易。美国的投资人现在不仅关注道琼斯工业平均指数，同时也关注海外股票市场的股价指数，如东京的日经300平均指数及伦敦的金融时报100指数。

金融市场的国际化进程对美国影响深远。外国投资者，尤其是日本投资者，不仅向美国的企业投资，还会帮助联邦政府融资。如果没有这些海外资金，美国经济在过去20年中无法有如此迅速的增长。金融市场的国际化进程同样促进了世界经济的进一步整合，使各国之间货物和技术的流通更加频繁。在后面的章节中，我们会举例讨论国际因素对经济的影响。

2.4 金融中介机构的职能：间接融资

如图2-1所示，将资金从出借方转移到借款方的第二种方式就是间接融资，即金融中介机构从出借方手中借来资金，然后将资金贷给借款方。例如，银行以储蓄存款的方式向公众发放债务从而筹集资金，随后银行可能将这笔资金贷给通用汽车公司，或是在金融市场买入美国国债。最终的结果就是，在金融中介机构和银行的帮助下，资金从公众（出借方）转移到通用汽车公司或是美国财政部（借款方）。

这种借助金融中介机构进行的间接融资的过程即**金融中介**（financial intermediation）。金融中介是将资金从出借方转移到借款方最主要的方式。事实上，虽然媒体重点关注证券市场，尤其是股票市场，但作为企业融资的方式，金融中介的重要性远超股票市场，这对于美国以及其他工业化国家都是一样的，见全球视野“金融中介相对于证券市场的重要性：国际比较”。为何金融中介和间接融资在金融市场中如此重要？为了回答这个问题，我们需要理解交易成本、风险分摊以及信息成本在金融市场中发挥的作用。

2.4.1 交易成本

交易成本（transaction cost）是在进行金融交易时所花费的时间和金钱，交易成本对于那些可以出借闲散资金的人来说是最值得关注的问题。正如我们之前提到的那样，木匠卡尔需要1 000美元购买新的工具，你知道这是一个极好的投资机会，你愿意借给他现金，但是为了保护你的投资，你必须雇用律师起草一份贷款合同，确定卡尔需要支付多少利息、何时支付利息以及何时归还1 000美元本金。签订这项合同将花费500美元，如果计算一下进行这笔贷款的交易成本，你会发现你并没有赚钱（为了赚100美元你需要花费500美元），所以你不得不拒绝贷款给卡尔。

这个例子解释了为什么许多像你一样的个人出借方或是像卡尔一样的潜在借款方可能被排除在金融市场之外，因此你们无法从金融市场中获利。谁能解决这个问题？金融中介机构可以。

金融中介机构可以大幅度降低交易成本，因为它们已经研究出可以降低交易成本的方法，同时也是因为金融中介机构的规模较大，足以实现**规模经济**（economies of scale），即交易规模越大，交易成本越低。例如，银行知道怎样找到优秀的律师起草严谨的贷款合同，而这份贷款合同将在交易中被反复使用，因此降低了每笔交易的法律成本。相比花费500美元起草一份不是那么完美的合同，银行能够花费5 000美元雇佣顶级的律师起草一份严谨的贷款合同，而这份合同可以使用2 000次，平均每次贷款的成本仅为2.5美元，因此现在以2.5美元的成本贷给卡尔1 000美元对于金融中介机构来说是有利可图的。

由于金融中介机构能够大幅度降低交易成本，所以能实现资金从出借方间接转移到像卡尔这样有生产投资机会的借款方。此外，金融中介的低额交易成本使其可以为顾客提供**流动性服务**（liquidity service），流动性服务有助于顾客更加便捷地进行交易。例如，银行可以为存款人提供普通支票账户服务，而该服务更有利于支付账单。此外，存款人可以通过普通支票账户和活期储蓄账户获得利息，同时还能取出账户中的钱用来购买需要的货物和服务。

全球视野

金融中介相对于证券市场的重要性：国际比较

不同国家的公司有不同的融资模式，但一个重要事实是：对美国、加拿大、英国、日本、意大利、德国和法国这样的发达国家的研究表明，当公司为运营活动融资时，通常会通过金融中介间接获得而非直接从证券市场获得资金。即使是在美国和加拿大这样拥有世界最发达的证券市场的国家中，对于公司融资来说，来自金融中介的贷款规模要远远超过证券市场。证券市场使用率最低的国家是德国和日本：这两个国家来自金融中介机构的融资量几乎比来自金融市场的多10倍。然而由于近年来日本证券市场管制放松，通过金融中介机构进行融资的份额相较于通过证券市场融资的份额有所降低。

虽然金融中介机构在所有国家中都占据主导地位，重要性超过证券市场，但不同国家债券和股票市场相对的重要性有很大不同。在美国，债券市场作为公司融资来源的重要性更大：平均而言，通过债券进行的新融资的数量是通过股票融资的10倍。相反，像法国和意大利这样的国家会更多地通过股权市场而非债务市场来进行融资。

注：参考科林·迈尔的《金融系统、公司融资和经济发展》中有关信息不对称、公司融资和投资的内容，主编为R. 格伦哈伯德（芝加哥：芝加哥大学出版社，1990），pp.307-332。

2.4.2 风险分摊

金融中介机构的低额交易成本带来的另一好处就是可以帮助投资人规避资产收益不确定的风险。金融中介机构通过**风险分摊**（risk sharing）来解决这一问题：金融中介机构出售给大众的资产通常具有大众能接受的风险，然后利用出售资产获得的资金来购买风险更大的资产。低额的交易成本使得金融中介机构能够以较低的成本分摊风险，使其能在买卖有风险的资产时赚取利润。这种风险分摊的过程有时也被称为**资产转换**（asset transformation），因为对于投资者来说，在某种意义上，有风险的资产被转换为了更加安全的资产。

金融中介机构进行风险分摊的方式还有助于个人进行分散投资以降低风险。分散投资中资产组合收益的走向并不一致，因此投资组合的总风险要低于投资单个资产的风险（分散投资的另一种说法就是"不要把所有的鸡蛋放在一个篮子里"）。低额的交易成本使得金融中介机构将资产组合转变为新的资产并出售给个人。

2.4.3 信息不对称：逆向选择和道德风险

金融市场中的交易成本，在一定程度上解释了为何在金融市场中金融中介机构和间接融资如此重要。另外的原因就是在金融市场中，通常有一方对另一方的情况并不了解，因此无法做出正确的决策，这种不对等的现象叫作**信息不对称**（asymmetric information）。例如，借款方通常要比出借方更加了解借款进行的投资项目未来的收益和风险。在金融系统中，交易前后缺少信息都会产生问题[①]。

逆向选择（adverse selection）是在交易发生前，由于信息不对称而产生的一种问题。在金融市场中，当最积极地寻找借款，并最有可能被选中的借款人发生信用风险的可能性提高时，就可能发生逆向选择。由于逆向选择会导致信用风险，出借方很可能决定不再出借任何款项，即使

① 信息不对称、逆向选择以及道德风险三个概念也是保险行业关注的问题。

市场存在信用好的人。

为了理解为何会发生逆向选择，我们来看一个例子：假定你要借钱给两个姑姑，即路易斯姑姑和希拉姑姑，路易斯姑姑比较传统，她只有在确定投资会有收益时才会借钱，而希拉姑姑正相反，她嗜赌成性，最近刚刚遇到一个能使她成为百万富翁的快速致富的机会，她只需借用1 000美元来进行投资。不幸的是，如同大多数号称快速致富的方法一样，投资很可能不会有任何收益，而希拉姑姑将损失1 000美元。

哪位姑姑更有可能向你借钱呢？当然是希拉姑姑，因为如果投资有所收益的话，她将会大赚一笔。但是你并不想借钱给她，因为这笔投资很可能不会有任何收益，而且她也无力还贷。

如果你非常了解两位姑姑，即你的信息是对称的，你就不会有任何困扰，因为你知道希拉姑姑信用较差所以不会借钱给她。然而假定你并不了解两位姑姑，你就很有可能把钱借给希拉姑姑而非路易斯姑姑，因为希拉姑姑会为了借钱而一直纠缠你。由于逆向选择的可能性，你可能不会借钱给任何一位姑姑，即使路易斯姑姑信用很好而且借款进行的投资可以获得收益。

道德风险（moral hazard）是在交易发生之后因信息不对称产生的问题。在金融市场中，道德风险是在出借方看来，借款方可能参与不道德的活动从而降低了借款方还贷的可能性，由此产生的风险。由于道德风险降低了还贷的可能性，出借方可能决定不发放贷款。

举个例子，假定你借给另一位亲戚麦尔文叔叔1 000美元，他需要这笔钱来购买一台电脑，之后通过为学生打印论文赚钱。然而一旦你将钱借给他，麦尔文叔叔更有可能用这笔钱赌马。如果他下了20注并罕见地赢得了比赛，他会把欠款1 000美元还给你，除此之外还剩下赢来的19 000美元。但更有可能的是他会输掉比赛并且赖账不还钱，而他损失的仅仅是一名值得信赖的叔叔的名誉。因此，麦尔文叔叔更想去赌马，因为如果赌赢会有19 000美元，这比他赌输而仅仅损失名誉要诱人得多。如果你了解麦尔文叔叔，你可能会阻止他赌马，而他也就不会增加这种道德风险。然而由于你很难知晓他的一举一动，也就是信息不对称，所以麦尔文叔叔很可能会去赌马，而你也得不到还款。因此，由于存在道德风险，你不会将1 000美元借给麦尔文叔叔，即使你知道如果他用这笔钱进行创业，未来肯定会还款。

由逆向选择和道德风险造成的问题严重阻碍了金融市场的正常运行。同样，金融中介机构可以解决这些问题。

通过经济体系中的金融中介机构，小型存款人将资金借给值得信赖的中介机构，如诚信约翰银行，然后这些中介机构通过发放贷款，或者买入股票、债券等证券把钱投入金融市场中。成功的金融中介机构在投资中获得的收益要多于小型存款人，因为它们更能区分贷款人信用的好坏，因此降低了可能由于逆向选择而造成的损失。此外，金融中介机构能够获得更多收益主要是因为它们研发出可以监控借款方的专有技术，因此降低了由道德风险造成的损失。这样的结果就是金融中介机构为出借方支付利息或提供服务后仍能获利。

如前文所述，金融中介机构在经济体系中至关重要，因为它们提供了流动性服务，促成了风险分摊，同时解决了信息问题，因此使得小型存款人和借款人能够从金融市场中获利。大多数美国人利用金融中介机构进行存款投资并进行贷款，这也证明了金融中介机构成功履行了职责。金融中介机构对于提高经济效率同样至关重要，因为它们帮助金融市场将资金从出借方转移到有生产投资机会的借款方。如果没有运行良好的金融中介机构，经济体系很难发挥全部职能。我们会在第五部分和第六部分进一步探索金融中介机构在经济体系中的作用。

2.4.4 范围经济和利益冲突

金融中介机构在经济体系中至关重要的另一个原因是：其通过为顾客提供多种金融服务，如提供银行贷款或出售债券，可以实现**范围经济**（econmies of scope）。范围经济是指通过将一种信息资源应用于多种不同服务，从而降低每种服务信息产品的成本。例如，一家投资银行在给一家公司进行贷款时可以评估该公司的信用风险，这会帮助银行决定能否向公众出售该公司的债券。

虽然范围经济使金融机构受益匪浅，但同样产生了潜在的成本，也就是利益冲突。利益冲突是一种道德风险问题。当个人或机构拥有多个目标（利益）时，这些目标之间可能会有**利益冲突**（conflict of interest）。当一家金融机构提供多种服务时，利益冲突发生的可能性就会变得很大。这些服务潜在的利益竞争可能导致个人或公司隐藏信息或是散布误导性信息。我们关注利益冲突是因为金融市场中信息质量的大幅降低会加剧信息不对称问题，同时也会阻碍金融市场将资金转移到最有生产力的投资机会中。这样的结果就是金融市场和经济体系的效率降低。我们将在第三部分和第六部分更详细地讨论利益冲突问题。

2.5 金融中介机构的种类

我们已经了解到金融中介机构在经济体系中的重要作用，现在我们来学习金融中介机构本身及其如何执行中介职能。金融中介机构分为三种：存款机构（银行）、契约型储蓄机构，以及投资中介机构。表2-1列出了这三种机构各自的主要负债（资金主要来源）及资产（资金的使用），并介绍了金融中介机构的概况。这些美国的金融中介机构的相对规模如表2-2所示。表2-2分别列出了金融中介机构在1980年、1990年、2000年和2012年年末的资产总额。

表2-1　　金融中介机构的主要负债和资产

金融中介机构类型	主要负债（资金来源）	主要资产（资金运用）
存款机构（银行）		
商业银行	存款	商业贷款、消费贷款、抵押贷款、美国政府证券和市政债券
储蓄贷款协会	存款	抵押贷款
互助储蓄银行	存款	抵押贷款
信用合作社	存款	消费贷款
契约型储蓄机构		
人寿保险公司	保单中的保费	公司债券和抵押贷款
火灾和意外保险公司	保单中的保费	市政债券、公司债券、股票、美国政府证券
养老基金、政府退休基金	雇主和雇员缴费	公司债券和股票
投资中介机构		
财务公司	商业票据、股票、债券	消费贷款、商业贷款
共同基金	股票	股票、债券
货币市场共同基金	股票	货币市场工具

表 2-2 主要的金融中介机构及其资产总额

中介机构类型	资产价值（10亿美元，年末）			
	1980	1990	2000	2012
存款机构（银行）				
商业银行	1 481	3 334	6 469	11 343
储蓄贷款协会和互助储蓄银行	792	1 365	1 218	918
信用合作社	67	215	441	905
契约型储蓄机构				
人寿保险公司	464	1 367	3 136	5 999
火灾和意外保险公司	182	533	862	1 443
养老基金（私立）	504	1 629	4 355	6 584
州政府和当地政府退休基金	197	737	2 293	3 047
投资中介机构				
财务公司	205	610	1 140	1 533
共同基金	70	654	4 435	9 284
货币市场共同基金	76	498	1 812	2 650

2.5.1 存款机构

存款机构（本文以银行为代表）是接受来自个人和机构的存款并放贷的金融中介机构。这些机构包括商业银行以及所谓的储蓄金融机构，而储蓄金融机构包括储蓄贷款协会、互助储蓄银行以及信用合作社。

商业银行 商业银行筹集资金的主要方式是发行支票存款（可签发支票的存款）、储蓄存款（可以见票即付但不允许签支票的存款），以及定期存款（只能到期提款的存款）。商业银行随后会将这些资金贷给企业、个人以及用作抵押贷款，同时也会购买美国政府证券以及市政债券。美国共有6 000多家商业银行，总体而言它们是规模最大的金融中介机构，也是拥有最多种类资产组合的金融中介机构。

储蓄贷款协会和互助储蓄银行 美国的这两种储蓄机构的数量约为800家，筹集资金的主要方式为储蓄存款、定期存款和支票存款。过去这些机构的活动受限，最多只能进行抵押贷款。近年来，这些限制有所放松，所以储蓄机构和商业银行的区别比较模糊。这些中介机构的职能越来越相近，因此现在彼此间的竞争加剧了。

信用合作社 美国的这种金融机构的数量约为7 000家，通常是非常小的企业贷款机构，并围绕特定群体进行活动，如合作社成员、特定公司的雇员等。信用合作社筹集资金的主要方式为储蓄贷款以及对顾客发放贷款。

2.5.2 契约型储蓄机构

像保险公司、养老基金这样的契约型储蓄机构是以合同为基准，定期筹集资金的一种金融中介机构。由于契约型储蓄机构能够非常准确地预测出在未来几年中获得收益所需的成本，因此不需要像存款机构那样担心资金流失（资产的流动性），更倾向于投资长期证券，如企业债券、股票和抵押贷款。

人寿保险公司 人寿保险公司对人们去世之后带来的财务风险进行担保，并且出售年金（退休后受益人可以按年获得收益）。人寿保险公司将人们为获得保险而缴纳的保费用于购买企业债券和抵押贷款，有时也会购买股票，但持有的数量存在一定的限制。如今，拥有价值5.6万亿美元资产的人寿保险公司已经成为最大的契约型储蓄机构之一。

火灾和意外保险公司 此类保险公司担保的是投保人因遭遇偷窃、火灾等意外而产生的损失。这类保险公司与人寿保险公司很相似，通过保单的保费筹集资金。但如果发生重大灾害，保险公司很可能遭受巨大损失。基于这个原因，与人寿保险公司不同，这类保险公司会将资金用于购买流动性资产。其持有的资产主要是市政债券，此外也会持有企业债券、股票及美国政府证券。

养老基金和政府退休基金 个人养老基金、州及当地政府养老基金均以年金的形式为那些在养老金计划内的雇员提供退休后的收入。其主要通过从雇主和雇员的收入中自动扣除或是自愿上缴的方式筹集资金。养老基金持有的资产主要是企业债券和股票。联邦政府积极推动养老基金，通过立法强制设立养老金计划或税收刺激政策来鼓励大家缴纳养老金。

2.5.3 投资中介机构

这种金融中介机构包括财务公司、共同基金、货币市场共同基金以及投资银行。

财务公司 财务公司筹集资金的方式主要有出售商业票据（一种短期债务工具）或发行股票和债券。财务公司将这些资金借给顾客（顾客用于购买家具、汽车或装修房屋）或小型企业。一些财务公司是由母公司成立的，因此能够帮助出售公司的产品，如福特汽车金融公司为购买福特汽车的顾客提供贷款。

共同基金 这类金融中介机构筹集资金的方式是向个人出售股份，然后用该资金购买股票和债券等投资组合。共同基金将股份持有者的资金汇集起来，因此在购买大量股票或债券时可以享受低额的交易成本；此外，共同基金持有者还可以持有更多种类的组合。持有者可以在任何时间出售（兑换）股份，但股份的价值将由共同基金持有的证券价值所决定。因为这些证券的价值浮动巨大，所以共同基金的股份价值波动也十分巨大，因此投资共同基金的风险较大。

货币市场共同基金 这类金融中介机构有着共同基金的特点，但在某些职能上也有存款机构的特征，如提供存款类账户。与大多数共同基金一样，这类基金通过出售股份筹集资金，然后购买具有安全性和流动性的货币市场工具，而这些资产的利息将会支付给股份持有者。

此类基金的重要特点就是持有者可以按照所持股份的价格签发支票。事实上，货币市场共同基金的职能更像是支票存款账户支付利息的职能。货币市场共同基金在1971年首次出现后开始快速发展，到2012年年末，货币市场共同基金的资产数量已经接近2.7万亿美元。

投资银行 虽然名为投资银行，但投资银行并非银行或普通意义上的金融中介机构，原因在于投资银行并不接收存款也不进行贷款。投资银行是一种特别的金融中介机构，它可以帮助企业发行证券。首先，投资银行建议企业发行哪种证券（股票还是债券）；然后以商议好的价格从公司手中购买这些证券，再卖到市场，以这种方式帮助企业出售（签发）证券。投资银行同时也是交易商，通过帮助企业收购或并购其他公司的方式赚取大量酬金。

2.6 金融系统的监管

金融系统是美国经济体系中受到最严格监管的部门之一。政府对金融市场进行管理主要有两个目的：增加对投资人有用的信息，以及确保金融系统良好运行。我们将分析既有金融监管体系是如何实现这两个主要目标的。同时，作为辅助学习，表2–3列举了美国金融系统中的主要监管机构。

表 2–3 美国金融系统中的主要监管机构

监管机构	监管对象	监管内容
证券交易委员会（SEC）	有组织的交易所和金融市场	要求信息披露，限制内幕交易
商品期货交易委员会（CFTC）	期货交易所	监管期货市场交易过程
货币监理署	持有联邦执照的商业银行	向那些在联邦注册的商业银行颁发执照，检查账簿，对其持有的资产进行管制
全美信用社管理局（NCUA）	持有联邦执照的信用社	向那些在联邦注册的信用社颁发执照，检查账簿，对其持有的资产进行管制
州银行和保险委员会	持有联邦执照的存款机构	向那些在联邦注册的存款机构颁发执照，检查账簿，对其持有的资产进行管制
联邦存款保险公司（FDIC）	商业银行、互助储蓄银行、储蓄借贷协会	向那些在州注册的银行和保险公司颁发执照，对其持有的资产和分支机构的设立进行管制
美联储	全部存款机构	向银行每一位存款额在25万美元以下的储户提供保险，检查参保账簿，对其持有的资产进行管制

2.6.1 增加对投资人有用的信息

金融市场中的信息不对称意味着投资者可能受到逆向选择和道德风险的影响，而这会阻碍金融市场的有效运行。高风险的公司或是骗子最希望将证券卖给不谨慎的投资人，从而产生的逆向选择问题可能将投资人排除在金融市场外。此外，一旦投资人买入一种证券，也就是将现金借给一家公司，借款方可能会参与有风险的活动或进行欺诈。这种道德风险问题同样会将投资人排除在金融市场外。政府的监管可以通过为投资人提供更多有用的信息，减少金融市场中的逆向选择和道德风险问题，同时也能提高市场效率。

由于1929年股票市场崩盘以及随后发生的大规模金融欺诈现象，对监管的政治需求促成了1933年的《证券法》以及证券交易委员会的建立。证券交易委员会要求企业在发行证券时向公众公布关于交易资产以及收入的信息，同时限制公司内部最大股东的交易（内部交易）。通过要求公布这些信息以及防止内部交易，证券交易委员会希望投资人能够得到更多信息，同时避免发生1933年之前金融市场中出现的恶性事件。实际上，最近几年证券交易委员会一直致力于查处内部交易活动。

2.6.2 确保金融中介机构良好运行

信息不对称可能导致金融中介机构大范围的倒闭，这种现象被称为金融恐慌。由于向金融中介机构提供资金的一方可能无法判断持有资金的中介机构是否运行良好，所以如果他们对于整个金融中介机构持有怀疑，就可能将资金从所有中介机构（无论好坏）中抽回。这可能产生的后果就是出现金融恐慌并造成公众和经济体系的巨大损失。为了保护公众和经济体系免受金融恐慌的破坏，政府实施了六项规定。

市场准入限制

州银行和保险委员会以及货币监理署（联邦政府的部门）建立了严格的制度，制定了成立金融中介机构的标准。个人或组织想要成立如银行或保险公司这类的金融中介机构，必须获得州或联邦政府的批准。只有那些拥有良好信用且拥有大量创始资金的公民才能获得批准。

披露

监管部门对金融中介机构的报表要求十分严格。金融中介机构的记账过程必须严格遵守标准，账务需要定期检查，同时必须向公众披露特定方面的有用信息。

对资产及业务活动的限制

金融中介机构在可进行的业务活动及可持有的资产类型方面也受到严格的限制。在你将资金投入银行或其他机构之前，你想确定资金是否安全，以及银行及其他金融中介机构是否将履行对你的义务。一种做法就是限制金融中介机构参与某些有风险的活动。1933年通过的法案（1999年取消）将商业银行同证券业分离，因此银行不能涉足这一产业的投资。另一种限制金融中介机构冒险行为的方式是限制其持有某些有风险的资产，或是限制其持有的风险资产数量不能超过可控数量，如商业银行及其他存款机构不允许持有普通股票，因为股票价格会经历大幅度的起落。保险公司允许持有普通股票，但持有量不能超过总资产的特定比例。

存款保险

政府会保障人们的存款，因此即使持有这些存款的金融中介机构倒闭，人们也不会遭受巨额的经济损失。能提供这种保险的最重要的政府机构是联邦存款保险公司，联邦存款保险公司为每一位在商业银行、储蓄贷款机构或共同储蓄银行的存款人提供保险，平均每个账户的保险金额高达25万美元。这些金融中介机构缴纳的保费存入联邦存款保险公司的存款保险基金中，如果一家机构倒闭，这些基金将用于赔偿存款人。联邦存款保险公司创立于1934年，之前在1930至1933年间有大批银行倒闭，许多存款人损失了他们在商业银行的存款。国家信用社联盟共享保险基金也为信用社的存款人提供相似的保险服务。

竞争限制

政治家经常提到如果放任金融中介机构互相竞争，会造成损失并且伤及公众利益。虽然能证明竞争会产生这种影响的证据极少，但州政府及联邦政府还是会限制金融机构成立外地分支机构。过去，银行是不能在其他州建立分行的，在某些州，银行想在其他地区建立支行同样也受限制。

利率限制

同样，还可以通过限制支付存款利率来限制竞争。在1933年后的几十年间，银行被禁止为普通支票账户支付利率，直至1986年，在Q条例的规定下，联邦储蓄系统才有权设立银行支付给储蓄存款的最高利率。设立这些条例的原因是，人们普遍相信，在大萧条时期，造成银行破产的原因就是不受限制的利率竞争。随后并没有证据支持这种观点，Q条例也被废除（不过对于企业持有的支票存款账户的利率仍然存在限制）。

在后面的几章中，我们会更加仔细地研究政府对金融市场的监管，同时也将分析这些规定是否改善了金融市场的运行。

2.6.3 海外金融监管

由于美国的经济体系与日本、加拿大及西欧一些国家有相似之处，所以这些国家的金融条例也与美国很相似。通过要求企业发行证券时汇报资产及负债、收入和股票交易的详情并禁止内部交易，披露的信息质量会得到改善。通过颁发执照，定期检查金融中介机构账目，以及提供存款保险（尽管海外存款保险的覆盖率小于美国的，存款保险在国际市场上并不受欢迎），金融中介机构能够确保良好运营。

美国金融监管与海外金融监管之间主要的不同点是银行监管方面的相关条例。过去，美国是唯一对银行开设分行有所限制的工业化国家，而正是这种限制导致了银行的规模和地域受限（这些限制在1994年被废除）。同样，美国的银行在可持有资产的范围上也受到最严格的限制。海外银行经常在商业公司中持股，在日本和德国这种现象很常见，而且持股比例相当大。

本章小结

1.金融市场的基本职能是将资金从有闲余资金的出借方手中转移到缺少资金的借款方手中。金融市场实现这一职能有两种方式：一是通过直接融资，即通过销售证券，借款方直接从出借方手中借入资金；二是通过间接融资，即通过金融中介将资金从出借方转移到借款方。这种资金的转移改善了社会公众的经济福利。金融中介机构使得资金可以从没有生产投资机会的人手中转移到有这种机会的人手中，因此金融市场促成了经济体系的高效运行。此外，这种资金的转移也让顾客直接受益，因为他们在需要资金的时候可以进行交易。

2.金融市场可以分为债务市场和权益市场；一级市场和二级市场；交易所和场外交易市场；现金市场和资本市场。

3.近年来的重要趋势是金融市场的国际化。欧洲债券是以除出售国家外其他国家的货币计价的债券，是如今国际债券市场中的主要债券，而且作为资金的新来源，其重要性已经超过了美国的公司债券。欧洲美元是外国银行的美元存款，是美国银行资金的重要来源。

4.金融中介机构是通过发行负债从而筹集资金的金融机构。金融中介机构随后用这些资金购买证券或放贷而获得资产。金融中介机构在金融系统中至关重要，因为它降低了交易成本，分摊了风险，解决了由于逆向选择和道德风险造成的问题。因此，金融中介机构使得小型存款人和借款人能够利用金融市场获得收益，进而提高了经济效率。然而，有利于金融中介机构的范围经济可能导致利率的冲突，从而降低了金融市场的效率。

5.金融中介机构主要分为三类：①银行，包括商业银行、储蓄贷款协会、互助储蓄银行及信用合作社；②契约型储蓄机构，包括人寿保险公司、火灾和意外保险公司以及养老基金；③投资中介机构，包括财务公司、共同基金、货币市场共同基金和投资银行。

6.政府对金融市场和金融中介机构进行管制主要出于两个目的：增加对投资者有用的信息，以及确保金融系统良好运行。管理规范包括要求对公众披露信息，对建立金融机构的条件进行限制，限制金融中介机构可持有的资产，设立存款保险规定，限制竞争以及限制利率。

重点词汇

负债　资本　到期日　权益　股利　一级市场　二级市场　包销　经纪人　交易商　交易所

场外交易市场　货币市场　资本市场　欧洲债券　欧洲货币　欧洲美元　金融中介　交易成本　规模经济　流动性服务　风险分摊　资产转换　信息不对称　逆向选择　范围经济　利益冲突

问答题

1.为何微软的一份普通股对其所有者是一项资产，而对微软是一项负债？

2.从近期全球经济下滑的角度，比较东南亚新兴市场和西欧发达市场的表现。

3.债务工具为何重要？

4.评论“由于公司实际上并不在二级市场进行任何融资，所以其对经济的重要性要低于一级市场”。

5.和投资债券市场相比，投资股票市场的风险和好处有哪些？

6.解释由于信息不对称造成的逆向选择问题，举例阐述。

7.丽莎打算买房子并正在寻找能够提供最低利息的房贷。讨论由于信息不对称和逆向选择她会受到哪些影响。

8.阿梅丽娅想为新车上保险，但她不确定要选哪家保险公司，请帮帮她。

9.直接销售市场中信息不对称为何会造成消费者不愿购买产品？

10.如果借方和贷方之间不存在信息不对称，是否还存在道德风险问题？

11.“金融中介在金融危机中至关重要——既造成了市场崩溃又帮助其在危机中恢复。”以上论断是否正确？请具体阐述。

12.你为何宁可将资金存入银行获得5%的利息，然后银行以10%的利息将钱借给你的邻居，也不直接将钱借给你的邻居？

13.金融中介机构是怎样解决逆向选择问题的？

14.讨论资本市场全球化的表现。

第二部分

金融市场的基本原理

第3章

利率的含义及其在估值中的作用

序言

利率是经济生活中广受关注的指标之一。媒体几乎每天都会报道利率波动的新闻，因为利率和我们的日常生活息息相关，还会影响经济的健康运行。利率会影响个人决策，包括对消费还是储蓄，或购买证券、房产等的决策。利率还会影响企业和家庭决策——应该利用资金为工厂购置新设备还是把钱存储到银行？

在我们正式开始学习金融市场之前，我们必须准确地理解利率的含义。本章我们会用到期收益率来衡量利率，当经济学家谈及利率时指的就是到期收益率。我们会讨论在信贷市场工具中到期收益率是如何衡量的，还有如何用它为这些信用工具进行估价。我们还会看到债券的利率并不能作为评价一项投资好坏的指标，因为它的投资回报率并不等于利率。最后，我们会讨论实际利率和名义利率的区别，实际利率是根据物价调整后的利率，而名义利率则不然。

尽管学习定义可能有些枯燥，但是认真阅读并理解本章的定义非常重要。不仅仅因为这些定义在本书中不断出现，还因为熟练掌握定义会让你更加清晰地了解利率在日常生活和宏观经济中发挥的作用。

3.1 利率的计算

不同的债务工具支付给债权人的现金不同（即我们说的现金流的概念），支付的时间也不同。因此，我们首先要了解如何比较不同债务工具的价值，然后才能研究如何衡量利率。接下来我们通过现值的概念来实现上述目的。

3.1.1 现值

现值（present value）或**折现值**（present discounted value）基于的概念是，一年后给你的1美元价值要比现在给你的1美元价值小。这个观点是正确的，因为你可以把这1美元存进储蓄账户并获得利息，那么1年后的价值比1美元多。经济学家通过更正式的定义来解释这一概念。

我们先看一个最简单的债务工具——普通贷款。这种贷款的模式是，债权人给债务人提供一定数量的资金（本金），并规定到期日，到期后债务人必须支付债权人本金和额外的利息。比如，你借给你的朋友简一年期的100美元普通贷款，你要求她一年后支付100美元本金和额外的利息，如10美元。在这个普通贷款的例子里，支付的利息除以本金的比值是一种自然合理的衡量利率的方法。普通利率的计算如下：

$$i = \frac{\$10}{\$100} = 0.10 = 10\%$$

如果你借出了100美元，1年后你会得到110美元，公式如下：

$$\$100 \times (1 + 0.10) = \$110$$

如果你继续借出这笔钱，第二年你会得到：

$$\$110 \times (1 + 0.10)^2 = \$121$$

或者可以表达为：

$$\$100 \times (1 + 0.10) \times (1 + 0.10) = 100 \times (1 + 0.10)^2 = \$121$$

如果继续出借这笔钱，第三年你会得到：

$$\$121 \times (1 + 0.10) = \$100 \times (1 + 0.10)^3 = \$133$$

以此类推，在第n年年末，你的100美元会变成：

$$\$100 \times (1 + i)^n$$

你今天借出的$100在每一年年末的变化可以用下面的时间轴来说明：

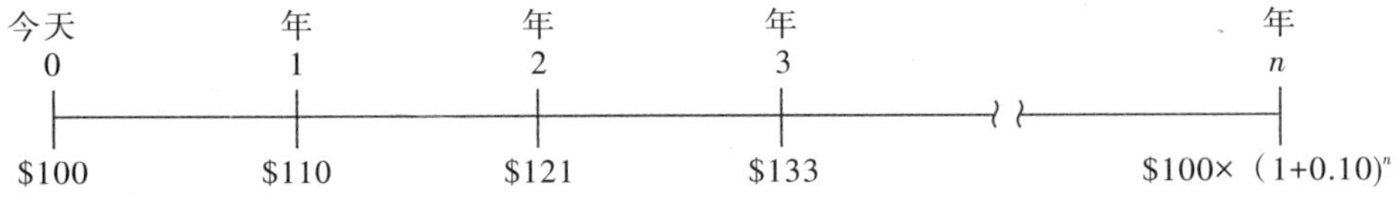

从这条时间线能够清晰地发现，你今天拥有100美元和1年后拥有110美元的幸福感是一样的（你要确定简会还钱给你）。同样，你今天拥有100美元和2年后拥有121美元，3年后拥有133美元，n年后拥有$\$100 \times (1 + 0.10)^n$的幸福感是一样的。我们用这个时间线同样可以从未来推回到现在。比如，3年后的100美元变成了133美元，即$133 = 100 \times (1 + 0.10)^3$，由此推出：

$$\$100 = \frac{133}{(1 + 0.10)^3}$$

计算未来货币在今天的价值的过程叫作折现。将这种过程简化，将100美元的现值写作PV，未来的133美元写作CF，1%的利率写作i，得出下面的公式：

$$PV = \frac{CF}{(1+i)^n} \tag{3.1}$$

从公式3.1可以直接看出，10年后的1美元的价值不如今天的1美元价值高，因为你现在可以用这1美元进行投资，那么其10年后的价值一定比1美元多。

例3.1　普通现值

以利率15%计算，2年后250美元的现值是多少？

解答：由公式3.1：$PV = \frac{CF}{(1+i)^n}$

其中：CF=两年内产生的现金流=\$250；i=年利率=0.15；n=年数=2。

因此：$PV = \frac{CF}{(1+i)^n} = \frac{\$250}{1.3225} = \$189.04$

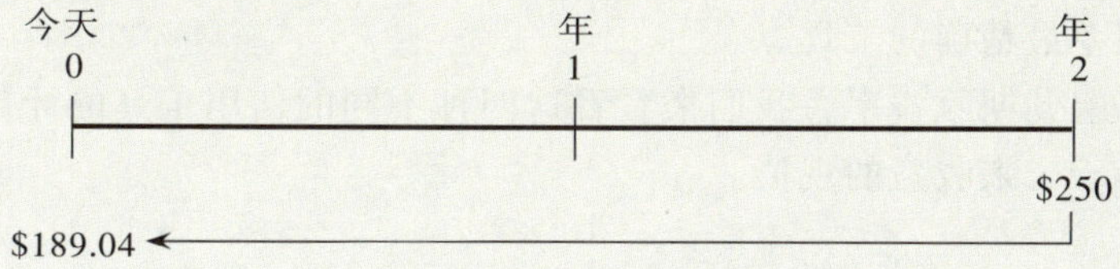

现值的定义非常有用，因为它可以在既定利率水平i的条件下通过将多期的现金流折现相加，得出不同债务工具在今天的价值。同时，现值还可以帮助我们比较两个支付期限不同的债务工具的价值。

3.1.2　信贷市场工具的四种类型

根据产生现金流的时间不同可以把信贷市场工具分为四种基本类型。

1. **普通贷款**。正如上文讨论过的，贷款人给借款人提供一定数量的资金，借款人到期日要连本带利（规定的利率）还给贷款人。许多货币市场工具都是这种类型，如出借给企业的商业贷款。

2. **固定支付贷款**（fixed-payment loan），也叫**分期偿还贷款**（fully amortized loan）。贷款人给借款人提供一定数量的资金，要求在每个相同的时间段，如一个月，支付相同的金额，偿还金额包括一部分本金和利息。例如，你借出1 000美元，如果按固定支付方式，那么此笔25年期的贷款在贷款期内每年要支付126美元。分期贷款（如汽车贷款）和抵押贷款都是固定支付贷款的常见例子。

3. **息票债券**（coupon bond）。借款人每年支付给债券所有者固定的利息直到债券到期，最后一次性支付债券的**票面价值**（face value）。债券持有者通过把息票从债券上剪下来并寄给债券发行者获得利息收入，发行者是支付方。除了老式债券，现在不用通过寄出息票来获得利息。例如，一个票面价值为1 000美元的息票债券，10年里每年支付100美元的利息，到期后再偿还1 000美元的票面价值。

息票债券有三个关键信息：第一个是发行债券的公司或政府机构；第二个是债券的到期日；第三个是**息票利率**（coupon rate），即以债券票面价值的百分比表示的每年支付的利息。在我们的例子里，息票债券的票面价值为1 000美元，每年支付利息100美元，那么息票利率就是100/1 000=10%。资本市场工具，如美国中长期国债和公司债券，都是息票债券。

4. **贴现债券**（discount bond），也叫**零息债券**（zero-coupon bond）。这种债券的买进价格低于票面价值，即以折扣价买进，并在到期日偿还票面价值。和一般的息票债券不同，贴现债券不支付任何利息，只支付票面价值。例如，票面价值为1 000美元的贴现债券，买进价格是900美元，一年后偿还票面价格1 000美元。美国短期国债、美国储蓄债券，以及长期零息债券都是这种类型。

总地来说，这四种不同的工具有不同的支付时间。普通贷款和贴现债券只有到了到期日才偿还，固定支付贷款和息票债券在到期日前要定期偿还。那么哪种信用工具能带给你最多的收入呢？它们看起来很不同，因为它们支付利息的时间不同。为了解决这个问题，我们将通过现值的概念，解释如何计算这些信用工具产生的利息。

3.1.3 到期收益率

在计算利率的几种方法中，最重要的就是**到期收益率**（yield to maturity），即债券未来现金流的现值等于现在价值时的利率。由于计算到期收益率的概念有经济意义，金融经济学家认为到期收益率是衡量利率最精确的工具。

为了更好地了解到期收益率，我们来看看这四种不同的信用工具的计算。这些计算的关键在于令今天的价值等于未来收益的现值。

普通贷款

有了现值的概念，普通贷款的到期收益率就很容易计算了。对于我们讨论过的一年期贷款，今天价值100美元，一年产生的现金流达到110美元（偿还本金100美元和利息10美元）。我们可以用这个信息来计算到期收益率i，其中未来支付的现值等于贷款今天的价值。

例3.2 普通贷款

如果彼得向他的姐姐借了100美元，第二年彼得需要还给姐姐110美元，求这笔借款的到期收益率。

解答：到期收益率是10%。

由公式：$PV = \dfrac{CF}{(1+i)^n}$

其中：PV=借款金额=$100

CF=一年产生的现金流=$110

n=年数=1

因此：$$\$110 = \frac{\$100}{(1+i)}$$

$$1+i = \frac{\$110}{\$100}$$

$$i = 1.10 - 1 = 0.10 = 10\%$$

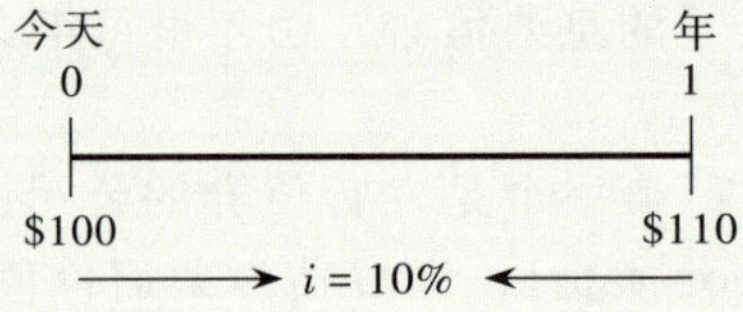

计算到期收益率的过程看起来很熟悉，这是因为它等于利息收入10美元除以贷款金额100美元。也就是说，它等于普通利率。一个重要的结论是，普通贷款的利率等于到期收益率。因此，i既可以表示到期收益率，也可以表示普通利率。

固定支付贷款

这种类型的贷款要求在贷款期内每年都偿还相同的现金。例如，某一项固定利率抵押贷款的借款人要在到期前每月支付给银行相同的金额，直到到期日本金全部偿还。为了计算固定支付贷款的到期收益率，我们采取与普通贷款相同的办法，把贷款今天的价值用现值表示。由于固定利息贷款会支付多个现金流，计算现值即把所有产生的现金流的现值加总求和（见公式3.1）。假设贷款额为1 000美元，贷款期为25年且每年的现金支付额是85.81美元。现值的计算过程如下：第一年年末支付85.81美元的现值是$\frac{85.81}{1+i}$；第二年年末支付85.81美元的现值是$\frac{85.81}{(1+i)^2}$；直到第25年年末，最后一期支付85.81美元的现值是$\frac{85.81}{(1+i)^{25}}$。令今天的1 000美元贷款等于未来每年产生的现金流的现值总和：

$$\$1\,000=\frac{\$85.81}{(1+i)}+\frac{\$85.81}{(1+i)^2}+\cdots+\frac{\$85.81}{(1+i)^{25}}$$

一般表达式如下：

$$LV=\frac{FP}{1+i}+\frac{FP}{(1+i)^2}+\frac{FP}{(1+i)^3}+\cdots+\frac{FP}{(1+i)^n} \tag{3.2}$$

其中，LV=贷款价值；FP=每年支付的固定现金流；n=贷款年数。

对于一项固定支付贷款，每年支付的固定金额和发生年数都是已知的，只有到期收益率是未知的。所以我们可以用这个公式来计算i。由于这个计算过程很复杂，许多便携式计算器能在输入已知的LV、FP和n的前提下计算i。例如，25年期、每年支付85.81美元的贷款，用公式3.2计算的到期收益率是7%。房产经纪人随身携带便携计算器用此公式计算到期收益率，以便他们能够马上告诉购房者贷款买房每年或每月应该偿还的金额。

例3.3　固定支付贷款

你决定购买一个新房子，以7%的利率从银行贷款100 000美元，如果20年还清贷款，那么每年应该支付多少？

解答：每年固定支付9 439.29美元。

由公式：$LV=\frac{FP}{1+i}+\frac{FP}{(1+i)^2}+\frac{FP}{(1+i)^3}+\cdots+\frac{FP}{(1+i)^n}$

其中：LV=贷款金额=\$100 000

i=年利率=0.07

n=年数=20

因此：$\$100\,000=+\frac{FP}{1+0.07}+\frac{FP}{(1+0.07)^2}+\frac{FP}{(1+0.07)^3}+\cdots+\frac{FP}{(1+0.07)^{20}}$

用专门的金融计算器可以算出此笔贷款每年需要支付的金额。

输入：n=年数=20

PV=贷款金额=-\$100 000

FV=20年后的贷款金额=0

i=年利率=0.07

因此按下PMT键可以算出FP（每年固定支付金额），即9 439.29美元。

息票债券

计算息票债券的到期收益率，我们将采取和上面介绍的固定贷款相同的方法，即用现值计算债券今天的价值。因为息票债券需要偿还多期的现金，债券现值计算就是债券每期利息支付的现值加上最后支付面值的现值。

例如，一个10年期、票面价值为1 000美元的债券，每年支付利息100美元（息票利率是10%），计算过程如下：第一年年末，支付利息100美元的现值是$\frac{100}{1+i}$；第二年年末，支付利息100美元的现值是$\frac{100}{(1+i)^2}$。依此类推，债券到期时利息100美元的现值是$\frac{100}{(1+i)^{10}}$，债券票面价值1 000美元的现值是$\frac{1\,000}{(1+i)^{10}}$。债券今天的价值用P表示，P是债券未来产生各现金流现值的总和。

$$P=\frac{\$100}{1+i}+\frac{\$100}{(1+i)^2}+\frac{\$100}{(1+i)^3}+\cdots+\frac{\$100}{(1+i)^{10}}+\frac{\$1\,000}{(1+i)^{10}}$$

对任一债券，更一般的表达式[①]为：

$$P=\frac{C}{1+i}+\frac{C}{(1+i)^2}+\frac{C}{(1+i)^3}+\cdots+\frac{C}{(1+i)^n}+\frac{F}{(1+i)^n} \tag{3.3}$$

其中：P=息票债券价格

C=债券每年支付的利息

F=债券的票面价值

n=债券到期年限

在公式3.3中，C、F、n、P都是已知的，只有到期收益率未知。因此我们用这个公式来计算到期收益率[②]。与固定支付贷款的例子相同，由于这个计算过程很复杂，所以商务软件和计算器有相应的操作能帮助你计算。

例3.4 息票债券

请计算一个8年期票面价值为1 000美元、利率为10%、到期收益率为12.25%的债券的价格。

解答：用金融计算器计算得出债券价格是889.20美元。

输入：n=债券到期年限=8

FV=债券票面价值=1 000

i=年利率=12.25%

PMT=每年支付利息=100

在计算器上按PV键即可得到P=889.20。

表3-1列举了一些不同价格债券的到期收益率，从中可以发现一些有意思的事实：

1.如果息票债券定价等于票面价值，到期收益率就等于息票利率。

2.息票债券的价格和到期收益率是负相关的，即随着到期收益率的上涨，债券的价格下降。如果到期收益率下降，债券的价格上涨。

3.如果债券定价低于票面价值，到期收益率高于息票利率。

如果你仔细思考到期收益率计算背后的推算过程，以上3个事实适用于任何息票债券。第

---

① 现实中的大多数债券是每半年支付一次利息的，而不是像教材假设的每年支付一次，由于这种差异对计算的影响很微小，所以可以忽略。

② 在其他版本中，到期收益率也叫内部收益率。

一，如果你在银行的存款为1 000美元，利息是10%，每年你都可以取出100美元的利息，10年就可以获得1 000美元的本金。这个过程和之前买债券的过程类似，如果你购买票面价值为1 000美元的债券，息票利率是10%（见表3–1），每年支付100美元的息票利息，在第10年年末再返还本金1 000美元。如果以票面价值1 000美元购买债券，到期收益率和息票利率相等，为10%。同理可知，对于任意一个债券，如果以票面价值购买债券，到期收益率和息票利率必然相等。

表3–1　　10年期、票面价值为1 000美元、息票利率为10%的债券的到期收益率

债券价格（$）	到期收益率（%）
1 200	7.13
1 100	8.48
1 000	10.00
900	11.75
800	13.81

第二，我们很容易理解债券价值和到期收益率负相关的关系，即随着i的提高，在计算债券价格的公式里所有分母必然增加。因此，用到期收益率来衡量的利率提高就意味着，债券价值即价格必然下降。另一种解释是，利率上升而债券价格下降的理由是高利率意味着未来利息和最后本金的折现价值更少，因此债券价格必然更低。

第三，当债券定价低于票面价值时，到期收益率高于息票利率，可由前面两个事实直接得出。当到期收益率等于息票利率时，债券价格就是票面价值。当到期收益率大于息票利率时，债券价格必然下降，所以比票面价值低。

有一种特殊的息票债券值得讨论，因为到期收益率很容易计算，这种债券叫**永续年金（perpetuity）**或**永久年金（consol）**。这是一种没有到期日、不用支付本金的永久性债券，仅需永远支付固定的息票利息，记作C。用公式3.3计算永续年金的价格P，得到下面的简化公式①：

$$P_c = \frac{C}{i_c} \tag{3.4}$$

其中：P_c=永续年金价格；C=每年支付金额；i_c=永续年金到期收益率

永续年金的一个明显特征是：如果i_c上涨，债券价格会下降。如果永续年金每年支付100美元，利率为10%，价格则是$\$1000 = \frac{\$100}{0.10}$。如果利率上涨到20%，价格会下降到$\$500 = \frac{\$100}{0.20}$。我们可以把这个公式重新写成：

$$i_c = \frac{C}{P_c} \tag{3.5}$$

---

① 永续年金价格计算公式是$P_c = \frac{C}{1+i_c} + \frac{C}{(1+i_c)^2} + \frac{C}{(1+i_c)^3} + \cdots$，可以写成$P_c = C\left(x + x^2 + x^3 + \cdots\right)$。其中，$x = 1/(1+i)$。根据计算无穷项的公式：$1 + x + x^2 + x^3 + \cdots = \frac{1}{1-x}$，其中，$x < 1$，所以我们得到$P_c = C\left(\frac{1}{1-x} - 1\right) = C\left[\frac{1}{1-\frac{1}{1+i_c}} - 1\right]$，再用代数的变化即可得到：$P_c = C\left(\frac{1+i_c}{i_c} - \frac{i_c}{i_c}\right) = \frac{C}{i_c}$。

例 3.5 永续年金

求一个价格为2 000美元、每年支付100美元利息的永续年金的到期收益率。

解答：到期收益率=5%。

由$i_c = \frac{C}{P_c}$，其中，C=每年支付=\$100，P_c=永续年金的价格=\$2 000。

因此：$i_c = \frac{\$100}{\$2\,000}$

i_c=0.05=5%

公式3.5不仅描述了永续年金的到期收益率的计算，还给出了计算息票债券到期收益率的近似算法。如果说一个息票债券的到期日很长，如20年以上，这就很接近需要永久支付息票利息的永续年金。因为未来20年现金流折现的价值很小，所以长期息票债券的价值和相同息票利率的永续年金价值非常接近。因此，公式3.5中的i_c和任何一个长期债券的到期收益率很接近。正因为这个原因，**当期收益率**（current yield）由每年要支付的利息除以债券价格得到，经常被用来描述长期债券利率的近似值。

贴现债券

贴现债券的到期收益率的计算和普通贷款类似。让我们来看一个1年期的贴现债券，如美国国债，一年内支付票面价值1 000美元。如果债券当前的购买价格是900美元，令债券价格等于1年后收到的1 000美元的现值。利用公式3.1得：

$$\$900 = \frac{\$1\,000}{1+i}$$

然后，求i：

$$(1+i)\times\$900=\$1\,000$$

$$\$900+\$900i=\$1\,000$$

$$\$900i=\$1\,000-\$900$$

$$i=\frac{\$1\,000-\$900}{\$900}=0.111=11.1\%$$

更一般的形式是，对于任何一个1年期贴现债券，到期收益率能够被表示为：

$$i=\frac{F-P}{P} \tag{3.6}$$

其中：F=贴现债券的面值；P=贴现债券的现值

换言之，到期收益率等于1年过程中价格的增长（$F-P$）除以初始价格P。在一般的情况下，投资者通过持有这些债券获得收益，或者以贴现价格卖出债券获得收益，这意味着债券的现价低于面值。因此，$F-P$应该为正，而且到期收益率也应该为正。但是，实际并非总是如此，正如在日本发生的特殊事件（见全球视野“国债的利率为负？这是可能发生的”）。

这个等式的重要特征是，它说明了贴现债券的到期收益率与债券现价之间存在负相关的关系。这与我们对票息债券的研究结论一致。举例来说，从等式3.6可以看出，债券价格从900美元增加至950美元意味着债券现价与面值之间的差距缩小，到期收益率从11.1%下降至5.3%。相似地，到期收益率下降表示贴现债券的价格上升了。

结论

现值的概念告诉我们，未来的1美元与今天的1美元对你来说具有不同的价值，因为你可以通过1美元获得利息。n年后获得的1美元相当于今天的1/（1+i)^{n}美元。债券带来的未来全部现金流的现值等于未来每一个现金流的现值之和。一个金融工具的到期收益率就是使其未来现金流现值等于其今天卖出价格的利率。因为计算到期收益率的方法是基于可靠的经济学理论，金融经济学家认为它是衡量利率最准确的指标。

不同债券到期收益率的计算揭示了一个重要的现象，即债券现有价格和利率负相关。当利率上升时，债券现有价格下降，反之亦然。

全球视野

国债的利率为负？这是可能发生的

3.2 实际利率和名义利率的区别

到目前为止，我们关于利率的讨论忽略了通货膨胀对借贷成本的影响。我们一直使用的利率没有考虑通货膨胀问题，其更准确的称谓应该是**名义利率**（nominal rate）。与之不同，**实际利率**（real interest rate）剔除了物价水平（通货膨胀）的预期变化，所以能够更准确地反映真实的借贷成本。因为是根据物价水平的预期变化进行调整，这个利率更准确的称谓是事前真实利率。这种事前真实利率对经济决策非常重要，它通常是金融经济学家提及的真实利率。根据物价水平真实变化进行调整的利率被称为事后实际利率。它描述了债权人借贷之后的真实情况。

真实利率更加准确的定义来自于费雪等式。我们用20世纪最杰出的经济学家之一的欧文·费雪的名字命名这个等式。费雪等式说明名义利率i等于实际利率i_r加上预期通货膨胀率π^e。①

$$i = i_r + \pi^e \tag{3.7}$$

重新调整各项，我们发现实际利率等于名义利率减去预期通货膨胀率。

$$i_r = i - \pi^e \tag{3.8}$$

为了弄清这个定义的合理性，让我们考虑这样一种情况：你借出一笔一年期、利率为5%的普通贷款。你预期在贷款期内物价上涨3%（π^e=3%）。那么借款的结果是：在这年年末，扣除物价因素，你能得到2%的收益，即以你能获得的实际商品和服务来衡量，你预期能得到的利率是2%，如费雪定义揭示的，即：

$$i_c=5\%-3\%=2\%$$

例3.6 实际利率和名义利率

已知名义利率是8%，预期通货膨胀率是10%（一年内），实际利率为多少？

解答：实际利率是-2%。尽管你在第一年年末能收到额外8%的美元，但同时你在产品上的花费增加了10%，结果就是第一年年末你能够买的产品减少了2%。也就是说，实际收益减少了2%。

由：$i_r = i - \pi^e$

其中：i=名义利率=0.08

　　π^e=预期通货膨胀率=0.10

因此：i_r=0.08-0.10=-0.02=-2%

如果你是贷款人，在例3.6中你不会愿意借钱，因为你实际上获得了负2%的利率。相比来说，如果你是借款人，你会很高兴，因为一年后你需要偿还的金额少了2%，即你作为一个借款人，反而赚了2%的实物价值。当实际利率很低时，对借款人的激励很大，而对贷款人缺乏激励。

①一个更加精确的费雪等式的表示方式是：$i = i_r + \pi^e + (i_r \times \pi^e)$。因为：$1 + i = (1 + i_r)\times(1 + \pi^e) = 1 + i_r + \pi^e + (i_r \times \pi^e)$，从等式两边同时减1就获得了第一个等式。因为$i_r$和$\pi^e$的取值很小，二者的乘积结果更小，所以将其忽略。

了解实际利率和名义利率的区别很重要，因为实际利率反映了借款人的真实成本，是反映借款和贷款激励的指标。这似乎能很好地指示信贷市场发生的变动是如何影响人们的。图3-1是1953—2013年三个月期的美国短期国债的实际利率和名义利率预期值，这告诉我们名义利率和实际利率通常有不同的波动趋势。这个规律同样适用于其他领域的名义利率和实际利率。尤其是，当1970年美国的名义利率很高时，实际利率很低，通常为负。如果只看名义利率，你会认为这个时期的信贷市场紧缩，因为借款成本很高，然而实际利率却证明你其实被误导了。因为用实际利率衡量的话，借款成本非常低[①]。

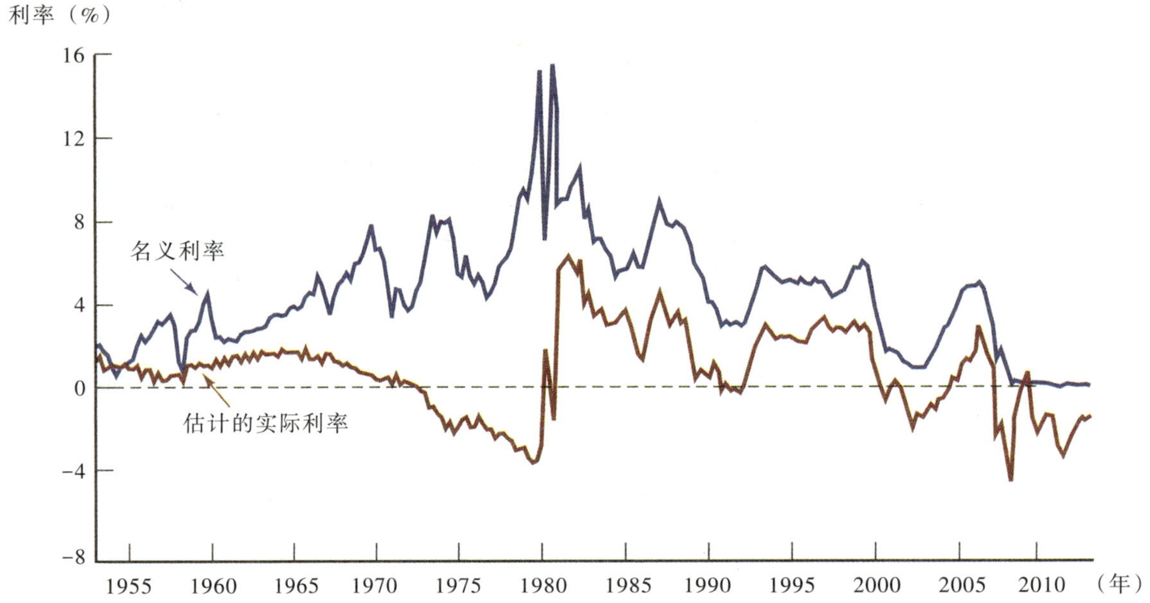

图3-1 1953—2013年实际和名义利率（3个月期国债）

注：名义和实际利率经常产生不同的波动趋势。在1970年前后，美元名义利率最高，而实际利率却非常低——经常是负的。

直到现在，美国也只公布名义利率而非实际利率。但从1997年1月起，美国财政部发行了**指数债券**（indexed bond），这种债券的利息和本金支付要根据物价水平进行调整（见下面案例）。

案 例

通过通货膨胀保护国债，可以观测美国的实际利率

当美国财政部决定发行TIPS（Treasury Inflation Protection Security），即通货膨胀保护国债时，已经错过了加入市场竞争的好时机。通货膨胀保护国债是一种指数债券。其他国家如英国、加拿大、澳大利亚和瑞典都在这个领域比美国领先一步（1998年9月，美国财政部同样开始发行一系列储蓄债券，以避免小投资者因通货膨胀遭受损失）。

---

① 由于美国的大部分利息收入都要缴纳联邦所得税，持有一个债权工具的真实收入并不能由费雪等式定义的实际利率反映，而应该由税后的实际利率衡量，即名义利率减去所得税的部分再减去预期通胀率。例如，某个人面临30%的所得税税率，也就是说一个收益率为10%的债券税后利率只有7%，因为30%的利息收入必须支付给国内收益服务机构。因此，当预期通胀率是20%时，这个债券的税后实际利率等于-13%（=7%-20%）。更一般地说，税后实际利率用公式表达为：

$$i(1-\tau)-\pi^e$$

其中，τ=所得税税率。这个税后实际利率的计算同样给美国的很多公司和个人提供了一个衡量借款有效成本的很好的公式，因为它包含了所得税的计算，即从收入里面扣掉贷款的利息支付。因此，如果你面临30%的税率并且以10%的利率获得一笔贷款，你可以扣掉这10%的利息支付从而减少应纳税额。你税后的名义借款成本是7%（10%减去10%利息支付的30%），并且当预期通胀率是20%时，有效借款成本实际上是-13%（=7%-20%）。

正如这个例子显示的，税后实际利率通常低于费雪等式定义的实际利率。对于如何更深入地衡量税后实际利率，请参见《实际利率：一个实证调查》（作者Frederic S. Mishkin，发表于Carnegie-Rochester Conference Series on Public Policy 15（1981）：151-200）。

这些指数证券成功地抢占了债券市场的一定位置，使得政府能够筹集更多资金。除此之外，因为它们的利息和本金是根据物价变化来进行调整的，这些债券的利率为实际利率的衡量提供了直接方法。这些指数债券对政策制定者，尤其是对货币政策制定者非常有用，因为名义利率减去这些利率后，能够对预期通货膨胀率有更强的指示作用。比如说，2013年6月28日，10年期国债的利率是2.52%，然而10年期通货膨胀保护国债的利率只有0.53%。这意味着未来10年的预期通胀率是1.99%，即这两个利率的差额。私营部门发现通货膨胀保护国债提供的信息很有用：许多商业银行和投资银行定期公布通过这些债券预测的美国通胀率。

3.3 利率和收益率的区别

许多人认为债券的利率会告诉他们有关债券收益的全部信息。以投资人Irving为例，他认为持有利率为10%的长期债券会令他更富有，但如果利率上涨到20%，他会追悔莫及，就像我们接下来所看到的，他会一无所有。所以投资者持有债券或其他证券一段时间后获得的收益应该是由**收益率**（rate of return）衡量的。这里讨论的收益率概念很重要，因为这本书接下来会持续地使用这个概念。了解收益率如何计算，以及它为什么和利率不同，可以令你更好地理解这本书接下来呈现的内容。

债券的收益率，即债券本身价值的变化加上债券利息支付的总和占债券购买价格的比率。我们通过一个例子来更清楚地解释这个概念。一个票面价值为1 000美元的息票债券，息票利率是10%，一年前的购买价格是1 000美元，出售价格是1 200美元，每年支付的利息是100美元，债券价值增加了200美元（1 200−1 000），把这些加起来，然后除以债券购买价格1 000美元，得到一年期债券的回报率：

$$\frac{\$100+\$200}{\$1\,000}=\frac{\$300}{1\,000}=0.30=30\%$$

你也许对我们计算出的30%的收益率感到十分惊讶。如表3-1所示，这个债券的到期收益率仅仅是10%，这种差额证明了一个债券的收益率和利率并不相等。利率和收益率的区别很重要，尽管有一些债券的收益率和利率十分相近。通常，一个债券从持有期t到t+1的回报率可写作：

$$R=\frac{C+P_{t+1}-P_t}{P_t} \tag{3.9}$$

其中：$R=t$到$t+1$期持有债券的收益率

$P_t=t$期债券价格

$P_{t+1}=t+1$期债券价格

C=债券利息

例3.7 收益率

购买价格为1 000美元、一年后出售价格为800美元的债券，请计算该债券的收益率。其中债券票面价值为1 000美元，息票利率为8%。

解答：债券一年期收益率是−12%。

由：$R=\dfrac{C+P_{t+1}-P_t}{P_t}$

其中：C=息票利息=$1 000 × 0.08 = 80

P_{t+1}=债券一年后的价格=$800

P_t=债券今天的价格=$1 000

因此：$R=\dfrac{\$80+(\$800-\$1\,000)}{\$1\,000}=\dfrac{-\$120}{\$1\,000}=-0.12=-12\%$

还有一个比较方便的方法来重写这个收益率的公式，就是把公式3.9分成两个部分：

$$R = \frac{C}{P_t} + \frac{P_{t+1} - P_t}{P_t}$$

第一部分是当期收益率i_c（债券息票收入除以购买价格）：

$$\frac{C}{P_t} = i_c$$

第二部分是**资本利得率**（rate of capital gain），即债券价格变化相当于当期购买价格的比率：

$$\frac{P_{t+1} - P_t}{P_t} = g$$

当g=资本利得率时，公式3.9可写作：

$$R = i + g \tag{3.10}$$

这个公式说明一个债券的收益率等于i_c和g之和。这个公式刚好证实了我们刚发现的事实：即使对于一个当期收益率与到期收益率相等的债券来说，收益率和利率也会有很大的差异，尤其是当债券价格经历比较大的波动从而产生可观的资本利得或损失时，收益率和利率的差别会很大。

为了进一步说明这一点，让我们看看当利率上升时，不同到期日的债券回报率会发生什么变化。通过公式3.10，表3-2计算了息票利率为10%的一年期债券（其购买价等于票面价值）在利率从10%上涨到20%时回报率的情况。

表3-2　利率从10%上涨到20%时，息票利率均为10%而到期期限不同的债券的一年收益率

（1）	（2）	（3）	（4）	（5）	（6）
到期期限（年）	初始当期收益率（%）	初始价格（$）	第二年价格*（$）	资本所得率（%）	收益率（2+5）（%）
30	10	1 000	503	-49.7	-39.7
20	10	1 000	516	-48.4	-38.4
10	10	1 000	597	-40.3	-30.3
5	10	1 000	741	-25.9	-15.9
2	10	1 000	917	-8.3	+1.7
1	10	1 000	1 000	0.0	+10.0

注：*在金融计算器上用公式3.3计算。

这个表格的一些关键点对一般债券都适用：

- 只有收益率等于最初到期日收益率的债券，其到期期限才与持有期限相等（见表3-2最后一个债券）。
- 利率上升会导致债券价格的下降，从而导致到期期限大于持有时间并产生资本损失。
- 债券到期日越晚，利率变化导致的价格变化越大。
- 债券到期日越晚，利率的上升导致收益率的下降幅度越大。
- 尽管债券初始的票面利率很高，但如果利率上升，收益率也有可能变为负值。

最初，学生们往往会困惑于这个事实：利率上升却使得债券变成了不好的投资。理解这个问题的诀窍在于认识到利率上升意味着债券价格下降。利率上升意味着资本有亏损，如果这个亏损足够大，这个债券就不是好的投资。例如，我们看到表3-2，债券到期日是30年，当利率从10%上涨到20%时，资本亏损率是49.7%。亏损太大以至于超过了当期10%的收益率，产生了-39.7%的负收益率。如果Irving没有出售这个债券，这个资本亏损一般被叫作“账面损失”，因为如果他没有购入这个债券而是将钱存进银行，他现在能够以更低的价格购买更多的债券。

3.3.1　到期期限和债券回报率的波动性：利率风险

长期债券价格受到利率变化的影响更为显著，这可以帮助我们解释一个债券市场的重要事实：长期债券的价格和回报率比短期债券波动更大。对于超过20年期的债券来说，其价格和收益率在一年内出现±20%的变化是十分正常的。

我们现在发现利率变化使长期债券的风险增加。实际上，由利率变化带来的资产收益率的风险被称为**利率风险**（interest-rate risk），这是非常重要的概念。在接下来的章节中我们会看到（在案例“帮助投资者选择合理的利率风险”中也会看到），金融机构和投资者关心的一个重要指标就是利率风险。

长期债券的利率风险很高，短期债券则不然。事实上，到期日和持有期相等的债券并不存在利率风险①。表3-2最下面一行的息票债券就是此类，其回报率是确定的，因为回报率就等于到期收益率，也就是说在购买债券时就已知到期收益率。理解到期日和持有期相同时不存在利率风险的关键在于认识到持有期期末债券价格就是固定的票面价值。利率变化对持有期期末债券价格没有影响，因此在购买债券时便已知收益率和到期收益率相等。

案例

帮助投资者选择合理的利率风险

3.3.2　再投资风险

迄今为止，我们假设所有短期证券的持有期很短并且等于到期日，所以没有利率风险。然而，如果一个投资人的债券持有期比到期日长，投资人就会经历一种被称作**再投资风险**（reinvestment risk）的利率风险。再投资风险发生的原因是短期债券需要以未知的未来利率进行再投资。

为了理解再投资风险，假设投资人Irving的持有期为2年（进行两年期的投资），购买一年期且票面价值为1 000美元、息票利率为10%的债券，第一年年末再购买另一种债券。如果初始利率是10%，Irving第一年年末会收到1 100美元。如果一年期债券利率在第一年年末上涨到20%，如表3-2所示，Irving会发现再买一个一年期、价值1 100美元的债券会让他在第二年年末获得1 100×（1+0.2）=1 320美元。因此，Irving在两年内的回报率是（1 320-1 000）÷1 000=0.32=32%，相应的年利率为14.9%。在这个例子中，Irving买一年期债券获得的收入比一开始就买利率为10%的两年期债券的收入要多。因此，当Irving的持有期比他购买债券的到期日长时，他会从利率的上升中获益。相反，如果一年期利率债券在第一年年末下降到5%，Irving在第二年年末只能获得1 100×（1+0.05）=1 155美元。因此，他的两年回报率是（1 155-1 000）÷1 000=0.155=15.5%，对应的年利率为7.2%。由于持有期长于到期日，利率下降会给Irving造成亏损。

---

①　到期期限和持有期相同的债券没有利率风险，这一结论只对贴现债券和零息债券完全适用，因为它们在持有期间不需要进行利息支付。对于在持有期进行利息支付的息票债券，这些利息需要在未来进行再投资。因为再投资的利率是不确定的，即使是到期期限和持有期相同的息票债券的收益率也无法确定。然而，息票债券再投资的回报风险通常很小，所以到期期限和持有期相同的息票债券的利率风险很小。

因此我们发现，如果债券的持有期比到期日长，收益率就不能确定，因为再投资时未来的利率是不确定的，这就是再投资风险。我们也发现如果债券的持有期比到期日长，投资者会受益于利率的上升，同样也会遭受由利率下降造成的损失。

3.3.3 小结

能够表明持有期内投资好坏的指标是债券的收益率，只有当债券的持有期和到期日相等时,其收益率和到期收益率相同。到期日比持有期长的债券会面临利率风险：利率变化会带来资本收益和损失，同时会使得收益率和到期收益率产生明显的差异。利率风险对长期债券尤为重要，因为它的资本损失和收益非常大。因此，相比于短期债券，长期债券被认为不能在持有期间提供确定利率，不是一种安全资产。到期日比持有期短的债券会面临再投资风险。再投资风险发生的原因是短期债券的收益需要以未来不确定的利率进行再投资（见实践经理“用久期来衡量利率风险”，含例3.8）。

实践经理

用久期来衡量利率风险

3.3.4 久期计算

早在半个世纪以前，美国国家经济研究中心的麦考利就提出了久期的概念，用以计算任何一个债券的久期或者有效久期。因为零息债券在债券到期前无须支付现金，它的有效久期和实际到期日就是相同的。麦考利又意识到如果把息票债券看作一组零息债券，就可以衡量息票债券的有效久期。一个10年期、息票利率为10%、票面价值为1 000美元的息票债券可以分成下面一组零息债券：一个1年期、票面价值为100美元的零息债券（相当于1 000美元按照10%的息票利率在1年后进行的100美元利息支付），一个票面价值为100美元的2年期零息债券（相当于1 000美元按照10%的息票率在2年后进行100美元的利息支付），……，一个票面价值为100美元的10年期零息债券（相当于1 000美元按照10%的息票率在10年后进行100美元的利息支付），和一个票面价值为1 000美元的10年期零息债券（相当于10年后的面值本金偿付）。可以用下面的时间轴来表示这组息票债券：

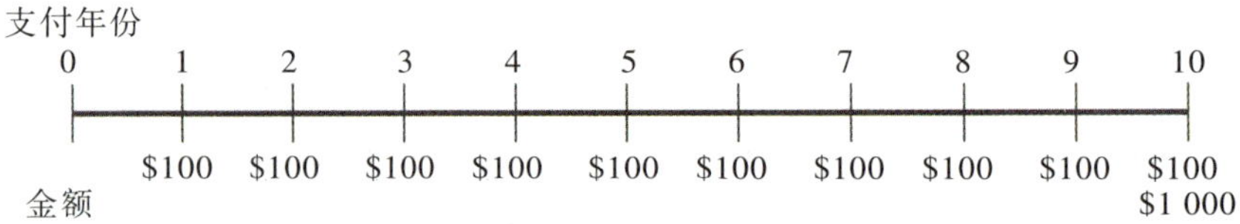

在表3-3第（2）列中的一组息票债券，计算了当利率是10%时10年期息票债券的久期。为了得到这组零息债券的有效久期，我们按每个零息债券的价值占这组零息债券总价值的百分比对其有效久期进行加权求和。换句话说，这组零息债券的久期是每个零息债券根据各自价值的比重来计算的有效久期加权平均数。在表3-3中我们会用几个步骤来说明这个过程。首先，我们计算当利率为10%时每个零息债券的现值，结果在第（3）列中。接着在第（4）列中，我们把这些现值都除以1 000——这组零息债券的现值总和，得到每个债券价值占总价值的比重。请注意第（4）列权重的总和必须是100%，就如每列最末行所列明。

为了得到这组零息债券的有效久期，我们把第（5）列的加权久期加总，得到6.76年。这个结果就是息票利率为10%的10年期息票利率的有效久期，因为息票债可以等同于一组零息债。简而言之，久期就是每笔现金支付到期日的加权平均数。

表 3-3　　票面价值为 1 000 美元、息票利率为 10% 的 10 年期息票债券的久期计算

(1) 年	(2) 零息债券的现金支付 ($)	(3) 现金流的现值 (利率=10%)($)	(4) 比重(现值/$1 000) (%)	(5) 权重到期日 (1×4)/100(年)
1	100	90.91	9.091	0.09091
2	100	82.64	8.264	0.16528
3	100	75.13	7.513	0.22539
4	100	68.30	6.830	0.27320
5	100	62.09	6.209	0.31045
6	100	56.44	5.644	0.33864
7	100	51.32	5.132	0.35924
8	100	46.65	4.665	0.37320
9	100	42.41	4.241	0.38169
10	100	38.55	3.855	0.38550
10	1 000	385.54	38.554	3.85500
总计		1 000.00	100.000	6.75850

表 3-3 计算的久期可以写为：

$$DUR = \sum_{t=1}^{n} t \frac{CP_t}{(1+i)^t} \Bigg/ \sum_{t=1}^{n} \frac{CP_t}{(1+i)^t} \tag{3.11}$$

其中：DUR=久期

t = 现金支付前的时间

CP_t=时间 t 的现金支付（利息和本金之和）

i=利率

n=证券的到期日

这个公式不像表 3-3 计算得那么直观，但是它可以很容易用电脑或计算器来计算，令久期的计算变得很容易。

如果我们要计算一个 11 年期、息票利率为 10% 的息票债券的久期，当利率是 10% 时，我们得到的结果是 7.14 年，比 10 年期债券的 6.76 年要长。因此，我们也得到了预期的结论：其他条件不变时，一个债券的到期日越长，它的久期越长。

你也许会认为知道一个息票债券的到期日就足以算出它的久期，然而并不是这样的。为了让你更好地计算久期，在表 3-4 中我们再一次计算 10 年期、息票利率为 10% 的债券的久期，但是现在的利率是 20%，而不是表 3-3 中的 10%。表 3-4 的计算说明了高利率下息票债券的久期从 6.76 年下降到了 5.72 年。这个原因也很显而易见。当利率变高时，未来的现金支付贴现值变小，同时占所有支付贴现值的比例下降。这些现金支付相应发生的权重下降，像表 3-4 说明的那样，使债券的有效久期变短。我们因此可以得到一个重要的结论：其他条件不变，当利率上涨时，息票债券的久期变短。

表 3-4　票面价值为 1 000 美元、息票利率为 10% 的 10 年期息票债券的久期计算，利率是 20%

(1) 年	(2) 零息债券的现金支付 ($)	(3) 现金支付的现值 （利率=20%）($)	(4) 权重（现值/$580.76） (%)	(5) 权重到期日 (1×4)/100（年）
1	100	83.33	14.348	0.14348
2	100	69.44	11.957	0.23914
3	100	57.87	9.965	0.29895
4	100	48.23	8.305	0.33220
5	100	40.19	6.920	0.34600
6	100	33.49	5.767	0.34602
7	100	27.92	4.806	0.33642
8	100	23.26	4.005	0.32040
9	100	19.38	3.337	0.30033
10	100	16.15	2.781	0.27810
10	1 000	161.51	27.808	2.78100
总计		580.76	100.000	5.72204

息票债券的久期还受到息票利率的影响。比如，一个 10 年期、利率是 10%、息票利率为 20% 的债券，当息票利率为 20% 时久期是 5.98 年，当息票利率是 10% 时久期是 6.76 年。这可以解释成更高的息票利率意味着在债券的较早时间里会发生更高的现金支付，所以债券的有效到期期限就会缩短。我们因此得到关于久期的第三个重要结论：其他条件不变，债券的息票利率越高，债券的久期越短。

当我们研究证券组合时我们需要知道久期的另一个事实。我们的例子说明久期是现金支付的加权平均数（或相对应的一组零息债券的有效久期），所以当我们计算两个不同证券的久期时，组合的久期就是这两个证券久期的加权平均数，权重就是这个债券在组合里的比重。

例 3.9　久期

金融机构的经理持有一个投资组合，其中 25% 是一个久期为 5 年的债券，另外 75% 是一个久期为 10 年的债券。求这个投资组合的久期。

解答：投资组合的久期为 8.75 年。

$$(0.25\times5)+(0.75\times10)=1.25+7.5=8.75\text{年}$$

我们现在看到证券组合的久期就是每个证券久期的加权平均数，权重就是证券在组合里的比重。久期的这个特点叫作久期的可加性，这是很重要的特性，因为通过单个证券的久期很容易就能计算证券组合的久期。

概括来说，关于久期的计算反映了四个事实：

1. 其他条件不变，债券的到期日越长，久期越长。

2.其他条件不变，当利率上升时，息票证券的久期变短。

3.其他条件不变，债券的息票利率越高，债券的久期越短。

4.久期的可加性：证券组合的久期就是单个证券久期的加权平均数，权重反映了这个证券在组合里的比重。

3.3.5 久期和利率风险

理解了如何计算久期，我们现在看看如何利用它来衡量利率风险。久期确实是一个有用的概念，因为它能提供合适的近似值，尤其是当利率很低时，利率变化带来的证券的价格变化由以下公式表明：

$$\%\Delta P \approx -DUR \times \frac{\Delta i}{1+i} \tag{3.12}$$

其中：$\%\Delta P = \frac{P_{t+1}-P_t}{P_t}$=从时间$t$到$t+1$债券价格变化的百分比=资本收益率

DUR=久期

i=利率

例 3.10　久期和利率风险

一个基金经理持有一个10年期、息票利率为10%的债券作为投资组合的一部分，利率是10%。如果预期明天的利率会变成11%，那么这个基金会遭受多少损失？

解答：债券价格的百分比变化大概是−6.15%。

与表3-3计算的一样，一个10年期、息票利率为10%的债券的久期是6.76年。

$$\%\Delta P \approx -DUR \times \frac{\Delta i}{1+i}$$

其中：DUR=久期=6.76

Δi=利率变化=0.11−0.10=0.01

i=当期利率=0.10

因此：$\%\Delta P \approx -6.76 \times \frac{0.01}{1+0.10}$

$\%\Delta P \approx -0.0615 = -6.15\%$

例 3.11　久期和利率风险

现在这个基金经理可以选择在当期利率是20%时持有10年期的息票证券。就像前面提到的，当利率是10%时，其久期是5.98年。当利率从10%提升到11%时，求这个债券价格的大致变化。

解答：债券价格的变化是−5.4%。这个债券价格的变化要小于有更长久期的债券的价格变化。

$$\%\Delta P \approx -DUR \times \frac{\Delta i}{1+i}$$

其中：DUR=久期=5.98

Δi=利率变化=0.11−0.10=0.01

i=当期利率=0.10

因此：$\%\Delta P \approx -5.98 \times \frac{0.01}{1+0.10}$

$\%\Delta P \approx -0.054 = -5.4\%$

这个基金经理意识到息票利率是20%的债券的利率风险要小于息票利率是10%的债券的利率风险，所以他会把投资组合里息票利率是10%的息票债券换成息票利率是20%的息票债券。

例3.10和例3.11告诉基金经理关于久期和利率风险的很重要的结论是：在给定利率变化的情况下，一个证券的久期越长，证券的市场价值变化就越大。因此，一个证券的久期越长，它的利率风险越大。

这个原理同样适用于证券组合。因此通过这种办法可以计算一个投资组合的久期，一个基金经理可以很容易确定某个基金面临的利率风险。我们会在第23章看到，久期确实是一个很有用的概念，现在被银行和其他金融机构的经理用于管理利率风险。

本章小结

1.到期收益率是最能准确衡量利率的方法，是使债务工具所有未来回报的现值等于其今天的价值的利率。这揭示了一个原则，债券价格和利率是负相关的。当利率上升时，债券价格下降；当利率下降时，债券价格上升。

2.实际利率等于名义利率与预期通货膨胀率之差。和名义利率相比，实际利率既能衡量人们借款和贷款的意愿，又能更好地表明信贷市场的紧张程度。

3.收益率让投资者知道在持有证券的这段时间的收益如何，它和到期收益率衡量的利率非常不同。当利率变化带来利率风险时，长期债券的价格波动很大，由此带来的资本收益和损失会非常大，这也是为什么长期债券并不是有确定收益的安全资产。到期期限比持有期短的债券会遭受再投资风险，这是因为短期债券的收益需要以未来的不确定的利率进行再投资。

4.久期，即债券各期现金流支付所需时间的加权平均值，是衡量有效到期期限（准确衡量利率风险的到期期限）的一种方法。若其他条件相同，当利率或息票债券的息票利率降低时，债券的到期期限越长，久期就越长。久期具有可加性：一个证券组合的久期等于组合中每个证券久期的加权平均数，其权重是每个证券在组合中的占比。久期越长，在给定利率变化的情况下，债券价格的变化就越大。因此，久期越长，利率风险越大。

重点词汇

现值（折现值） 固定支付贷款 分期偿还贷款 息票债券 票面价值 息票利率 贴现债券 零息债券 到期收益率 永续年金（永久年金） 当期收益率 名义利率 实际利率 指数债券 收益率 资本利得率 利率风险 再投资风险

问答题

1.怎么理解债券的到期收益率？息票利息和收益的基本区别是什么？

2.请分析在经济不稳定和利率波动比较大的情况下，短期债券和长期债券的风险情况。

3.请描述相比于储蓄债券，哪种债券是更好的选择？哪种情况下储蓄是更好的选择？请说明理由。

4.房地产投资是对于个人来说数额较大的长期投资。请描述在利率波动时，接受房地产贷款的结果。

计算题

1.一个零息债券的票面价值是1 000美元，到期日是6年，到期收益率是7%。请计算这个债券的现值。

2.一个彩票宣称它的总奖金是2 000万美元，按每年支付100万美元需要支付40年。如果马上支付第一期费用，请计算当利率是12%时这个彩票的总价值。

3.一个债券的票面价值是1 000美元，年息票利率为8%。请完成下面的表格：

到期年限	到期收益率	现在价格
4	6	
5	8	
7	9	
10	11	
11	12	

通过计算结果请观察到期年限与贴现利率和现在价格的关系。

4.一个息票债券的票面价值是1 000美元，息票利率是20%。现在债券的出售价格是2 300美元，还有16年到期。请计算债券的到期收益率。

5.你现在愿意支付31 250美元购买一个永续年金，从今年年末开始算起，以后的每年你和你的后代都会收到2 500美元。在收益率不变的条件下，如果这是一个40年期、每年支付的普通债券，而不是永续年金，你愿意支付多少钱？

6.一个每年支付利息50美元，到期收益率为2.5%的永续年金，其价格是多少？如果到期收益率加倍的话，这个债券的价格是多少？

7.Dekalb的房地产税是购买房产价格的2.66%。如果你刚刚买了一个价值10万美元的房子，未来所有房产税的现值是多少？假设这个房子仍然值10万美元，房产税也不变，用9%的利率折现计算。

8.假设你刚刚在银行账户存了1 000美元，现在的实际利率是2%，下一年的预期通胀率是6%。你希望下一年从银行获得的名义利率是多少？第一年年末你会得到多少钱？如果你正在存钱，想将来买一个现在价值为1 050美元的音响设备，你能够买得起吗？

9.一个10年期，息票利率为7%，票面价值为1 000美元的息票债券，现在的售价是871.65美元。若你第二年以880.10美元卖出债券，请计算收益率。

10.你花980.30美元购入一个票面价值为1 000美元，息票利率为8%，还有5年到期的债券。你计划持有1年。如果你想获得9%的投资收益率，你现在应该以什么价格卖出这个债券？这有可能吗？

11.在所有市场利率是7%的条件下，计算一个票面价值为1 000美元，息票利率为6%，还有3年到期的债券的久期。

12.还是上一题里的债券，用久期公式计算当利率下降到6.75%时预期价格的变化。用折现现金流计算实际价格的变化。

13.一个价值1亿美元的资产组合的久期是10年。现在追加了4 000万美元的新的证券投资，使得组合的久期增加到12.5年。这个4 000万美元的新证券的久期是多少？

14. 银行有两笔3年期的现值7 000万美元的商业贷款。第一笔贷款是3 000万美元，未来的3年里要支付3 780万美元，除此之外没有其他支付。第二笔贷款是4 000万美元，要求每年支付利息360万美元，本金4 000万美元，3年到期。

a. 银行商业贷款组合的久期是多少？

b. 如果利率从8%上涨到8.5%，这个投资组合的价值会发生什么变化？

15. 现有一种债券到期收益率是12%，未来几年的现金流如下：

年份	0	1	2	3	4
承诺支付（$）	160	160	170	180	230

你打算买这个债券并持有2.5年，然后卖了这个债券。

a. 2.5年后你能获得这个债券支付的现金流总和是多少？假设定期支付的现金流以12%的利率进行再投资。

b. 如果在你购买了这个债券后，所有市场利率降到了11%（包括再投资利率），这对你2.5年后的现金流有什么影响？和a相比呢？

c. 假设所有市场利率为12%，这个债券的久期是多少？

第4章

为什么利率会变动?

序言

在20世纪50年代早期，3月期国债的年化名义利率大约是1%。到1981年，该利率超过了15%，2003年又下降到了1%，2007年回升至5%以上，2008年到2013年又回落至接近0。该如何解释利率发生如此剧烈的波动呢？我们研究金融市场和金融机构的原因之一就是探寻这个问题的答案。

在本章，我们将研究名义利率（一般我们简称为“利率”）总体水平变动的原因，以及影响利率行为的相关因素。我们已经在第3章了解到，利率和债券价格是负相关的，因此如果我们能够解释债券价格变动的原因，那么我们就可以解释利率变动的原因。在这里，我们将通过供给和需求分析来研究债券价格和利率是如何变动的。

4.1 资产需求的决定因素

一项**资产**（asset）就是一项具有价值的财产。例如，金钱、债券、股票、艺术品、土地、房屋、农具以及制造机械设备，这些都是资产。当面临是否应该购买并持有一项资产或者是否应该购买这项资产而不是其他资产的问题时，你必须考虑以下几个因素：

1. **财富**（wealth）：个人拥有的全部资源，包括所有资产。
2. **预期收益**（expected return）：相对于其他可选资产而言，某项资产在下一个时期所能获得的预期收益。
3. **风险**（risk）：相对于其他可选资产而言，某项资产获得收益的不确定性程度。
4. **流动性**（liquidity）：相对于其他可选资产而言，某项资产变现的难易程度和速度。

4.1.1 财富

当我们发现财富增加时，就说明我们拥有了更多可以用来购买资产的资源，那么我们对资产需求量的增加也就一点也不奇怪了。[①]因此，财富的变化对某一项资产需求量的影响可以总结如下：在其他条件不变的情况下，财富的增加会导致对某一项资产的需求增加。

4.1.2 预期收益率

在第3章我们谈到，一项资产（如债券）的收益率衡量了我们持有这项资产所能获得的收益。当我们在为是否购买一项资产做决策时，这项资产的预期收益率会影响我们的决策。举例来说，如果埃克森美孚石油公司的债券在一半的时间里有15%的收益率，在另一半的时间里有5%的收益率，那么它的预期收益率（你可以认为是平均收益率）是10%。更严格地说，一项资产的预期收益率是它所有可能收益率的加权平均值，其中的权重是这种收益率可能出现的概率：

$$R^e = p_1R_1 + p_2R_2 + \cdots + p_nR_n \tag{4.1}$$

其中：R^e=预期收益率

n=可能结果的数量

R_i=第i种情况下的收益率

p_i = R_i发生的概率

例4.1 预期收益率

如果埃克森美孚石油公司的债券在2/3的时间里收益率是12%，在剩下1/3的时间里有8%的收益率，那么它的预期收益率是多少？

解答：预期收益率是10.68%。

由：$R^e = P_1R_1 + P_2R_2$

式中：$P_1 = R_1$可能发生的概率 =2/3 ≈0.67

R_1=12%=0.12，P_2=1/3≈0.33，R_2=8%=0.08

R^e=0.67×0.12+0.33×0.08=0.1068=10.68%

如果埃克森美孚石油公司债券的预期收益率相较于其他可选资产的预期收益率来说是上升的，在其他条件不变的情况下，人们更愿意购买这个债券，即它的需求量增加。这种现象可能在

① 虽然可能有些资产（不良资产）需求量不随着财富的增加而增加，但这种情况很少见。因此一般情况下，我们假定资产需求量随着财富的增加而增加。

两种情况下发生：（1）埃克森美孚石油公司债券的预期收益率上升，而其他可选资产（如IBM的股票）的预期收益率保持不变；（2）其他可选资产的预期收益率下降，而埃克森美孚石油公司债券的预期收益率保持不变。总地来说，如果一项资产的预期收益率相对于其他可选资产的预期收益率上升，在其他条件不变的情况下，该项资产的需求量会增加。

4.1.3 风险

一项资产的风险程度或者说这项资产收益的不确定性也影响着对这项资产的需求。考虑两项资产：一个是航空公司的股票，另一个是巴士公司的股票。假设航空公司的股票有一半时间的收益率是15%，在剩下的时间里收益率是5%，因此预期收益率为10%；而巴士公司提供10%的固定收益率。因为航空公司的股票收益率是不确定的，所以它的风险要比具有确定收益率的巴士公司股票的风险大。

为了更详细地讨论这个问题，我们将使用**标准差（standard deviation）**这一计量风险的概念。一项资产的收益率标准差的计算方法为：首先，计算它的预期收益率R^e；然后，将每个可能的收益率减去预期收益率，得到一个离差；再把每个离差进行平方，并乘上这种收益率可能发生的概率；最后，将这些加权的离差平方和相加，得到它的算数平方根。计算标准差σ的公式是：

$$\sigma = \sqrt{p_1(R_1 - R^e)^2 + p_2(R_2 - R^e)^2 + \cdots + p_n(R_n - R^e)^2} \tag{4.2}$$

标准差σ越大，这项资产的风险越高。

例4.2　标准差

前面提到的航空公司和巴士公司的股票收益率的标准差是多少？这两种股票哪一种风险更大？

解答：航空公司股票收益率的标准差是5%。

由：$\sigma = \sqrt{p_1(R_1 - R^e)^2 + p_2(R_2 - R^e)^2}$

$R^e = p_1 R_1 + p_2 R_2$

其中：P_1=1/2=0.50，R_1=15%=0.15，P_2=1/2=0.50，R_2=5%=0.05

R^e=0.50×0.15+0.50×0.05=0.10

那么：$\sigma = \sqrt{0.50 \times (0.15 - 0.10)^2 + 0.50 \times (0.05 - 0.10)^2}$

$\sigma = \sqrt{0.50 \times 0.0025 + 0.50 \times 0.0025} = \sqrt{0.0025} = 0.05 = 5\%$

巴士公司股票收益率的标准差是0。

由：$\sigma = \sqrt{p_1(R_1 - R^e)^2}$

$R^e = p_1 R_1$

其中：p_1=1.0，R_1=10%=0.10，R^e=1.0×0.10=0.10

那么：$\sigma = \sqrt{1.0 \times (0.10 - 0.10)^2} = \sqrt{0} = 0$

很明显，航空公司的股票风险更大，因为它的收益率标准差为5%，大于收益率确定的巴士公司股票的标准差0。

风险规避者更愿意选择巴士公司的股票（收益率确定），而不是航空公司的股票（有风险的资产），尽管这两种股票有相等的预期收益率。而做出相反的选择的人，就是喜欢风险的人，叫作风险偏好者。绝大部分的人是风险规避者，尤其是在进行关于金融的决策时：在其他条件相同的情况下，他们更愿意持有低风险的资产。因此，在其他条件相同的情况下，如果一项资产的风险相对于其他可选资产的风险是上升的，那么它的需求量就会减少。[①]

4.1.4 流动性

另一个影响资产需求的因素是这项资产能够在多短的时间内以较低的成本变现，即资产的流动性。如果一项资产在市场上能够很广泛地进行交易，即市场中有很多购买者和出售者，那么这项资产就具有流动性。房屋并不是一项流动性很好的资产，因为很难快速寻找到房屋的购买者。如果要用房屋来支付账单的话，它可能不得不以一个相当低的价格被快速出售。而且出售房屋的交易费用（经销商的佣金、律师费用等）有很多种。相比而言，美国的短期国债具有非常高的流动性，它可以在有很多购买者、管理完善的市场上进行出售，所以这项资产能够很快地以较低的交易成本进行出售。在其他条件不变的情况下，一项资产相对于其他可选资产的流动性越好，那么人们就越愿意购买该项资产，则该项资产的需求量也就越大。

4.1.5 资产组合选择理论

我们刚刚讨论的所有决定资产需求的因素都可以被总结为**资产组合选择理论**（theory of portfolio choice），该理论揭示了人们希望在他们的投资组合中拥有某一项资产的数量。在其他条件不变的情况下，总结如下：

1.一项资产的需求量通常和财富正相关，当这项资产是奢侈品而不是必需品的时候，这种相关性就更大了。

2.一项资产的需求量和它相对于其他资产的预期收益率正相关。

3.一项资产的需求量和它相对于其他资产的风险负相关。

4.一项资产的需求量和它相对于其他资产的流动性正相关。

这些结果总结在表4-1中。

表4-1 资产需求量对财富、预期收益率、风险和流动性变动的反应

变量	变量的变化	需求量的变化
财富	↑	↑
相对于其他资产的预期收益率	↑	↑
相对于其他资产的风险	↑	↓
相对于其他资产的流动性	↑	↑

注：该表只说明了变量的增加（↑）。变量减少（↓）对需求量变化的影响和右边一栏的方向相反。

4.2 债券市场的供给与需求

我们将通过学习债券的供给与需求来分析利率的决定因素。因为不同证券的利率倾向于一同变动，在本章中，我们假定在整个市场上只有一种证券和利率。在第5章中，我们将拓展我们的分析，来探究为什么不同证券的利率会有所不同。

第一步是通过分析资产需求的决定因素来获得**需求曲线**（demand curve），这种需求曲线揭示了在其他经济条件不变的情况下（即其他的经济变量是给定的），资产的需求量和价格之间的

① 多样化是指在一个资产组合中持有不同风险的资产来降低投资者的整体风险。如果你对多样化投资是如何降低风险及其对资产价格的影响感兴趣的话，可以查看本章网上附录1中的资产定价模型。

关系。你可以回想一下在以往的金融和经济学的课程中“其他经济变量保持恒定”的假设，这种假设被称为“ceteris paribus”，在拉丁语中的意思为“其他条件相同”。

4.2.1 需求曲线

为了阐明我们的分析，以一年期贴现债券的需求额为例，这种债券没有利息，只需要在一年后偿付给持有者1 000美元的面值。如果持有期限是一年，那么如我们在第3章中所学，该债券的收益率是确定的，并且和用到期收益率计量的利率完全相等。这意味着这个债券的预期收益率等于利率i，见公式（3.6）：

$$i = R^e = \frac{F - P}{P}$$

其中，i=利率=到期收益率；R^e=预期收益率；F=贴现债券的面值；P=贴现债券的购入价格。

这个公式给出了利率和债券价格的关系。如果债券以950美元出售，那么利率和预期收益率就是：

$$\frac{\$1\,000 - \$950}{\$950} = 0.053 = 5.3\%$$

当债券价格是950美元时，它的利率和到期收益率就是5.3%，假设债券的需求量是1 000亿美元，也就是图4-1中的A点。

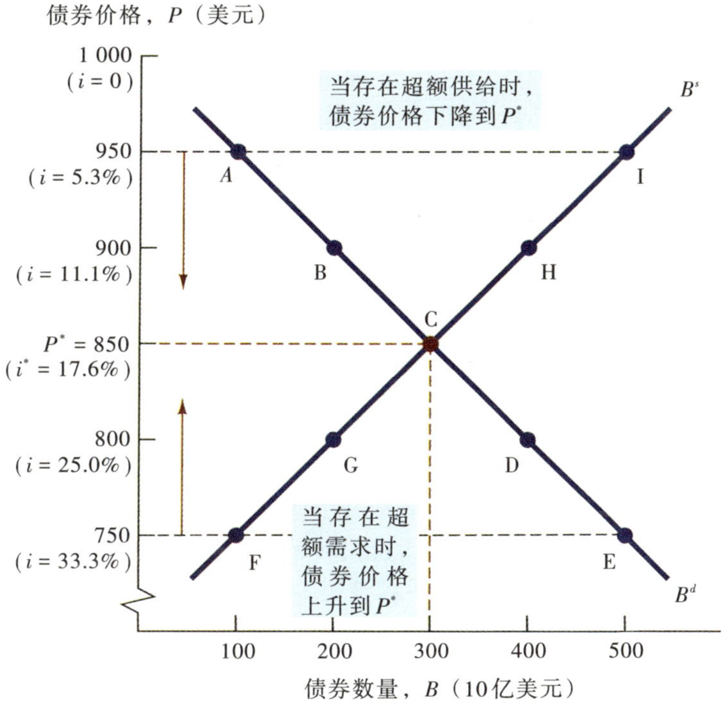

图4-1 债券供给和需求

注：债券市场在债券需求曲线B^d和供给曲线B^s的交点C处达到均衡。均衡价格是P^*=850美元，均衡利率是i^*=17.6%。

当债券价格是900美元时，利率和预期收益率是：

$$\frac{\$1\,000 - \$900}{\$900} = 0.111 = 11.1\%$$

因为这些债券的预期收益率上升，而其他经济变量（如收入、其他资产的预期收益率、风险和流动性）不变，就像我们对资产需求分析所预测的那样，这些债券的需求量一定会上升。图4-1中的B点表明了债券价格在900美元时，需求量上升到2 000亿美元。同样，如果债券的价格是850美元（利率和预期收益率=17.6%），债券的需求量（即C点）将超过B点。在更低的价格800美元（利率=25.0%）和750美元（利率=33.3%）时，债券的需求量会更高（D点和E点）。连接了这些点的B^d曲线，就是这个债券的需求曲线。它通常是向下倾斜的，表明债券价格越低（其他条件不变），需求量越高。[①]

4.2.2 供给曲线

图4-1中的需求曲线包含的重要假设是除了债券的价格和利率外，其他所有的经济变量都保持不变。我们使用同样的假设来推导**供给曲线（supply curve）**，供给曲线反映了当其他经济变量不变的时候，债券价格和供给量的关系。

当债券的价格是750美元时（利率=33.3%），也就是在F点，对应的债券供给量是1 000亿美元。如果债券价格是800美元，利率将会降低到25.0%。因为在这个利率下，通过发行债券借款的成本能够降低，公司会更愿意通过发行债券来筹集资金，同时债券的供给量也达到了更高的数量，即2 000亿美元（G点）。对于850美元这个更高的价格，相应利率降低至17.6%，导致了更多的债券供给量3 000亿美元（C点）。如果价格高达900美元和950美元，则会导致更多的债券供给量（H点和I点）。连接这些点的B^s曲线就是这个债券的供给曲线，它通常是向上倾斜的，说明当价格上升时（其他条件不变），供给量会增加。

4.2.3 市场均衡

在经济学里，如果在给定的价格下，人们愿意购买的数量（需求量）和人们愿意出售的数量（供给量）相同，就产生了**市场均衡（market equilibrium）**。在债券市场里，当债券的需求和供给相等时，就会出现市场均衡：

$$B^d = B^s \tag{4.3}$$

在图4-1中，市场均衡出现在C点，需求和供给曲线在这个点相交，债券价格是850美元（利率=17.6%），债券的交易量是3 000亿美元。当债券的需求量等于供给量时，债券价格P^*（850）被称为均衡价格或市场出清价格。相似地，与这个价格相对应的利率i^*（17.6%）被称为均衡利率或市场出清利率。

市场均衡、均衡价格和均衡利率的概念非常有用，因为市场正在向着均衡的趋势发展。如图4-1所示，首先让我们看看债券价格高于均衡价格时的情况。当债券价格被设得过高时，如950美元，债券的供给量在I点，要比在A点的需求量高。债券的供给量超过需求量的情况，被称作**超额供给（excess supply）**。因为人们希望卖出的债券数量要比人们希望购入的数量多，债券的价格就会下降，这也是为什么图4-1中在950美元的价格水平上有一个向下的箭头。只要债券的价格水平保持在均衡价格之上，就会存在超额供给，债券的价格也会持续下降。只有当债券价格达到均衡价格850美元时，债券的超额供给才会完全消失，债券的价格才会停止下降。

然后，我们来看一下债券价格低于均衡价格的情况。如果债券的价格被设得过低，如750美元，E点的债券需求量要高于F点的债券供给量，这种情况被称作**超额需求（excess demand）**。人们希望购买的债券数量要比人们希望售出的数量多，所以债券的价格将会上升。在图4-1中，

① 虽然我们的分析指出需求曲线是向下倾斜的，但这并不意味着它就是一条直线。然而为了方便，我们将供给和需求曲线画成直线。

750美元的价格水平上有向上的箭头。只有当价格上升到均衡价格850美元时，超额需求才会消失，债券价格的上升才会停止。

我们可以看出均衡价格的概念是非常有用的，因为它指出了市场什么时候会达到平衡。由于图4-1中纵坐标的每个价格都有相对应的利率，因此该图也表明了利率会向着17.6%的均衡利率的方向变动。当利率低于均衡利率时，如利率为5.3%，债券的价格会高于均衡价格，此时存在债券的超额供给。债券的价格会下降，从而使债券的利率向着均衡水平的方向上升。相似地，当利率高于均衡水平时，如利率为33.3%，此时存在债券的超额需求，债券的价格就会上升，导致利率下降到17.6%的均衡水平。

4.2.4 供求分析

图4-1是一个传统的供给需求图，纵坐标表示债券的价格，横坐标表示债券的数量。因为和每个债券价格相对应的利率标注在纵坐标上，所以在这个图中我们也可以看到均衡利率，这就给我们提供了一个描述利率决定因素的模型。必须要认识到的一个问题是，所有债券的供给需求关系都可以用图4-1中的曲线来表示，因为任何债券利率和债券价格都是负相关的，无论是贴现债券还是息票债券。

供求分析的一个重要特点是供给量和需求量是指资产的存量（在确定时间点上的数量），而不是资产的流量。通过**资产市场方法（asset market approach）**来理解金融市场行为（强调是资产存量而不是资产流量决定资产价格）是现在经济学家主要使用的方法，因为使用资产流量来进行分析是非常困难的，尤其是在遇到通货膨胀的时候。①

4.3 均衡利率的变动

我们现在通过供给和需求理论来分析利率为什么变动。为了避免混淆，分清需求（供给）曲线上的变动和需求（供给）曲线的移动是非常重要的。当债券价格变动（或利率变动）引起了需求量（供给量）变动时，这种变动是沿着需求曲线的变动。举例来说，在图4-1中从A到B到C点需求量的变动就是沿着需求曲线的变动。相反地，需求（供给）曲线的移动是指债券的需求量（供给量）在给定价格（或者利率）的情况下，由于其他因素影响而产生的变动。当一个因素变动导致需求曲线或者供给曲线移动时，就会产生新的均衡利率。

在后面的文章中，我们将了解到供给曲线和需求曲线如何因其他变量的变动——如预期通货膨胀率和财富的变动——而发生移动，以及这些变动对均衡利率的影响。

4.3.1 债券需求的变动

我们在本章开始时对于资产组合选择理论的分析，为确定债券需求曲线移动的影响因素提供了理论分析框架。这些因素包括：

1. 财富。
2. 债券相对于其他可选资产的预期收益率。
3. 债券相对于其他可选资产的风险。
4. 债券相对于其他可选资产的流动性。

① 资产市场方法不仅仅应用于理解利率为什么变动，同时也用来解释如何确定资产价格。本章网上附录2阐明了资产市场方法是如何应用于商品市场的，特别是黄金市场。我们对债券市场的分析还可以用不同的术语和知识体系来解释，包括可贷资金供给和需求理论。可贷资金理论在本章网上附录3中有所讨论。

表4-2总结了每个因素的变动（在其他因素保持不变的情况下）是如何影响债券的需求曲线移动的。

表 4-2　　　　债券需求曲线移动的影响因素

<table>
<tr><th>变量</th><th>变量的变化</th><th>在每一个债券价格上需求量的变化</th><th>需求曲线移动</th></tr>
<tr><td>财富</td><td>↑</td><td>↑</td><td>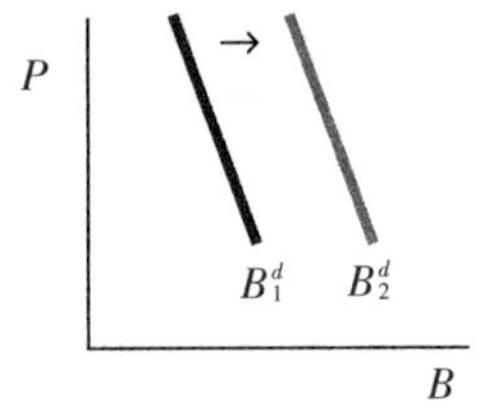</td></tr>
<tr><td>预期的利率</td><td>↑</td><td>↓</td><td>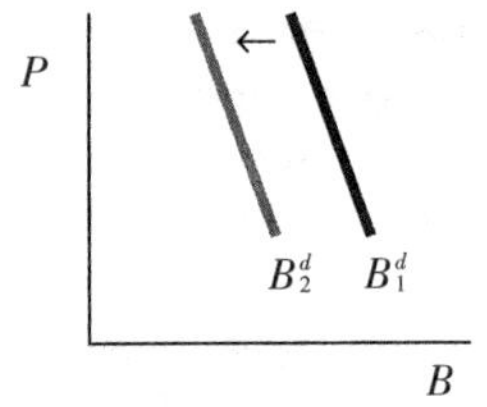</td></tr>
<tr><td>预期的通货膨胀率</td><td>↑</td><td>↓</td><td>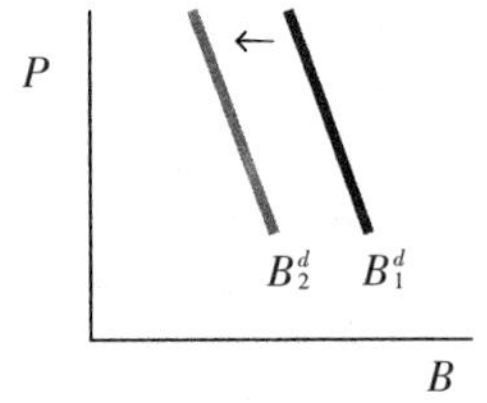</td></tr>
<tr><td>债券相对于其他资产的风险</td><td>↑</td><td>↓</td><td>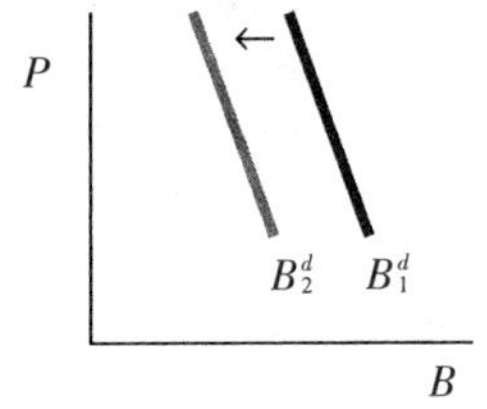</td></tr>
<tr><td>债券相对于其他资产的流动性</td><td>↑</td><td>↑</td><td>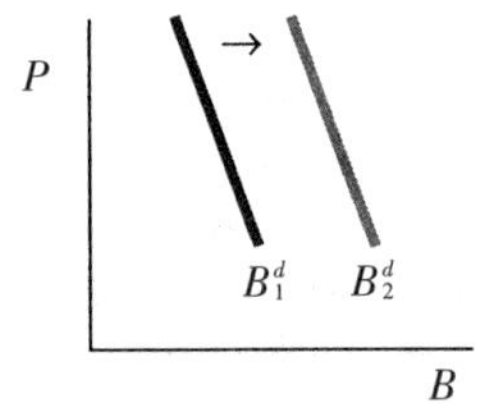</td></tr>
</table>

注：这里只表示变量的增加。变量下降对需求数量的影响与相应列的变化相反。

财富

处于经济扩张周期时，经济快速增长，财富也在增加，如图4-2所示，在任一债券价格（或利率）水平下债券的需求量都会上升。为了弄清楚其中的原理，让我们分析在最初的需求曲线B_1^d上的B点。随着财富的增加，在相同价格下，债券的需求量一定会增加，从B点移动到B′点。同理，在相同的债券价格下，更多的财富导致债券的需求量从D点上升到D′点。对于最初的需求曲线B_1^d上的每一点都进行这样的分析，我们可以看到如箭头所示的方向那样，需求曲线向右从B_1^d移动到B_2^d。

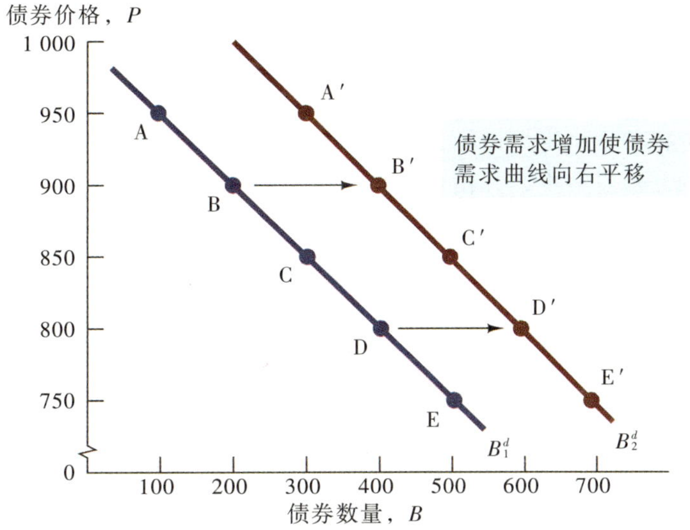

图4-2 债券需求曲线的平移

注：债券的需求量增加，需求曲线向右移动。

我们得出的结论是：在经济周期的扩张时期，随着财富的扩张，债券的需求量上升，债券的需求曲线向右移动。相同的分析可以得出，在经济衰退时期，当收入和财富都下降时，债券的需求量减少，债券的需求曲线向左移动。

另一个影响财富的因素是公众的储蓄倾向。如果人们增加储蓄，财富会上升，同时，我们会看到，债券的需求量上升，需求曲线右移。相反，如果人们减少储蓄，财富和债券的需求量会减少，需求曲线左移。

预期收益率

对于一个一年期的贴现债券，预期收益率和利率是相同的，所以除了利率之外没有其他因素影响预期收益率。

对于到期期限超过一年的债券，其预期收益率和利率可能不同，举个例子，在第3章表3-2中我们看到，当长期债券的利率从10%上升到20%时，会导致债券价格的大幅度下降和收益率变为负值。因此，如果人们开始认为明年的利率高于他们期初预期的利率，那么长期债券现在的收益率会下降，而且每个利率水平下的债券需求量都会下降。未来长期债券的预期利率升高即债券的预期收益率降低，会减少长期债券的需求量，需求曲线左移。

相反，降低对未来利率的预期值就意味着长期债券的价格会比当初预期的有所上升，从而提升现在的预期收益率，使得债券的需求量在每个价格和利率水平上都有所提高。未来预期利率的降低，会增加长期债券的需求量，需求曲线右移，如图4-2所示。

其他资产预期收益率的变动同样会导致债券需求曲线发生移动。如果人们突然很看好股票市场，并预期股价上升，那么股票的预期资本利得和预期收益率都会上升。债券的预期收益率保持不变，那么债券的预期收益率低于股票的预期收益率，从而使债券的需求量降低，债券的需求曲线向左移动。

预期通货膨胀率的变动会影响实物资产（比如汽车和房屋）的预期收益率，从而影响债券的需求量。预期通货膨胀率的上升（如从5%上升到10%）会使得未来汽车和房屋的价格更高，也就会导致更高的名义资本利得。这使得这些实物资产当期的预期收益率升高，从而导致债券相对于实物资产的预期收益率下降，以致债券的需求量减少。此外，我们也可以认为较高的预期通货膨胀率降低了债券的实际利率，而债券相对预期收益率的下降导致了债券需求量减少。预期通货膨胀率的上升降低了债券的预期收益率，从而导致债券需求量的减少，使得需求曲线向左移动。

风险

如果债券市场的价格的不稳定性增加，那么债券的风险会上升，债券的吸引力下降。债券的风险上升会导致债券的需求量减少，并使得需求曲线左移。

相反，其他资产市场（如股票市场）的价格不稳定性增加，会增加债券的吸引力。其他可选资产风险的上升会导致债券的需求量增加，需求曲线右移，如图4–2所示。

流动性

如果更多的人进入债券市场进行交易，会使快速出售债券变得更容易，从而使债券的流动性上升，导致每个利率水平下债券的需求量增加。债券流动性的上升导致债券的需求量增加，需求曲线右移，如图4–2所示。同样，其他资产流动性的上升导致债券需求量的减少，使得需求曲线左移。举例来说，1975年股票市场经纪人佣金固定化的制度被废除，经纪人佣金减少，股票相对于债券的流动性上升，从而导致了债券需求量减少，需求曲线左移。

4.3.2 债券供给的变动

以下这些因素会导致债券的供给曲线移动：

1. 投资机会的预期盈利能力；
2. 预期通货膨胀率；
3. 政府预算。

我们将分析当每个因素变动时（其他因素保持不变），供给曲线是怎样变动的。表4–3总结了这些因素的变动对债券供给曲线的影响。

表 4–3　　债券供给曲线平移的影响因素

变量	变量的变化	在每一个债券价格上供给量的变化	需求曲线平移
投资盈利能力	↑	↑	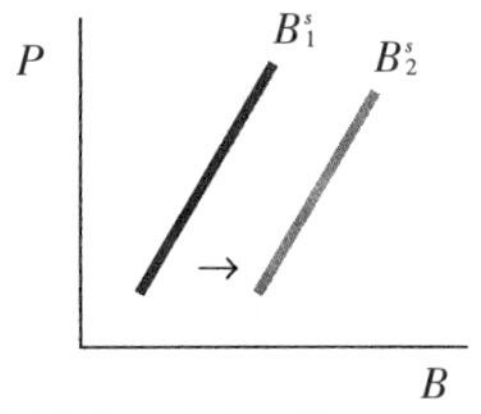
预期的通货膨胀率	↑	↑	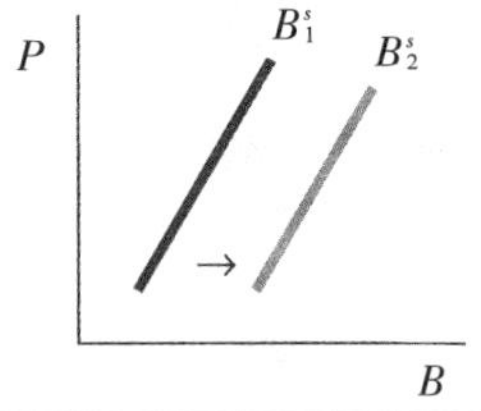
政府赤字	↑	↑	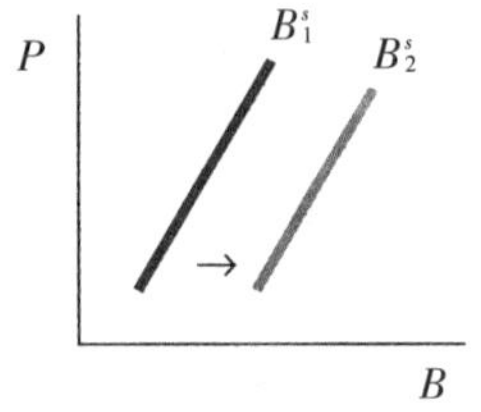

注：这里只表示变量的增加。变量下降对供给数量的影响与相应列的变化相反。

投资机会的预期盈利能力

公司的厂房和设备预计能够获得的投资盈利越多，公司越愿意借款来为这些投资机会融资。在经济周期扩张时期，经济增长迅速，预期有利可图的投资机会比比皆是，此时在每个给定的债券价格水平下，债券的供给量都会增加，如图4-3所示。因此，在经济周期的扩张时期，债券的供给量增加，供给曲线右移。同样，在经济衰退的时候，当预期有利可图的投资机会很少时，债券的供给量就会减少，供给曲线左移。

预期通货膨胀率

正如我们在第3章看到的那样，实际利率等于名义利率减去预期通货膨胀率，能更精确地衡量借款的实际成本。对于一个给定的利率（债券价格），当预期通货膨胀率上升时，借款的实际成本下降；因此在每一个给定的债券价格水平下，债券的供给量增加。预期通货膨胀率的上升导致债券供给量增加，使得供给曲线右移，如图4-3所示。

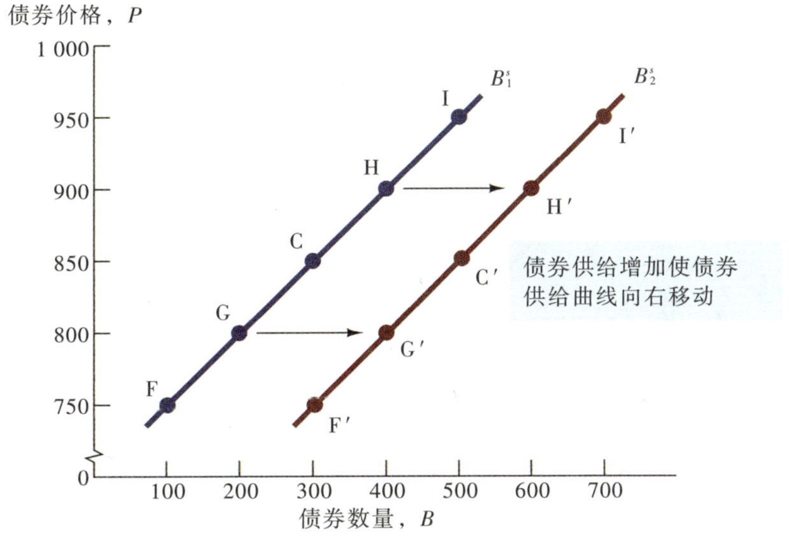

图4-3　债券供给曲线的移动

注：当债券供给量增加时，供给曲线向右移动。

政府预算

政府行为会在多个方面影响债券的供给。美国财政部通过发行债券来为政府赤字（政府支出和收入的差额）融资。当赤字数目很大时，财政部会发行更多的国债，从而增加了每一个价格水平下的债券供给量。高额的政府赤字导致债券供给量增加，供给曲线右移，如图4-3所示。另一方面，就像20世纪90年代后期发生的那样，政府盈余减少了债券的供给量，使得供给曲线向左移动。

州和地方政府以及其他政府机构也可以通过发行债券来为它们的财政支出融资，这也会影响债券的供给。我们现在可以通过关于供给和需求曲线是如何移动的知识来分析均衡利率是如何变动的。要做到这一点，最好的方法就是探究一些实例，同时要记住两点：

（1）当你考察某个变量变动的影响时，要记住假设其他变量保持不变，即我们应用了其他条件不变的假设。

（2）要记住利率和债券价格是负相关的，因此当均衡债券价格上升时，均衡利率下降；相反地，如果均衡价格下降，均衡利率上升。

案例

由于预期通货膨胀引起的利率变动：费雪效应

我们已经做了很多工作来分析预期通货膨胀率的变动对名义利率以及供给需求曲线的移动的影响。图4-4表明了预期通货膨胀率的上升对于均衡利率的影响。

假设预期通货膨胀率最初是5%，供给曲线B_1^s和需求曲线B_1^d最初相交于1点，此时均衡债券的价格是P_1。如果预期通货膨胀率升至10%，在任何给定的债券价格和利率水平下，债券相对于实物资产的预期收益率都会下降，导致债券的需求减少，需求曲线从B_1^d向左移动到B_2^d。预期通货膨胀率的上升也会使得供给曲线发生移动。在任何给定的债券价格和利率水平下，实际借款成本下降，导致债券的供给量增加，供给曲线从B_1^s向右移动到B_2^s。

当供给和需求曲线由于预期通货膨胀率的变动而移动时，均衡点即供给曲线和需求曲线的交点从1点移动到2点，均衡价格从P_1下降到P_2。因为债券价格和利率是负相关的，这意味着均衡利率上升。在图4-4中，债券的均衡数量在1点和2点是相同的。然而，当预期通货膨胀率上升时，根据供给曲线和需求曲线移动的程度，均衡的债券数量可能会上升，也可能会下降。

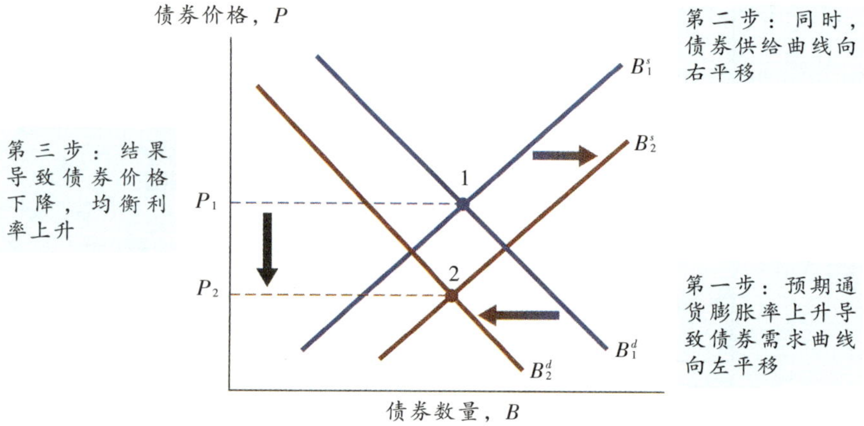

图4-4 对预期通货膨胀率变动的回应

注：当预期通货膨胀率上升时，供给曲线从B_1^s移动到B_2^s，需求曲线从B_1^d移动到B_2^d。均衡点从1点移动到2点，均衡价格从P_1下降到P_2，均衡利率上升。

我们对供给和需求的分析能够得出一个重要的结论：当预期通货膨胀率上升时，利率就会上升。这个结论被称为**费雪效应**（Fisher Effect），是用第一个指出预期通货膨胀率与利率关系的经济学家欧文·费雪的名字来命名的。图4-5显示了该预测的准确性。3个月期的国债利率通常和预期通货膨胀率一起变动。因此，我们就能够理解为什么很多经济学家建议为了保持较低的名义利率，必须保持较低的通货膨胀率。

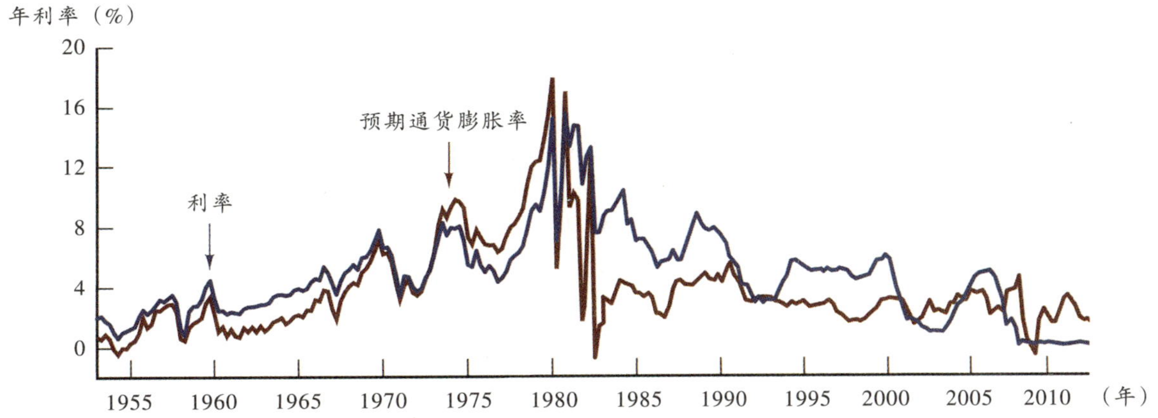

图4-5　预期通货膨胀率和利率（3个月短期国债），1953—2013年

资料来源：Frederic S. Mishkin, "The Real Interest Rate: An Empirical Investigation," Carnegie-Rochester Conference Series on Public Policy 15（1981）：151-200. 该文章介绍了预期通货膨胀率的计算方法，这一方法将预期通货膨胀率视为历史利率、通货膨胀率与时间趋势共同作用的结果。

案例

经济扩张引起的利率变动

图4-6分析了经济扩张对利率的影响。在经济周期扩张时期，商品和服务的产出量都增加，因此国民收入升高。在这种情况下，企业更愿意去借款，因为它们会有更多能够获利的投资机会，需要进行融资。因此，在任何给定的债券价格下，公司希望出售的债券数量（债券供给量）会上升。这意味着在经济周期扩张时期，债券的供给曲线从B_1^s向右移动到B_2^s，如图4-6所示。

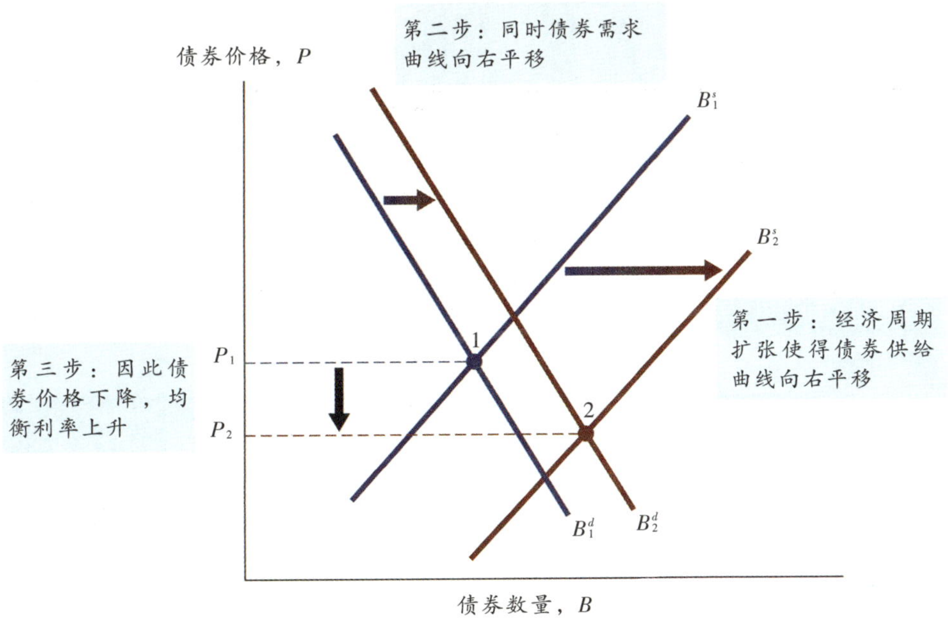

图4-6　对经济扩张的回应

注：在经济扩张时，收入和财富增加，需求曲线从B_1^d向右移动到B_2^d，供给曲线从B_1^s向右移动到B_2^s。如果供给曲线比需求曲线向右移动得更多，就像图中那样，均衡债券价格从P_1下降到P_2，均衡利率上升。

经济扩张同样会影响债券的需求。随着经济周期的扩张，财富增加，根据资产组合选择理论，债券的需求量也会上升。在图4-6中我们可以看到，需求曲线从B_1^d向右移动到B_2^d。

考虑到供给和需求曲线都向右移动，我们知道B_2^d和B_2^s的交点产生的新的均衡点也一定会向右移动。然而，根据供给曲线和需求曲线移动幅度的大小，新的均衡利率可能会上升也可能会下降。

对于在经济周期扩张时期利率将会如何变动，供给和需求分析在这里并没有给出明确答案。图4-6中供给曲线的移动幅度要比需求曲线的移动幅度大，导致均衡债券价格下降到P_2，均衡利率上升。图中这么画的原因是在经济周期扩张时，收入的上升导致利率提高，这和我们在实际中观察到的数据一致。图4-7描述了在1951—2013年，3个月期的美国短期国债的利率变动情况，并标出了经济周期的衰退时期（阴影部分）。你可以看到，在经济周期扩张时期，利率呈上升趋势，在衰退时期，利率下降，就像供给和需求曲线图表示的那样。

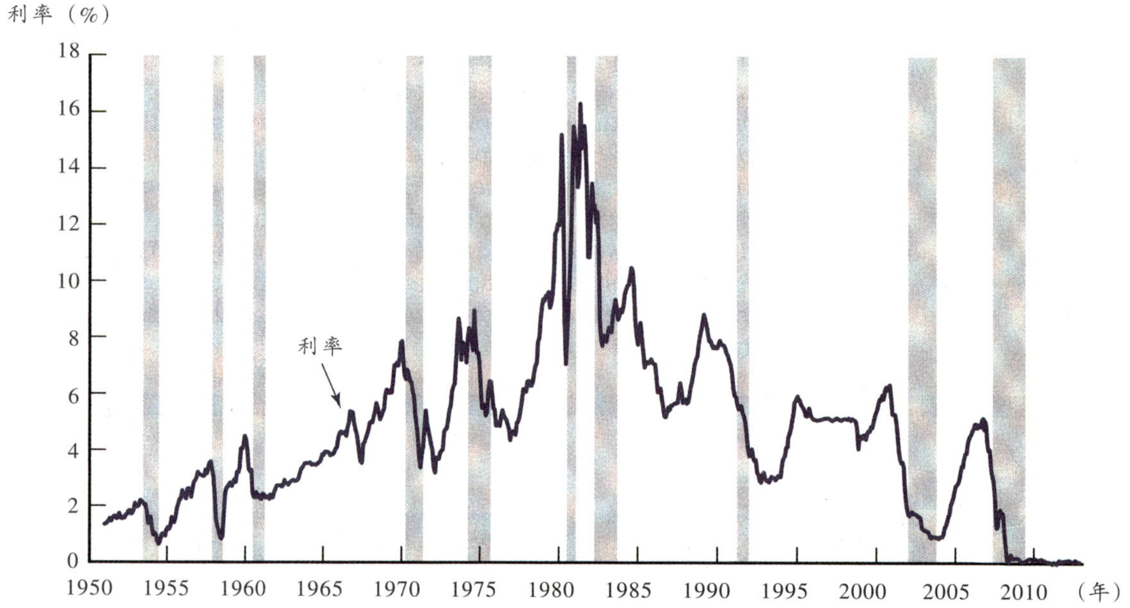

图4-7 经济周期和利率（3个月短期国债），1951—2013年

资料来源：Federal Reserve Bank of St. Louis FRED database：http://research.stlouisfed.org/fred2/.

案例

日本利率较低的原因

实践经理

从利率预测中获得利益

本章小结

1. 资产组合选择理论告诉我们，资产需求量与财富正相关，与其他可选资产的预期收益率正相关，与其他可选资产的风险负相关，与其他可选资产的流动性正相关。

2. 多样化（持有一种以上的资产）会给投资者带来好处，因为它可以降低投资者面临的风险，不同资产的收益变动趋势越不相同，这种好处就越大。

3. 对债券的供给和需求分析为如何确定利率提供了理论基础。它指出当债券由于收入（财富）、预期收益率、风险或者流动性的变动而发生变动时，或者当债券的供给由于投资机会的预期盈利能力、借款的实际成本或政府活动的变动而发生变动时，利率将会相应地发生变动。

重点词汇

财富 预期收益 风险 流动性 标准差 资产组合选择理论 需求曲线 供给曲线 市场均衡 超额供给 超额需求 资产市场法 费雪效应

问答题

1. 从Sam的角度出发，当他在纽约证券交易所购买宝马公司的股票时，应该实施怎样的买入、持有和卖出策略？

2. 当面对投资房地产或股票的选择时，一般影响投资者决策的决定因素是什么？

3. 解释风险偏好者和风险规避者之间的关系，以及多样化战略。

4. Amanda是一名金融分析师，她希望能够对冲银行存款的低利率，请给她提出建议。

5. “一个风险偏好者会购买一个高预期收益率、低风险、高流动性的证券。”你同意这个观点么？请解释。

通过画供给需求图来解答第6~13题

6. 美联储减少货币供给的重要方法就是向公众出售债券。通过债券的供给需求分析，说明这个行为对利率的影响。

7. 通过债券的供给需求理论解释为什么利率是顺周期的（利率在经济扩张时上升，在经济衰退时下降）。

8. 黄金价格并不稳定，其突然的上升会对利率有何影响？

9. 人们预期未来房地产价格会突然上升，这会怎样影响利率？

10. 解释一下联邦赤字较大时，会对利率有什么影响？

11. 在全球金融危机之后，美国政府预算赤字急剧增加，但美国国债的利率大幅下降，且多年来一直处于低水平。这合理吗？为什么？

12. 通过债券的供给和需求理论来解释债券风险的上升对利率的影响。

13. 股票经销商佣金的下降对利率会有影响吗？请解释。

预测未来

14. 美国总统在记者招待会上宣布，他将通过一个新的通货膨胀预防项目来解决现在高通货膨胀率的问题。预测一下如果人们相信他，利率将会如何变动？

15. 美联储主席宣布利率在下一年将会大幅上升，而且市场相信他。那么今年的一种AT&T债券的利率会受到什么影响？

16. 如果人们突然预期股票价格会大幅上升，预测利率会如何变动。

17. 如果债券市场的价格变得更加不稳定，预测利率会如何变动。

计算题

1. Sally拥有一个面值为1 000美元、还有6年到期的零息债券。她计划在一年后卖出该债券，并且所要求的收益率在下一年有以下的概率分布：

概率	必要收益率
0.1	6.70%
0.2	6.85%
0.3	7.10%
0.2	7.30%
0.1	7.55%
0.1	7.75%

（1）卖出此债券的期望价格是多少？

（2）债券价格的标准差是多少？

2. 计算Daimier Chrysler发行的公司债券的到期收益率，债券价格为800.2美元，该债券的到期期限为11年，面值为1 000美元，年息为70美元。假设每年年底支付利息。该公司债券的终值是多少？

（1）如果利率下降到3%，债券的到期期限是多少年？

（2）如果利率上升到7%，以800.2美元价格出售的债券的年息支付应该为多少美元？

3. Verizon发行的面值为1 000美元的债券，票面利率为9.5%。该债券的到期期限为20年，市场对类似评级债券所要求的到期收益率为6.5%。该债券的价值是多少？

4. Toyota发行了面值为1 000美元、到期期限为30年的债券。市场对类似评级债券所要求的到期收益率为8.5%。该债券的票面利率是10.5%。Toyota在1月15日和7月15日，每半年向债券持有人支付利息。计算债券的当前价格。

$$B^d\text{:价格} = \frac{-2}{5} \times \text{数量} + 940$$

$$B^s\text{:价格} = \text{数量} + 500$$

（1）在接下来的一个月中，由于意外的经济衰退，所要求的类似评级债券的到期收益率下降到5%。计算债券的当前价格。

（2）如果债券的到期期限增加到35年，计算债券的价格。

5. 一年期贴现债券的需求曲线和供给曲线以下面的等式表示：

$$B^d\text{:价格} = \frac{-2}{5} \times \text{数量} + 940$$

$$B^s\text{:价格} = \text{数量} + 500$$

由于股票价格的急剧上升，许多退休人员开始将资金从股票市场转移到债券市场。这导致债券的需求曲线平行移动，在每一个需求量上价格都会增加50美元。假设债券的供给等式不变，新的均衡价格和均衡数量是多少？新的市场利率是多少？

6. 一年期贴现债券的需求曲线和供给曲线以下面的等式表示：

$$B^d\text{:价格} = \frac{-2}{5}\text{数量} + 990$$

$$B^s\text{:价格} = \text{数量} + 500$$

由于股票价格持续上涨，美联储认为有必要提高利率，因此新的市场利率提高到19.65%，但均衡数量保持不变。计算出新的需求和供给等式。假设方程式是平行移动的。

第5章

利率的风险结构和期限结构

序言

我们在第4章运用供给需求框架分析了利率行为，但是仅仅讨论了利率的决定因素。然而债券种类很多，这些债券的利率都不同。在本章我们将通过分析不同利率之间的关系来进一步分析和理解利率。了解不同债券和利率差异有助于公司、银行、保险公司和私人投资者做出投资决策。

我们首先介绍了到期日相同的债券有不同利率的原因。利率之间的关系被称为**利率的风险结构**（risk structure of interest risk），尽管风险、流动性和所得税制度在决定利率的风险结构中都起到重要作用。债券的到期日也能影响利率水平，不同期限债券的利率之间的关系叫作**利率的期限结构**（term structure of interest risk）。本章介绍了利率波动的原因，并解释了造成这些波动的理论。

5.1 利率的风险结构

图5-1展示了1919—2013年的一些长期债券的到期收益率。这揭示了相同期限债券的利率的两个重要特点：一是在给定的年份，不同种类债券的利率不同；二是这些利率的差异会随着时间的变化而变化。比如，在20世纪30年代末，市政债券的利率高于美国国债的利率，后来市政债券的利率则更低一些。另外，在1930—1933年的大萧条时期，Baa级公司债券（比Aaa级公司债券风险大）和美国国债的利率差距非常大，到了1940—1960年，这个差距就很小了，后来差距又变大了。那么是什么原因造成了这些现象呢？

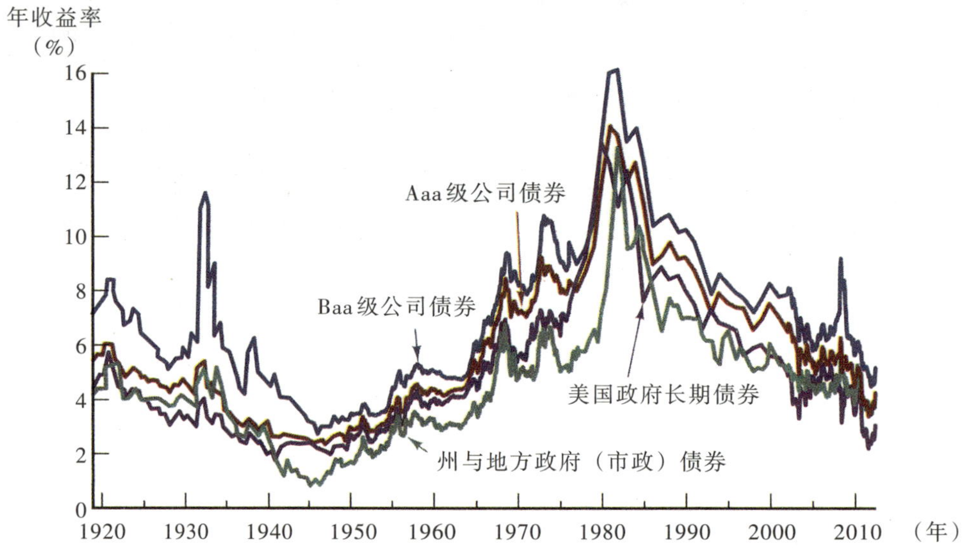

图5-1 长期债券收益率（1919—2013年）

注：在给定年份中，不同类型债券的利率是有差异的，且利率差异随着时间的变化而变化。

5.1.1 违约风险

违约风险（default）是债券能够影响利率的一个重要因素。当债券发行方不能或不愿意支付承诺的利息或者当债券到期时不能支付债券的票面价值时，就产生了违约风险。当一个公司遭受重大损失时，如2000年美国主要的航空公司United、Delta、US Airways、Northwest，延迟了对其发行债券的利息支付，这些债券的违约风险会非常高。相反，美国国债一般被认为是没有违约风险的，因为联邦政府可以增加税收来支付债务。这种没有违约风险的债券叫作**无违约风险债券（default-free bond）**。（然而，1995—1996年间的国会预算谈判，以及后来的2011—2013年间共和党威胁要使国债违约，对债券市场有很大的影响）到期日相同的有违约风险债券和无违约风险债券的利率差叫作**风险溢价（risk premium）**，也就是人们愿意持有高风险债券所必须获得的额外利息。第4章中债券市场的供给需求分析可以解释为什么有违约风险的债券通常风险溢价为正，为什么违约风险越大则风险溢价就越大。

为了探究违约风险对利率的影响，让我们来看看美国国债和长期公司债券的供给需求图，如图5-2所示。为了更容易观察这个图，我们假设公司债券的初始违约风险和美国国债的相同。在这种情况下，这两个债券有相同的要素（相同的风险和到期日），它们的均衡价格和利率在一开始也是一样的（$P_1^c = P_1^T$并且$i_1^c = i_1^T$），公司债券的风险溢价（$i_1^c - i_1^T$）为零。

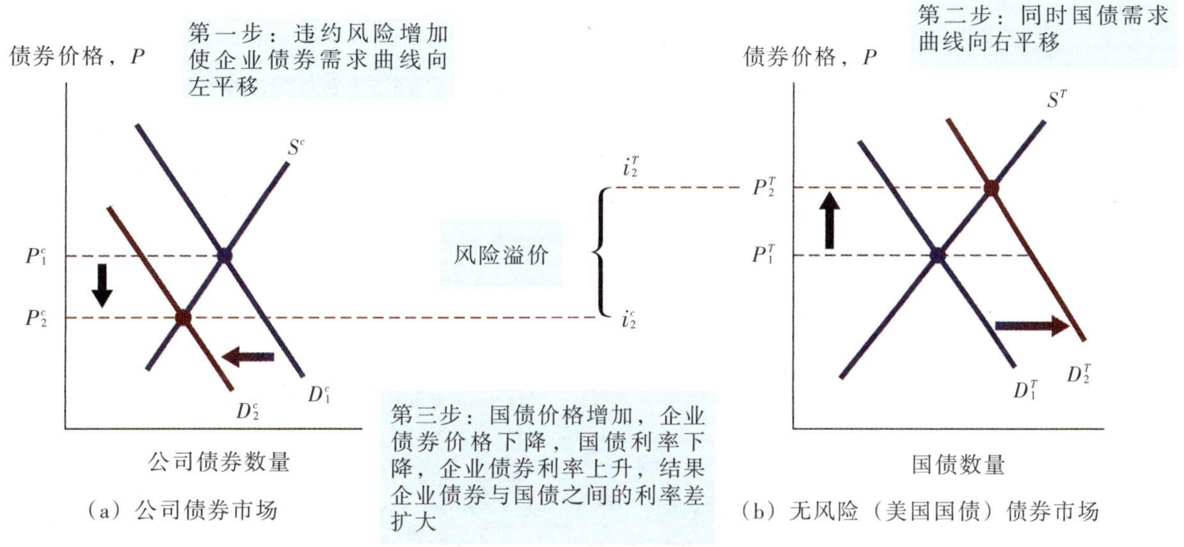

图5-2 企业债券违约风险上升的影响

注：首先，$P_1^c=P_1^T$，风险溢价是零。企业债券违约风险上升使需求曲线从D_1^c平移至D_2^c。同时，这个事件会使国债的需求曲线从D_1^c平移至D_2^c。企业债券均衡价格从P_1^c下降至P_2^c，企业债券均衡利率上升至i_2^c。在国债市场中，均衡债券价格从P_1^T上升至P_2^T，均衡利率下降至i_2^T。两个市场之间的大括号说明i_2^c和i_2^T之间的差异，即企业债券的风险溢价。（注意，因为P_1^c低于P_2^T，i_2^c大于i_2^T）

如果因为遭受大额损失而使一个公司的违约可能性增加，那么这个公司的违约风险就会增加，相应的预期收益就会减少。除此之外，公司债券收益的不确定性也会增加。资产组合理论告诉我们，相比无违约风险的国债，公司债券的预期收益减少的同时它的风险也会增加，公司债券并不是一个很好的投资选择（在其他条件不变的前提下），对它的需求就会减少。另一个思路是，如果你是一个投资者，你会减少持有公司债券。对公司债券的需求曲线如图5-2（a）所示，就会向左移动，从D_1^c移动到D_2^c。

同时，无违约风险国债的预期收益相较公司债券增加，相应的风险降低。因此国债变成了更好的选择，对它的需求增加，如图5-2（b）所示，对国债的需求曲线向右移动，从D_1^T移动到D_2^T。

如我们在图5-2看到的那样，公司债券的均衡价格从P_1^c下降到P_2^c，又由于债券价格和利率是负相关的，这时公司债券的均衡利率就上涨到i_2^c。同时，国债的均衡价格从P_1^T上涨到P_2^T，均衡利率下降到i_2^T。公司债券和无违约风险债券的利率差，即公司债券的风险溢价也从零上涨到$i_2^c-i_2^T$。现在我们可以得出结论，有违约风险的债券的风险溢价通常为正，而随着违约风险的增加，风险溢价也会增加。

由于违约风险能够影响风险溢价的大小，债券购买人需要知道公司会不会违约。这种信息由**信用评级机构（credit-rating agency）**提供，提供投资建议的公司根据违约可能性对公司债券和市政债券的质量打分评级。表5-1提供了两家最大的信用评级机构——穆迪和标准普尔的评价分类和相关描述。拥有相对较低的违约风险的债券被称作良好投资证券，并且其评级在Baa或BBB之上。评级在Baa或BBB以下的债券的违约风险较高，被称为**垃圾债券（junk bond）**。因为这些债券的利率要高于良好投资证券，它们被认为是高收益债券。

回到本章开始的图5-1，看看我们能否解释公司债券利率和国债利率的关系。公司债券的利率通常高于国债的，这是因为公司债券有违约风险，而国债没有。因为Baa级公司债券的违约风

表 5-1 穆迪和标准普尔的债券评级

评级 穆迪	标准普尔	描述	2013年发行债券的公司的例子
Aaa	AAA	最高质量（违约风险最低）	Microsoft，Johnson & Johnson，Mobil Corp.
Aa	AA	高质量	Shell Oil，Sanofi，General Electric
A	A	中上级别	Bank of America，Intel Corp.，McDonald's Inc.
Baa	BBB	中等级别	Hewlett-Packard，FedEx，Harley Davidson
Ba	BB	中下级别	Charter Communications，Netflix，Best Buy
B	B	投机	Rite Aid，United Airlines，Delta Airlines
Caa	CCC，CC	差（高违约风险）	Western Express，RadioShack，J.C.Penney
C	D	最高投机	American Airlines

险要高于Aaa级公司债券，其风险溢价就会更高，所以Baa级债券的利率要高于Aaa级债券的利率。我们可以用同样的方法来分析在1930—1933年大萧条时期，Baa公司债券风险溢价的大幅增加，以及1970年以后的风险溢价增加（如图5-1所示）。大萧条时期公司破产和违约的情况屡见不鲜。我们可以预测，这些因素都导致了这些公司发行债券的违约风险增加，Baa级债券的违约风险也达到了前所未有的高点。1970年以后，我们又经历了许多公司的破产和违约，尽管这比大萧条时期的情况好得多，正如我们预期的，公司债券的违约风险和风险溢价上涨，使得公司债券和国债的利率差变得更大。

案例

全球金融危机下Baa级债券和美国国债的价差

5.1.2 流动性

另一个影响债券利率的因素是它本身的流动性。如第4章所述，一个具有流动性的资产是指当需要时能够很快以较低的成本兑换成现金的资产。资产的流动性越强，人们持有它的意愿就越强（在其他条件不变的前提下）。美国国债是所有长期债券里流动性最强的，因为它们的交易范围非常广，很容易被出售且出售成本很低。公司债券的流动性没有这么强，因为单一种类的公司债券的交易量远低于国债的交易量。因此在紧急情况下出售公司债券的成本会很高，因为很难快速找到买家。

公司债券较小的流动性如何影响它和国债之间的利率关系呢？我们仍然用之前分析违约风险的供给需求图5-2来分析（相比于国债）公司债券较低的流动性为什么会增加这两类债券的利差。让我们首先假设公司债券和国债的初始流动性是一样的，且其他的要素条件也一样。如图5-2所示，这两类债券的均衡价格和利率是相同的：$P_1^c = P_1^T$，且 $i_1^c = i_1^T$。由于公司债券交易范围较小，所以其流动性比国债小，就如证券组合理论所述，对公司债券的需求就会减少，使得它的需求曲线向左移动，如图5-2（a）所示，从 D_1^c 移动到 D_2^c。国债变得流动性更强，所以对它的需求增加，从 D_1^T 向右移动到 D_2^T。图5-2中曲线的移动说明流动性更小的公司债券价格下降、利率上升；而流动性更强的国债价格上涨、利率下降。

结果就是这两类债券的利率差变大。因此，公司债券和国债的利差（也就是风险溢价）不仅反映了公司债券的违约风险，也反映了它的流动性。这就是为什么风险溢价更应该被称作“风险和流动性溢价”，但按照习惯我们将其称为风险溢价。

5.1.3 所得税

再回到图5-1，我们还有一个疑惑，就是市政债券利率的确定。市政债券并不是没有违约风险，州政府和地方政府过去都有过债券违约的记录，尤其是在大萧条时期和加利福尼亚奥兰治县的案例。同时，市政债券的流动性也不如美国国债。

那么为什么如图5-1所示，在过去至少40年里这些债券的利率低于美国国债呢？原因是市政债券的利息收益不用缴纳联邦所得税，这对市政债券的需求与预期收益的提高有相同的影响。

假设你的收入很高，被征收35%的所得税，即每超过纳税标准的1美元的收入需要支付给政府35美分。如果你用1 000美元买入了一个票面价值1 000美元的美国国债，利息收益是100美元，缴税之后你只剩下65美元。尽管这个债券的利率是10%，你实际上在税后只赚了6.5%。

然而如果你买了一个票面价值1 000美元的市政债券，出售价格是1 000美元，利息是80美元。虽然其利率只有8%，但是由于它是免税债券，这80美元的利息不用缴税，所以你税后能赚8%。显而易见，以税后的角度来看，购买市政债券赚得更多，因此你更愿意持有风险更高、流动性更小的市政债券，尽管它的利率比美国国债低。（第二次世界大战之前并不是这样的，因为当时的所得税税率非常低，所以市政债券的免税地位并没有显示出很多优势）

例5.1 所得税

假设你现在可以选择购买市政债券或公司债券，这两个债券的票面价值和购买价格都是1 000美元。市政债券的利率是6%，支付利息60美元。公司债券的利率是8%，支付利息80美元。假设税率是40%，你更愿意购买哪个债券？

解答：你更愿意购买市政债券，因为它会帮你赚得60美元的利息，税后利率是6%。由于市政债券是免税的，你不需要对60美元的利息缴税，所以税后利率是6%。然而，购买公司债券需要交税。你只能留下80美元利息中的60%，其他的40%用来缴税。因此，你只获得了48美元的利息，即税后利率是4.8%。因此，购买市政债券获得的收益更高。

另一种理解市政债券的利率比国债低的方法是通过图5-3的供给需求进行分析。我们假设市政债券和国债有相同的要素，所以在相同的利率水平下它们的价格一样，如图5-3所示，$P_1^m = P_1^T$。一旦市政债券具有税收优惠，就会提高它们的税后预期收益，相较于国债，它们则是更好的投资选择，因此对它们的需求增加，需求曲线向右移动，从D_1^m移动到D_2^m。结果就是它们的均衡价格从P_1^m涨到P_2^m，均衡利率下降。相反地，相较市政债券，国债就不是更好的选择了。对国债的需求减少，从D_1^T移动到D_2^T。国债价格从P_1^T下降到P_2^T，利率升高。随之而来的市政债券利率变低和国债利率升高解释了为什么市政债券的利率可以比国债利率低。[①]

① 和公司债券相比，国债免收州政府和地方政府的所得税。通过我们的分析，你可以发现国债的这个特点能够解释公司债券利率为何高于国债利率。

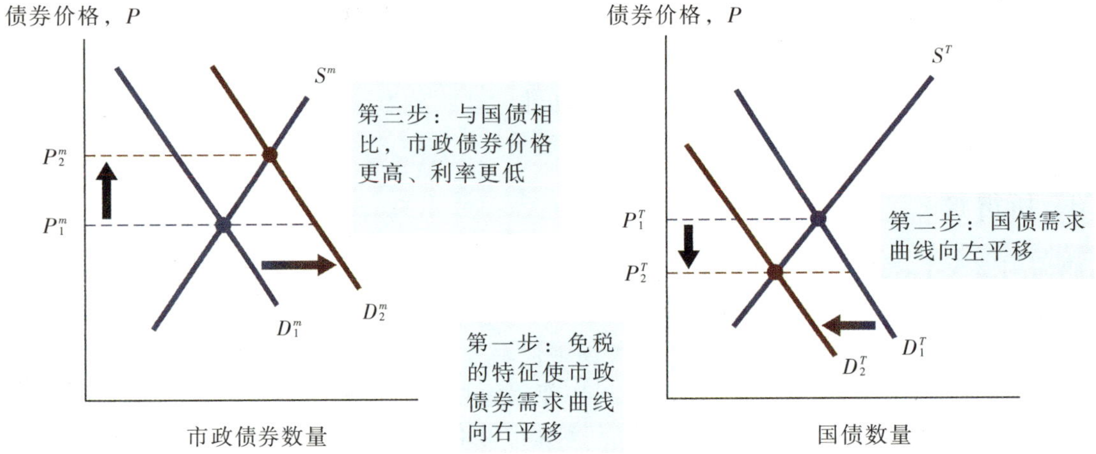

（a）市政债券市场　　（b）国债市场

图 5-3　市政债券和国债利率

5.1.4　小结

利率的风险结构（相同期限债券的利率之间的区别）可以由三个因素解释：违约风险、流动性和所得税征收方式。随着债券的违约风险增加，债券的风险溢价（债券的利率和无违约风险的国债的利率差）增加。美国国债更高的流动性也能解释为什么它们的利率会低于流动性更低的债券的利率。如果一个债券能够享受税收优惠，它的利率就会更低，就如市政债券一样，利息免征所得税。

案例

布什减税和奥巴马加税对债券利率的影响

5.2　利率的期限结构

我们已经知道风险、流动性和税收减免（被称作风险结构）是如何影响利率的。另一个影响债券利率的因素是它的期限。给定相同的风险、流动性和税收，如果到期时间不同，债券的利率也不同。在风险、流动性和税收减免相同的前提下，债券收益和到期日之间的关系可以用债券的**收益率曲线**（yield curve）表示，它描述了某类债券利率的期限结构，如政府发行的债券。收益率曲线包括三种类型：向上倾斜的；水平的；向下倾斜的，也叫**反向收益率曲线**（inverted yield curve）。当收益率曲线向上倾斜时，通常的情况是，长期利率高于短期利率；当收益率曲线是水平的时，通常的情况是短期利率等于长期利率；当收益率曲线向下倾斜时，长期利率低于短期利率。收益率曲线还有更复杂的形状，如先向上倾斜再下降，或者先下降再上升。为什么我们通常看到的是向上倾斜的收益率曲线，而有时看到的是其他形状呢？

除了能解释为什么在不同的时间内收益率曲线的形状不同以外，一个好的利率期限结构理论必须能解释下面三个重要的事实：

1. 正如图 5-4 所示，期限不同的债券，其利率随着时间的变化而一起变化。

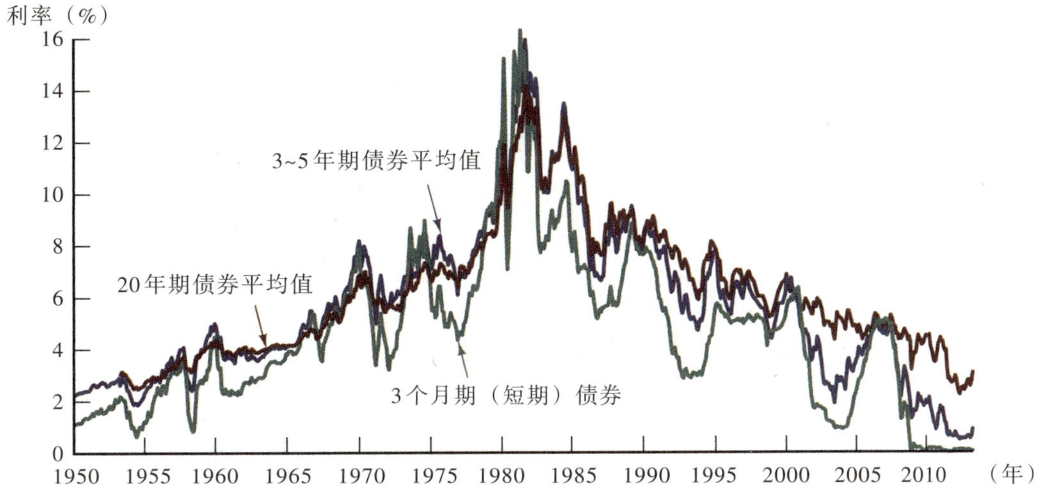

图5-4　不同期限的美国政府债券利率波动趋势

注：不同时期内不同到期日债券利率趋同。

2. 当短期利率很低时，收益率曲线更有可能向上倾斜；当短期利率很高时，收益率曲线更有可能向下倾斜。

3. 大部分收益率曲线向上倾斜。

有三个理论用于解释利率的期限结构，即反映在收益率曲线中不同到期日的债券的利率之间的关系：（1）预期理论；（2）市场分割理论；（3）流动性溢价理论。预期理论很好地解释了我们前两个重要事实，却解释不了第三个。市场分割理论能够解释第三个事实却解释不了其他两个。因为每种理论能解释另外的理论解释不了的事实，我们很自然地把这两个理论结合起来，就得到了流动性溢价理论，其能够解释所有三个事实。

如果流动性溢价理论能更好地解释这些事实，并且是最被广泛接受的理论，为什么我们还花时间讨论另外两个理论呢？这里有两个原因：第一，另两个理论是流动性溢价理论的基础；第二，当经济学家发现预期结果与实验证据之间出现偏差时，了解其是如何改进并完善这些理论是很重要的。

5.2.1　预期理论

期限结构的**预期理论（expectations theory）**提出如下主张：长期债券的利率等于在长期债券期限内人们对短期债券预期的利率的平均值。如果人们预期在未来的5年里短期债券利率的平均值是10%，根据该理论，5年期的长期债券的利率也是10%。如果人们预期5年后短期债券的利率上涨，假设未来20年里短期债券的利率平均值是11%，那么20年期长期债券的利率就是11%，高于5年期债券的利率。我们可以看出预期理论认为，不同到期期限债券的利率不同的原因是预期短期利率在未来是不同的。

这个理论的前提是，债券的购买者对到期期限没有特别的偏好，所以当一个债券的预期回报率低于其他不同到期期限债券时，他们会放弃持有这种债券。具有这种特点的债券互为完全替代品。实际上这意味着，如果不同到期期限的债券是完全替代品，这些债券的回报率也必然是相等的。

为了检验这个前提（不同到期期限的债券是完全替代品）是如何推出预期理论的，让我们考虑下面两个投资策略：

1. 先购买一个1年期债券，当1年后债券到期时，再购买一个1年期债券。

2. 购买一个2年期债券并持有至到期日。

无论人们是持有1年期还是2年期债券，因为这两个投资策略必须带来一样的预期收益，所以2年期债券的利率必须等于两个1年期债券利率的平均值。

例 5.2 预期理论

一年期债券的当期利率是9%，你预期明年1年期债券的利率是11%。未来2年这个债券的预期回报率是多少？和两个1年期债券平均利率相等的2年期债券的利率是多少？

解答：未来2年的预期收益率是平均每年10%（［9%+11%］÷2=10%）。债券持有人愿意持有2年期债券的条件是这个2年期债券的预期收益率是10%。因此，这个2年期债券的利率等于10%，等于1年期债券在2年内的平均利率，如下图所示：

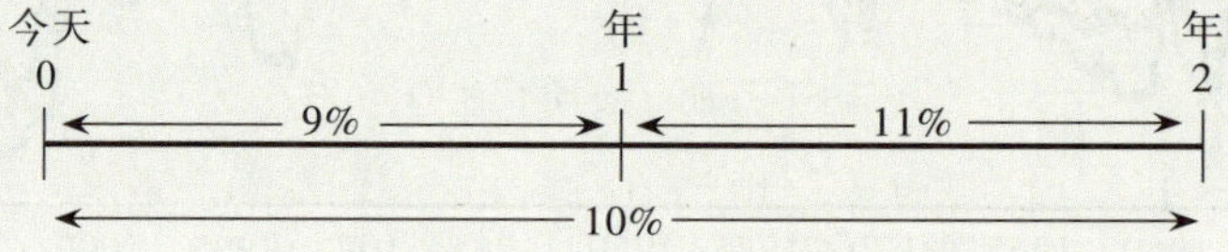

更一般地表述这个结论：以投资1美元为例，你可以选择两种不同时间段的持有方式，即持有一个2年期的债券或持有两个1年期的债券。给出下面的定义：

$$i_t = 1\text{年期债券今天（时间}t\text{）的利率}$$

$$i^e_{t+1} = 2\text{年期债券下一个阶段（时间}t+1\text{）的预期利率}$$

$$i_{2t} = 2\text{年期债券今天（时间}t\text{）的利率}$$

投资1美元的2年期债券并持有到期的预期收益率计算如下：

$$(1+i_{2t})(1+i_{2t})-1=1+2i_{2t}+i^2_{2t}-1=2i_{2t}+i^2_{2t}$$

两年后的1美元的投资价值是$(1+i_{2t})(1+i_{2t})$，减去初始投资的1美元再除以最初投资1美元就得到了收益率。因为i^2_{2t}非常小，如i_{2t}=10%=0.10，那么$i^2_{2t}=0.01$，因此我们可以简化这个结果，持有2年期债券到期的预期收益率是：

$$2i_{2t}$$

另一个投资策略是，购买1年期的债券，投资的1美元在未来两年的预期回报率是：

$$(1+i_t)(1+i^e_{t+1})-1=1+i_t+i^e_{t+1}+i_t(i^e_{t+1})-1=i_t+i^e_{t+1}+i_t(i^e_{t+1})$$

这个计算的思路是，第一年年末投资的1美元变成了$1+i_t$，这笔钱在第二年继续投资1年期债券，得到收益$(1+i_t)(1+i^e_{t+1})$。这个收益减去初始投资1美元再除以初始投资1美元就得到了购买1年期债券的收益率。因为$i_t(i^e_{t+1})$非常小，如果$i_t=i^e_{t+1}$=0.10，那么$i_t(i^e_{t+1})$=0.01，我们可以简化这个结果为：

$$i_t+i^e_{t+1}$$

我们持有这两种债券的条件是它们的预期回报率是相等的，即：

$$2i_{2t}=i_t+i^e_{t+1}$$

等式两边同时除以2，得到：

$$i_{2t}=\frac{i_t+i^e_{t+1}}{2} \tag{5.1}$$

这个等式告诉我们，2年期债券的收益率必须等于两个1年期债券的平均收益率，如下图所示：

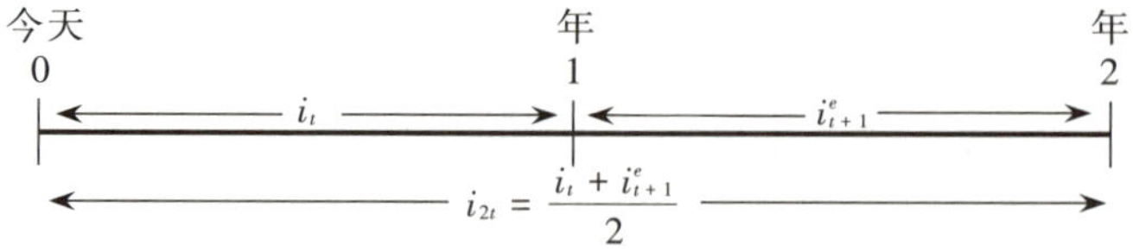

用相同的步骤来分析到期期限更长的债券，我们就能检验利率的完整期限结构。这么做之后，我们发现一个n期债券的利率必然是：

$$i_{nt} = \frac{i_t + i^e_{t+1} + i^e_{t+2} + \cdots + i^e_{t+(n-1)}}{n} \tag{5.2}$$

公式5.2说明n期债券的利率等于1年期债券在未来n期内预期发生的利率平均值。这也是对预期理论更精确的表达。①

例5.3　预期理论

1年期债券在未来5年的预期利率分别是5%、6%、7%、8%、9%。已知这些信息，2年期债券和5年期债券的利率分别是多少？并解释收益率曲线的形状。

解答：两年期债券的利率是5.5%。

由：$i_{nt} = \dfrac{i_t + i^e_{t+1} + i^e_{t+2} + \cdots + i^e_{t+(n-1)}}{n}$

其中：i_t=第1年的利率=5%

i^e_{t+1}=第2年的利率=6%

n=年数=2

因此：$i_{2t}=\dfrac{5\% + 6\%}{2} = 5.5\%$

5年期债券的利率是7%。

由：$i_{nt} = \dfrac{i_t + i^e_{t+1} + i^e_{t+2} + \cdots + i^e_{t+(n-1)}}{n}$

其中：i_t=第1年的利率=5%

i^e_{t+1}=第2年的利率=6%

i^e_{t+2}=第3年的利息=7%

i^e_{t+3}=第4年的利息=8%

i^e_{t+4}=第5年的利息=9%

n=年数=5

因此：$i_{5t}=\dfrac{5\% + 6\% + 7\% + 8\% + 9\%}{5} = 7.0\%$

用同样的方法计算1年期、3年期和4年期债券的利率，你可以相应地选择1年期到5年期的利率：5.0%、5.5%、6.0%、6.5%和7.0%。短期债券利率的上升趋势，使得收益率曲线随着到期期限增加而向上倾斜。

预期理论是非常精妙的理论，很好地解释了不同时间的利率期限结构不同的原因。当收益率曲线向上倾斜时，预期理论说明短期利率预期会上升。在这种情况下，长期债券的当期利率高于短期债券利率，那么就会预期将来短期债券的平均利率高于当期利率，只有在预期短期利率上升的前提下才会发生这些情况。这个结果在我们练习的计算题中也看到了。当收益率曲线向下倾斜时（反向的收益率曲线），短期债券预期的利率平均值就会低于当期利率，说明了短期利率水平在未来的预期平均值下降。只有当收益率曲线是水平时，预期理论才表明短期利率在未来的预期平均值不会变化。

预期理论还解释了第一个事实，即随着时间的变化，债券的利率也在变化。从历史的数据

① 此处的分析是针对贴现债券的。附息票债券利率计算公式和此处计算的公式有细微的区别，不过揭示了一样的原则。

看，短期债券的利率具有这样的特点，即如果短期债券当期利率上升，那么预期它们未来也会上升。因此短期利率的上涨会提高人们对未来短期债券利率的预期。因为长期债券的利率水平是短期债券利率未来预期值的平均水平，短期利率上涨的同时会提高长期债券利率，使得短期债券和长期债券利率曲线同时移动。

预期理论还解释了第二个事实，即当短期利率很低时，收益率曲线向上倾斜，而当短期利率很高时，收益率曲线向下倾斜。当短期利率很低时，人们普遍期望利率将来上涨到一个正常水平，未来预期的短期利率的平均值就高于短期利率的当期值。因此，长期债券的利率要远远高于短期债券的当期利率，收益率曲线就是向上倾斜的。相反地，如果短期利率很高，人们通常期望利率降回原来的水平。长期债券利率就会下降到低于短期债券的利率水平，这是因为将来短期债券利率的预期平均值低于当期利率，收益率曲线向下倾斜，是反向的。①

预期理论是一个值得思考的理论，因为它简单解释了期限结构行为，然而它有一个致命的缺点：无法解释第三个事实，即收益率曲线通常是向上倾斜的。向上倾斜的收益率曲线意味着人们通常预期短期债券利率将来会上涨。实际上，短期债券利率可能上升也可能下降，所以预期理论认为收益率曲线更可能是水平的而不是向上倾斜的。

5.2.2 市场分割理论

顾名思义，期限结构的**市场分割理论**（market segmentation theory）把整个债券市场看作是由独立的、不同到期期限的债券组成的。不同到期期限的债券利率是由债券的需求和供给决定，并且与其他不同到期期限债券的预期收益率无关。

市场分割理论的关键假设是，不同到期期限的债券之间并不是完全替代的，所以持有一种到期期限债券的预期收益率对另一种到期期限债券的需求没有影响。这个期限结构理论和预期理论正好相反，预期理论假设不同到期期限的债券之间是可以完全替代的。

认为不同到期期限的债券之间是不可替代的原因在于投资者有强烈的投资偏好，更愿意持有一种到期期限的债券，而不是另一种到期期限的债券，所以他们只会关心其偏好投资的债券的预期收益率。这是很有可能发生的，因为投资者有自己的打算，如果债券的到期期限和他们偏好的持有期吻合的话，他们可以在不承担风险的情况下获得一定的回报率。②（第3章我们讲到了如果到期期限和持有期相同，收益率就是确定的，因为它等于收益率，并不存在利率风险）比如，一类投资者有能力短期持有债券所以更愿意持有短期债券。相反地，如果投资者打算把钱存起来给孩子将来上大学用，他就偏好更长的持有期，这时他就会购买持有长期债券。市场分割理论的观点是，不同的收益率曲线是由不同到期期限债券的不同需求、供给造成的。如果投资者更愿意短期持有并且偏好利率风险更小的短期债券，市场分割理论就可以很好地解释第三个事实，即典型的收益率曲线都是向上倾斜的。因为一般来说，对长期债券的需求要少于对短期债券的需求，长期债券的价格更低、利率更高，因此收益率曲线就会向上倾斜。

尽管市场分割理论能够解释收益率曲线通常向上倾斜的原因，但它的缺点是解释不了第一个和第二个事实。首先，它把债券市场看作是由不同到期期限的完全分割的债券构成的，无法说明如果一个到期期限债券的利率提高，会影响另一个到期期限债券的利率。因此，它解释不了不同

---

① 预期理论解释了短期和长期利率之间关系的另一个重要事实。如图5-4所示，短期利率的波动强于长期。如果利率是均值回归的，即利率过高的话会逐渐下降，利率过低的话会逐渐上涨，那么短期利率平均值的波动性必然要低于短期债券本身利率的波动性。因为预期理论说明长期利率是未来短期利率的平均值，这就说明了长期利率的波动性小于短期利率。

② 当到期期限等于持有期时，债券的收益率是确定的，这个理论只针对贴现债券。投资一个长期的附息债券会有一些风险，因为在债券到期前利息必须被再投资。因此，这里我们的分析只针对贴现债券。然而，对息票债券来说，分析的要点仍然是一样的，这是因为当附息债券的到期期限和持有期一样时，再投资的风险很小。

到期期限债券的利率同时变化的原因（事实1）。其次，它不清楚短期债券的需求、供给是如何随着短期利率变化而变化的，这个理论就无法解释为何当短期利率很低时收益率曲线向上倾斜，当短期利率很高时收益率曲线向下倾斜。

因为这两个理论都不能解释所有事实，下一步就是把这两个理论融合起来，我们就得到了流动性溢价理论。

5.2.3 流动性溢价理论

期限结构的**流动性溢价理论**（liquidity premium theory）认为，一个长期债券的利率等于在长期债券到期期限内发生的短期债券利率的平均值加上债券供需状况引起的流动性溢价（也叫期限溢价）。

流动性溢价理论的关键假设是，不同到期期限的债券是替代品，这意味着一个债券的预期回报率会影响另一个债券的预期回报率，但是它允许投资者对债券有到期期限的偏好。换句话说，不同到期期限的债券之间是可以替代的，但不能完全替代。投资者更偏好短期债券是因为这些债券的利率风险更小。由于这些原因，投资者愿意持有长期债券是因为长期债券能为其提供正的流动性溢价。这个结论在描述长、短期利率关系的公式里加入了正的流动性溢价，用于修正预期理论。因此流动性溢价理论可以写作：

$$i_{nt} = \frac{i_t + i^e_{t+1} + i^e_{t+2} + \cdots + i^e_{t+(n-1)}}{n} + l_{nt} \tag{5.3}$$

其中，l_{nt}是在时间t时n期债券的流动性溢价，它通常是正的而且随着债券的到期期限增加而上涨。[①]

图5-5展示了预期理论和流动性溢价理论的关系。我们可以看出因为流动性溢价通常是正的并且随着到期期限增加而上涨，流动性溢价理论下的收益率曲线通常在预期理论的收益率曲线上面，而且斜率更大（请注意为了简化问题，我们假设预期理论下的收益率曲线是水平的）。

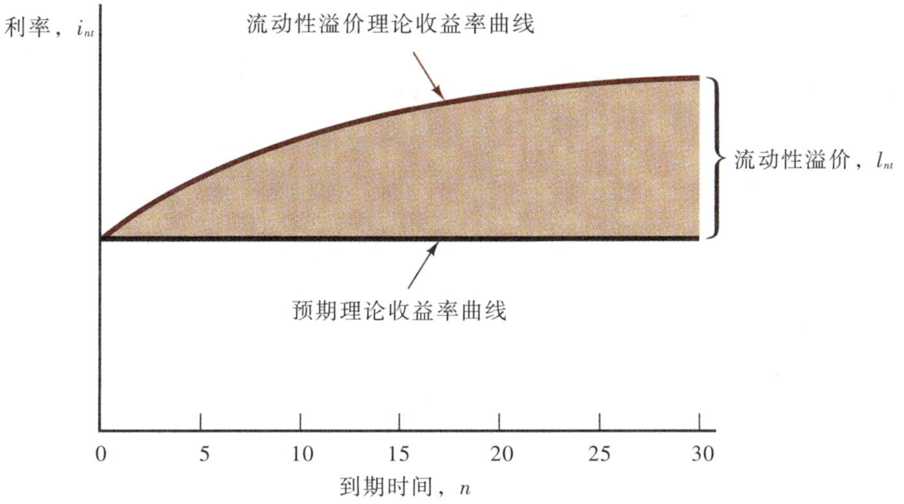

图5-5 流动性溢价理论和预期理论之间的关系

注：因为流动性溢价总是正数，而且与到期时间正相关。流动性溢价理论的收益率曲线总是在预期理论的收益率曲线之上，而且具有陡峭的斜率。简单来说，预期理论的收益率曲线假设未来1年期债券的利率始终固定不变。

---

① 和流动性溢价理论紧密相关的是优先配置资产理论，这个理论修正预期假设的方法相比而言没那么直接，但是得出的结论是相似的。它假设投资者对不同到期期限的债券有不同的偏好，他们不会购买自己没有偏好期限的债券，除非这些债券能够提供更高的预期收益率。因为投资者更偏好配置短期资产而不是长期资产，他们只在投资长期资产能获得更高预期收益率时才会投资。这个原理就得出流动性偏好提示的公式5.3，其中的到期期限产生了期限溢价。

例 5.4 流动性溢价理论

在例 5.3 中，我们假设未来的 5 年里 1 年期利率的预期值是 5%、6%、7%、8% 和 9%。投资者偏好持有短期债券，从 0 年到 5 年的流动性溢价依次是 0、0.25%、0.5%、0.75% 和 1%。2 年期和 5 年期债券的利率分别是多少？把这些结果和例 5.3 中用纯粹的预期理论计算的利率对比能找到什么不同？

解答：两年期债券的利率是 5.75%。

由：$i_{nt}=\dfrac{i_t+i_{t+1}^e+i_{t+2}^e+\cdots+i_{t+(n-1)}^e}{n}+l_{nt}$

其中：i_t=第 1 年的利率=5%

i_{t+1}^e=第 2 年的利率=6%

l_{nt}=流动性溢价=0.25%

n=年数=2

因此：$i_{2t}=\dfrac{5\%+6\%}{2}+0.25\%=5.75\%$

5 年期债券的利率是 8%。

由：$i_{nt}=\dfrac{i_t+i_{t+1}^e+i_{t+2}^e+\cdots+i_{t+(n-1)}^e}{n}+l_{nt}$

其中：i_t=第 1 年的利率=5%

i_{t+1}^e=第 2 年的利率=6%

i_{t+2}^e=第 3 年的利率=7%

i_{t+3}^e=第 4 年的利率=8%

i_{t+4}^e=第 5 年的利率=9%

l_{2t}=流动性溢价=1%

n=年数=5

因此：$i_{5t}=\dfrac{5\%+6\%+7\%+8\%+9\%}{5}+1\%=8.0\%$

如果你用类似的方法来计算 1 年、3 年和 4 年期债券的利率，1 年到 5 年期债券的利率依次是：5.0%、5.75%、6.5%、7.25% 和 8.0%。把这些结果和通过预期理论计算的结果相比，我们可以看出由于投资者对短期债券的偏好，流动性溢价理论下收益率曲线的斜率更大。

现在让我们来看看流动性溢价理论是否能解释我们之前讨论过的 3 个事实。这个理论是这样解释事实 1（不同到期期限的债券利率随着时间变化而共同变化）的：短期利率上涨意味着将来短期债券的利率平均值会更高，公式 5.3 的第一项也显示了长期利率会随着短期利率的变化而变化。

这个理论也解释了事实 2（当短期利率很低时收益率曲线向上倾斜；相反，当短期利率很高时收益率曲线变成反向的）。因为当期利率很低时，投资者通常预期短期利率将来会上涨到某个正常水平，那么将来的短期利率预期平均值就会高于当期的短期利率。再加上额外的正流动性溢价的激增，长期利率会比当期短期利率高很多，收益率曲线就向上倾斜很大。相反，如果短期利率很高，人们通常会预期利率下降，长期利率就会下降到低于短期利率的水平，因为短期利率将来的预期平均值远远低于当期短期利率（尽管存在正的流动性溢价），收益率曲线就会向下倾斜。

这个理论还解释了事实 3（收益率曲线通常都是向上倾斜的）：由于投资者更加偏好短期债

券，流动性溢价随着债券的到期期限增加而增加。尽管人们预期将来短期利率的平均值不变，长期利率也会高于短期利率，收益率曲线通常是向上倾斜的。

当存在正的流动性溢价时，这个理论如何解释偶尔出现的反向收益率曲线呢？一定会有一些时间的短期利率预期大幅下降，使得短期债券的预期平均值低于当期短期债券利率。甚至给这个平均值加上正的流动性溢价后，长期利率仍然低于当期的短期利率。

正如我们在前面讨论说明的那样，流动性溢价理论最显著的特点就是，投资者可以通过收益率曲线的形状来预测未来的短期利率。收益率曲线向上的斜率，如图5-6（a）所示，表明了短期利率将来的预期值会上升。图5-6（b）这条稍微平缓向上倾斜的收益率曲线意味着，短期利率将来的预期值不会上升或下降太多。图5-6（c）水平的收益率曲线，意味着短期利率将来预期下降幅度很小。图5-6（d）的反向收益率曲线意味着短期利率预期在将来会大幅度地下降。

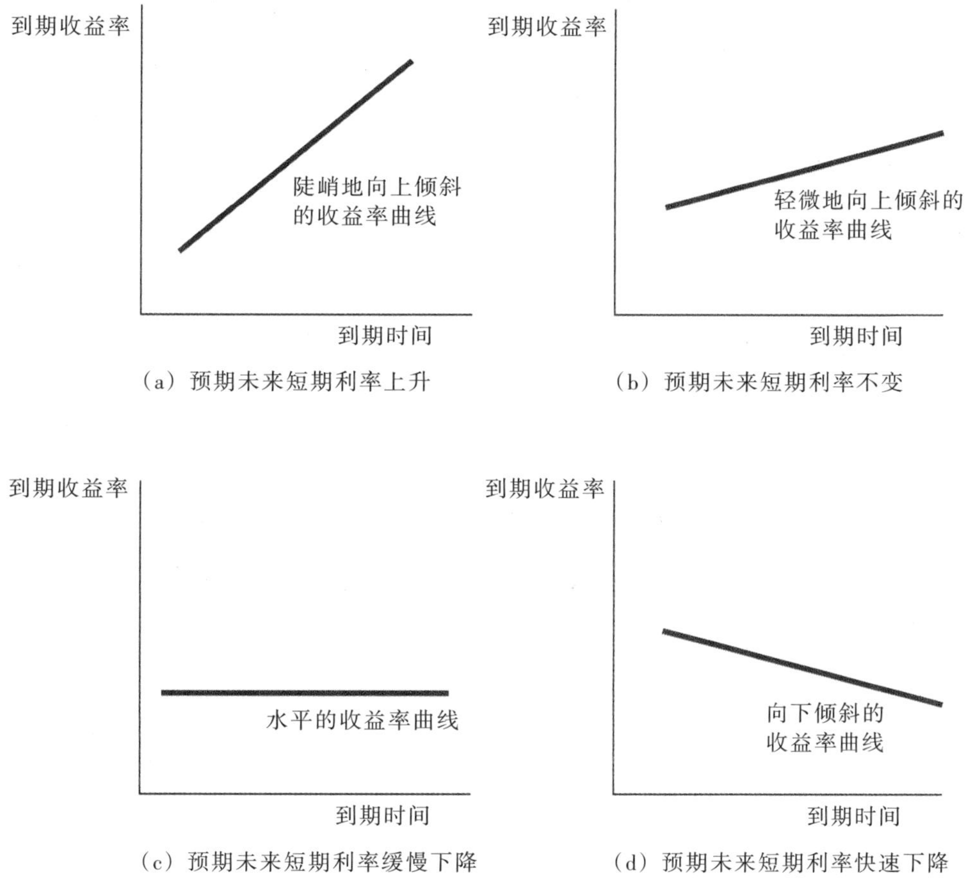

（a）预期未来短期利率上升　（b）预期未来短期利率不变

（c）预期未来短期利率缓慢下降　（d）预期未来短期利率快速下降

图5-6　基于流动性溢价理论的收益率曲线与市场对未来短期利率的预期

5.2.4　期限结构的证据

20世纪80年代的很多对利率期限结构的研究，把重点放在收益率曲线的形状是否能给短期债券的未来变化趋势提供信息。[①]这些研究发现，长期和短期利率的差并不能帮助预测将来的短

① Robert J. Shiller, John Y. Campbell, and Kermit L. Schoenholtz, "Forward Rates and Future Policy: Interpreting the Term Structure of Interest Rates," Brookings Papers on Economic Activity 1（1983）: 173-217; N. Gregory Mankiw and Lawrence H. Summers, "Do Long-Term Interest Rates Overreact to Short-Term Interest Rates?" Brookings Papers on Economic Activity 1（1984）: 223-242.

期利率，这个发现是建立在长期债券流动性溢价大幅度波动的基础上得来的。近来的研究采用了更为精确的实验方法得出了不同的结论。研究结果表明，期限结构的相关理论能够解释短期（未来几个月）和长期（未来几年）债券利率的波动，但是对于预测中期（短期和长期之间）利率波动是不太可靠的方法。[①]研究还发现收益率曲线能够帮助预测未来的通货膨胀率和经济周期（见案例“预测通货膨胀率和经济周期的工具——收益率曲线”）。

案例

预测通货膨胀率和经济周期的工具——收益率曲线

5.2.5 小结

流动性溢价理论是关于利率的期限结构的最广为接受的理论，因为它很好地解释了关于期限结构的经济事实。它结合了预期理论和市场分割理论的特点，主张长期债券利率是流动性溢价和长期债券到期期限内的短期利率平均值之和。

流动性溢价理论解释了下面事实：

1. 不同到期期限债券的利率随着时间变化而同时变化；

2. 收益率曲线通常向上倾斜；

3. 当短期利率很低时，收益率曲线通常斜率很大；当短期利率很高时，收益率曲线通常是反向的。

这个理论还能帮我们预测短期利率在将来的变动。一条陡峭地向上倾斜的收益率曲线意味着短期利率预期会上涨；一条平缓地向上倾斜的收益率曲线意味着短期利率预期会保持不变；一条水平的收益率曲线意味着短期利率预期会小幅度地下降；而一条反向的收益率曲线意味着短期利率预期会大幅度地下降。

案例

了解1980—2013年的收益率曲线

图5-7展示了近年来美国政府债券的收益率曲线。这些收益率曲线能告诉我们公众对短期利率未来波动的什么预期呢？

1981年1月15日的收益率曲线呈现陡峭的反向形状，这意味着短期利率在未来预期会大幅下降。因为拥有正流动性溢价的长期利率低于短期利率，短期利率预期会大幅下降，因此它们的平均值远远低于当期短期利率。实际上，公众通过收益率曲线形成的预期——短期利率大幅下降——在1月15日之后很快就实现了。到了3月份，3个月期的国债利率从16%下降到13%。

1985年3月28日和2013年6月20日出现的陡峭地向上倾斜的收益率曲线意味着短期利率在未来会上涨。当短期利率预期上涨时，长期利率高于短期利率，这是因为它们的平均值加上流动性溢价高于当期短期利率。1980年5月16日和1997年3月3日出现的平缓地向上倾斜的收益率曲线意味着短期利率预期在近期不涨不跌。在这种情况下，其平均值等于当期短期利率，长期债券的正的流动性溢价解释了收益率曲线的平缓向上的形状。

---

① Eugene Fama, “The Information in the Term Structure,” Journal of Financial Economics 13 (1984): 509-528; Eugene Fama and Robert Bliss, “The Information in Long-Maturity Forward Rates,” American Economic Review 77 (1987): 680-692; John Y. Campbell and Robert J. Shiller, “Cointegration and Tests of the Present Value Models,” Journal of Political Economy 95 (1987): 1062-1088; John Y. Campbell and Robert J. Shiller, “Yield Spreads and Interest Rate M.vements: A Bird's Eye View,” Review of Economic Studies 58 (1991): 495-514.

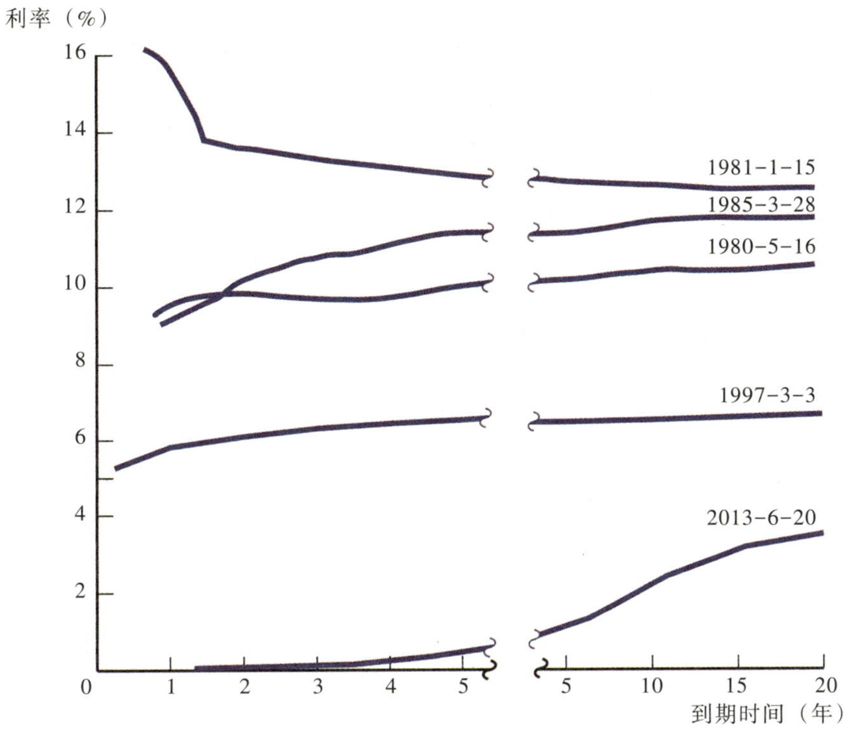

图5-7 美国政府债券收益率曲线

注：1981年至2013年，不同时期的美国政府债券的收益率曲线。

实践经理

通过期限结构预测利率

正如我们在第4章探讨的，利率预测对于金融机构经理来说特别重要，因为利率未来的变化会对机构的盈利能力会产生重大的影响。当金融机构经理需要为提供给顾客的长期贷款设定利率时，就更需要预测利率。我们对于利率期限结构的探讨已经说明，收益率曲线的形状提供了关于利率市场预期未来变化的一般信息。举例来说，一条陡峭地向上倾斜的收益率曲线意味着短期利率未来预期上涨，而一条向下倾斜的收益率曲线意味着短期利率预期下降。然而，金融机构经理需要更多关于利率预测的具体信息。现在我们将介绍金融机构经理如何利用期限结构得出精确的利率预测。

为了探究这个过程是如何完成的，让我们用纯预期理论方法开始这个分析。回顾一下，不同到期期限的债券是完全替代品，我们假设投资1美元的2年期债券并持有2年的预期回报率是$(1+i_{2t})(1+i_{2t})-1$，这个回报率必须等于连续投资1美元的1年期债券的预期回报率，即$(1+i_t)(1+i^e_{t+1})-1$。如下图所示：

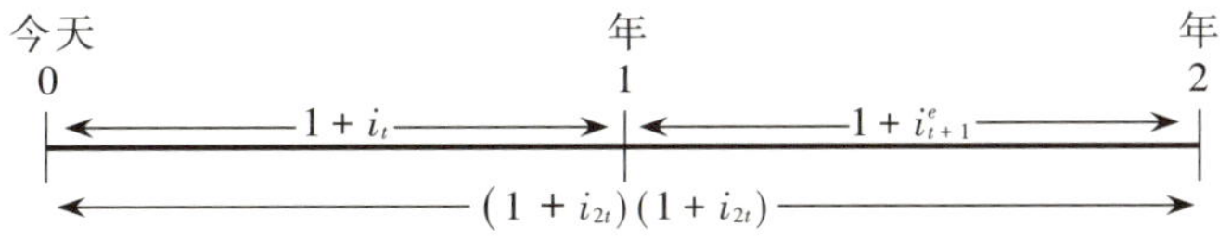

即：$(1+i_t)(1+i^e_{t+1})-1=(1+i_{2t})(1+i_{2t})-1$

通过一些代数整理我们可以算出：

$$i_{t+1}^{e}=\frac{(1+i_{2t})^{2}}{1+i_{t}}-1 \tag{5.4}$$

i_{t+1}^{e}即远期利率，因为它是用期限结构的预期理论得出的未来1年期利率。为了区分期限结构得出的远期利率和时间t观察到的实际利率，我们称这些观察到的利率为即期利率。

回到例5.3，在时间t，1年期利率是5%，2年期利率是5.5%。把这些数据代入公式5.4就得到下面对未来1年期远期利率的预期值：

$$i_{t+1}^{e}=\frac{(1+0.055)^{2}}{1+0.05}-1=0.06=6\%$$

这个6%的远期利率等于例5.3使用的未来1年的预期利率。这正是我们发现的结果，即我们的计算是另一种检验纯预期理论的方法。

我们同样可以对比持有3年期债券和连续持有1年期债券，就得出了下面的关系：

$$(1+i_{t})(1+i_{t+1}^{e})(1+i_{t+2}^{e})-1=(1+i_{3t})(1+i_{3t})(1+i_{3t})-1$$

接下来带入公式5.4计算i_{t+2}^{e}：

$$i_{t+2}^{e}=\frac{(1+i_{3t})^{3}}{(1+i_{2t})^{2}}-1$$

继续计算，得到计算未来n年远期利率的一般公式：

$$i_{t+n}^{e}=\frac{(1+i_{n+1t})^{n+1}}{(1+i_{nt})^{n}}-1 \tag{5.5}$$

我们的讨论说明了纯预期理论并不能完全令人满意，因为投资者必须获得流动性溢价才愿意持有长期债券。因此我们需要修正分析，在估计未来利率时考虑这些流动性溢价。

回顾投资者更愿意持有短期债券（和长期债券相比）的理论，n期利率不同于包含流动性溢价l_{nt}的纯预期理论计算的结果。为了考虑到流动性溢价，我们需要在公式中从i_{nt}中减掉l_{nt}，得到i_{t+n}^{e}：

$$i_{t+n}^{e}=\frac{(1+i_{n+1t}-l_{n+1t})^{n+1}}{(1+i_{nt}-l_{nt})^{n}}-1 \tag{5.6}$$

这种计算i_{t+n}^{e}的方法被称为调整后的远期利率预测。利用公式5.6我们得到下面关于i_{t+n}^{e}的具体预测值：

$$i_{t+1}^{e}=\frac{(1+i_{2t}-l_{2t})^{n+1}}{1+i_{t}}-1$$

在讨论流动性溢价理论的例5.4中，在时刻t，流动性溢价l_{2t}=0.25%，l_{1t}=0，1年期利率是5%，2年期利率是5.75%。把这些数据代入公式得到调整后的未来1年期远期利率预测值：

$$i_{t+1}^{e}=\frac{(1+0.0575-0.0025)^{2}}{1+0.05}-1=0.06=6\%$$

这个结果和例5.3使用的预期利率相同，事实也应如此。

因此我们关于期限结构的分析为金融机构经理提供了直接预测利率的流程。首先，他们需要预测l_{nt}，即不同时期n的流动性溢价。其次，他们需要利用公式5.6得到市场对未来利率的预测值。

例 5.5　远期利率

一个顾客向银行咨询是否能以8%的年利率获得一笔1年期的贷款。银行为了保证利润能够弥补贷款成本，需要对这笔贷款收取高于相同到期期限国债预期利率1个百分点的利率。如果银行经理预期流动性溢价是0.4%，1年期国债利率是6%，2年期国债利率是7%，这个银行经理会答应这笔贷款申请吗？

解答：这个银行经理不会答应这笔贷款申请，因为当利率为8%时这笔贷款对银行来说是无利可图的。

$$i^e_{t+n}=\frac{(1+i_{n+1t}-l_{n+it})^{n+1}}{(1+i_{nt}-l_{n+it})^n}-1$$

其中：i_{n+1t}=2年期国债利率=0.07

l_{n+it}=流动性溢价=0.004

i_{nt}=1年期国债利率=0.06

i_{1t}=流动性溢价=0

n=年数=1

因此：$i^e_{t+1}=\frac{(1+0.07-0.004)^2}{1+0.06}-1=0.072=7.2\%$

因此，市场对于1年期国债未来一年的预期利率是7.2%。为了使1年期贷款盈利，需要增加利率1%，意味着只有当利率等于或高于8.2%时这笔贷款预期才能盈利。

正如我们在第6章了解的那样，债券市场对于利率的预期也许是最精确的。如果是这样的话，金融机构经理可以获得的最好的利率预期结果就是，使用这里给出的简单程序来估计市场的未来利率。

本章小结

1.相同到期期限的债券利率不同的原因有三个：违约风险、流动性及税收因素。债券的违约风险越高，它的利率就比其他债券更高；债券的流动性越强，它的利率越低；免税债券的利率比支付所得税债券的利率要低。具有相同到期期限，但是具有不同违约风险、流动性和税收因素的债券工具的利率之间的相互关系叫作利率的风险结构。

2.一些期限结构理论解释了不同到期期限的债券利率之间的关系。预期理论认为长期利率等于债券到期前发生的短期利率的平均值。相反，市场分割理论认为决定利率的是每个债券的到期期限，而这又是由债券市场的供给需求决定的。上面这些理论却不能解释为何不同到期期限债券的利率随着时间一起波动，且收益率曲线通常向上倾斜。

3.流动性溢价理论把这两个理论的特点结合起来，这样就可以解释刚刚提到的事实。这个理论认为长期利率等于债券到期前发生的短期利率平均值加上流动性溢价。这个理论让我们可以通过收益率曲线来预测市场上未来短期利率的波动。一条陡峭向上的收益率曲线预示未来的短期利率上涨；一条平缓向上的收益率曲线预示未来的短期利率保持不变；一条水平的收益率曲线预示未来的短期利率下降；一条反向的收益率曲线预示未来短期利率大幅度下降。

重点词汇

利率的风险结构　利率的期限结构　违约风险　无违约风险债券　风险溢价　信用评级机构　垃圾

债券　收益率曲线　反向收益率曲线　预期理论　市场分割理论　流动性溢价理论

问答题

1. 请说明公司债券评级和风险溢价的关系。

2. 请对比美国国债和美国公司债券的相似性和区别。

3. “公司债券和股票的投资组合并不理想，因为它们的特点不同而且并不互补。”请讨论这个观点。

4. 请描述大萧条时期债券价格和利率的关系。

5. 如果收益率曲线是水平的，能说明期限结构的流动性溢价有什么特点呢？你是否愿意接受纯预期理论？

6. 如果收益率曲线的形状如下图所示，市场对未来短期利率波动的预期是怎样的？这条收益曲线对于未来通胀率的市场预期说明了什么？

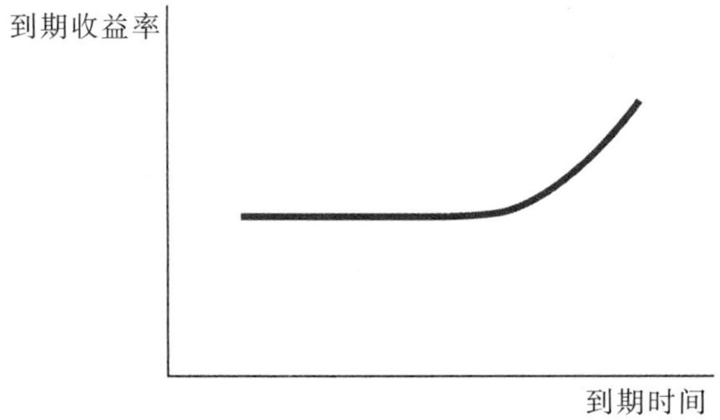

7. 如果一条收益率曲线如下图所示，市场对未来短期利率波动会做出怎样的预期？这条收益率曲线对未来通胀率的市场预期说明了什么？

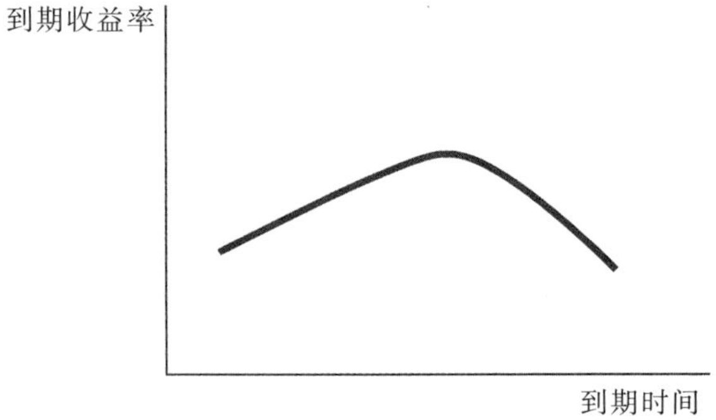

8. 请解释债券的边际所得税率和到期收益率之间的联系。

对未来的预测

9. 如果联邦政府保证一旦公司破产，政府就会代替其向债权人支付，请预测公司债券利率的变化以及美国国债利率的变化。

10. 如果公司债券市场的经纪人佣金下降，请预测公司债券风险溢价的变化。

11. 如果废除了市政债券的免税待遇，这些债券的利率会发生什么变化？这会对美国国债利率造成什么影响呢？

计算题

1.假设预期理论是期限结构的正确理论，计算1年到5年期债券的利率，并且把得到的收益率曲线描画出来。1年期债券利率在未来5年的两种情况如下：

a.5%，7%，7%，7%，7%

b.5%，4%，4%，4%，4%

如果人们相较而言更偏好短期债券的话，你的收益率曲线会发生什么变化？

2.政府经济学家预测1年期国债在未来5年的利率如下：

年	一年期利率（%）
1	4.25
2	5.15
3	5.50
4	6.25
5	7.10

流动性溢价在未来的2年是0.25%，后3年都是0.50%。你会愿意购买一个4年期利率为5.75%的国债吗？

3.假设你目前的所得税应纳税率是25%，请比较这两种情况下的税后收益率：面值1 000 000美元，息票率为8%的市政债券和相同面值而息票率为10%的公司债券。

4.考虑一个5年期公司债券和一个5年期市政债券：公司债券面值1 000美元，息票率为12%，当期收益率为11.5%；市政债券有着相同的面值，息票率为8.5%，当期收益率为7%。哪个债券对你来说更有利呢？假设你的边际税率是35%。

5.西南航空公司发行债券的当期收益率是24%，有同样风险的市政债券当期收益率是16%。在什么边际税率情况下投资者投资这两种债券的情况有所不同呢？

6.预期在未来9年里1年期国债利率会稳定上涨250个基点。如果当期1年期利率是15.5%的话，5年期和9年期国债要求的利率分别是多少？假设有效市场假说对利率同样适用。

7.未来8年内的1年期利率分别是4%、5.5%、6%、8.5%、10%、11.5%、14%和15.5%。利用预期理论计算4年期、6年期和8年期债券的利率。

8.利用上一题的信息，假设投资者愿意持有短期债券，在债券到期之前每年都要求10个基点的流动性溢价，计算3年期、6年期和9年期债券的利率。

9.如果预期理论正确的话，下面哪个债券的收益率更高：是一个2年期利率为15%的债券，还是两个1年期债券，或是利率分别是13%和17%的债券？

10.小怪兽公司从北方银行借了1 000 000美元的2年期贷款，利率是11.5%。现在的无风险利率是2%，小怪兽公司的金融现状保证无违约风险的溢价是3%，流动性风险溢价为2%。2年期贷款的到期风险溢价是1%，来年的预期通胀率是3%。这些信息表明第二年的通货膨胀率是什么情况？

11.1年期国债的利率是2%。如果利率预期在3年后每年上涨2%，那么今天的一个10年期债券要求的利率是多少？假设预期理论成立。

12.1年期国债在未来5年的利率预期是4%、5%、6%、6.5%和8%。如果5年期国债的收益率是35.5%，这个债券的流动性风险有多大？

13. 在你最爱的债券商店里，你看见下面的标价：1年期面值100美元的无息债券售卖价格为90.19美元，3年期10%息票率的面值为1 000美元的债券售卖价格为1 000美元，2年期10%息票率的面值为1 000美元的债券等值售卖。假设利率的期限结构理论成立，不存在流动性风险，这些债券的风险相同。从现在开始的两年后1年期利率是多少？

14. 请观察下面的市场利率，借贷双方：1年期利率=5%，2年期利率=6%，一年后的1年期利率=7.25%。你如何利用这些利率的优势来获得无风险利润？假设利率的预期理论成立。

15. 如果1年期到5年期债券的当期利率分别是4%、5%、6%、7%和8%，期限偏好分别是0、0.25%、0.35%、0.40%和0.50%，请预测从现在开始两年后1年期利率是多少。

第6章

金融市场是有效的吗？

序言

在我们讨论金融市场如何运作的过程中，你会发现“预期”这个主题出现得越来越频繁。预期收益、预期风险、预期流动性都是决定资产需求的核心要素；预期通胀率则会显著影响债券价格和利息；对违约风险的预期是决定利率风险结构的重要因素；对未来短期利率的预期在很大程度上决定了利率的期限结构。预期很重要，不仅是因为它有助于理解金融市场的行为，还因为它有助于理解金融机构是如何运行的。

为了理解预期是怎么形成的，进而理解证券价格的波动，需要学习有效市场假说。本章我们通过检验有效市场假说背后的基本原理来解释金融市场的运行和行为中一些令人困惑的特点。比如，为什么股票的价格是不可预测的，为什么听从股票经纪人的小道消息并不是个好主意。

理论上来看，有效市场假说应该是分析金融市场行为的有力工具。但是为了保证这个理论的现实有效性，我们必须用数据来说话。实证结果能够支持这个理论吗？尽管结果很复杂，我们目前可以获得的证据仍说明了这个理论是分析预期很好的起点。

6.1 有效市场假说

为了了解预期是如何影响证券价格的，我们需要先了解市场信息是如何影响证券价格的。我们通过**有效市场假说**（efficient market hypothesis）来解释，有效市场假说又叫作**有效资本市场理论**（theory of efficient capital markets），它主张金融市场里的证券价格会完全反映所有可获得的信息。然而这意味着什么呢？

我们先回顾一下第3章的持有证券的回报率，它等于证券的资本所得（价格变化）加上现金支付再除以证券的初始购买价格：

$$R = \frac{P_{t+1} - P_t + C}{P_t} \tag{6.1}$$

其中：R=持有债券从t期到$t+1$期的收益率（如2014年年底到2015年年底）

$P_{t+1} = t+1$期证券的价格（$t+1$期即债券持有期结束的时间）

$P_t = t$期债券的价格（t期即开始持有债券的时间）

C=t期到$t+1$期发生的现金支付（息票或股息支付）

让我们来看t期的预期收益，就是持有期开始的收益。因为一开始我们就知道了债券现在的价格和现金支付C，收益率这个定义里唯一的变量是下一期债券的价格，P_{t+1}。①我们把持有期期末债券的预期价格记作P^e_{t+1}，预期收益率R^e如下：

$$R^e = \frac{P^e_{t+1} - P_t + C}{P_t}$$

有效市场假说认为预期是使用所有可获信息前提下做出的最优预测。也就是说，最优预测是基于所有可获信息对未来做出的最好的猜测。这意味着预测并不是完全准确的，而是在可获信息的基础上可能的最好结果。更正式的公式表达为：

$$P^e_{t+1} = P^{of}_{t+1}$$

因而意味着证券的预期收益率等于对收益率的最优预测结果：

$$R^e = R^{of} \tag{6.2}$$

不幸的是，我们无法观察实际R^e或R^{of}值，所以上面的等式并不能告诉我们很多关于金融市场行为的信息。然而，如果我们发明一些方法来度量R^e值，这些公式对金融市场中债券价格的变化就有很重要的指导意义。

第4章介绍的债券市场供给需求分析告诉我们，一个证券的预期收益率最终会回到均衡收益率的水平，均衡收益率是当供给量等于需求量时的收益率。供给需求分析使得我们能够通过下面的均衡条件来决定证券的预期收益率：一个证券的预期收益率等于均衡收益率，即债券的供给量等于需求量时的收益率，即：

$$R^e = R^* \tag{6.3}$$

许多金融学术文章都深入研究影响证券均衡收益率的因素，如风险和流动性。在我们看来，我们能够确定均衡收益率就够了，因此也能够在均衡条件下确定预期收益率。

我们可以用均衡条件将公式6.2中的R^e替换为R^*，这样就得到了描述有效市场定价行为的公式：

$$R^{of} = R^* \tag{6.4}$$

这个公式告诉我们，金融市场的当期价格是固定的，因此在使用所有可获信息的前提下，对

① 如果一开始不知道C也并不影响分析，我们假设在使用所有可获信息的基础上得到的预期价格和预期C值都是最优预测值。

一个证券收益率的最优预测等于证券的均衡收益率。金融经济学家们更简单地将其表述为：一个证券的价格完全反映了一个有效市场里面所有的可获信息。

例6.1　有效市场假说

假设微软公司股票昨天的收盘价格是90美元，然而收盘之后一个新信息的出现使得人们对这只股票明年的预期有了反转，预期股票价格会上涨到120美元。如果微软股票的年均衡收益率是15%，根据有效市场假说，今天股市开盘，其股票价格会是多少？（假设微软不支付股息）

解答：开市后股票价格会上涨到104.35美元。

由：$R^{of}=\dfrac{P_{t+1}^{of}-P_t+C}{P_t}=R^*$

其中：R^{of}=收益率的最优预测值=15%=0.15

R^*=均衡收益率=15%=0.15

P_{t+1}^{of}=第二年对价格的最优预测值=120美元

P_t=今天开市后股票价格

C=现金（股息）支付=0

因此：$0.15=\dfrac{\$120-P_t}{P_t}$

$P_t\times 0.15=\$120-P_t$

$P_t(1.15)=\$120$

$P_t=\$104.35$

6.1.1　有效市场假说的基本原理

为了证明有效市场假说的合理性，我们要使用**套利**（arbitrage）这个概念，即套利者会消除**未利用的利润机会**（unexploited profit opportunity），未利用的利润机会是指一个证券的收益率高于本身特征决定的收益率的部分。套利有两种形式：单纯的套利，即无风险地减少未利用的利润机会；还有我们接下来要讨论的套利，在消除未利用的利润机会时要承担一定程度的风险。让我们来看套利是如何决定有效市场假说的。假设风险特征既定，如美乎的普通股票的正常收益率是每年10%，股票现在的价格P_t低于明天的预期最优价格P_{t+1}^{e}，因此预期的最优收益率是50%，比均衡率高10%。我们现在可以推测，美乎的平均收益率高得不正常，因此就会有未利用的利润机会。既然买进美乎股票能赚到高得离谱的收益率$R^{of}>R^*$，人们就会购进更多股票，这样一来就会提高股票的当期价格（相比预期价格P_{t+1}^{e}），因此降低了R^{of}。股票当期价格的大幅上涨使得R^{of}等于R^*，满足了公式6.4的有效市场条件，购买美乎股票的情况就会停止，未利用的利润机会就消失了。

类似地，一个证券的最优预期收益率是−5%，均衡收益率是10%（$R^{of}<R^*$），这种投资选择并不明智,因为它赚的比均衡收益率低。在这种情况下，你会卖出这个证券从而使它的当期价格低于预期价格,下降到市场均衡价格水平，这样就再一次满足了有效市场条件。以上证明可以概括如下：

$$\left.\begin{array}{l}R^{of}>R^*\rightarrow P_t\uparrow\rightarrow R^{of}\downarrow\\ R^{of}<R^*\rightarrow P_t\downarrow\rightarrow R^{of}\uparrow\end{array}\right\}\text{直到}R^{of}=R^*$$

另一种表述有效市场条件的方式是：在一个有效市场里，所有的未利用的利润机会都会被消除。

上述推论过程的一个极其重要的因素是，在金融市场里，不是每个人都了解证券的全部信息，并知道证券价格会向满足有效市场条件的方向运动。金融市场是由无数个参与者构成的，只要有一小部分时刻关注寻找未利用利润机会的投资者（通常把他们叫作聪明的投资者）存在，他们就会消除出现的未利用利润机会，以此获利。有效市场假说是合理的，因为它不要求市场里的每个人都掌握每只证券发生了什么。

6.2 有效市场假说的证据

最早的证据基本都支持有效市场假说，近年来却出现了这个假说并不是完全正确的深度分析。让我们先看看支持这个假说的证据，然后再验证质疑这个假说的证据。

6.2.1 支持市场有效的证据

支持市场有效假说的证据验证了投资分析家和共同基金的表现，股票价格能否反映公开可获的信息，股价的随机波动，以及技术分析的成功。

投资分析家和共同基金的表现

有效市场假说暗含了一个信息，那就是你不要期望购买某个证券来获得异常高的收益率，即高于均衡收益率。这就意味着这个证券的表现不可能优于市场。很多研究试图说明投资分析家和共同基金（他们中的一些人收取很高的销售佣金）是否比市场表现更好。曾经的一个普通测试从一组投资建议者和共同基金里面选择一些买卖建议，然后比较被选择的股票和整体市场的表现。有些时候投资专家的选择被拿来和报纸的金融版面随机推荐的股票做比较。比如，华尔街日报过去有一个固定专栏叫“投资靶盘”，它比较了投资专家挑选的股票和随机选择股票的表现。那么投资专家赢了吗？令他们难堪的是，随机选择股票赢的次数更多。另外，那些过去预测股票很成功的专家们，通常也赢不过随机选择的股票。

和有效市场假说一致，我们发现共同基金的表现也无法战胜市场。不仅如此，当共同基金根据一段时期的利润水平高低被分组后，前一个时期表现好的共同基金在下一时期的表现一定不如市场好。①

对投资专家和共同基金的研究得出了如下结论：过去表现好的投资专家和共同基金并不一定将来也会表现好。这对投资专家来说可不是愉快的消息，但这恰好是有效市场假说预测的。它说明一些投资者很幸运，而另一些就没那么幸运了。幸运也不意味着一个预言家实际上就有赢过市场的能力（这个原则的特例见案例“Raj Rajaratnam 和他的 Galleon 集团”）。

案例

Raj Rajaratnam 和他的 Galleon 集团

股票价格能够反映公开获得的信息吗？

有效市场假说预测股票价格会反映所有公开可获得的信息。因此，如果信息已经是公开可获得的，有关一个公司积极的信息就不会提高其股价，因为这个信息已经反映在股价里了。早期的实证证据也证实了有效市场假说的设想：有利收入的信息或股票分割的信息（股权分成更多份，

① 最早发现共同基金表现不如市场的研究见：Michael C. Jensen，“The Performance of Mutual Funds in the Period 1945–64，” Journal of Finance 23（1968）：389–416. 更近的研究共同基金表现的研究见：Mark Grimblatt and Sheridan Titman，“Mutual Fund Performance：An Analysis of Quarterly Portfolio Holdings，” Journal of Business 62（1989）：393–416；R. A. Ippolito，“Efficiency with Costly Information：A Study of Mutual Found Performance，1965–84，” Quarterly Journal of Economics 104（1989）：1–23；J. Lakonishok，A. Shleifer，and R. Vishny，“The Structure and Performance of the Money Management Industry，” Brookings Papers on Economic Activity，Microeconomics（1992）；and B. Malkiel，“Returns from Investing in Equity Mutual Funds，1971–1991，” Journal of Finance 50（1995）：549–572.

通常会带来更高的收入）都不会造成股价的上涨。[①]

股票价格的随机游走行为

随机游走（random work）描述了一个变量的变动情况，这种变量无法预测未来变化，这是因为，给定今天的价值，这个变量价值将来可能下降或上涨。有效市场假说的一个重要内容是股价大致随机波动；也就是说，从现实层面来看，股价未来的变化应该是不可预测的。有效市场假说的随机游走概念经常被媒体提起，因为这已经被大众逐渐接受。实际上，当人们提到股价的随机游走理论时，他们说的就是有效市场假说。

股价随机游走的案例可以被证明。假设人们能够预期到HFC公司的股价在接下来的一周内会上涨1%，这个股票的预期资本所得率和回报率会超过50%的水平。由于这非常可能高于这只股票的均衡回报率（$R^{of} > R^*$），有效市场假说认为人们会马上买入这只股票并且抬高股价。这种购买行为只有当预测价格的变动跌到零时才会停止（$R^{of} = R^*$）。

相似地，如果人们能够预测HFC股价下降1%，预期收益率将会是负的，而且低于均衡收益率（$R^{of} < R^*$），人们就会立刻出手卖出这只股票。当期价格就会下降，直到预期价格的变动重新接近零，这时有效市场条件又一次被满足。有效市场假说主张股价的预期变化会接近零，从而使得股价随机波动。[②]金融经济学家曾使用两种检验方法来发展这一假说。一开始，他们使用的方法是通过检验股票市场数据来观察股价的变化是否与过去的变化系统相关，并能以此为基础做出预测。另一种方法是检验股票市场数据，以考察除了过去的股价以外，公开可得信息是否能够预测股价变化。这些检验在某种程度上是很严格的，因为还需要其他信息来预测股票收益率，如货币供给量增长、政府支出、利率和公司利润。这两种检验的早期结果证实了有效市场的结论，那就是股票价格不是系统相关而是随机波动的。[③]

技术分析

技术分析是很流行的一种预测股价的方法，即研究过去的股价来寻找诸如趋势和规律循环的某种模式。何时买卖股票的规则随即以此为基础被建立起来。有效市场假说认为技术分析是浪费时间，因为其衍生的随机游走结论认为过去的股价不能预测未来的波动。因此，依靠这些数据来预测的技术分析不能成功地预测股价的变化。

有两种类型的检验对技术分析是有直接价值的。第一种用了之前的实证分析来评估各个技术、金融分析家的表现。结果正验证了有效市场假说的主张：技术分析并没有比金融分析家做得更好；他们的平均表现没有优于市场，过去预测成功也不代表他们将来能够比市场表现得好。第二种检验采用技术分析发明的规则来判断买卖股票的时间并把它们应用到新的数据里。[④]这些规则的表现就通过用这些规则买卖股票获得的利润来评估。这些检验也使得技术分析受到质疑：因

---

① Ray Ball and Philip Brown，"An Empirical Evaluation of Accounting Income Numbers，" Journal of Accounting Research 6（1968）：159-178；Eugene F. Fama，Lawrence Fisher，Michael C. Jensen，and Richard Roll，"The Adjustment of Stock Prices to New Information，" International Economic Review 10（1969）：1-21.

② 请注意股票价格的随机波动行为只是一个由有效市场假说得来的近似结果。只有当股票价格固定不变并等于均衡回报率时，上述论断才正确。那么股价预期变化就是零，即$R^{of}=R^*$。

③ 第一类检验被称作弱有效检验，因为它只使用过去的股票市场数据来预测股价的信息。第二类检验被称作半强有效检验，因为信息扩大到包含所有公开可获信息，而不仅仅是过去的股价。第三类检验被称作强有效检验，因为信息还包括了内部信息，即只有所有者知道的信息，如公司计划主张高股息。强有效检验有些时候说明了内部信息可以被用来预测股价的变化。这个发现并不和有效市场假说矛盾，因为信息对于市场来说不可获得，因此股价并不反映这些信息。事实上，金融市场有很严格的法律用来反对使用内部信息交易。早期一个关于这三种形式检验的研究见 Eugene F. Fama，"Efficient Capital Markets：A Review of Theory and Empirical Work，" Journal of Finance 25（1970）：383-416.

④ Sidney Alexander，"Price Movements in Speculative Markets：Trends or Random Walks？" Industrial Management Review，May 1961，pp.7-26；and Sidney Alexander，"Price Movements in Speculative Markets：Trends or Random Walks？ No.2" in The Random Character of Stock Prices，ed. Paul Cootner（Cambridge，MA：MIT Press，1964），pp.338-372. 最近更多的证据使得技术分析备受质疑，如 F. Allen and R. Karjalainen，"Using Genetic Algorithms to Find Technical Trading Rules，" Journal of Financial Economics（1999）51：245-271. 然而，一些其他的研究则更支持技术分析，如 P. Sullivan，A. Timmerman，and H. White，"Data-Snooping，Technical Trading Rule Performance and the Bootstrap，" Centre for Economic Policy Reaearch Discussion Paper No. 1976，1998.

为它的表现并没有市场总体表现好。

案例

外汇汇率是随机波动的吗？

6.2.2 反对市场有效的证据

早期支持有效市场假说的证据似乎取得了压倒性的胜利，当时一个有名的金融经济学家在1970年针对有效市场假说的实证证据调查报告里说：“能够支持有效市场模型的证据太多了，可是反对的证据（而且大多数是经济学的证据）却很少。”[①]然而，近年来这个理论开始出现了一些缺陷，被称为异常现象，而且实证证据表明有效市场假说并不是广泛适用的。

小企业效应

最早发现股票市场并不有效的证据叫小企业效应。许多实证研究证明了从长期来看，在考虑了小企业的高风险之后，这些企业仍获得了异常高的收益率。[②]小企业效应在近年来似乎有所衰减，但是它仍然构成了对有效市场理论的挑战。很多理论被用于解释小企业效应，并认为其衰减可能源于机构投资者对投资组合的重新平衡、税收问题、小企业股票过低的流动性、评估小企业的高成本、对小企业股票不恰当的风险度量。

一月效应

长期以来，股价在上一年度12月到本年度1月经历了反常的上涨，这个价格波动是可以预测的，和随机游走行为不一致。这就是所谓的**一月效应（January effect）**，近年来大公司股票的这种效应在减少，而小企业仍然存在这种效应。[③]一些金融经济学家认为一月效应出现的原因是税收。投资者在年末有很强的出售股票的意愿，因为他们可以将资本损失填在纳税申报单上以减轻税收负担。然后当新一年到来时，他们可以再购买股票，这样就拉高了股价并产生很高的收益率。尽管这个解释看似合理，却并不能解释为什么机构投资者，如养老基金这种免税机构，不利用1月的高收益率在12月买入股票，进而抬高股价并消除异常的收益。[④]

市场过度反应

近来的研究表明股价对一些新闻也许会有过度反应，股价偏差的调整会很慢。[⑤]当某个公司公布关于收入的重要变化时，如收入大幅下降，股价会经历比较夸张的变化，但是股价在最初大幅下降后还会在几周内上涨到正常水平。这个结果违背了有效市场假说，因为通常来说，一个不利的收入信息公布后，投资者会立即买入这只股票，然后在几周后当股价回到正常水平时卖出这只股票。

过度波动性

和市场过度反应关系密切的一个现象是股票市场似乎存在过度波动性，即股价波动似乎高于

---

① Eugene F. Fama, “Efficient Capital Markets: A Review of Theory and Empirical Work,” Journal of Finance 25 (1970): 383-416.

② Marc R. Reinganum, “The Anomalous Stock Market Behavior of Small Firms in January: Empirical Tests of Tax Loss Selling Effects,” Journal of Financial Economics 12 (1983): 89-104; Jay R. Ritter, “The Buying and Selling Behavior of Individual Investors at the Turn of the Year,” Journal of Finance 43 (1988): 701-717; and Richard Roll, “Vas Ist Das? The Turn-of-the-Year Effect: Anomaly or Risk Mismeasurement?” Journal of Portfolio Management 9 (1988): 18-28.

③ Donald B. Keim, “The CAPM and Equity Return Regularities,” Financial Analysts Journal 42 (May-June 1986): 19-34).

④ 另一个降低了市场有效性的反常现象是Value Line Survey，最著名的投资建议之一，总是产生异常高的平均回报率。见 Fischer Black, “Yes, Virginia, There Is Hope: Tests of the Value Line Ranking Systen,” Financial Analysts Journal 29 (September-October 1973): 10-14, and Gur Huberman and Shmuel Kandel, “Market Efficiency and Value Line's Record,” Journal of Business 63 (1990): 187-216. Value Line Survey的优越表现在将来是否会继续必然是一个值得注意的问题。

⑤ Werner F. M. De Bondt and Richard Thaler, “Further Evidence on Investor Overreaction and Stock Market Seasonality,” Journal of Finance 62 (1987): 557-580.

股票本身价值应有的波动。在一篇重要论文里，耶鲁大学的教授罗伯特·希勒发现标普500股票指数的波动并不能由构成指数的股票的股息波动来判断。有大量的技术分析批判这些结果，但是希勒的研究发现当股票市场收盘时，股价波动是相似的，股价波动是由基本要素之外的其他因素造成的。[①]

均值回归

一些研究者也发现股票收益率呈现**均值回归**（mean reversion）的特点：今天收益率低的股票在未来会得到高收益率，相反也成立。因此过去表现不好的股票很有可能未来的表现很好，因为均值回归意味着未来会有可预测的正的价格变化，股价变化并不遵循随机游走规律。另外一些研究者发现第二次世界大战后均值回归在数据上的表现没那么明显了，所以近年来都在争论这是否是一个重要现象。均值回归的证据仍然存在争议。[②]

新信息通常不会立即反映在股价中

尽管我们通常认为股价会根据新信息及时调整，就像有效市场假说主张的那样，近来的证据却说明股价不能及时针对利润信息进行调整。真实情况是，当某些预料外的高利润信息出现后股价会持续上涨一段时间，当出现令人惊讶的低利润信息后股价再持续下降。[③]

6.2.3 有效市场证明的总结

正如你看到的，关于有效市场假说的争论很早就开始了。这些证据似乎表明了有效市场假说是评估金融市场行为的一个合理的开端。然而，也确实存在一些重要的反对有效市场假说的声音，这些都说明了有效市场假说并不适用解释所有金融市场的行为。

实践经理

股票市场投资实用指南

有效市场假说在实际中的应用不胜枚举。它确实是个有价值的理论，因为它能直接应用于金融机构经理（也包括普通民众）最关心的问题：如何在股票市场中盈利。接下来的股票市场投资实用指南能够帮助我们更好地了解有效市场假说的应用。

投资顾问发布的报告到底有多大价值?

假设你刚刚在华尔街日报的“heard on the street”栏目看到，投资顾问预期石油股票会因为石油短缺有很好的表现，那么你应该马上从银行取出所有储蓄去购买石油股票吗?

有效市场假说告诉我们当购买一个证券时，我们不能预期获得异常高的收益率，即高于市场均衡收益率。投资顾问发表在报纸和公开报告中的信息已经被大多数市场参与者知晓了，而且已经反映在市场价格中了。所以听到这个消息就行动并不会产生异常高的收益。正如我们看到的，

① Robert Shiller，“Do Stock Prices Move Too Much to Be Justified by Subsequent Changes in Dividends?” American Economic Review 71（1981）：421-436，and Kenneth R. French and Richard Roll，“Stock Return Variances：The Arrival of Information an the Reaction of Traders，” Journal of Financial Economics 17（1986）：5-26.

② 均值回归的证据见如下文献：James M. Poterba and Lawrence H. Summers，“Mean Reversion in Stock Prices：Evidence and Implications，” Journal of Financial Economics 22（1988）：27-59；Eugene F. Fama and Kenneth R. French，“Permanent and Temporary Components of Stock Prices，” Journal of Political Economy 96（1988）：246-273；and Andrew W. Lo and A. Craig MacKinlay，” Stock Market Prices Do Not Follow Random Walks：Evidence from a Simple Specification Test，” Review of Financial Studies 1（1988）：41-66. 然而，一些文献质疑这些发现是否有效：Myung Jig Kim，Charles R. Nelson，and Richard Startz，“Mean Reversion in Stock Prices? A Reappraisal of the Evidence，” Review of Economics Studies 58（1991）：515-528. 把这些证据做一个完美的总结，见 Charles Engel and Charles S. Morris，“Challenges to Stock Market Efficiency：Evidence from Mean Reversion Studies，” Federal Reserve Bank of Kansas City Economic Review，September-October 1991，pp. 21-35；N. Jegadeesh and Sheridan Titman，“Returns to Buying Winners and Selling Losers：Implications for Stock Market Efficiency，” Journal of Finance 48（1993）：65-92，指出了均值回归也适用于个人股票。

③ R.Ball and P.Brown，“An Empirical Evaluation of Accounting Income Numbers，” Journal of Accounting Research（1968）6：159-178；L. Chan，N. Jegadeesh，and J. Lakonishok，“Momentum Strategies，” Journal of Finance（1996）51：1681-1713；and Eugene Fama，“Market Efficiency，Long-Term Returns and Behavioral Finance，” Journal of Financial Economics（1998）49：283-306.

大多数实证证据证实了投资顾问的推荐不能帮助我们跑赢市场。实际上，如下面小案例说的一样，旧金山的投资顾问还不如一只猩猩的表现好！

《旧金山报》提出了一个有趣的方法来评估投资顾问挑选股票的成功与否。其让8个顾问在年初挑选了5只股票，然后把他们的表现和Jolyn的表现放在一起比较，Jolyn是一只住在加州瓦列霍的猩猩。和《华尔街日报》"投资靶盘"发现的结果一样，更多时候Jolyn"打败"了投资顾问。有了这个结果，你雇佣一只猩猩和雇佣一个人做你的投资顾问并没有区别。

可能没有其他结论会像有效市场假说这样被批评了。我们或许听过一些人在股市一直很成功。我们会好奇，如果这个人预测不到什么时候能获得额外高的收益又怎么可能持续保持成功呢？下面这个媒体报道的故事告诉我们这种被大家口口相传的证据是多么的不可靠。

一个暴发户发明了一种聪明的小把戏。每周他都会写两封信。在第一封信里他会预测A队在某个足球比赛中获胜，在第二封信里他会预测B队在这场足球赛中获胜。然后他把联系人分成两组，一组人会收到第一封信，另一组人会收到第二封信。第二周他会做同样的事情只不过他只把信寄给上一周预测成功的那组人。通过反复进行上述行为，他就保留下了那一小部分每次都收到正确预测的联络人。他接着给这些人发最后一封信，宣称他显然是足球赛的预测专家：由于你们赢得利润主要归功于我的预测，如果想继续得到我的预测结果必须要支付我一定的费用。只要这些客户中有一个人发现了他的伎俩，他就会被逮捕并被送进监狱。

这个故事告诉我们什么道理呢？尽管不存在对市场可以精确预测的预言家，总会有那么一些赢家。一个过去表现好的人不代表他将来也会做得很好。请注意市场里也会有一些失败者，但是你很少听说这些人的存在，毕竟没人愿意吹嘘自己预测失败的历史。

你应该质疑热门的小道消息吗?

如果你的股票经纪人打电话让你买进一只热门股票，因为HFC公司刚刚发明了一个对治疗有关运动的脚疾非常有效的产品，股价必然上涨，你会听从建议并且买进这只股票吗?

有效市场假说主张你应该对这类信息保持怀疑态度。如果股票市场是有效的，这个信息已经包含在股价中了，而且它的预期收益率等于均衡收益率。这个热门小道消息并没有价值，也不会让你赚取非常高的收益率。

尽管这样你仍然会好奇，如果你早于市场其他参与者得到了最新的热门消息，结果会是怎样的呢？如果其他人早于你得到信息，这个结果就不言而喻了。只要信息传遍了大街小巷，未利用利润机会就会迅速消失。股价已经反映了这个信息，你只能得到预期的均衡回报率。但是如果你是知道新信息的第一批知情人，你是可以获得一些好处的。但是只有你是这些幸运儿中的一员，才可能获得非常高的回报率。

当有好消息时股价一般会上涨吗?

如果你很关注股票市场，你会发现一个让人困惑的现象：某一只股票的利好消息——如可观的收入报告——出现时，股价不会上涨。股价的有效市场假说和随机游走行为解释了这个现象。

因为股价的变化是不可预测的，当市场预期的信息公布时，股价就会保持不变。这个信息不包括能够改变股价的任何新信息。如果这个信息改变了股价，就意味着股价的变化是可以被预测的。因为有效市场假说已经排除了这种情况，只有在公布未被预期的新消息时，股价才会做出反应。如果这个新闻是被预期的，股价就不会变化。这正是我们之前描述的证据，股价只反映公开可获的信息。

有时当好消息公布时股价反而下降。尽管这看起来有些奇怪，但仍符合有效市场假说内容。

假设尽管这是个好消息，但不如预期的那样好，即HFC公司收入会上涨15%，但是市场预期上涨20%，所以这个信息实际上是不利的，股价就会下降。

有效市场假说为投资者提供的建议

有效市场假说给投资者投资股票的建议是什么呢？它告诉我们热门消息、投资专家公开的推荐和技术分析都不能帮助投资者获得比市场更好的表现，这些都是基于公开可获信息而来的。实际上，这说明了没有好信息的投资者相比其他人更不可能比市场表现得更好。那么投资者应该怎么做呢?

有效市场假说得出这样一个结论：投资者（我们几乎都是这类投资者）不要试图通过频繁地买卖证券来战胜市场。这个过程只会增加经纪人的收入，他们可以赚取每笔交易的佣金（投资者要为出售证券获得的利润支付Uncle Sam资本所得税，这也是另一个频繁的证券买卖不明智的原因)。相反地，投资者应该采用“买进并持有”战略，买进某些股票并长时间持有。平均来看，这样的收益率是一样的，但是投资者的净利润更高，因为他们支付的经纪人佣金更少。

对于小投资者来说，他们管理投资组合的成本太高，最明智的常用策略是买入基金而不是股票。因为有效市场假说告诉我们基金的持续表现比市场好，投资者不应该买入有高额管理费或者支付高额佣金的基金，而是应该买入零佣金、低管理费的共同基金。

正如我们看到的，这些证据说明要推翻这些规定并不容易，尽管有效市场假说的一些反对观点认为，一个特别明智的投资者（我们中的绝大多数都不属于此类）能够比“买进并持有”策略做得更好。

6.3 为什么有效市场假说不能证明金融市场的有效性?

许多金融经济学家进一步发展有效市场假说以分析金融市场。这不仅因为他们相信金融市场的预期是合理的（利用所有可获信息做出的最优预测），还因为他们添加了一个条件：金融市场的价格真实反映了证券的基本内在价值。换句话说，所有价格通常是正确的，而且反映了（能够对证券未来收入流产生直接影响的）**市场基本因素**（**market fundamentals**），所以金融市场是有效的。

对金融学术界而言，市场有效性的意义在于：第一，在一个有效的资本市场里，所有投资都是一样的，因为它们都能正确反映价格；第二，证券的价格反映了所有可获信息体现的内在价值；第三，金融和非金融机构经理可以利用证券价格精确地评估资本成本（投资的融资成本），因此证券价格可以帮助他们做出正确的投资决策。这样的市场有效性成为众多金融分析的基本原则。

也许是有效市场假说这个名字起了误导作用，它并不代表市场的有效性，反而认为像股价这类市场价格是不可预料的。确实如下面主张的那样，市价暴跌和经济泡沫的存在，即资产价格远远高于其基本价值，会使有效市场假说的正确性受到质疑，但是却无法反驳有效市场假说的基本原理。

6.4 行为金融

对有效市场假说的质疑，尤其是在1987年股市大跌之后，催生了一个新的研究领域——**行为金融学**（**behavioral finance**），即通过很多社会学科如人类学、社会学尤其是心理学来理解证券价格的行为。[1]

如我们所见，有效市场假说假设未利用利润机会被“聪明的投资者”消除。但是这些资金能支配普通投资者以至于使得金融市场有效吗？具体来说，根据有效市场假说，当股价反常上涨时，聪明的投资者会出售股票，结果就是股价下降到正常价值。然而，聪明的投资者为此必须要参与**空头交易（short sale）**，即他们从经纪人处借入股票然后在市场上出售，希望等股价下降时再买回股票从而获得盈利。但一些心理学家的研究表明人们都厌恶损失，也就是说，他们遭受损失的挫败感要大于他们盈利的幸福感。如果股价上涨超过卖空价格，这些买卖就会造成亏损，如果股价爬升速度快得难以想象，这些损失也就无上限了。对损失的厌恶可以解释一个重要的现象：实际中很少会发生空头交易。空头交易可能会被一些规则限制，因为一些人赚钱的代价是另一些人赔钱，这是不道德的。只有很少的空头交易行为能揭示为什么股价有时被高估。当聪明的投资者希望将股票价格拉回基本面时，却没有足够的空头交易发生。

心理学家同时还发现人们往往对自己的决定过于自信（比如每个人都认为自己高于平均水平）。因此，投资者更愿意相信自己比其他人更聪明就不足为奇了。这些“聪明”的投资者不仅假设市场通常做得不对，且他们愿意在这些想法的基础上交易。这也能够解释为什么证券市场的交易规模非常大，而这正是有效市场假说不能解释的。

过度自信和社会蔓延为股票市场泡沫提供了一个解释。当股价上涨时，投资者把赚钱的原因归于他们的聪明才智高于股票市场平均水平。这种口口相传的热情和媒体的大肆渲染会产生一种环境，越来越多的投资者认为股价未来会上涨。结果就是所谓的积极反馈循环效应使得股价继续上涨，产生了投资泡沫，当价格距离基本面越来越远时，这个泡沫最终会破裂。

行为金融学还是一个比较新的研究领域，不过我们希望能够通过这个理论来解释有效市场假说不能解释的证券市场行为的一些特点。[2]

本章小结

1.有效市场假说主张证券的当期价格完全反映了所有可获信息，因为在一个有效市场里，所有未利用利润机会都被消除了。这些未利用利润机会的消除对一个金融市场有效与否非常必要，但这并不代表所有市场参与者都能够很好地获得信息。

2.有效市场假说的证据很复杂。早期关于投资分析家和共同基金表现的证据对支持有效市场假说非常有利，包括股价能否反映公开可获信息、股价的随机波动行为和技术分析的成功。然而，近年来，小企业效应、一月效应、市场过度反应、过度波动性、均值回归和新信息通常没有包含在股价里，这些都说明这个假说并不是完全正确的。这个证据似乎告诉我们有效市场假说是评估金融市场行为的一个合理的起点，却不是适用金融市场所有行为的金科玉律。

3.有效市场假说表明热门小道消息、投资专家公开的推荐、技术分析都不能使投资者表现得优于市场。给投资者的建议是买进并持有，即购买某只股票并且长期持有。实证证据通常能够支持有效市场假说关于股票市场的主张。

4.市价暴跌和经济泡沫的存在使得很多金融经济学家开始认为有效市场假说——资产价格反映了证券的基本内在价值——并不正确。股票市场暴跌还不足以说明有效市场就是错的。尽管除

---

① 这个领域的研究可见 Hersh Shefrin, Beyond Greed and Fear: Understanding of Behavioral Finance and the Psychology of Investing (Boston: Harvard Business School Press, 2000); Andrei Shleifer, Inefficient Markets (Oxford: Oxford University Press, 2000); and Robert J.Shiller, “From Efficient Market Theory to Behavioral Finance,” Cowles Foundation Discussion Paper No.1385 (October 2002).

② Robert J.Shiller, Irrational Exuberance (New York: Broadway Books, 2001).

了基本面以外的因素主导了股票市场，暴跌也不能证明有效市场假说的基本理论不再有效，因为这些暴跌是不能够预料的。

5.行为金融学这个新领域把很多社会学科，如人类学、社会学尤其是心理学的理念用于理解证券价格的行为。厌恶损失、过度自信和社会蔓延都能解释交易规模很大、股价高估和投机泡沫的出现。

重点词汇

有效市场假说　有效资本市场理论　套利　未利用的利润机会　随机游走　一月效应　均值回归　市场基本因素　行为金融学　空头交易

问答题

1.预言家们因对通货膨胀的预测不准确而声名狼藉，所以他们对通货膨胀的预测也不会是最优的。这句话对还是错，还是不确定，请解释。

2.Joe只有在早上起床发现下雪时才会误判他去上班需要花费的时间。除此之外，他对上班路上花费的时间预期完全准确。如果每10年里只下一次雪，Joe的预期就几乎是准确的。那么Joe的预期是最优的吗？请解释。

3.一个分析家过去3个月一直在研究预测美国的利率，因为他想把毕生积蓄都投资到纽约银行。他的预期是最优的吗？

4.请解释股价的随机波动行为并描述其对投资者决策的影响。

5.假设货币供给量增加带来了股价的上涨，那么这是否意味着当你发现过去一周货币供给量大幅上涨时，你就应该马上购买股票呢？请解释。

6.Sarah是《智慧投资》杂志的狂热读者，这本杂志提供股票市场的最新信息和趋势。根据最新信息她认为售出技术类股票是明智的。请就此进行讨论。

7.Stuart的股票经纪人给他打电话建议买入房地产股票，因为最近曼哈顿经历了一波地产繁荣。这个经纪人的业绩特别好。请给Stuart投资建议。

8.你是如何理解最优预期的？Sally对航空股票做出了股价下降的最优预期，其根据是最近世界范围内发生了多起飞机事故，她的这个假设准确吗？

9.“如果股票市场的大多数参与者没有遵循货币总量的变化，普通股价格并不能充分反映信息。”这个表述是正确的、错误的，还是不确定的？请解释。

10.Ethan的同事不相信有效市场假说。Ethan如何能说服他们呢？

11.如果高货币增长率带来了未来的高通胀率，并且公布的货币增长率特别高但是仍然低于市场的预期，你认为长期债券价格会发生什么变化？

12.Tessa是技术分析的狂热追随者。她应该如何说服她的朋友们在投资股票时使用这种方法呢？

13.如果我们的预期是最优的，我们可以预期下周美元的价格上涨2%吗？

14.“人类的恐惧是股票市场暴跌的根源，所以这些暴跌预示了对股票市场的预期不是最优的。”这个表述是正确的、错误的，还是不确定的？请解释。

计算题

1.Verizon无线公司刚刚宣布“1分2”的拆股即时生效。在拆股之前，这个公司拥有2 000万流通股票，市场价值是100亿美元。假设这个拆分并没有传递这个公司的新信息，这个公司拆股后的价值是多少？流通在外的股票有多少？拆股后每股股价是多少？如果拆股后市场实际价格变为每股34美元，这能告诉我们哪些关于市场有效的内容？

2.如果公众预期微软公司股票在下个季度每股股价上涨10美元，实际上涨了6美元，这仍是微软公司历史上最大的收益之一，若对外宣布上涨6美元，根据有效市场假说股价会发生什么变化？

第三部分

金融机构的基本原理

第7章

为什么存在金融机构?

序言

对于稳健有活力的经济体系来说，金融系统是必不可少的，因为金融系统能够将资金从存款人手中转移到拥有生产投资机会的人手中，但是金融系统如何能确定你辛苦积攒的储蓄能够转移到有生产投资机会的人那里呢?

通过学习相关理论可以了解为何金融系统的存在能够促进经济体系的效率。本章的理论分析将着重关注一些简单有力的经济概念，这些概念解释了经济市场的特点，例如为何金融合同应该那样写，以及为何对于那些想要借入资金的人来说金融中介比金融市场更重要。

7.1 全球金融结构的基本情况

全球的金融系统在结构和功能方面都非常复杂，包括了很多种类的机构，如银行、保险公司、基金、股票和债券市场等，而这些机构都会受到政府的监管，金融系统每年会从存款人手中转移数万亿美元到有生产投资机会的人手中。如果我们仔细分析全世界的金融机构，我们可以发现8个基本事实，其中有一些事实是出人意料的，因此我们需要解释金融系统是如何运行的。

图7-1中的条形统计图显示了美国企业在1970—2000年间是如何为它们的商业活动筹集外来资金（企业外部的资金）的，以及将美国数据同德国、日本、加拿大各国数据进行对比。银行贷款主要包括从存款机构得来的贷款；非银行贷款主要包括从其他金融中介机构得来的贷款。债券包括市场债券（如公司债券）及商业票据；而股票包括新发行的股权（股票市场股份）。

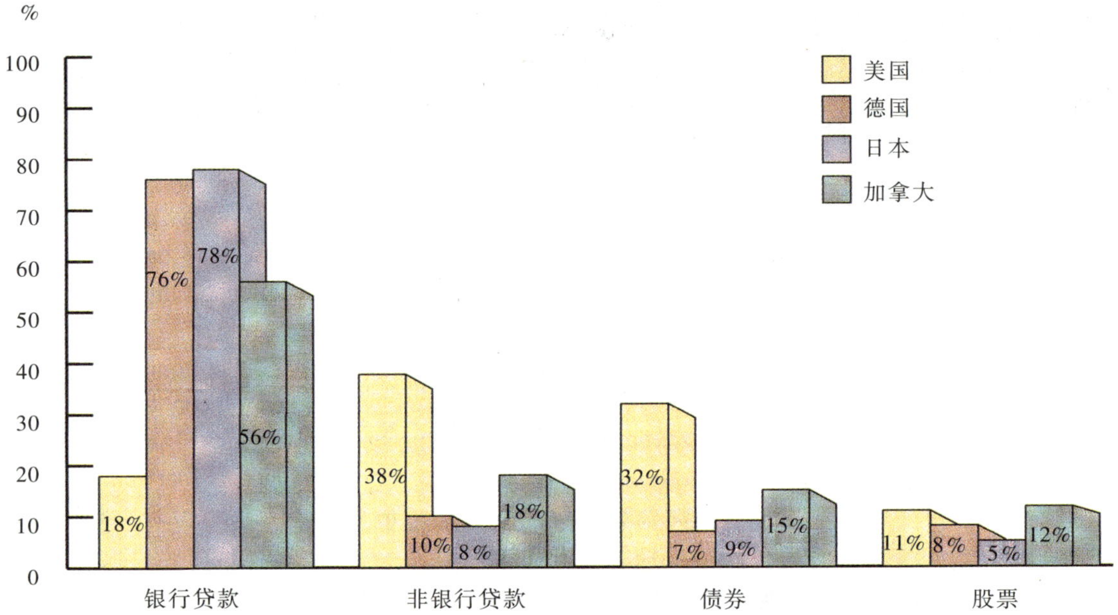

图7-1　非金融企业外部资金来源：美国、德国、日本及加拿大的对比

下面我们来探索一下这8个事实。

1.对于企业来说，股票并不是最主要的外部融资来源。由于媒体对股票市场的关注，许多人因此认为股票是美国企业融资的主要渠道，但如图7-1所示，在1970—2000年间股票市场仅占美国企业外部融资的一小部分：11%。①对于其他国家来说，这个数据也是比较小的。为何在美国和其他国家，股票市场在融资来源中的重要性并不是很大？

2.发行有价债券和权益证券并不是企业为商业活动融资的主要方式。图7-1显示，在美国以债券进行融资的份额多于股票，两者占比分别是32%和11%。股票、债券二者所占份额的总和是43%，不及企业为商业活动融资所获得的外部资金的一半。事实上，在所有国家中，发行有价证券并不是融资最主要的来源。实际上正如图7-1所示，在其他国家中有价证券提供的外部融资

① 股票提供的外部融资百分比11%是基于外部资金流向公司的资金流。然而，这个流量数字并不准确，因为当股票发行时，它一直都在筹集资金；而当发行债券时，它只是暂时筹集资金，它们会在到期时偿还资金。假设一家公司通过出售股票筹集1 000美元，同时还通过出售1 000美元1年期债券筹集到另外1 000美元。在股票发行的情况下，公司可以一直持有筹集的1 000美元；但要持有通过债务筹集的1 000美元，必须每年发行新的1 000美元债券。30年期间公司的资金流动情况如图7-1所示，该公司在30年期间只发行一次股票就可以筹集1 000美元，却要在30年内每年发行一次债券才能筹集1 000美元。因此，在筹集资金方面，债券看上去比股票重要30倍，尽管我们的例子表明它们对公司同样重要。

的份额要小于在美国提供的份额。为什么企业不尽可能多地使用有价证券为经营活动筹集资金呢?

3.间接融资（有金融中介参与的融资）的重要性要比直接融资大很多。直接融资是指企业直接从金融市场中的出借方手中筹集资金。直接融资包括向家庭销售诸如股票、债券这样的有价证券。股票和债券占据美国企业外部融资来源的43%，实际上夸大了直接融资在金融体系中的重要性。自1970年以来，新发行的公司债券和商业票据中不到5%的部分，以及1/3的股票是直接销售给美国家庭的。其余的证券主要由金融中介，如保险公司、养老基金和共同基金购入。以上这些数据表明美国公司外部融资中不到10%的部分是通过直接融资实现的。因为在大多数国家，有价证券作为融资来源的重要性比在美国还要低，所以与直接融资相比，间接融资的重要性更高。为何在金融市场中，金融中介和间接融资如此重要？在近些年，间接融资的重要性有所下降，背后的原因是什么?

4.金融中介，特别是银行，是企业外部资金的最重要来源，如图7-1所示，全球企业外部资金的主要来源包括由银行以及其他非银行中介，如保险公司、养老基金及金融公司提供的贷款（在美国这一比例为56%，在德国、日本和加拿大这一比例超过70%）。在其他工业化国家，银行贷款是外部融资最主要的来源（在德国和日本占比超过70%，在加拿大占比超过50%）。因此，这些数据表明在为商业活动进行融资时，这些国家的银行发挥了极其重要的作用。在发展中国家，银行在金融系统中的重要性要高于在工业国家中的重要性。为何银行对于金融系统的运行如此重要？而近些年来，银行融资占企业外部资金的份额有所下滑，原因又是什么?

5.金融系统是被监管最严格的经济部门之一。在美国和其他发达国家，金融系统都受到严格的监管。政府监管金融市场主要是为了促进信息披露，以及确保金融系统的稳定。为什么在全球范围内，金融市场受到如此严格的监管?

6.只有运营良好的大型企业才能进入金融市场为商业活动进行融资。个人企业以及运营较差的小型企业不太可能通过发行市场证券的方式进行融资，因此它们通常通过银行融资。为何只有知名的大型企业能够在金融市场轻松融资呢?

7.对于家庭和企业来说，抵押品是债务合同中的一个普遍特征。抵押品是抵押给出借方的一种资产，用来保证借款方能够在未来偿还债务。抵押债务，也叫**担保债务**（**secured debt**），和**无担保债务**（**unsecured debt**）相反。无担保债务是没有抵押品的债务，信用卡债务就是无担保债务。抵押债务是家庭债务的主要形式，同时也在企业贷款中广泛使用。美国家庭债务的主要形式包括抵押贷款：汽车贷款的抵押品是汽车，房贷的抵押品是住房。商业和农业抵押贷款中的抵押品是资产，这两类贷款在非金融企业贷款中占了1/4的比例。公司债券以及其他银行贷款同样涉及抵押品。为何抵押品在债务合同中如此重要?

8.债务合同是极其复杂的法律文件，通常对借款方的行为有很多限制。许多人认为债务合同就像在纸上写出借条一样简单。然而事实是，债务合同非常复杂，在所有国家中，债券或贷款活动通常是有着很多条款——**限制性条款**（**restrictive covenant**）——的长篇法律文件，这些条款限制且明确指出借款方能够参与的活动。限制性条款不只是企业债务合同的特点，在个人汽车贷款和住房抵押合同中也有规定：借款方必须对贷款购买的汽车或住房缴纳一定的保险金。为何债务合同如此复杂，且有如此多的限制?

回想第2章学过的内容，金融市场的重要特点就是交易和信息成本非常大。通过对这些成本如何影响金融市场进行经济分析，可以帮助我们理解上述8个基本事实，从而更好地理解金融市场是如何运行的。下一部分我们会分析交易成本对金融系统结构的影响，然后分析信息成本对金融结构的影响。

7.2 交易成本

交易成本是金融市场中的主要问题，接下来举例阐明这一点。

7.2.1 交易成本如何影响金融结构

假设你想投资5 000美元到股票市场，由于5 000美元只能购买非常少的股份，即使你在网上进行交易，也会因交易量太少以至于支付给中介的佣金会占很大的比例。如果你决定购买债券，问题甚至会更严重，因为可能你想购买的债券的最小面值是10 000美元，而你并没有这么多钱进行投资。于是你会失望地意识到你无法用辛苦挣来的储蓄在投资市场进行投资或获得收益。然而事实上，你并不是唯一受制于高额的交易成本的人。这是许多人都不得不面对的事实：大约只有一半的美国家庭拥有证券。

关于交易成本还有另一个难题。由于你只有一小笔资金可以进行投资，你只能进行有限数量的投资，因为太多的小型交易会产生高昂的交易成本。这意味着你必须把所有的鸡蛋放到一个篮子里，而一旦不分散投资会产生很大的风险。

7.2.2 金融中介如何降低交易成本

关于交易成本问题的例子，以及第2章中由于诉讼费导致你无法借钱给木匠卡尔的例子，都说明了像你这样的小型存款人无法进入金融市场并从中获利。幸运的是，金融中介作为金融结构的重要组成部分，可以降低交易成本，同时还使得小型存款人和借款人能从金融市场中获利。

规模经济

解决高额交易成本问题的一种方法是将投资人的资金捆绑在一起，使其能够利用规模经济而受益，随着交易规模的扩大，每美元的交易成本降低。将投资人的资金捆绑在一起可以降低个人投资者的交易成本。规模经济的存在，是因为在金融市场中，随着交易规模的扩大而增加的总成本很少。例如，购买10 000股股票的成本并不比购买50股股票的成本高多少。

金融市场中规模经济的存在有助于解释为何金融中介得以发展，以及为何金融中介在金融结构中如此重要。由于规模经济而出现的金融中介的最明显的例子就是共同基金。共同基金是一种金融中介机构，共同基金向个人售卖股份然后将收益投到债券或股票中。由于共同基金购买大量的股票和债券，因此可以通过较低的交易成本获得收益。在共同基金从其管理的个人账户中扣除管理费用后，其余节省出来的交易成本就落在了个人投资者手中。对个人投资者的另一个好处是，共同基金较大的规模使其能够购买各种组合的证券。对于个人投资者而言，多样性的增加降低了他们的投资风险，他们更有可能获得收益。

在某些情形下，规模经济对于降低成本十分重要。例如，一家较大规模的共同基金投资一大笔钱用于建立电子通信系统，那么这个系统就可以以极低的单笔成本实现大量的交易。

专用技术

金融中介的优势是善于开发专用技术来降低交易成本。它们在计算机方面的专用技术能够给客户提供更好的服务，例如让客户能免费拨打电话咨询投资状况或是用他们的账户写支票。

金融中介交易成本较低的重要成果就是能为客户提供流动性服务，流动性服务使得客户更容易进行交易。举个例子，货币市场共同基金不仅为股东支付更高的利率，同时也使股东能更便捷地开支票支付账单。

7.3 信息不对称：逆向选择和道德风险

金融市场中的交易成本，在一定程度上解释了为何在金融市场中金融中介和间接融资如此重要（事实3）。为了更全面地了解金融结构，我们需要关注金融市场中信息的作用。

信息不对称对于金融市场来说中十分重要，当涉及交易的一方对于另一方不够了解，就产生了信息不对称，这使得交易期间双方无法做出正确的决定。例如，企业的经理了解其企业是否诚实，或比股东更好地了解企业运营状况。信息不对称造成了逆向选择和道德风险问题，我们在第2章有所介绍。

逆向选择是发生在交易之前的信息不对称问题。信用不好的人通常是最积极寻求贷款的人，因此最有可能造成不良影响的一方通常可能是最希望参与交易的一方。例如，最喜欢冒险的风险偏好者可能也是最希望获得贷款的人，因为他们知道自己几乎不可能偿还贷款。因为逆向选择增加了借款人违约的风险，贷款人可能决定不再进行任何贷款，尽管市场中也还存在信用良好的人。

道德风险发生在交易之后，出借方可能会遭遇风险，即借款方可能会参与在出借方看来不可取的交易活动，从而导致借款方不太可能偿还贷款。例如，一旦借款人获得贷款，他们可能参与到风险较大的活动中（有可能获得较高的收益但是违约风险很大），因为他们是在用别人的钱进行交易。因为道德风险降低了偿还贷款的可能性，所以出借人可能决定不再发放任何贷款。

对于信息不对称是如何影响经济运行的分析就是**代理理论**（agency theory）。我们将应用代理理论解释为何金融结构是现在的形式，进而解释在本章开头所列出的那些事实。在下一章我们将继续运用代理理论来学习金融危机。

7.4 次品车问题：逆向选择是如何影响金融结构的？

诺贝尔奖获得者乔治·阿克尔洛夫在一篇著名文章中提到，逆向选择影响市场有效运行的具体形式。这种问题被称作次品车问题，因为它与二手汽车市场中一个由次品车引发的问题相似。二手汽车的潜在购买者经常无法准确评估汽车的质量，也就是说他们无法分辨某一款二手车的好坏。因此买家支付的价格一定程度上反映了市场上二手车的平均质量，也就是介于次品车的低价和好车的高价之间的价格。

相反，二手车的所有者更了解这款车是好还是坏。如果车是次品，所有者很高兴能够以买家愿意支付的价格出售这辆车，因为这个价格是介于次品车和好车之间的价格，即这个价格优于次品车的价格。然而如果车是好车，卖家知道这辆车的价格对于买者愿意支付的价格来说被低估了，所以所有者可能并不愿意出售这辆车。因此逆向选择的结果就是市场上不会有太多品质较好的二手车，因为市场中二手车的平均质量较低，而且很少有人想买次品车，所以交易量很少。如果上述情况发生，那么二手车市场的运行效果会很糟糕。

7.4.1 股票和债券市场中的次品车问题

证券市场，即债务（债券）和股权（股票）市场会发生类似的次品车问题。假设投资人欧文是普通股等证券的潜在买家，他并不能区分出风险低且收益高的好公司和风险高且收益低的不良公司。在这种情况下，欧文只愿意支付能够反映公司发行证券平均价值的价格，而这个价格会介于不良公司股票价值和好公司股票价值之间。如果一家好公司的所有者或经理比欧文拥有更多的信息，同时清楚地知道这家公司很好，他们会知道自己的证券被低估了，所以不想以欧文愿意支付的价格出售证券。而愿意卖给欧文证券的公司是那些不好的公司，因为欧文的出价要高于其证券价值。我们的朋友欧文并不愚蠢，他不想拥有不良公司的证券，因此他决定，不在市场中购买证券。结果与二手车市场相似：证券市场将无法良好运行，因为很少有公司能通过售卖证券来筹集资金。

如果欧文考虑不购买股票而是在债券市场购买企业债务工具，分析过程与之前的分析相似。欧文会购买债券的前提是，债券的利率高到可以弥补发行这种债券的不良公司的平均违约风险。一家好公司的所有者会意识到他们支付的利率要比本应支付的利率高，因此他们不愿意在这个市场借款。只有那些不好的公司才想在这种市场借款，而像欧文这样的投资者并不想购买不好的公司发行的债券，因此他们可能决定不购买任何债券。在这种情况下，很少有债券会在这个市场售卖，因此这并不是一种很好的融资来源。

我们刚刚所做的分析解释了事实2：对于世界上任何国家的企业来说有价证券并不是最主要的融资来源。这也多少解释了事实1：股票不是美国企业融资最主要的来源。次品车问题的存在使得像股票和债券市场这样的证券市场将资金从存款人向借款人转移的效率变低。

7.4.2 解决逆向选择问题的工具

如果不存在信息不对称，就不会发生次品车问题。如果买家能像卖家那样了解汽车的质量，这样所有参与交易的人都能区分好车和坏车，买家将会愿意为好的二手车支付应有的价值。由于质量好的二手车主能够收到比较公平的价格，他们也愿意在市场中出售汽车。市场会有更多的交易，也会很好地履行市场的职责，即将质量好的车转移到需要他们的人手中。

相似地，如果证券的买家能够区分好的公司和不好的公司，他们也将愿意向发行证券的好公司支付应有的价值，而好的公司也会在市场中出售证券。证券市场也就能够将资金转移到那些拥有最佳生产性投资机会的好公司手中。

信息的私人生产和销售

解决金融市场中逆向选择问题的方法是让提供资金的人能够充分了解那些试图寻找资金的个人或公司以解决信息不对称问题。一种能得到这些信息的方法是建立私人公司收集和生产能够区分公司好坏的信息，然后将这些信息出售。在美国，像标准普尔、穆迪这些公司会收集企业资产负债表及投资活动等信息，然后发布这些数据并将其卖给订阅者（包括购买证券的个人、图书馆、金融中介机构）。

信息的私人生产及销售的存在并不能完全解决证券市场中逆向选择的问题，原因就是存在**搭便车问题（free-rider-problem）**。当有人不支付任何费用就利用他人支付费用获得的信息时，就会出现搭便车问题。搭便车问题表明，私人信息交易只是解决次品车问题的部分方法。假设你刚刚购买了关于哪家公司好、哪家公司不好的信息，你认为购买这些信息是值得的，因为你可以利用购买的信息购入价值被低估的证券来弥补这笔成本。然而，我们的投资人欧文看到你购买了这些证券，他也会跟你买一样的证券，即使他没有支付任何费用购买相关信息。如果其他人也像欧文这样做，这就增加了市场对这种价值被低估的证券的需求量，然后需求量的增加会导致原本较低的价值立刻上涨到证券真实的价值。由于存在这些搭便车的人，你无法再以低于实际价值的价格购买这些证券，现在，由于你无法再从购买信息中获得利润，于是决定不会再购买这些信息了。如果其他投资者也意识到这个问题，私人公司和个人就很难售出足够多的信息来补偿他们收集并生产这些信息的成本，而私人公司通过出售信息而盈利的能力下降意味着市场上会产生更少的信息，因此，逆向选择和次品车问题会继续影响证券市场的有效运行。

通过政府监管来增加信息

由于存在搭便车问题，私人市场无法产生足够的信息，也无法解决导致逆向选择的信息不对称问题。金融市场能否从政府干预中受益？一种方法是，政府可以免费向公众提供信息来帮助投资者区分公司的好坏。这种方法要求政府发布企业的负面信息，从执行层面难以实现。另一种方法也是美国以及全球多数政府采用的方法，就是政府通过鼓励公司发布自身真实的信息来规范证券市场，因此投资人能够判断投资的好坏。在美国，证券交易委员会是执行这一职能的政府部门，它要求出售证券的公司要进行独立的审计，提供审计的会计公司能证明该公司服从标准会计准则；披露有关交易、资产、收益的准确信息。其他国家也有相似的规定，然而由于安然公司的倒闭，以及其他公司发生的会计丑闻，可见对信息披露进行规范要求也不总是奏效。

金融市场中造成逆向选择的信息不对称问题也解释了为何金融市场是经济体系中受到最严格监管的部门之一（事实5）。提供给投资者的信息需要政府的监管，以此减少逆向选择问题，这涉及证券市场的有效运行。

虽然政府监管缓解了逆向选择问题，但并没有完全解决该问题。即使公司向公众公布交易、资产和收入信息，公司拥有的信息仍然比投资人多：如果想知道一家公司的状况，公司提供的数据并不充分。此外，不好的公司也要表现得像好的公司，因为这样能够以更高的价格出售证券。不好的公司可能会歪曲向公众公布的信息，这使得投资人很难区分公司的好坏。

案例

安然的破产

金融调节

至此我们已经了解了私人生产信息以及政府监管能促进信息的流通，但这些手段并没有彻底解决金融市场上的逆向选择问题。那么，在信息不对称的情况下，金融结构是如何将资金转移到有生产投资机会的人手中呢？二手汽车市场的结构为我们提供了思路。

二手车的重要特点就是大多数二手车并不是从个人直接卖到个人手中的，想购买二手车的人可能会订阅一本杂志，如《消费者报告》，以此购买私人生产的信息从而查明某一类型的汽车的记录是否良好。尽管如此，阅读《消费者报告》并没有解决逆向选择问题，因为即使一个汽车制造商的信誉良好，市场上出售的这款车也可能存在次品。如果消费者并不认识值得信任的汽车技工，或者汽车技工收取高额的费用对汽车进行估价，会怎样呢？

由于存在这些问题，对于个人来说很难获取足够的二手车信息，因此，大多数二手车并不是直接从个人卖到其他人手中，而是通过中介出售，中介（也就是二手车交易商）从个人手中买入二手车，再出售给其他人。二手车交易商能够辨别出一辆车的好坏然后发布信息，一旦其知道这辆车是好车，就会出售这辆车并提供相关保证：可能是具体的保证，如保证书，也可能是笼统的保证，即用公司的信誉做担保。买家通常更愿意购买有交易商保证的二手车。通过以比买入价格更高的价格出售二手车，交易商可以从生产关于汽车质量的信息中获利。如果交易商根据自己生产的信息买入和卖出二手车，就可以避免其他人搭便车的问题。

金融中介机构在金融市场中的作用和二手车交易商在解决逆向选择问题时起到的作用是一样的。金融中介机构，如银行会专门生产关于公司的信息，因此其能够以此区分公司信誉的好坏。金融中介机构从存款人那里获得资金，然后将资金出借给信誉好的公司。由于银行能够将大多数资金借给信誉好的公司，因此银行通过放贷获得的收益高于付给存款人的利率。而获得的收益促使银行积极参与到生产信息的活动中。

银行能从生产信息中获利的一个重要因素是银行主要进行的活动是私人贷款而非在公开市场中购买证券，从而避免了搭便车问题。由于私人贷款不是公开进行交易的，其他投资人无法查看银行的活动，从而推高了贷款的价格（使银行无法通过生产信息获得利润）。银行作为中介机构，手中持有大量非流通贷款，这就是它能减少金融市场中信息不对称问题的关键。

我们对于逆向选择问题的分析表明，大多数金融中介机构，如银行掌握着大部分的非流通贷款，因此银行在将资金转移给公司的过程中发挥的作用比证券市场大得多。我们的分析也因此解释了事实3和事实4：间接融资要比直接融资更重要，以及银行是商业融资中外部资金最重要的来源。

以上分析还解释了在发展中国家的金融系统中银行的重要性。当关于公司的信息质量更好时，信息不对称问题的影响就更小，而对于公司来说也就更容易发行证券。在发展中国家，私企的信息比工业化国家更难收集，因此，证券市场发挥的作用更小，同时像银行这样的金融中介机构发挥的作用更大。这种分析的推论就是，一家公司的信息越容易获得，银行发挥的作用就越小。过去30年来，美国发展的重要标志就是信息技术的巨大进步。因此，以上分析表明金融机构（正如美国的商业银行）的借贷作用正在减小。

我们对逆向选择的分析解释了为何大型企业更倾向于直接在证券市场获取资金，而不是通过银行和金融中介的间接方式（事实6）。一家公司的知名度越高，在市场中关于这家公司活动的信息也就越容易获得，因此对于投资者来说，更容易评估这家公司的质量以及信誉。由于投资人无须担心知名的企业出现逆向选择问题，因此他们更愿意直接投资这样公司的证券。我们对于逆向选择的分析表明发行证券的公司应遵循一种等级秩序，即公司规模越大、运营状况越好，越容易通过发行证券进行融资，这个理论被命名为**优序融资理论**（pecking order hypothesis）。该理论也是事实6所讨论的问题，并获得了实证数据的支持。

抵押品和资本净值

当借款方不能偿还借款而发生违约时，出借方就会遭受损失，此时逆向选择就会影响金融市场的运行。**抵押品**（collateral）就是当借款方发生违约时保证交给出借方的资产，抵押品削弱了逆向选择的影响，因为抵押品减少了违约发生时出借方发生的损失。如果借款方发生违约，出借方可以用出售抵押品获得的收益弥补贷款发生的损失。例如，如果你不能支付房屋抵押贷款的费用，出借方就可以获得房屋的所有权并进行拍卖，用获得的收益来清偿贷款。因此，出借方更愿意进行抵押贷款。借款方也愿意提供抵押品，抵押品降低了出借方的风险，借款方因而能够优先获得贷款，并享受更优惠的贷款利率。信贷市场中逆向选择的存在解释了为何债务合同中抵押品如此重要（事实7）。

净值（net worth），也称为**权益资本**（equity capital），是公司资产（具有所有权的资产和债权）和负债之间的差值，和抵押品的作用相似。当一家公司的净值较多时，如果该公司参与的投资产生亏损，并在偿还贷款过程中发生违约，出借方则可以获得净值的所有权并将其出售，获得的收益可以弥补贷款产生的损失。此外，公司拥有的净值越多，该公司产生违约的可能性就越小，因为公司有足够的资金可以清偿贷款。因此当公司净值较多时，逆向选择产生的影响会减小，出借方就更愿意发放贷款。此番分析解释了我们常听到的那句话："只有不需要钱的人才能够借钱给别人"。

总结

目前我们已经用逆向选择的概念解释了关于金融结构的8个事实中的7个事实：前4个事实

重点阐释了对于公司融资来说，金融中介的重要性以及证券市场相对较低的重要性。第5个事实是金融市场是经济体系中受到最严格监管的部门之一。第6个事实是只有规模大且运营良好的企业才能够在金融证券市场进行融资。第7个事实是抵押品是债务合同的重要部分。在接下来的部分，我们将学习另一个信息不对称问题，即道德风险对以上事实的解释。此外，道德风险同样可以解释事实8，即作为复杂的法律文件，债务合同对借款方的行为有大量严格的限制。

7.5 道德风险如何影响债务合约和股权合约的选择?

道德风险是发生在金融交易之后的信息不对称问题，当证券卖家隐藏信息并参与对买家不利的活动时，就会发生道德风险。道德风险问题十分重要，它决定了公司能否发现利用债务合约比利用股权合约更容易筹集到资金。

7.5.1 股权合约中的道德风险：委托代理问题

股权合约，如普通股，是对企业利润和资产的索取权。股权合约中存在一种特殊的道德风险，被称为**委托代理问题（principal-agent problem）**。一般公司的经理（代理人）只拥有公司所有权的一小部分，而拥有公司大部分所有权的股东（委托人）并不是经理。这种所有权和管理权的分离容易产生道德风险，拥有控制权的经理（代理人）会为自己谋利而不会为公司的所有者（委托人）谋利，因为经理并不像公司所有者那样追求公司利润最大化。

为了更全面地了解委托代理问题，假定你的朋友斯蒂夫邀请你成为冰淇淋店的合伙人但无须过问业务。冰淇淋店需要10 000美元的投资基金，而斯蒂夫只有1 000美元，所以你以9 000美元购买公司90%的所有权，而斯蒂夫只有10%的所有权。如果斯蒂夫努力工作，在除去所有的费用（包括斯蒂夫的薪水）之后，商店每年会有50 000美元的利润，其中斯蒂夫收到10%的股利（即5 000美元），而你收到90%的股利（45 000美元）。

但是如果斯蒂夫没有为客户提供高效且友好的服务，而是使用5 000美元的收入为办公室购买艺术品，甚至在工作的时候去沙滩度假，冰淇淋店就不会产生任何利润。开始的时候，如果斯蒂夫想额外再赚取5 000美元的收益（利润的10%），他必须要努力工作并且放弃那些非生产性的投资。斯蒂夫可能会认为额外赚取5 000美元的激励不足以让他努力成为一名合格经理。只有10 000美元的额外收益，才会让他有足够的动力成为一名合格的经理。结果是冰淇淋店不会盈利，那么他的决定使你损失45 000美元（而如果他是一名合格的管理者，你将拥有90%的利润）。

如果斯蒂夫不完全诚实的话，由委托代理造成的道德风险可能会更加严重。因为冰淇淋店全是现金业务，斯蒂夫可以把50 000美元装进自己的口袋然后告诉你利润为零，最终他得到50 000美元的回报而你却一无所有。

过去的公司丑闻如安然和泰科国际电子公司事件也可以说明由股权合约产生的委托代理问题可能会非常严重。在这两起案件中，经理都被发现私自挪用资金。除了追逐个人利益外，经理可能还会采取一些加强个人权力，却不会增加公司利润的公司战略（如并购其他公司）。

如果公司的所有者能够完全了解经理的行动并阻止不必要的开支或欺诈，委托代理问题就不会发生。由于像斯蒂夫这样的代理人拥有比委托人更多的信息，即信息不对称，就会发生委托代理问题（道德风险的一个例子）。如果斯蒂夫独自拥有这个店并且所有权和控制权没有分离，那么委托代理人问题就不会发生了。如果是这样的话，斯蒂夫努力工作，同时避免不必要的投资，然后就会收获50 000美元的利润，而这个数目足以激励他成为一名合格的经理。

7.5.2 解决委托代理问题的工具

信息生产：监控

大家已经了解到委托代理的产生是由于经理比股东拥有更多关于公司活动和利润的信息。对于股东来说，能减少道德风险的方法之一是从事一种特殊的信息生产活动，即对公司的监控：经常对公司进行审计并确认管理部门的行动。但监控过程中产生的问题是需要花费大量的时间和金钱，这点也反映在经济学家对其的命名上：**高成本核实**（costly state verification）。高成本核实使得股权合约的吸引力下降，这也部分解释了为何股票不是金融结构的一个重要因素。

同逆向选择一样，搭便车问题也降低了能解决道德风险问题（委托代理问题）的信息产品的数量。在本例中，搭便车问题降低了监控效果。如果你知道除了你之外的其他股东为监控公司活动而支付费用，这时你可以搭便车。然后你可以用省下来的钱去加勒比海上的小岛度假。如果你这样做，其他股东也可以，那么可能所有的股东都去海岛度假，而没有人花费资源去监控公司。因此，普通股东的道德风险问题就会变得更严重，加大了公司通过发行普通股来筹集资本的难度（这为事实1提供了另外一种解释）。

通过政府监管增加信息

同逆向选择一样，政府也倾向于解决由于信息不对称造成的道德风险问题，这也解释了为何金融系统受到如此严格的监管（事实5）。各地政府都有相关法律强制公司遵守会计准则，这些规定使证明利润变得更容易。政府同样通过法律对那些通过欺诈来获取利润的人实施严厉的法律制裁。然而这些措施的效果有限，而且揭露这种欺诈并不容易，进行欺诈的经理会极力隐瞒真相，政府很难证明经理是否犯了欺诈罪。

金融中介

金融中介机构有能力避免道德风险中的搭便车问题，这也说明了为何间接融资如此重要（事实3）。一种有能力解决由于委托代理问题产生的道德风险的金融中介是**风险投资公司**（venture capital firm）。风险投资公司收集合伙人的资金，同时利用这些资金帮助创业者建立新公司。作为交换，风险投资公司将获得新公司的部分股权。由于在消除道德风险的过程中，对收入和利润的确认十分重要，因此风险投资公司通常坚持委派公司内部人员进入新公司的管理层及董事会，这样就可以随时掌握公司的动向。当一家风险投资公司提供启动资金时，股权不能转让给风险投资公司之外的其他人，因此其他投资人不能在风险投资公司的核验活动中产生搭便车行为。因此，风险投资公司能够充分享受核验活动获得利润，同时也拥有充足的理由降低道德风险问题。风险投资公司对于美国高科技领域的发展十分重要，它增加了就业机会，促进了经济增长，同时还加强了国际竞争。

债务合约

股权合约可能会产生道德风险，无论公司盈利与否，其都拥有对利润的索取权。如果债权合约可以被设计成只在特定情况下才会产生道德风险，监控经理的需求就会降低，而这种交易也比股权合约更有吸引力。债务合约具有上述这些特征，是因为其中借款方承诺会定期向出借方支付固定金额的款项。当公司的利润较多时，出借方会收到合约规定的款项而不需要知道公司具体盈利多少。如果经理隐瞒利润或是进行不会增加公司盈利而对自身有利的活动，出借方一般不会在意，只要这些活动不影响公司按时支付债务款项就行。只有当公司不能支付债务款项时，公司发生违约，这才需要证明公司的利润状态。在这种情况下，债务合约中的出借方才会像股东一样为了收回他们的款项而付出行动，而这时他们必须要知道公司的收入有多少了。

由于不再需要频繁地监控公司，核实的成本也就降低了。这也解释了为何在融资过程中债务合约比股权合约更常见。道德风险的概念也解释了事实1，为何股票不是公司最重要的融资来源。[①]

7.6　道德风险如何影响债务市场的金融结构？

即使拥有上文所述的诸多优点，债务合约仍然会受到道德风险的影响。由于债务合约要求借款方支付固定的金额，剩余的收入才是借款人的利润，因此，借款方更倾向于参与风险程度高于出借方预期的投资活动。

假如你担心斯蒂夫冰淇淋店的利润会有问题，所以你决定不做股权合伙人，而是借给他9 000美元并签署了债务合约，合约要求按10%的利息率偿付欠款。就你而言，这是一笔万无一失的投资，因为小区附近对冰淇淋的需求量很大也很稳定。然而一旦你借给斯蒂夫这笔资金，他可能将该笔资金进行你没有预料到的投资，斯蒂夫可能没有开冰淇淋店而是购买化学研究仪器，因为他认为他有1/10的把握能发明出一种健康的冰淇淋，这种冰淇淋的味道会与名牌冰淇淋味道一样却含有更少的脂肪和卡路里。

很显然，这种投资的风险非常大。但是如果斯蒂夫成功了，他将成为百万富翁。因此，他有强烈的动机用你的钱从事这项高风险的投资。你显然会很不高兴，因为一旦他失败了，你很可能失去大部分资金。即使他成功了，你也不会从他的成功中受益，因为本金和利息是固定的，所以你只能得到10%的收益。由于存在潜在的道德风险，你可能不会借钱给他，即使在社区内开冰淇淋店是对任何人都有利的投资。

7.6.1　解决债务合约中道德风险的工具

净值和抵押品

当借款方的资本净值较大或者他们向出借方承诺的抵押品价值较高时，借款方会承担更多的风险。而道德风险出现的可能性（以出借人反感的方式进行活动的可能性）大大降低，因为借款自身也会受到巨大的损失。换种说法，如果借款方有自身利益牵涉其中，也就是他们有较多的资本净值或是较昂贵的抵押品，他们不会倾向于用出借方的利益去冒险。让我们回到斯蒂夫和他的产业，假定成立冰淇淋店或是购买设备都是100 000美元而不是10 000美元，除了你贷款提供的资金，斯蒂夫需要自己投入91 000美元（而非1 000美元）。现在如果斯蒂夫对于零卡路里零脂肪的新冰淇淋的投资失败，他将遭受巨大的损失——价值91 000美元的净值（100 000美元资产减去你借给他9 000美元的贷款）。他将再三考虑投资的风险，然后可能更倾向于投资建立冰淇淋店，因为后者成功的概率更大。因此，当斯蒂夫用更多自己的钱（净值）进行投资，也就是当其自己的利益牵涉其中时，你会更倾向于借给他钱。同样，如果你将房子作为抵押品，你就不太可能用每个月还房贷的钱去拉斯维加斯赌博，因为你有可能会因交不上房贷而失去房子。

高额的净值和抵押品给道德风险带来的结果是，债务合约实现了**激励相容**（incentive compatible），即将借款方与出借方的激励因素相结合，借款方的净值和抵押品价值越大，借款方就越有可能按照出借方预期的方式行动。债务合约中道德风险问题越小，企业或家庭就越容易得到资金。相反，如果借款方的净值和抵押品价值越低，发生道德风险的可能性越大，也就越难借到

---

① 促使债务合约比股权合约更普遍的另一个因素就是税法。对于美国企业来说，债务利息是可抵扣费用，而发放的股利并不是可抵扣费用。

资金。

限制性条款的监控和执行

在斯蒂夫冰淇淋店的例子中，如果你能确定他没有进行其他比冰淇淋店风险更大的投资，你出借的贷款就能获得利息收益。为了确保斯蒂夫会将该笔资金用在你想要的投资上，你可以通过在债务合约中签署相关条款（限制性条款）来限制他的活动。通过对斯蒂夫的活动进行监控，能了解他是否遵守并执行限制性条款，如果他没有遵守，你可以强制他执行并确保他不会用你的钱冒险。限制性条款的目的在于通过排除高风险活动或是鼓励低风险活动以降低道德风险。下面是4种能实现该目的的限制性条款：

1.限制违背贷款人意愿的行为的条款 这些条款可以通过减少借款方从事违背贷款人意愿的高风险的投资从而降低道德风险。一些条款规定贷款只能用于特定的金融活动，如购买某种设备或是存货。另外有一些条款禁止借款方公司参与特定的高风险的商业活动，如购买其他公司。

2.鼓励符合贷款人意愿的行为的条款 限制性条款鼓励借款方从事符合贷款人意愿的活动，这样借款方更有可能偿还贷款。有些条款要求一家之主缴纳人寿保险，在其去世后，这种保险保证可以偿还抵押贷款。这种类型的限制性条款能鼓励借款公司保持较高的净值，因为较高的净值可以减少道德风险的发生，同时出借方遭遇损失的可能性更小。这类限制性条款通常规定公司必须维持与公司规模相对应的资产的最少数量。

3.维持抵押品价值的条款 由于抵押品是对出借方的保护，限制性条款鼓励借款方维持抵押品良好的状态，同时还要确保借款方一直持有抵押品，这些是最常见的条款。例如，汽车贷款合同要求汽车的所有人购买车辆损失险和盗抢险，还禁止在贷款未还清的情况下出售汽车。同样，住房抵押贷款的借款方必须为住房购买足额的保险，同时在出售房屋时必须还清贷款。

4.提供信息的条款 限制性条款同样要求借款公司以季度会计收入报表的方式，定期提供业务活动的信息。因此出借方更容易监控公司的活动，同时也能降低道德风险。这种条款同样可能规定出借方有权在任何时候审计和检查公司的账务。

现在我们了解到债务合约是如此复杂的法律文件，而且对借款方的行为有许多限制（事实8）：债务合约要求有复杂的限制性条款来降低道德风险。

金融中介

尽管限制性条款有助于减少道德风险问题但并没有完全解决这个问题。仅仅通过制定条款无法排除每一种有风险的活动。此外，借款方也可能从限制性条款中发现漏洞并使其失效。

限制性条款的另一个问题是它们需要人为的监控和执行，如果借款方知道出借方不会检查他们的活动或是不愿意支付诉诸法律的费用，借款方可以违反条款，从而使限制性条款没有任何意义。由于对限制性条款的监控和执行的成本较大，债务证券（债券）市场也会像股票市场一样发生搭便车问题。如果你知道其他的债券持有者正在监控或执行限制性条款，你就可以搭便车。但是其他债券持有者也可以做和你同样的举动，这样的结果就是最终不会再有足够的资源监控或执行这些条款。最后，道德风险仍然是证券交易中一个重要的问题。

正如我们之前所讨论的，金融中介，尤其是银行，有能力避免搭便车问题——只要它们发放私人贷款。私人贷款不公开进行交易，因此没有人能够利用中介的查验和执行搭便车。中介发放私人贷款，然后通过监控和执行相应的限制性条款获得收益，还能减少道德风险问题的发生。道德风险的存在也为我们解释了为何金融中介在将资金从存款人转移到借款人时发挥了如此重要的作用，正如事实3和事实4所描述的那样。

7.6.2 小结

金融市场存在的信息不对称导致了逆向选择和道德风险问题，而这些问题会影响金融市场的正常运行。解决这些问题的工具包括个人生产并销售信息、通过政府监管增加金融市场中的信息、债务合约中对抵押品和净值的重视，以及监控和限制性条款。我们的主要发现就是股票债券交易中存在搭便车问题，这表明金融中介机构，尤其是银行在企业融资活动中发挥的作用比证券市场更大。对于逆向选择和道德风险影响的分析解释了金融系统的基本特点，同时还为本章开始时关于金融结构的8个事实提供了答案。

表7-1总结了信息不对称问题以及解决这些问题的工具，此外也显示了这些工具和信息不对称问题是如何解释本章开头时关于金融框架的8个事实。

表7-1　　总结：信息不对称问题及解决方法

信息不对称问题	解决方法	解释现象序号
逆向选择	个人生产并销售信息	1、2
	通过政府监管增加信息	5
	金融中介机构	3、4、6
	抵押品和净值	7
股权合约的道德风险（委托代理问题）	生产信息：监督	1
	通过政府监管增加信息	5
	金融中介机构	3
	债务合约	1
债务合约的道德风险	抵押品和净值	6、7
	限制性条款的监督和执行	8
	金融中介机构	3，4

注：事实清单

1.股票不是外部融资最重要的来源。

2.市场流通债券不是融资的首要来源。

3.间接融资比直接融资更重要。

4.金融体系被严格地监管。

5.只有大型的、运营良好的企业可以进入证券市场。

6.抵押品在债务合约中很普遍。

7.债务合约具有大量的限制条款。

案例

我们应该“解雇”所有律师吗?

7.7 利益冲突

在本章的开头，我们了解了金融机构在金融市场中发挥着怎样重要的作用，特别是其在解读和收集客户信息方面的专业性使得其在生产信息时具有成本优势。此外，因为金融机构可以收集、生产并分配这些信息，金融机构可以反复使用这些信息，也实现了规模经济。通过向客户提供多种金融服务，如发放银行贷款或出售债券，金融机构可以实现**范围经济**（economies of scope），即通过将一种信息资源应用于不同种服务从而降低每种服务的信息生产成本。例如，银行可以在向公司发放贷款时评估该公司的信贷风险，这会帮助银行了解该公司的债券是否受到市场的欢迎。此外，通过为客户提供多种金融服务，金融机构同公司建立了长期的合作关系，这些关系不仅降低了信息的产生成本也扩大了范围经济。

7.7.1 什么是利益冲突?我们为什么要关注它?

尽管范围经济对金融机构非常有利，但是范围经济同样也会产生以**利益冲突**（conflict of interest）形式存在的成本。利益冲突是一种道德风险问题，当个人或机构有着多个目标（利益）时，这些目标之间就会发生冲突。当一家金融机构提供多种服务时，利益冲突发生的可能性就会变得很大。这些服务潜在的利益竞争可能导致个人或公司隐藏信息或是散布误导性信息。我们利用对信息不对称问题的分析来理解利益冲突的重要性，为何会产生利益冲突以及我们可以做些什么。

我们关注利益冲突是因为金融市场中信息质量的大幅降低会加剧信息不对称问题，同时也阻碍了金融市场将资金投给最有生产力的投资机会。最后的结果就是金融市场及经济体系变得低效。

7.7.2 为何会产生利益冲突?

近些年来，在金融市场中有三种金融服务会造成严重的利益冲突问题：投资银行的承销和研究，会计公司的审计和咨询，以及信用评级机构的信用评级和咨询。为何这些活动会产生利益冲突？

投资银行的承销和研究

投资银行履行两大职能：研究发行证券的公司；代表发行公司将证券卖给大众，即对这些证券承销。由于可以进行信息协同，投资银行可以经常整合这些不同种类的金融服务。信息协同是指为某一任务生产的信息同样可以运用到其他任务当中。由于银行试图服务于两大客户群体，即发行证券的公司和买入证券的投资者，而这些客户群体有着不同的利益需要，因此经纪人业务和承销服务之间产生了冲突。发行公司可以从积极的研究中受益，而投资者需要不带偏见的研究。为两大群体生产同样的信息可以利用范围经济。如果通过承销带来的收益远远超过了代理业务收取的佣金，银行很有可能会改变提供给投资人的信息来满足发行公司的需求或者冒险放弃发行公司的业务与其他投资银行竞争。例如，1992年6月14日，《华尔街日报》刊登的一则摩根士丹利内部摘要称：“我们的目标是采取公司上下，包括研究部门都认同的政策，作为良好的商业惯例，我们不会对客户进行消极或是有争议的评论。”

由于受到这样的指令，投资银行的分析人士可能会篡改他们的研究结果以满足发行公司。这种情况在20世界90年代科技繁荣期间的股票市场确实发生过，这种情况破坏了投资者通过这些信息进行金融决策的可靠性，结果就是降低了证券市场的效率。

另一种利益冲突的常见情况是**钓鱼行为**（spinning）。钓鱼行为是指一家投资银行将热销且定价低的**首次公开募股**（initial public offerings，IPO），即新发行的股票，分给另一家公司的高层。由于热销的首次公开募股通常在首次发行之后会立刻上涨，这种行为相当于是一种回扣，公司的高层会在未来与这家投资银行进行合作。当这些高层所在的公司计划发行自己的股票时，他可能更倾向于去这家投资银行，尽管这家银行并不一定是对公司证券定价最高的投资银行。而这种现象增加了公司资本的成本，降低了资本市场的效率。

会计公司的审计和咨询

通常审计人员会检查公司的账务，同时监控公司发布的信息质量，然后通过这些举动来降低公司的经理和股东之间发生信息不对称问题的可能性。在审计过程中，一些潜在的利益冲突会影响报告的真实性。当一家会计公司为客户提供审计服务，以及像税务、会计管理信息系统和商业策略这样的非审计服务时，媒体会着重关注利益冲突问题。为客户提供多种服务有助于规模经济和范围经济，但也会产生两种可能发生的利益冲突。第一，审计人员可能为了得到同一个客户的咨询业务而更改评估建议；第二，会计人员审计的可能是同一公司内非审计部门设立的税务系统或是金融计划，因此他们可能不愿意对系统做出负面的评论或建议。这两种冲突都可能造成不公正的审计结果，这种结果可能会减少金融市场中可信赖的信息数量，而且令投资者很难分配资本。

另一种产生利益冲突的情况是审计人员为了获得审计业务而提供过于乐观的审计。曾经美国的五大会计公司之一——亚瑟安达信的倒闭表明了这种利益冲突可能是最危险的（详见案例“安达信的倒闭”）。

案例

安达信的倒闭

信用评级机构的信用评级和咨询

信用评级（如Aaa或Baa）能够反映违约的可能性，因此投资者通过信用评级来判断某种债券的可信度。因此，债务评级在为债券定价和监管的过程中发挥着至关重要的作用。当使用信用评级的用户各自的利益不同（至少短期内是如此）时，可能会产生利益冲突问题。投资方和监管方需要的是公正的信用评估；而发行方需要的是积极的评估。在信用评级产业中，证券发行方会雇用标准普尔或穆迪公司来对其证券进行评级。由于发行方是付费方，投资方和监管方担心这些评级机构会为了吸引更多的发行方而做出不公正的评级。

另一种可能产生利益冲突的情况发生在评级机构同时还提供咨询服务时。债券发行方通常会咨询评级机构如何管理债务问题，这样做的目的是获得积极的评级。在这种情况下，信用评级机构会对自己的业务进行评级，同时会涉及利益冲突问题，这种利益冲突和提供审计和咨询服务的会计公司面临的问题是相似的。此外，评级机构可能为了获得咨询业务的新客户而做出积极的评级。如果评级机构发布的评估质量下降，可能会造成金融市场中信息不对称问题更加严重，从而降低了该市场分配信贷的能力。由于在2007—2009年金融危机中信用评级机构声誉受损，这种利益冲突得到了广泛的关注（详见案例“信用评级机构和2007—2009年金融危机”）。

案例

信用评级机构和2007—2009年金融危机

7.7.3　解决利益冲突的举措

为了解决利益冲突，相关监管部门主要实施了两种措施：《萨班斯-奥克斯利法案》和《全球法律协议》：

2002年的《萨班斯-奥克斯利法案》

公众对企业和会计丑闻的征讨促成了2002年《公共会计收益和投资人保护法案》的颁布，其也被称为《萨班斯-奥克斯利法案》，该法案源于国会中两位编写人员的名字。该法案加强了对利益冲突的监管力度：

- 法案建立了受证交会监管的上市公司会计监督委员会，该委员会监督会计公司以确保审计是独立且有质量保证的。

- 法案增加了证交会用于监督证券市场的预算。

《萨班斯-奥克斯利法案》直接减少了利益冲突：

- 法案规定一家注册上市会计公司如果同时为客户提供非审计业务和审计业务属于违法行为。

《萨班斯-奥克斯利法案》鼓励投资银行不再利用益冲突：

- 法案加强了对职务犯罪的惩罚力度，同时也加强了政府的调查措施。

《萨班斯-奥克斯利法案》还提高了金融市场中信息的质量：

- 法案要求公司的首席执行官、首席财务官以及审计人员定期证明金融报表和公司公布的信息（尤其是关于公司资产负债表的交易信息）的准确性（条款404）。
- 法案要求审计委员会的成员（附属委员会的董事会负责监督公司的审计）必须保持独立，也就是说，他们不能是公司的管理人员或者接受公司的咨询或交易费用。

2002年的《全球法律协议》

第二种政策手段来源于纽约总检察长与10家大型银行（贝尔斯特根、瑞士信贷第一波士顿银行、德意志银行、高盛、摩根大通、雷曼兄弟、美林、摩根士丹利、所罗门美邦、瑞银华宝）的诉讼。在2002年12月20日，证交会与这些投资银行、纽约总检察长、全美证券交易协会、北美有价证券管理委员会、纽约证券交易所和州立监管机构之间达成了全球性的协议。同《萨班斯-奥克斯利法案》一样，这份协议直接减少了利益冲突问题：

- 协议要求投资银行不能同时对证券进行调查和承销服务。
- 协议禁止了钓鱼行为。

《全球法律协议》同样鼓励投资银行不再利用利益冲突：

- 协议对被投诉的投资银行判处了14亿美元的罚款。

《全球法律协议》提高了金融市场中信息的质量：

- 协议要求投资银行公布分析师的建议。
- 协议要求投资银行在5年之内至少与3家独立的调查公司签署合同，这样有助于调查银行的客户。

现在对《萨班斯-奥克斯利法案》和《全球法律协议》的影响进行评估还为时过早，但最有争议的部分是功能的分离（调查和承销分离，审计和非审计分离）。虽然这些职能的分离会减少利益冲突，但同时也瓦解了范围经济，进而导致金融市场中信息量的减少。此外，实施这些措施尤其是《萨班斯-奥克斯利法案》的主要困扰就是成本过高，这也可能造成美国资本市场的衰退。（详见案例“《萨班斯-奥克斯利法案》是否会导致美国资本市场的衰退?”）

案例

《萨班斯-奥克斯利法案》是否会导致美国资本市场的衰退?

本章小结

1. 美国金融结构有8个基本事实。前4个事实强调了金融中介的重要性以及对于公司融资来说债券市场相对较低的重要性；第5个事实表明金融市场是经济中受到最严格监管的部门之一；第6个事实表明只有大型且运营良好的公司才能进入证券市场；第7个事实表明抵押品是债务合同中一个重要特征；第8个事实表明债务合约是复杂的法律文件，对借方的行为有严格的限制。

2. 交易成本阻止了一些小型储蓄者和借款者直接参与到金融市场中。金融中介能够利用规模经济和专业技术降低交易成本，进而使储蓄者和借款者都能从金融市场中获利。

3.信息不对称会造成两个问题：发生在交易前的逆向选择和发生在交易后的道德风险。逆向选择指的是信誉较差的人更倾向于借款，而道德风险指的是借款者会参与出借方认为有风险的活动。

4.逆向选择干扰了金融市场运作的有效性。有助于减少逆向选择问题的工具包括个人生产并销售信息、通过市场监管增加市场中的信息、金融中介、抵押品和净值。搭便车问题指的是有的人不为信息付费却在使用他人付费的信息。这个问题解释了为何金融中介机构，尤其是银行在企业融资活动中比证券市场更重要。

5.股权合同中的道德风险即委托代理问题的原因是经理人（代理方）不像股东（委托方）那么执着于将利益最大化。委托代理问题解释了为何债务合约在金融市场中比股权合约更普遍。帮助减弱委托代理问题的工具有监控、通过市场监管增加市场中的信息、金融中介。

6.帮助减少债务合同中道德风险问题的工具有抵押品和净值、监控、加强限制性条约，以及金融中介机构。

7.当金融服务提供方或是其雇员服务于多个利益方，并倾向于误用或隐瞒金融市场有效运作所需的信息时就会发生利益冲突。我们关注利益冲突是因为其可能造成金融市场中可信信息大量减少，进而妨碍资金流向最有生产力的投资机会。三种金融服务活动最有可能产生利益冲突：投资银行的承销和调查，会计师事务所的审计和咨询，以及信用评级机构的信用评级和咨询。应对利益冲突的两个主要政策措施是：2002年的《萨班斯-奥克斯利法案》及2002年的《全球法律协议》，后者是源自于纽约总检察长对10家大型投资公司的起诉。

重点词汇

担保债务　无担保债务　限制性条款　代理理论　搭便车问题　优序融资理论　抵押品　净值　权益资本　委托代理问题　高成本核实　风险投资公司　激励相容　利益冲突　钓鱼行为　首次公开募股

问答题

1.规模经济如何帮助解释金融中介的存在？

2.用两种方式描述金融中介是怎样降低经济中的交易成本的。

3.如果信息对称，道德风险和逆向选择仍会出现在金融市场中吗？请解释。

4.标准的会计原则是怎样帮助金融市场更有效地运作的？

5.你认为在纽约证券交易所或场外进行交易的股票的次品车问题会更严重吗？请解释。

6.哪种公司最有可能通过银行而非通过发行债券或股票进行融资？为什么？

7.信息不对称为何为政府调控金融市场提供了依据？

8.你更愿意借钱给将全部积蓄投入到生意中的朋友，还是借给不这样做的朋友，为什么？

9.有钱人常担心别人和其结婚仅仅是为了钱。这是一种逆向选择问题吗？

10.“四大”是什么？说出它们提供的服务。

11.搭便车问题怎样加剧了金融市场中的逆向选择和道德风险问题？

12.描述欧洲银行发生的利益冲突现象。

13.为何一家公司提供的几种金融服务能够降低产生信息的成本？

14.讨论跨国公司存在的委托代理问题。

15.描述如果一家投资公司同时提供承销和调查服务会产生的两种利益冲突。

16.钓鱼行为是怎样降低了金融系统的效率?

17.以美国次贷危机为例，讨论逆向选择的问题。

18.你认为《萨班斯-奥克斯利法案》的哪些条款是有益的，哪些是无益的?

19.你认为《全球法律协议》的哪些条款是有益的，哪些是无益的?

计算题

1.山姆想买一辆二手摩托车。在一家二手车店，他知道一辆二手摩托车的价格大概是40 000至48 000美元。如果山姆认为卖家也知道这些信息，你认为山姆愿意出多少钱买车?请解释。假定他只关心车的预期价值，同时车的价值是均衡分配的。

2.现在山姆想到另一个镇上买二手摩托车，并认为卖家比他更了解二手摩托车行情。你认为山姆愿意出多少钱买车?展开讨论。在竞争市场中这种情况如何解决。

3.你想雇梅丽莎来管理你在堪萨斯的公司。运营利润部分决定于梅丽莎的工作状态，具体如下：

	可能性	
	利润=20 000美元	利润=100 000美元
消极怠工	65%	35%
埋头猛干	30%	70%

如果梅丽莎消极怠工、整天上网并认为这没有机会成本。但是她认为努力工作的个人成本价值2 000美元。你应为她提供多少固定比例的利润?假定梅丽莎只关心除去“个人成本”的预期薪资。

4.你拥有一座沿河的价值80万美元的房子。如果河水泛滥，房子肯定会被毁。这种情况大概每80年发生一次。如果你建起一道防洪堤，更猛烈的河水泛滥才会摧毁房子，这种情况大概每400年发生一次。提供全额险保险的年险金会是多少?若只支付房子80%价值的保险呢?有防洪堤和没有防洪堤的预期成本分别是多少?不同的保险会激励你想（通过修筑防洪堤）变得更安全吗?

第8章

为何会发生金融危机以及为何金融危机会对经济破坏如此巨大?

序言

金融危机是以资产价格暴跌及公司破产为特征的金融市场的大动荡。2007年8月初，房贷市场中次级抵押贷款人（信用记录较差的借款人）的违约事件造成了金融市场的剧烈震荡，引发了美国自大萧条以来最严重的金融危机。美联储前主席艾伦·格林斯潘将2007至2009年间的这场金融危机描述为一场“百年一遇的信贷海啸”。华尔街的公司和商业银行遭受了高达数千亿美元的损失。无论是个人还是企业，都不得不为借款支付更高的利率，甚至很难获得借款。全世界的股票市场均已崩盘，其中美国的股票相比于2007年10月的峰值，其价值几乎下跌了一半。许多金融公司包括商业银行、投资银行和保险公司都遭遇破产。2007年12月开始出现了经济衰退。截至2008年秋，经济已变得混乱不堪，尽管经济衰退在2009年6月结束，但已成为自第二次世界大战以来最严重的一次经济衰退。

为何会发生这场金融危机？为何在美国历史上以及许多其他国家会经常发生金融危机？历史上的金融危机为这次危机提供了哪些启示？为何金融危机总会带来经济活动的严重萎缩？本章将通过建立理论框架来帮助理解金融危机的演变并分析上述这些问题。在第7章的基础上，我们对金融市场和信息不对称（逆向选择和道德风险）进行经济分析，并且借此探索为何会发生金融危机及金融危机为何对经济破坏如此巨大。之后本章会通过上述分析来解释过去全球范围内发生的几场金融危机，包括最近发生的全球金融危机。

8.1 什么是金融危机？

在第7章我们了解到运行良好的金融系统对于稳健的经济体系是至关重要的。金融系统不可或缺的职能是将资金转移到拥有生产性投资机会的个人和企业手中。如果资本没有投入生产或投入生产的用途不当，那么经济体系运行效率将会降低，或是陷入经济下滑的境地。

代理理论及金融危机的定义

在金融学术理论中，对于信息不对称问题是怎样产生逆向选择及道德风险的分析被称作代理理论。代理理论为金融危机的定义提供了依据。信息不对称阻碍了金融系统将资金从储蓄者手中转移到拥有生产性投资机会的家庭和企业手中，经济学家将之称为**金融摩擦**（financial friction）。当金融摩擦增加时，出借方很难确定借款人的信用信息。他们需要收取更高的利息以防遭遇借款人违约的情况，这就导致了信用利差的扩大，信用利差即商业贷款的利率和保证能收回的安全资产的利率的差额。

当金融市场上的信息无法流动时，就会产生**金融危机**（financial crisis），结果就是金融摩擦和信用利差大幅增加，以及金融市场停止运行。然后经济活动就会崩溃。

8.2 发达经济体金融危机的动态

2007—2009年这场金融危机是多么惊天动地、引人注目，但它只是美国等工业国家这些年所遭遇的众多金融危机之一。这些经历有助于经济学家分析当下的经济动荡。

在发达经济体发生的金融危机会衍生出两个或三个阶段。想了解危机是怎样发生的，请参照图8-1，该图追溯了发达经济体发生的金融危机的阶段和顺序。

8.2.1 第一阶段：金融危机的产生

发生金融危机的情况可以分为几种：信贷和资产价格的大起大落，或是由于主要金融机构倒闭造成的不确定性增加等。

信贷的繁荣和破灭

当国家参与**金融自由化**（financial liberalization）（即去除对金融市场和金融机构的限制）或**金融创新**（financial innovation）时，即经济体系内引进新式贷款或其他金融产品，就已经埋下了金融危机的种子。从长远来看，金融自由化促进了金融发展，促成了金融系统良好运行且高效分配资本。然而，金融自由化也有弊端：从短期来看，金融自由化会造成金融机构进行大肆放贷，即**信贷繁荣**（credit boom）。遗憾的是，放贷方可能并不具备专业知识或缺少动机从而有效管理这些新行业中出现的风险。即使进行了恰当的管理，信贷繁荣的速度也会使其脱离金融机构和政府监管者对信贷风险的监督和控制，进而导致信贷风险过度攀升。

像存款保险这样的政府安全网削弱了市场约束，也增加了道德风险，进而使银行承担比其他情况下更大的风险。因为有政府保证的保险会保护存款人免受损失，所以存款人甚至会为过度冒险的银行提供资金。银行和其他金融机构会放出高风险、高利润的贷款，因为银行清楚如果收到还款将获得可观的利润，而如果贷款出现问题，由于有政府保证的存款保险，银行也不会发生损失，这些存款保险的损失将由纳税人承担。如果没有受到有效控制与监督，银行的冒险行为将不受制约。

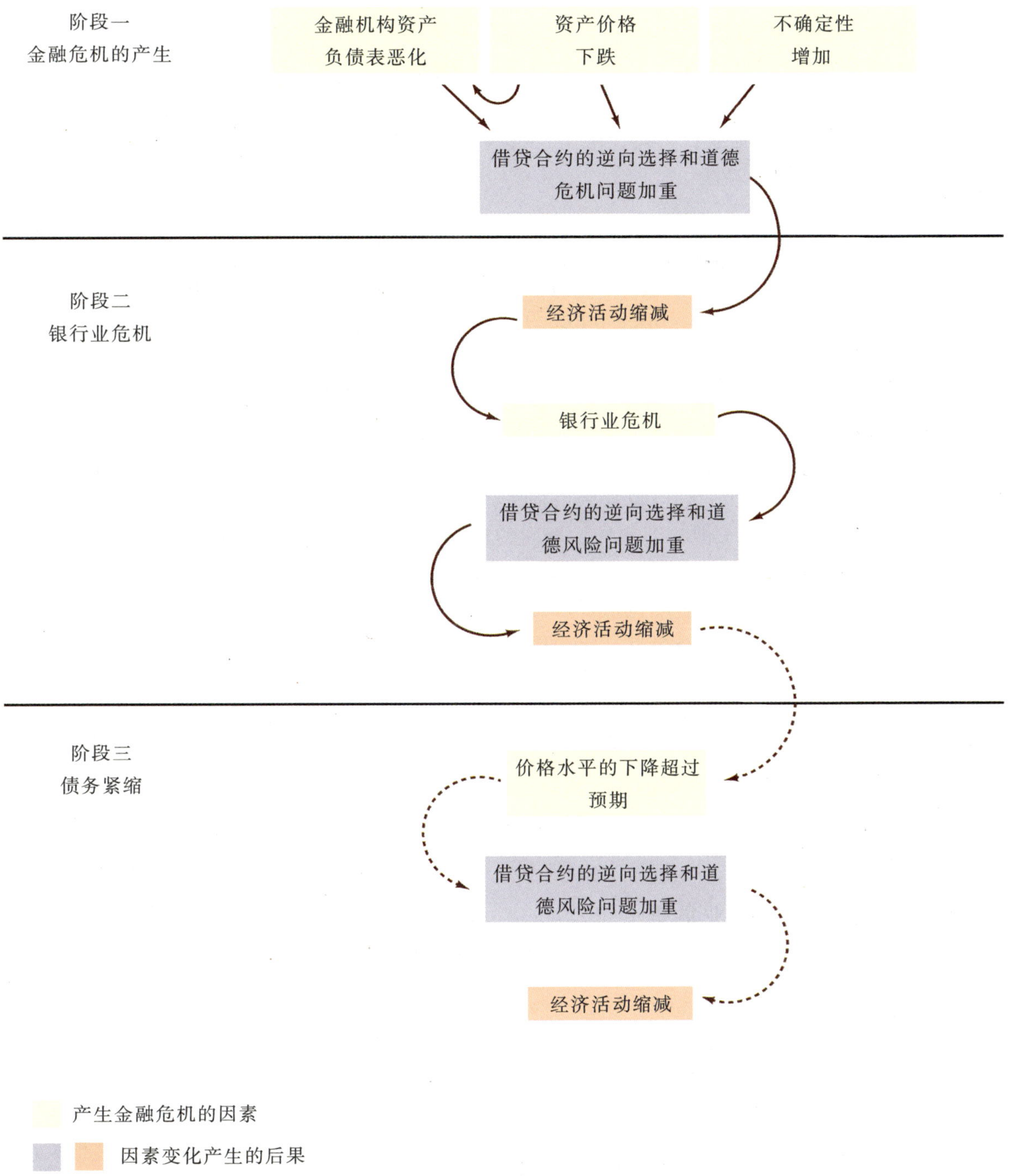

图8-1　发达经济体的金融危机中事件的发生顺序

注：实心箭头线揭示了在典型的金融危机中事件发生的顺序；虚线箭头线表示当危机发展成为债务紧缩后所发生的附加事件。被水平实线分割的部分说明金融危机的不同阶段。

最终，贷款损失开始增加，与负债相关的贷款价值（资产负债表中资产一方）开始下降，进而造成银行和其他金融机构的净值（资本）下降。由于资本减少，这些金融机构缩减了对储蓄者和其他借款人的贷款，这一过程就是**去杠杆化**（deleveraging）。此外，银行和其他金融机构的风险增加，导致存款人和其他潜在出借人纷纷从这些机构提出他们的存款。资金减少意味着为生产性投资提供资金的贷款减少以及信贷冻结。信贷繁荣转变为信贷崩溃。

当金融机构不再收集信息和放贷时，就产生了金融摩擦，从而限制了金融系统处理逆向选择和道德风险等信息不对称问题的能力（见图8-1中第一行中第一个因素“金融机构资产负债表的恶化”）。由于贷款变得稀缺，公司无法为自己的生产性投资筹集到足够的资金，公司的开支减少，因此导致经济活动也减少。

资产价格的大起大落

像股份和不动产这样的资产价格可能在投资心理的作用下高于**基本经济价值（fundamental economic value）**，即基于对资产未来收入流的现实预期的价值。资产价格高于基本经济价值的现象就是**资产价格泡沫（asset-price bubble）**。资产价格泡沫的例子有20世纪90年代末期的科技股市场泡沫以及近期的房价泡沫，本书将在本章后面分析这些例子。信贷繁荣通常也是资产价格泡沫的驱动因素，用于购买资产的贷款大幅增加会推高资产价格。

当泡沫破裂以及资产价格回落至基本经济价值时，股票和房地产价格会大幅下跌，公司净值（公司资产与负债的差额）同样减少，同时其能够抵押的抵押品的价值也随之下降。现在这些公司的利益相关度下降，因为它们已没什么可损失，因而更容易进行高风险投资，这就是道德风险问题。因此，金融机构对于借款人和贷款合同的标准变得更加严格。（见图8-1中第一行中第二个因素“资产价格下跌”）

资产价格的下跌也引起了金融机构资产价值的下跌，因此导致了公司净值的下降和资产负债表的恶化，这些都导致公司进行去杠杆化，造成经济活动大量减少。

不稳定性的增加

美国的金融危机通常在不稳定性强的时期发生，例如发生在经济开始衰退、股票市场崩溃或主要金融机构倒闭后。1857年的俄亥俄人寿保险和信托公司，1907年的尼克博克信托公司，1930年的美国银行，以及2008年的贝尔斯登、雷曼兄弟倒闭后均发生了金融危机。由于在不稳定性强的时期很难获得信息，金融摩擦增加，借贷和经济活动减少（见图8-1中第一行中最后一个因素“不稳定性增加”）。

8.2.2 第二阶段：银行业危机

资产负债表的恶化和更加困难的营业状况导致一些金融机构无力偿付债务，因为它们的资产净值为负值。由于无法向存款人或其他债权人支付，银行只能倒闭。如果情况加重，这些因素会造成**银行恐慌（bank panic）**，即多家银行同时倒闭。这种恐慌发生的原因是信息不对称。在恐慌中，担心存款安全（没有存款保险或是有但数量有限）且不了解银行贷款组合质量的储户会收回存款，导致银行倒闭。大众对银行系统失去信心会造成大量资金同时从银行撤出，信誉好的信誉差的银行都出现了挤兑，银行不得不快速出售资产以筹集必需的资金。这种资产**低价大甩卖（fire sales）**会令资产价格急剧下跌，造成银行无力偿还债务，进而造成大规模银行破产和全面银行恐慌。

由于运行的银行越来越少，关于借款者可信度的信息越来越少。借贷市场中逆向选择和道德风险问题加剧，导致经济危机进一步恶化。图8-1在第二阶段中显示了这一过程。银行恐慌是19世纪到20世纪期间所有美国金融危机的特点，金融危机每20年左右就会发生一次，直至第二次世界大战，在1819年、1837年、1857年、1884年、1893年、1907年以及1930年至1933年均发生了金融危机（1933年设立了联邦存款保险，这种保险可以保护存款人免遭损失，也阻止了美国后来可能发生的银行恐慌)。

最终，公共和私人机构会关闭无偿还能力的银行，并将其出售或清偿。然后，金融市场中的不确定性减少，股票市场恢复，资产负债表水平提高，金融摩擦减少，同时金融危机有所缓解。随着金融市场得以再次正常运行，经济体进入复苏期。

8.2.3 第三阶段：债务紧缩

如果经济下滑导致物价急剧下降，复苏过程则会受到阻碍。在这种情况下，如图8-1中的第三阶段所示，当物价意外大幅度下降时，就会发生**债务紧缩**（debt deflation），这会导致公司净值由于债务负担的增加进一步恶化。

在伴随着温和通货膨胀的经济中（这是大多数发达国家的经济特征），许多固定利率的债务合约往往具有较长期限，也许是10年或更久。根据合约规定，债务偿付的名义金融是固定的，物价水平的意外下跌会增加借款公司债务的实际价值，但没有增加其资产的实际价值。借款公司实际净值（实际资产和负债的差值）因此会下跌。

为了更好地理解这种净值的下跌是怎样发生的，思考一下例子：如果在2015年一家公司拥有1亿美元（按2015年美元计算）资产和9 000万美元长期负债，那它的净值是1 000万美元（资产价值和负债的差值）。如果物价水平在2016年下跌10%，负债的实际值按2015年美元计算会上升至9 900万美元，而资产的实际值仍为1亿美元不变。结果就是按2015年美元计算，净值会从1 000万美元跌至100万美元（1亿美元减9 900万美元）。

由于物价水平下跌造成借方实际净值大幅度的下跌会导致贷方面临着更多逆向选择和道德风险问题。贷款和经济活动会在长时间内持续减少。债务萎缩最严重的金融危机是大萧条，这也是美国历史上最严重的经济萎缩。

案例

所有金融危机的先例：美国经济大萧条

基于我们对于金融危机的理解，分析一下在大萧条期间金融危机是如何产生的，以及金融危机是如何导致美国历史上最糟糕的经济滑坡。

股票市场崩盘

在1928年和1929年，在美国股市的股票价格上涨了一倍。美联储官员认为股市繁荣是过度投机。为了遏制这种情况，他们制定了紧缩货币政策来提高利率进而遏制股票价格。结果就是1929年10月股票市场崩盘，1929年年末股票市场暴跌了40%，如图8-2所示。

银行恐慌

至1930年中期，股市恢复了近半数损失，信贷市场情况也稳定了。然而本应该只是一场普通的萧条却愈演愈烈，美国中西部严重的干旱造成了农业产量大幅下跌，导致农民偿还不起银行贷款。农业贷款的违约导致了农业地区银行资产负债表上产生大量的贷款损失。疲软的经济引发了银行，尤其是农业地区的银行产生大量的违约，在1930年11月和12月造成了大范围的恐慌，股市急速下跌。在超过两年的时间里美联储无计可施，只能看着银行恐慌一场接着一场发生，这也是美国历史上最严重的一批恐慌。在1933年3月的最后一场恐慌后，罗斯福总统宣布开始银行假期，即暂时关闭全部银行。罗斯福向全国人民说道："我们要恐惧的只有恐惧本身。"然而破坏已经造成了，超过1/3的美国商业银行倒闭了。

股票价格持续下跌

如图 8-2 所示，到了 1932 年中期股价下跌到 1929 年峰值的 10%，同时经济萎缩造成了尚未结算的业务的不确定性增加，从而使金融市场的逆向选择和道德风险问题加剧。随着仍在经营中的金融中介大量减少，逆向选择和道德风险问题更加严重了。金融市场艰难地将资金转移到有生产投资机会的借款方即消费方手中。正如我们在分析中所预期的那样，1929 年至 1933 年未偿付的商业贷款缩减一半，投资支出也锐减，较之 1929 年的数值减少了 90%。

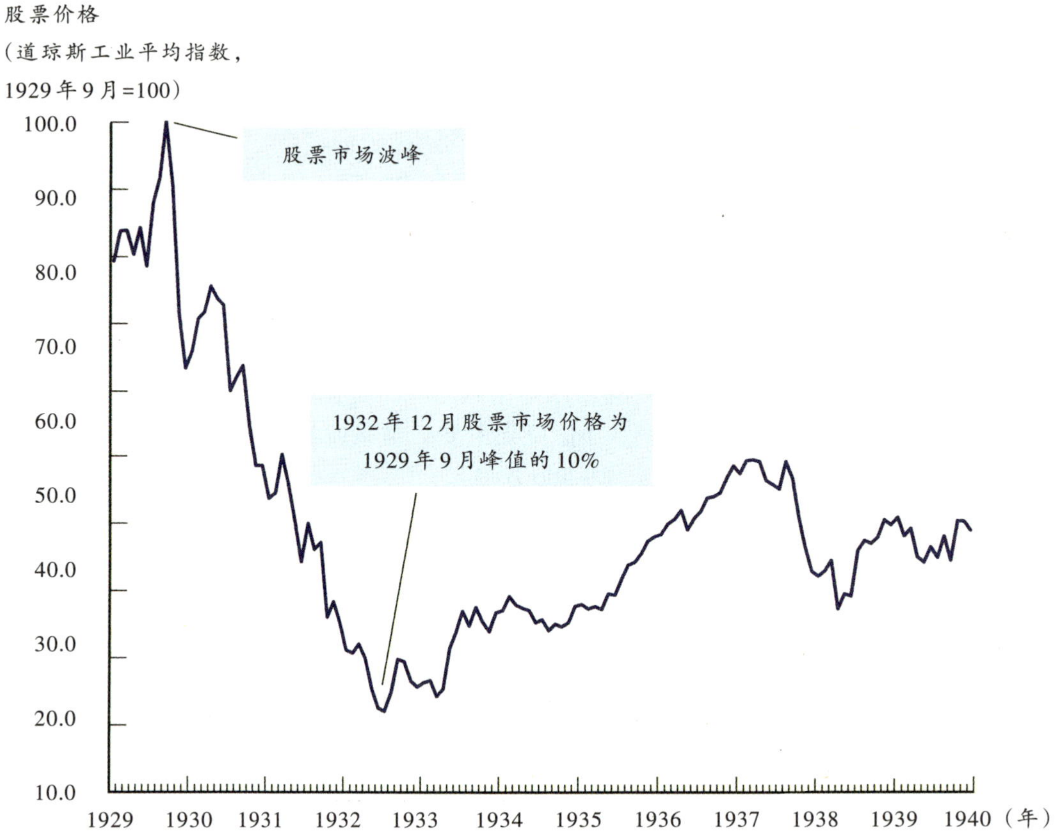

图 8-2 美国经济大萧条期间的股价信息

金融摩擦加剧的一个表现是出借方开始向企业收取更多的利息以保护自己免受存款损失。这就造成了风险溢价（也称为信用利差）扩大，即家庭和企业贷款利率和绝对会被偿还的安全资产利率间的差异。图 8-3 中显示了 Baa(中等) 信用级别的公司债券利率和到期期限相同的国债利率间的差异。

债务紧缩

1930 年开始的通货紧缩最终导致了物价水平下降 25%。这种通货紧缩阻碍了大多数衰退的正常恢复过程。这种大幅度的物价下降触发了债务紧缩，也就是由于公司承担的债务负担增加导致的净值下降。净值下降以及信贷市场的逆向选择和道德风险问题的加剧都导致了经济长期萎缩，失业率上涨到 25%。大萧条期间的金融危机是美国有史以来最糟糕的经历，它解释了为什么这种经济萎缩是美国最严重的灾难。

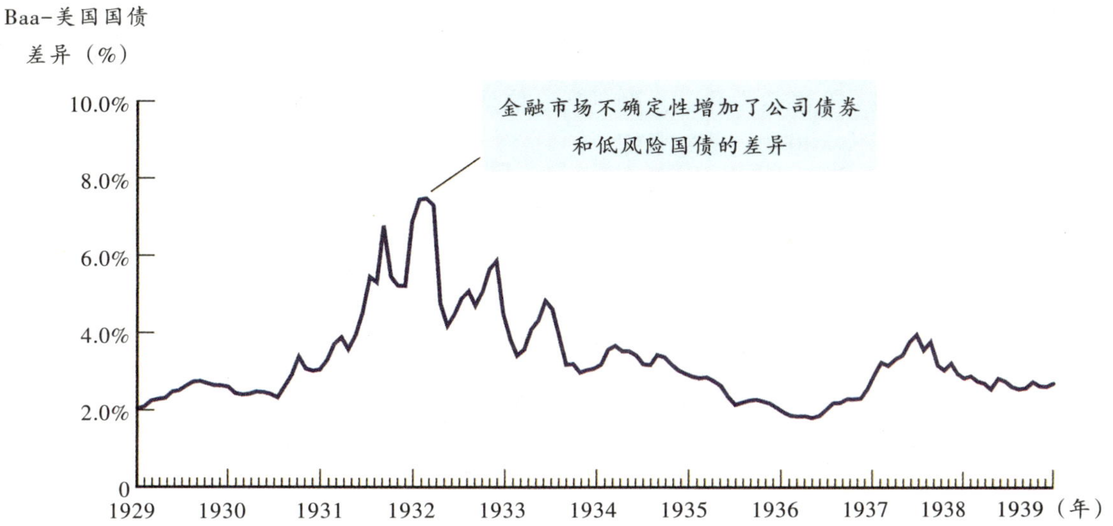

图8-3　美国经济大萧条期间的信用利差

注：信用利差（Baa公司债券和美国国债之间的利率差额）在美国经济大萧条期间急剧上升。

国际范围

虽然大萧条始于美国，但这并不只是美国独有的现象。美国的银行恐慌同样波及世界其他地方，同时美国经济萎缩也使其对国外物资的需求急剧减少。世界范围的萧条造成极大灾难，无数人失业，不满情绪产生了法西斯主义和第二次世界大战。这次大萧条的后果是灾难性的。

案例

2007—2009年金融危机

本章小结

1.当金融市场中信息流动受到较大破坏时就会发生金融危机，引发金融摩擦和信用利差加剧，进而使金融市场不能将资金转移到拥有生产性投资机会的家庭和公司手中，导致经济活动急剧萎缩。

2.美国这样的发达国家发生金融危机的原因可能有：信贷和资产价格大起大落，或是当金融机构倒闭时不确定性普遍增加。这种情况造成逆向选择和道德风险问题加剧，借款减少，经济活动减少。变差的贸易情况和银行资产负债表的不良表现进而引发了第二阶段的危机：大规模银行机构倒闭，即发生银行危机。结果是银行数量减少，信息资本损失，引发了进一步借款减少和经济下滑。在一些例子中，经济下滑导致了物价大幅度下跌，增加了公司和家庭的实际负债，减少了净值，导致了债务膨胀。公司净值的进一步降低加剧了逆向选择和道德风险问题，因此造成了借款、投资性支出和整体经济活动在很长时间内都保持低迷。

3.美国历史上最严重的金融危机导致了大萧条，其包含了几个阶段：股票市场崩溃，银行恐慌，信息不对称问题加剧及最终的债务紧缩。

4.2007—2009年的全球金融危机是由于对次级住房抵押贷款这样的金融创新管理不善以及房价泡沫破裂引发的。危机影响全世界，银行及其他金融机构的资产负债表大幅度地恶化，进而引发了影子银行系统及多家知名公司的破产。

重点词汇

金融摩擦 金融危机 金融自由化 金融创新 信贷繁荣 去杠杆化 基本经济价值 资产价格泡沫 银行恐慌 低价大甩卖 债务紧缩

问答题

1. 信息不对称的概念怎样有助于定义金融危机？

2. 什么引发了2007—2009年的全球金融危机？

3. 描述银行不愿借钱给大众从而使经济进一步恶化这种情况。

4. 房地产价格下跌为何会去杠杆并造成借款减少？

5. 表外活动是怎样造成2007年的全球金融危机的？

6. 一家大型金融机构倒闭引发大众的不确定性增加是怎样造成逆向选择和道德风险问题加剧的？

7. 信贷违约互换是怎样造成一家大型投资银行倒闭的？

8. 什么造成了银行恐慌？

9. 比较全球金融危机中投资银行和零售银行的持久性。

10. 金融自由化怎样导致了金融危机？

11. “美国和英国金融服务业无力的管制造成了2007年的全球金融危机。”对此进行讨论。

12. 描述美国经历的大萧条和2007—2009年的全球金融危机之间的相似点和不同点，各举两例。

13. “英国银行和英国经济都经历了2007年的信贷危机。”对此进行讨论。

14. 为何贷款并证券化商业模式会有委托代理问题？

15. 判断对错：金融工程通常会使金融系统更加有效。

16. “银行救助埋下了全球金融危机的祸根。”讨论一下。

17. 什么是影子银行系统？为何其在2007—2009年的全球金融危机中至关重要？

18. 为何抵押品估值折扣在金融危机中大幅度增加？这如何造成了资产低价出售？

19. 为何不运用更多资源来完善对金融系统的监管以限制承担过多的风险？很显然这种监管对预防金融危机是必要的。

20. “由于全球金融危机及危机加速使得失业率达到警戒值。”讨论一下。

21. 主权债务危机为何可能造成经济紧缩？

第四部分
中央银行与货币政策的实施

第9章

中央银行和联邦储备系统

序言

中央银行是金融市场里最重要的参与者，是制定货币政策的政府权力机构。中央银行的行为举措会影响利率、信贷规模和货币供给量，这些不仅对金融市场有直接影响，还影响总产出和通货膨胀。为了了解中央银行在金融市场和经济体系中的职能，我们需要知道这些机构是如何运作的。谁控制着中央银行并且决定了它们的行动？哪些因素能影响它们的行为？谁手里握着权力的缰绳？

本章我们把视线投向几家中央银行的组织结构，并且聚焦美国的联邦储备系统（简称美联储）。首先我们关注美联储的基本要素，这决定了美联储内部权力所在。了解决策者可以让我们可以更好地理解这些决策是怎么做的。随后我们观察一些其他国家的央行，尤其是欧洲中央银行如何构建组织结构。有了这些信息，我们可以更好地理解以后章节描述的货币政策的实际行为。

9.1 联邦储备系统的历史起源

在世界上所有的中央银行中，联邦储备系统的组织结构最为独特。为了了解这个结构如何出现，我们必须回到1913年以前——联邦储备系统创建之初。

美联储建立的目的是管辖监督银行系统。美国第一银行在1811年解散，美国第二银行由于执照展期议案在1832年被安德鲁·杰克逊总统否决了，也在1836年关闭了。

1836年美国第二银行的执照到期时间对美国金融市场带来了严峻的考验，因为当时没有最后贷款人为银行系统提供准备金，以避免发生银行恐慌。因此，在19世纪和20世纪初，全国性的银行恐慌成了常态，每20年发生一次，恐慌于1907年达到了高潮。1907年的恐慌导致了全国范围内的银行破产，这给储户造成了巨大损失，也让公众终于确信建立央行来阻止未来恐慌的必要性。

当时蔓延着一种恐慌：华尔街（包括大公司和银行）对利益的追逐能够操纵中央银行进而控制经济运行，联邦政府对中央银行的管理会导致政府过多地干预私人银行事务。关于央行应该是私人银行还是政府机构的问题存在严重的分歧。这些争论最终产生了一个折中方案——国会在1913年的《联邦储备法》中设计了一套制约平衡体系，从此创立了由12个地区联邦储备银行构成的联储系统（见案例“创立美联储系统的政治天才”）。

案例

创立美联储系统的政治天才

美国历史原因导致了公众对银行尤其是对央行的敌对。那么联储的创始人都是如何设计了美国最富声望的机构之一呢？

答案是，创始人们意识到了如果权力过于集中在华盛顿、哥伦比亚特区或纽约这些令人生恨的城市，美国央行就不可能获得公众支持从而有效地运作。因此他们决定建立一个由分布在全国的12个联储银行组成的分权系统来保证国家的所有地区都能够代表货币政策的审议。除此之外，他们把联储银行打造成受各地区私人部门监管的半私人机构，这些董事代表他们所在地区并且和地区联储银行保持着紧密的联系。联储非同寻常的架构促进了联储对地区事务的关心，这点可以从联储银行的公开刊物中很明显地看到。如果没有这种架构，联储可能远远没有现在这么受公众欢迎，也不会运行得如此有效。

9.2 联邦储备系统的结构

《联邦储备法》的起草者试图使联邦储备系统能够实现权力在地区之间，政府和私人部门之间的分散，银行家、商人和公众之间的分散。这个最初的权力分散设计使联邦储备系统演变为以下几个部分：联邦储备银行、联邦储备委员会、联邦公开市场委员会（FOMC）、联邦咨询委员会，以及约2 000家成员商业银行。图9-1概述了这些部门之间的关系以及第10章将要讨论的这些部门和联邦储备银行的三个政策工具（公开市场操作、贴现率和法定准备金率）之间的关系。

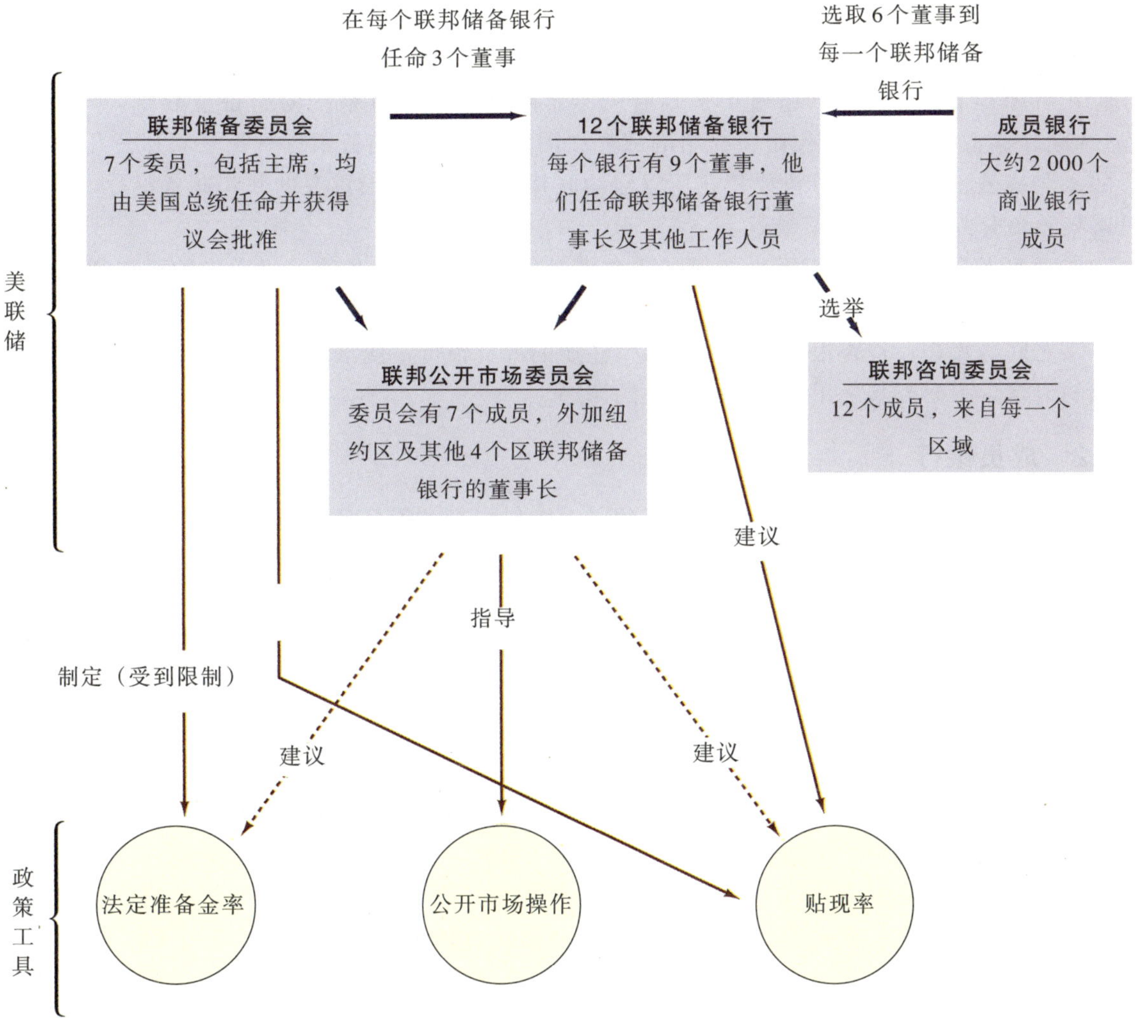

图9-1　美联储政策工具的结构和责任

注：实线表示联邦公开市场委员会对法定准备金率和贴现率给出“建议”。

9.2.1　联邦储备银行

12个联邦储备区中每区各有一个联邦储备银行，并可在本储备区的其他城市设立分支机构。资产最多的三家银行分别为纽约、芝加哥和旧金山联邦储备银行，其合计资产占联邦储备系统资产的50%以上。纽约联邦储备银行的资产约占联邦储备系统资产的1/4，成为最重要的联邦储备银行（见案例“纽约联邦储备银行的特殊作用”）。

案例

纽约联邦储备银行的特殊作用

12个联邦储备银行参与制定货币政策的几种方式如下：

- 银行的董事“设立”贴现率（尽管每个联邦储备区的贴现率由联邦储备委员会统筹安排）。
- 它们决定包括成员和非成员在内的哪些银行能够获得联邦储备银行的贴现贷款。
- 银行的董事从每个联邦储备区挑选一个商业银行进入联邦咨询委员会，和委员会商讨并为货币政策制定提供信息。

• 12个银行行长里有5个行长在联邦公开市场委员会有1票投票权，能够指导**公开市场操作**（open market operation）（通过买卖政府债券影响利率和银行系统的储备金数量）。正如案例“纽约联邦储备银行的特殊作用”介绍的那样，因为纽约联邦储备银行行长是联邦公开市场委员会的永久成员，他一直拥有投票权，所以纽约联邦储备银行是最重要的联邦储备银行。其余4票投票权轮流分配给其他11家银行。

12个联邦储备银行执行下面职责：支票清算；发行新货币和收回流通中的破损货币；管理和发放本储备区内银行的贴现贷款；评估有关银行合并和业务扩展的申请；充当工商界与联邦储备体系之间的媒介；检查银行持股公司和州注册的成员银行；搜集地方商业状况数据；组织本行职业的经济学家研究与货币政策操作有关的课题。

9.2.2 成员银行

所有的国家银行（在货币监理署注册的商业银行）都必须是联邦储备系统的成员。州政府特许经营的商业银行不是必须成为成员，它们可以选择加入。目前美国大概1/3的商业银行是联邦储备系统的成员，1947年这个比例高达47%。

1980年以前，只有成员银行被要求在联邦储备银行保有存款作为准备金。非成员银行执行州政府规定的法定准备金要求，通常允许它们以利息型证券来持有大部分准备金。因为存在联邦储备银行的准备金是不被支付利息的，成为体系的成员成本很高，而且随着利率上涨，成员的相应成本也在增加，所以越来越多的银行退出了该体系。

美联储成员的减少成为联邦储备委员会非常担忧的问题：一个原因是这减弱了美联储对货币供应量的控制，使美联储实施货币政策更加困难。委员会主席反复号召出台新立法要求所有商业银行都成为美联储的成员。美联储向国会一再施压的结果是，1980年《存款机构放松管制和货币控制法》颁布，要求所有存款机构在1987年必须在美联储保有存款，遵守相同的准备金要求。因此在准备金方面，成员和非成员银行站在同一起跑线上。除此之外，所有存款机构可以平等地享有美联储的便利服务，如贴现窗口（在第10章讨论）和联邦支票清算。这些规定阻止了美联储成员数目的持续下降，并减少了成员和非成员银行的区别。

9.2.3 联邦储备委员会

美联储的最高管理机构是7人组成的委员会，办公地点在华盛顿特区。其成员由美国总统任命，参议院批准。为了限制总统对美联储的控制，并使美联储免受其他政治压力的干扰，委员任期长达14年，每隔一年的1月会有一位委员任职期满。①委员会通常由专业经济学家组成，他们来自不同的联邦储备区，这是为了防止某个地区利益被过分强调。委员会主席从7名委员中选出，任期4年，可连任。一旦新主席被选出，前任主席就要从委员会辞职，尽管他的任期未满。

委员会积极参与货币政策的制定，方式如下：

1.所有7个委员都是公开市场委员会的成员并且拥有公开市场操作的投票权。因为公开市场委员会只有12个投票席位（委员会的7票和5个储备区银行行长的5票），联邦储备委员会就占据了投票的主动权。

2.委员会能够设定法定准备金要求（立法规定的上下限），并且通过“审阅和决定”程序有

① 尽管从技术层面上来说委员任期是不可续的，委员可以在任期结束前辞职然后被总统重新指派。这就解释了小马丁如何做了20年的美联储主席，任期从1951年到1970年。

效控制贴现率，因为委员会可以通过或否决联邦储备银行设定的贴现率。

3.委员会主席就经济政策向美国总统提建议，参加国会听证，代表美联储出现在新闻媒体中。

通过立法，联邦储备委员会还被赋予一些与货币政策没有直接关系的职责，表现如下：

1.制定保证金标准，即以现金支付证券购买价格的部分，而非借入资金。

2.制定联邦储备银行行长和所有工作人员的工资，并审查每个联邦储备银行的预算。

3.批准银行合并和开展新业务的申请，规定银行持股公司的业务范围，监督在美国的外资银行的行为。

4.建立专业经济学家的团队（规模远大于单个联邦储备银行的团队），为委员会决策制定提供经济分析（见案例“研究团队的职能”）。

案例

研究团队的职能

9.2.4 联邦公开市场委员会（FOMC）

美国联邦公开市场委员会（FOMC）通常每年召开8次例会（大约每6周召开一次），就公开市场操作和制定政策性利率做出决议。政策性利率也叫**联邦基金利率（federal funds rate）**，即银行同业间隔夜贷款利率。（FOMC的构成在案例“FOMC会议”中有介绍，这个会议产生的文件在案例“绿色、蓝色、茶色和褐色：在美联储这些颜色代表了什么”中讨论）实际上，媒体经常把联邦公开市场委员会称作Fed，比如当媒体宣称Fed在开会指的就是联邦公开市场委员会在开会。美国联邦公开市场委员会由12名成员组成，分别是7名联邦储备委员会委员、纽约储备银行行长和其他11位储备银行行长中的4位行长。联邦储备委员会主席也是联邦公开市场委员会的主席。尽管联储银行行长中只有5位在联邦公开市场委员会有投票权，其余地区银行的7位行长也出席联邦公开市场委员会会议并参与讨论。因此他们对委员会的决策也有一定影响力。

因为公开市场操作是美联储控制利率和货币供给量的最重要的政策工具，也因为采取**紧缩的货币政策（tightening of monetary policy）**还是**宽松的货币政策（easing of monetary policy）**也在这个会议上制定，联邦公开市场委员会必然是联邦储备系统决策的焦点。尽管联邦公开市场委员会并不制定法定准备金率和贴现率，也不会在这个会议做出和这些政策工具有关的决策。这也是为什么图9-1显示联邦公开市场委员会“建议”了法定准备金率和贴现率的设立。联邦公开市场委员会实际上并不直接执行证券的买卖。它只是给纽约储备银行的交易办公室发出指令，这个交易办公室是由本地公开市场操作经理组成的，他们管理和监督职员来执行政府或机构证券的买卖。经理会每天和联邦公开市场委员会成员及其职员通报关于交易中心的活动。

案例

FOMC会议

案例

绿色、蓝色、茶色和褐色：在美联储这些颜色代表了什么？

9.2.5 为什么联邦储备委员会主席如此重要

一开始看上去，联邦储备委员会主席只是FOMC 12个投票成员之一，而且并未被赋予控制委员会的合法权力。那么为什么媒体特别关注美联储主席说的每句话呢？美联储主席真的能对美联储发号施令吗？如果是这样的话，美联储主席为什么有这么大的权力呢？

美联储主席真的很重要。他是美联储的发言人并且代表美联储与国会和美国总统协商。他也能够通过制定联邦储备委员会和联邦公开市场委员会会议议程来实施控制。主席还通过职位权力和人格魅力来影响委员会。美联储主席一般都个性鲜明并且有巨大的权力。

美联储主席同时通过管理专业经济学家和顾问组成的委员会来行使权力。因为这些成员为委员会收集信息并且为委员会决策提供分析，这必然对货币政策产生一定影响。除此之外，过去一些主席人选来自专业研究队伍，这使得美联储主席的影响远远超过4年任期。美联储主席的领导风格也十分重要，见案例“伯南克和格林斯潘的风格差异”。

案例

伯南克和格林斯潘的风格差异

9.3 美联储的独立性

当进入下一章“美联储如何执行货币政策”的学习时，我们需要知道为什么美联储决定采取某种政策而不是其他。为了理解美联储的行动，我们必须了解美联储行动的激励因素是什么。美联储能够多大程度摆脱总统和国会的压力？美联储的行动是在经济、官僚和政策因素的指导下进行的吗？美联储能够完全独立于外部压力吗？

斯丹利·费希尔是一位麻省理工教授，同时也是以色列银行现任主席，定义了央行独立的两个类型：**工具独立**（instrument independence），即央行制定货币政策工具的能力；**目标独立**（goal independence），即央行制定货币政策目标的能力。美联储同时拥有这两种独立性，并且明显不受影响其他政府机构的政治压力控制。这不仅是因为美联储委员会成员的任期是14年（不能被驱逐出办公室），还因为任期在技术上是不可延续的，这就消除了委员讨好总统和国会的动机。

或许，美联储独立于国会的主要原因是美联储通过持有证券和贷款保证了其独立、充裕的收入。例如，在2012年美联储的净收入为880亿美元，这是一笔不小的数目。因为美联储需要把大部分收入上交给财政部，它虽不以营利为目的，但是这些收入给予了美联储超越其他政府机构的优势：它不会被通常由国会控制的拨款程序所影响。实际上，联邦政府的审计机构——审计总署不能审计美联储在货币政策或外汇市场方面的职能。控制了钱袋就相当于控制了全部，美联储系统的这个特质决定了其独立性。

然而美联储仍然会受到国会的影响，这是因为其机构的建立规则是由国会起草的法案决定的，并且受法案变化影响。当立法者不满意美联储的货币政策行动时，会时不时地威胁削弱美联储的独立性。一个最近的例子是2009年众议员保罗提出由审计总署审计美联储的货币政策的议案。这样的威胁非常强而有力，并且确实影响了美联储，使它并不能过于背离国会的意愿。

国会还通过一些法案要求美联储对自己的行动承担更多的责任。根据1978年的《汉弗莱-霍金斯法案》和后来的立法，美联储被要求向国会每半年公布一次货币政策报告，并且美联储委员会主席要解释为什么美联储的货币政策和联邦储备法案的目标是一致的。

总统也能影响美联储。第一，因为国会法案能够直接影响美联储或影响美联储执行货币政策的能力，总统能够通过国会对美联储产生影响。第二，尽管表面上来看总统在任期内只能指派一个或两个人成为联邦储备委员会的成员，实际上总统可以指派更多成员。一个原因是大多数委员不会任职满14年（委员的工资远远低于他们就职于大学或私人部门的工资，因此这也给他们提供了在任期期满前重返学术界或私人部门工作的激励）。除此之外，总统每4年可以任命一个新的委员会主席，没有被再次任命的原主席通常会从委员会辞职。

然而总统通过任命委员会享有的权力毕竟是有限的。因为美联储主席任期和总统任期并不是重合的，一个总统可能和前任总统任命的美联储主席打交道。格林斯潘在1987年被里根总统任命为美联储主席，后来又在1992年被共和党总统布什再次任命为美联储主席。当1993年民主党克林顿成为总统后，格林斯潘就职期还剩下几年。克林顿迫于压力仍然在1996和2000年任命格林斯潘为美联储主席，哪怕他是共和党，哪怕他任职期满。[①]小布什作为共和党总统在2004年再次任命格林斯潘为美联储主席。

可以看出作为一个政府机构，美联储表现出了超常的独立性。然而，美联储不可能完全摆脱政治压力。实际上，为了理解美联储的行动，我们必须认识到公共支持对其起到了很重要的作用。[②]

9.4 欧洲央行的结构和独立性

一直以来，美联储作为央行在银行系统中的重要性无人能及。然而，1999年1月欧洲中央银行ECB和欧洲央行系统ESCB的成立改变了这种状态，这两个机构为欧洲货币联盟成员执行货币政策。这些成员加在一起的人口超过了美国，GDP也可以与美国媲美。《马斯特里赫特条约》首次确立了ECB和ESCB，给予这些机构和美联储相似的央行职能。欧洲央行总部设在德国法兰克福，它的执行委员会结构和美联储委员会相似，由行长、副行长和4个其他委员组成。理事会包括执行委员会和国家央行行长，和美联储的公共市场委员会相似，负责制定货币政策。尽管各国央行行长是由各国政府任命的，执行委员会委员是由欧洲货币联盟国家总统组成的委员会任命的，该委员会是欧洲货币联盟的一部分。

9.4.1 欧洲央行系统和美联储系统的差别

主流媒体通常将欧洲央行体系称为欧洲中央银行，事实上更准确的称谓应当是欧元体系，与之相似，联邦储备体系比美联储的称谓更准确。虽然欧元体系的结构与联邦储备体系相似，但还是存在一些重要的差异。第一，联邦储备银行的预算由联邦储备委员会控制，而成员国国内央行可以控制自己的预算与位于法兰克福的欧洲中央银行的预算。因此，欧元体系的欧洲中央银行所拥有的权力低于联邦储备体系的联邦储备委员会。第二，欧元体系的货币政策是由成员国国内央行实施的。因此，货币政策操作的集权程度不及联邦储备体系。第三，与联邦储备体系不同，欧洲央行不负责监督金融机构，而这些只能由欧洲联盟各成员国来承担。

9.4.2 理事会

同美国关注联邦公开市场委员会会议一样，欧洲关注的是理事会会议。该会议每月在法兰克福的欧洲央行召开一次，负责做出货币政策决策。理事会成员虽然在法律上有投票权，但不会进行正式的投票。意见一致是理事会制定政策的基础。理事会不进行投票的原因是，当针对某个议题投票时，各国国内央行行长支持对本国有力的货币政策，而不是从欧洲货币联盟整体的利益出

---

① 类似地，小马丁，1951—1970年的美联储主席，由杜鲁门总统（民主党）任命，后又被艾森豪威尔（共和党）、肯尼迪（民主党）、约翰逊（民主党）和尼克松（共和党）任命。保罗·沃尔克，1979—1987年的美联储主席，被卡特总统（民主党）任命，又被里根总统（共和党）任命。伯南克先被布什总统（共和党）指派后又被奥巴马任命（民主党）。

② 进一步了解美联储如何和公众及政治家互动，请见Bob Woodward，Maestro：Greenspan's Fed and the American Boom（New York：Simon and Schuster，2000）and David Wessel，In Fed We Trust（New York：Random House，2009）。

发。在联邦储备体系内，这个问题并不十分严重：虽然联邦储备银行行长生活在国家的不同区域，但他们拥有相同的国籍，在考虑货币政策时更可能从国家整体的角度出发，而不是单单考虑地区的利益。

联邦公开市场委员会会议结束后，美联储就会立即发布委员会有关政策利率（联邦基金利率）的决策。每月的理事会会议结束后，欧洲央行也会这样做（公布类似的银行间短期贷款利率的目标）。此外，理事会每次召开货币政策会议后，欧洲央行的行长和副行长都会召开记者招待会，回答新闻媒体提出的问题。美联储主席也会召开类似的记者招待会，但频率没有那么高，每年只有4次。理事会的成员众多，导致其陷入两难的困境。理事会目前的规模（24名成员）要远远大于联邦公开市场委员会（12名投票成员）。许多新闻评论员都在探讨理事会是否已经过于庞大，随着越来越多的国家加入欧洲货币联盟，这个问题将愈加严重。为了应对这个潜在的问题，理事会已经确定了一个复杂的轮换体系，这个体系与联邦公开市场委员会的体系有些相似，即大国的国内央行投票的次数要多于小国的国内央行。

9.4.3 欧洲央行的独立性

虽然美联储是具有高度独立性的中央银行，但是《马斯特里赫特条约》不仅确立了欧元体系，也使其成为世界上独立性最强的中央银行。与联邦储备委员会类似，执行委员会成员的任期很长，为8年，成员国国内央行行长的任期至少为5年。与美联储类似，欧元体系决定自己的预算，成员国政府不得向欧洲央行发布指令。《马斯特里赫特条约》的这些规定赋予了欧洲央行高度的独立性。

《马斯特里赫特条约》规定物价稳定是欧洲央行最重要的长期目标，这意味着欧元体系的目标比美联储更加明确。然而《马斯特里赫特条约》并没有规定物价稳定目标的具体内容。欧元体系确定的货币政策量化目标是通货膨胀率略低于2%，从这个要求来看，欧洲央行的目标独立性略逊于美联储。然而，在其他方面，欧元体系的目标独立性要胜于联邦储备体系：欧元体系的制度不能被立法改变，只有当《马斯特里赫特条约》被修改了，欧元体系才能发生变化。而这需要所有缔约国一致同意，并且这个程序将十分复杂。

9.5 其他外国央行的结构和独立性

接下来我们来介绍其他三个重要的国家中央银行的结构和独立性：加拿大银行、英格兰银行和日本银行。

9.5.1 加拿大银行

加拿大银行于1934年成立，成立时间较晚。它的董事由政府任命，任期3年，而行长由董事推选，任期7年。由行长和4位副行长组成的理事会类似联邦公开市场委员会的决策部门，进行与货币政策相关的决策。

1967年修正的《银行法》给予政府货币政策的最终决策权。所以从理论上看加拿大银行的工具独立性要低美于联储。然而实际上，加拿大银行充分控制了货币政策。如果央行和政府发生了分歧，财政部长可以发布指令，而央行则必须遵守。然而因为指令必须是书面的、具体的、在规定时间内的，到目前为止都没有发布的相关指令，其发布的概率很小。货币政策的目标（通货膨胀目标）由加拿大银行和政府共同制定，所以加拿大银行在目标独立性上低于美联储。

9.5.2 英格兰银行

成立于1694年的英格兰银行是世界第二古老的央行（瑞典中央银行是历史上第一家中央银行）。1946年的《银行法》赋予政府控制英格兰银行的法律地位。英格兰银行的理事会（相当于董事会）由行长和两名副行长（任期5年），以及16名非执行董事（任期3年）组成。

直到1997年，英格兰银行的独立性是我们这章讨论的央行中独立性最弱的，因为提高或降低利率的决策并不由英格兰银行决定，而是由财政大臣（类似于美国的财政部长）决定。直到1997年5月工党执政，这些情况才有所改变。当时的财政大臣戈登·布朗宣布了一个惊人的消息：英格兰银行今后有制定利率的权力。然而，英格兰银行未被赋予全部的工具独立性：政府"在特殊经济情况下"和"特定时间内"可以否决英格兰银行并制定利率。尽管如此，就像加拿大一样，因为否决英格兰银行的决策必须公开，且只在极端的情况下和特定时间内才发生，所以发生的概率很小。

因为英国不是欧洲货币联盟的成员，英格兰银行独立制定货币政策而不依赖欧洲央行。货币政策委员负责制定利率，这个委员会由1个行长、2个副行长、2个行长和财政部协商后共同任命的官员、4个财政大臣任命的外部经济专家组成（令人惊奇的是，最初任命的4个外部经济学家中有1个是荷兰人，1个是美国人，后来任命的也通常不是英国人）。英格兰银行的通货膨胀目标是由财政大臣制定的，所以英格兰银行的目标独立性也弱于美联储。

9.5.3 日本银行

日本银行成立于明治维新时期的1882年。货币政策是由政策委员会决定的，这个委员会由1个行长、2个副行长、6个由内阁提名并经议会批准的外部成员组成，他们的任期都是5年。

直到最近，日本银行也没有正式独立于政府之外，其最终权力在大藏省手里。然而，1998年4月生效的《日本银行法》改变了55年来日本银行的权力布局。除了规定货币政策目标是维持物价平衡外，法律还给予日本银行更高的工具和目标独立性。在此之前，政府在政策委员会有2个有投票权的成员，一个来自大藏省，另一个来自经济计划署。现在政府会从这些机构里选派2名代表到委员会，他们能够要求推迟货币政策决议，但是没有投票权。除此之外，大藏省丧失了监管日本银行很多业务活动的权力，尤其是开除高级官员的权力。然而，大藏省仍然控制着银行与货币政策无关的部分预算，最近的一个插曲是，最新一届安倍政府向日本银行施压采取2%的通货膨胀目标，这与政策委员会的意愿相悖，银行行长随后辞职了，这也表明了日本银行的独立性有限。

本章小结

1.美联储成立于1913年，目的是减轻银行恐慌。美联储在创立过程中为了分散权力设计了很多制衡的机制和安排。

2.美联储系统的官方架构包括12个区域联邦储备银行，2 000余家商业银行会员，联邦储备委员会，联邦公开市场委员会和联邦咨询委员会。

3.尽管从理论上来说美联储是一个权力分散的系统，实际上美联储是委员会，尤其是委员会主席控制的统一央行。

4.美联储比美国政府的大多数机构都更加独立，但是它仍然会受到政治压力，因为确立美联储架构的法律就是由国会起草的，并且国会有权力随时变更。

5.欧洲央行系统和美联储的架构类似，每个会员国都有自己的央行，执行委员会位于德国的法兰克福。委员会由执行委员会的6名成员（包括欧洲央行行长）和各国央行行长组成，执行货币政策决议。《马斯特里赫特条约》令欧元系统比联邦储备系统更独立，因为它的宪章不能被立法改变。实际上，它是世界上最独立的央行。

重点词汇

公开市场操作　联邦基金利率　紧缩的货币政策　宽松的货币政策　工具独立　目标独立

问答题

1.在欧元区危机时期，爱尔兰是如何保持了在欧盟的地位？应该重振爱尔兰吗？并说明原因。

2.由于希腊经济衰退给欧洲经济带来了负面影响，欧洲央行应该考虑把希腊踢出欧盟。讨论这个观点。

3.地区联邦储备银行在哪些方面影响了货币政策？

4.在冰岛Icesave银行争议事件中央行扮演了什么角色？请讨论。

5.你认为美联储委员14年不可续任期的安排能够使他们免于政治压力吗？

6.“土耳其在欧盟的会员资格对其失去了吸引力。”讨论这句话。

7.美联储系统是美国政府机构里独立性最高的。那么美联储和其他政府机构之间的什么差异很好地解释了美联储更高的独立性呢？

8.讨论2008年西班牙资产泡沫时本币的反应。

9.在20世纪60和70年代，美联储以极快的速度失去了很多会员银行。官僚行为理论如何解释美联储推进立法进而要求所有商业银行成为会员这一举措？美联储成功了吗？

10.请描述塞浦路斯金融危机的特点以及欧洲央行为解决此危机做了哪些努力。

11.为什么减弱美联储独立性可能带来更明显的政治经济周期？

12.请描述美联储系统的职能和目标。它是如何应对2007年的全球金融危机的？

13.请描述欧洲央行的职能以及它是如何应对全球金融危机的。

14.除了在金融危机时给每个国家提供帮助和战略，世界银行是如何协助各央行在危机中恢复的？

第10章

货币政策的实施：工具、目标、战略和策略

序言

理解货币政策的实施很重要，因为它不仅可以影响货币供给和利率，还会影响经济活动的水平进而影响我们的生活。为了探索这一领域，我们首先着眼于美联储的资产负债表，以及货币政策的工具如何影响货币供给和利率。然后，我们将深入具体地研究美联储怎样运用这些工具，美联储及其他国家的中央银行建立货币政策的目标是什么。在理解实施货币政策的战略后，我们可以对中央银行的货币政策进行评价，旨在为未来货币政策的实施提供一些线索。

10.1 美联储的资产负债表

美联储实施的货币政策及其活动能够影响资产负债表（持有的资产和负债）。下面我们来讨论简化的资产负债表[①]：

联邦储备系统	
资产	**负债**
政府证券	流通中的货币
贷款	准备金

10.1.1 负债

资产负债表上的两项负债：流通中的货币和准备金，经常被看作美联储的货币性负债。它们是货币供给中重要的组成部分，因为增加任意一项或者两项同时增加都会导致货币供给的上升（其他一切保持不变）。美联储货币性负债之和（流通中的货币和准备金）及美国国库的货币性负债（流通中的国库通货，主要是铸币）被称为**基础货币（monetary base）**。当提到基础货币时，我们将只关注美联储的货币性负债，因为那些国库账户仅占基础货币的不到10%。[②]

1.流通中的货币。美联储发行货币（那些在你钱包里顶部印有“联邦储备券”的绿色和灰色的纸张）。流通中的货币是指流通在公众手上（银行外）全部的货币数量，是货币供给的重要组成部分。（存款机构持有的货币也是美联储的一项负债，但被计为准备金的一部分）

联邦储备券是美联储向持有人开具的借据，也是负债，但是不同于大多数的负债，他们承诺只用联邦储备券偿付持有人。也就是说，美联储用借据偿付借据。如果你要求美联储偿付100美元的联邦储备券，你将收到2张50美元，5张20美元，10张10美元，或者100张1美元的联邦储备券。

人们更愿意接受美联储的借据，而不是个人借据，因为联邦储备券是公认的交易媒介。也就是说，它们被接受作为支付方式并且执行了货币功能。遗憾的是，我们都不能说服人们，我们手中借据的价值仅仅是借据用纸的钱。[③]

2.准备金。所有的银行都在美联储开有存储准备金的账户。**准备金（reserve）**由存储在美联储的保证金和银行自身持有的现金构成（称作库存现金，因为它被存储在银行金库）。准备金对于银行而言是资产，但对于美联储而言是负债，因为美联储有义务去支付联邦储蓄券。如你所见，准备金的增长导致存款数量的增加，因此货币供给增加。

准备金可以被分为两类：美联储规定银行所必须持有的准备金，即**法定准备金（required reserves）**；银行选择持有的额外准备金，即**超额准备金（excess reserves）**。例如，美联储可能规定一个存储机构每存1美元，其中一定比例（如10美分）必须作为准备金。这个比例（10%）叫作**法定准备金率（required reserve ratio）**。

---

① 关于美联储资产负债表细节性的讨论和影响准备金与货币基础的因素可以在这一章的附录中查看，本章内容也可以通过该书的网站 www.pearsonglobaleditions.com/mishkin.来搜索。

② 当谈到基础货币时，忽略国库的货币性负债是安全的，因为国库由于法律限制不能积极地向经济供应它的货币性负债。

③ 在美联储资产负债表上的通货项目只涉及流通中的货币，即公众手中的货币。已经被美国印铸局印刷出的通货不会自动成为美联储的负债。例如，你自己印制了100万美元的借据。你将价值100美元的借据分发给其他人，把剩下的999 900美元借据放入自己口袋。这999 900美元的借据并不能使你变得更富裕或更穷困，也不能影响你的债务。你只关心流通的100美元借据带来的100美元负债。同样的推断也适用于美联储自己的联邦储备券。

10.1.2　资产

在美联储资产负债表上的这两项资产非常重要，原因有二：第一，这些资产项的变动会引起准备金的变动，进而引起货币供给的变动；第二，这些资产（政府证券和美联储贷款）能获得比负债（无息流通中的货币和准备金）更高的利息，美联储每年数十亿美元的收入就是这些资产带来的盈利，而负债产生很小的成本。尽管大多数的利润上缴给了联邦政府，美联储也将一部分利润花费在了“有意义的事业”上，如支持经济研究。

1.政府证券。这类资产涵盖了美联储持有的美国财政部发行的证券，以及在特殊情况下美联储持有的其他证券。如你所见，美联储通过购买证券向银行系统提供准备金，因此增加了这些资产的持有量。美联储持有政府证券的数量上升导致货币供给增加。

2.向金融机构发放贷款。美联储可以通过向银行和其他金融机构发放贴现贷款为银行系统提供准备金。对于这些机构，已经借入的贷款被称为美联储借款，或者也可以称为借入准备金。这些借款出现在金融机构的资产负债表上，成为一项负债。金融机构贷款的增加可当作货币供给增加的来源。在一般情况下，美联储只对银行机构发放贷款，向银行收取的这些贷款的利息被称为**贴现率**(**discount rate**)。(我们稍后会在本章讨论美联储在最近的金融危机期间向其他金融机构发放贷款)

10.1.3　公开市场操作

公开市场操作(**open market operations**)，即中央银行在公开市场中买卖债券，这是最重要的货币政策工具，因为它是银行系统内准备金和利息率变动的主要决定因素。美联储有关债券的买卖是与**一级交易商**(**primary dealers**)(私有银行之外的证券经销商）交易的。为了了解公开市场操作如何运行，让我们利用T型账户来检验美联储在公开市场上的购买行为，其中一亿美元债券从一级交易商买入。

当一级交易商向美联储卖出一亿美元的债券时，美联储把一亿美元计入交易商的美联储存储账户，因此银行系统的准备金会增长一亿美元。这次交易之后银行系统的T型账户为（million=100万美元，后同）：

银行系统			
资产		负债	
证券	−$100 million		
准备金	+ $100 million		

美联储的资产负债平衡表告诉我们，当证券资产增加了一亿美元时，相应的准备金就增加了一亿美元。

联储系统			
资产		负债	
证券	−$100 million	准备金	+ $100 million

正如你所看到的，美联储公开市场购买的结果是准备金和银行系统存款同步扩张。另一种理解方式是，公开市场购买债券增加了准备金，因为中央银行以准备金来购买债券。因为基础货币相当于流通中的货币与准备金的总和，这意味着公开市场购买使基础货币增长相同的数量。又因为存款是货币供给中的一项重要部分，另一个公开市场购买的结果是货币供给的增加。这将产生以下重要的结论：公开市场购买使准备金及银行系统存款扩张，因而增加了基础货币和货币供给。

相似的推理表明当中央银行进行公开市场出售时，公众通过支票支付债券导致银行系统的存款和准备金减少。因此，一次公开市场出售引起银行系统存款和准备金的收缩，因此基础货币和货币供给减少。

10.1.4 贴现贷款

公开市场操作不是联邦储备系统可以影响准备金数量的唯一方式。当美联储向银行发放贴现贷款时，准备金也会改变。比如，假设美联储给第一国家银行发放一亿美元的贴现贷款，之后美联储在该银行准备金账户贷记一亿美元。这种反映在银行系统和美联储资产负债表上的影响显示在下面的T型账户中：

银行系统				联邦储备系统			
资产		负债		资产		负债	
准备金	+$100million	贷款（美联储借款）+$100million		贴现贷款	+$100million	准备金	+$100million

因此我们可以看出贴现贷款能带动准备金的扩张，它可以像存款一样被借出，因此拓展了货币基础和货币供给。相似的推理表明当银行偿还贴现贷款并减少贴现借款的总数时，准备金连同货币基础和货币供给都会减少。

10.2 准备金和联邦基金利率市场

我们了解了公开市场操作和联邦储蓄银行借贷如何影响美联储的资产负债表和准备金的数量。现在，我们来分析一下准备金市场上准备金数量的变动会怎样影响**联邦基金利率**（federal funds rate）——银行间的隔夜贷款利率。联邦基金利率对货币政策的实施尤为重要，因为联邦基金率是美联储能够直接影响的利率。因此，这表明了美联储对货币政策的立场。

公开市场操作和联邦储蓄银行贷款是美联储影响联邦基金利率的基本工具。**法定准备金率**（reserve requirement）是第三种工具，法规规定存款机构必须将其存款的一定比例存入美联储作为准备金。我们也将分析法定准备金率怎样影响准备金市场，进而影响联邦基金利率。

10.2.1 准备金市场的需求和供给

对准备金市场的分析如同我们在第4章对债券市场进行的分析一样。我们从准备金的需求和供给曲线可知，市场平衡（准备金需求数量等于准备金供给数量）决定了联邦基金利率，也就是为这些准备金支付的利率。

需求曲线 为了推导出准备金的需求曲线，我们需要知道当联邦基金利率变化，其他因素保持不变时，准备金需求数量如何变化。回顾以前的章节，准备金总数被划分成2个部分：（1）法定准备金，它等于准备金率乘以作为法定准备金的存款总数；（2）超额准备金，银行选择持有的额外的准备金。因此，准备金需求数量等于法定准备金加上超额准备金的需求数量。超额准备金是针对存款流出的保险，持有这些超额准备金的成本也是其机会成本，即向社会借出这些准备金可以赚得的利率减掉准备金的利率i_{or}。

在2008年之前，联邦储蓄银行对准备金不支付利息，但自从2008年秋季开始，美联储开始对准备金付息，其利率低于联邦基金利率目标，且差额是固定的，并且会随着联邦基金利率的变动而变动。当联邦基金利率高于超额准备金的利率i_{or}时，随着联邦基金利率的降低，持有超额准备金的机会成本就会减少。保持其他所有的因素，包括法定准备金的数量不变，准备金需求数量就会上升。因此，当联邦基金利率比 i_{or} 高时，准备金的需求曲线 R^d 向下倾斜，如图10–1所示。然而如果联邦基金利率降低到准备金利率 i_{or} 之下时，银行将不会以相对低的利率在隔夜市场发放贷款。相反地，它们只会继续无限地增加其超额准备金持有量。结果是准备金的需求曲线 R^d 在 i_{or} 处变得平坦（具有无限弹性）。

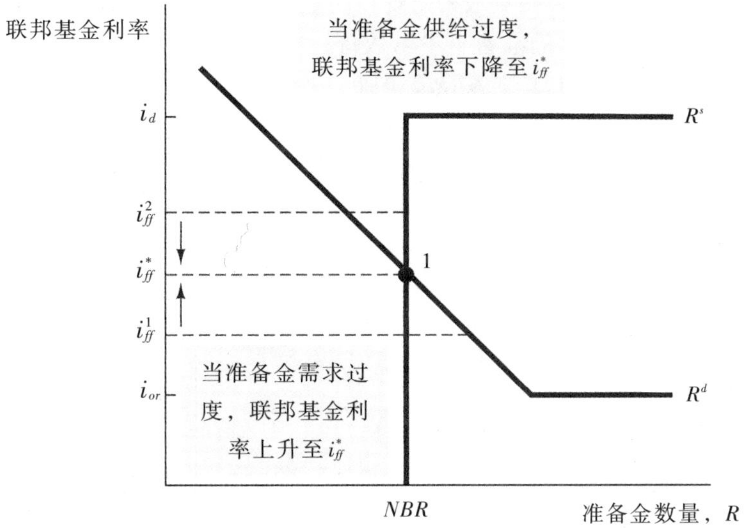

图10–1　准备金市场的均衡

注：均衡发生在供给曲线 R^s 和需求曲线 R^d 的交点1，利率为 i_{ff}^*。

供给曲线　准备金供给线 R^s，可以被分为2个部分：美联储在公开市场上交易的准备金，即非借入准备金（*NBR*）；向美联储借款所形成的准备金，即借入准备金（*BR*）。这些资金最主要的成本费用来自于美联储就这些借款所设定的利率，即贴现利率（i_d）。由于向其他银行借入联邦基金可替代向美联储借入（贷款），如果联邦基金利率 i_{ff} 低于贴现利率 i_d，那么银行不会向美联储借钱，借入准备金将为零，因为在市场上联邦基金更加便宜。因此，只要 i_{ff} 一直低于 i_d，准备金供给会恰好等于美联储提供的非借入准备金，供给曲线就会垂直，如图10–1所示。然而，如果联邦基金利率无限上升，高于贴现利率，银行就会考虑以利率 i_d 维持借款，然后在联邦基金市场上以更高的利率 i_{ff} 借出收益。结果就是联邦基金利率从不会高于贴现利率，供给曲线在利率 i_d 上变得水平（具有无限弹性），如图10–1所示。

市场均衡　市场均衡发生于准备金需求量等于供给量的时候，即 $R^s = R^d$。市场均衡因此就是需求曲线 R^d 与供给曲线 R^s 的交点，即点1，此处联邦基金利率是 i_{ff}^*。当联邦基金利率 i_{ff}^2 高于均衡点时，准备金的供给量大于需求量（超额供给），且由向下箭头可看出联邦基金利率下降至 i_{ff}^1。当联邦基金利率在 i_{ff}^1，低于均衡点时，准备金需求量大于供给量（超额需求）且联邦基金利率上升，从向上箭头可看出。（注意图10–1，i_d 高于 i_{ff}^*，这是因为美联储一般控制贴现利率高于联邦基金的目标利率）

10.2.2　货币政策工具的变化如何影响联邦基金利率

现在我们理解了联邦基金利率是怎样被决定的，我们可以探究四种货币政策工具——公开市场操作、贴现贷款、法定准备金和准备金利率——的变动怎样影响准备金市场和联邦基金利率的平衡。前两种工具——公开市场操作和贴现贷款——通过改变准备金的供给来影响联邦基金利率，而第三种工具——法定准备金——通过改变准备金的需求来影响联邦基金利率，第四种工具则通过改变准备金利率影响联邦基金利率。

公开市场操作 公开市场操作的影响取决于供给曲线最初相交于需求曲线向下倾斜的部分还是水平部分。图10-2（a）表明了如果交点最初出现在需求曲线向下倾斜的部分会发生什么。我们已经看到一次公开市场购买会带来更大的准备金供给数量，在任何给定的联邦基金利率下都是如此，因为非借入准备金数量增加，NBR_1上升到NBR_2。因此，公开市场购买使供给曲线向右移动，从R_1^S移到R_2^S，均衡点也从点1移动到点2，联邦基金利率因此从i_{ff}^1降低到i_{ff}^2。同样的推理表明公开市场出售降低了非借入准备金的供给数量，使供给曲线向左移动，并导致联邦基金利率上升。这是一种典型的情况——因为美联储通常会维持联邦基金利率高于准备金利率，所以结论就是，公开市场购买导致联邦基金利率降低，同时，公开市场出售导致联邦基金利率上升。

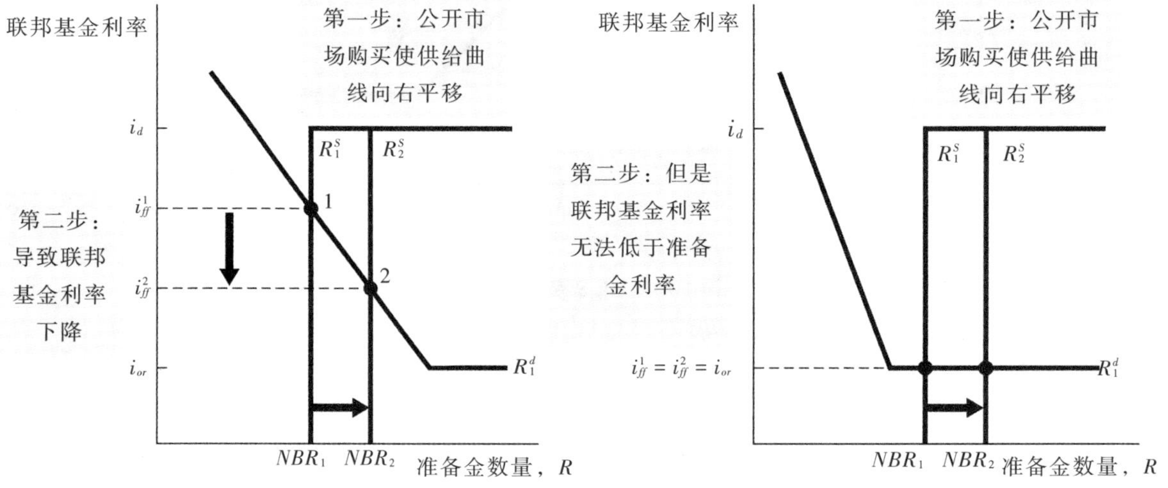

（a）供给曲线最初与需求曲线交于向下倾斜的部分　　（b）供给曲线最初与需求曲线交于水平部分

图10-2 公开市场操作的影响

注：公开市场购买增加了非借入准备金数量，准备金供给增加，供给曲线从R_1^S平移至R_2^S。在图（a）中，均衡点从点1移动至点2，联邦基金利率从i_{ff}^1下降至i_{ff}^2。在图（b）中，均衡点从点1移动至点2，但是联邦基金利率没有变化，$i_{ff}^1=i_{ff}^2=i_{or}$。

然而，如果供给曲线开始与需求曲线相交于水平部分，如图10-2（b）所示，那么公开市场交易无法影响联邦基金利率。为了理解这一点，我们再来看一下公开市场购买，它增加了准备金供给数量，导致需求曲线的平衡点由1移动到2，但是联邦基金利率并未改变，仍是i_{or}，这是因为准备金利率i_{or}相对于联邦基金利率设置了一个最低标准。

贴现贷款 贴现贷款利率的改变取决于需求曲线与供给曲线相交于它的垂直部分还是水平部分。图10-3（a）显示了当交点在供给曲线的垂直部分时，没有贴现贷款且借入准备金为零。在这种情况下，当美联储将贴现利率由i_d^1降低到i_d^2时，供给曲线的水平部分下降，就是R_2^S，但是交点仍然是1。因此，在这种情况下，联邦基金利率的均衡点保持不变，仍是i_{ff}^1。这是一种典型的情况——因为美联储通常将贴现利率维持在联邦基金利率的目标之上，所以结论就是大多数贴现利率的改变不会影响联邦基金利率。

然而，如果需求曲线相交于供给曲线的水平部分，就会产生贴现贷款（$BR>0$），如图10-3

（b）所示，贴现利率的变化会影响联邦基金利率。在这种情况下，初始贴现贷款为正，联邦基金利率等于贴现利率，$i_{ff}^1=i_d^1$。当美联储将贴现利率由i_d^1降低到i_d^2时，供给曲线的水平部分向下移动到R_2^s，导致均衡点由1移动到2，联邦基金利率均衡点由i_{ff}^1下降到i_{ff}^2（$=i_d^2$）。

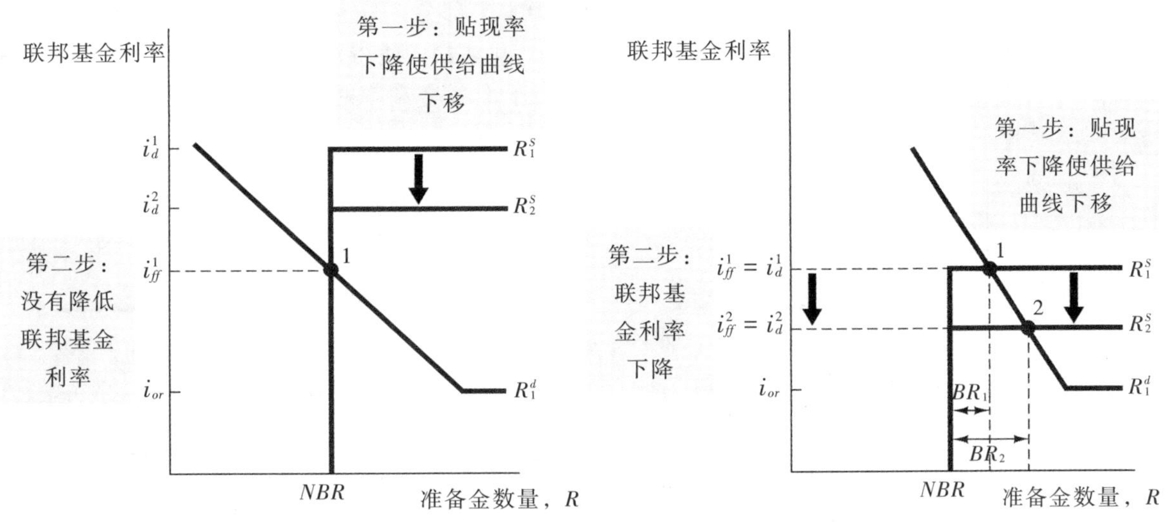

（a）无贴现贷款（$BR=0$）　　　　（b）贴现贷款（$BR>0$）

图10-3　贴现平变化的影响

注：在图（a）中，当联邦基金贴现率从i_d^1下降至i_d^2时，供给曲线的水平部分下降到R_2^s，均衡联邦基金利率在i_{ff}^1保持不变。在图（b）中，当联邦基金贴现率从i_d^1下降至i_d^2时，供给曲线的水平部分R_2^s下降，均衡联邦基金利率从i_{ff}^1下降至i_{ff}^2。

法定准备金　当法定准备金率上升时，要求准备金增加，任何给定利率下的准备金需求量增加。因此，法定准备金率的上升导致需求曲线由R_d^1向右移动到R_d^2，如图10-4所示，均衡点由1移动到2，同时也使联邦基金利率由i_{ff}^1上升到i_{ff}^2。结论就是，若美联储提升法定准备金率，则联邦基金利率上升。

相反地，法定准备金率下降导致准备金需求量下降，需求曲线左移，联邦基金利率下降。若美联储降低法定准备金率，联邦基金利率降低。

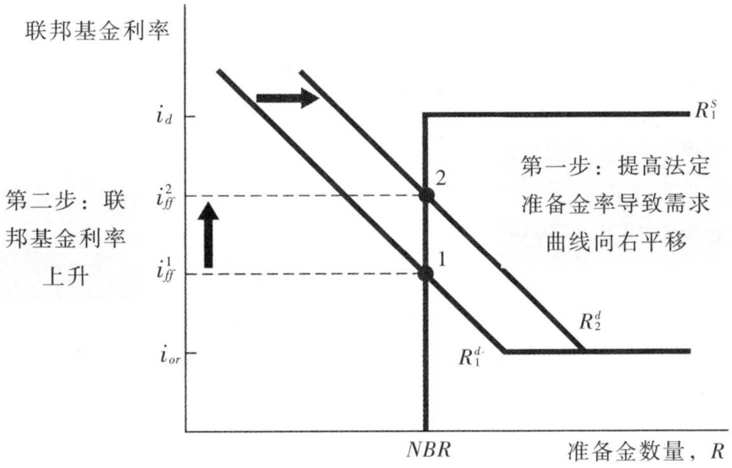

图10-4　法定准备金变化的影响

准备金利率 美联储为准备金支付的利率变动的影响取决于供给曲线与需求曲线相交于下降部分还是水平部分。图10-5（a）显示了交点发生于需求曲线的下降部分，联邦基金利率均衡点在准备金利率之上的情况。此时，准备金利率由i_{or}^1上升到i_{or}^2，需求曲线水平部分上升为R_2^d，但是交点仍然位于1。而如果供给曲线与需求曲线相交于水平部分，联邦基金利率的均衡点在准备金利率之上，如图10-5（b）所示。准备金利率由i_{or}^1上升到i_{or}^2，使得均衡点移动到2，联邦基金利率均衡点也从$i_{ff}^1=i_{or}^1$上升到$i_{ff}^2=i_{or}^2$。当联邦基金利率等于准备金利率时，准备金利率上升，则联邦基金利率上升。

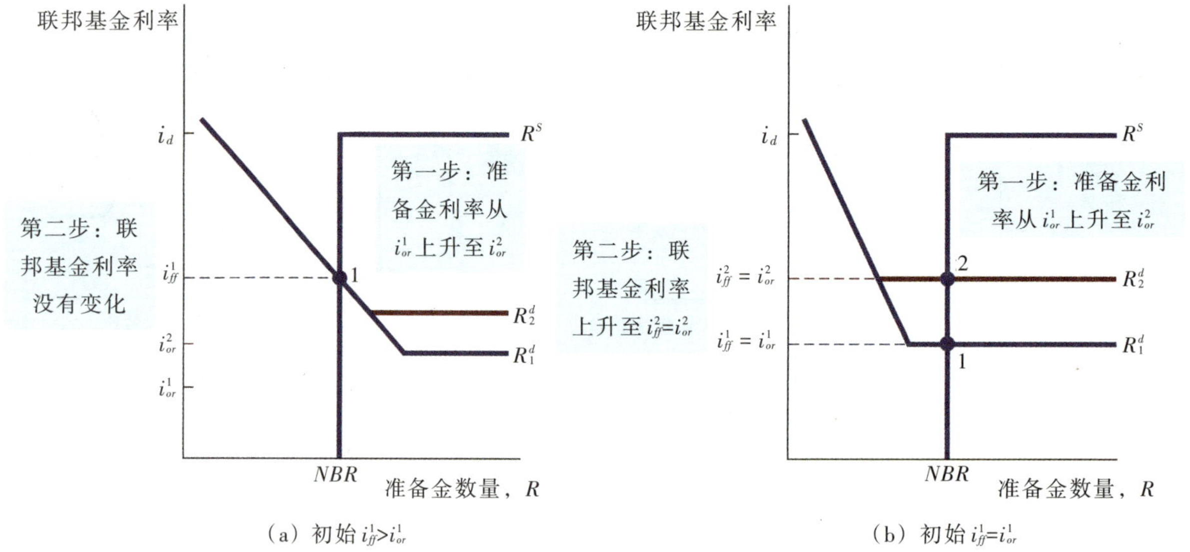

图10-5 准备金利率变化的影响

注：在图（a）中，当均衡联邦基金利率高于支付给准备金的利率时，准备金利率从i_{or}^1上升至i_{or}^2，使得需求曲线的水平部分上升到R_2^d，但是均衡联邦基金利率在i_{ff}^1没有变化。在图（b）中，当均衡联邦基金利率就是准备金利率时，准备金利率从i_{or}^1上升至i_{or}^2，均衡联邦基金利率从$i_{ff}^1=i_{or}^1$上升至$i_{ff}^2=i_{or}^2$。

案例

美联储的操作程序是如何限制联邦基金利率波动的？

美联储目前操作贴现窗口并支付准备金利息的程序的一个主要优势就是限制了联邦基金利率的波动。我们可以应用需求–供给曲线分析市场，理解其中的原因。

假设开始时联邦基金利率在目标利率i_{ff}^*上，如图10-6所示。如果准备金需求出乎意料地大幅度增长，则需求曲线右移至$R^{d''}$，并与准备金供给曲线相交于水平部分，联邦基金利率i_{ff}''，等于贴现利率i_d。不管需求曲线向右移动多远，联邦基金利率i_{ff}''一直保持在i_d上，因为借入准备金一直保持增长以匹配需求的增长。同样，如果准备金需求大幅度减少，则需求曲线向左移动至$R^{d'}$，并且供给曲线与需求曲线相交于水平部分，联邦基金利率i_{ff}'等于准备金利率i_{or}。不管需求曲线向左移动多远，联邦基金利率i_{ff}'一直保持在i_{or}上，因为超额准备金会一直保持增长，因此准备金需求量等于非借入准备金供给量。（有时联邦基金利率可能会低于准备金利率。这种情况可能发生是因为联邦基金市场上的一些参与者，尤其是房利美以及房地美，并不属于银行，所以并不需要在美联储保持准备金。当它们有多余的资金时，由于无法存入美联储，只能在联邦基金市场上接受比准备金利率更低的利率，它们无法享受美联储的更高利率）

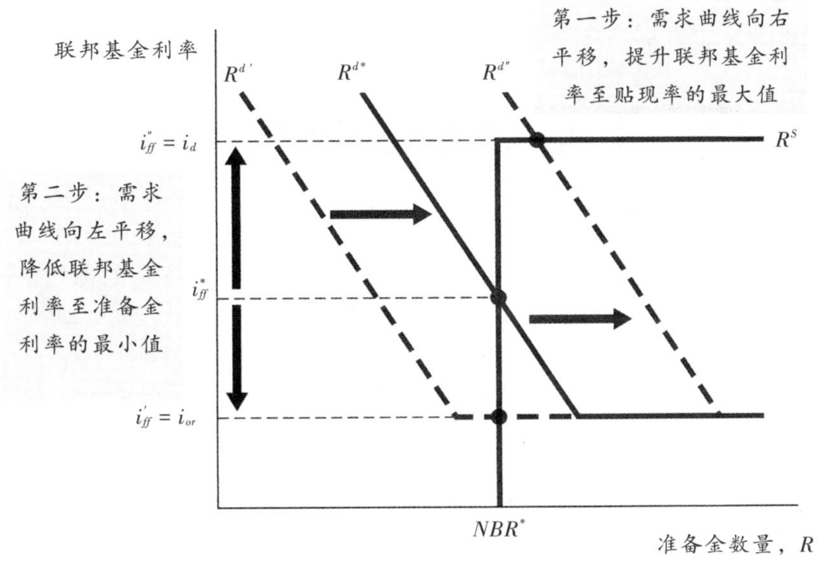

图10-6　美联储的操作程序如何抑制联邦基金利率的波动

我们的分析因此证明了美联储的操作程序控制联邦基金利率在i_{or}至i_d之间波动。如果i_{or}至i_d之间的范围足够狭小，那么目标变动也会很小。

10.3　常规的货币政策工具

通常情况下，美联储使用三种货币政策工具——公开市场操作、贴现贷款，以及法定准备金，从而控制货币的供给和利率，这些被称为**常规货币政策工具**（conventional monetary policy tools）。我们将要学习每一种工具以便于了解美联储怎么使用这些工具及其作用。

10.3.1　公开市场操作

公开市场操作是美联储用于设定利率的最重要的货币政策工具。其分为两种类型：**动态性公开市场操作**（dynamic open market operation），它旨在改变准备金和基础货币的规模；**防范性公开市场操作**（defensive open market operation），它旨在抵消其他影响准备金和基础货币的因素的变化。美联储针对美国财政部和政府机构证券，尤其是美国国债进行公开市场操作。因为国债市场最具流动性，且交易规模最大，所以美联储大部分公开市场操作是针对国债进行的。这一市场有能力吸收美联储庞大的交易量，而不会引起价格的过度波动，造成市场混乱。

我们在第9章可以看到，公开市场操作的决策机构是美联储公开市场委员会（FOMC），它设定了联邦基金利率目标，但实际上执行这些操作的是纽约联邦储备银行的交易柜台。了解这些交易的最好办法是去观察位于纽约的联邦储备银行新建大楼第9层的交易室，这种操作被美联储内部称为“交易柜台的一天”。

短期的公开市场操作是美联储影响银行系统的最主要方式，它包括两种类型。在**回购协议**（repurchase agreement）中，美联储通过协议购买国债，卖家承诺在很短的时间内买回它们，期限是从最初支付日期开始的1到15天内的任何时候。因为回购协议对准备金的影响在协议到期那天是相反的。因此，它实际上是短期的公开市场购买，特别适用于短期内需要反向变动的防御性公开市场操作。当美联储想要实施一项短期的公开市场出售时，就会参与**再卖回交易**

(matched sale-purchase transaction)，有时也被称为**逆回购协议**（reverse repo）。在该交易中，美联储出售证券，买方承诺在不久的将来将这些证券回售给美联储。

案例

交易室的一天

10.3.2 贴现政策和最终贷款人

贴现窗口（discount window）是指银行可以从美联储借出储备金的部门。要理解美联储如何影响借入准备金的规模，最简单方法就是考察贴现窗口的运作。

贴现窗口的操作

美联储给银行的贴现贷款分为3种：一级信贷、二级信贷和季节性信贷。[①]一级信贷是在货币政策中作用最为重要的贴现贷款。财务健全的银行可以通过一级信贷便利借入它们需要的所有期限非常短的借款（通常为隔夜），因此被称为**常备贷款便利**（standing lending facility）。这些贷款的利率就是我们前面介绍的贴现率，通常高于联邦基金利率目标100个基点（1个百分点）。之所以这样规定，是因为美联储希望银行能够在联邦基金市场上进行同业拆借，这样银行间可以相互监督对方的信贷风险。因此，在大部分情况下，以及信贷便利下的贴现贷款规模都不大。那么，美联储为何设置这一便利呢？

答案是，一级信贷可以为财务健全银行的流动性提供后备资源，确保联邦基金利率不会过度高于联邦公开市场委员会制定的联邦基金利率目标，如图10-6所示。当准备金需求发生意外的大幅增长时，无论需求曲线向右移动多少，均衡联邦基金利率i''_{ff}将会停留在i_d，因为只有借入的储备金数量会持续增长，而联邦基金利率不会进一步增长。一级信贷便利因此将联邦基金利率的上限设置为i_d。

二级信贷是为那些有财务困难并正在经历一些流动资金问题的银行设立的。二级信贷利率被设定为高于贴现率50个基点（0.5个百分点）。由于这些贷款是面向财务状况欠佳的银行的，因此利率属于惩罚性的高利率。季节性信贷旨在满足少数季节性存款的需求，如度假区和农业区的小银行会有此种需求。季节性信贷的利率与联邦基金利率和大额存单利率的平均值挂钩。由于信贷市场的不断完善，美联储对季节性信贷便利的必要性产生过质疑，并且考虑在未来将其取消。

最后贷款人

除了作为影响准备金、基础货币和货币供给的工具，贴现贷款对于防止和应对金融恐慌也起着重要作用。美联储一经确立，**最后贷款人**（lender of last resort）就成为其最重要的职能。为防止银行破产陷入失控境地，它会向没有其他资金来源的银行提供准备金，从而防止银行恐慌和金融危机的发生。在发生银行危机时，贴现是为银行系统提供准备金的非常有效的方法，因为在此方法下，储备金会立刻流向最需要它们的银行。通过发挥最后贷款人的作用和使用贴现工具来避免金融恐慌，对于成功的货币政策来说是一个非常重要的要求。金融恐慌也能严重损害经济，因为它们干扰了金融中介机构和市场将资金转移给具有生产性投资机会的人的能力（如第8章所述）。

遗憾的是，美联储并没有一直使用贴现工具来预防金融恐慌，大萧条时期的失败证明了这一点。美联储从这个时期的错误中吸取了教训，并在第二次世界大战后成功履行了其最后贷款人的

① 美联储于2003年1月调整了贴现窗口的管理程序。一级信贷便利取代了调整性信贷便利，后者的贴现率通常低于市场利率水平，因此会对申请这一贷款的银行予以限制。相反，现在，财务健全的银行可以通过一级信贷便利借入它们所需要的贷款。二级信贷便利取代了持续性信贷便利，着眼于长期信贷的展期。季节性信贷便利基本没有变化。

职责。美联储多次使用贴现贷款，通过向陷入困境的银行机构发放贷款来避免银行恐慌，从而防止更多的银行倒闭。

乍看之下，由于联邦存款保险公司可以给存款人提供由银行倒闭导致的每个账户不超过25万美元的损失保险，所以它的存在似乎使得美联储的最后贷款人的职能变得多余。然而情况并非如此，这其中有两个原因。首先，要认识到联邦存款保险公司的保险基金约等于这些存款余额的1%。如果有大量银行倒闭，联邦存款保险公司将无法承担所有储户的损失。事实上，第18章中所描述的20世纪80年代和90年代初的大量银行倒闭导致了联邦存款保险公司保险基金的大量损失和收缩，从而降低了联邦存款保险公司解决储户损失的能力。这个事实并没有削弱小储户对银行体系的信心，因为美联储已经准备好支持银行，提供任何防范银行恐慌所需要的准备金。其次，联邦存款保险公司并不能担保银联体系中的1.1万亿美元的大额存款，因为这些存款超过了25万美元的限额。对银行系统的信心丧失可能导致大面积存款从银行流失，尽管有联邦存款保险公司的存在，银行恐慌仍然可能发生。美联储作为最后贷款人的作用在今天更为重要，因为在20世纪80年代初，90年代初以及2007—2009年金融危机期间银行倒闭率很高。美联储不仅可以作为银行的最后贷款人，还可以在整个金融体系中扮演同样的角色。美联储的贴现窗口的存在可以帮助防止和应对不是由银行倒闭引发的金融恐慌，就像2007—2009年全球金融危机期间的情况那样。

美联储的最后贷款人的角色有利于预防银行和金融恐慌，但这是有成本的。如果一家银行预计美联储会在其陷入困境时提供贴现贷款，那么它会寄希望于美联储会伸出援手，并倾向冒更多风险。因此，美联储最后贷款人的角色造成了类似于存款保险的道德风险问题（如第20章所述）：银行面临更大的风险，从而导致存款保险机构和纳税人遭受更大的损失。那些大型银行的道德风险问题最严重，它们坚信美联储和联邦存款保险公司认为它们“大到不能倒”，也就是说当它们遇到麻烦时总是会得到美联储的贷款，因为它们的失败可能会导致银行恐慌。

同样地，美联储用来防止金融恐慌的行动可能会鼓励银行以外的金融机构去承担更大的风险。如果金融恐慌即将来临，它们也期望美联储确保它们可以获得贷款。美联储考虑使用贴现工具来预防恐慌，它因此需要在其作为最后贷款人的道德风险成本与预防金融恐慌的好处之间进行权衡。这个权衡说明了为什么美联储必须小心，不要太频繁地扮演最后贷款人的角色。

10.3.3 法定准备金

法定准备金的变动会影响银行对准备金的需求：法定准备金的增加意味着银行必须持有更多的储备金；减少则意味着银行需要持有更少的储备金。1980年《存款机构放松管制和货币控制法》对设立法定准备金提出了一个更简化的体系。那就是所有的储蓄机构，包括商业银行、存款和贷款协会、互助储蓄银行、信用合作社都执行同一个法定准备金率，即所有活期存款都有准备金，包括非付息支票账户、活期存款账户、超级活期存款账户、ATS（自动转账储蓄）账户。若这些银行活期存款低于1 070万美元，其法定准备金率为零；若活期存款在1 070万美元到7 950万美元之间，则法定准备金率为3%；若活期存款超过5 520万美元，则法定存款准备金率为10%。并且最初的10%可以根据美联储的判断在8%到14%间浮动。在极其特殊的情况下，法定准备金率甚至可以增长到18%。

法定准备金很少被用作货币政策的工具，因为对于那些拥有较少超额储备金的银行来说，提高它会立刻导致流动性问题。在过去，当美联储提高法定准备金率时，它会通过更有效地进行公开市场购买或贴现贷款窗口（借入储备金）操作来减缓这种冲击，从而提供准备金给需要它的银行。法定准备金的不断波动同样会给银行带来更多不确定性，也使它们的流动资产管理更加困难。

10.3.4 准备金利息

由于美联储从2008年才开始支付准备金利息，这一货币政策工具并没有很长的历史。和美联储将贴现率设立得高于联邦基金目标的原因相同，为了鼓励联邦基金市场的借款和贷款活动，使银行间互相监督，准备金利率一般低于联邦基金目标。在这种情况下，准备金利息不会被当作货币政策工具，反而会为联邦基金利率提供一个下限。然而，在全球金融危机后，银行累积了大量的超额储备金，在这种情况下，提高联邦基金利率需要大量的公开市场交易，这样才能去除这些银行系统的储备金。此时，准备金利息工具就可以提供帮助了，因为提高准备金利率可以代替提高联邦基金利率，如图表10-5（b）所示。实际上，当美联储想要提高联邦基金利率，使其不再一直为零，这一货币政策工具被广泛应用，这种情况自从2008年底开始已经持续超过5年了。

10.4 非常规货币政策工具和量化宽松

虽然在常规时期，扩大货币供应量和降低利率的传统货币政策工具足以稳定经济，但是当经济遇到像我们最近经历的全面金融危机时，常规货币政策工具不足以稳定经济，这其中有两个原因。首先，金融体系停摆，无法将资本投入生产用途，因此投资支出和经济活动沿着我们第8章讨论的路径逐渐崩溃。其次，对经济的负面冲击可以导致**零利率下限问题**（zero-lower-bound problem），其中中央银行无法进一步降低政策利率，因为中央银行有一个零下限，正如在2008年底发生的一样。利率零下限问题之所以发生，是因为通常情况下，人们持有债券比持有现金可以赚更多的钱，因此名义利率不能是负的①。由于这两个原因，中央银行需要利用被称为**非常规货币政策工具**（nonconventional monetary policy tool）的非利率工具来刺激经济。这些非常规货币政策工具有三种形式：（1）流动性；（2）资产购买；（3）对未来货币政策行为的承诺。

10.4.1 提供流动性

由于传统的货币政策行动不足以治愈金融市场并遏制金融危机，美联储前所未有地扩大贷款便利，为金融市场提供流动性。

1.贴现窗口扩展（discount window expansion）。2007年8月中旬金融危机爆发以来，美联储将贴现率（其对银行的贷款利率）从通常的高于联邦基金目标利率100个基点降至50个基点（0.5个百分点）。然后，在2008年3月进一步下调至联邦基金目标利率以上25个基点。但是，由于从贴现窗口借贷是一种“耻辱”的标记，它表明借款银行可能因为资金匮乏而陷入困境，所以在危机期间贴现窗口的使用是有限的。

2.短期标售工具（term auction facility）。为鼓励额外借款，美联储在2007年12月成立了短期标售工具（TAF），通过竞争性拍卖确定贷款利率。它比贴现窗口便利使用得更加频繁，因为它使银行能够以低于贴现率的利率快速借入资金，并且利率是由竞争决定，而不是由罚款率决定。TAF最初的拍卖规模是200亿美元，但随着危机的恶化，美联储大幅提高额度，最终总额突破4 000亿美元（欧洲中央银行运营了类似的业务，2008年6月的一次拍卖超过4 000亿欧元）。

---

① 正如我们在第3章看到的，名义利率在某些时候可能会略微负一点，但是这个数字非常接近零，旨在我们可以将利率下调为零。

3.新的贷款项目。美联储对银行业机构外的金融系统也扩展了流动性供给。这些行动包括贷款给投资银行以及提供贷款以促进购买商业票据、抵押担保证券和其他资产支持证券。此外，美联储也向摩根大通提供贷款来协助其收购贝尔·斯登（Bear Stearns），并向美国国际集团提供贷款以防止其破产。2007—2009年金融危机期间，美联储贷款计划的扩大确实令人瞩目，到2008年年底，美联储的资产负债表扩张了超过1万亿美元，之后仍在继续扩张。金融危机过程中的新计划催生了一整套缩略语，包括TAE、TSLF、PDCF、AMLF、CPFF、MMIFF和TALF。这些工具在表10-1“全球金融危机期间的美联储贷款工具”中有更详细的描述。

表10-1 全球金融危机期间的美联储贷款工具

在国际金融危机期间，美联储在组建一系列工具方面表现了很强的创造力，以帮助恢复金融体系不同部分的流动性。这些新的工具、其创建日期以及作用被列在下表中。

贷款工具	创建时间	作用
短期标售工具（TAF）	2007年12月12日	使美联储借款能更广泛地使用；通过竞争性拍卖产生而不是由美联储确定利率，将固定金额的贷款扩展到银行，如对正常的贴现贷款一样
定期证券借贷工具（TSLF）	2008年3月11日	提供足够的国债证券，使其作为信贷市场的抵押品；向一级交易商借出国债，主要针对期限超过一夜的宽幅抵押品
互换货币信贷额度	2008年3月11日	向外国中央银行借款以换取外币，从而使中央银行可以向国内银行发放美元
贷款给摩根大通来收购贝尔·斯登	2008年3月14日	通过非追索贷款向摩根大通借款300亿美元来帮助其收购贝尔·斯登
一级交易商信贷便利（PDCF）	2008年3月16日	向一级交易商（包括投资银行）贷款，以便经销商可以使用传统贴现窗口便利通过类似的条件借款
美国国际集团贷款	2008年9月16日	向美国国际集团贷款850亿美元
资产担保的商业票据市场共同基金流动性工具（AMLF）	2008年9月19日	借给一级交易商，以便其可以从货币市场共同基金购买资产担保的商业票据，使这些基金可以出售票据以满足投资者的赎回要求
商业票据资助基金（CPFF）	2008年10月7日	以财政购买的方式从发行人手中购买商业票据
货币市场投资者融资工具（MMIFF）	2008年10月21日	借出专用工具，以便能够买到更广泛的货币市场共同基金资产
长期资产支持证券贷款工具（TALF）	2008年11月25日	向发行人提供资产抵押证券作为抵押品，以改善该市场的运作

10.4.2 资产购买

美联储的公开市场操作通常只涉及政府证券，特别是短期证券的购买。然而，在危机期间，美联储开始了三项新的资产购买计划，以降低特定类型信贷工具的利率。正如我们在本章前面所看到的那样，因为美联储的资产购买导致其资产负债表和货币基础的扩大，这些资产购买计划已经被称为**量化宽松政策**（quantitative easing，QE）。

1.2008年11月，美联储成立了政府资助实体购买计划，这一计划通常被简称为QE1。美联储最终购买了由房利美和房地美担保的1.25万亿美元的抵押担保证券（MBS）。通过这些购买，美联储希望支撑住MBS市场，并且降低住房抵押贷款利率，从而刺激房地产市场。

2.2010年11月，美联储宣布每月将以约750亿美元的价格购买6 000亿美元长期国债。这个购买计划被称为QE2（Quantitative Easing 2），旨在降低长期利率。虽然在全球金融危机期间，国债的短期利率最低达到零，但长期利率并没有。由于投资项目生命周期长，长期利率与投资决策有更大的相关性。因此，美联储购买长期国债以降低长期利率有助于刺激投资支出和经济活动。

3.2012年9月，联邦储备委员会公布了第三个资产购买计划，该计划被称为QE3，通过购买400亿美元的抵押担保证券和450亿美元的长期国债把QE1和QE2的一些要素结合到一起。然而，QE3与以往的QE计划有一个重要的差异，因为它没有固定的美元数量，而是开放式的，即“如果劳动力市场的前景没有显著改善，购买计划将继续下去”。

提供流动性和资产购买计划的实施导致了美联储资产负债表空前地达到之前的4倍，如图10-7所示。

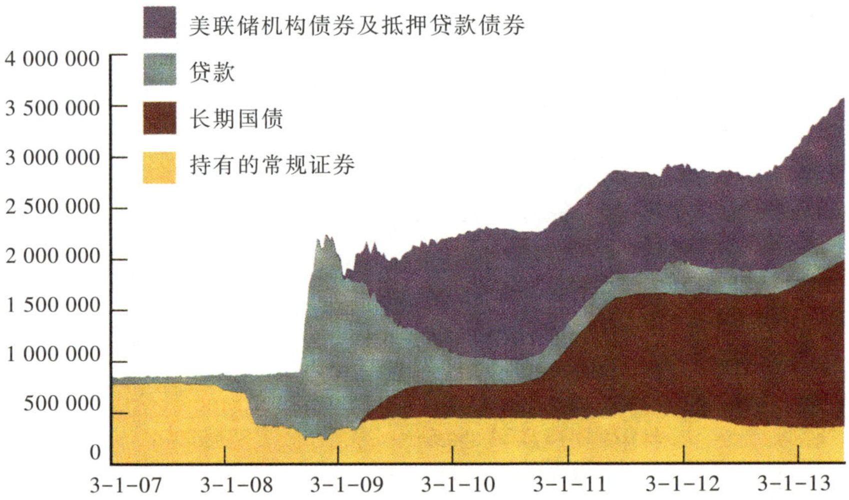

图10-7 全球金融危机发生后美联储资产负债表的扩张

注：阴影区域表示美联储持有的4类资产：美联储机构债券及抵押贷款债券，贷款，长期国债，持有的常规证券。美联储贷款和资产购买项目使美联储资产负债表总额扩张了4倍。

10.4.3 量化宽松与信贷宽松

这些量化宽松计划导致美联储的资产负债表在2013年从8 000亿美元左右扩大到前所未有的3万亿美元。由于基础货币的增加（也称为高能货币）通常会导致货币供给扩张，它可能成为刺激经济的一个主要推动力，并且可能在刺激经济的过程中导致通货膨胀。

其中有一些值得怀疑的理由：第一，由于联邦基金利率已经下跌至零，因此资产负债表和基础货币的扩张不能进一步降低短期利率，刺激经济也就不可能发生；第二，基础货币的增加并没有导致贷款增加，因为银行只是增加了持有的超额准备金而不是贷款；第三，美联储资产负债表的扩张和基础货币的增加只是增加了超额准备金，并没有导致货币供应量大幅增加。当日本央行在股市和房地产市场泡沫破灭后实行量化宽松货币政策时，似乎也出现了类似的现象。但是经济不仅没有恢复，甚至通货膨胀也变为负数。

那么，对于对量化宽松的怀疑意味着美联储的非常规货币政策行动在刺激经济方面是无效的吗？伯南克主席认为答案是否定的，因为美联储的政策不是用于扩大美联储的资产负债表，而是为了实现**信贷宽松**（credit easing），即改变美联储资产负债表的结构，以改善信贷市场一些特定的功能。事实上，伯南克主席坚持认为，美联储的政策不应该被定性为量化宽松。

调整美联储资产负债表的组成可以通过以下途径刺激经济。首先，当美联储为已经失灵的信贷市场提供流动资金时，可以帮助解冻市场，从而使其能将资本用于生产，进而刺激经济。其次，正如我们在第5章中看到的那样，当美联储购买特定证券时，它会增加对这些证券的需求，降低这些证券相对于其他证券的利率。因此，即使短期利率达到零，资产购买也可能降低借款人在特定信贷市场的利率，从而刺激支出。例如，购买抵押担保证券似乎降低了这些证券的利率，导致住房抵押贷款利率大幅度下降。购买长期政府证券也会降低其短期利率，而且由于长期利率可能与投资决策相关，因此这些资产市场的购买可能会增加投资支出。最近的研究似乎支持这一观点，研究估计美联储资产购买计划使长期利率下降100个基点（1个百分点）[①]。

10.4.4 预期管理：对未来政策行动的承诺

虽然全球金融危机之后短期利率不能低于零，但美联储可能会采取另一条途径来降低长期利率，正如我们在上文提到的那样，这一政策将刺激经济。这条途径涉及美联储承诺长期维持联邦基金利率为零，以降低市场对未来短期利率的预期，从而导致长期利率下降。这一策略被称为**预期管理**（management of expectations）。

美联储在2008年12月16日举行的联邦公开市场委员会会议后公布了这一策略，不仅将联邦基金利率目标降至0~0.25%之间，而且“委员会预期经济疲软有可能令联邦基金利率在一段时间内保持超低水平”。美联储在其之后几年的FOMC声明中继续使用这种文风，然后宣布具体日期，最后声明“联邦基金利率水平极低，直到2015年中期才有保证”。虽然国债的长期利率随着这些声明而下降，但这其中有多少是源于美联储对管理预期和经济疲软的尝试还不清楚。

对未来的政策行动有两种类型的承诺：有条件的和无条件的。自2008年以来，保持联邦基金利率为零的承诺是有条件的，因为它提到这一决定是基于经济疲软的前景。如果经济形势发生变化，联邦公开市场委员会表示可能会放弃承诺。或者，美联储可能会做出无条件的承诺：只是表示把联邦基金利率保持在零，而不表示这一决定是基于特定经济状况。无条件的承诺比有条件承诺更有优势，因为它不表示承诺将被放弃，因此可能对长期利率产生更大的影响。不幸的是，它的缺点在于即使情况发生变化，放弃承诺成为更好的选择，美联储也可能觉得不能违背它最开始的承诺。

美联储在2003—2006年期间的经历说明了无条件承诺问题。2003年，美联储担心通货膨胀率太低，通货紧缩的可能性很大。在2003年8月12日，联邦公开市场委员会声明说，“在这种情况下，委员会认为政策调节可以维持相当长的一段时间”。接下来，当美联储在2004年6月30日召开的联邦公开市场委员会会议上开始收紧政策时，就把它的声明改为“政策调节可以很快被取消”。在接下来的10个于2006年6月举行的联邦公开市场委员会会议上，美联储每次都把联邦基金目标利率提高了0.25个百分点。市场把联邦公开市场委员会的声明解读成一种无条件承诺，这也就是为什么在每次联邦公开市场委员会会议上美联储对联邦基金目标利率的调整都被限制在0.25个百分点。回想起来，这一承诺导致货币政策从长期角度来看太随意了，正如第8章所讨论

---

① Joseph Gagnon, Mathew Raskin, Julie Remache, and Brian Sack. “Large Scale Asset Purchase by the Federal Reserve:Did They Work?” Federeal Reserve Bank of New York Economic Policy Review, 17, no.1 (May 2011):41-59.

的那样，通货膨胀率高于理想水平可能会加速房地产泡沫破裂，对经济造成严重的后果。

当美联储宣布退出超低利率的具体日期时，许多市场参与者将这一公告视为无条件承诺，尽管美联储持反对意见。为了避免无条件承诺问题，在2012年12月，美联储为其声明设立了更明确的条件，表示“只要失业率保持在6.5%以上，并且预计未来一至两年通货膨胀率不超过委员会2%的长期目标0.5个百分点，联邦基金利率的超低水平就是可取的。”虽然这是美联储对固定日期承诺的改善，但这种基于阈值的有条件的方法也是有问题的。首先，它可能被视为美联储承诺实现特定的失业率目标，而忽视货币刺激的需要。正是这种承诺使得美联储在20世纪70年代陷入困境，导致了被称为“大通胀”的通货膨胀升级。其次，这种做法可能被认为导致了通货膨胀目标从2%提高到2.5%，并使美联储维持稳定的低通货膨胀的可信度减弱。正如我们将在本章后面看到的那样，信誉的丧失可能会在稳定通货膨胀和经济活动上导致更糟糕的结果。

10.5 欧洲中央银行的货币政策工具

像美联储一样，欧洲中央银行通过制定**目标融资利率**（target financing rate）表明货币政策的立场，这也是为隔夜现金利率设定一个标准。像联邦基金利率一样，**隔夜现金利率**（overnight cash rate）是非常短期的银行间贷款的利率。欧洲央行使用的货币政策工具和美联储的相似，包括公开市场操作、银行贷款和法定准备金。

10.5.1 公开市场操作

和美联储一样，欧洲央行将公开市场操作作为调控货币政策并将隔夜现金利率设定为目标融资利率的最重要的工具。**主要再融资操作**（main refinancing operation）是公开市场操作的主要形式，它与美联储的回购交易相似。主要再融资操作包括每周的**反向交易**（reverse transaction）（在回购业务或贷款业务中购买或者出售合格资产而不是以合格资产作为担保品），期限为两周。贷款机构提交投标，欧洲央行决定接受哪个投标。像美联储一样，欧洲央行接受最具吸引力的投标报价，然后进行购买或者销售，最后达到预期的准备金供给量。美联储只在纽约的联邦储备银行实施公开市场操作，欧洲央行则与其不同。欧洲央行的公开市场操作分散给各个国家中央银行分别实施。

长期再融资操作（long-term refinancing operation）是公开市场操作的第二种类型。它是欧元区银行系统流动资产的一小部分来源。与美联储直接购买或者销售证券的方法相似，长期再融资操作主要涉及每月购买或者出售期限为3个月的证券。它们不表明货币政策的立场，而是为欧元区银行提供额外的长期再融资。

10.5.2 银行贷款

欧洲央行第二个非常重要的货币政策工具是向银行机构贷款，由各个国家的中央银行操作实施，正如美联储是由各个联邦储备银行实施贴现贷款一样。这种贷款通过一个标准的借贷工具实施，叫作**边际贷款便利**（marginal lending facility）。银行可以以**边际贷款利率**（marginal lending rate）从各个国家中央银行获得隔夜贷款。这样会比目标融资利率高100个基点。边际贷款利率为欧洲货币组织的隔夜市场利率提供一个上限，就像美国的贴现利率一样。如同美国、加拿大、澳大利亚和新西兰一样，欧元区也有一个特定的工具，称为存款便利。利用此工具，银行只需支付比目标融资利率低100个基点的固定利率。存款便利预先设定的利率为隔夜市场利率提供了下限，而边际贷款利率为其设定了上限。

10.5.3 法定准备金

像美联储一样，欧洲中央银行规定了所有存款机构要在国家中央银行保有支票存款和其他短期存款总额的2%的准备金。所有遵循最低准备金要求的机构都可以使用欧洲中央银行的常设贷款便利并参与公开市场操作。

10.6 价格稳定目标和名义锚

近几十年来，全球决策者越来越意识到通货膨胀的社会成本和经济成本，因而将维持稳定的价格水平作为经济政策的目标。事实上，**物价稳定**（price stability）——被中央银行家定义为低且稳定的通货膨胀——越来越被视为货币政策最重要的目标。物价稳定是可取的，因为物价水平上涨（通货膨胀）给经济造成了不确定性，不确定性可能会阻碍经济增长。例如，当整体价格水平正在变化，货物和服务价格所传达的信息难以解读，这使消费者、企业和政府的决策复杂化，从而导致金融体系的效率降低。

舆论调查不仅表明公众对通货膨胀十分反感，而且越来越多的证据表明通货膨胀导致经济增长放缓。[①]物价不稳定的最极端的例子是恶性通货膨胀，如阿根廷、巴西和俄罗斯在过去经历过的。恶性通货膨胀被证明对经济运行非常有害。

通货膨胀也使得未来规划难以进行。例如，在通货膨胀的环境下，决定储蓄多少钱用于孩子的大学教育就会变得特别困难。此外，通货膨胀可能会使一个国家的社会结构变得紧张，因为社会中的每个群体都可能与其他群体竞争，以确保其收入与价格上涨水平保持一致，从而引发冲突。

10.6.1 名义锚的作用

由于价格稳定对于经济的长期健康至关重要，成功的货币政策的核心要素是使用**名义锚**（nominal anchor），如通货膨胀率或货币供应量等名义变量。这些变量可以将价格水平降低，以实现价格稳定。坚持将名义变量保持在狭窄范围内的名义锚通过直接促进稳定且低的通货膨胀预期来促进物价稳定。名义锚的重要性还体现在当货币政策建立在自由放任和频繁调整的基础上时，它可以限制**时间不一致问题**（time-inconsistency problem）。[②]

10.6.2 时间不一致问题

时间不一致问题是我们在日常生活中不断处理的一种事情。我们经常有一个计划，我们知道从长远来看会取得很好的成果，但是当明天到来时，我们情不自禁地违反了我们的计划，因为这样做有短期的收益。例如，我们做了一个年度减肥计划，但不久之后，我们忍不住吃了冰淇淋，再吃一口，然后再吃一口，体重开始反弹。换句话说，我们发现自己不能一贯地遵循一个好计划。好的计划是时间不一致的，即很难在长期内保持一致，因此很快就会被放弃。

货币政策制定者也面临时间不一致的问题。他们总是试图追求自由决定的货币政策，这种政策比公司或人们期望的更有扩张性，因为这样的政策会在短期内提高经济产出（或降低失业

① 参见Stanley Fischer，“The Role of Macroeconomic Factors in Gowth，” Journal of Monetary Economics 32(1993): 485-512.

② 时间不一致问题第一次在论文中出现，见诺奖得主Finn Kydland和Edward Prescott的“Rules Rather Than Discretion:The Inconsistency of Optimal Plans，” Journal of Political Economy 85(1977):473-491；Guillerno Calvo，“On the Time Consistency of Optimal Policy in the Monetary Economy，” Econometrica 46(Novemver 1978): 1411-1428； Robert J. Barro and David Gordon，“A Positive Theory of Monetary Policy in a Natural Rate Model，” Journal of Political Economy 91(August 1983): 589-610.

率)。然而，最好的策略是不要追求扩张政策，因为关于工资和价格的决定反映了员工和企业对政策的预期。当他们看到一个中央银行追求扩张政策，员工和企业将提高对通货膨胀的预期，推动工资和价格上涨。工资和价格的上涨将导致通货膨胀率上升，但不会导致平均产出提高。

如果中央银行不采取超出人们预期的扩张性政策，而是始终保持对通货膨胀形势的控制，通货膨胀率在长期会有更理想的表现。然而，即使中央银行认识到自由政策导致的结果不佳（通货膨胀率高，产出没有收益），仍然可能无法找到更好的控制通货膨胀的政策。因为政治家可能会对央行施加压力，试图提升产量，采取过度扩张货币政策。

关于如何处理时间不一致问题的线索来自父母的教学指南。父母们知道，为了不让孩子调皮而做出让步会培养出过分骄纵的孩子。然而当一个孩子发了脾气，许多父母就会给他想要的，只为了让他闭嘴。因为父母没有坚持他们的不让步计划，孩子就认为只要表现得不好就会得到想要的，于是孩子会一次次哭闹。育儿书提出了解决时间不一致问题的解决方案：父母应该为自己的孩子设定行为规则，并且坚持下去。

一个名义上的锚就像一个行为规则。正如设定规则有助于防止孩子教育的时间不一致问题，通过提供自由决定的预期约束政策，一个名义上的锚自助于避免货币政策的时间不一致问题。

10.7 货币政策的其他目标

虽然物价稳定是大多数中央银行的首要目标，但中央银行官员在讨论货币政策目标时不断提及其他五个目标：（1）高就业率；（2）经济增长；（3）金融市场稳定；（4）利率稳定；（5）外汇市场稳定。

10.7.1 高就业率和产出稳定

高就业率是一个十分有价值的目标，主要有两个原因：（1）高失业率造成许多人生活困难；（2）当失业率高的时候，社会上会有闲置人员和闲置资源（封闭的工厂和未使用的设备），导致产出下降（GDP下降）。

虽然很明显，高就业率的主意很不错，但应该有多高呢？何时可以被视为处于经济充分就业状态？起初，似乎完全就业是就是失业率为零。但这个定义忽略了一个事实，即摩擦性失业，这涉及工人和企业搜索找到合适对象的过程，这对经济有益。例如，一个决定寻找更好工作的工人在求职期间可能会失业一段时间。工人经常决定暂时离开工作，进行其他活动（如照顾家庭、旅行、返回学校），当他们决定重新进入就业市场时，可能需要一些时间才能找到合适的工作。

当经济充分就业时，失业率不是零的另一个原因是结构性失业，即就业需求与本地工人的技能或可获得性之间的不匹配。显然这种失业是不可取的。尽管如此，货币政策却无能为力。

高就业率的目标不是失业水平为零，而是高于零水平，即劳动力需求等于劳动力供给的充分就业。这个水平被称为**自然失业率**（natural rate of unemployment）。

虽然这个定义十分简洁且权威，但却留下了一个麻烦的问题：多高的失业率符合充分就业的标准？在某些情况下，失业率很高，例如大萧条时期的失业率超过20%，显然是太高了。在20世纪60年代初期，政策制定者认为合理的目标是4%，这个标准可能太低，因为它导致了通货膨胀加速。目前估计的自然失业率在4.5%至6%之间，但仍有很大的不确定性和分歧。例如，适当的政府政策，如提供有关空缺职位的信息或职业培训计划，会降低自然失业率。

高就业率目标可以以另一种方式理解。由于失业水平与经济活动水平有关，所以自然失业率必然对应某种产业水平，即**自然产出率**（nature rate of output），往往也被称为**潜在产出**（potential output）。

试图实现高就业率的目标意味着中央银行应该把产出水平提高到自然的产出水平。换句话说，它们应该试图将产出水平稳定在自然产出率附近。

10.7.2　经济增长

经济稳定增长的目标与高就业率目标密切相关，因为企业在失业率低的时候更有可能投资资本设备来提高生产率，促进经济增长。相反，如果失业率高、工厂闲置，企业就不会投入额外费用来购买工厂和设备。虽然这两个目标是密切相关的，但政策可以专门用于促进经济增长，直接鼓励企业投资，或鼓励人们储蓄，进而为企业提供更多的资金。事实上，这种方法说明了供给经济学的政策主张，即旨在通过为企业投资设施和设备以及为纳税人提供税收优惠、增加储蓄来刺激经济增长。关于货币政策在促进经济增长方面可以发挥什么作用同样引起了广泛争议。

10.7.3　金融市场稳定

金融危机可能会干扰金融市场将资金投向有生产性投资机会的人，导致经济活动急剧减少。令金融体系更加稳定、避免金融危机是中央银行的重要目标。事实上，正如第9章所讨论的那样，美联储就是为了解决1907年的银行恐慌及促进金融稳定而建立的。

10.7.4　利率稳定

利率稳定是人们愿意看到的，因为利率的波动可能会给经济带来不确定性，使未来规划难以进行。例如，利率波动使消费者难以确定购房时机，也影响建筑公司的房屋建造计划。中央银行也可能希望减少利率向上波动，原因如我们在第9章中讨论的：利率上升引发对中央银行的敌意，并导致其被要求削减权力。

金融市场的稳定也受到利率稳定的影响，因为利率波动给金融机构带来了很大的不确定性。利率上涨对长期债券和抵押贷款造成巨额资金损失，导致拥有这些资源的金融机构面临破产风险。近年来，愈加频繁的利率波动对于储蓄和贷款协会以及储蓄银行的影响尤为严重，其中许多银行在20世纪80年代初和90年代初期陷入严重的财务困境（正如我们将在第18章看到的那样）。

10.7.5　外汇市场稳定

随着国际贸易对美国经济日益重要，美元相对于其他货币的价值已经成为美联储的主要考虑因素。美元升值使得美国企业在国外的竞争力下降，美元价格的下滑又会加剧美国国内的通货膨胀。此外，防止美元价值大幅度变化使得在国外购买或出售商品的企业和个人更容易进行规划。因此，稳定美元在外汇市场上的极端波动是货币政策的重要目标。在更依赖外贸的其他国家，外汇市场的稳定更加重要。

10.8　物价稳定是货币政策的主要目标吗？

从长远来看，物价稳定目标与前面提到的其他目标之间并没有矛盾。自然失业率不会因为高通货膨胀率而下降，因此长期来看，通货膨胀率不能降低失业率或增加就业人数。换句话说，通货膨胀和就业率之间在长期不存在此消彼长的关系。价格稳定促进经济增长以及金融和利率稳定。虽然长期来看，物价稳定与其他目标一致，但在短期内，物价稳定往往与高就业率和利率稳定相矛盾。例如，当经济繁荣，失业率下降时，经济可能会过热，导致通货膨胀率上升。为了追求物价稳定的目标，中央银行将通过提高利率来防止这种过热，这种措施起初会降低就业率并增加利率不稳定。中央银行如何解决这些目标之间的冲突呢？

10.8.1 分层任务与双重任务

由于价格稳定对经济长期健康至关重要，许多国家认为，价格稳定应该是中央银行的主要长期目标。例如，《马斯特里赫特条约》创建了欧洲中央银行，认为欧洲中央银行系统的主要目标是保持物价稳定。在不损害物价稳定的目标的情况下，欧洲中央银行系统应支持共同体的总体经济政策，其中包括“高就业水平”等目标，以及“可持续和非通货膨胀增长”。物价稳定先行，只要其实现，随即可以追求其他目标，这被称为**分层任务**（hierarchical mandate）。这种目标是英国央行、加拿大央行、新西兰储备银行以及欧洲中央银行等中央银行的行为指示。

相比之下，法律对美联储的使命是这样规定的：“联邦储备委员会和联邦公开市场委员会将保持与经济长期潜力相称的货币和信贷总量的长期增长，发挥经济的长期潜力以增加产出，切实推动就业最大化、物价稳定、长期利率稳定。”因为，正如我们在第4章中得知的那样，如果通货膨胀率高，长期利率就会很高，要实现温和的长期利率，通货膨胀率必须很低。因此，美联储实际上有**双重任务**（dual mandate），即实现两个共同的目标：价格稳定和最大限度的就业。

10.8.2 价格稳定作为货币政策的主要长期目标

由于在长期实现价格稳定与自然失业率之间不存在矛盾，如果最充分就业被定义为自然失业率，这两个目标并没有很大的差异。然而，在实践中这两个目标存在巨大差异，因为公众和政治家可能认为分层任务过多强调控制通货膨胀，且不足以减少商业周期波动。

由于稳定的低通货膨胀率会刺激经济增长，央行已经意识到，物价稳定应该是货币政策的首要长期目标。然而，由于产出波动也应该是货币政策所关注的，因此物价稳定只是长期的首要目标。试图在短期内将通货膨胀率保持在同一水平会导致大幅产出波动。

只要价格稳定是长期而不是短期的目标，中央银行就可以集中力量通过允许通货膨胀在短期内偏离长期目标来减少产出波动，因此可以在双重任务下运作。然而，如果双重任务导致中央银行采取短期扩张性政策来增加产出和就业，而不考虑长期的通货膨胀后果，则可能出现时间不一致的问题。担心双重任务可能导致过度扩张是中央银行往往倾向于追求物价稳定的一个关键原因。分层任务也可能存在一个问题，它可能导致中央银行的行为像英格兰银行行长梅文·金所说的“通货膨胀偏执狂”，即在短期内只关注通货膨胀，导致产出波动较大。中央银行的任务类型选择最好取决于政策实施的实践。任何一种任务方式只要使价格稳定成为长期的主要目标，而不是短期的，则可以接受。

在下一节中，我们将研究货币政策制定者如今采用的实现物价稳定的最主要的货币政策：通货膨胀目标。这一策略形成强大的名义锚，并且以物价稳定作为货币政策的主要长期目标。

10.9 通货膨胀目标

价格稳定应该是货币政策的主要长期目标，利用名义锚有助于实现这一目标。这一认知催生了被称为通货膨胀目标的货币政策。**通货膨胀目标（inflation targeting）**包括几个部分：(1) 公布通货膨胀的中期数字目标；(2) 物价稳定是货币政策主要长期目标的制度性承诺和实现通货膨胀目标的承诺；(3) 在制定货币政策时，使用包括多个变量（不止货币总量）的信息集合；(4) 通过与公众和市场沟通货币政策制定者的计划和目标，来提高货币政策战略的透明度；(5) 增强中央银行实现通货膨胀目标的责任。1990年，新西兰成为第一个正式采用通货膨胀目标的国家，接下来是1991年的加拿大、1992的年英国，1993年的瑞典和芬兰，1994年的澳大利亚和西班牙。

全球视野中，欧洲央行的货币政策战略也转而追求通货膨胀目标。美国迟迟没有加入这一团体，但是在2012年1月发生了变化，伯南克和联邦储备委员会通过了通货膨胀目标。

环球视野

欧洲央行货币政策战略

案例

伯南克和美联储对通货膨胀目标制的支持

10.9.1 通货膨胀目标的优势

通货膨胀目标的关键优势是容易被公众理解，也具有较高透明度。明确的数字化通货膨胀目标也增加了中央银行的可信度，通胀目标可能会降低中央银行陷入时间不一致问题（使用过度的扩张性货币政策以在短期内扩大产出和就业）的可能性。

通货膨胀目标的一个重要优点是，它有助于将政治辩论引向探讨中央银行在长期内能够解决的问题，即控制通货膨胀，而不是探讨它在长期内不能解决的问题——通过扩张性货币政策永久提高经济增长率和增加就业。因此，通货膨胀目标缓和了迫使中央银行试行通货膨胀型货币政策的政治压力，进而降低时间不一致性问题出现的可能性。

通货膨胀目标制度的表现相当不错。采用通货膨胀目标的国家与之前相比似乎大大降低了通货膨胀率和通货膨胀预期。此外，这些国家在通货膨胀下降后的经济周期性扩张期间，通货膨胀率并未反弹。

10.9.2 通货膨胀目标的缺点

通货膨胀目标的批评者指出了这一货币政策的四个缺点：信号迟滞；过于僵化；可能加剧产出波动；经济增长放缓。我们依次验证这些观点的有效性。

信号迟滞

通货膨胀不容易被货币当局控制，而由于货币政策的影响长期滞后，通货膨胀的结果显现更是大幅滞后。因此，通胀目标无法立刻向公众和市场传达关于货币政策立场的信号。

过于僵化

很多经济学家批评通货膨胀目标是因为他们认为它对货币政策制定者施加了严格的规则，并限制了他们对不可预见的情况的判断和反应能力。然而，有用的政策应富有远见地限制政策制定者系统地实施会引发长期不利后果的政策。这样的政策避免了时间不一致的问题，被描述为“约束自由裁量权”。

事实上，通货膨胀目标并不死板，更准确地说，可以叫作“灵活的通货膨胀目标”。首先，通货膨胀目标对中央银行如何实行货币政策不做简单、机械的规定。相反，它要求中央银行使用所有可用信息来确定哪个政策适合实现通货膨胀目标。不像简单的政策规则，通货膨胀目标从不要求中央银行专注于一个关键变量。其次，实行的通货膨胀目标包含很大程度的政策酌情决定权，通货膨胀目标根据经济环境因素进行了修改。此外，通过一些措施，中央银行在通货膨胀目标制度下有很大空间对于产出增长和波动做出反应。

可能加剧产出波动

对通货膨胀目标的一个重要评价是：只关注通货膨胀可能会导致当通货膨胀高于目标时货币政策过度紧缩，引起产出的较大波动。然而，通货膨胀目标并不需要专注于通货膨胀。事实上，经验表明，追求通货膨胀目标的决策者对产出波动表现出极大关注。通货膨胀目标的制定者已将通货膨胀目标设为零以上（通常在2%附近），这反映了货币政策制定者对过低的通货膨胀对实际经济活动产生实质性负面影响的担忧。通货紧缩（负通货膨胀，物价水平实际上降低了）特别令人担忧，因为它可能会导致金融不稳定并造成严重的经济萎缩（第8章）。近年来日本的通货紧缩是日本金融体系和经济疲软的重要原因。对于通货膨胀率高于零的通货膨胀目标，通货紧缩不太可能发生。这就是为什么（日本的内部和外部）经济学家呼吁日本央行采取2%的通货膨胀目标的原因，日本央行最终在2013年采纳了这一建议。

通货膨胀目标也不会忽视传统的稳定目标。采用中央通货膨胀目标的国家的中央银行家对产出和就业的波动表示持续关注，并且认为实现短期稳定目标的能力是通货膨胀目标的一个组成部分。所有实施通货膨胀目标的国家都愿意通过向长期目标的努力，逐渐降低中期通货膨胀指标，从而最大限度地缩小产出下降的幅度。

经济增长放缓

通货膨胀目标的另一个常见问题是导致产出和就业的增长放缓。虽然在通货膨胀目标下的抑制通货膨胀阶段，人们把通货膨胀率降低与低于正常产出水平联系在一起，但一旦通货膨胀率达到低水平，产出和就业就会回到至少与以前一样高的水平。一个保守的结论是，一旦实现低通货膨胀，通货膨胀目标就不会影响到实体经济。鉴于许多采用通货膨胀目标的国家（如新西兰）在抑制通货膨胀后迎来了强劲的经济增长，可以证明通货膨胀目标除了控制通货膨胀率，也能促进实际经济增长。

10.10 中央银行应该对资产价格泡沫做出反应吗？从全球金融危机中学到的一课

几个世纪以来，经济体经常受到资产价格泡沫的影响，资产价格大幅上涨，偏离了基本价值，最终引发了巨大的震荡。第8章讨论的2007—2009年的金融危机表明了这些泡沫造成的严重后果。房地产市场资产价格泡沫破灭，导致金融体系崩溃、经济衰退、失业率上升、社区受到破坏、家庭因遭受困难而破碎。资产价格泡沫的高成本给货币政策战略提出了一个关键问题：中央银行应该怎样做呢？它们应该尝试用货币政策去除泡沫吗？是否有监管措施来控制资产价格泡沫？为了回答这些问题，我们需要知道针对不同的泡沫是否需要不同的对策。

由于资产价格影响企业和家庭支出，从而影响经济活动，货币政策肯定需要对资产价格做出回应，以稳定经济。因此，货币政策如何应对资产价格变动的问题，不是是否应对，而是在资产价格高于稳定通货膨胀和就业目标时，货币政策应当反应到什么程度。为了减轻资产价格泡沫破裂对经济的破坏力，货币政策应当刺破潜在的泡沫，还是应当减缓泡沫积聚？或者说，货币政策当局是否应该对可能的资产价格泡沫做出反应，还是只对泡沫破裂后资产价格的下跌做出反应，从而实现稳定产出和通货膨胀的目的？这两种相反的观点分别被称为“压制泡沫”和“泡沫崩溃后的清理”，围绕资产价格泡沫应对策略的争论被称为“压制或者清理”。

10.10.1 两种资产价格泡沫

有两种类型的资产价格泡沫，一种是信贷驱动的，另一种是纯粹由过度乐观的预期驱动的（美联储前主席格林斯潘称其为“非理性繁荣”）。

信贷驱动的泡沫

当信贷繁荣开始时，可能会溢出资产价格泡沫：更容易获得的信贷可用于购买特定资产，从而提高资产价格。资产价格的上涨又反过来鼓励进一步的贷款，因为它增加了抵押品的价值，使其更容易借款，并增加了金融机构中的资本价值，令其有更大的借贷能力。这些资产的贷款可以进一步增加对它们的需求，从而提高其价格。信贷繁荣推动资产价格，反过来又推动信贷繁荣，使资产价格进一步走高，如此循环会产生泡沫，使资产价格高于其基本价值。

最近的全球金融危机已经证明了信贷驱动的泡沫有多危险。当资产价格回落，泡沫破裂时，资产价格的崩溃导致反向循环，贷款减少，贷款人减少信贷供应，资产需求进一步下降，价格下跌更多。这些正是房地产市场在全球金融危机期间的动态。受到信贷繁荣的影响，房价涨幅超过基本价值，但当房价下跌时，信贷暴跌，住房价格暴跌，造成的次级贷款和证券的损失侵蚀了金融机构的资产负债表，导致了信贷萎缩（去杠杆化）、经济大幅下滑和家庭的巨额支出。正如我们所看到的，在2007—2009年金融危机期间，房价泡沫崩溃后金融机构的健康状况危及整个金融体系的运作，导致经济衰退的可怕后果。

仅由非理性繁荣驱动的泡沫

完全由过度乐观的预期驱动但与信贷繁荣无关的泡沫给金融体系带来的风险没有那么大。例如，第6章描述的20世纪90年代末的科技股泡沫并没有受信贷的推动，科技股泡沫的爆发没有明显恶化金融机构的资产负债表。科技股泡沫的爆发对经济影响不大，经济衰退相当温和。因此，非理性繁荣驱动的泡沫比信贷繁荣驱动的泡沫的危害要小得多。

10.10.2 关于中央银行是否应该戳破泡沫的争辩

央行是否应该尝试在危机之前戳破泡沫引发了激烈争论，格林斯潘对此持反对意见，在全球金融危机爆发之前他的立场颇具影响力。然而，这场危机导致这一观点被重新评估，我们来看下面赞成和反对的理由。

反对：为什么中央银行不应该采取行动来戳破泡沫

格林斯潘的观点认为中央银行不应该采取行动来戳破泡沫，这被称为“格林斯潘主义”。他的立场反映了5个论点。

1.资产价格泡沫几乎不可能确定。如果中央银行或政府官员知道泡沫正在形成中，为什么市场参与者会不知道呢？如果是这样，那么泡沫是不太可能形成的，因为市场参与者会知道价格与基本面不一致。除非中央银行或政府官员比市场参与者更聪明，否则他们不可能确定泡沫何时产生。考虑到精明的市场参与者的工资水平特别高，这种情况不太可能会发生。

2.虽然一些经济分析表明，提高利率可能会抑制资产价格上涨，但由于市场参与者预期通过购买泡沫驱动的资产获得高回报率，所以提高利率可能对限制泡沫无效。此外，我们经常发现提高利率会导致泡沫突然破裂，从而加重对经济的破坏。另一种说法是经济泡沫脱离了正常的行为，期望常规的货币政策工具在异常情况下仍然有效是不切实际的。

3.存在许多不同的资产价格，在任何时候只有一小部分资产可能出现泡沫。在这种情况下，货币政策行动是一个非常钝的工具，可能会广泛地影响所资产价格，而不是影响具体的产生泡沫的资产。

4.戳破泡沫的货币政策可能对总体经济产生不良影响。如果通过大幅度提高利率来遏制泡沫，经济增长就会放缓，人们就会失业，通货膨胀率可能会低于理想水平。的确，正如前两个观点所暗示的那样，抑制泡沫所需的利率可能会很高，所以会给工人和经济带来很大的代价。这并不是说货币政策本身不应该对资产价格做出回应。资产价格水平确实会影响到家庭和企业的支出，从而影响经济的运行。当资产价格波动到了影响通货膨胀和经济活动的程度时，货币政策应当做出相应的反应。

5.资产泡沫破灭后，只要货币政策及时做出反应，实施积极的宽松货币政策，泡沫破裂的恶果就可以保持在一个可控的水平。事实上，格林斯潘领导的美联储在1987年股市崩盘之后以及2000年科技股泡沫破裂后，正是这样做的。在1987年及2000年股市泡沫破裂之后，积极的宽松货币政策非常成功。1987年股市崩盘后，经济并没有进入衰退期，而2000年科技股泡沫破裂之后，经济衰退十分温和。

赞成：为什么中央银行应该尝试戳破经济泡沫

最近的危机已经清楚地表明，与格林斯潘理论不同的是，信贷驱动的泡沫的爆发不仅代价常高昂，而且很难清理。因此，全球金融危机为尝试戳破潜在泡沫提供了更强有力的案例。

然而，两种类型的泡沫的区别，即其中之一（信贷驱动）比另一种泡沫成本高得多，表明精压制还是清理的辩论可能是错误的。压制潜在泡沫，可能会将信贷驱动型泡沫与非理性繁荣型泡沫一并压制。与其相比更应该压制信贷泡沫，即信贷驱动型泡沫，而不是由非理性繁荣所驱动的资产价格泡沫。此外，识别信贷泡沫比识别资产价格泡沫要容易得多。当资产价格泡沫随着信贷的蓬勃发展迅速形成时，资产价格偏离基本面的可能性更大，因为信贷标准放松会推动资产价格上涨。在这种情况下，中央银行或政府官员更有可能确定泡沫正在形成。美国的房地产市场泡沫确实是这样，因为这些官员确实得到信息：贷款人已经降低了贷款标准，抵押贷款市场的信贷扩张正以异常高的速度上涨。反对信贷泡沫的案例很有力，但是什么政策在抑制信贷泡沫方面最有效呢?

宏观政策

首先，要认识到设计有效策略来抵制信贷泡沫的关键原则是遏制过度的冒险行为。只有发生过度冒险行为时，信贷泡沫才有可能发展，所以用审慎监管措施来抑制信贷泡沫是很自然的事情。总体上影响信贷市场的监管政策被称为**宏观审慎监管**（macroprudential regulation），它似乎是抑制信贷驱动泡沫的正确工具。

如第18章所述，中央银行或其他政府机构的财务监管机制，加上审慎监管和监督制度的一般要素，可以防止过度的冒险行为引发信贷繁荣，进而导致资产价格泡沫的产生。这些要素包括充分披露信息，资本要求，及时采取纠正行动，密切监控金融机构的风险管理程序，密切监督合规性。更一般来说，监管应着重于预防杠杆周期。正如全球金融危机表现的那样，信贷繁荣下的资产价格上涨导致金融机构要有更多的资本金；在资本需求不变的条件下支持进一步贷款，导致了资产价格上涨等。在破产时，资本价值急剧下降，导致贷款断崖。资本需求是反周期的，即在繁荣期间向上调整，在破产期间向下调整，可能有助于消除促进信贷驱动泡沫的恶性循环。

伴随着信贷繁荣的资产价格的快速上涨，提供了一个信号，即市场失灵或不良的金融监管可能导致泡沫的形成。中央银行和其他政府监管机构可以考虑实行直接控制信贷增长的政策，也可以采取措施确保信贷标准足够高。

货币政策

从2002年到2005年，联邦储备委员会的低利率政策引发了过度冒险行为，许多人认为，过度宽松的货币政策可能会导致金融不稳定。尽管美联储主要是因房地产泡沫而备受指责，研究确实表明，低利率可以通过所谓的“货币政策的风险承担渠道”鼓励过度冒险行为。低利率可能会增加金融机构资产经理寻求高收益的激励，从而提升了风险；低利率也可能增加对资产的需求，提高其价格并导致抵押品估值增加，从而鼓励贷款人向冒险型借款人放款。

货币政策的风险承担渠道表明，货币政策应该用于抵制信贷泡沫。然而，许多反对使用货币政策来戳破经济泡沫的意见仍然是有效的。那么，使用宏观审慎监管来限制信贷泡沫，将货币政策重点放在物价和产出的稳定上会有效吗?

如果宏观审慎政策能够做到这一点，这个论点就会相当有力。但是，还是存在一些疑问。审慎监管受到比货币政策更大的政治压力，因为它更直接地触碰金融机构的底线。因此，金融机构有更大的动力来游说政治家阻止实施抑制信贷泡沫的宏观审慎政策，特别是在信贷泡沫形成期间，是它们赚钱最多的时候。另外，正如我们在第10章中发现的那样，金融机构往往很擅长钻空子，以规避监管，所以宏观审慎监管可能不会有效。宏观审慎政策可能无法充分实施以限制信贷泡沫，因此需要使用货币政策。

从全球金融危机中得到的一个重要启示是，中央银行和其他监管机构不应该采取自由放任的政策，即对信贷驱动的泡沫没有任何反应。然而，如何做到这一点确实是艰巨的任务。

10.11 选择政策工具

现在我们熟悉了货币政策的策略，接下来看看货币政策如何一步步实现。中央银行直接控制的货币政策有公开市场操作、贴现率、法定准备金和准备金利率等常规工具。但是了解实施货币政策的工具和策略并不会告诉我们政策应该扩张还是紧缩。**政策工具（policy instrument）**（也称为**操作工具（operating instrument）**，是响应中央银行工具，并表明货币政策的立场（扩张或紧缩）的一个可变因素。

像美联储这样的中央银行可以使用两种基本类型的政策工具：准备金总量（准备金，非借入准备金，基础货币和非借入基础货币）和利率（联邦基金利率和其他短期利率）。小国家的中小银行可以选择另一种政策工具，即汇率。政策工具可能与**中间目标（intermediate target）**相关联，如货币总量M2或长期利率。中间目标处于政策工具和货币政策目标之间（如价格稳定、产出增长），它们并不直接受到货币政策工具的影响，更可能与货币政策的目标相联系。

例如，假设中央银行的就业和通货膨胀目标与5%的名义GDP增长率相一致。中央银行可能认为，5%的名义GDP增长率将通过4%的M2增长率（中间目标）实现，而这又将通过非借入准备金（政策工具）的3%的增长率实现。或者，中央银行可能认为实现目标的最佳方式是将联邦基金利率（政策工具）设定为4%。中央银行能否选择同时使用非借入准备金和联邦基金利率政策工具?答案是否定的。之前对准备金市场的供求分析解释了为什么中央银行必须在政策工具中二选一。

我们先来看看为什么一个总量目标会失去对利率的控制。图10-8是准备金市场的供给需求图。虽然中央银行预期准备金需求曲线在R^{d*}，由于存款的意外波动（因此而影响准备金）和银行持有超额准备金意愿的变化，它在$R^{d'}$和$R^{d''}$之间波动，如果中央银行有非借入准备金指标NBR^*（因为货币供应量的目标增长率为4%），预计联邦基金利率将为i_{ff}^*，但如图所示，准备金需求曲线在$R^{d'}$和$R^{d''}$之间的波动引起了联邦基金利率在i'_{ff}和i''_{ff}之间的波动。追求一个总量目标意味着利率会波动。

图10-9中的供给需求图显示了将利率目标设置为i^*_{ff}的结果。再一次，中央银行预计需求曲线为R^{d*}，但由于存款的意外波动和银行持有超额准备金意愿的变化，它在$R^{d'}$和$R^{d''}$之间波动。如果需求曲线上升到$R^{d''}$，联邦基金利率将开始上涨，中央银行将从公开市场购买债券，直到将非借入准备金的供给提高到NBR''，此时联邦基金利率的均衡水平返回到i^*_{ff}。相反，如果需求曲线下跌到$R^{d'}$，联邦基金利率随之下跌，中央银行就会持续进行公开市场出售，直到非借入准备金降低到NBR'，且联邦基金利率回到i^*_{ff}。中央银行对利率目标的坚持造成了非借入准备金和货币供给规模的波动。

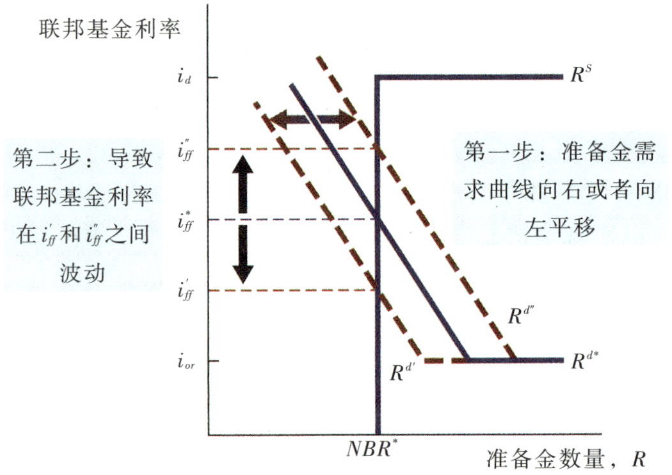

图10-8 非借入准备金目标的作用

注：确定非借入准备金目标NBR^*将使联邦基金利率在i'_{ff}和i''_{ff}之间波动，因为准备金的需求在$R^{d''}$和$R^{d'}$之间波动。

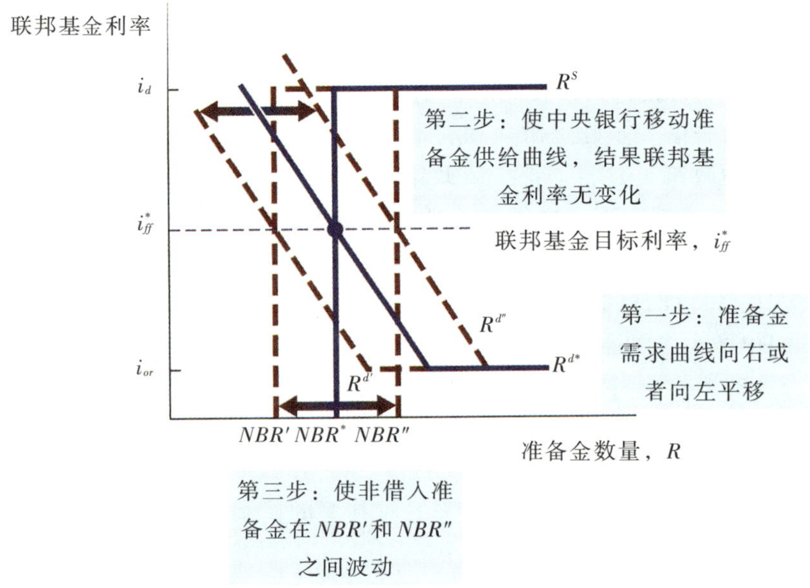

图10-9 联邦基金利率目标的作用

注：确定利率目标i^*_{ff}将使非借入准备金波动，因为准备金需求在$R^{d'}$和$R^{d''}$之间波动。

供需分析的结论是，利率和准备金（货币）总目标是不相容的。中央银行只能从中选一，二者不能兼得。因为必须在它们之间做出选择，我们需要研究应该采用哪些标准来选择政策工具。

选择政策工具的标准

在选择政策工具时，适用三项标准：该工具必须是可观察和可衡量的；必须由中央银行控制；必须对目标产生可预测的影响。

可观察性和可测量性 对于政策工具的快速观察和准确测量是必要的，因为只有在迅速表明政策立场的情况下，政策才有效。准备金总量，如非借入准备金是直接衡量的，但对其他准备金总量（如M1、M2）的报告仍然存在一些滞后（延迟1~2周）。相比之下，像联邦基金利率这样的短期利率不仅容易测量，而且能立即观察。因此，利率似乎比准备金更可观察和可衡量，因此是更好的政策工具。

然而，正如我们在第3章中得到的，最容易衡量和观察的利率是名义利率。但它通常不能很好地衡量实际借款成本——确定实际GDP会发生什么。实际借款成本按实际利率计量更准确，即应按预期通货膨胀调整名义利率（$i_r = i - T_{re}$）。不幸的是，实际利率非常难以衡量，因为我们没有直接的方式来衡量预期的通货膨胀。鉴于利率和总量两者都存在可观察性和可衡量性问题，尚不清楚是否应选择其他政策工具。

可控性 中央银行作为有用的政策工具必须能够有效控制变量。如果中央银行无法控制政策工具，即使知道它是偏离轨道的，也无法让它回到正轨。由于货币的转移和流出，即使是非借入准备金的总量也不是完全可控的。相反，美联储可以非常紧密地控制联邦基金利率等短期利率。因此，短期利率可能在可控性标准上优于准备金总量。然而，中央银行无法设定短期实际利率，因为它无法控制通货膨胀的预期。再一次地，我们不能证明短期利率作为政策工具优于准备金总量，反之亦然。

对目标的可预测影响 政策工具的最重要的特征在于它必须对目标产生可预测的影响。如果中央银行可以准确快速地衡量外国商品的价格，并能完全控制其价格，那么会有什么好处？中央银行不能利用外国商品的价格来影响国内的失业率或价格水平。因为影响目标的能力对任何政策工具的有用性至关重要，因此准备金或货币总量与目标（产出、就业和通货膨胀）之间，或是利率与这些目标之间的联系紧密程度是很有争议的。近年来，大多数中央银行得出结论，利率与通货膨胀等目标之间的联系比总量与通货膨胀之间的联系更紧密。因此，全球央行现在一般以短期利率作为其政策工具。

案例

使用美联储观察员

本章小结

1.货币政策的三大工具是公开市场操作、贴现政策和法定准备金。公开市场操作是美联储用来控制利率的主要工具。

2.货币政策的执行包含影响美联储资产负债表的行动。公开市场购买导致银行系统中准备金和存款扩增，并且因此使货币基础和货币供应扩增。贴现贷款的增长导致准备金增长，从而使货币基础和货币供应增长。

3.一份关于准备金市场的供求分析报告得出以下结论：当美联储进行公开市场购买或者降低法定准备金率时，联邦基金利率下降。当美联储进行公开市场出售或提高法定准备金率时，联邦基金利率上升。为准备金支付的利率和贴现率的改变也可能影响联邦基金利率。

4.传统的货币政策工具包括公开市场操作、贴现政策、法定准备金和准备金利率。公开市场操作通常是美联储实施货币政策的主要工具，主要是因为在美联储创立时，这种工具灵活、易转换，并且可以被快速实施。贴现政策的好处是：在不得已时，美联储可以成为最终贷款人。提升准备金利率来提高联邦基金利率的好处是：当银行积累了大量超额准备金时，就不必再实行大量的公开市场操作来减少准备金。

5.当发生零利率下限问题时，中央银行无法降低利率，传统的货币政策工具不再有效。在这种情况下，中央银行会使用非传统的货币政策工具，包括提供流动性、资产购买和预期管理。提供流动性和资产购买导致中央银行资产负债表扩张，被称作量化宽松。中央银行自身的资产负债表扩张可能不会对经济产生重大影响，但是提供流动性和购买资产引起的资产负债表的结构改变，被称为信贷宽松，可以通过改善信贷市场的功能而产生巨大影响。

6.欧洲中央银行所使用的货币政策工具与美联储所用相似，包含公开市场业务、向银行贷款和法定准备金政策。主要再融资操作——期限为2周的逆回购——是将隔夜现金利率设置成目标融资利率的主要工具。欧洲中央银行也利用长期借贷便利将隔夜现金利率保持在融资利率目标附近100个基点范围以内。

7.货币政策的六个基本目标是：价格稳定（首要目标）、高就业率、经济增长、利率稳定、金融市场稳定和外汇市场稳定。

8.强有力的名义锚是成功的货币政策的核心要素。名义锚通过锁定通货膨胀预期和限制时间不一致问题——实行着眼于短期目标而带来长期的不良影响的放任的货币政策——来促进物价稳定。

9.通货膨胀目标的几个优点是：（1）将政治辩论集中于解决长期通货膨胀问题，从而降低了时间不一致问题出现的可能性；（2）易于被公众理解且具有高透明度；（3）增强了中央银行的责任；（4）似乎能够改善通货膨胀冲击的影响。不过，它也有缺点：（1）通货膨胀不易被货币当局控制，因此通货膨胀指标不能及时向公众和市场发送信号；（2）可能给政策制定者设置严格的规则，虽然在实践中不是这样；（3）只关注通货膨胀可能导致较大的产出波动或者降低经济增长水平，虽然在实践中也不是这样。

10.从全球金融危机中可以学到四点：（1）财政部门的发展对经济活动的影响比想象的更加深远；（2）零利率下限可能是一个很严重的问题；（3）清除金融危机影响的代价巨大；（4）物价和产出的稳定不能保证金融稳定。

11.由于利率和总量政策工具是相互矛盾的，中央银行必须依据可测性、可控性和可预测地影响目标的能力（相关性）三个标准从中选择。央行目前使用短期利率作为其典型政策工具。

12.预测美联储的行动能够帮助金融机构经理人预测利率的变化过程，这是影响金融机构收益的重要因素，所以经理人很看重美联储观察员的服务。

重点词汇

基础货币　准备金　法定准备金　超额准备金　法定准备金率　贴现率　公开市场操作　一级交易商　联邦基金利率　常规货币政策工具　动态性公开市场操作　防范性公开市场操作　回购协议　再卖回交易　逆回购协议　贴现窗口　常备贷款便利　最后贷款人　零利率下限问题　非常规货币政策工具　贴现窗口扩展　短期标售工具　量化宽松政策　信贷宽松　预期管理　目标融资利率　主要再融资操作　反向交易　长期再融资操作　边际贷款便利　物价稳定　名义锚　时间不一致问题　自然失业率　自然产出率　潜在产出　分层任务　双重任务　通货膨胀目标

宏观审慎监管　政策工具（操作工具）　中间目标

问答题

1.请讨论2007—2009年全球金融危机之后，货币政策在减少失业方面发挥的作用。

2.美联储频繁发生冲突的目标有哪些？

3.“如果准备金需求没有波动，那么，美联储可以同时追求非借入准备金和利率目标。”这个命题是正确的、错误的还是不确定，请解释。

4.解释2007年全球金融危机对M1和M2的影响。

5.描述全球金融危机对3个月期国债的影响。

6.请分析金融危机后央行采取的发展经济的战略。

7.“和货币供给相比，利率可以更准确快速地被计算。因此在中间目标的选择上利率是更好的。”你同意吗？请解释你的答案。

8.财政政策被用来配合货币政策以控制2007年的全球金融危机，请讨论。

9.“贴现不再被需要，因为FDIC的存在消除了银行恐慌的可能。”这个陈述是正确的、错误的，还是不确定的？请解释。

10.随着全球金融危机的开始，美联储资产负债表上的资产急剧增加，从2007年的近8千亿美元增长到2013年的超过3万亿美元。美联储持有资产的很大一部分是长期债券，它们来自因危机设置的各种贷款项目。在这种情况下，逆回购（抵消交易）如何帮助美联储有序减少资产，同时又缓解通胀问题？

11.为什么在全球金融危机时期，金融机构更广泛地使用了短期标售便利，而不是贴现窗口？

12.当短期利率符合利率零下限前提时，量化宽松替代常规货币政策的优点和缺点是什么？

13.为什么说在金融危机期间，美联储的资产负债表的结构是货币政策潜在的重要内容？

14.无条件政策承诺的主要优势和劣势是什么？

15.靠美联储的贴现操作来防止银行恐慌的好处是显而易见的，那么这么做的成本是什么？

16.执行名义锚货币政策的好处是什么？

17.结合你的日常生活经验举一个时间不一致问题的例子。

18.是什么激励了央行掉入了时间不一致的陷阱去追求过度扩张的货币政策？

19.采用通货膨胀目标的央行在增加与公众沟通和提高货币政策制定的透明度方面都采取了什么方法？

20.为什么采用通货膨胀目标对增加央行执行货币政策的独立性是有利的？

21.“只关注通货膨胀目标的达成，会导致过多的产出波动。”这个表述是正确的、错误的还是不确定的？请解释。

22.“执行双重任务的央行和执行物价稳定优先分层任务的央行相比，长期来看会获得更低的失业率。”这个表述是正确的、错误的还是不确定的？

23.“短期利率零下限不是个问题，因为央行能够采取替代的量化宽松政策来降低中期和长期利率。”这个表述是正确的、错误的还是不确定的？请解释。

24.如果说高通胀率不好，那么为什么设立更高的通胀率目标比接近零的低通胀率目标更有利呢？

25.为什么大多数央行并不积极采取货币政策来消除资产价格泡沫？

26.为什么对信贷驱动型泡沫采取事前抑制，而对其他类型资产泡沫采取事后清理？

27.根据格林斯潘主义，在什么情况下央行会对股票市场泡沫做出反应？

计算题

1.假设一个银行保留存款的24%作为准备金。银行目前有存款2千万美元，并且持有80万美元的超额准备金。那么对于新增存款10万美元的法定准备金是多少？

2.根据下面资料预测第二年的通货膨胀率：

经济	概率	失业率（%）
萧条	0.12	40%
平均	0.56	20%
良好	0.20	10%
繁荣	0.12	2%

求预期失业率和标准差。

3.美联储想要提高准备金供给量，所以从私人交易商手中购买了价值300万美元的债券。用T账户展示这个公开市场操作。

4.使用T账户来展示某个银行支付给美联储70万美元的贴现贷款。

5.短期名义利率是5%，预期通胀率是2%。经济学家预测下一年的名义利率上涨100个基点，但是通胀率会下降到1.5%。那么我们预期实际利率如何变化？

请回答下面的6-8题，

6.如果法定准备金率是10%，一个银行新增1万美元存款能够借出多少？

7.某银行目前持有15万美元的超额准备金。如果目前的法定准备金率是12.5%，货币供给量是如何变化的？过程是怎样的？

8.美联储交易柜台向公众出售了1亿美元的国债。如果当前的法定准备金率是8%，货币供给量会如何变化？

第五部分 金融市场

第11章 货币市场

序言

如果你查阅苹果公司2013年的年报，你就会发现其拥有超过110亿美元的现金及现金等价物，同时公司也列出180亿美元的短期证券。苹果公司选择持有超过300亿美元的高流动性短期资产，以备充分抓住投资机会，并且避免了因其他类型投资而带来的相关风险。苹果公司将把这些资金中的大部分投入货币市场。货币市场证券是短期的、低风险的、流动性较大的。正因为这些证券所表现的高安全性和高流动性，它们和货币非常相似，证券也因此得名。货币市场早在19世纪初就表现得相当活跃，尤其是自1970年起，利率的上涨幅度创下历史新高，货币市场开始变得尤为重要。事实上，由于短期利率的上涨以及银行所能支付的存款利率的上限，导致了在20世纪70年代后期和20世纪80年代初期金融机构的资金快速流出，资金的流出导致许多银行倒闭，进而使得存款和贷款失效。因此，只有对银行的货币市场利率的管制进行大规模的变革，这一行业才能起死回生。

本章着重回顾了货币市场及在货币市场内进行交易的证券。此外，我们还要讨论为什么货币市场对金融系统至关重要。

11.1 货币市场的定义

“货币市场”这个术语其实是不恰当的。现金，也就是货币，并不在货币市场进行交易。而正因为在货币市场进行交易的证券是短期的且流动性高，因此证券与货币非常相似。这里将详细讨论货币市场证券，该证券通常拥有三个基本特点：

- 出售价值高。
- 违约风险低。
- 自发行之日起一年或少于一年到期。大多数的货币市场工具不到120天就到期。

货币市场的交易不是发生在某一个特定的地点或建筑内。相反地，交易双方通常通过电话进行买卖，并且使用电子交易方式。正因为这一特点，货币市场证券通常存在活跃的二级市场。这意味着在证券被首次出售之后，在将来很容易找到下一位购买者。活跃的二级市场使得货币市场证券成为非常灵活的金融工具，能满足短期筹资需求。例如，微软公司在年报中说到，“我们把所有流动性高、自购买之日起3个月内到期且能获得利息收益的投资，都当作现金等价物”。

货币市场的另一个属性是**资金批发市场（wholesale markets）**。这意味着大多数的交易数额巨大，通常超过100万美元。因此交易的规模阻止了大多数的个人投资者直接进入市场。于是，那些在大型银行和经纪公司进行操作的证券经销商和经纪人把散客汇集起来带入市场。这些证券交易商在短短几秒钟内就会进行5 000万或1亿美元的交易，显然这份工作不适合心脏脆弱的人。

你可能会回想起在第2章中所讲过的，灵活性和创新性是所有金融市场的重要特点，货币市场也不例外。尽管货币市场有着大批量交易的特性，但是创新性的证券和交易方法已经得到发展，因此小型投资者有机会参与货币市场证券的交易。我们将会在本章中讨论这些证券及其特性，并在第20章中进行详细的学习。

11.1.1 为什么我们需要货币市场?

一个完全没有秩序的世界并不需要货币市场。银行业的存在首先是为了提供短期贷款以及接收短期存款。银行在收集信息的效率方面应该很有优势，而这种优势能够削弱对货币市场的需要。由于银行和客户保持长期的关系，银行可以提供比分散的市场利息更低的贷款，因为在分散的市场，每次发行新的证券都必须对每一个借款人进行评估。此外，货币市场中待交易的短期证券既不如银行存款流动性高，也没有其安全性高。既然已经知道了银行所具有的优势，为什么还存在货币市场?

银行业存在的首要作用是调解存款人（借钱的人）和借款人（用钱的人）之间存在的信息不对称问题，银行在提供这项服务时可以利用规模经济获利。然而，银行业比货币市场受到更多关于政策成本方面的管制。在信息不对称的问题并不严重的情况下，货币市场在提供短期资金方面比银行有着更显著的成本优势。

11.1.2 货币市场的成本优势

银行必须把一部分存款以没有利息的准备金的形式存在美联储，因此，银行可能无法将其所持有的每一美元存款都进行投资[①]，这意味着相比于将全部存款进行投资的情况，银行必须向存款者支付更低的利率。

利率管制是银行参与竞争的第二个阻碍。在20世纪30年代，银行管制的主要目的是为了降低银行间的竞争。管理者认为，如果银行之间少一些竞争，银行就不太可能倒闭。缺乏竞争的市场使得银行能够获得更多的利润，对于消费者而言，银行的利润也就是消费者的成本，但是这种成本能够被健康的银行体系带来的稳定收益所弥补。

保证银行利润的方法是设置银行对存款支付的利率上限。1933年的《格拉斯-斯蒂格尔法案》禁止银行对活期存款账户支付利息，也限制了银行对定期存款账户支付的利息。这些对利率的限制到了20世纪50年代后期变得更为突出。图11-1显示了在20世纪70年代后期和20世纪80年代初期，当通货膨胀推动了短期利率，甚至高于银行能够合法支付的标准时，这些限制成了银行棘手的麻烦。投资者从银行取出他们的钱，并投到许多经纪公司所提供的货币市场证券账户中。这些新的投资者使得货币市场快速发展。在1986年3月，商业银行利率上限被取消，但是在那时零售货币市场已经运行良好。

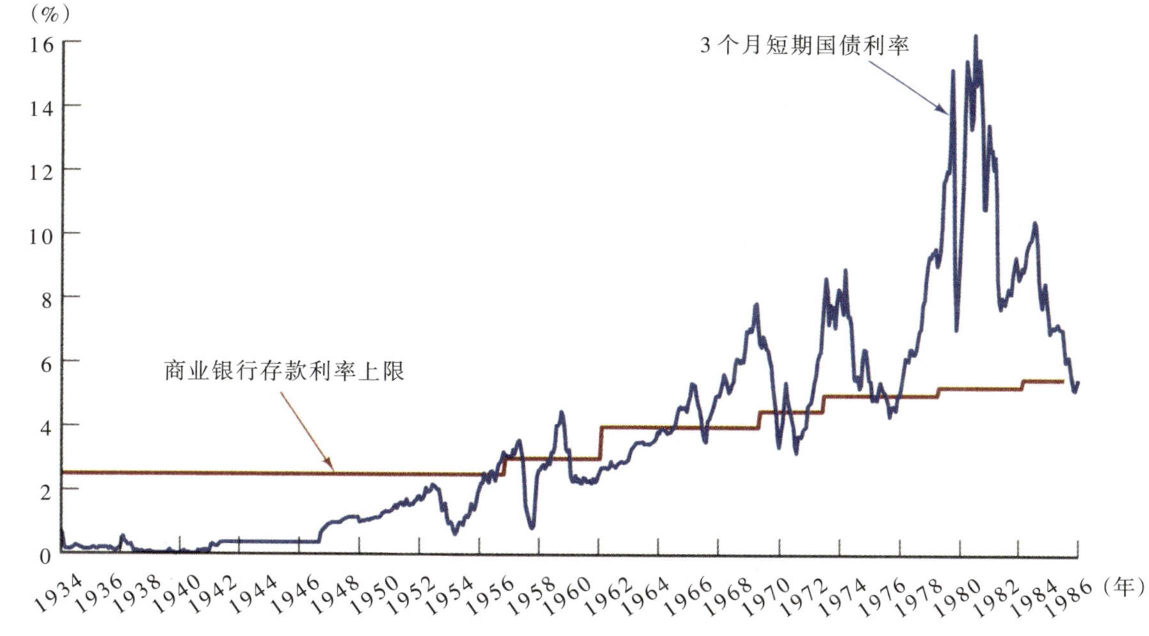

图11-1 3个月短期国债利率和商业银行存款利率上限

资料来源：http：//www.stlouisfed.org/default.cfm.

银行仍然继续提供有价值的中介服务，这些我们将在以后的章节学习。然而在一些情况下，银行业的成本结构使它无法与束缚更少的货币市场竞争短期资金市场。

11.2 货币市场的作用

作为货币市场工具，良好发展的二级市场使得货币市场成为公司或金融机构“贮藏”闲余资金的理想场所。相似地，货币市场也为需要短期资金的公司、政府和中介机构提供了低成本的资金来源。

大多数投资者把资金暂时“贮藏”在货币市场，他们的目的并不是为了获得高额的利息回

---

① 在1990年12月，将原始期限少于一年半的非个人定期存款准备金要求从3%降到了0。

报。相反，因为货币市场提供的利息比银行存款提供的多，所以他们把货币市场当作一个临时过渡的投资。这些投资者或许觉得当前的市场条件并不能够保证购买股票能够获得额外收益，又或者他们希望利率能够上涨因此也不想购买债券。需要记住的是，持有充足的闲余现金对投资者来说代价很高，因为现金并不能为投资者带来任何收入。由于没有利息收入，闲余的现金意味着机会成本。回想一下在第4章所讲过的，一个资产的机会成本就是放弃持有其他资产所能得到的收入。货币市场提供了闲余资金的投资方法，从而降低了机会成本。

投资顾问经常把一部分资金投到货币市场，因此他们能够对有利的投资机会快速做出反应。大多数投资基金中介和金融中介也选择持有货币市场证券，从而弥补因投资或存款导致的资金流出。

货币市场证券的卖方发现货币市场为其提供了低成本的短期资金来源。表11-1列示了由不同公司和机构出售的货币市场工具的利率。例如，银行可以通过发行联邦基金（我们稍后将会在本章对这种货币市场证券进行解释）从货币市场获得资金，从而弥补短期资金的短缺。美国政府通过发行美国国债为美国大部分的债务提供资金。金融公司如GMAC（通用汽车金融公司）也会进入货币市场筹集资金，然后通过这些资金发放汽车贷款[①]。

表11-1　　2010年4月8日货币市场利率样本

权益工具	利率（%）
基本利率	3.25
联邦基金	0.12
商业票据	0.15
1月期借贷利率（二级市场）	0.17
伦敦银行同业拆息	0.20
欧洲美元	0.23
国债（4周）	0.01

资料来源：美国联邦储备委员会统计公报，表H15，2014-04-09。

为什么有时候公司和美国政府需要快速获得资金？最重要的原因就是现金的流入和流出很少同步发生。例如，政府的税收收入通常只在一年的特定时点发生，但是费用却是随时都会发生。政府可以借入短期资金，并在收到税收收入之后偿还。企业也面临收入和费用不同步的问题。货币市场为这些问题提供了有效且低成本的解决方法。

11.3 货币市场的参与者

探讨货币市场参与者显而易见的方法就是列出借款方和出借方。但是这个方法的问题在于大多数的货币市场参与者既是借款方也是出借方。举个例子，任何一家大型银行都会通过出售大量商业票据积极地从货币市场获得资金。同时，银行的商业贷款部门也会向企业出借短期资金。然而，我们还是可以确认货币市场的主要参与者：美国财政部、美联储、商业银行、企业、投资和证券公司以及个人，同时还能讨论它们在其中发挥的作用（表11-2进行了总结）。

① GMAC是通用汽车公司的全资子公司，独家为通用汽车购买者提供融资服务。2008年12月，GMAC成为一家独立的银行控股公司。

表 11-2　　货币市场的参与者

参与者	角色
美国财政部	出售美国国债以资助国家债务
美联储	把购买和出售美国国债作为货币供应控制的主要方式
商业银行	购买美国国债；出售定期存单并发放短期贷款；给个人投资者提供账户进行货币市场证券的交易
企业	把购买和出售多种证券作为现金管理的常规部分
投资公司（中介公司）	代表商业账户进行交易
金融公司（商业租赁公司）	将资金借给个人
保险公司（财产和人身保险公司）	维持资金流动性以满足不能预期的资金需要
养老基金	利用货币市场工具维持资金，以备对股票和债券进行投资
个人	购买货币市场共同基金
货币市场共同基金	允许小型投资者聚集他们的资金投资大额的货币市场证券，以这种形式来参与货币市场

11.3.1　美国财政部门

美国财政部门比较特殊，因为它总是货币市场资金的需求者，而从不是供给者。美国财政部门发行短期国债（通常称作T-bills）和其他类型的证券，这些证券在其他的货币市场参与者中十分受欢迎。短期证券的发放使得政府能够在收到税收收入之前筹集到资金。财政部也会发放短期国债来替换那些将要到期的短期国债。

11.3.2　美国联邦储备系统

美联储是财政部门用来分配所有政府证券的机构。美联储持有大量的国债，当它认为需要减少货币的供应量时，就会将这些国债出售。同样，当美联储认为需要增加货币供应量时，就会购回这些证券。美联储对货币的供应责任使它成为美国货币市场最有影响力的参与者。美联储通过公开市场操作控制经济的行为已经在第9章和第10章中进行过详细的讨论。

11.3.3　商业银行

商业银行也持有一部分美国政府证券，其数量仅次于养老基金。其中一部分原因是相关规定限制了银行可进行的投资机会。特别是，银行被禁止持有高风险的证券，如股票或公司债券。而由于国债的低风险和高流动性，银行并没有被限制持有国债。

银行也是可转让定期存单、银行承兑汇票、联邦基金和回购协议（详见下一节）的主要发行商。除了借助货币市场证券对资金流动性进行管理之外，许多银行还会代表它们的顾客进行交易。

但并不是所有商业银行都会在二级市场为顾客进行交易。能为顾客进行这一类交易的银行被称为“货币中心银行”，通常是国内最大的银行之一。最大的货币中心银行包括花旗集团、美国银行、摩根大通银行和富国银行。

11.3.4 企业

许多企业都在货币市场进行证券买卖，但是因为涉及的金额过大，所以这样的买卖活动通常只限大公司进行。之前讨论过，企业广泛使用货币市场：一方面用于贮存闲余资金；另一方面用于筹集短期资金。我们稍后会在本章中对企业发行的货币市场证券进行详细阐述。

11.3.5 投资和证券公司

其他参与货币市场的金融机构见表11-2。

投资公司

在货币市场中，大型多元化的经纪公司十分活跃。其中最大的经纪公司包括美国银行、美林证券、巴克莱银行、瑞士信贷银行和高盛投资公司。这些经销商的主要作用是通过买卖以维持货币市场证券的库存，从而为其“造市”。这些公司对货币市场的流动性至关重要，因为它们保证了卖家能在市场上交易它们的证券。我们将在第22章对投资公司进行讨论。

金融公司

金融公司主要通过出售商业票据从而在货币市场筹集资金。之后它们将资金借给消费者用于购买耐用品，如汽车、轮船和房屋装修。我们将在第27章讨论金融公司和相关类型的公司。

保险公司

因为无法预期何时会产生资金需求，财产保险和人身意外保险公司必须维持资金的流动性。例如，在2012年的飓风桑迪袭击美国东北部的灾害事件中，保险公司对投保者支付了上亿美元的赔偿。为了满足对资金的需求，保险公司通过在货币市场出售部分证券筹集资金。我们将在第21章详细讨论保险公司。

养老基金

养老基金把一部分现金投入货币市场，从而能够在股票或债券市场把握投资先机。和保险公司类似，养老基金公司必须保持足够的资金流动性以满足其支付义务。然而，因为养老基金的支付义务都是可合理预期的，持有大量的货币市场证券就显得没有必要了。我们将在第21章学习养老基金。

11.3.6 个人

在20世纪70年代后期发生通货膨胀的时候，银行支付的存款利率已经无法满足个人投资者的投资需求。与此同时，经纪公司开始推行能支付更高利率的货币市场共同基金。

由于相关规定对银行能够支付的最高存款利率的限制，银行无法阻止大量现金流向共同基金。为了减缓这种现金流失状况，监管当局对相关制度进行了修订。为了重获这些个人投资者的现金，银行迅速提高了利率。这一举措减缓了资金的快速流出，但是货币市场共同基金仍然是很热门的个人投资选择。共同基金的优点在于投资者只需付出少量的现金就可以获得大额的证券。我们将在第20章对货币市场共同基金进行详细阐述。

11.4 货币市场工具

市场上存在着各种各样的货币市场工具，这些工具可以满足市场参与者进行多样化投资的需要。可能一种证券是一类投资者的最佳选择；而另一种证券是其他投资者的最佳选择。在这一节我们将会详细学习货币市场证券的特性，以及货币市场参与者如何利用货币市场证券进行现金管理。

11.4.1　短期国债

为了给国家债务筹集资金，美国财政部门发行了多种债券。其中被广泛持有、流动性最高的证券当属短期国债。发行的短期国债期限分别为28天、91天和182天。直到2008年，短期国债的最小面值还是1 000美元，而从那以后短期国债的最小面值就变成了100美元。美国财政部开设了直接购买的渠道，个人可以在网上直接购买短期国债。直接购买渠道首次开通是在1998年9月，这种购买方式使国债的买卖更加普遍。

政府并没有真的为短期国债支付利息，而是是以低于面值（到期日的价值）的方式折价发行。投资者获得的收益是证券到期日与证券购买日之间增加的证券价值。

案例

国债利息的贴现价格

大多数的货币市场证券并没有支付利息。而是投资者以支付低于证券到期日的价值购买证券，其中增加的价值对投资者来说就相当于回报。这种方式叫作**贴现**（discounting），常见于短期证券，因为通常还没等发行商寄出利息支票，这些证券就到期了（我们在第3章讨论过贴现）。

表11-3显示了在购买网站上报道的一场典型的短期国债拍卖的结果。如果我们看第一条会发现面值100美元的28天期短期国债售价为99.999222美元，这就意味着一份1 000美元面值的债券贴现后价值为999.89美元。此表还分别列出了贴现率和投资率。贴现率的计算公式如下：

$$i_{贴现}=\frac{F-P}{F}\times\frac{360}{n}$$

其中：$i_{贴现}$=年贴现率%；P=购买价格；F=面值或到期日价值；n=至到期日天数。

需要注意这个等式的一些特点。首先，计算回报时是把面值作为分母，所以你实际上支付的钱要少于面值。由于这是一种折价发行的金融工具，所以它的回报也被低估了。其次，为了把回报年金化，一年记作360天（30天×12个月），因此和一年365天相比，回报也同样被低估了。

投资回报率%的计算公式如下：

$$i_{投资}=\frac{F-P}{P}\times\frac{365}{n}$$

投资回报率的公式更能准确地表现投资者的收益，因为它是以一年的实际天数和实际的初始投资额为基准进行计算的。需要注意的是，当计算投资回报率时，财政部使用的是每一年的真实天数，这意味着在闰年时要用366天进行计算。

表11-3　　部分国债拍卖结果

证券期限	发行日	到期日	贴现率（%）	投资回报率（%）	100美元证券价格（$）	证券统一辨识码
28天	2013.5.16	2013.6.13	0.01	0.01	99.999222	912796AL3
91天	2013.5.16	2013.8.15	0.045	0.046	99.988625	912796AX7
182天	2013.5.16	2013.11.14	0.08	0.081	99.959556	912796AE9
28天	2013.5.9	2013.6.6	0	0	100	912796AJ8
91天	2013.5.9	2013.8.8	0.04	0.041	99.989889	912796AV1

例 11.1　贴现率和投资回报率计算

在2013年4月，你提交了一个非竞争性投标来购买28天期、面值1 000美元的短期国债，你发现你只需支付999.99222美元。请计算贴现率和投资回报率。

解答：

贴现率%：$i_{贴现}=\dfrac{\$1\,000-\$999.99222}{\$1\,000}\times\dfrac{360}{28}$

$i_{贴现}=0.00010=0.01\%$

投资回报率%：$i_{投资}=\dfrac{\$1\,000-\$999.99222}{\$999.99222}\times\dfrac{365}{28}$

$i_{投资}=0.00010=0.01\%$

以上算出的贴现率%和投资回报率%符合表11-3列出的第一条短期国债数据。

风险

短期国债的违约风险接近于零，因为即使政府出现了亏空，它也可以通过多印发货币从而赎回将要到期的短期国债。由通货膨胀意外变化产生的风险也很低，因为短期国债的到期期限很短。短期国债的市场是完全且流动的。**完全市场**（deep market）是指市场中拥有很多的买家和卖家。**流动市场**（liquid market）是指在这种市场中的证券能够快速地被买入和卖出，而且交易成本也很低。在完全且流动的市场中，几乎不存在投资者想出售证券却卖不出去的这种风险。

从历史的角度来看，1996年初的预算辩论几乎引起了政府债务违约，尽管长期以来大家都认为这样的事情不可能发生。通过拒绝批准临时支出计划，国会试图迫使克林顿总统签署一项预算法案。如果僵局持续得太久，我们有可能目睹美国政府债务有史以来第一次违约。相似的情境发生在2013年1月，总统和国会在削减支出方面不能达成一致，差点发生了美国政府债务违约。如果市场上所有的政府证券都增加了违约风险溢价，我们就能猜测出利率的长期影响会是如何。

短期国债拍卖

财政部每周会公布将要出售的短期国债的数量和种类。在财政部接受最高的投标价格之后，以收益率递增的顺序依次接受其他竞争者的投标，直至接受的投标达到出售的数量。所有接受的投标都会得到最高的收益。

除了刚提到的**竞争性招标**（competitive bidding），投资者还有另一种选择，即财政部发行的**非竞争性招标**（noncompetitive bidding）。当财政部发起竞争性招标时，投资者会将他们所需的证券数额和他们愿意支付的价格列出来。相反，非竞争性招标只需要证券投资者列出想要的数量即可。财政部接受所有的非竞争性投标，并把价格设为接受的所有竞争性投标中收益最高的价格。因此，非竞争性投标者支付的价格和竞争性投标者一样。这两种投标之间最大的不同是竞争性投标者最终有可能无法购买到证券，而非竞争性投标者最终保证能购买到证券。

在1976年，财政部把联邦债务的可出售部分全部都换成了**记账证券**（book entry）而不再是以往的纸质证券。在无实体证券系统中，国债的所有权只记录在美联储的计算机系统中——电子账取代了实体证券。这个过程降低了国债的发行成本以及在二级市场买卖过程中产生的转让成本。

国债的拍卖应该具有很强的竞争性和公平性。为了确保有效竞争，所有买家都不许购买超过35%的同一种证券。大约有40家主要经销商定期参加国债的拍卖。所罗门美邦公司被发现购买同一种证券超出了规定的比例，因此带来了一系列严重的后果（详情见小案例“短期国债拍卖失控”）。

案例

短期国债拍卖失控

短期国债利率

短期国债几乎没有风险。像其他零风险证券一样，购买短期国债所能获得的利率是同业中最低的。短期国债的投资者发现，在某些年份，他们得到的利息收入甚至没有弥补由于通货膨胀导致的购买力变化。图11-2显示了在1973—2013年期间，短期国债利率和通货膨胀率的变化。如第3章所述，实际利率偶尔会小于零。自1973年以来，发生过几次通货膨胀率达到甚至高于债券收益的情况。需要明确的是，短期国债并不是一项投资，它只是一项用作临时储存闲余资金的工具，因为短期国债的利率甚至赶不上通货膨胀增长的速度。

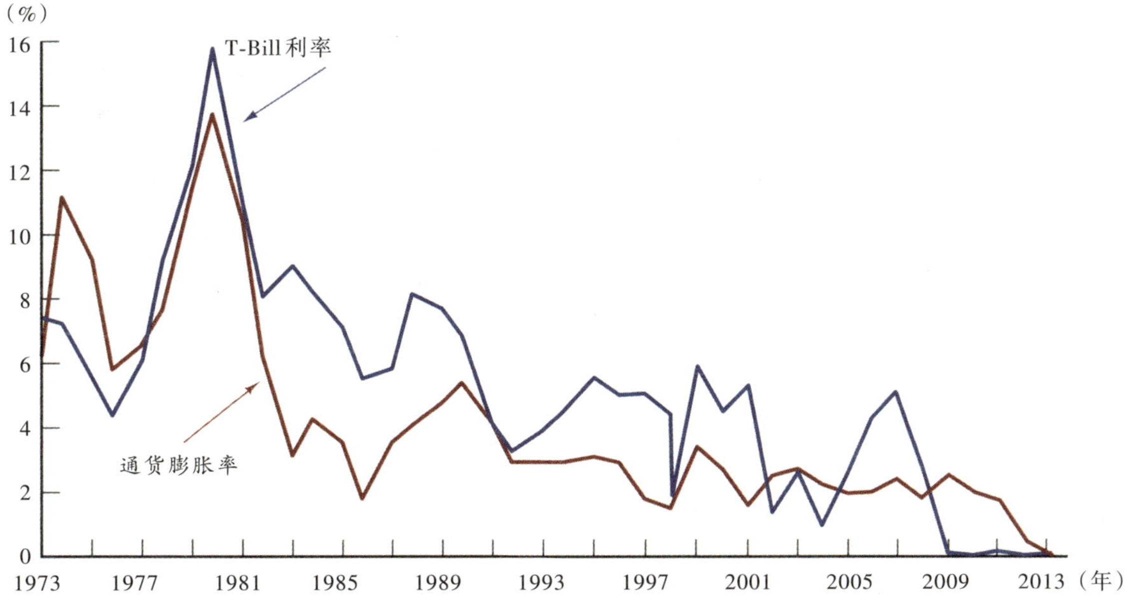

图11-2　短期国债利率和通货膨胀率（1973年1月—2013年1月）

资料来源：http://www.federalreserve.gov/releases and CPI:ftp://ftp.bls.gov/pub/special.requests/cpi/cpiai.txt.

11.4.2　联邦基金

联邦基金是财务机构之间转移的短期资金（贷款或借款），通常期限为一天。联邦基金（或美联储基金）这个术语其实是不恰当的，因为联邦基金其实与联邦政府无关。由于这些基金存在于美联储银行，因此被称为美联储基金。美联储基金市场始于20世纪20年代，当时那些拥有超额准备金的银行将这些钱贷款给需要资金的银行。借入这些资金而产生的利率接近于美联储的贴现利率。

联邦基金的作用

美联储规定了所有银行必须持有最低准备金。为了满足关于准备金的要求，银行必须保证在美联储的存款比率。联邦基金的主要目的是当银行出现资金短缺时，能立即为银行注入准备金。银行可以直接从美联储借款，但美联储并不鼓励银行定期向美联储借款。所以即使联邦基金的利率很低，它还是优于其他选择。联邦基金被广泛使用，通常一天内，一千亿美元的联邦基金中的1/4会参与交易。

联邦基金的期限

联邦基金通常是隔夜投资。银行分析它们每日的准备金，并且根据其准备金是赤字还是超额决定借入还是借出联邦基金。假设一家银行发现它有5 000万美元的超额准备金，它就会致电往来银行（有相互账户的银行）看它们那一天是否需要准备金。银行将超额资金出售给支付最高利率的银行。一旦协议达成，有闲余资金的银行将联系联邦储备银行机构，把资金从卖方的联邦基金账户转到借方的账户。第二天，资金会流转回来，然后这一过程循环往复。

大多数联邦基金借贷是无担保的。通常，整个协议是由买卖双方直接沟通达成的。

联邦基金利率

供求关系决定了联邦基金的利率。分析师密切关注着短期利率所受的影响，由此可见市场竞争非常激烈。新闻里报道的联邦基金利率也被联邦储备公报定义为有效利率，是纽约经纪公司交易的加权平均利率。

美联储不能直接控制联邦基金利率，但它可以通过调整系统中银行的准备金水平间接影响联邦基金利率。如第10章所说的，美联储可以通过购买证券增加金融系统中的货币数量。当投资者向美联储出售证券时，美联储将所得款项存入联邦储备银行的账户。这些存款增加了金融系统中准备金的供应，同时也降低了利率。如果美联储通过出售证券来减少储备，那么联邦基金利率就会增加。美联储经常会提前宣布提高或降低联邦基金利率的意向。虽然只有少数的企业或消费者直接受到利率的影响，但分析师仍把该利率作为推断美联储指导经济发展方向的重要指标。图11-3比较了联邦基金利率与短期国债利率，很明显，它俩的变动是同步的。

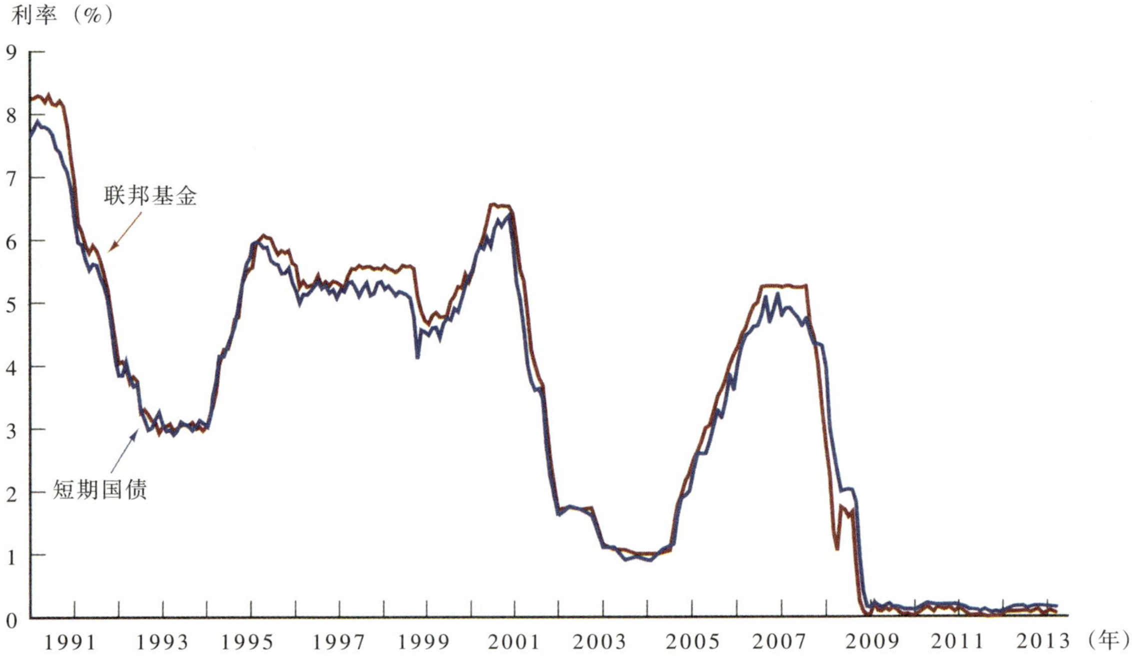

图11-3 1990年1月—2013年1月联邦基金利率和短期国债利率

资料来源：http://www.federalreserve.gov/.

11.4.3 回购协议

除了非银行机构也可以参与回购这一点外，回购协议的作用和联邦基金非常相似。公司可以在回购协议中出售国债，即公司同意在未来指定的日期回购证券。大多数的回购周期都很短，最常见的是3~14天。然而，也存在周期为1~3个月的回购协议。

回购协议的使用

政府证券经销商频繁进行回购交易。这些商家向银行出售证券并承诺第二天回购这些证券，这使得回购基本上相当于一个短期抵押贷款。证券经销商通过回购协议对手中资金的流动性进行管理，同时也能从利率预期变化中获得收益。

美联储也通过回购指导货币政策。我们已经在第10章详细讨论过货币政策，回顾一下，货币政策行为通常要求美联储只能临时调整银行储备金，为了这种调整，美联储会在回购市场买卖国债。国债的回购期限永远不会超过15天。

回购的利率

因为回购协议是用国债做抵押，而国债通常是低风险投资，因此国债的利率也很低。虽然少见，但是在这些市场也会发生损失。例如，在1985年，ESM政府证券宣布破产。这些公司用同一证券为多个贷款作抵押，对已购买回购协议的市政造成的损失已经超过了5亿美元。这种损失也造成了俄亥俄州的储蓄保险系统崩溃。2007—2008年间的金融危机也影响了回购市场，抵押债券的价值受到了审查。借款人发放短期证券的能力削弱，市场陷入了短时期的崩盘。

11.4.4 可转让定期存单

可转让定期存单是银行签发的存款凭证，并指定了利率和到期日。存单是**定期证券**（term security），有规定的到期日；与之相对的是**活期存款**（demand deposit），可以随时提取。可转让定期存单也称为**无记名票据**（bearer instrument），这意味着无论谁持有到期票据，都能收到本金和利息。投资者可以在到期日购买或出售定期存单。

可转让定期存单的期限

可转让定期存单的面额范围从10万美元至1 000万美元不等，只有少数可转让定期存单的面额不到100万美元。这些工具面额如此大是因为经销商将一手交易量设定为100万美元。一手交易量就是指在不超出正常经纪费用的情况下可交易的最小数量。

可转让定期存单的期限通常是1~4个月。有个别存单会达到6个月，但是市场对期限长的可转让定期存单的需求量很少。

定期存单的历史

花旗银行在1961年发行了第一批大额存单。该银行通过提供定期存单，希望可以抵消大型银行活期存款下降的长期趋势。公司的财务主管致力于减少公司的现金余额，并将闲余的资金投到安全、能产生收益的货币市场工具上，如购买短期国债。定期存单的魅力在于它支付的是市场利率。但是，这有一个问题：银行支付的定期存款利率受到监管的限制。不过只要大多数证券的利率都很低，这一规定就不会影响市场对定期存单的需求。一旦证券利率高于Q条例容许的利率水平时，这些定期存单的市场就会消失。为了应对这种情况，银行开始在国外推行定期存单，借此规避Q条例的限制。在1970年，国会重新修订了Q条例，因此超过10万美元的定期存单避免了监管限制。直至1972年，定期存单占据了银行存款40%的份额。现在定期存单是第二受欢迎的货币市场工具，仅次于短期国债。

定期存单的利率

图11-4显示了可转让定期存单的利率以及短期国债的利率。银行与客户协商共同决定了银行支付的可转让定期存单的利率。定期存单与其他货币市场工具支付的利率相似，因为它们的风

险水平都相对较低。大型货币中心银行支付的利率比其他银行更低一点，因为市场上许多投资者都相信政府永远不会允许国内任何一家大型银行倒闭。这种信念使得这些银行的债务风险更低。

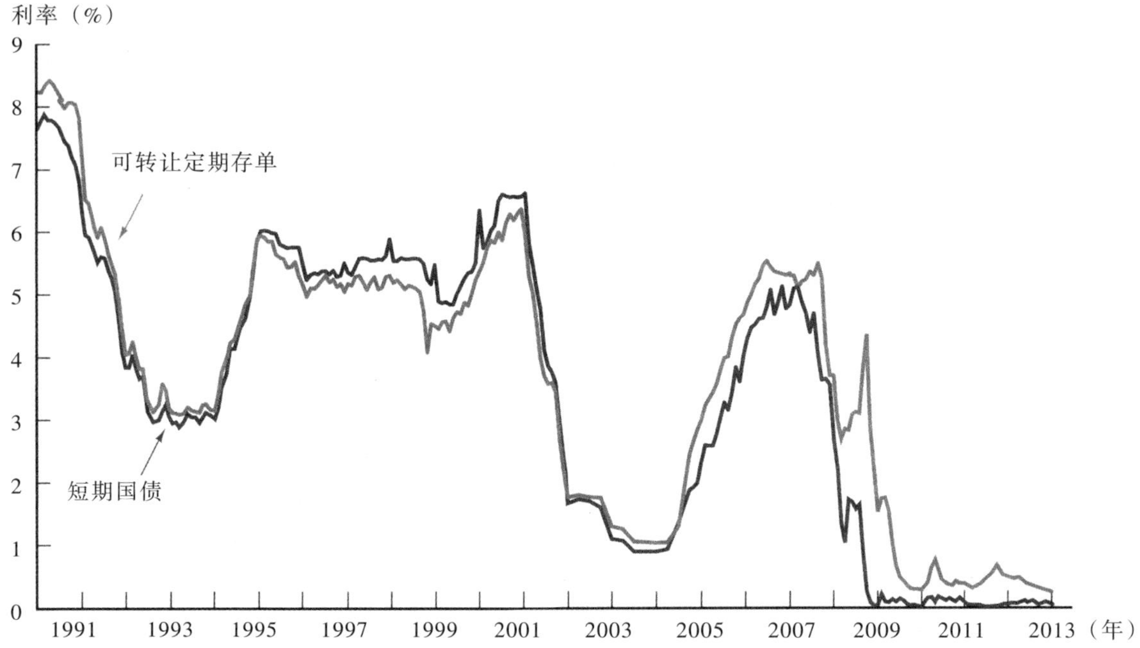

图 11-4 1990—2013 年可转让定期存单利率和短期国债利率

资料来源：http://www.federalreserve.gov/releases/h15/data.htm.

11.4.5 商业票据

商业票据证券是由公司发行的无抵押承兑票据，到期期限一般不超过270天。由于这些证券没有担保，因此只有最大的和最有信誉的公司才发行商业票据。公司支付的利率反映了公司的风险水平。

期限和发行

商业票据初始的到期期限一般都小于270天，这是为了避免在证券交易委员会登记证券的发行（为了避免在证券交易委员会登记，发行的证券到期期限不能超过270天，从而算作当期的交易）。大多数商业票据实际到期期限是20至45天。像短期国债一样，大多数商业票据是折价发行的。

60%左右的商业票据是由发行人直接与买方进行交易。剩下的由经销商在商业票据市场上出售。对于商业票据来说并不存在强势的二级市场。如果购买者急需现金，交易商可以赎回商业票据，尽管没有必要这样做。

商业票据的历史

自20世纪20年代以来商业票据已被用于各种形式。在1969年，紧张的货币环境迫使银行控股公司发行商业票据为贷款筹集资金。相应地，为了能继续控制货币供应量，美联储在1970年对银行发行的商业票据设置了准备金要求。这些准备金的要求使银行失去了使用商业票据的优势。银行控股公司仍在用商业票据为租赁和消费者贷款融资。

在20世纪80年代初，商业票据的使用大幅增加是因为银行贷款成本增加。图11-5显示了1990年1月到2013年4月期间商业票据投资回报率和银行基本利率的对比。由于商业票据的成本更低，商业票据已成为除了银行贷款之外的首选。

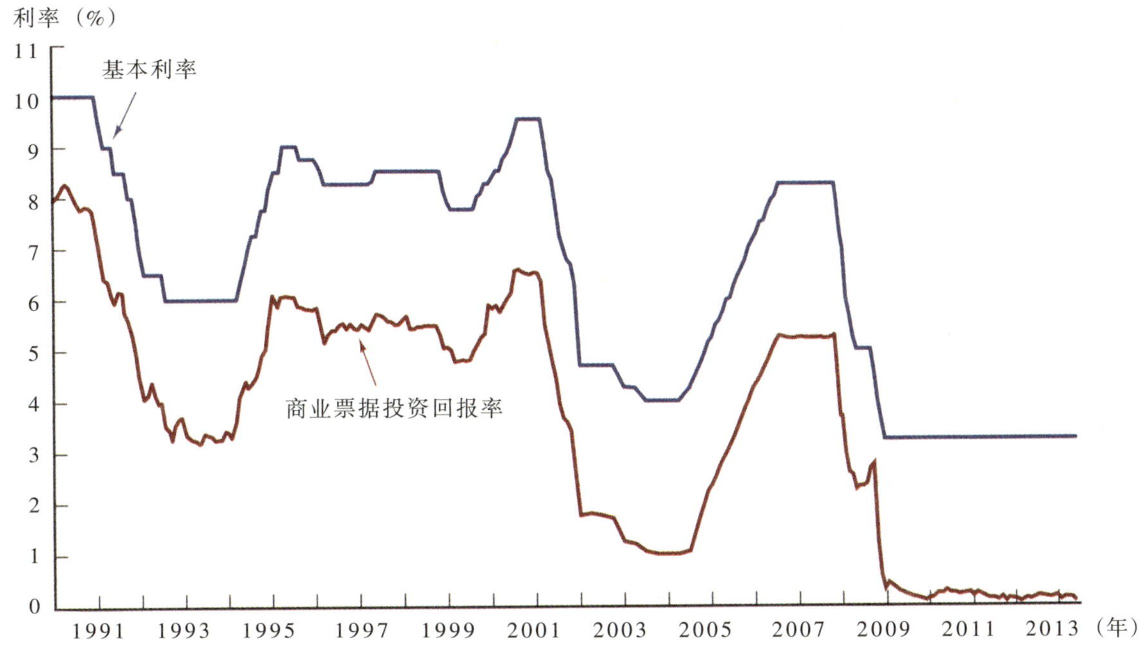

图 11-5　1990—2013 年商业票据投资回报率与银行基本利率

资料来源：http://www.federalreserve.gov/releases/h15/current/default.htm.

商业票据市场

非银行企业广泛使用商业票据来向客户发放贷款。例如，通用汽车金融公司（GMAC）通过发行商业票据借入资金从而向顾客发放贷款。通用电气资本公司和克莱斯勒信贷公司同样利用商业票据筹集资金进而给消费者提供贷款。发行商业票据的公司数量在600~800家之间，具体取决于利率水平。大多数公司从30多家的商业票据经销商中选择一家，经销商能帮助买方和卖方进行匹配。大型纽约货币中心银行在这个市场表现得非常活跃。一些较大的商业票据发行商选择通过**直接配售（direct placements）**来发行证券。在直接配售方法中，发行人绕过经销商，直接销售给投资者。这种方法的优点是发行商节省了0.125%的佣金。

大多数商业票据的发行商通过银行的信用额度来支撑票据。这意味着，如果发行商不能偿还或续期到期的票据，银行将借给公司资金来偿还或续期票据。信用额度减少了票据购买者的风险，因此也降低了利率。如果发行商需要资金付清尚未偿付的票据，提供信用额度的银行同意事先向发行商发放贷款，银行对这项协议收取0.5%~1%的手续费。发行商支付这项费用，因为其能够通过信用额度降低利息成本，以此节省的成本多于支付的费用。

商业银行是商业票据的初始购买者。现如今，市场快速扩张，大型保险公司、非金融企业、银行信托部门和政府养老基金也涉足其中。商业票据以相对较低的违约风险、短期限和高收益率吸引了这些公司。在2013年仍然有大约8 500亿美元的商业票据尚未偿付（见图11-6）。

资产支持商业票据在金融危机中的作用

资产支持商业票据（asset-backed commercial paper，ABCP）是一种特殊类型的商业票据，它在2008年的次信贷危机中发挥了一定的作用。资产支持商业票据是短期证券，超过一半的资产支持商业票据的到期期限是1~4天，其平均到期期限为30天。资产支持商业票据与传统的商业票据的不同在于，它是由一些资产作支持（担保）的。在2004—2007年期间，这些资产主要是将抵押贷款证券化。资产支持商业票据的大多数发起人在主要评级机构都有信用评级；然而，我们对抵押资产的质量通常是知之甚少的。在2004年到2007年间，随着证券化抵押贷款市场的蓬勃发展，资产支持商业票据市场的规模几乎翻了一倍，达到1 000亿美元。

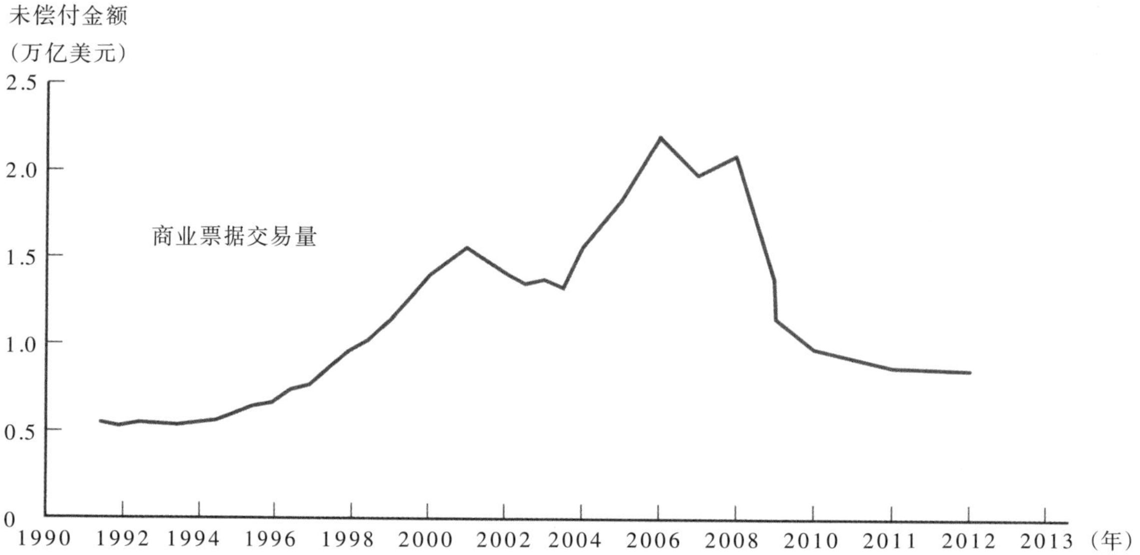

图11-6 未偿付商业票据金额

资料来源：http://www.federalreserve.gov/releases/cp/yrend.htm.

在2007—2008年间，用于担保资产支持商业票据的次级抵押贷款的质量被曝光，资产支持商业票据开始发生变化。不同于商业银行存款，这些投资是没有存款保险作保障的。投资者试图把它们卖到已经饱和的市场，问题扩展到货币市场共同基金，资产支持商业票据的发行商已经开始行使其权利，即通过提供低利率来延长到期期限。投资者从受到威胁的货币市场共同基金撤回资金，使资产支持商业票据“跌破了一美元”，也就是基金的每一美元都只能以不到一美元的价值被赎回，通常是90美分。在2008年9月，政府不得不成立一个保证计划，以防止货币市场共同基金崩盘，并且允许资产支持商业票据控股公司的有序清算①。

11.4.6 银行承兑汇票

银行承兑汇票是在既定的日期向持票人支付一定金额的汇票。12世纪以来，银行承兑汇票一直被使用。然而，直到20世纪60年代国际贸易量膨胀，银行承兑汇票才成为主要的货币市场证券。银行承兑汇票被用于支付尚未从卖方转移到买方的货物。例如，假设佰益建筑公司想从日本的小松公司购买一辆推土机，因为小松从来没有听说过佰益建筑公司，所以小松不想在对方还没付款的时候就发货，而且它意识到如果对方不提前支付款项的话，以后将很难收回。同样，佰益建筑公司也不愿意在没收到货的情况下付款给对方。此时，银行可以通过发行银行承兑汇票来打破这一僵局，这实质上是银行提供了买方的信用可靠程度。

因为银行承兑汇票对持票人来说是未实现的收益，所以在汇票到期日之前，汇票可以进行买卖交易。如同商业票据和短期国债一样，银行承兑汇票是折价出售的。这个市场的经销商将那些想兑现（出售并提现）银行承兑汇票的公司与想投资银行承兑汇票的公司进行匹配。因为银行承兑汇票的违约风险非常低，所以它的利率也很低。

① 想了解更多有关资产支持商业票据及其在次贷危机中发挥的作用，请阅读Daniel Covitz、Nellie Liang和Gustova Suarez的美国联邦储备委员会工作报告“金融危机的演变：资产支持商业票据市场的恐慌”。

11.4.7 欧洲美元

由于美元的稳定性，世界各地的许多合同都要求用美元支付。出于这个原因，许多公司和政府选择持有美元。第二次世界大战前，存款大部分都存在纽约货币中心银行。然而，由于随后爆发的冷战，有人开始担心在美国的存款会被征用。一些伦敦的大型银行为了把握住此次机会，推出了以美元进行计量且存在英国银行的存款。这些存款被称为欧洲美元（见全球视野“欧洲美元市场的诞生”）。

欧洲美元市场持续快速增长，主要原因是存款人把美元存在欧洲美元市场比存在国内市场能得到更高的回报率，同时，存款人也能得到更高的利率。这是因为跨国银行没有受到和美国银行相同的限制，而且它们愿意也有能力接受存款利息和贷款利息之间更小的利差。

全球视野

欧洲美元市场的诞生

伦敦银行同业拆借市场

一些伦敦的大型银行在欧洲美元银行同业市场中担任经纪人。之前的章节曾说过，银行通过联邦基金来弥补准备金的临时短缺，而欧洲美元则是除了联邦基金之外的备选。世界各地的银行都在这个市场上进行隔夜基金的交易。银行买入基金时支付的利率是**伦敦银行同业拆入利率（LIBID）**，在此市场上的基金是以**伦敦银行同业拆出利率（LIBOR）**卖出的。因为众多银行的参与，这个市场极具竞争性，拆入利率和拆出利率之间的利差很少超过0.125%。欧洲美元存款是定期存款，这就意味着在一定的时间内存款人不能取出该存款。虽然最常见的到期期限是隔夜到期，但也存在其他不同的到期期限，不同的到期期限有不同的利率。

隔夜伦敦银行同业拆出利率和联邦基金利率是非常接近的，这是因为这两种利率几乎可以互相替代。假设联邦基金利率超过隔夜伦敦银行同业拆出利率，需要借入资金的银行将借入隔夜欧洲美元，这样会提高隔夜伦敦银行同业拆出利率；有资金放贷的银行把资金贷给联邦基金，这样会降低联邦基金利率。供求压力将导致利率快速调整，两个利率因此彼此趋近。

曾经，大多数利率可调的短期贷款都与短期国债利率挂钩。然而，欧洲美元市场规模大且影响范围广，以至于它的利率成为其他利率比较的标准。例如，美国商业票据市场的参照利率是以伦敦银行同业拆出利率为标准，而不是以短期国债利率为标准。

欧洲美元市场不再局限于伦敦的银行，该市场的主要经纪人在全球所有的重要金融中心都设有办事处。

欧洲美元定期存单

因为欧洲美元是具有固定到期日的定期存款，它们在一定程度上是不流动的。和之前一样，金融市场发行了新的证券来解决这个问题，也就是大额可转让定期存单（可转让存单）。因为大多数欧洲美元存单到期期限相对较短，所以欧洲美元可转让存单的市场相对有限，所占比例小于欧洲美元存款总额的10%，现在欧洲美元可转让存单的市场依然薄弱。

其他欧洲通货

欧洲美元市场是迄今为止世界上最大的短期证券市场，这是源于国际贸易中美元的普遍性。然而，欧洲货币市场上流通的并不只是美元，伦敦或纽约的银行也可以开通以日元计量的账户，这种账户被称为欧洲日元账户，其他欧洲通货同理。如果市场参与者需要某种证券并愿意支付购买，那么金融市场随时都可以为它们效劳。

11.5 货币市场证券的比较

尽管货币市场证券在流动性、安全性、到期期限等许多特点上相通，但是它们在某些方面还是有不同之处。

11.5.1 利率

图 11-7 比较了我们讨论过的许多货币市场工具的利率。这张图最显著的特点是所有的货币市场工具似乎都随着时间的推移密切地一起移动。这是因为这些证券都有非常低的风险和很短的到期期限。它们都处于完全市场，所以产生了竞争性定价。此外，因为这些工具有这么多相同的特点，它们几乎可以互相替代。因此，如果一种证券的利率的发展趋势暂时和其他证券不同，市场供求关系的力量会很快将其纠正。另一点需要注意的是，这些证券利率对 2007—2008 年间金融危机引起的全球经济衰退做出的反应。货币市场利率在 5 年后仍然维持在历史低点。

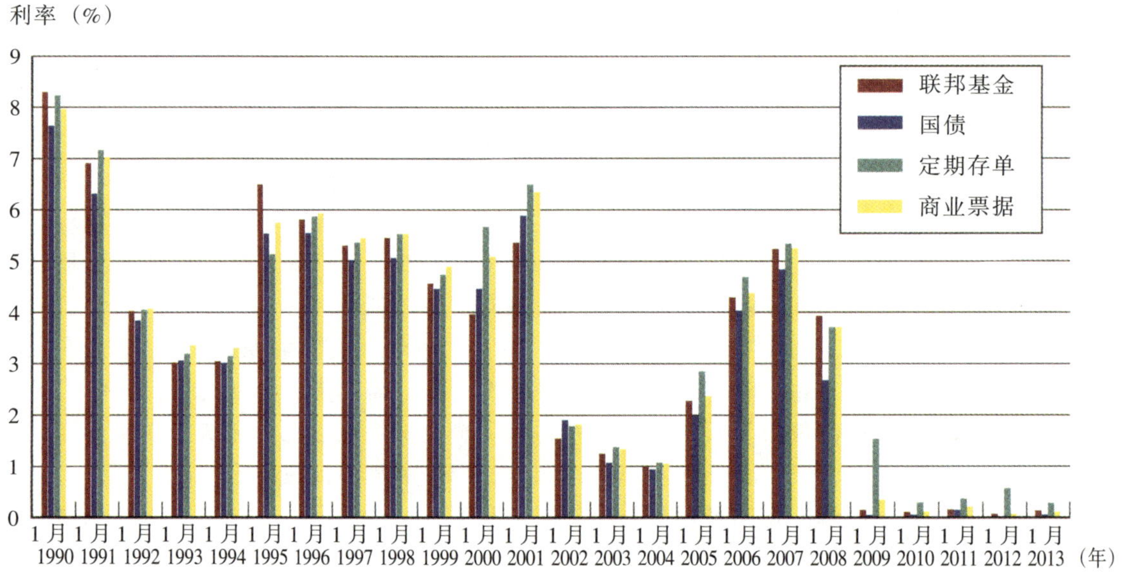

图 11-7 1990—2013 年货币市场证券利率

资料来源：http://www.federalreserve.gov/releases/h15/data.htm.

11.5.2 流动性

正如我们在第 4 章中讨论的，证券的流动性是指一种证券如何快速地、容易地、低成本地转换成现金。通常情况下，证券在二级市场可以被重新出售，二级市场的规模决定其流动性。例如，短期国债二级市场规模较大且运行良好。因此，短期国债可以迅速转换成现金，而且转换的成本很低。相反，商业票据市场没有发达的二级市场。大多数商业票据的持有人选择持有证券直至到期日。如果一个商业票据的投资者需要出售证券来筹集现金，那么经纪人很可能收取很高的费用。

在某种程度上，二级市场的深度对货币市场证券的重要性并不像对股票和债券这种长期证券那样大，这是因为货币市场证券是短期的。尽管如此，许多投资者希望有流动性干预：他们希望中介能够提供以前不存在的流动性。这是货币市场共同基金的职能之一（将在第 20 章讨论）。表

11-4总结了货币市场证券的类型和二级市场的深度。

表 11-4 货币市场证券及其市场

货币市场证券	发行商	购买者	通常期限	二级市场
短期国债	美国政府	消费者和公司	4、13、26周	非常好
联邦基金	银行	银行	1~7天	没有
回购协议	企业和银行	企业和银行	1~15天	好
可转让定期存单	大型货币中心银行	企业	14~120天	好
商业票据	金融公司和企业	企业	1~270天	不好
银行承兑汇票	银行	企业	30~180天	好
欧洲美元	非美国银行	企业、政府和银行	1天~1年	不好

11.5.3 货币市场证券如何估值

假设你为美林证券公司工作，你本周的任务是提交短期国债投标书。你如何确定提交的价格？第一步是确定你需要的收益。我们假设，根据你在第3章和第4章对于利率的理解，你决定需要2%的回报率。为了简化我们的计算，再假设我们要对一年期的证券进行投标。我们知道到期时短期国债将支付1 000美元，所以计算我们将要支付的钱就是计算1 000美元的现值是多少。计算现值的过程在例3.1中已经讨论过。公式如下：

$$PV = \frac{FV}{(1+i)^n}$$

在这个例子中，终值=\$1 000，利率=0.02，距到期日的期数是1，因此：

$$P_{价格} = \frac{\$1\,000}{1+0.02} = \$980.39$$

需要注意的是当利率上升时，证券价格会发生什么变化。因为我们的分母是更大的数字，所以现值就会下降。例如，如果利率上升至3%，证券的价值将降至970.87美元（\$1 000÷1.03）。

这种将未来到期日价值折现的方法是大多数货币市场证券的定价方法。

本章小结

1.货币市场证券是短期工具，初始到期期限少于一年。这些证券包括短期国债、商业票据、联邦基金、回购协议、可转让定期存单、银行承兑汇票和欧洲美元。

2.货币市场证券用于“贮藏”资金，直到需要的时候再从中转出。由于低风险和高流动性，这些投资所带来的回报率很低。

3.许多货币市场的参与者既是证券的买方也是卖方。美国财政部、商业银行、企业和个人都从这种低风险的短期投资中获得了收益。

4.所有货币市场证券的利率是紧密相关的且随时间推移同向移动。短期国债的回报最低，因为它们几乎没有违约风险。银行承兑汇票和可转让定期存单的回报仅高于短期国债，因为它们也有大型货币中心银行的信用作支持。

重点词汇

资金批发市场　贴现　完全市场　流动市场　竞争性招标　非竞争性招标　记账证券　定期证券　活期存款　无记名票据　直接配售　资产支持商业票据　伦敦银行同业拆入利率　伦敦银行同业拆出利率

问答题

1. 货币市场的特点是什么？
2. 如果一个15年期的债券在未来3个月内到期，那么它是否可以算作货币市场工具？
3. 为什么银行不能消除对货币市场的需要？
4. 定期证券和活期证券的区别是什么？
5. 是什么驱使监管人设置银行存款利率的上限？这最终对货币市场有什么影响？
6. 为什么美国政府参与货币市场？
7. 为什么企业参与货币市场？
8. 描述一下2007—2009年的金融危机中资产支持商业票据起到了什么作用？
9. 什么是欧洲美元？为什么它是重要的融资来源？
10. 哪一种货币市场证券的流动性是最强的且几乎零风险？为什么？
11. 简述国债的竞争性投标和非竞争性投标的区别。
12. 货币市场证券的主要发行者和投资者是谁？
13. 美联储是否直接设置联邦基金利率？美联储是如何影响利率的？
14. 为什么商业票据到期日少于270天？
15. 为什么银行承兑汇票对于海外交易来说是理想的融资方式？

计算题

1. 你以4 925美元购买182天期的短期国债，面值为5 000美元，那么年贴现率和年投资率分别是多少？

2. 你以9 360美元购买270天期的短期国债，面值为10 000美元，那么年贴现率和年投资率分别是多少？

3. 假设你想获得2.5%的年贴现率，那么你购买182天期、面值10 000美元的短期国债应花多少钱？

4. 你以9 900美元购买91天期的短期国债，面值为10 000美元，那么年贴现率和投资率分别是多少？

5. 182天期的商业票据的现值为7 840美元。如果年投资回报率是4.093%，那么票据到期时会支付给你多少美元？

6. 一个182天期、贴现率为1.8%的短期国债，面值10 000美元，购买时的价格是多少？

7. 面值8 000美元的商业票据的购买价格是7 930美元。如果年贴现率为4%，那么票据什么时候到期？如果年投资率是4%，那么票据什么时候到期？

8. 计算一下180天期、贴现率为5%、面值为5 000美元的短期国债的购买价格。

9. 一种商业票据的年贴现率是4.85%，面值为18 000 000美元，到期日为72天，那么它的购买价格是多少？如果到期日是125天，它的购买价格是多少？

10.91天期的商业票据年收益率是3%，182天期的商业票据年收益率是3.5%。那么91天后，91天期商业票据的利率是多少？

11.在一个91天期、面值为21亿美元的短期国债拍卖中，有下列报价：

投标者	投标数量（百万美元）	价格（美元）
1	500	0.9940
2	750	0.9901
3	1.5	0.9925
4	1	0.9936
5	600	0.9939

如果财政部只接受了这些投标，谁能最后得到国债？数量是多少？价格是多少？

12.如果财政部也收到了7.5亿美元的非竞争性投标，那么谁能买到国债？数量是多少？价格是多少？（参考11题的表格）

第12章

债券市场

序言

在上一章中，我们研究了货币市场中的短期证券。本章重点关注资本市场中偿还期限高于一年的证券，这类证券包括债券、股票和抵押贷款。由于资本市场中的证券对于投资者、企业和经济来说都十分重要，我们会在后续的章节中对这些证券进行详细的介绍。在进入有关债券的学习之前，本章会首先介绍资本市场的运行。接下来，我们会在第13章中学习股票和股票市场，在第14章中学习抵押贷款并对资本市场进行总结。

12.1 资本市场的作用

与货币市场的交易商不同，发行证券的公司和购买证券的投资者都有着各自的目的。当对资金没有更重要的需求或没有投入更高效的生产机会时，公司和个人主要通过货币市场进行短期的资金贮藏。相反，公司和个人在资本市场中主要是进行长期投资。

现在假设，经过详细的财务分析后，公司需要新建一处工厂来满足公众对公司产品日益增长的需求。该分析使用的利率能够反映当前资金的长期成本。假设公司决定通过在货币市场发行债券（如商业票据）筹集建设工厂的资金，只要利率不上涨就不会出现问题，当这些短期债券到期时，它们可以以同样的利率再次发行。然而，一旦利率上涨，公司就要以更高的利率再次发行，如1980年就发生过一次利率急剧上涨的情况。公司意识到在利率上涨的情况下没有足够的现金流或收入支持新工厂的建设。但如果发行长期证券，如债券和股票，由于利率上涨产生的问题就不会如此严重。公司和个人选择长期借款的原因就是希望可以降低风险，其中最主要的风险就是在偿还债务之前出现利率上涨。然而，降低这种风险同样需要成本，之前在第5章中学习过，由于风险溢价导致大多数长期利率会高于短期利率，尽管在资本市场中需要支付更高的借款利率，这类市场仍然很受欢迎。

12.2 资本市场的参与者

资本市场中证券的主要发行者是联邦政府、当地政府和公司。联邦政府发行中长期国债为国家债务融资。各州和市政府也发行中长期国债来支持投资方案，如学校和监狱的建设等。政府无法发行股票，因为政府无法出售所有权的索取权。

公司既发行债券也发行股票。公司很难决策的部分就是进行债务融资还是权益融资。公司股权和负债之间的分配情况就叫作资本结构。公司可能会进入资本市场，因为公司没有足够的资本来支持各种投资机会；又或者公司希望贮藏资本以备不时之需，于是选择进入资本市场。无论是哪种情形，资本市场运行的高效性对于企业的发展十分重要。这也可以从2008—2009年的金融危机中看出来，随着债券和股票市场的崩盘，业务扩张的资金随之断裂，这导致了商业活动的减少、失业率的上升以及经济的缓慢增长。直到市场信心恢复后，经济才开始复苏。

资本市场中证券的主要购买群体是家庭。通常而言，个人和家庭将资金储存在金融机构中，然后这些金融机构会利用该资金购买债券或股票等资本市场工具。

12.3 资本市场的交易

资本市场交易只在一级市场或二级市场进行。发行新股票和债券的市场称为一级市场，投资基金、公司和个人投资者都可以从一级市场中购买证券，我们可以简单地认为一级市场的交易就是证券发行者真正获得收益的市场。当公司第一次出售债券时，这种发行称为**首次公开募股（IPO）**。接下来公司再向公众发行新股票或债券就是一级市场的交易（不同于第一次的销售）。

资本市场也有发展成熟的二级市场。对已发行的证券进行买卖的市场称为二级市场。二级市场在资本市场中非常重要，因为大多数投资者都会在未来出售长期债券。二级市场中证券的交易方式主要有两种：交易所交易和柜台交易。货币市场大多数的交易都是通过电话进行，而资本市场大多数的交易是在交易所进行。有组织的交易所一般有固定的交易地点，可以进行各种证券（如股票、债券、期权和期货）的交易。交易所规定主要负责管理交易，这样可以确保交易的高效性和交易所的合法运行，交易所董事会也会不断检查这些规定以确保它们在交易中发挥的作用。

12.4 债券的种类

债券是一种证券，代表的是发行者对投资者的债务关系。债券要求发行者在约定的日期偿还特定数量资金，通常包括定期偿还利息。债券票面价值是到期日必须偿还的数额，票面利率就是发行者必须支付的利率，这种定期支付的利息被称为票面利息。票面利率在债券持有期间通常是固定的，并不随着市场利率的变化而波动。在债券的到期期限之前，债券的持有者对发行者的资产拥有索取权。在图12-1中，右上角给出了债券的票面价值，且到期日和8.625%的利率在债券的票面上也多次出现。

图12-1 汉密尔顿英国石油公司债券

资本市场中交易的长期债券包括中长期国债、市政债券和公司债券。

12.5 中期国债和长期国债

美国财政部通过发行中长期国债来为国家债务筹集资金。中期国债和长期国债的区别在于中期国债的偿还期为1~10年，而长期国债的偿还期为10~30年（回顾第11章，短期国债在1年内到期）。财政部目前发行2年期、3年期、5年期、7年期和10年期的国债，在2006年2月财政部发行了30年期的债券。表12-1中总结了不同国债的到期期限。长期国债、中期国债和短期国债以100美元票面价值的百分比定价。

联邦政府的中长期国债没有违约风险，因为政府可以通过印钱来偿还债务。[1]但这并不意味着这类债券没有风险，我们将会在本章接下来的部分学习债券利率风险。

① 第11章讲到短期国债同样没有违约风险，其中的特例则是在1996年、2011年和2013年的政府僵局差点产生了违约。长期国债同样可能发生这种违约。

表 12-1　　国债

类型	到期期限
短期国债	<1年
中期国债	1~10年
长期国债	10~30年

12.5.1　长期国债利率

因为没有违约风险，所以长期国债的利率很低。尽管长期国债的投资者发现在某些年份中他们获得的收益小于通货膨胀带来的损失（见图12-2），但大多数时候由于利率风险的存在，中长期国债的利率要高于货币市场的证券利率。

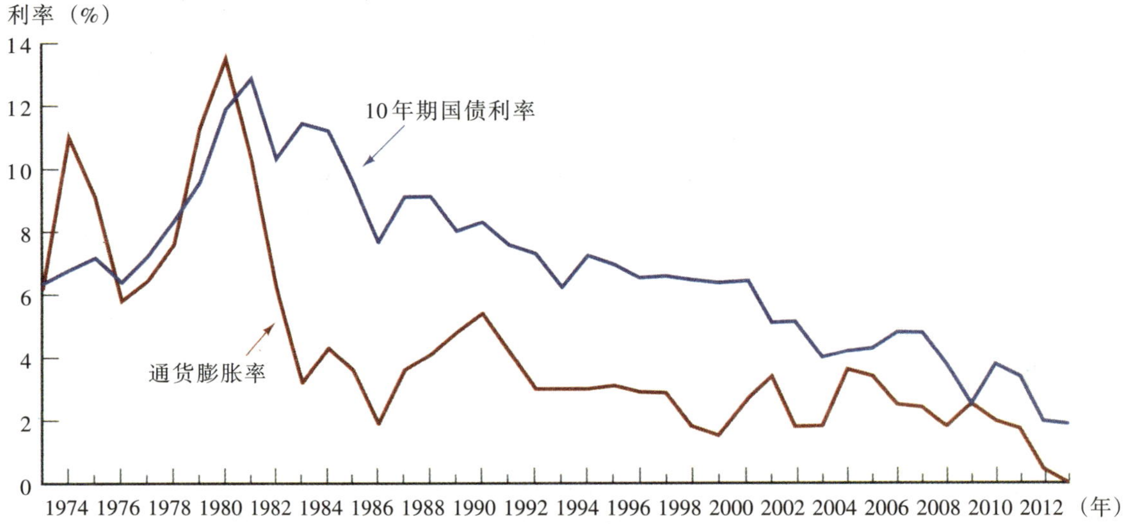

图12-2　1973—2013年的国债利率和通货膨胀率（以每年1月为例）

资料来源：http：//www.federalreserve.gov/releases；ftp：//ftp.bls.gov/pub/special.requests/cpi/cpiai.txt.

图12-3显示了20年期的长期国债与90天的短期国债收益的对比，其中有两点值得一提，一是大多数年份的短期国债回报率低于20年期国债的回报率；二是相比于长期利率，短期利率更不稳定，也更易受到通货膨胀率的影响。长期证券的投资者希望极高或极低的通货膨胀率能够回归正常，这样长期利率就不会像短期利率一样产生过多的波动。

12.5.2　通货膨胀保值债券

在1997年，美国财政部开始发行一种新型债券，希望能够降低国债的通货膨胀风险。通胀挂钩债券的利率在持有期间并不会发生变化。然而，用来估算利息的本金却会随着消费价格指数发生变化。在到期日，赎回证券的金额是扣除通货膨胀影响的本金和票面价值的较大值。

通胀挂钩债券，即通胀保值债券的优势在于个人和机构投资者能有机会购买到价值不受通货膨胀影响的债券。希望持有低风险投资组合的退休人员可以购买这类债券。

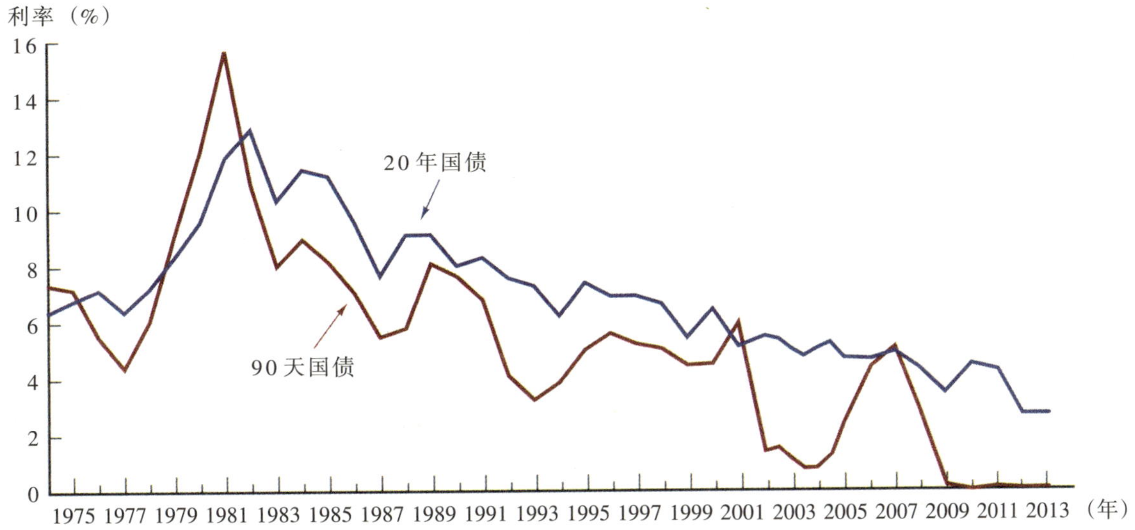

图12-3 1974—2013年短期国债和长期国债的利率水平（以每年1月为例）

资料来源：http：//www.federalreserve.gov/releases.

12.5.3 本息分离债券

除了长期国债、中期国债和短期国债之外，美国财政部在1985年以记账证券形式向存款机构发行了**本息分离债券**（Separate Trading of Registered Interest and Principal Securities），也被称为STRIPS。回忆第11章的内容，以记账证券形式出售意味着不存在实体文档，因此证券是以电子的形式发行和计算的。本息分离债券将每期支付的利息从最终偿还的总额中单独分离出来，在对本金固定国债或通胀挂钩中长期国债进行拆分时，支付的每笔利息和本金都变成了零息债券，每部分都有各自的金额并可以分别持有或交易。举例来说，一个距离到期日还剩5年的中期国债，包括到期日的本金偿还和10次的利息支付，也就是说利息是在剩下的5年中每6个月支付一次。在对该国债进行拆分时，每次的利息支付和最后的本金偿还就变成了相互独立的债券，因此，一个中期国债就变成了11个能够分别单独进行交易的证券。本息分离债券也称**零息债券**（zero-coupon security），这是因为投资者在持有过程中只能在到期日收到一笔款项。

政府引入上述债券之前，私营企业就已经间接地设计出了这种证券。早在20世纪80年代，美林证券公司推出了国家投资成长基金（TIGRs），美林证券公司通过这种基金购买国债然后拆分成仅付本金证券和仅付利息证券。近年来，本息分离债券中有超过500亿美元尚未清偿。

12.5.4 机构债券

国会批准了一些美国代理机构，也就是政府赞助企业（GSEs）可以发行债券。尽管多数投资者认为政府是不会让这些机构违约的，但政府没有做出明确的保证。机构债券的发行者包括学生贷款市场协会（萨利美）、农民管理局、联邦住宅管理局、退伍军人管理局和联邦土地银行，这些机构发行债券的目的是为了国家的利益。比如说，萨利美为学生提供贷款，帮助学生完成学业。

实际上，机构债券的风险很低，因为通常有贷款作保障，这种贷款主要是通过发行债券筹集的资金。除此以外，当联邦机构在履行义务上出现困难时，这些机构可以使用财政部的信贷额度。总体来说，联邦政府不允许这些机构发生违约，这点可以通过联邦抵押协会（房利美）和联邦住房抵押贷款公司（房地美）在2008年得到的紧急援助证明。在政府介入付款保证之前，次级抵押贷款的投资组合存在债券违约的风险。紧急援助会在下面的案例中详细说明。

案例

2007—2009年间的金融危机以及房利美和房地美的紧急援助

由于鼓励承担过度风险，房利美和房地美（由政府资助的私人公司）的独特结构意味着其必然会出现问题。许多经济学家的预测真实发生了：政府紧急援助了两家公司，造成了美国纳税人的大量损失。

在第18章中我们也将讨论，在存在政府安全网络的情况下，需要有适当的政府管理准则和监督来确保金融机构没有承担过度风险。在1992年立法后，房利美和房地美受到美国联邦住房企业监督办公室（OFHEO）的监管，但是这种监管非常薄弱且几乎没有约束力。结果自然在意料之中：这些公司有很强的意愿规避有效的监管，因为这会影响公司的利润。而它们也正是这样做的：房利美和房地美以国会中的“游说机”而闻名，但它们并不为此羞愧。在1999年，房利美的总裁富兰克林·雷恩斯就曾说过：“我们管理政治风险的强度与管理信用风险和利率风险的强度相同。”在1998—2008年间，房利美和房地美在说客上花费的总额超过了1.7亿美元，在随后的2000—2008年间，房利美和房地美及其员工在政治竞选捐款中投入的资金超过1 400万美元。

它们在游说上的努力有了成效：克林顿和布什政府努力想要增强美国联邦住房企业监督办公室（OFHEO）权力的努力归于泡影，并在2003年和2004年两家会计公司的丑闻（试图通过粉饰账目来隐藏收益）被揭露后真正失败。（不过就在2008年的7月，在秘密遭到泄露之后房利美和房地美陷入了巨大的困境，即更有力的监管通过立法，即联邦住房金融局将代替联邦住房企业监督办公室进行监管）

由于薄弱的监管和强烈的冒险动机，房利美和房地美疯狂成长起来，截至2008年已经购买或担保了超过5万亿美元的抵押贷款或抵押支持证券，而会计丑闻甚至进一步促使它们选择更大的风险。在1992年的立法中，房利美和房地美的任务是推进保障性住房。有什么比购买次级抵押贷款、准优级抵押贷款和抵押支持证券（见第8章）更好的方法呢？会计丑闻更是刺激了这种动机，因为这些丑闻削弱了房利美和房地美的政治支持，令这两家公司更有动机取悦国会，并通过购买这些资产来推动保障性住房。当次贷危机发生时，房利美和房地美的账面上有超过1万亿美元的次级抵押贷款和准优级资产，此外，它们的资本占资产的比重很低：实际上，它们的资本比率要远远低于其他金融机构，如商业银行。

到了2008年，许多次级抵押贷款出现违约情况，房利美和房地美产生了大量的账面损失，它们仅有的资本缓冲说明了它们几乎没有承担这部分损失的能力，于是投资者开始撤回资金。鉴于房利美和房地美在抵押市场中发挥着重要的作用，美国政府无法承受这些公司破产的后果，因为这将会对抵押贷款的信用产生灾难性的恶果，同时会对房地产市场产生进一步的恶劣影响。当两家公司濒临破产时，财政部介入此事并保证在需要时会给这些公司提供属于纳税人的2 000亿美元，但这种慷慨的赠予并非免费的，实际上通过让公司接受监管、要求总裁辞职并让联邦住房金融局监督公司每天的经营活动这些方式，联邦政府可以接管这些公司。除此以外，如果公司的情况有所恢复，政府会收到大约10亿美元的高级优先股和购买80%普通股的权利。发生紧急援助后，两家公司的普通股价格都下降到一年前价格的2%以下。

房利美和房地美的悲剧说明了政府设立政府赞助企业是十分危险的，因为这类企业存在利益冲突，即需要服务两方利益：作为公开交易的公司，它们需要最大化股东利益；但是作为政府代理机构，又有义务为公众的利益努力。然而最后，公众和股东之间没有一方的利益得到保障。房地产行业的回温带动了美国不动产的价值，从2013年起两家公司都开始盈利。房利美在2013年3月偿还了1 170亿美元紧急援助资金中的594亿美元，然后包括股利在内，总共向政府支付了950亿美元，房地美也偿还了720亿美元紧急援助资金中的370亿美元。

12.6 市政债券

市政债券通常是由当地的州、县政府发行的证券。此类证券的收益用于建设公共项目，如学校、公共设施和交通系统，另外上述市政债券可以免除税收。正如在第5章中学过的，由于投资者对于免税债券的低利率很满意，使得市政当局可以以低成本获得借款。下面的公式显示了免税利率和征税利率间的等式关系。

等价免税利率=应税利率×（1−边际税率）

例 12.1 市政债券

假定一个应税公司债券的利率是5%，边际税率是28%。另有一个利率为3.5%的免税市政债券。那么两种债券中应当选哪个？

解答：免税等价市政债券税率为3.36%。

由：等价免税利率=应税利率×（1−边际税率）

应税利率=0.05

边际税率=0.28

因此：等价免税利率=0.05×（1−0.28）=3.36%

由于免税市政债券利率（3.5%）高于等价免税利率（3.36%），所以应选择市政债券。

市政债券分为两种类型：一般责任债券和收入债券。**一般责任债券（general obligation bond）**没有特定资产作为债券抵押或是特定的收入用于还款，相反，它们是靠发行者的“信用”支持，即发行者会承诺使用所有可利用的资源来偿还债券，大多数一般责任债券的发行者必须要向纳税人证实，政府的税务机关已为其偿还能力做出保证。

收入债券（revenue bond）恰好相反，是依靠能带来收益的特定项目做支持。举例来说，地方政府可能会发行收入债券来建立收费公路，那么收费公路就作为抵押品。如果收益不足以偿还债券，发行方就可能出现违约，因此投资者也就可能会蒙受损失。1983年华盛顿公共供电系统（WHOOPS）用收入债券来筹资修建两处核电厂时，大量发行收入债券。但由于能源成本下降以及大量的成本超支，核电厂一直无法运行，这使得债券的购买者损失了2 250亿美元，这也是有史以来最大的一次公共债务违约。收入债券的发行频率高于一般责任债券（见图12-4）。值得注意的是，近几年的低利率导致市政发行了大量的债券。

市政债券市场中的风险

市政债券并非没有违约风险。举例来说，惠誉评级公司的研究报道称市政债券的违约风险为0.63%，在经济较差的阶段，该违约风险还会有所升高。很明显，政府也无法免除财务危机，但与联邦政府不同的是，地方政府不能自己印钞，所以在维持人口数量不变的前提下，市政实际能提高多少税收会受到限制。

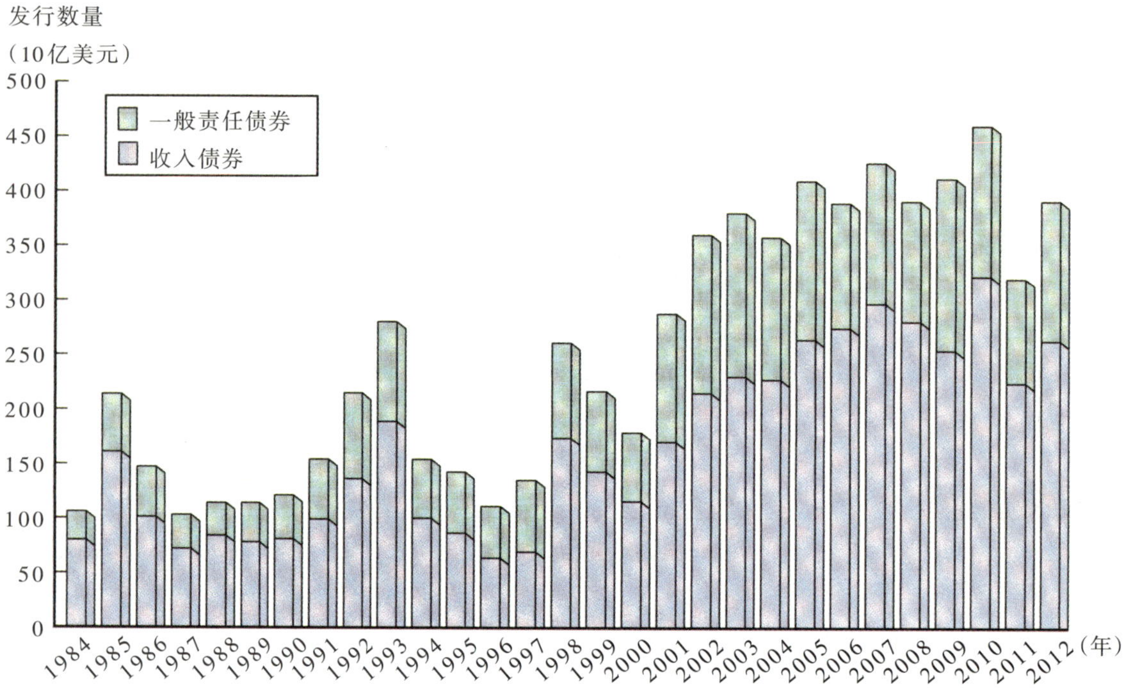

图 12-4 收入债券和一般责任债券的发行量，1984—2012 年（年末）

资料来源：http://www.federalreserve.gov/econresdata/releases/govsecure/current.htm.

12.7 公司债券

当大型公司需要长期借款时，这些公司就会发行债券。大多数公司债券的票面价值为 1 000 美元，半年期付息（一年两次），绝大多数是可赎回的，也就是说发行者在经过一段时间后就可以提前赎回债券。

债券契约（bond indenture）是一种合同，主要规定了债权人的权利和债务人的义务。所有债券的抵押品也在债券契约中有相关规定。

不同债券的风险程度相差很大，因为违约风险取决于公司的经营状况，而经营状况又受到诸多变量的影响。第 5 章曾讲到，公司债券的利率会随着风险程度的变化而变化，低风险且高评级的债券（AAA 级是最高评级）利率要比风险高一级的债券（BBB）低，因此不同评级的债券之间的利差会随着时间而改变。根据历史数据分析，AAA 级和 BBB 级债券之间的利差平均为 1%。但是由于 2008 年 12 月金融危机的爆发，投资者为了寻求安全投资而直接导致了高达 3.38% 的利差。债券的利率也取决于接下来会讲到的公司债券的特点。

12.7.1 公司债券的特点

以前的债券是和息票一同销售的（债券的持有者剪下息票并邮寄给公司然后收取利息），这种债券被称为不记名债券，因为利息会支付给拥有实物债券的所有人。由于追踪利息的过程十分困难，于是美国国税局不太重视这种利息的支付方式。大量的不记名债券目前已经被不带息票的**记名债券**（registered bond）取代，而且持有者必须到公司登记才能收取利息，美国国税局要求公司上报收取利息的持有人名单。尽管带有息票的不记名债券已被逐步淘汰，债券的利息支付仍称为“息票利息支付”，债券的利率也称为息票率。

图12-5 公司债券的利率，1973—2012年（年末）

资料来源：http：//www.federalreserve.gov/releases/h15/data.htm.

限制性条款

公司财务经理的聘用、解雇以及薪酬都要通过董事会（公司的股东代表）的决定。这种安排表明，经理保护的是股东的利益而非债券持有者的利益，这是道德风险的表现，我们曾在第2章学习并在第7章中深入探讨过。经理可能不会像债券持有者希望那样使用债券筹集来的资金，那么一旦在公司陷入困境时，债券持有者无法向经理寻求保护，他们就需要一些对经理的相关规定来保护自身利益。这些规定就是**限制性条款（restrictive covenant）**，通常用来限制公司支付的股利（这样可以保存资金用来支付债券持有者的利息）和发行额外债务的能力。其他的财政条款，如公司的合并也受到限制。一般来说，条款中对经理的限制越多，那么利率就会越低，因为债券投资者认为这种债券更安全。

赎回条款

大多数债券契约都包括**赎回条款（call provision）**，赎回条款是指发行者有权要求持有者回售债券。在债券的发行日和赎回日之间，赎回条款通常要求有一段等待期。债券持有者被支付的债券价格通常为债券的票面价值或是稍微高一点的价格（1年的利息成本）。举例来说，票面利率为10%的1 000美元债券的赎回价格为1 100美元。

当利率下降时，债券的价格会上涨。如果利率下降得足够低，债券的价格就会超出赎回价格，然后公司就会赎回债券。因为赎回条款限制了债券持有者在债券增值时可获得的收益，所以不受投资者欢迎。

债券发行商设置赎回条款的第二个原因是希望能根据偿债基金条款回购债券。**偿债基金（sinking fund）**是债券契约中的要求之一：公司每年偿付债券的一部分。这种规定可以吸引债券持有者，因为能够降低债券到期时发生违约的可能性。正因为偿债基金的规定使得债券更具吸引力，所以公司会降低债券的利率。

公司通常只发行可赎回债券的第三个原因是，一旦债务契约对最大化公司股东利益的一些活动进行限制，公司将不得不回购已发行的债券。假设公司需要借入额外的资金来扩大储存设备，而公司的债券对新增债务进行限制，那么公司将不得不收回现有的债券，然后才能发行新债券或贷款建造新仓库。

最后，公司如果想改变资本结构也会选择赎回条款。如果没有新的投资机会出现，拥有充足现金流的成熟公司希望降低债务负担，因此会选择赎回债券。

由于债券持有者不喜欢赎回条款，这意味着可赎回债券的收益必须高于不可赎回债券的收益。尽管成本很高，公司依旧发行可赎回债券，因为可赎回债券能给公司带来灵活性。

可转换性

一些债券可以转换为普通股，因此债券持有者在股票价格上升时可以分享公司的利润。绝大多数可转换债券声明债券持有者可以自己决定转换成普通股的数量，兑换率使得股票价格在转换发生之前开始大幅上涨。

发行可转换债券是公司避免在市场中发送消极信号一种方法。由于公司内部和投资者之间存在信息不对称，所以当公司发行股票时，市场就会认为此时的股票价格相对较高或者未来的股票价格可能会下降。市场之所以会这样认为是因为经理会时刻关注股东的利益，并且在公司价值被低估时不会发行股票。如果经理认为公司未来的经营状况很好，他们就会发行可转换债券。如果经理判断正确，股票价格有所上涨，债券持有者就会以相对较高的价格转换成股票，而经理认为这时的价格很合理。另外一种情况是，如果经理对于公司未来的经营状况判断失误，债券持有者也有权选择不进行转换。

债券持有者喜欢可转换这一特点。就好像你只购买债券但却可以收到债券和股票期权（股票期权会在第24章中学习），可转换债券的价格能反映期权的价值，因此其价格会比不可转换债券的价格更高。可转换债券更高的价格意味着其利率更低。

12.7.2 公司债券的种类

市场上存在许多不同种类的公司债券，主要通过抵押品的类型和公司发生违约时债券清偿的顺序进行分类。

担保债券

担保债券是一种附有抵押品的证券。抵押债券用来为特定的项目进行融资。举例来说，为修建一栋建筑物发行债券，该建筑就是债券的抵押品。如果公司没能如约还款，那么抵押债券的持有者有权清算财产获得赔偿。由于这类债券有特定的抵押品，所以担保债券的风险会比无担保债券的风险低一些，因此利率也会低一些。

设备信托债券是以非房地产的有形资产作担保，如重型设备和飞机。对比以不动产抵押的债券，有抵押品支持的债券通常更容易在市场中进行交易。至于抵押债券，抵押品的存在降低了其风险，也降低了其利率。

无担保债券

信用债券是只有发行者的一般信用作支持的长期无担保债券，通常没有特定的抵押品保证偿还债务。一旦发生违约，债券持有者必须通过法庭获得资产，已经向其他债权人担保的抵押品不能提供给公司债务的其他债权人。通常情况下，公司债务会有附加合同，主要用来说明债券的条款和经理的责任，这种附加合同被称为契约（要注意区分信用债券和债券契约）。如果公司发生违约，担保债券比信用债券有优先权，因此无担保债券的利率要高于担保债券。

次级信用债券与信用债券很相似，只是索赔的优先权低于信用债券，也就是说当发生违约时，次级信用债券持有者只有在非次级信用债券全部付清之后才会得到赔款，因此，次级信用债券持有者发生损失的风险更大。

浮动利率债券（可以是担保债券也可以是无担保债券）是受到20世纪80年代和90年代浮动利率的影响从而产生的一种金融创新。这类债券的利率与市场利率（如长期国债利率）相关联，随时发生变化。当市场利率变化时，浮动利率债券的利率也会发生变化。

垃圾债券

回忆第5章讲过的，所有债券根据违约的风险由不同公司进行评级。这些公司通过研究发行者的财务特征然后判断发行者违约的可能性。AAA级债券是最高评级。等于或高于穆迪公司Baa级或标准普尔公司BBB级的债券被认为是可以投资的级别。低于这些等级的债券通常被认为是投机性债券（见表12-2），投机级别的债券被称为垃圾债券。在20世纪70年代以前，很少发行投机级别的债券，几乎所有新发行的债券都是可投资级别的债券。当公司发生财务困难时，它们发行的债券等级会有所下降。因为当时并不存在发展成熟的二级市场，这些低等级债券的持有者发现很难卖出这些债券。这就很容易理解为什么投资者对这类债券十分敏感，因为这些债券是无担保债券。

表12-2　　债务评级的描述

标准普尔公司	穆迪公司	定义
AAA	Aaa	质量最好，等级最高，支付利息和偿还本金的实力极强，投资风险的等级最低
AA	Aa	高质量，有很强的实力来支付利息和偿还本金，很小程度上区别于AAA/Aaa等级的债券
A	A	有强的实力来支付利息和偿还本金，有很多有利的投资，中高级责任能力，较少受环境和经济条件变化的不利影响
BBB	Baa	中级责任能力，既没有高度保护也没有很差的安全性，有充分的实力来支付利息和偿还本金，可能会缺少长期可靠性和保护元素来保证利息支付和本金偿还
BB	Ba	支付利息和偿还本金的实力中等，有投机元素且未来无法得到很好保证，较差的业务、经济和财务环境会导致其无法在财务上负责
B	B	缺少理想投资的特点，支付利息和偿还本金的担保能力在长时间之后会下降，较差的条件可能会损害其承担财务责任的能力
CCC	Caa	较差等级，有可辨认的违约弱点，依赖于良好的业务、经济和财务环境来及时完成利息支付和本金偿还
CC	Ca	投机程度较高的责任能力，通常会发生违约，也有其他明显的缺点
C	C	债券的最低级别，获得真正投资标准的前景极差，可能破产申请已经填好了，但债务偿还要继续
CI		为没有支付利息的收入债券保留
D		支付违约
NR		不要求公共评级
(+)或(-)		从AA级到CCC级的评级在主要的评级类别下会通过额外的加号和减号来表示相关等级的修改

资料来源：美国联邦储备委员会（美联储）公告。

1977年，德崇证券的迈克尔·米尔肯发现，如果能获得更大的回报，许多投资者会愿意承担更大的风险。米尔肯提出两个阻碍低等级债券市场发展的问题。第一个问题是流动性较差，与可投资级别债券的承销商在债券发行之后仍然不断交易的情况不同，垃圾债券并不存在这种做市商。德崇证券同意为垃圾债券发挥做市商的作用。这样就确定了二级市场的存在，而这也是投资者考虑的一项重要因素，因为很少有人想持有这类债券一直到到期日。

垃圾债券市场面临的第二个问题是发行公司很有可能在债券支付方面存在违约风险。相比之下，可投资级别的证券的违约风险可以说微不足道。为了降低蒙受损失的可能性，米尔肯充当了发行垃圾债券的商业银行。如果需要防止公司发生违约，他会重新协定公司的债务或提供额外的资金。米尔肯所做出的努力在很大程度上降低了违约风险，同时对垃圾债券的需求也有所增加。

在20世纪80年代的早期和中期，许多公司利用垃圾债券为收购其他公司的活动筹集资金。当一个公司通过大幅提升其债务水平（发行垃圾债券）进行筹资，然后通过筹集的资金购买另一个公司的股票时，杠杆会增加并导致债券风险增加。通常，被收购公司的一部分最终会被出售然后偿付因发行垃圾债券而产生的债务。约有1 800家公司在80年代进入了垃圾债券市场。

米尔肯和他的经纪公司付出的努力最终得到了回报，米尔肯可以在每个发行的垃圾债券上赚取2%到3%的费用，这使得德崇证券被称为1987年华尔街最赚钱的公司，他个人的收益在1983—1987年间也超过了10亿美元。

不幸的是，对于垃圾债券的持有者来说，米尔肯和德崇证券被揭露涉及内部交易。没有了德崇证券的支持，在1989—1991年间有250家公司发生违约，德崇证券本身也因持有的垃圾债券遭受亏损。德崇证券在1990年宣告破产，米尔肯由于参与这件丑闻而被判处3年监禁。财富杂志指出米尔肯的个人资产仍然超出4亿美元。

经历了1990年的低谷后，垃圾债券市场逐渐回温，但是2008年的金融危机又一次降低了对高风险证券的需求。这种市场行为合理地解释了2008年投机级别债券的违约率是可投资级别债券的3倍。

12.8 债券的财务担保

财务状况较差的发行者通常购买**财务担保**（financial guarantee）来降低其公司债券的风险。财务担保保证一旦发行者发生违约，债权人（购买债券一方）会收到本金和利息。有名气的大型保险公司会制定保险合同来支持债券发行。由于财务担保的存在，债券的购买者无须再担心债券发行者的财务状况，而只需要关注发行者的能力。本质上来说，保险公司的信用等级替代了发行者的信用等级。由此减少的风险也降低了债券购买者对于利率的需求。当然，发行者必须向保险公司的财务担保支付费用。财务担保只有在成本低于能产生的储蓄利息收入时才有意义。

1995年，摩根大通发行了一种新债券，叫作**信用违约互换**（credit default swap，CDS）。为了防止对信用工具的本金和利息的支付出现违约，信用违约互换为此提供了担保，这是其最简单的形式。假设你决定购买美国通用电气公司的债券，并且想确保一旦通用电气发生问题时自己不会承担任何损失，你可以通过许多途径购买信用违约互换。

国会在2000年通过了《商品期货现代化法案》，使像信用违约互换之类的衍生证券无须接受监管。除此以外，该法案的效力要优先于各州对这类证券的要求。此规定产生的影响在于投资者能够推测出未持有的证券发生违约的可能性。试想你可以为任何你觉得看起来不健康的人购买人寿保险，保险法要求你在购买保险之前必须先蒙受损失，进而防止这种投机行为。《商品期货现代化法案》为衍生证券去除了这种要求，因此投机者其实可以合法地预测公司或证券是否会在未来衰退。

在2000—2008年间，发行信用违约互换的公司主要包括美国国际集团、雷曼兄弟和贝尔斯登公司。信用违约互换的数量大幅增长，在2008年达到顶峰，超出了62万亿美元。将这些数据放在大环境中，当时全世界的国民生产总值大约是50万亿美元。2008年，雷曼兄弟宣布破产，贝尔斯登公司被摩根大通以极低的价格收购，美国国际集团也取得了1 820亿美元的政府紧急援助。这一问题会在第21章“保险和养老基金”中进一步探讨。

12.9 当期收益率计算

第3章介绍了利率和到期收益率的概念，当你购买债券并持有至到期日，就会获得到期收益。这是对持有的债券收益最准确的计算。

当期收益率

当期收益率是息票债券到期收益率的近似值，很容易计算，是用年息除以证券的价格。

$$i_c = \frac{C}{P} \tag{12.1}$$

其中：i_c=当期收益率；P=证券的价格；C=年息票利息。

此等式和公式13.5相同，描述了永续年金的到期收益率的计算。因此对于永续年金来说，当期收益率就是到期收益率。当息票债券很久才能到期时（假设需要20年甚至更久），这种债券就和永续年金很相似，因为要一直支付息票利息。因此，我们可以认为长期息票债券的当期收益率十分近似于到期收益率，可以使用当期收益率的计算方式，而无须在债券表中找到期收益率。然而，当距离息票债券到期日的时间越来越短时（假设不足5年），息票债券和永续年金的相似度就越来越小了，于是当期收益率和到期收益率的近似度也越来越小了。

我们可以看出，当债券价格等于债券的票面价值时，到期收益率等于票面利率（息票利息除以债券的票面价值）。由于当期收益率等于息票利息除以债券价格，当债券价格等于票面价格时，当期收益率也就等于票面利率。依照这种逻辑可以得出结论，当债券价格为票面价格时，当期收益率等于到期收益率。这意味着债券价格越接近债券的票面价值，当期收益率就越近似于到期收益率。

当期收益率与债券的价格负相关。之前在票面利率为10%的例子中，当债券价格从1 000美元上涨到1 100美元时，当期收益率就从10%（=$100/$1 000）下降到9.09%（=$100/$1 100）。正如表3-1所示，到期收益率也与债券的价格负相关，当债券价格从1 000美元上涨到1 100美元时，到期收益率就从10%下降到8.48%。由此可以得出一个重要结论：当期收益率和到期收益率总是同向移动，当期收益率上涨意味着到期收益率也会上涨。

例12.2　当期收益率

如果某债券的票面价值为1 000美元，票面利率为10.95%，那么当期收益率是多少？债券当期的市场价值为921.01美元。

解答：当期收益率是11.89%。

由：$i_c = \frac{C}{P}$

其中：C=年息票利息=0.1095×1 000 = $109.50

P=债券的价格 =$921.01

因此：$i_c = \frac{\$109.50}{\$921.01} = 11.89\%$

当期收益率（年息除以债券价格）的一般特性可以表述为：债券价格越接近债券的票面价值，且到期期限越长，当期收益率就越近似于到期收益率。当债券价格与债券的票面价值相差越大，且到期期限越短时，当期收益率就越偏离到期收益率。且无论当期收益率是否是到期收益率的一个近似估算，当期收益率的变化总是与到期收益率的变化同向。

12.10 息票债券的价值

在我们学习如何进行债券定价之前，我们需要先学习计算企业资产价值的一般理论。幸运的是，所有金融资产的价值计算方式都相同。债券的当前价值就是所有未来现金流的现值，回顾第3章中学习的现值，如果有未来现金流的现值，你就可以准确地通过贴现率得出未来的现金流。举例来说，如果贴现率为10%，一年后收到的100美元的现值是90.90美元，投资者现在拥有的90.90美元和一年后收到100美元之间几乎是没有差别的，这是因为90.90美元可以以10%的利率进行投资并在未来得到100美元（$\$90.90\times1.10=\$100$），这就是价值的本质。无论卖方继续接收由资产带来的现金流还是接收卖价，当期价值必须是两者之间没有差别的价值。

还有一个问题在于，如果每个人都知道如何确定价值，那为什么还会出现价格波动的情况呢？这是因为不是每个人都认同未来现金流的走向。下面就来总结一下确定证券价格的步骤：

1.确定持有证券所带来的现金流。

2.确定偿还证券所需的贴现率。

3.用步骤2中的贴现率计算步骤1中估算的现金流的现值。

本章余下部分会着重介绍债券是如何定价的。在第14章中，我们会讨论股票估价问题。

半年付息债券的定价

半年付息债券的利息等于票面利率乘以债券的面值（或票面价值）。在到期日，持有者会收到一次性付清的票面价值。大多数公司债券的票面价值为1 000美元，债券的基本术语如表12-3所示。

表12-3　　债券术语

票面利率	债券规定好的利率，通常在债券的生命周期中保持不变
当期收益率	息票支付的利息除以当期债券的市场价格
面值	债券的到期值，债券到期时持有者会从发行者处收到票面价值，面值和票面价值是同义词
契约	指定贷款协议条款的债券合同，包括管理限制条件，也就是契约
市场利率	当前市场中有类似风险和到期期限的证券的有效利率，用来衡量债券的价值
到期	持有到债券到期或发行者支付票面价值的年数或时间段数
票面价值	和面值意思相同
到期收益率	用当时的市价购买并持有至到期日的债券，投资者会得到的收益

当发行债券时，发行公司设定的票面利率通常接近于其他相似的尚未支付的债券利率，除非债券的利率可调整，否则在债券的生命周期中息票的利息是不变的。

确定半年付息债券价格的第一步是确定债券持有者会收到的现金流。债券的价格是这些现金流的现值，这些现金流包括利息支付和最后一次性付清的本金。

第二步，将现金流进行折现，使用的利率是能代表其他到期期限与风险相似的债券的利率。

计算每一年付息的债券价格的简单方法已经在第3章中进行了详细的说明。现在我们来研究一个更现实的案例。大多数债券是半年进行一次付息,为了调整半年付息的现金流，我们要将息票利息分成两部分，因为每6个月支付一半的年息。相似地，为了确定半年的有效利率，市场利率也需要减半。最后需要将期间数变为2倍，因为每年有两个半年期。等式12.2说明了如何计算半年付息债券的价格。[①]

$$P_{半年}=\frac{C/2}{(1+i)}+\frac{C/2}{(1+i)^2}+\frac{C/2}{(1+i)^3}+\cdots+\frac{C/2}{(1+i)^{2n}}+\frac{F}{(1+i)^{2n}} \tag{12.2}$$

其中：$P_{半年}$=半年付息债券的价格；C=年付利息；F=债券的票面价值；n=到到期日需要的年数；$i=\frac{1}{2}$年市场利率

例12.3 半年付息债券的价格

现在计算一下例题中债券的价格。假定债券的票面利率为10%，面值为1 000美元，2年到期。现假设债券半年进行一次付息，市场利率为12%。

解答：(1) 首先确定现金流。计算一下息票利息，用0.10乘以1 000得到100美元。由于每半年支付一次利息，利息就是100美元的一半，即50美元。最后的现金流包括债券1 000美元的票面价值，这个是不会因为半年付息而改变的。

(2) 我们需要知道用哪个市场利率来计算债券的现值，当天发行的有相似风险的债券利率为12%。该利率除以2得到半年的利率，所以利率为6%。

(3) 计算现金流的现值。半年付息债券的期间数会翻倍，这意味着需要进行4年的利息贴现。

$$P=\frac{\$100/2}{(1+0.06)}+\frac{\$100/2}{(1+0.06)^2}+\frac{\$100/2}{(1+0.06)^3}+\frac{\$100/2}{(1+0.06)^4}+\frac{\$1\ 000}{(1+0.06)^4}$$

$$P=\$47.17+\$44.50+\$41.98+\$39.60+\$792.10=\$965.35$$

其中：$N=4$；$FV=\$1\ 000$；$I=6\%$；$PMT=\$50$。

$$PV=债券价格=\$965.35$$

考虑到例12.3中债券的市场价格要低于1 000美元的票面价格，当债券以低于票面价格出售时，就称为折价发行；当债券以高于票面价格出售时，就称为溢价发行。

是什么决定了债券是折价发行还是溢价发行呢？假定你要投资一个票面利率为10%，票面价值为1 000美元的已发行债券，如果有类似风险的新发行债券的收益率能达到12%，你不会愿意支付1 000美元来购买已发行的债券。已发行债券的卖家通过降低债券价格的10%来吸引投资者。事实上，卖家需要降低价格，直到购买者购买已发行债券的收益率和购买相似的新发行债券的收益率相同。这意味着当市场利率上升时，利率固定的债券价格就会下降。相应地，新发行债券的市场利率下降，利率固定的已发行债券价格就会上升。

① 用最初的期间数和全年利率来进行最后一笔现金流的贴现，这种算法目前存在一些争议。衍生证券一旦被售出，本金和利息的现金流会分别流向不同的投资者，而收到半年付息的投资者不应该只有本金部分的现金流受到影响。然而，事实上像计算利息的现值一样，每个课本、计算机和电子数据表都用相同的利率和时期将最后一笔现金流贴现来计算债券价格。为了保持一致，我们在书中也用这种方法。

12.11 债券投资

债券是一种极受欢迎的长期替代品，用来替代股票投资（见图12-6）。债券的风险要比股票低，因为债券拥有优先偿付权。也就是说当公司难以履行义务时，债券持有者会在股票持有者之前得到款项。此外，如果公司需要清算债务，债券持有者也一定会在股票持有者之前得到赔款。

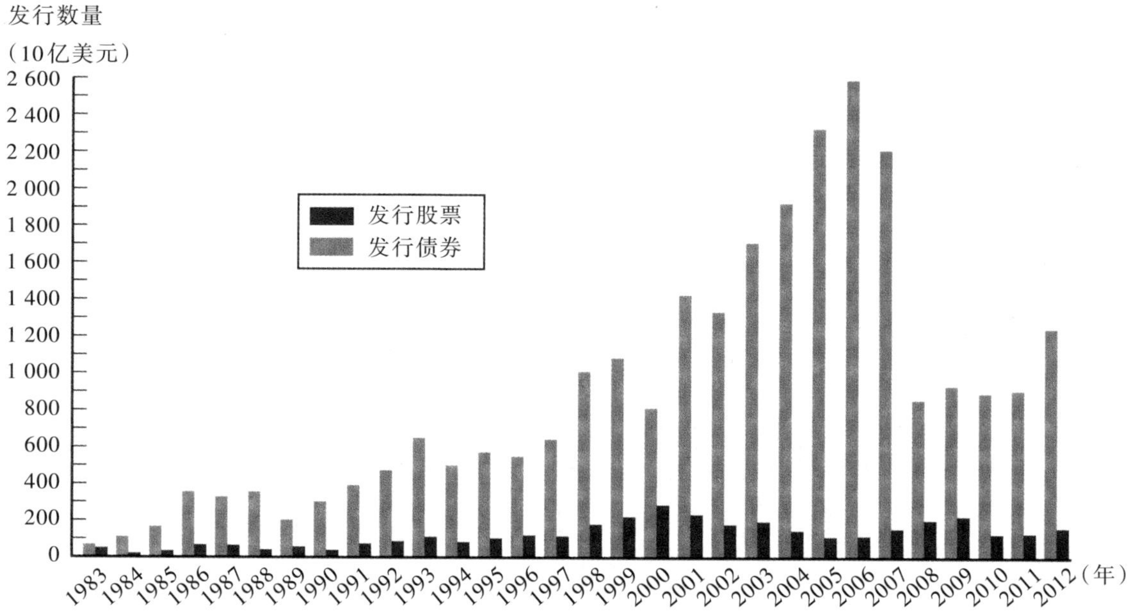

图12-6 发行的债券和股票，1983—2012年

资料来源：http：//www.federalreserve.gov/econresdata/releases/corpsecure/current.htm.

即使是那些运行良好、有充足的现金流支付债券和股票持有者的公司，其股票价格也并不稳定。这种波动性导致许多投资者不敢进入股票市场，于是债券便成了最受欢迎的替代品。债券提供相对安全的现金支付，这对于退休的投资者和依靠投资生活的人来说是十分理想的投资。

因为现金流相对固定，所以许多投资者认为债券属于低风险投资。事实的确如此，高等级的债券很少发生违约，债券投资者经历的价格波动是因为市场利率的波动。当利率上下波动时，债券价格会向相反方向变化。正如在第3章所讲，由于利率变化导致遭受损失的可能性被称为利率风险。债券的到期期限越久，价格上的变动就越大。但那些继续持有债券的投资者并不会因此遭受损失，然而许多投资者并不会一直持有债券直至到期日。如果打算在利率上升时卖掉债券，投资者得到的价格会比当初支付的价格低。当决定是否投资债券时，利率风险是一项很重要的考虑因素。

本章小结

1.资本市场的存在是为了给长期的资本资产融资。居民通常通过投资养老金和共同基金进行投资，他们是资本市场中的净投资者。公司、联邦政府和州政府是这类资金的净使用者。

2.三种主要的资本市场工具是债券、股票和抵押贷款。债券是发行公司的借款，股票代表对公司的所有权，抵押贷款是由不动产担保的长期贷款。只有公司可以发行股票，公司和政府可以发行债券。在任意年间，债券筹集的资金都要比股票更多。

3.公司经理受雇于股东并且负责保护和增加他们的资产，债券持有者要通过契约来保护他们的利益。债券契约包括一些合同，这些合同是用来限制公司参与可能会增加债券风险以及出现债券违约的活动。债券契约也包括许多可以吸引消费者的条款，如看涨期权、可转换性或偿债基金。

4.企业资产的估价方法基本相同，都是计算流向资产持有者的现金流的现值。例如，通过计算所有者收到的净现金流，可以对一栋商业大楼进行估值。我们可以通过计算现金流（包括各期支付的利息和最后偿还的本金）的现值来对债券进行估值。

5.债券的价格随着当期市场价格的变化而波动。如果债券的票面利率为5%，那么存在相同价格的票面利率为8%的新发行债券时，没有投资者会以票面价值购买这个债券。为了卖出债券，持有者只能按照收益等于8%进行折价发行。到期期限越长，贴现的金额就越多。

重点词汇

首次公开募股　本息分离债券　利息债券　一般责任债券　收入债券　债券契约　记名债券　限制性条款　赎回条款　偿债基金　财务担保　信用违约互换

问答题

1.比较投资者对于资本市场和货币市场的使用。

2.什么是资本市场中主要的证券，谁是这类证券的主要购买者。

3.区分证券的一级市场和二级市场。

4.投资者从债券中可以得到哪三类信息，请一一说明。

5.详细说明可投资级别债券和垃圾债券之间的区别。

6.随着市场利率不断变化，债券的市场价格也发生上下波动。由于利率变化带来债券的价格变化是带给债券投资者的一种风险，这种风险被称为什么？

7.可转换债券是什么意思？相比不可转换债券，可转换债券对投资者吸引力更大还是更小呢？

8.债券的赎回条款允许发行者可以随时赎回债券。投资者不喜欢赎回条款，因此对可提前赎回债券的利息要求更高。那为什么发行者还要继续发行可赎回债券呢？

9.什么是偿债基金？投资者喜欢有这种特性的债券吗，为什么？

10.一般责任债券和收入债券之间的区别在哪？

11.当投资公司债券时，投资者要面对的风险有哪些？

计算题

1.假设你考虑购买一个10年到期的债券，债券的票面价值为1 000美元，票面利率为7%，如果当前的市场利率为5%，一年付一次利息，今天债券的市场价格是多少？

2.一个票面价值为1 000美元、20年到期的零息债券，投资者希望在债券上取得10%的年收益率，债券的售价应为多少？（提示：零息债券无须支付利息，可以回顾第3章）

3.假定要考虑两种债券：

	A债券	B债券
到期（年）	20	30
票面利率（%）半年付息	12	8
票面价值	$1 000	$1 000

a.如果两种债券的回报率都是10%，债券的价格是多少？

b.解释说明债券折价发行、溢价发行和平价发行都是什么意思，根据（a）的计算结果，两种债券是该折价发行、溢价发行还是平价发行呢？

c.如果回报率下降到9%，请重新计算债券的价格。

4.一个2年到期、票面价值为1 000美元的零息债券，当前售价为819.00美元；一个2年到期，票面价值为1 000美元的每年付息债券，当前售价为1 712.52美元。如果你想投资50 000美元，更应该购买哪个债券？（提示：计算每个债券的收益）

5.思考下列现金流，所有市场利率均为12%：

年份	0	1	2	3	4
现金流（$）		160	170	180	230

a.你会为这些现金流支付的价格是多少？如果卖掉对剩余现金流的所有权，你希望2.5年后的总收益是多少？假定利率保持不变。

b.这些现金流的久期是多少？

c.购买这些现金流后，市场利率迅速下跌到11%，那么2.5年后对你的总资产有什么影响？

6.假定投资者要考虑两种债券，一种公司债券的回报率为12%，以票面价值发行，边际税率是28%；另一种市政债券票面利率为9.50%。投资者应该选择哪一种呢？

7.如果市政债券利率为4.25%，公司债券的利率为6.25%，边际税率是多少？假定对于两种债券投资者是无差别的。

8.M&E公司持有未偿还的可转换债券，可以转换成20股的普通股（当前交易为每股52美元）。债券还有5年到期，票面价值为1 000美元，年票面利率为6%。M&E公司直接债务的当期收益率为5%，求债券的最低价格是多少？

9.假设第8题中的债务以1 035美元进行交易，在这种情况下如何得到风险最低的收益（套利）？

10.一个10年期、票面价值为1 000美元，年票面利率为5%的债券，到期收益率为6%，当期收益率是多少？

11.票面价值为1 000美元，只有1年就到期的年付息债券，当期收益率为7.621%，到期收益率为12%，债券的价格是多少？

12.以900美元的价格购入票面价值为1 000美元的一年期折价发行的债券，到期收益率是多少？在折价的基础上收益为多少？（见第3章和第12章）

13.一个7年期，票面价值为1 000美元，年票面利率为8%的债券，当期收益率为7.5%，债券可以在2年内以1 010美元的价格赎回，假定被赎回，债券的收益率是多少（赎回收益率）？

14.一个20年期，票面价值为1 000美元，年票面利率为8%的债券，在10年后以1 025美元的价格赎回，如果交易的赎回收益率是6.25%，债券的到期收益率是多少？

15.一个15年期，票面价值为5 000美元，每半年付息的票面利率为12%的债券，名义到期收益率是8.5%，债券的价格是多少？

16.公司拥有以下债券：

债券	市值	久期（年）
A	\$1 300 000	2
B	\$1 800 000	4
C	\$2 000 000	3

当利率从8%升到8.5%时，证券投资组合的价格大约会变化多少？（回顾第3章）

第13章

股票市场

序言

在上一章中我们将资本市场定义为长期证券交易的场所，之后我们探讨了债券市场以及债券价格的确定。在本章，我们通过进一步学习股票市场继续研究资本市场。股票市场毫无疑问是最受关注的市场。当投资者试图预测市场起伏时，他们会获得收益或遭受损失。在过去的10年里我们见证了空前的波动时期。股票指数在90年代末创下历史最高纪录，这很大程度上归功于科技公司，随后在2000年又降了回去。到了2007年，股票指数又涨到历史记录，随后在2009年又降回到1997年的水平，从那之后市场真正恢复并创历史新高。在本章我们将探寻这一重要市场是如何运行的。

我们首先讨论股票交易市场，之后探讨股票估价的基本理论，这些理论对于理解那些导致股票价值升降的外力因素是非常重要的。我们会学到决定普通股票的价值是非常困难的，而正是这种难题导致了股票市场如此多的波动。

13.1 股票投资

公司的每股股票都代表了所有权，公司的股东所拥有的利益百分比与持有的已发行股票百分比一致。

投资者通过两种方式获得回报，一种是股票的价格上升，一种是公司付给股东股利。股票比债券的风险更大，因为当公司遭遇麻烦且无法保证股利和股价的上涨时，债权人比股东有优先权。尽管有这些风险，投资股票仍比投资债券更有可能获得收益。股票和债券的另一区别是股票没有到期日。

股票的所有权使得股东拥有对公司确切的权利，权利之一就是剩余索取权：当满足了所有其他的索取权后，股东对于剩余所有的资产和收入有索取权。如果没有剩余，股东就什么都得不到了。然而，值得注意的是，如果公司运行得非常好的话，股东则很有可能获得回报。

大多数股东有权投票选举董事以及决策某些特定的问题，如修订公司章程以及是否发行新的股票。

值得注意的是在图13-1中的股票并没有显示到期日、面值或者利率，而这些在债券上会做出说明。

图13-1 Sapir联合航空股票

13.1.1 普通股和优先股

目前股票分为普通股和优先股两种形式。公司的每股普通股都代表了股票所有者的利益。**普通股股东（common stockholder）**可以投票，获得股利，并希望他们所持有的股票价格能够上升。目前普通股票分为许多种，通常表示为A股、B股等。然而，这种分类并不能代表公司间的区别。这些股票分类之间的区别通常包括股利分配或者投票权。对于股票投资者来说比较重要的是清楚地知道正在考虑的股票会带来哪些权利。

优先股（preffered stock）是一种基于法律和税务角度的权益。然而，优先股与普通股有几点极其重要的不同之处。首先，由于优先股股东收获的是固定的股利，所以比起普通股，优先股更像是债券。其次，由于股利不变，优先股的价格相对稳定。再次，优先股股东通常不进行投票，除非公司不能按时派发股利。最后，优先股股东与普通股股东相比，拥有对资产的优先索赔权，但债权人如债券持有人却比优先股股东拥有优先索赔权。

优先股在新发行的股票中占不到25%，并且资本市场中的资金中只有5%是通过优先股筹集的，这可能是因为对于公司来说，优先股的股利并不像债券的利息那样可以扣税，因此发行优先股通常比发行债券的成本更高，即使优先股和债券有许多共同的特征。

13.1.2 股票是如何销售的?

在美国每个工作日都会有数十亿的股票被出售。有序的信息流、股票的所有权以及股票市场流动的资金，这些都是高速发展的市场所拥有的关键特点。这种高效的发展鼓励了投资者购买股票并且也为有价值增长机会的企业提供了权益资本。传统的观点认为股票是在有组织的交易所或者场外进行交易。如今，随着电子交易数量的增加和影响的扩大，这种特性正变得越来越模糊。

有组织的证券交易所

纽约证券交易所（NYSE）是有史以来最广为人知的有组织的交易所。纽约证券交易所最初在1792年开始进行交易，当时在华尔街有24位经纪人进行股票交易。纽约证券交易所如今仍是世界上最大的、最具流通性的股权交易所。有组织的交易所传统的定义是买方和卖方运用公开拍卖的方式定期见面，然后进行证券交易的特定场所。随着证券交易的应用技术越来越复杂，上述方式就更少被使用了。目前纽约证券交易所将自己定义为混合型市场，即将电子交易和传统的拍卖市场交易结合起来的市场。在2006年3月，纽约证券交易所合并了一个电子通信网络（ECN）公司——Archipelago。在2007年4月4日，纽约证券交易所和欧洲证券交易所联合创立了纽约泛欧证交所。在2009年，纽约泛欧证交所完成了对美国证券交易所的收购。

全球范围内也有其他有组织的主要证券交易所，其中最活跃的交易所是日本东京证交所，还有英国的伦敦证交所、德国的达克斯证交所以及加拿大的多伦多证交所。

为了能在有组织的交易所里将股票上市进行交易，公司必须提交申请并且满足交易所为了优化交易而设置的标准。例如，纽约证券交易所鼓励大型企业上市以便提升交易数量。有几种方式达到最低的上市要求。通常来说，公司必须有大量的收入和市场价值（每年超过1千万美元以及1亿美元的市值）。

全球超过8 000家公司在纽约泛欧证交所上市，公司平均市值大约为196亿美元。在1998年10月28日，纽约证券交易所股票交易数量首次达到10亿股。[①]到了2013年，通常日交易量超过40亿股，高峰日交易量会达到70亿股。

在区域性交易所，如费城交易所，股票更容易上市。一些公司选择在多家交易所上市，它们认为在公众面前的曝光机会越多越好，这样可以增加外界对它们股票的需求量，提升股票价格。许多公司同样认为在主要的交易所上市会产生一定的声誉，它们甚至会在打广告时提起这一点，然而并没有什么结论性的研究能支持这一点，比方说，微软就没有在任何有组织的交易所上市，但它的股票市值在2013年已超过2 500亿美元。

场外交易市场

如果微软的股票没有在任何有组织的证券交易所进行交易，那么它是在哪里销售其股票呢?

① NYSE Fact Book，www.nyse.com.

没有在有组织的交易所上市的证券会在场外交易市场（OTC）进行交易。这种市场没有特定的场所，相反，股票的交易是通过复杂的电信网络进行的。其中一种叫作美国全国证券交易商协会自动报价表，即**纳斯达克（NASDAQ）**。纳斯达克是在1971年引进的，旨在提供大约3 000种活跃股票的当前买卖价。交易商通过买进投资者想要抛出的股票，然后在投资者想要买进时卖出这些股票获利。这些交易商在市场上为小型股提供了流动性。纳斯达克上的总交易量通常比纽约证券交易所上的低一点，然而现在纳斯达克的交易量正在逐渐增长，有时候甚至会超过纽约证券交易所。

并不是所有公开交易的股票都在有组织的交易所或纳斯达克上市。不经常交易的或者主要在一个地区进行交易的证券通常会由地区办事处的各经纪公司着手处理。这些办事处常常保留一些在地方流行的证券的少量存货。交易商通常为交易量低的股票做市场，这点对于场外交易市场的成功至关重要。若没有这些交易商买入或卖出股票的话，投资者并不愿意购买那些地区的或者不知名公司的股票，一旦如此，刚起步的企业筹集资本将会变得非常困难。回忆第4章讲的，资产流动性越强，需求的数量就会越大。通过提供流动性，交易商可以提高对交易量较小的证券的需求。

有组织的交易所和场外交易市场

有组织的交易所和场外交易市场的运行有着极大的不同。作为拍卖市场，有组织的交易所会雇用那些专门经营指定股票的场内交易员，这些“专家”会监督、促进自己这组的股票交易。场内交易员根据经纪公司提供买卖股票的指令，在交易所的交易站见面讨论当前买卖价。这些报价会被大声报出来。大约90%交易由“专家”人工匹配买方和卖方，至于另外10%的交易，“专家”则通过买卖自己的股票进行交易。“专家”的职责就是要保持股票市场的有序进行，即使可能需要在持续下跌的市场中购买股票。

在纽约证券交易所里大约有1/4的交易是由场内交易员亲自接洽交易所的“专家”而产生，交易中另外3/4的部分是由SuperDot系统（超级指定订单周转系统）执行的。SuperDot是一种将订单直接传送给股票交易专家的电子订单系统，这种系统使得交易沟通的速度比通过场内交易员更快。SuperDot服务的对象主要是100 000股以下的交易，而优先处理的是2 100股以下的交易。纽约证券交易所75%的交易都是通过SuperDot执行的。

有组织的交易所里有帮忙进行交易的专家，而场外交易市场里有做市商。相比于以拍卖的方式交易股票，他们更愿意在电子网络上交易，而且网络上的买卖价是由做市商决定的。任何一只特定股票通常都会有许多的做市商，这些做市商会填入它们的买价和卖价。一旦成交，它们以商定的价格买入或者卖出至少1 000股的证券。每当一笔交易完成，它们可以输入新的买价和卖价。做市商对经济至关重要，因为它们保证了每一股股票都有持续的流动性，甚至包括那些交易量极少的股票。做市商通过买价（它们愿意支付的价格）和卖价（它们卖股票时的价格）之间的差价获得收益。它们也会从交易中收取佣金。

尽管纳斯达克、纽约证券交易所和其他交易所受到严格的监管，它们仍是公共营利性组织。它们有股东、董事以及办公人员，这些人都对市场份额和营利感兴趣。这意味着纽约证券交易所正在和纳斯达克竞争那些能产生大笔手续费的大份额股票。例如，纽约证券交易所这些年一直试图吸引微软离开纳斯达克并在纽约证券交易所上市。

电子通信网络（ECNs）

电子通信网络近几年一直试图竞争纳斯达克和其他交易所的业务。电子通信网络是一种交易电子网络，通过让经纪人和交易者直接进行沟通，免去了中间人的环节，也有利于交易的进行。

电子通信网络有许多的优点，而正是这些优点促使了其快速成长。

- **透明：**所有未填写的订单都可供电子通信网络交易者查阅。这提供给交易者有价值的供需信息以便他们制定策略。尽管某些交易所也提供了这类的信息，但是这些信息并不像电子通信网络所提供的那样及时和完整。
- **降低成本：**因为交易中不存在中间人和佣金，所以通过电子通信网络进行交易的交易成本更少。差额通常会降低，有时会消除。
- **执行更快：**由于电子通信网络是全部自动化的，交易被确认匹配的速度比人工进行更快。这对于许多交易者来说并没有太重要的意义，但对于那些试图在价格小幅波动时交易的人来说，这是至关重要的。
- **盘后交易：**在电子通信网络出现之前，当交易所白天下班后，只有机构交易者能够接触证券。在主要的交易所下班后会出现许多新闻报道和信息，但是小型投资者无法利用这些数据做交易。由于电子通信网络从不下班，因此交易可以随时进行。

电子通信网络也有许多缺点。主要的一点就是它们只擅长交易大数量的股票。由于电子通信网络要求每个卖家都要匹配买家，反之亦然，因此交易量非常少的股票会在很长时间内都没有交易。极讯是最大的电子通信网络之一，它主要是为机构交易者服务的。极讯的子公司Island，为个人交易提供服务。

主要的交易所都在升级各自的自动交易系统，希望能够和电子通信网络抗衡。比如，纽约证券交易所最近宣布了一些变动，是关于它的“指示+订单安排系统”以及其与Archipelago的合并，希望借此在市场上占得一席之地。尽管纽约证券交易所在股票和美元数量方面仍主导着美国股票市场，但它的现场拍卖方式可能无法抵抗未来科技的挑战。

交易所交易基金

交易所交易基金（ETFs）已成为最新的市场创新，有望能得到投资者的兴趣。该概念是在1990年最先被引入美国的，到了2010年有将近1 000只独立的交易所交易基金进行交易。简单来说，买入一篮子证券后，根据在交易所交易的这组证券的价值创立一只股票，此时就产生了交易所交易基金。它的组成和框架都在不断更新，但交易所交易基金拥有以下特点：

1. 它们在证券交易所是作为个股进行上市以及交易的。
2. 它们是以指数为基础而不需要管理。
3. 它们的价值是基于篮子里持有的股票的净资产价值指数。篮子的内容是公开的，因此当天的套利使得交易所交易基金的价格能接近真实价值。

交易所交易基金在许多方面和股票指数共同基金很相似，比如它们会追踪一些指数的表现，如标准普尔500指数或道琼斯工业平均指数。不同之处则是交易所交易基金交易和股票交易也很相似，因此它们存在限价指令、卖空交易、止损指令以及边际购买能力。相比其他指数共同基金，交易所交易基金的管理费用往往更少。例如，先锋集团的交易所交易基金的费用比率为0.08%，而市场指数共同基金的费用比率为0.25%。交易所交易基金的另一优点是它们通常没有投资数量的最低限制，而共同基金则要求投资额至少为3 000到5 000美元。

交易所交易基金的缺点主要是：由于它们的交易和股票很像，投资者每次买卖时都必须付经纪人佣金。对于那些想要频繁小额投资的人来说，交易所交易基金相比于共同基金产生了成本劣势。

交易所交易基金中的一些基金，如Vipers、Diamonds、Spiders和Qubes，其名字是由追踪的指数或发行公司的名字命名的。比如，Diamonds是与道琼斯工业平均指数挂钩，Spiders追踪标准普尔500指数，Qubes跟随纳斯达克（股票代号QQQQ），Vipers是先锋集团的交易所交易基金。这一系列的指数可以通过购买交易所交易基金进行追踪，而且不断扩展，涵盖所有的部门、商品以及投资方式（价值、成长、资本化等）。当更多的投资者了解到使用交易所交易基金来实现证券投资组合多样化更加有效，成本更低时，交易所交易基金会越来越受欢迎。

13.2 普通股价格的计算

金融的基本原则之一是任何投资价值都是通过计算这个投资生命周期中所产生的现金流的当前价值得出的。例如，一栋商业楼要卖出的价格将会反映净利用年限内的净现金流（租金-费用）。同样，我们估计普通股的价值是通过估计未来现金流的折现值。股东从股票中挣得的现金流是股利、售价，或者两者都有。

为了展开讨论股票估价的理论，我们从最简单的情况入手。假设你买了一只股票，持有了一段时间并得到了股利，然后又卖了这只股票。我们将这种情况称为单阶段估价模型。

13.2.1 单阶段估价模型

假设你有些闲钱可以用来进行一年的投资，一年后你需要卖掉你的投资然后交学费。在看了电视节目“华尔街周讯”后，你决定买入英特尔公司的股票。你打电话给经纪人并发现因特尔目前的股价为每股50美元，而每年的股利为0.16美元。“华尔街周讯”的分析师预测这只股票一年后会卖到60美元。如果是这样，你会买吗？

为了回答这个问题你需要确定当前的价格是否确切地反映了分析师的预测。为了估算股票的现值，你需要使用第3章的公式来计算未来现金流（未来支付值）的贴现值，股票的折现系数就是股权投资的必要报酬率k_e。现金流包括了支付的股利加上最后销售的价格，当折现到现在时，就会用到接下来的等式来计算股票的现值。

$$P_0 = \frac{Div_1}{(1+k_e)} + \frac{P_1}{(1+k_e)} \tag{13.1}$$

其中：P_0=股票的现值。0代表第0阶段或者现在。

Div_1=第一年年末支付的股利。

k_e=股权投资的必要报酬率。

P_1=第一阶段结束时的价格。这是股票假设的销售价格。

例13.1　股票估价：单阶段模型

通过上述数据，确定英特尔股票的价值。你需要用投资者的必要报酬率来确定现金流的现值。由于股票比债券的风险更大，你要求比债券市场更高的回报。假设在一番仔细的思考后，你对投资所得12%的回报率很满意。

答案：将12%代入公式13.1：

$$P_0 = \frac{0.16}{1+0.12} + \frac{\$60}{1+0.12} = \$0.14 + \$53.57 = \$53.71$$

根据你的分析，你发现股票的价值为53.71美元。由于股票目前售价为每股50美元，你决定购买该股。为什么股票现在售价比53.71美元少？这可能是因为其他投资者所认为的现金流的风险不同或者估计的现金流比你估计的要少。

13.2.2 广义股利估值模型

单阶段估价模型可以被扩展成多阶段的，概念保持不变。股票的价值是所有未来现金流的现值。投资者将会获得的现金流是股利和股票最终被卖掉的售价。股票广义公式如公式13.2所示。

$$P_0 = \frac{D_1}{(1+k_e)^1} + \frac{D_2}{(1+k_e)^2} + \cdots + \frac{D_n}{(1+k_e)^n} + \frac{P_n}{(1+k_e)^n} \tag{13.2}$$

如果你曾试图使用公式13.2来确定股票的价值，你就会发现在估计股票今天的价值之前，首先要估计出股票在未来某时间点的价值。也就是说，要找到P_0需要先确定P_n。然而，如果P_n在很远的未来时间点，它就不会影响到P_0。例如，一只股票在75年后以50美元卖出，折现率为12%，那么它的现值则只有1美分（50美元÷1.12^{75}）。这就意味着股票的现值就是未来股利现金流的现值。**广义股利模型（generalized dividend model）**去掉了最终售价，见公式13.3。

$$P_0 = \sum_{t=1}^{\infty} \tag{13.3}$$

认真思考公式13.3，广义股利模型认为股票的价格仅仅由股利的现值决定，与其他条件无关。许多股票并不派发股利，那么这些股票的价格从何而来？股票的投资者希望公司某天可以派发股利。大部分时候当公司完成了生命周期的快速增长阶段时就会派发股利。随着时间迫近，股利现金流出现时，股票的价格会上升。

广义股利估值模型要求我们计算无穷的股利现金流，而这一过程可以说是非常困难的。因此，简单化的模型可以使计算更容易一些。其中一种模型就是**戈登股利增长模型（Gordon growth model）**，而这个模型需要假定持续的股利增长。

13.2.3 戈登股利增长模型

许多公司努力使其股利每年以恒定的比率增长。根据公式13.3推出公式13.4，反映股利的恒定比率。

$$P_0 = \frac{D_0 \times (1+g)^1}{(1+k_e)^1} + \frac{D_0 \times (1+g)^2}{(1+k_e)^2} + \cdots + \frac{D_0 \times (1+g)^\infty}{(1+k_e)^\infty} \tag{13.4}$$

其中：D_0=最近支付的股利。

g=股利预期的持续增长率。

k_e=股权投资的必要报酬率。

公式13.4可以简化为公式13.5。①

$$P_0 = \frac{D_0 \times (1+g)}{k_e - g} = \frac{D_1}{k_e - g} \tag{13.5}$$

由于以下几点设想，对于确定股票价值，这个模型可以说是最有效的。

1.假定股利永远以恒定的比率持续增长。事实上，只要股利在一段时间内以恒定的比率增长

① 为了从公式13.4推导出公式13.5，首先公式13.4两边同乘$(1+k_e)/(1+g)$，结果减去公式13.4，得出：

$$\frac{P_0 \times (1+k_e)}{(1+k)} - P_0 = D_0 - \frac{D_0 \times (1+g)^\infty}{(1+k_e)^\infty}$$

假设k_e比g大，最右边的值将趋近于0。因此，将P_0单独放在等式左边，得$P_0 \times [\frac{1+k_e}{1+g} - 1] = D_0$,继续简化得：

$$P_0 \times \frac{(1+k_e)-(1-g)}{(1+g)} = D_0$$

$$P_0 = \frac{D_0 \times (1+g)}{k_e - g} = \frac{D_1}{k_e - g}$$

（即使不是永远），这个模型就应该产生合理的结果。这是因为当折现到今天，远期现金流的误差就变得非常小。

2.假定增长的比率比权益的必要报酬率 k_e 低。迈伦·戈登在他的模型里解释这是合理的假设。理论上，如果增长率比公司投资者所要求的必要报酬率高，从长期来说公司无法发展壮大。

例 13.2　股票估价：戈登增长模型

确定可口可乐公司股票目前的市价，假设股利增长率为 10.95%，D_0=1.00 美元，必要报酬率是 13%。

解答：

$$P_0 = \frac{D_0 \times (1+g)}{k_e - g}$$

$$P_0 = \frac{\$1.00 \times (1.1095)}{0.13 - 0.1095}$$

$$P_0 = \frac{\$1.1095}{0.0205} = \$54.12$$

如果关于恒定增长率和必要报酬率的设想都正确的话，那么可口可乐的股票应该卖 54.12 美元。

13.2.4　市盈率估值法

理论上，股票估值最好的方法就是股利估值方法。然而有时很难实施这种方法。如果一家公司没支付股利或者增长率非常不稳定，结果就很可能差强人意。其他股票估值的方法有时有效，其中较受欢迎的是市盈率。

市盈率（PE）是一种被广泛关注的方法，用来衡量当公司每收入 1 美元，市场愿意为这 1 美元支付的价格。高市盈率有两种解释：

1.高于平均值的市盈率可能意味着市场希望收入能在未来上升。这将在未来使市盈率降回平均值。

2.高市盈率也可能意味着市场觉得公司的收入风险非常低，因此愿意为其支付溢价。

市盈率可以被用来预估公司股票的价值。公司的股价等于产品的市盈率乘以期望的收入。

$$\frac{P}{E} \times E = P \tag{13.6}$$

从长期来看，同一行业的公司可能会拥有相似的市盈率。公司股票的价值可以通过平均市盈率乘每股期望收益得出。

例 13.3　股票估价：市盈率方法

餐厅产业平均市盈率和一家公共餐饮连锁企业 Applebee's 相似，为 23。如果每股的收益预计为 1.13 美元，那么 Applebee's 现在的价格是多少？

解答：通过公式 13.6 和已知的数据得：

$$P_0 = \frac{P}{E} \times E$$

$$P_0 = 23 \times \$1.13 = \$26$$

市盈率方法尤其适用于私营企业和不发股利的企业的估值。市盈率估价方法的缺点则是通过使用行业平均市盈率，一些可能导致公司的市盈率在远期会高于或低于平均市盈率的特殊因素在分析中可能会被忽略。熟练的分析师在预估股价时会调整市盈率来反映公司自身的特点。

13.3 市场是如何决定股票价格的?

假设你去参加一场拍卖会，可以在拍卖开始之前对轿车进行检查，然后你看中了一辆马自达，在停车场里你进行了试驾，并且注意到这辆车会发出一些奇怪的噪声，但是你仍然很喜欢这辆车。你决定出价5 000美元，当噪声问题变得严重时再进行维修。当拍卖马上开始时，你进场等待那辆马自达开拍。

假设另外一位买家也想要拍那辆马自达，他也试驾了那辆车，并且发现了噪声问题是刹车片磨损导致的，但是以正常的成本他自己就可以处理好这个问题。他决定花7 000美元买下这辆车。他同样在拍卖场等待拍下这辆马自达。

谁会买下这辆车，以什么样的价格买下？假设只有你们两个人对这辆马自达感兴趣，你开始以4 000美元竞拍，他则出价4 500美元，你再次提高买价为5 000美元，然后他再次提高到5 100美元。现在的价格已经高出你愿意支付的价格，所以你决定停止投标。这辆车最后卖给了出价为5 100美元的买家。

这个简单的例子引出了许多思考。第一，价格是由愿意支付更高价格的买家决定的。该价格并不需要是这个资产的最高价格，而是要高于其他买家想要支付的价格。

第二，市价是由最能物尽其用的买家决定的。最后买到车的车主清楚地知道他可以无须投入过多的成本就把噪声问题解决。正是因为这样，他愿意支付比你更多的价钱。同样的理论也符合其他资产。例如，一栋房产或一栋建筑的买家是能够令资产发挥最大生产作用的买家。想想为什么有的公司以远远超过市价的溢价取得另一（目标）公司的所有权。发起购买的公司也许认为它可以使目标公司的资产运行得比现在更好，而这会证明溢价的价值。

最后，这个例子显示了信息在资产定价里发挥的作用。有用的信息可以通过降低资产的风险从而提高它的价值。当你购买股票时，未来现金流有许多未知数。掌握这些现金流确切信息的买家在将现金流折现时选择的利率会比不确定的买家更低。

现在我们将这些想法应用到股票估值上。假设你在考虑买入下一年支付2美元股利的股票（D_1=2美元）。这家公司正在以至少3%的增长速度发展壮大。你并不能确定股利现金流的稳定性以及预测增长率的准确性，为了抵消这部分风险，你的必要报酬率应为15%。

现在假设另一位投资者Jennifer和产业内部人员进行了谈话，并且对预计的现金流十分自信。Jennifer决定的必要报酬率仅为12%，因为她预测的风险比你的低。另一方面，Bud正在和公司的CEO约会，他清楚地知道公司未来的情况，他估计增长率和现金流都比未来实际的低。因为他认为这项投资几乎不存在风险，他的必要报酬率仅为7%。

每位投资者对于这只股票的估价是多少？通过戈登股利增长模型得出以下股价。

投资者	折现率	股票价格
你	15%	16.67美元
Jennifer	12%	22.22美元
Bud	7%	50.00美元

对于这只股票，你愿意支付16.67美元，Jennifer愿意支付22.22美元，而Bud愿意支付50美元。预期风险最少的投资者愿意支付最多的金额。如果没有其他的交易人，股票的市价就会高于22.22美元。如果你已经持有这只股票了，你会把股票卖给Bud。

这部分的重点就是市场中的投资者竞价，而这决定了市场价格。当出现有关公司的新信息时，预期数值会产生变动，然后价格会随之变动。新的信息会导致对未来的股利或者股利风险的预期发生变动。由于市场参与者持续接收新信息并以此改动他们的预期，股票的价格也就会持续变化。

13.4 估值的误差

这一章我们学习了一些资产估值模型。一个有趣的练习是将这些模型应用到现实公司中。做练习的同学发现大多数时候计算的股票价格和市场价格并不相符。学生经常疑惑是否是模型有误或不完整，亦或是否是错误地使用了这些模型。在使用这些模型时可能会产生许多误差，这些误差包括预测增长率的问题，预测风险的问题以及预测股利的问题。

13.4.1 预测增长率的问题

持续增长模型要求分析师分析公司将会经历的恒定增长率。你可以通过计算股利、销售额或净利润的历史增长率来预测未来的增长率。这种方法的缺点在于没有将公司或经济中所有可能影响增长率的变化考虑在内。加利福尼亚大学金融学教授罗伯特在他的书中（The New Finance）写到，竞争会导致高速增长的公司无法继续保持历史的增长率。他解释道，尽管这样，历史增长率高的企业的股票价格反映了高增长率的持续。但结果是这些公司的投资者收到的回报会低于他们投资成熟的企业获得的回报，这表明即使是专家，也会在预测未来增长率时出现问题。表13-1显示了一家公司在经历不同增长率时的股票价格，必要报酬率为15%，股利为2美元。该股票在1%的增长率时价格为14.43美元，而在14%的增长率时会变为228美元。预测的增长率从13%变为12%时会产生38.33美元的价格差异。

表13-1　一只股票的价格变化，D_0=\$2.00，k_e=15%

持续增长率（%）	价格（$）
1	14.43
3	17.17
5	21.00
10	44.00
11	55.50
12	74.67
13	113.00
14	228.00

13.4.2 预测风险的问题

股利估价模型要求分析师能够预测公司权益的必要报酬率。表13-2显示了一只股利为2美元、增长率为5%的股票价格在不同的必要报酬率下是怎样变化的。很明显，股票价格高度依赖必要报酬率，尽管我们并不确定该结果是如何得出的。

表 13-2　一只股票的价格变化，D_0=\$2.00，g=15%

必要报酬率（%）	价格（$）
10	42.00
11	35.00
12	30.00
13	26.25
14	23.33
15	21.00

13.4.3　预测股利的问题

即使我们能准确预测一家公司的增长率和它的必要报酬率，我们还要面对的问题是公司收益的多少比例应用于派发股利。很明显，许多因素会影响股利分配率，包括公司未来的发展机会以及管理层对于未来现金流的考虑。

将所有的因素都考虑在内，我们可以看到股票分析师对于股票价格的预测很少是非常准确的，这就是为什么新闻报道里股票的价格浮动这么大。例如，关于经济发展缓慢的消息可能会导致分析师对增长率的预测发生变动。当大规模的股票都发生这样的情况时，主要市场指数就会发生变化。

这难道意味着你不应该在市场中进行投资吗？不，这只是意味着股票价格短期的波动是正常的，甚至可以预料这种波动。长远来看，股票的价格能反映公司的收益。如果你的投资组合选择的是高质量的公司，它们可以提供合理的回报。

案例

2007—2009年金融危机与股票市场

案例

"9·11"恐怖袭击、安然丑闻，以及股票市场

在2001年，股票市场受到两起事件的打击："9·11"恐怖袭击和安然事件。戈登股利增长模型可以帮助我们了解这些事件是如何影响股票价格的。

"9·11"恐怖袭击导致了美国恐怖分子将整个国家陷于瘫痪的这种可能性大大增加。这些担忧导致美国公司的发展处于下坡状态，这降低了戈登股利模型中的股利增长率g。因此，公式13.5中的分母增加，从而导致P_0以及股票价格的下跌。

美国经济产生的不确定性也会增加必要报酬率k_e。增加的k_e会导致公式13.5中分母的增加，从而导致P_0以及股价的降低。正如戈登模型所预测的那样，股票市场在"9·11"事件后就立刻下跌了10%。

随后，美国成功抵挡了阿富汗塔利班的袭击，因此没有了恐怖袭击的市场减少了不确定性，而这引起了g的上升和k_e的下降，随后公式13.5中的分母下降，导致了P_0的增加以及10月和11月股票市场的恢复。然而，到了2002年年初，安然丑闻爆发，也有许多公司被曝光收入虚增，这些都导致了许多投资者开始怀疑对公司收入和股利预测的乐观程度。会计信息质量不确定性的

增加导致了g的下降以及k_e的上升，这些都导致了公式13.5中分母的增加，从而降低了许多公司乃至整个股票市场的P_0。股票市场无法恢复正常，随后开始进入下滑阶段。

13.5 股票市场指数

股票市场指数可以反映一篮子股票的状态。通过回顾一篮子股票的平均状态，投资者可以洞悉该组股票的表现情况。不同的股票市场指数可以向投资者报告不同组合的股票的状态。最常被引用的指数是道琼斯工业指数（DJIA），该指数基于30家大型企业的股票。下面的案例“道琼斯工业指数的历史”提供了更多关于该指数的背景。表13-3列举了2013年6月30日该指数的组成股票。

案例

道琼斯工业指数的历史

表13-3　　30家组成道琼斯工业平均指数的公司

公司	股票代码
3M公司	MMM
美国运通公司	AXP
AT&T公司	T
波音公司	BA
卡特彼勒有限公司	CAT
雪佛龙公司	CVX
思科系统公司	CSCO
可口可乐公司	KO
杜邦公司	DD
埃克森美孚公司	XOM
通用电气公司	GE
高盛集团	GS
家得宝有限公司	HD
英特尔公司	INTC
IBM公司	IBM
强生公司	JNJ
摩根大通公司	JPM
麦当劳公司	MCD
默克公司	MRK
微软公司	MSFT
耐克公司	NKE
辉瑞有限公司	PEE
宝洁公司	PG
旅行家公司	TRV
联合健康集团	UNH
联合科技公司	UTX
弗莱森电信公司	VZ
Visa公司	V
沃尔玛百货有限公司	WMT
迪士尼公司	DIS

其他指数，如标准普尔500指数，纳斯达克综合指数，以及纽交所综合指数，可能更适用于下面的不同组合的股票。图13-2显示了自1980年起的道琼斯工业指数。

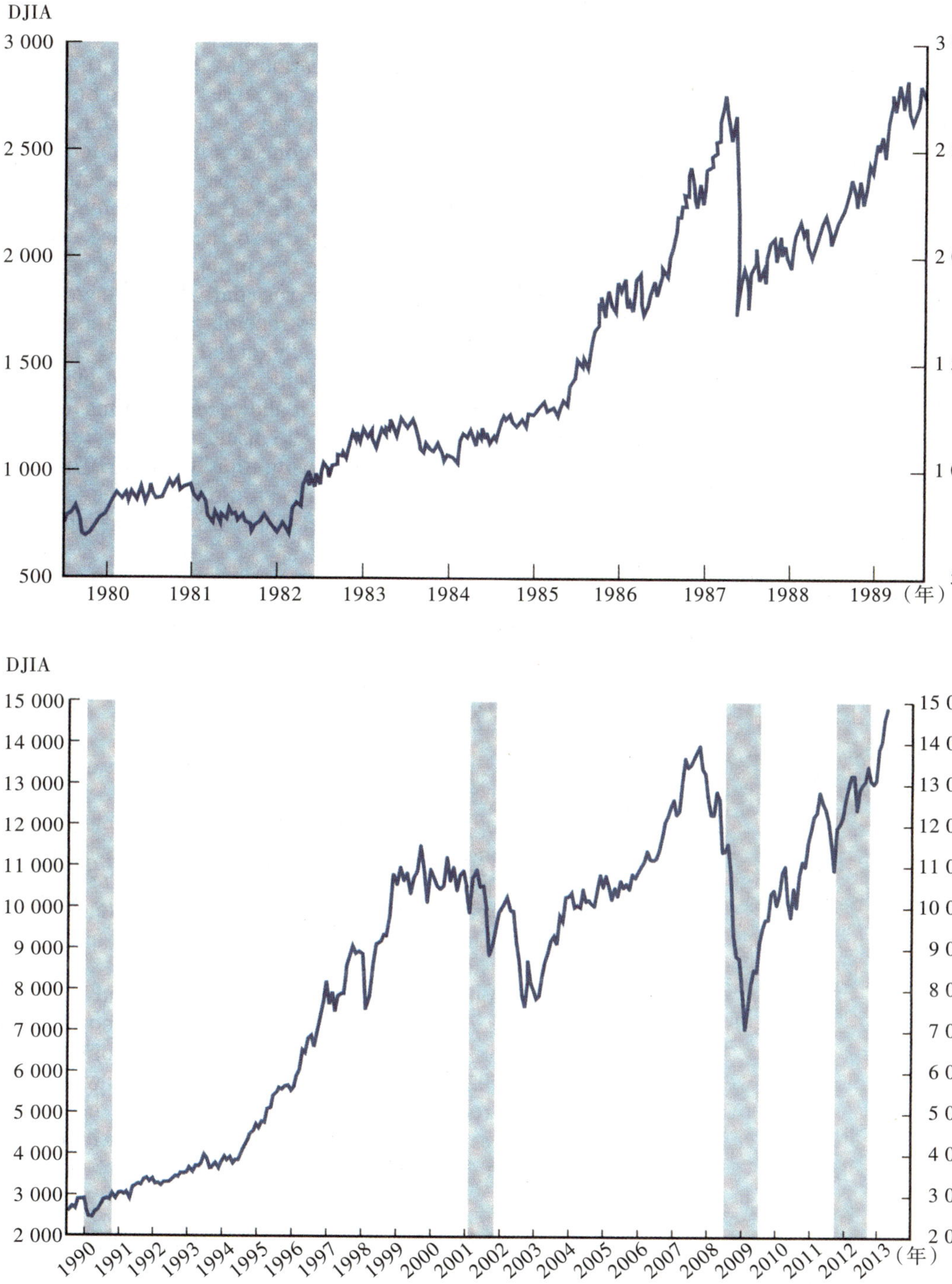

图13-2　道琼斯工业平均指数（1980—2013年）

资料来源：http://finance.yahoo.com/q/hp?s=%5EDJI&a=09&b=1&c=2007&d=03&e=13&f=2010&g=m.

13.6 购买外国股票

在第4章我们学习了组合的多样性可以降低风险。近几年来，投资者渐渐意识到可以通过在不同国家分散投资来消除某些风险。当一个国家处于衰退期时，其他国家可能处于繁荣期。如果在美国对通货膨胀的担忧引起了股价下跌，而日本的通货膨胀正在逐渐消失，那么日本的股价可能会上升。

购买外国股票的问题在于大多数国外的公司并没有在美国的证券交易所上市，所以购买比较困难。中介找到一种解决办法就是销售**美国存托凭证（ADRs）**。一家美国银行买入外企的股票并放入银行保险库中。这家银行随后根据这些股票发行凭证，而这些凭证通常在国内市场（如纳斯达克）上进行交易。美国存托凭证全部以美元进行交易，并且银行也会以美元的形式发放股利。美国存托凭证的好处就是它使得外国公司可以在美国进行贸易，且公司不必遵守证交会披露的要求。

外国股票的交易发展迅速。从1979年起，股票跨境贸易一年内增长了28%，现在每年的交易超过了2万亿美元。

2008年全球范围的经济衰退表明，虽然一个国家的波动可以通过多样化进行控制，但国家之间的经济相关程度意味着总会存在某些风险。

13.7 股票市场的调节

运行良好的资本市场是经济发达的标志。为了让经济蓬勃发展，在发展机会到来时，企业必须能够筹集资金并充分利用发展机会。公司在资本市场里筹集资本，为了让资本市场能够正常运行，投资者必须信任市场内的公司所发布的信息。如果没有这种信任，市场可能会崩溃。在美国最有名的案例是美国经济大萧条。在1920年期间，大约500亿美元的新证券被出售。到了1932年，有一半的证券价值都遭受损失。公众失去了对资本市场的信心，立法者认为为了让经济复苏，需要首先恢复公众的信任。接下来国会通过了1933年的证券法，之后不久通过了1934年的证券法。这些法律的主要目的是：（1）要求公司向公众披露企业的真实信息；（2）要求经纪人、交易商以及交易所公正对待投资者。国会成立了美国证券交易委员会（证交会）来执行这些法律。

美国证券交易委员会

证交会网站上有以下陈述：

> *美国证券交易委员会的主要使命是保护投资者并保持证券市场的真实性。*[①]

它主要是通过给投资者提供持续的、准时的以及准确的信息流，令投资者可以自己判断一家公司的证券是否值得投资来达到这个目的。因此，证交会主要致力于促进信息的披露以及减少信息不对称，而不是决定任何参与公司的实力。每年证交会对个人和公司提起400~500项民事诉讼，努力保持提供给投资者的信息质量。

证交会有4个部门、18个办公室以及大约3 100名员工。了解其如何实现目标的一个方法是了解分配给每个部门的职责。

- 企业财务监管部门负责收集上市公司提交的文件。这些文件包括年度报告、有价证券申请上市登记表、季度申报以及其他一些文件。这个部门主要检查这些文件是否符合法规，但它并不

① www.sec.gov/about/whatwedo.shtml.

能验证申报的真实性或准确性。部门的职员还会帮忙解释法规，并向公司推荐新的规则。

• 市场监管部门建立并维护有序和有效市场的准则，这些准则主要用来规范证券市场的参与者。这个部门主要职责是审查和批准新规则，并对现有规则进行修改。

• 投资管理部门负责监管和规范投资管理行业，主要包括监督共同基金行业。就像市场监管部门建立规范市场的规则，投资管理部门建立规范投资公司的规则。

• 执法部门负责调查违反条例的行为，且违反的条例包括其他部门制定的条例和规定。执法部门对各种类型的证券欺诈行为进行调查，并根据证交会其他部门的建议采取行动。证交会本身只能提起民事诉讼；但是必要时它也可以与各种刑事当局合作，然后共同提起刑事诉讼。

在第20章我们将讨论证交会处理欺诈和违反道德标准行为的具体情况。

本章小结

1. 交易所分为两种形式，一种是有组织的，一种是场外的。有组织的交易所的特点是在固定建筑物内进行交易；而场外交易市场主要通过电话和电脑进行交易。一般来说，大型企业会在交易所进行交易，而小型企业会在场外交易市场进行交易，当然也有许多例外。近几年，电子通信网络已经开始占领了原来属于证券交易所的一大部分业务市场。这些电子通信网络很可能在未来变得越来越重要。

2. 股票的价值等于股利的现值。然而，我们并不能准确地知道未来的股利是多少，这就会导致在估值的过程中产生许多误差。戈登股利增长模型是一种计算股票价值的方法，但是这个模型要求股利一直以恒定的比率持续增长。由于我们对未来股利的不确定，这个设想就是我们能做到的最佳情况。

3. 另一种预估股票价格的方法是公司每股的收益乘以行业市盈率。可以通过调整市盈率来反映公司的特征。

4. 日常价格的基础实际上是由市场中交易商之间的互动决定的。估价最高的交易商，或者是因为对现金流有更少的不确定性，或者是因为预计的现金流比其他人更多，但无论出于什么原因他们都愿意为股票支付更多。当有新消息发布时，投资者会调整他们对证券价值的预估值，并且根据市价和估计值的对比进行证券的买卖。因为预计增长率或必要报酬率的细微改变都会导致价格产生巨大的变动，因此市场不断波动并不意外。

重点词汇

普通股股东　优先股　纳斯达克　广义股利模型　戈登股利增长模型　市盈率　美国存托凭证

问答题

1. 为什么经济增长影响股票价值？

2. 列出对股票投资者来说有用的现金流。如何对这些现金流进行可靠的预测？比较一下估计股票现金流量的问题和估计债券现金流量的问题。你预测哪种证券价格更容易产生波动？

3. 股利贴现模型有哪些局限性？

4. 在新兴市场投资股票的投资者需要面对哪些风险？

5. 普通股和优先股的区别是什么？

6. 购买外国股票的动机是什么？

计算题

eBay在1998年9月上市。以下有关已发行股份的信息都是向证交会提交的最终招股说明书的一部分。(http//www.sec.gov/Arcluves/edgar/data/1065088/0001012870-98-002475. txt.)

在IPO日，eBay发行了3 500 000份新股。最初对公众的价格是每股18美元。第一天最后的收盘价是44.88美元。

1. 如果投资银行家收取每股1.26美元的费用，对eBay来说净收入是多少？eBay新股的市值是多少？

2. 在IPO中的两种常见统计方法有抑价发行和“放在桌上的钱”。抑价发行的定义是报价和第一天收盘价的变化百分比。“放在桌上的钱”是第一天的收盘价和报价的差额乘以发行的股票数。计算eBay的抑价和“放在桌上的钱”。对于IPO过程的效率来说这说明了什么？

3.Misheak公司的股票希望在接下来的12个月能获得以下的收益率：

收益率（%）	可能性
-5	0.10
5	0.25
10	0.30
15	0.25
25	0.10

如果股价现在是每股20美元，一年后预期的价格是多少呢？假设股票没有股利。

4.Sime Darby目前的股票价格是20美元。今年预期会发放每股0.80美元的股利。股票分析师预测股价一年后会是24.50美元。计算预期回报。

5. 假设Microsoft每股股票价格是27.29美元。每年支付的股利是每股0.32美元，分析师分析一年后的目标价格大约为每股33.30美元。这只股票预期的回报是多少？

6.LaserAce目前的股价是每股22美元。最近支付的年度股利是0.80美元。根据戈登股利增长模型，如果市场的必要报酬率是11%，LaserAce预期的股利增长率是多少？

7.Huskie Motors刚刚支付的年度股利是每股1美元。管理层答应股东要以5%的持续增长率增加股利。如果必要报酬率为12%，那么目前每股的价格是多少？

8.Langkasuka Holdings将要支付每股1.50美元的年度股利，股票分析师分析股票的股利持续增长率为7%。如果Langkasuka Holdings现在的股价是25美元，那么必要报酬率是多少？

9.Gordon & Co刚刚支付的年度股利为每股1.10美元。分析师认为Gordon将保持它3%的历史股利增长率。如果必要报酬率是8%，那么下一年股票预期的价格是多少？

10.Patimas Computers现在支付的股利是每股0.50美元。预测这些股利将在未来两年以20%的增长率增长，在那之后会以3%的恒定增长率持续增长。如果必要报酬率是15%，那么现在Patimas Computers的股票价格会是多少？

11.Nat-T-Cat Industries刚刚上市。作为正在发展的企业，在前5年公司决定不派发股利。在那之后，投资者会得到公司每股1美元（D_6=1.00）的股利，股利不会增长。如果必要报酬率为10%，那么现在股票的价格是多少？

12. 一家刚起步的科技公司刚计划的市盈率为每股4.50美元。如果科技产业的平均PE为

30%，那么这家公司计划的股价是多少？

13.假设Microsoft发布的每股的收入大约是0.75美元。如果Microsoft所处的产业平均PE是30%~40%，那么对于Microsoft来说合理的价格范围是多少？

14.观察以下组成指数的四种证券信息：

证券	价格（Time=0）	价格（Time=1）	发行股票数（百万）
1	8	13	20
2	22	25	50
3	35	30	120
4	50	55	75

如果通过价值加权算术平均数的方法进行计算，那么在Time=0到Time=1的范围内该指数的价格变化是多少？

15.有一指数在20年内的（几何）平均回报率为3.8861%，如果指数最开始的价值是100，那么指数20年后的价值是多少？

16.一只股票每年股利支付1美元，假设必要报酬率为15%，并且你希望在一年后能卖20美元，那么该股票的价格是多少？

17.Risky Ventures计划的市盈率为每股3.50美元，而该行业的平均PE是21%。经过一番仔细的分析后，你认为Risky Ventures的风险高于平均风险，所以你认为23%的PE可能会更好地反映公司占市场的份额。该公司股票的现价是多少？

第14章

抵押贷款市场

序言

一部分传统美国人的梦想是拥有自己的家。以现在平均每个房子超过235 000美元的情况来看，如果我们不能得到贷款，可能很多人直到老了才能买到房子。同样，企业依靠借款资本而非股权投资来资助其成长。许多小公司无法发行债券，因此必须找到替代资金来源。回顾100年前的抵押贷款市场，其出现主要是为了满足企业和有钱人的需求，之后发生了很多变化。本章的目的是讨论这些变化。

第11章讨论了货币市场，即短期资金市场。第12章和第13章讨论了债券和股票市场，属于长期资金市场，即资本市场。本章将讨论抵押贷款市场，借款人如个人、企业和政府，可以获得长期抵押贷款。从某种角度来看，抵押贷款市场也是资本市场的一个子市场，因为抵押贷款涉及的是长期资金。但抵押贷款市场在一些重要方面与股票和债券市场不同。第一，通常资本市场的借款人是政府机构和企业，而抵押贷款市场中的借款人是个人。第二，抵押贷款的金额和还款期限各不相同，取决于借款人的需求、特点，这也造成了二级市场发展的问题。

在本章中，我们将确定典型住宅抵押贷款的特征，讨论抵押贷款的一般期限和类型，并探究提供这些贷款的机构。我们也会继续讨论抵押担保证券市场的问题和第8章讨论的次贷抵押市场2007年的崩盘。

14.1 什么是抵押贷款？

抵押贷款（mortage）是指用不动产作担保的长期贷款。开发商可能通过抵押贷款来支付办公楼的建设费用；家庭可能通过抵押贷款来支付购买住宅的费用。无论何种情况，贷款是**分期偿还（amortized）**的：随着时间的推移，借款方按照本金与利息混合支付的方式来偿还贷款，然后到期时偿还全部债务。表14-1显示了抵押贷款的借款人分布情况。因为超过81%的抵押贷款用于支付购买住房的费用，因此这将是本章关注的重点。

表14-1　　　　2009年抵押贷款借贷

财产类型	抵押贷款数额（百万美元）	占比（%）
1~4人家庭住房	9 920	75.41
多户家庭住房	859	6.53
商业大楼	2 223	16.90
农场	152	1.16

资料来源：http：//www.federalreserve.gov/econresdata/releases/mortoutstand/current.htm.

了解现代抵押贷款的一种方法就是回顾它的历史。起初，美国很多州都设立了相关法律用来防止银行将资金用于抵押贷款，所以银行无法将它们的资金用于长期贷款。1863年的《国家银行法》进一步限制了抵押贷款的资金来源。因此，过去的抵押合同都是在个人之间签订的，通常需要律师帮忙起草文件。一般情况下，只有富有且有社会地位的人才能得到这样的贷款。由于对长期资金的需求不断增长，市场上开始出现越来越多的抵押经纪人。他们经常在迅速发展的美国西部地区商定贷款然后将其卖到东部的储蓄银行和保险公司。

到1880年，抵押贷款银行已经学会通过出售债券来增加它们出借的长期贷款资金。它们将抵押合同组合起来，作为发行债券的担保。很多这样的贷款都用于支付美国中西部农业发展的费用。不幸的是，19世纪90年代的农业衰退导致了大量违约的发生，土地价格下降，大量的抵押银行破产。在第一次世界大战之前很难获得长期贷款，直到国家银行被授权进行抵押贷款业务。这项制度的改革引起了房地产的繁荣发展，抵押贷款迅速扩张。

在20世纪30年代，抵押贷款市场因为美国经济大萧条再次被破坏。数百万的借款人没有了工作也无法偿还贷款。这种结果导致取消抵押品赎回权以及土地降价，引起了财产价值的暴跌。抵押贷款机构再次遭到重击，很多机构因此倒闭了。

导致如此多的借款人违约的一个原因就是他们选择的是抵押贷款。在那段时期很多抵押贷款都是**气球贷（balloon loan）**：借款方只支付3~5年的利息，然后所有的借款数量在到期时偿还。出借方通常愿意通过减少债务本金来延长债务。然而，一旦借款方失业，出借方将无法延长债务，因此借款方将会违约。

作为大萧条恢复计划的一部分，联邦政府介入并重整了抵押贷款市场。政府接管了拖欠的气球贷并允许借款人在很长时间之后再偿还债务。毫无疑问，这些新类型的贷款很受欢迎。幸免于难的储蓄贷款机构开始给购房者提供类似的贷款，这种高需求有助于恢复抵押贷款行业。

14.2 房屋抵押贷款的特征

现代的抵押贷款出借人不断完善长期贷款，这样的贷款更加适合借款人。即使在过去的20

年中，出借人的性质和投资工具都发生了巨大的变化。其中最大的变化是为抵押合同服务的二级市场快速发展。我们将分析房屋抵押贷款合同的性质以及它们的二级市场。

20年前，储蓄贷款机构和大型银行的抵押贷款部门发起了大多数的抵押贷款。有些贷款由发起人内部持有，而有些被出售给少数公司。这些公司会密切观察违约率，然后拒绝从贷款违约率很高的银行继续买入贷款。最近，许多贷款机构开始在房地产行业进行业务竞争。其中一些机构是银行的附属机构，而有些则独立经营。由于房屋抵押贷款的竞争，借款人有许多的选择。许多抵押贷款业务设计成“贷款并证券化”模式（由经纪人发起然后尽快出售给投资者）。这种模式增加了委托代理问题，因为发起人很少关心贷款是否实际还清。

14.2.1　抵押贷款利率

借款人支付的抵押贷款利率可能是决定他们借款的数额和对象的最重要的因素。贷款利率取决于三个因素：目前的长期市场利率，抵押贷款的寿命（期限）和支付的贴息点。

1.市场利率。长期市场利率取决于长期资金的供给和需求，而这些资金又会受到全球、国家和地区因素的影响。如图14-1所示，抵押贷款利率高于低风险的国债但是二者主要的趋势走向基本相似。

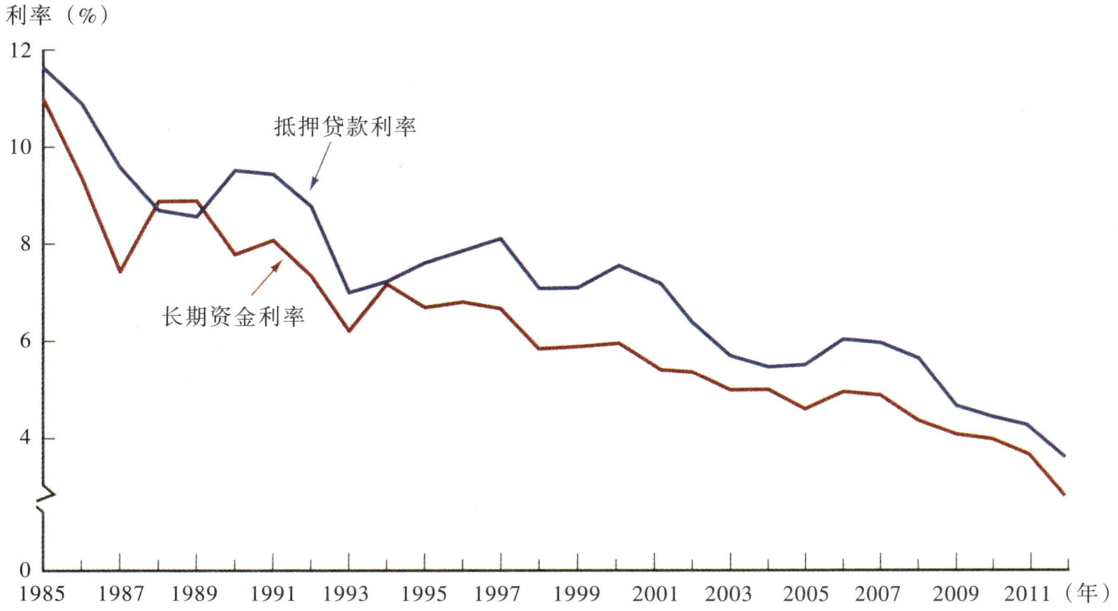

图14-1　1985-2012年的抵押贷款利率和长期国债利率

资料来源：http：//www.federalreserve.gov/releases/h15/data.htm.

2.期限。长期抵押贷款的利率高于短期抵押贷款的利率。通常的抵押贷款期限是15年或30年。出借方也提供20年的贷款，但它们并不受欢迎。因为随着到期期限降低，利率风险也在降低，15年的贷款利率远远低于30年的贷款利率。例如，在2013年7月，30年期抵押贷款的平均利率为3.5%，而15年期的平均利率为2.62 %。

3.贴息点。**贴息点**（discount point）是贷款开始时所支付的利息。1个贴息点的贷款意味着借款人在签署贷款文件并收到贷款时，需要支付贷款金额的1%。作为交换，出借方会降低贷款的利率。在考虑是否要支付贴息点时，借款人必须确定贷款利率的降低是否能弥补预付的费用。为了做出这个决定，借款人必须考虑他们持有贷款的时间长短。通常情况下，如果借款人将在5

年或更少期限内还清贷款，就不应支付贴息点。这个盈亏平衡点并不奇怪，因为平均每5年房屋就会被出售一次。

案例

贴息点决策

假设你有两个贷款选择。第一，你不支付贴息点，利率为12%；第二，你支付2个贴息点，但获得较低的利率11.5%。你选择哪一种？

要回答这个问题，你必须首先计算没有贴息点的有效年利率。由于贷款每月复利计息，你每月需支付的利率为1%。由于复利，有效年利率大于单利年利率。有效的年利率等于1加上月利率的12次方再减1。因此，无贴息点的有效年利率是：

$$有效年利率=(1.01)^{12}-1=0.1268=12.68\%$$

因为每月复利计息，年利率12%的有效年利率为12.68%。若是30年期，100 000美元的抵押贷款，需每月还款1 028.61美元。

现在如果你支付2个贴息点，计算一下有效年利率。假设贷款的数量仍然是100 000美元。如果你支付2个贴息点，你将只收到98 000美元（\$100 000−\$ 2 000）。还款额仍然是100 000美元，但利率较低。使用金融计算器得出每月需支付990.29美元，每月的利率是0.9804%。*复合计息的有效年利率为：

$$有效年利率=(1.009804)^{12}-1=0.1242=12.42\%$$

由于支付了2个贴息点，有效的年利率从12.68%下降到12.42%。表面上看，贴现似乎是个好主意。问题是，这些计算结果都是建立在我们会持有这个贷款30年的前提下。那么如果你在贷款到期前卖掉房子呢？

如果提前付清贷款，由于时间变短，借款人将受益于较低的利率，而且贴息点也会平摊在较短的期间。这两个因素带来的结果是，有效年利率随着贷款的持有时间缩短而上浮，表14−2显示了这种关系。如果持有2个贴息点的贷款15年，那么有效年利率是12.45%。持有10年，那么有效年利率将提高到12.52%。即使只持有6年，有效年利率也为12.65%，那么支付贴息点也能为借款人省钱。然而，如果贷款是在5年内还清，那么有效年利率为12.73%，高于没有贴息的有效年利率12.68%。

表14−2　年息为12%且有2个贴息点贷款的有效利率

付款年度	有效利率（%）	预付年度	有效利率（%）
1	14.54	6	12.65
2	13.40	7	12.60
3	13.02	10	12.52
4	12.84	15	12.45
5	12.73	30	12.42

注：*有关贷款付款计算的讨论见第3章。

14.2.2 贷款条款

抵押贷款合同包含许多法律和金融条款，其中大部分可以保护出借人免受经济损失。

抵押品

抵押贷款的共同特点是抵押品，通常是以房地产作为抵押品。贷款机构将对财产拥有**留置权**(lien)，这种权利在贷款还清之前持续有效。留置权是附属于财产产权的公开记录，证明财产是贷款的抵押品。如果存在贷款违约情况，出借方有权出售财产。

如果有人购买此财产而不支付留置权，他就无法获得明确的产权。例如，如果你用有留置权的贷款购买了一处房产，出借人会将此留置权的公开记录存档。留置权将告知公众：如果存在贷款违约情况，出借人有权没收此财产。如果你试图出售财产并准备不偿还贷款，留置权将继续附属在财产的产权或契据上。无论该财产在谁手中，出借人都可以随时取走财产，所以除非你还清贷款，否则没有人会买它。房地产的留置权解释了为什么产权调查是所有抵押贷款交易的重要组成部分。进行产权调查时，律师或产权公司调查所有留置权的公共记录。产权保险是保证买方房产不存在任何留置权的问题。

首付款

为了获得房屋抵押贷款，出借人还要求借款人为购买的财产支付**首付**（down payments)，即支付部分购买价格。剩下的购买金额由贷款资金支付。支付首付款（如留置权）的目的是减少借款人出现贷款违约的可能性。没有支付首付的借款人可以抛弃房子和贷款而不遭受任何损失。此外，如果房地产的价格只下降一点，剩余的贷款也会超过抵押品的价值。正如我们在第2章和第8章所讨论的，支付首付减少了借款人发生道德风险的可能性。首付金额取决于房屋抵押贷款的类型。从2000年中期开始，通常使用附加贷款支付所需的首付，也就是除了第一个贷款外增加第二个抵押贷款，这样能保证提供100%的资金。我们看到在房市低迷的2006年初，许多借款人发现他们的财产价值低于他们拖欠的贷款，因此造成了违约率飙升。

私人抵押贷款保险

出借人保护自己免受违约的另一种方法是要求借款人购买**私人抵押贷款保险**（private mortgage insurance，PMI)。抵押贷款保险能保证弥补财产价值和贷款金额之间差额，避免违约的发生。例如，你的贷款余额为120 000美元，而财产当时的价值为100 000美元，那么抵押贷款保险将支付20 000美元给贷款机构。违约仍然出现在借款人的信用记录上，但出借人避免了持续亏损。抵押贷款保险通常要求贷款至少已经支付了20%的首付。如果由于付款或财产的价值上升造成贷款价值比率下降，借款人可以要求取消抵押贷款保险的要求。对于100 000美元的贷款，抵押贷款保险通常每月的费用在20美元到30美元之间。

在理想情况下，抵押贷款保险应该保护投资者免受抵押贷款投资的损失，而且事实也一直如此。正如我们稍后将讨论的，宽松的贷款标准导致了抵押贷款市场的竞争加剧，出借人开始用不恰当的做法来吸引客户。其中一个方法是将贷款结构化以避免抵押贷款保险的要求。通常来说，抵押贷款保险只对第一次的抵押贷款有相关要求。通过将第一次的抵押贷款设为资产总价值的80%，且第二次的抵押贷款支付剩下的20%，就可以避免抵押贷款保险的要求。当然，一旦借款人违约，出借人将遭受损失。

借款人资格

从历史来看，在发放抵押贷款之前，出借人将决定借款人是否符合贷款资格。申请抵押贷款的资格不同于申请银行贷款的资格，因为大多数出借人将他们的房屋抵押贷款业务出售给二级抵押贷款市场中的联邦机构。这些机构设立了非常详细的条款，在借款人接受贷款之前必须遵守这些条款。如果出借人贷款给不符合条件的借款人，出借人将无法转售贷款，这将会占用他们的资金。

关于借款人申请条件的规定非常复杂且不断变化，但经验法则告诉我们，贷款支付包括税收和保险，不应超过每月收入的25%。此外，每月支付给借款人的贷款总和包括汽车贷款和信用卡，不应超过每月收入的33%。例如，如果你每年的收入为60 000美元（每月5 000美元），你每月的贷款支付不应超过5 000×0.25=1 250美元。在4%的利率下，你有资格获得约200 000美元的贷款。

出借方将从主要的信用报告机构订购信用报告。信用评分是基于衡量许多有助于预测信用的有效变量的模型得出的。最常见的模型叫FICO，FICO是以创造它的公司费尔艾萨克而命名。**FICO评分（FICO scores）**范围为300~850分，高于720的评分是良好的，而低于660的评分则会在贷款时产生问题。FICO评分取决于你的付款历史，如确定的未偿还债务、信用历史长度、最近的信贷申请数量以及你拥有的信用贷款类型。有趣的是，申请数量和持有的信用卡数量会对你的信用评分产生巨大的影响。

在2000年中期，抵押贷款竞争不断加剧，出现了许多绕过常规贷款业务的贷款。例如，给借款人提供无须文件的贷款（有时被称为忍者贷款，即提供给没有收入、没有工作、没有资产的人的贷款），这样人们不需要在申请贷款时提供收入或资产证明。这些贷款出现的原因是错误地认为房地产价格不会下降，所以抵押品的价值足够担保贷款。这种借贷行为在很大程度上已经被抛弃了，因为对优质借款人的需求已经取代了对贷款数量的需求。

14.2.3 抵押贷款摊销

抵押贷款的借款人同意每月支付完全摊销的本金和利息。“完全摊销”是指贷款到期前，支付未偿还的贷款资金。在贷款的最初几年里，出借人将支付贷款利息和少量未偿付的本金。许多借款人惊讶地发现，经过多年的付款，他们的欠款余额并没有明显下降。

表14-3显示了30年期、本金为130 000美元、利率为8.5%的贷款，其本金和利息的分摊情况。第一笔款项中只有78.75美元用于偿还贷款本金。2年后，剩余应还本金仍然是127 947美元，而5年后，剩余应还本金为124 137美元。

表14-3　　以8.5%的利息贷款130 000美元的分期偿还　　单位：美元

付款额	贷款期初余额	每月支付额	应用于利息的金额	应用于本金的金额	贷款期末余额
1	130 000.00	999.59	920.83	78.75	129 921.24
24	128 040.25	999.59	906.95	92.66	127 947.62
60	124 256.74	999.59	880.15	119.43	124 137.31
120	115 365.63	999.59	817.17	182.41	115 183.22
180	101 786.23	999.59	720.99	278.60	101 507.63
240	81 046.41	999.59	574.08	425.51	80 620.90
360	99 177	999.59	7.82	991.77	0

换言之，在前5年中，59 975.40美元的贷款款项只支付了5 862.69美元的本金，在贷款总额为130 000美元的情况下，需要支付的利息总额为229 850美元。

如果表14-3的贷款为15年期，而不是30年期，每月的付款将增加280美元，为1 279.59美元。但最后节省的贷款利息将是130 000美元左右。难怪大多数借款人更喜欢短期贷款。

14.3 抵押贷款的类型

在市场上有很多种类型的抵押贷款。不同的借款人可以申请不同的贷款。一位熟练的抵押贷款银行工作人员可以为每个特定的客户找到最佳类型的抵押贷款。

14.3.1 担保和常规抵押贷款

抵押贷款通常分为担保抵押贷款和常规抵押贷款。**担保抵押贷款（insured mortgage）**由银行或其他抵押贷款机构创立，但由联邦住房管理局（FHA）或退伍军人管理局（VA）提供担保。申请联邦住房管理局和退伍军人管理局的贷款必须符合特定的条件，如在军队服过役或收入低于特定水平，而且借款只能达到指定数量。联邦住房管理局和退伍军人管理局能够保证银行贷款不遭受任何损失，这意味着如果借款人违约，这些机构保证会偿还抵押贷款。向联邦住房管理局或退伍军人管理局申请贷款的优势在于只需要支付非常低的首付或零首付。

常规抵押贷款（conventional mortgage）的起源和担保抵押贷款一样，但是没有担保。私人抵押贷款公司现在担保许多常规贷款以防其违约。正如我们所提到的，大多数出借人要求借款人为贷款价值超过80%的部分购买私人抵押贷款保险。

14.3.2 固定利率抵押贷款和可调利率抵押贷款

在标准抵押贷款合同中，借款人同意定期向出借人支付本金和利息。正如在前面看到的，利率对每月付款多少有着很大的影响。在固定利率抵押贷款中，利率和月付款不随时间而变化。

可调利率抵押贷款（ARMs）的利率取决于某些市场利率，因此该利率会随着时间的推移而变化。通常可调利率抵押贷款利率的浮动是有限制的，这种限制叫作利率上限。利率上限规定了在一年或贷款周期内最高（最低）的利率。典型的可调利率抵押贷款的利率固定在平均国债利率再加2%的水平上，上限为每年加2%或在整个抵押贷款期间加6%。利率上限使得可调利率抵押贷款更容易被借款人所接受。

借款人倾向于选择固定利率贷款是因为一旦利率上升，可调利率贷款可能会造成他们的经济困境。然而，如果利率下降，固定利率的借款人也不会受益，除非他们愿意为他们的抵押贷款进行再融资（通过获得较低利率的新抵押贷款来还清旧的贷款）。个人选择规避风险这一事实意味着人们对困境的恐惧往往导致他们不会选择预期的收益。

相比之下，出借人更喜欢可调利率抵押贷款，因为它可以减少利率风险。回顾第3章，利率风险是指因利率的上升而导致债务工具贬值的风险，债务期限越长，对债券价值的影响越大。由于抵押贷款通常是长期的，贷款的价值对利率的波动非常敏感。放贷机构可以通过使用可调利率抵押贷款而不是固定利率贷款来降低投资组合的敏感性。

我们发现出借人更喜欢可调利率抵押贷款，而借款人更喜欢固定利率抵押贷款，因此出借人提供比固定利率贷款更低的初始利率，希望通过这样的可调利率抵押贷款吸引借款人。例如，在2013年7月，30年期固定利率抵押贷款的利率为3.5%，而当时5年期可调利率抵押贷款的利率为1.625%。在可调利率抵押贷款借款人的处境比固定利率抵押贷款借款人更糟糕之前，可调利率抵押贷款的利率将不得不上升1.875%。

14.3.3 其他类型的抵押贷款

随着抵押贷款市场竞争变得更加激烈，出借人需要提供更多的新型抵押合同来吸引借款人。我们在这里讨论其中的几种。

累进付款抵押贷款（GPM）

累进付款抵押贷款对于那些预期收入会上升的购房者来说比较有用。累进付款抵押贷款最初几年的还款额比较低，然后还款数额慢慢增加。早期付款可能不足以支付到期利息，因此这种情况下本金余额将增加。随着时间的推移，借款人预计未来收入会增加，因此未来更高的付款金额并不会成为负担。

累进付款抵押贷款的优势是借款人比常规贷款的借款人更有资格获得金额更大的贷款。这可能有助于买家购买足够大的住房。而缺点是，无论借款人的收入是否增加，每月的还款额都会上涨。

权益增长型抵押贷款（GEM）

出借人提出权益增长型抵押贷款，希望能帮助借款人在更短的时间内偿还贷款。权益增长型抵押贷款最初的付款额与常规的抵押贷款一样。然而，随着时间的推移，付款额将慢慢增加，且增加的数额将比常规的抵押贷款付款额更快地减少本金。例如，某个合同可能要求前2年平均付款，在接下来的5年内付款额可能每年增加5%，然后直到到期前，付款额一直保持不变。这样的结果是将贷款的期限从30年减少到17年。

权益增长型抵押贷款在那些预计未来收入会上升的借款人中很受欢迎。这种贷款在开始时给予他们小额付款的好处，同时还能提前还清债务。虽然权益增长型抵押贷款要求增加付款额，但大部分房屋抵押贷款并无提前还款罚金。这意味着，30年期贷款的借款人可以建立一个权益增长型抵押贷款，只要他每月的付款额超过所需的付款额并指定这部分差额完全支付本金。

权益增长型抵押贷款和累进付款抵押贷款很相似。它们的区别在于累进付款抵押贷款的目的是通过减少最初几年的付款额来帮助借款人获得贷款资格，贷款仍然需要在30年内偿还。权益增长型抵押贷款的目的是让借款人提前偿还贷款。

二次抵押贷款（piggyback）

二次抵押贷款是由用于担保第一抵押贷款的同一房地产继续进行担保的贷款。二次抵押贷款是初级贷款之后的次级贷款。这意味着，如果发生违约，二次抵押贷款人只有在初级贷款已经清偿，且销售财产后仍有足够的资金时才需支付二次抵押贷款。

二次抵押贷款有两个目的。第一是借款人可以使用他们的房屋产权作为另一种贷款的担保。二次抵押贷款的替代方法是用比目前的欠款更高的贷款进行再融资。通常获得二次抵押贷款的成本远低于再融资。

二次抵押贷款的另一个目的是利用中产阶级可获得的税收减免优惠。房屋抵押贷款的利息是免税的（税法允许借款人扣除主要住宅和一个度假屋的利息）。没有其他类型的消费贷款有这种税收减免。许多银行现在提供由二次抵押贷款担保的信贷额度。在大多数情况下，银行对抵押品的价值不感兴趣。消费者更倾向于有担保的信贷额度，这样可以从他们的税款中扣除贷款的利息。

如上文所述，导致抵押贷款市场崩溃的因素之一是使用第二房屋抵押贷款来减少或取消对首付的要求。对房子没有真正产权的借款人更愿意在价值下降或收入下降时离开抵押贷款市场。使用二次抵押贷款通常代表了贷款业务的变化。以前，借款人必须在贷款之前证明他们已经付了首付。

逆向年金贷款（RAM）

逆向年金抵押贷款是一种针对退休人员房地产权的创新方法。逆向年金抵押贷款合同中，银行每月定期发放资金。这种余额增加的贷款是由房地产做担保，借款人无须对贷款进行任何支付。而当借款人死亡时，通过销售借款人的房地产来偿还债务。

逆向年金抵押贷款的优点是它允许退休人员使用房子的产权而不必进行销售。对于需要资金交付生活费用的退休人员来说，逆向年金抵押贷款可能是一个理想的选择。

表14-4总结了各种类型的抵押贷款。

表14-4 各种抵押贷款类型的总结

常规抵押贷款	贷款没有担保；通常需要私人抵押保险；5%~20%的首付
担保抵押贷款	贷款由联邦住房管理局或退伍军人管理局保证；低或零首付
可调利率抵押贷款（ARM）	利率与某些其他证券挂钩，并定期调整；调整幅度受年度限制
累进付款抵押贷款（GPM）	初始付款额低，每年增加；贷款在30年内摊销
权益增长型抵押贷款（GEM）	初始付款额每年增加；贷款在30年内摊销
二次抵押贷款	贷款由对房地产的第二留置权担保；经常用于信用额度或住房改善贷款
逆向年金抵押贷款	出借人每月向借款人支付，增加贷款余额；贷款到期时，房地产被出售

14.4 抵押贷款机构

最初，储蓄业是由国会创立的，目的是为家庭提供抵押贷款。国会允许储蓄贷款协会对存款支付略高的利率，这些机构通过此举可以吸引到存款人。

多年来，储蓄业发展得很好。储蓄机构通过吸引存款而筹集到短期资金，然后利用这些资金提供长期房屋抵押贷款。房地产行业的早期发展很大程度上归功于这些机构（储蓄行业将在第25章中进一步讨论）。

直到20世纪70年代以前，利率仍然相对稳定，即使发生波动，也是小而短暂的。但是在20世纪70年代，利率随着通货膨胀迅速上升，储蓄机构成为利率风险的受害者。随着市场利率上升，固定利率房屋抵押贷款组合的价值下跌。由于储蓄机构遭受损失，它们不再是提供抵押贷款的主要来源。

早期抵押贷款市场的另一个严重问题是，储蓄机构及其分行受到联邦和州法律的限制，不能在正常贷款范围外放贷，所谓正常范围即距离其办公室约160千米的范围。因此，即使该机构看起来非常多样化，还有数千种不同的贷款，但所有贷款都只能来自同一地区。当该地区出现经济问题时，许多贷款将同时出现违约。例如，得克萨斯州和俄克拉荷马州在20世纪80年代中期由于油价下跌而产生衰退。许多抵押贷款出现违约，因为房地产的价值随着该地区失业率的上升而下降。尽管美国其他地区的经济保持健康，但却对当地的出借人没有任何帮助。

图14-2显示了美国主要的抵押贷款机构在抵押贷款市场中所占的份额。目前最大的投资者是联邦机构。当几年前抵押资金池和信托资金池超过市场份额的50%时，意味着市场将发生改变。

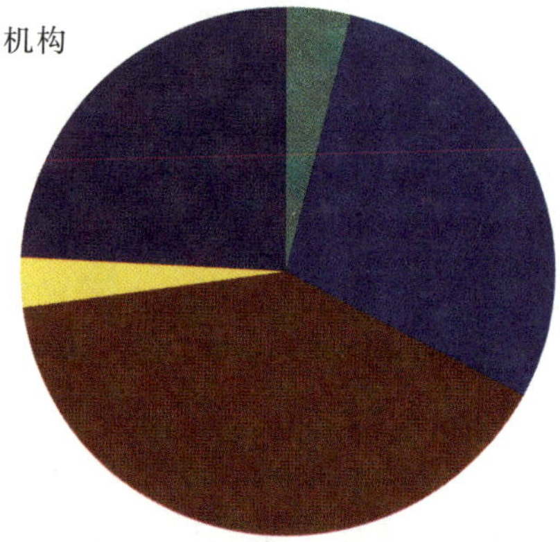

图 14-2　主要抵押贷款机构持有的抵押贷款市场份额

资料来源：http：//www.federalreserve.gov/econresdata/releases/mortoustand/current.htm.

14.5　贷款服务

许多抵押贷款机构不想持有大量的长期证券投资组合。例如，商业银行通过短期资金渠道筹集资金，投资长期贷款会使它们陷入极高的利率风险。然而，商业银行、储蓄机构和其他大多数贷款发起人经常将贷款打包出售给其他投资者并从中收费营利。贷款发放手续费通常是贷款金额的 1%，当然在不同的市场中这个比例会有所差异。

一旦发放贷款，许多出借人立即将贷款出售给其他投资者。借款人甚至可能不知道原来的出借人已经转让了贷款。通过出售贷款，原来的出借人可以将资金再借给其他借款人，从而产生额外的收入。

一些发起人还提供贷款相关服务。贷款服务代理收取借款人的本金和利息，然后再把这些资金转给投资者，并保留必要的交易记录，维持**储备金账户**（reserve accounts）。大多数抵押贷款都会设立储备金账户，出借人可以通过这些账户支付借款人税款和保险。出借人愿意支付这笔费用，是因为这能够保障他们贷款的安全性。贷款服务代理每年通常能够获得贷款总额的 0.5% 作为自己的劳务报酬。

总之，大多数房屋抵押贷款主要有三个特点：

1. 发起人将贷款打包出售给投资者。
2. 新的投资者持有贷款。
3. 贷款服务代理处理相关文件。

许多不同的中介机构都会为任意贷款提供上述功能的服务。抵押贷款正在拥有越来越多的网络平台。“电子金融专题”也在讨论这个新的抵押贷款来源。

电子金融

借款人在网上购买抵押贷款

14.6　次级抵押贷款市场

联邦政府建立了次级抵押贷款市场。正如在前面提到的，在大萧条时期，抵押贷款市场几乎完全崩溃。为了促进国家的经济活动，政府建立了几个购买抵押贷款的机构。联邦国民抵押贷款协会（房利美）的成立就是为了从储蓄机构购买抵押贷款，从而可以发放更多的抵押贷款。房利美通过向公众出售债券来购买这些基金。

大约在同一时间，政府成立了联邦住房管理局来保障抵押合同。这使得抵押贷款的出售变得更容易，因为抵押贷款的买方不必担心借款人的信用记录或抵押品的价值。退伍军人管理局也设立了类似的保险计划来担保第二次世界大战后退伍军人的贷款。

担保贷款的一个优点是它们需要标准的贷款合同。这种标准化是抵押贷款二级市场增长的一个重要因素。

随着抵押合同二级市场的形成，出现了一个新的中介，即抵押贷款银行。因为这家公司不接受存款，所以能够在全国开设办事处。抵押贷款银行发起贷款，它们最初用自己的资本融资。在发放一组类似贷款后，它们将其捆绑销售给联邦机构或者保险公司、养老基金。抵押贷款银行有几个优点。首先，它们能够利用贷款发放和服务的规模经济。其次，它们还能够捆绑来自不同地区的贷款，而这有助于降低风险。这些中介机构之间的贷款竞争不断加剧，导致了借款人的利率降低。

14.7　抵押贷款证券化

中介机构在出售抵押贷款时仍然面临一些问题。第一是抵押贷款额度太小，不能作为批发工具。现在住房抵押贷款的平均额度约为250 000美元，这远远低于商业票据所要求的一手交易量500万美元。因此许多机构投资者并不愿意处理这样小的面额。

第二个问题是二级市场出售的抵押贷款不规范。它们有不同的到期期限、利率和合同条款，使得将大量的抵押贷款捆绑在一起的可能性变得很小。

第三，房屋抵押贷款是一种相对比较昂贵的服务。与公司债券的服务要求进行比较，房屋抵押贷款的出借人必须每月收取款项，需要经常支付财产税和保险费以及服务准备金账户。而如果购买债券，这一切都不需要做。

第四，抵押贷款有未知的违约风险。抵押贷款的投资者不想花费精力评估借款人的信用。这些问题促使了**抵押支持证券**（mortgage-backed security）的产生，也被称为**证券化的抵押贷款**(securitized mortgage)。

14.7.1　什么是抵押支持证券

到20世纪60年代末，抵押贷款的二级市场正在萎缩，主要是因为很少有退伍军人获得担保贷款。政府重组了联邦国民抵押贷款协会，还设立了两个新的机构：政府国民抵押贷款协会(GNMA）和联邦住房贷款抵押公司（FHLMC)。这三个机构现在能够提供新的抵押担保证券以及非抵押担保证券。

直接向投资者出售抵押贷款的另一种办法是发行由大量抵押贷款支持（担保）的新证券，这些抵押贷款组合成所谓的一篮子抵押贷款。受托人（如银行或政府机构）将持有的一篮子抵押贷款作为新证券的抵押品，这个过程称为证券化。最常见的抵押支持证券是**抵押转递贷款**(mortgage pass-through)，即借款人的抵押贷款先通过受托人支付，然后再转移支付给投资者。如果借款人预付贷款，投资者将收到比预期更多的本金。例如，投资者可以购买平均利率为6%的抵押支持证券。如果利率下降并且借款人以较低的利率进行再融资，证券会提前偿付。抵押贷款被提前还清，迫使投资者寻求替代投资（通常回报率较低）的可能性被称为预付风险。

如图14-3所示，从1984年到2009年，未偿还的一篮子抵押贷款稳步增加。一篮子抵押贷款变得如此受欢迎的原因是，它们会创造新的证券（如抵押转递贷款），这些新型证券使得抵押贷款的投资更加高效。例如，机构投资者可以投资一个由一篮子抵押贷款担保的大型抵押转递贷款，而不是投资许多不同的小型抵押合同。房地产市场的暴跌和一篮子抵押贷款投资者的损失导致这些投资的人气在2009年之后急剧下降。

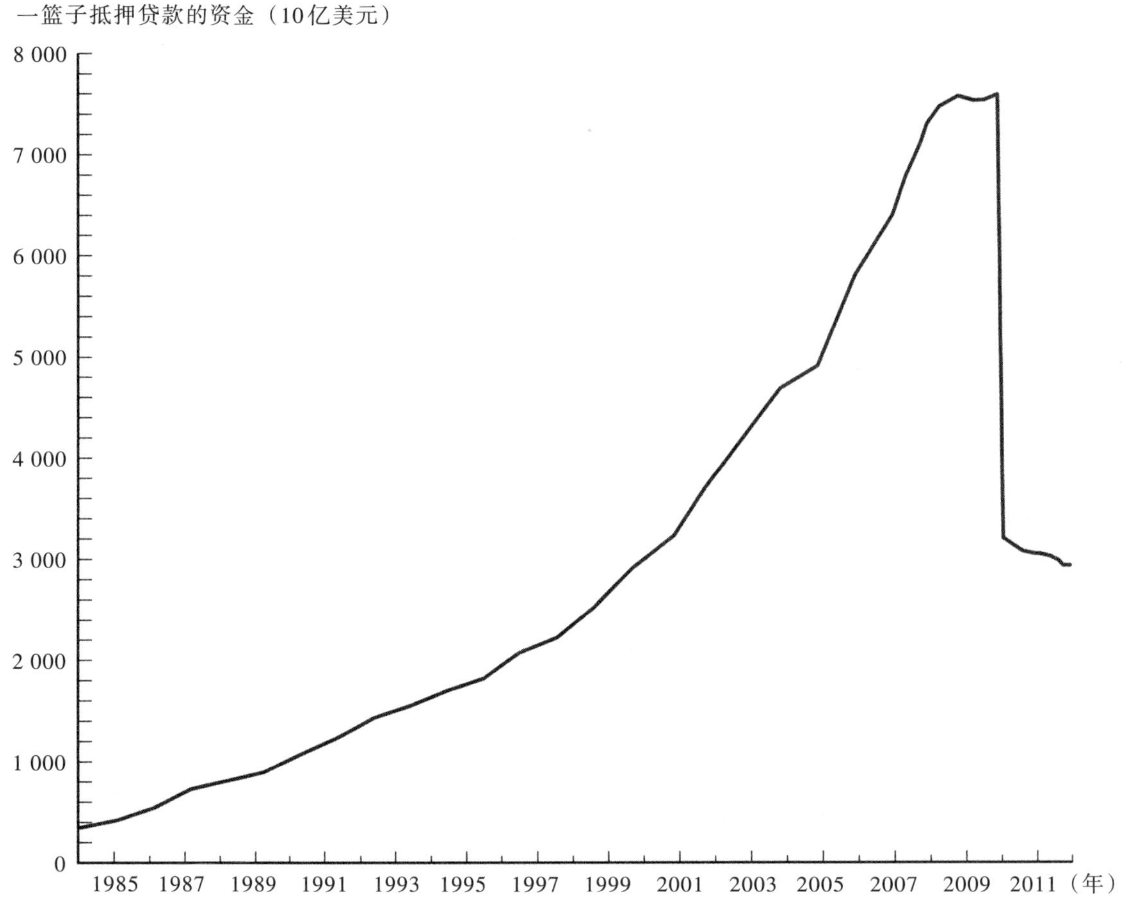

图14-3 一篮子抵押贷款的价值，1984—2012年

资料来源：http：//www.federalreserve.gov/econresdata/releases/mortoustand/current.htm.

14.7.2 转递证券的类型

转递证券分为以下几种类型：GNMA转递、FHLMC转递和私人转递。

政府国民抵押贷款协会转递证券（GNMA）

政府国民抵押贷款协会，即房利美于1968年开始担保转递证券，从那以后，这些工具迅速普及。包括商业银行和抵押贷款公司在内的各种金融中介机构都发放由房利美作担保的抵押贷款。房利美将这些抵押贷款合并成一个资金池，然后发行由抵押贷款的利息和本金抵押的转递证券。房利美保证转递证券不会违约。通常转递证券最低的面值是2.5万美元，最小的资金池规模是100万美元。一个资金池可以支持许多转递证券。

美国联邦住房贷款抵押公司（FHLMC）

美国联邦住房贷款抵押公司，即房地美的创立是为了帮助储蓄贷款协会，因为这些协会并不符合发行房利美保证贷款的条件。房地美通过自己的账户购买抵押贷款，并发行类似房利美的转递证券，这种通过房地美发行的转递证券被称为参与证书。房地美资金池不同于房利美的地方是它们包含常规（无担保）的抵押贷款，而且这种资金池没有联邦保险，包含不同利率的抵押贷款，规模也更大（高达数百亿美元），而其最低面值为10万美元。

房地美的转递证券市场发生的一项创新就是**担保抵押证券（collateralized mortgage obligation）**。担保抵押证券是当提前偿付很有可能发生时设计出的一种证券。这些证券不同于常规的抵押支持证券，是因为它们提供了不同的到期期限。这些证券有助于减少预付风险，而这是其他类型的转递证券无法规避的问题。

由一个特定的抵押贷款支持的担保抵押证券被分成多个等级。当本金付清时，第一等级的投资者优先收到还款，然后是第二等级，以此类推。投资者选择符合他们的期限要求的等级。例如，如果他们需要在几年内就从投资中获得现金，他们就要购买第一或第二等级的担保抵押证券。如果他们想要长期的投资，他们可以购买最末等级的担保抵押证券。当然，不同等级的证券有不同的风险问题。先付清的违约可能性要比后付清的违约可能性小。

即使投资者购买了担保抵押证券，也没有人保证这项投资会持续多久。如果利率大幅下降，许多借款人将以较低的利率进行再融资来偿还他们的抵押贷款。

由1986年《税务改革法》授权，房地产抵押投资渠道（REMIC）允许发起人免交所有转递证券利息的税。

私人转递证券（PIPS）

除了代理型转递证券，私营部门的中介机构提供了转递证券私募发行。第一个私人转递证券是1977年由美国银行提供的。

在抵押贷款市场中，当贷款额度超过政府设定的最大限制时，私营机构的机会出现了。这些所谓的巨型抵押贷款往往是捆绑式的，这样可以更好地支持私人转递证券。

14.7.3 次级抵押贷款和债务抵押债券

市场上的借款人由于信用评级不佳或贷款额度远高于其收入水平，因此不符合市场贷款资格，**次级贷款（subprime loan）**是指借给这些借款人的贷款。市场存在次级汽车贷款或信用卡，但由于2006年房地产价值开始下跌时出现的高违约率，次级抵押贷款最近又引起高度关注。

在证券化市场很容易地捆绑并出售抵押贷款之前，如果你不符合主要抵押机构的贷款条件，你就不太可能购买房子。上述机构严格执行这些标准，并且验证每个因素以确保符合规定。一旦可以向其他投资者出售捆绑贷款，就会出现不同的贷款规则。这些新规则会产生一种新型抵押贷款，称为次级抵押贷款。

在2000年抵押银行协会大约70%的贷款是常规贷款，20%是联邦住房管理局贷款，8%是退伍军人管理局贷款，只有2%是次级抵押贷款；在2006年，70%仍然是常规贷款，但17%是次级抵押贷款，其余是联邦住房管理局和退伍军人管理局贷款。几乎每个借款人都需要FICO评分。该评分作为信用风险指数是由不同的信用评级机构计算得出。虽然每个机构使用的算法略有不同，但计算的要素都包括支付记录、当前债务水平、信贷历史长度、持有的信贷类型以及新的信贷查询次数。次级抵押贷款的平均FICO评分为624，而一级房屋抵押贷款的平均得分为742。

一些创新型贷款增加了对信用较低的借款人的贷款。首先，2/28可调利率抵押贷款（有时称为“戏弄者”贷款）的申请数量大幅增加。这些贷款最初两年的利率保持不变，然后利率会大幅提高。如上一节所讨论的，二次抵押贷款、无须文件的贷款（No Doc）或忍者贷款（NINJA，没有收入也没有资产贷款）以及累进付款抵押贷款的变化，鼓励借款人申请更高额的贷款，而不是他们实际所能承受的。

许多人认为抵押贷款发展是市场的进步。如果拥有住房的所有权是每个美国人的目标，那么放松贷款标准将促使更多的家庭实现目标。此外，住房需求的增加促进了新兴工业的经济增长以及就业增加。但缺点是，市场的竞争导致了抵押贷款销售人员开始将目标锁定于没有足够财务能力的借款人，而这些借款人无法准确评估自身偿还贷款的能力。此外，放松贷款标准促使投机者无须投资任何资产就可以获得贷款。

次级抵押贷款的进步一定程度上归功于结构性信贷产品的出现，如担保债务凭证。第8章提到了这些证券为高风险的投资提供了资金来源。担保债务凭证与之前提到的担保抵押证券很相似，但是担保债务凭证通常根据风险进行分类，而不是按照到期期限进行分类。担保债务凭证有公司债券、房地产投资信托债务或其他资产作支持。

当房地产价值迅速增长时，如果借款人发现自己无法付款，他们可以很容易地将财产出售。在2006年和2007年房地产市场萎缩时，许多借款人很难售出房产，因此被迫违约或破产。如第8章中讨论的，次级抵押贷款是引发2007—2008年金融危机的最主要原因，同时还导致了全球经济衰退。

14.7.4 房地产泡沫

2000年至2008年间的房地产起落给抵押贷款市场带来很大的影响。在2000年至2005年间，房价平均每年增长8%，仅在2005年就增长了17%。房地产价格的上涨主要有两个因素。第一是前面讨论的次贷增加。随着更多的人有资格获得贷款，对贷款的需求增加。需要注意的是，到2004年，次级贷款占所有新贷款的比例为17%。这意味着在很短的时间内，许多新买家有资格购买房屋。虽然住房建设也在增加，但却赶不上需求的增加。

房地产投机者是导致房价泡沫的第二个因素。各行各业的人都开始注意到，通过转售房地产可以很容易就快速获得巨大的收益。获得零息贷款的能力促使他们无须任何资本就可以购买财产，然后他们可以以更高的价格转售该房产。许多开发项目在还没开工之前就已经售罄，买家一般是投机者，他们并不真的想拥有财产。公寓特别受投机者的欢迎，因为它们在下一次出售前不需要太多的维护。有时，当需求推高价格时，投机者也会卖给其他投机者。

与大多数投机泡沫一样，达到一定程度时泡沫就会破裂。次级抵押贷款的违约率不断增加，投机开始引起热议。那些在市场高峰期买入房产的人遭受损失，包括贷款机构和抵押支持证券的投资者。

在抵押贷款加速金融崩溃之后，贷款政策又开始谨慎挑选有能力的借款人，主要表现为全球担保债务凭证发行量的下降，但随后在2006年达到了5 200亿美元的高峰，而到了2009年下降到42亿美元，直到2012年，发行量恢复到580亿美元。

证券化抵押贷款最初被认为是一种可以通过允许出借人出售部分贷款组合降低出借人风险的

方法。出借人可以继续贷款，因此不必保留风险。不幸的是，这导致了道德风险的增加。通过将出借人与风险分离，开始出现更高风险的贷款，且这种风险甚至高于不存在证券化抵押贷款渠道的情况。私人公司的风险可能会减少，但系统风险却大大增加了。

本章小结

1.抵押贷款是由房地产担保的长期贷款。个人和企业都可以通过抵押贷款购买房地产。

2.由于提供抵押贷款的机构之间的竞争，抵押贷款利率相对较低。除了保持低利率外，竞争也使抵押贷款有各种条款和选择。例如，借款人可以选择获得30年期固定利率贷款或者利率与国债利率挂钩的可调利率贷款。

3.抵押贷款的几个特点旨在减少借款人违约的可能性。例如，借款人需要支付首付，这样的话借款人在出借人收回财产时会遭受损失。大多数出借人还要求借款人购买私人抵押保险，除非贷款价值比率下降到80%以下。

4.市场上存在各种抵押贷款可以满足大多数借款人的需求。累进付款抵押贷款的初始付款额较低，随后付款额会随着时间的推移而增加。权益增长型抵押贷款的付款额不断增加，这导致在短期内就能还清贷款。共同增值贷款在利率和通货膨胀率较高时被使用。出借人通过房地产价值的增加换取较低的利率。

5.证券化抵押贷款已经成为常见的投资证券，因为机构投资者在寻找有吸引力的投资机会。证券化抵押贷款是由一篮子抵押贷款抵押的证券。资金池中的付款额会被转递给投资者。房利美、房地美和私人银行发行转递证券。证券化抵押贷款证券将贷款风险与出借人分离，从而导致有风险的贷款增加。

6.次级贷款占抵押贷款总量的比例从20世纪90年代的几乎可以忽略的部分增加到2006年的17%。零首付贷款和不够资格的借款人引发了房价的投机性增长，随后又因高违约率和缺乏真正的住房需求导致房价暴跌。

重点词汇

抵押贷款　分期偿还　气球贷　贴息点　留置权　首付　私人抵押贷款保险　FICO评分　担保抵押贷款　常规抵押贷款　储备金账户　抵押支持证券　证券化抵押贷款　抵押转递贷款　担保抵押证券　次级贷款

问答题

1.抵押贷款市场与其他资本市场有何区别？

2.气球贷如何使抵押贷款账户持有人受益？

3.什么特征有助于保持长期抵押贷款的低利率？

4.什么是贴息点，为什么一些抵押借款人选择支付贴息点？

5.留置权为何有利于出借人？

6.长期来看，贷款的高额或低额首付款如何使抵押贷款账户持有人受益？

7.出借人通常对贷款价值比率低于80%的借款人要求什么样的保险？

8.与抵押贷款客户的信用评级有关的次级抵押贷款为何需要融资？

9.常规房屋抵押贷款和担保房屋抵押贷款的区别。

10.当出借人引用贷款条款“在T-bill上加2，以2和6为上限浮动”时，是什么意思？

11.累进付款抵押贷款和权益增长型抵押贷款每月的付款额随时间增加。尽管这点相似，两种类型的贷款有不同的目的。两种贷款的动机都是什么？

12.许多银行提供关于不动产的第二抵押（或留置权）贷款担保的信用额度。这些贷款在银行客户中很受欢迎。为什么房主愿意拿他们的房子作为这些信用额度的保证？

13.逆向年金抵押贷款（RAM）允许退休人员通过房屋产权赚取收益，而不必出售住房。解释一下逆向年金抵押贷款是如何运作的。

14.资产证券化是如何加速全球金融危机的？

15.描述一下抵押转递证券是如何运作的。

计算题

1.名义利率为8.80%，本金为160万美元的25年期固定利率抵押贷款，计算其每月所需的付款额。在第一年支付多少款项用于本金和利息？

2.计算30年期固定利率抵押贷款的面值，假定每月支付1 100美元，名义利率为9%。如果抵押贷款要求利率减少5%，那么房价最高是多少？

3.30年期的固定利率抵押贷款的本金为100 000美元，名义利率为9%。如果借款人想在12次付款后还清抵押贷款的余额，那么抵押贷款的余额是多少？

4.27年期的固定利率房屋抵押贷款的本金为20万美元，名义利率为11.5%。如果借款人每次额外支付500美元，那么抵押贷款多长时间可以还清？

5.25年期固定利率房屋抵押贷款的本金为20万美元，名义利率为8.7%。S&L于4月1日发起该抵押贷款，并在投资组合中保留该抵押贷款。然而，到了4月2日，抵押贷款的利率上升到9.7%。抵押贷款的价值下降了多少？

6.30年期的固定利率抵押贷款本金为100 000美元，名义利率为9%。贷款的期限是多长？如果在取得抵押贷款之后利率立即上升到9.5%，贷款的价值是多少？

7.5年期的气球贷款的本金为100 000美元。银行每月要求的付款额相当于年利率为5.5%的30年期固定利率贷款。当气球贷款到期时，借款人应支付多少钱？

8.30年期的可变利率抵押贷款第一年的利率为2%。之后根据实际利率进行调整，利率上升到4.5%。该贷款的最高利率为10.5%，利率每年增加不能超过200个基点。如果抵押贷款是25万美元，第1年每月的付款额是多少？第2年呢？第4年的付款额最高是多少？整个期限内最高付款金额是多少？

9.28年期的固定利率房屋抵押贷款的本金为75万美元，名义利率为7.5%。每月一次的付款额和每月两次的付款额之间有什么区别？

10.抵押借款人有以下几种选择：

	贷款额度（$）	利率（%）	贷款类型	贴息点
选择1	100 000	6.75	30年固定	无
选择2	150 000	6.25	30年固定	1
选择3	125 000	6.0	30年固定	2

每种选择的有效年利率是多少？

11.有两种抵押贷款可以选择：一个是15年期的固定利率贷款，利率为6%，没有贴息点；

另一个是15年期的固定利率贷款，利率为5.75%，1个贴息点。假设你不会提早偿还贷款，那么哪种选择更适合你？

12.现在有两种10万美元的抵押贷款：一个是30年期的固定利率贷款，利率为6%，没有贴息点；另一个是30年期的固定利率贷款，利率为5.75%，1个贴息点。如果贴息点是更好的选择，那么你需要在有抵押贷款的房子住多长时间？

13.有两种10万美元的抵押贷款：一个是30年期的固定利率贷款，利率为6%，没有贴息点，另一个是30年期的固定利率贷款，利率为5.75%，有贴息点。如果你计划在房子里生活12年，你愿意为5.75%的抵押贷款支付的贴息点最高是多少？

14.如果房屋价值35万美元，那么抵押贷款需要支付多少首付款以规避抵押贷款保险？

15.每年支付25万美元的共享增值抵押贷款（SAM）。当前市场的抵押贷款利率很高，为13%，其中10%是年度通货膨胀率。根据SAM的条款，15年期的房屋抵押贷款的利率为5%。15年后，房子必须出售，银行保留售价的40万美元。如果通货膨胀率保持在10%，那么银行的现金流是多少？业主的呢？

16.每年支付25万美元的30年期累进付款抵押贷款。贷款规定的利率为6%，但这只适用于第一年的利率。此后，年支付额将增长3.151222%。假设初始付款是在30年前，贷款在15年内还清，请为这笔贷款制定摊销表。

17.每年支付25万美元的权益增长型抵押贷款，贷款的规定利率为6%，但这仅适用于第一年付款。此后，年支付额将增长5.5797%。为这笔贷款制定摊销表，假设初始付款是基于30年期限，贷款在15年内还清。

18.Rusty Nail拥有自己的房子，价值40万美元。为了资助他的退休生活，他从银行获得了逆向年金抵押贷款（RAM）。逆向年金抵押贷款在15年内提供固定的每月付款额，基于其住房价值的70%，利率为5%。付款额在月初支付。Rusty每月得到多少钱？

19.有1 000个贷款的一篮子抵押贷款。每个抵押贷款是10万美元，规定的年利率（名义）为6.00%。抵押贷款均为30年固定利率，并且完全摊销。抵押贷款服务费为每年0.25%。请完成下表。

	(1)	(2)	(3)	(4)	(5)	(6)	(7)
月份	月初余额	所需付款	利率	本金	预期预付款	服务费	期末余额
1	$100 000 000		$500 000	$99 551	$16 665		
2					$33 322		$99 750 430

第 15 章

外汇市场

序言

在 20 世纪 80 年代中期，与国外同业相比，美国企业的竞争力日益下降；随后，在 20 世纪 90 年代和 21 世纪初，它们的竞争力有所提升。这种竞争力的变化难道是因为在 20 世纪 80 年代美国管理层集体失业，随后他们又同时找到工作吗？并非如此，美国企业在 20 世纪 80 年代的竞争力下降是因为美元变得比外币更值钱，这使得美国商品比国外商品更昂贵。到了 20 世纪 90 年代和 21 世纪，美元的价值低于在 20 世纪 80 年代中期的制高点，这导致美国的商品变得便宜，美国企业的竞争力增强。

以一种货币计量另一种货币的价格称为**汇率**（**exchange rate**）。汇率会影响经济和我们的日常生活，因为当美元比外币价值更高时，国外商品对美国人来说变得更加便宜，美国商品对外国人来说变得更加昂贵。当美元价值下跌时，国外商品对美国人来说变得更加昂贵，美国商品对外国人来说变得更加便宜。

我们从观察**外汇市场**（**foreign exchange market**）（决定汇率的金融市场）开始研究国际金融。

15.1 外汇市场

世界上大多数国家都有自己的货币：美国有美元，欧洲货币联盟有欧元，巴西有雷亚尔，中国有人民币。国家之间的贸易涉及相互交换不同的货币（更常见的是以不同货币计价的银行存款）。例如，当美国公司购买国外商品、服务或金融资产时，必须将美元（通常是以美元计价的银行存款）兑换成外币（以外币计价的银行存款）。

货币和以特定货币计价的银行存款之间的交易主要在外汇市场进行。外汇市场进行的交易决定了货币兑换的汇率，同时也决定了购买国外商品和金融资产的成本。

15.1.1 什么是外汇汇率？

外汇交易分为两种：**即期交易**（spot transaction），是指当期（两天内）的银行存款交换；**远期交易**（forward transaction），是在未来某个指定的日期进行银行存款交换。**即期汇率**（spot exchange rate）是即期交易的汇率，**远期汇率**（forward exchange rate）是远期交易的汇率。

当货币价值增长时，就是**升值**（appreciation）；当货币价值降低，换取的美元更少时，就是**贬值**（depreciation）。如图15-1所示，汇率总是在波动。例如，1欧元的价值在1999年年初为1.18美元，在2013年6月7日变为1.32美元。欧元升值11%，即（1.32−1.18）÷1.18=0.11=11%。相反，我们可以说，截至2013年6月7日，美元从0.85（1/1.18）的欧元价值变成0.76（1/1.32）的欧元价值，贬值了11%，即（0.76−0.85）÷0.85=−0.11=−11%。

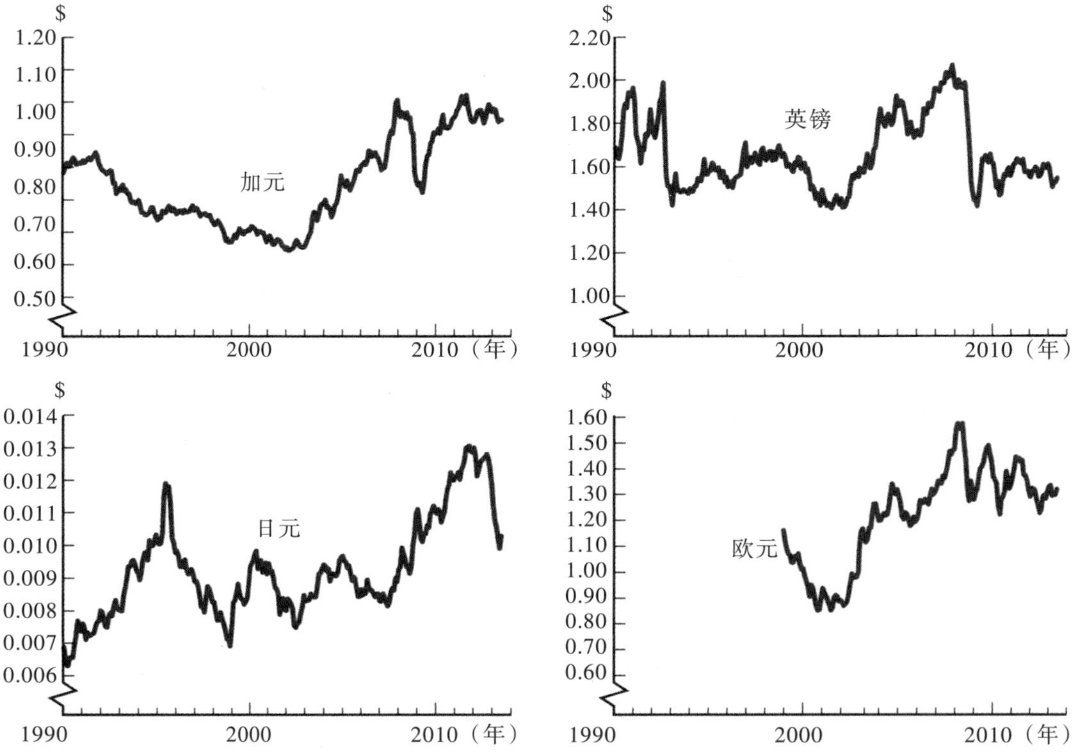

图15-1 汇率（1990—2013年）

注：汇率波动很大。请注意，汇率以美元（$）货币报价，因此这些图中的上涨表明货币价值增强（美元价值削弱）。
资料来源：www.federalreserve.gov/releases/h10/hist.

15.1.2　汇率为什么重要？

汇率很重要，因为它们影响着国内外商品的相对价格。法国商品的美元价格是由两个因素的相互作用决定的：法国商品的欧元价格和欧元对美元的汇率。

假设葡萄酒品尝师旺达是一个美国人，她决定买一瓶1961年（一个非常好的年份）的拉菲放入她的酒窖珍藏。如果法国葡萄酒的价格是1 000欧元，欧元对美元的汇率是1.32，那么旺达将花费1 320美元购买葡萄酒（1 000欧元×1.32美元/欧元）。现在假设旺达延迟两个月购买，这时1欧元的价值为1.40美元。如果拉菲的国内标价仍为1 000欧元，那么美元成本将从1 320美元升至1 400美元。

然而，同样的货币升值会导致在该国购买国外商品的价格下降。当1欧元的价值为1.32美元时，程序员皮埃尔购买售价为2 000美元的戴尔计算机仅需花费1 515欧元；如果汇率升至1.40美元，购买该计算机将只需花费1 429欧元。

欧元的贬值降低了法国商品在美国的成本，但却提高了美国商品在法国的成本。如果欧元价值下跌到1.00美元，旺达的拉菲将只花费她1 000美元，而不是1 320美元；戴尔计算机将花费皮埃尔2 000欧元，而不是1 515欧元。

上述推理得出以下结论：**当一个国家的货币升值（相对于其他货币的价值上升）时，该国商品在国外的价格会变得更昂贵，而在该国的国外商品会变得更便宜（在两个国家保持国内标价不变）。相反，当一个国家的货币贬值时，那么该国商品在国外的价格会变得更便宜，而在该国的国外商品会变得更昂贵。**

货币贬值有助于国内制造商在国外出售产品，并使国外商品在国内市场上的竞争力降低。从2002年到2013年，美元的贬值帮助美国企业销售出更多的商品，但同时这也伤害了美国的消费者，因为相对而言国外商品变得更贵。法国葡萄酒和奶酪的价格以及到国外度假的成本升高，这都是美元疲软的结果。

15.1.3　外汇如何交易？

你不可能去一个集中的地点看汇率是怎样被确定的，货币的交易并不是在纽约证券交易所进行。相反，外汇市场的组织形式和柜台交易市场一样，其中上百个交易商（主要是银行）准备购买和出售以外币计价的存款。由于这些交易商可以不断进行电话和计算机联系，市场竞争非常激烈；实际上，它的功能和一个集中的市场没有不同。

需要注意的一点是，银行、公司和政府在外汇市场买卖货币时不会拿出一把美元钞票来换取英镑钞票。相反，大多数的交易是买卖不同货币计价的银行存款。因此，当我们说一家银行在外汇市场上购买美元时，我们的实际意思是，银行正在购买以美元计价的存款。这个市场的规模非常大，每天的流动金额超过3万亿美元。

外汇市场中的单笔交易都超过100万美元。确定汇率的市场并不是在国外旅行时购买外币的地方。在零售市场，我们从交易商，如美国运通公司或银行处购买外币。因为零售价格比批发价格高，当我们购买外汇时，每1美元能够获得的外汇货币较少，也就是说，我们为外币支付的价格高于报纸上的汇率。

15.2　长期汇率

与自由市场中的所有商品或资产的价格一样，汇率由供给和需求共同决定。为了简化对自由市场汇率的分析，我们将其分为两部分。首先，我们研究如何确定长期的汇率；然后我们利用对汇率长期决定因素的知识来了解汇率在短期内是如何确定的。

15.2.1 一价定律

我们确定汇率的出发点叫作**一价定律（law of one price）**：如果两个国家生产相同的商品，并且运输成本和贸易壁垒非常低，那么无论是在哪个国家生产，商品的价格都应该是相同的。假设美国钢材每吨的成本为100美元，相同的钢材在日本每吨的成本为10 000日元。如果遵循一价定律，日元和美元之间的汇率必须是100日元每美元（0.01美元每日元），因此一吨美国钢材在日本的售价是10 000日元（日本的钢材价格），一吨日本钢材在美国以100美元出售（就是美国钢材的价格）。如果汇率是200日元每美元，日本钢材在美国将以每吨50美元（美国钢材的一半价格）出售，美国钢材在日本的售价为每吨2万日元（是日本钢材的两倍）。由于美国钢材在这两个国家的价格都比日本钢材更贵，并且质量与日本钢材相同，因此市场对美国钢材的需求将为零。由于美国钢材的美元价格是固定的，只有当汇率下降到100日元每美元时，美国钢材的过剩供应才会消除，然后美国钢材和日本钢材的价格在这两个国家才能相同。

例15.1　一价定律

最近，日本钢材的日元价格比美国钢材的美元价格（每吨100美元不变）上涨了10%（每吨11 000日元）。如果一价定律成立，那么美元应该增加或减少多少价值？

解答：根据一价定律，汇率必须升至每美元110日元，即美元升值10%。

汇率上升到110日元，日本钢材的美元价格保持在100美元（11 000日元/110日元每美元）。也就是说，日元贬值10%（美元升值10%）正好抵消了日本钢材的日元价格上涨的10%。

15.2.2 购买力平价理论

关于如何确定汇率的最著名的理论之一就是**购买力平价理论（theory of purchasing power parity，PPP）**。它指出，任何两种货币之间的汇率变动都会反映两个国家的价格水平变化。PPP理论是一价定律在国家价格水平上的应用。

如例15.1所示，如果一价定律成立，日本钢材的日元价格上涨10%，导致美元升值10%。将一价定律应用于两国的价格水平就产生了购买力平价的理论，也就是如果日本价格水平相对于美国价格水平上升10%时，美元将升值10%。购买力平价理论表明，如果一个国家的价格水平相对于另一个国家价格水平上升，那么该国的货币就会贬值（另一种货币就会升值）。

购买力平价理论的另一种思考方法是考虑**实际汇率（real exchange rate）**，即国内商品可以兑换国外商品的比率。实际上，它是国内商品的价格相对于以本国货币计价的国外商品价格的比率。举例来说，如果在纽约的一篮子商品成本为50美元，而东京同一篮子商品的成本为75美元，因为它需要花费7 500日元，而汇率是100日元每美元，那么实际汇率是0.66（=$50/$75）。实际汇率低于1，意味着在美国购买一篮子商品比在日本购买便宜。在公布时，美元对于许多其他货币的实际汇率很低，这就是为什么我们看到在纽约有那么多国外游客疯狂购物。实际汇率表示一种货币是否相对便宜。

描述PPP理论的另一种说法是，它预测实际汇率总是等于1，因此美元的购买力与其他货币（如日元或欧元）的购买力相同。

从图15-2可以看出，PPP理论从长远角度得到证实。从1973年到2013年，英国的价格水平比美国的价格水平上涨了102%，正如PPP理论预测的那样，美元相对于英镑增长了60%，稍小于PPP预测的102%的增长率。

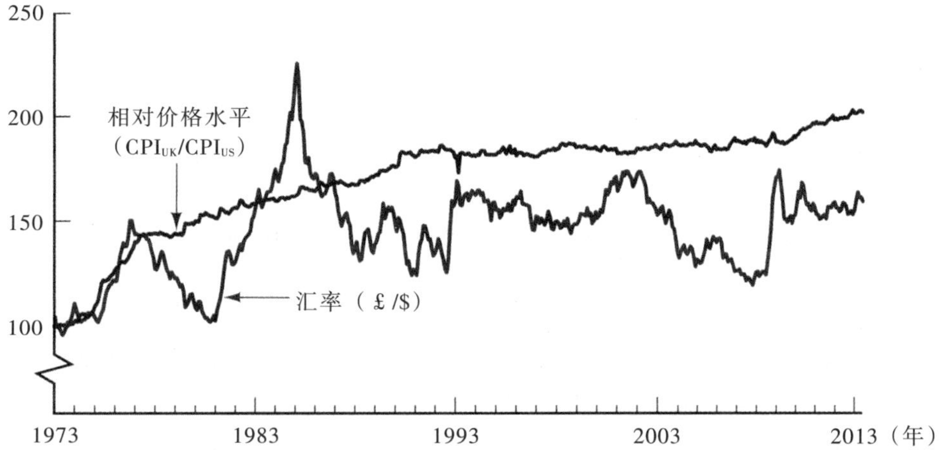

图15-2 购买力平价，美国/英国，1973—2013年（指数：1973年3月=100）

注：在整个时期，英国价格水平相对于美国价格水平的上升与美联储预测的美元价值的上升有关。然而，PPP关系在更短的时期内并不成立。

资料来源：联邦储备银行的圣路易斯FRED数据库，http：//research.stlouisfed.org/fred2/.

15.2.3 为什么购买力平价理论不能完全解释汇率

然而，如图15-2所示，PPP理论在短期内几乎无法进行准确预测。例如，从1985年初到1987年底，英国的价格水平相对于美国的价格水平上涨，美元并没有如PPP理论预测的那样对英镑升值，反而贬值40%。因此，尽管PPP理论为汇率的长期变动提供了指导，但它不是完美的，因为在短期内它是一个极差的预测方法。怎样解释PPP理论的预测失败呢？

PPP理论的结论是，汇率仅由相对价格水平的变化决定。这一结论基于的假设是，所有商品在两个国家都是相同的，并且运输成本和贸易壁垒非常低。当这个假设成立时，一价定律表明这些商品的相对价格（即两个国家之间的相对价格水平）将决定汇率。商品相同的假设对于美国和日本钢材来说可能不太合理，那么对于美国车和日本车来说合理吗？丰田和雪佛兰相同吗？

因为丰田和雪佛兰显然不一样，它们的价格也不相等。丰田相对于雪佛兰可能更贵，但美国人和日本人仍购买丰田。由于一价定律并不适用于所有商品，因此丰田相对于雪佛兰价格的上升并不一定意味着日元必须贬值，且下降幅度与丰田相对于雪佛兰价格上涨的金额相同。

此外，PPP理论没有考虑到不是所有商品和服务（其价格被包括在价格水平的计算中）都能跨境交易。住房、土地和服务，如餐厅用餐、理发和高尔夫课程，这些都不是贸易商品。所以即使这些项目的价格可能上涨，并导致其相对于另一个国家有更高的价格水平，汇率受到的直接影响也会很小。

15.2.4 影响长期汇率的因素

从长远来看，影响汇率的因素主要有四个：相对价格水平；关税和配额；国内和国外商品的偏好；生产力。在保持其他因素不变的情况下，我们将分别研究这些因素是如何影响汇率的。

基本的推理过程如下：任何会增加国内生产的商品的相对需求的行为都会导致本国货币的升

值，因为即使当本国货币的价值升高时，国内商品也能继续进行销售。同样，任何会增加国外商品相对需求的行为往往都会导致本国货币贬值，因为只有当本国货币的价值较低时，国内商品才会继续进行销售。换句话说，如果一个因素增加了国内商品的相对需求，本国货币将会升值；如果一个因素减少了对国内商品的相对需求，本国货币将贬值。

相对价格水平

根据PPP理论，当美国商品的价格上升（国外商品的价格不变）时，对美国商品的需求下降，美元倾向于贬值，美国商品仍然能卖得好。相反，如果日本商品的价格上涨，使美国商品的相对价格下降，对美国商品的需求增加，美元趋于升值，因为即使本国货币的价值升高，美国商品也能继续销售。从长远来看，一个国家的价格水平（相对于国外价格水平）上升导致本国货币贬值，而该国相对价格水平的下降则会导致其货币升值。

贸易壁垒

对于自由贸易的障碍，如**关税（tariff）**（进口商品税）和**配额（quota）**（限制可进口的国外商品的数量）可能影响汇率。假设美国增加关税或对日本钢材减少配额，这些增加的贸易壁垒将增加对美国钢材的需求，美元会趋向升值，因为即使美元拥有更高的价值，美国钢材仍将畅销。长期来看，增加贸易壁垒可以导致一个国家的货币升值。

对国内及国外商品的偏好

如果日本人对美国商品，如佛罗里达州的橘子和美国电影有兴趣，对美国商品的需求（出口）增加往往会使美元升值，因为即使美元的价值升高，美国商品仍将继续畅销。同样，如果相比于美国车，美国人更喜欢日本车，那么对日本商品的需求（进口）增加往往使美元贬值。对于一个国家出口的需求增加会导致该国货币长期升值；相反，进口需求的增加会导致本国货币贬值。

生产力

当一个国家的生产力上升时，这会增加国内贸易商品而不是非贸易商品的生产。因此，生产力的提高与国内贸易商品的相对价格下降有关。结果就是对国内贸易商品的需求上升，本国货币会升值。然而，如果一个国家的生产力落后于其他国家，该国的贸易商品变得相对更昂贵，然后货币趋向于贬值。从长远来看，如果一个国家比其他国家更有生产力，那么该国的货币将升值。①

长期的汇率行为理论在表15-1中已详细说明。我们通常说的汇率E上升就是指货币升值。也就是说，在美国的例子中我们使用的汇率是指“外币每美元”（如日元每美元）。②

表15-1　　汇总影响长期汇率的因素

因素	因素变化	汇率对应的变化，E^*
国内价格水平	↑	↓
贸易壁垒	↑	↑
进口需求	↑	↓
出口需求	↑	↑
生产力	↑	↑

注：*外币每美元：↑表示国内货币升值；↓表示国内货币贬值。

① 对于一个小国家来说，它的生产力变化，或对国内或国外商品的偏好等因素对国内外商品的相对价格没有影响。在这种情况下，生产力的变化或对国内或国外商品的偏好变化可能影响该国的收入，但不一定会影响该国货币的价值。在我们的分析中，我们假设这些因素会影响到相对价格，从而影响汇率。

② 汇率可以是每本国货币价值多少外币，也可以是每外币价值多少本国货币。更专业地说，许多经济学家引用的汇率是每外币价值多少本国货币，因此本国货币的升值就表现为汇率下降。在本文中使用相反的惯例，因为可以更直观地将国内货币升值看作汇率上升。

15.3 短期汇率：供求分析

我们研究了长期汇率行为的理论。然而，由于推动汇率长期变化的因素变化缓慢，如果我们要了解为什么汇率每天都会出现这样大的变化（有时是几个百分点），我们必须研究在短期决定当期汇率（即期汇率）的供需分析。

理解汇率短期行为的关键是要理解汇率是以国外资产（以外币计价的银行存款、债券、股票等）的价格表现国内资产（以本国货币计价的银行存款、债券、股票等）。因为汇率是以一种资产表示另一种资产的价格，研究短期汇率的确定要使用第 4 章提到的资产组合选择理论这一方法。但是，我们刚才提出的汇率的长期决定因素也在短期资产市场方法中起着重要作用。

在过去，用供求关系决定汇率的方法强调的是进出口需求的作用。这里使用的资产市场方法更多的是强调资产存量，而不是短期内的出口和进口流量，因为在给定的时间里，进出口交易相对于国内和国外资产的规模来说比较小。例如，美国每年的外汇交易超过美国的进出口额 25 倍以上。因此，在短期内，决定持有国内还是国外资产对确定汇率的影响比进出口需求的影响大。

15.3.1 国内资产供给曲线

我们先讨论供给曲线。在接下来的分析中，我们将美国作为本国，因此国内资产是以美元计价。为了便于理解，我们将使用欧元代表国外货币，因此国外资产以欧元计价。

提供的美元资产主要是美国银行存款、债券和股票的数量，为方便讨论，我们可以将这一数额看作是固定的。供给数量在任何汇率下都不会改变，因此供给曲线 S 是垂直的，如图 15-3 所示。

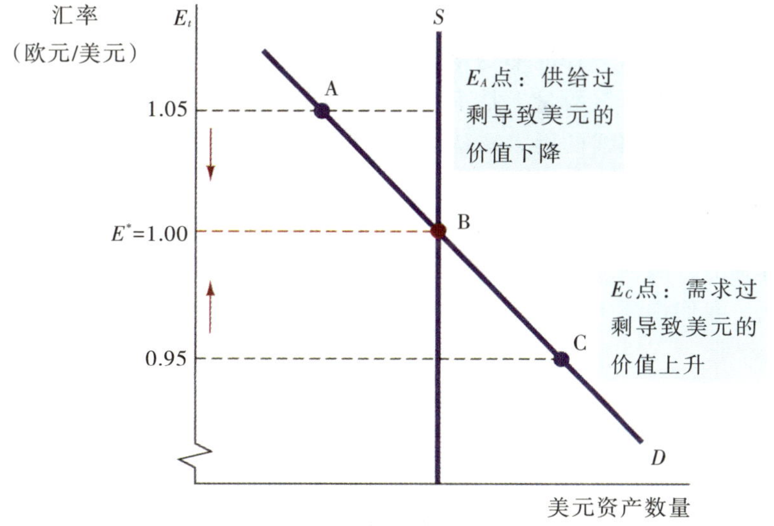

图 15-3 外汇市场均衡

注：外汇市场的均衡发生在 B 点，即需求曲线 D 和供给曲线 S 的交点。均衡汇率为 E^* = 1 欧元/美元。

15.3.2 国内资产需求曲线

在保持所有因素不变，尤其是汇率的预期未来价值不变的情况下，需求曲线追踪每个即期汇率的需求量。我们将当期汇率（即期汇率）记作E_t，下一个阶段的预期汇率记作E^e_{t+1}。资产组合选择理论建议，国内（美元）资产需求量最重要的决定因素是国内资产的相对预期收益率。让我们看看即期汇率E_t下降会发生什么。

假设我们从图15-3的A点开始，其即期汇率是每美元1.05欧元。随着汇率的未来预期值在E^e_{t+1}恒定，汇率的较低值（如E^*=1欧元/美元）意味着美元价值很有可能增加，也就是升值。美元的预期升值越大，美元（国内）资产的相对预期收益率就越高。投资组合选择理论告诉我们，由于现在更适合持有美元资产，所以对美元资产的需求量将上升，如图15-3中的点B所示。如果即期汇率比每美元0.95欧元还低的话，那么美元将预期上涨，预期收益率增加，因此对美元资产的需求增多。这种情况如图15-3中的点C所示。连接这些点后产生的需求曲线D是向下倾斜的，表示在美元的即期价值较低（其他条件不变）时，对美元资产的需求量较高。

15.3.3 外汇市场均衡

就像通常的供求分析那样，当美元资产的需求量等于供给量时，市场处于均衡状态。在图15-3中，均衡发生在B点，即需求和供给曲线的交点。在B点，汇率是E^* = 1欧元/美元。

假设汇率是1.05欧元/美元，高于每美元1欧元的均衡汇率。如图15-3所示，美元资产的供给量大于需求量，这是供给过剩的情况。鉴于更多的人想要卖出美元资产而不是购买美元资产，美元的价值会下跌。但只要汇率仍然高于均衡汇率，美元资产过剩的供应将继续，而美元将继续下跌，直至它达到每美元1欧元的均衡汇率。

同样，如果汇率低于以每美元0.95欧元的均衡汇率，美元资产的需求量将超过供应量，这是需求过剩的情况。由于更多的人想要购买美元资产而不是卖出它们，美元的价值将上升，直到需求过剩消失，美元的价值将再次达到每美元1欧元的均衡汇率。

15.4 解释汇率变化

外汇市场的供求分析可以解释汇率变化的趋势和原因。为了简化分析，我们假设美元资产的数量是固定的：供给曲线在既定数量上是垂直的，并不会发生偏移。在这个假设下，我们只需要考虑那些改变美元资产需求曲线的因素，从而解释汇率随时间的变化。

15.4.1 国内资产需求转变

正如我们所看到的，国内（美元）资产的需求量取决于美元资产的相对预期收益率。要了解需求曲线如何变化，我们需要考虑在保持即期汇率E_t不变而其他因素随时间变化时，需求量是怎样变化的。

为了了解需求曲线的移动方向，假设你是一个投资者，正在考虑用资金购入国内（美元）资产。在所有其他变量保持不变，且即期汇率既定的情况下，一个因素的变化将决定美元资产相对国外资产的预期收益率是增加还是减少。该决定告诉你要持有更多还是更少的美元资产，以及在不同的汇率时需求量是增加还是减少。了解在不同的汇率情况下需求量变化的方向就意味着知道了需求曲线移动的方式。也就是说，保持即期汇率不变，如果美元资产的相对预期收益率上升，则需求曲线向右移动。如果相对期望收益率下降，需求曲线向左移动。

国内利率i^D

假设美元资产支付的利率为i^D。当美元资产的国内利率i^D上升，且即期汇率E_t和其他因素保持不变时，美元资产相对于国外资产的收益率将增加，所以人们会想要持有更多的美元资产。在

图 15–4 中，需求曲线从 D_1 向右移到 D_2，美元资产的需求量随着汇率的增加而增加。在 D_2 处和 S 的交点 2 处达到新平衡，均衡利率从 E_1 上升到 E_2。国内利率的提高导致国内资产 D 的需求曲线向右移，并使本国货币升值（$E\uparrow$）。

相反，如果 i^D 下跌，那么美元资产的相对预期收益率就会下降，需求曲线向左移动，汇率下降。国内利率 i^D 的下降导致国内资产 D 的需求曲线向左移动，并导致国内货币贬值（$E\downarrow$）。

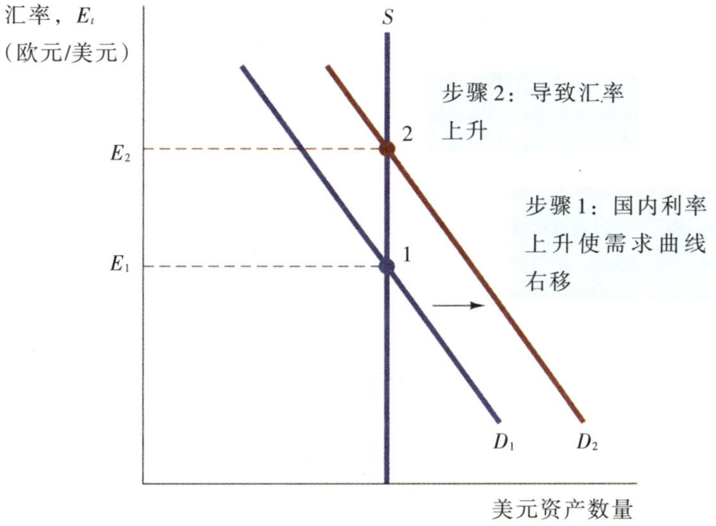

图 15–4　对国内利率 i^D 上升的反应

注：当国内利率 i^D 增加时，国内（美元）资产的相对预期收益率增加，需求曲线向右移动。均衡汇率从 E_1 上升到 E_2。

国外利率 i^F

假设国外资产支付的利率为 i^F。当国外利率 i^F 上升，并保持即期汇率和其他因素保持不变时，国外资产相对于美元资产的收益率会上升。因此，美元资产的相对预期收益率下降，现在人们想要持有更少的美元资产，而且需求量在每个汇率值都有所下降，如图 15–5 所示，需求曲线从 D_1 向左移动到 D_2。当美元的价值下降时，在点 2 达到新均衡。相反，i^F 下降则会提高美元资产的相对预期收益率，需求曲线向右移动，同时汇率提高。总之，国外利率 i^F 的增加导致需求曲线 D 向左移动，使本国货币贬值；国外利率 i^F 的下降导致需求曲线 D 向右移，使本国货币升值。

预期未来汇率 E^e_{t+1} 的变化

对汇率未来价值的期望在需求曲线的变化中起着重要作用，因为对国内资产的需求（如对任意耐用品的需求）取决于未来的再销售价格。任何会导致预期未来汇率 E^e_{t+1} 上升的因素都会增加美元的预期升值。结果就是美元资产的相对预期收益率增高，也增加了在不同汇率下对美元资产的需求量，从而导致需求曲线从 D_1 移向 D_2，如图 15–6 所示。均衡汇率上升到 D_2 和 S 曲线的交叉点——点 2。预期未来汇率 E^e_{t+1} 上升，需求曲线向右移动，导致国内货币升值。通过同样的推理，预期未来汇率 E^e_{t+1} 下降，需求曲线向左移动，导致货币贬值。

之前我们讨论了长期汇率的决定因素：相对价格水平、相对关税和配额、进出口需求，以及相对生产力（见表 15–1）。这四个因素也会影响预期未来汇率。购买力平价理论认为，如果美国相对于国外的价格水平持续走高的话，美元将长期贬值。美国的预期相对价格水平 E^e_{t+1} 会下降，而美元资产的相对预期收益率也会降低，导致需求曲线向左移动，从而降低即期汇率。

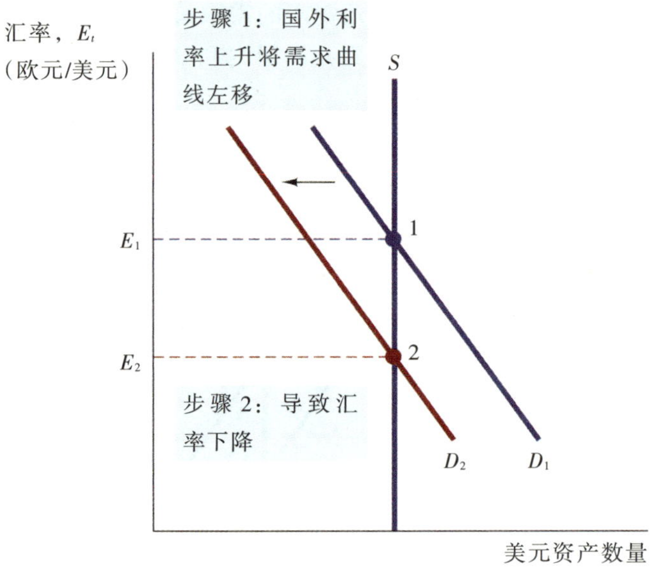

图15-5 国外利率 i^F 上升的影响

注：当国外利率 i^F 上升时，国内（美元）资产的相对预期收益率下降，需求曲线向左移动。平衡汇率从 E_1 下降到 E_2。

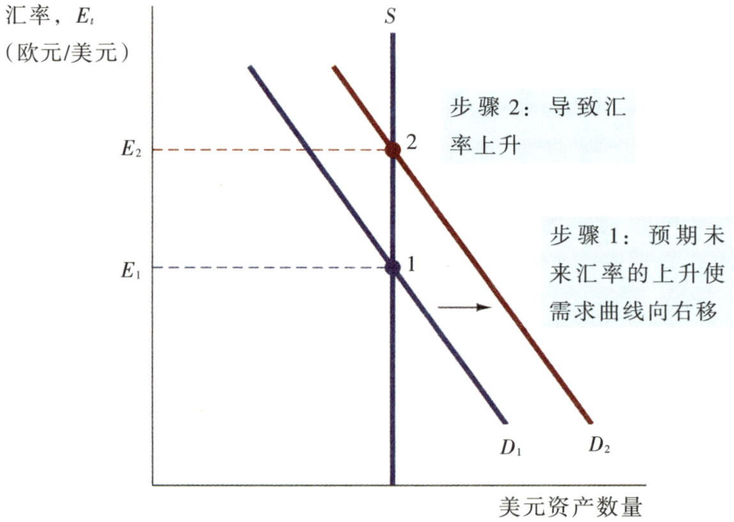

图15-6 预期未来汇率 E_{t+1}^e 上升的影响

注：当预期未来汇率上升时，国内（美元）资产的相对预期收益率上升，需求曲线向右移动。均衡汇率从 E_1 上升到 E_2。

同样，长期汇率的其他决定因素可能也会影响美元资产的相对预期收益率和即期汇率。简而言之，以下所有变化都会增加国内商品的相对需求，也会提高 E_{t+1}^e：（1）美国相对于国外价格水平的预期下降；（2）美国相对于国外的预期贸易障碍增加；（3）对美国进口的需求预期降低；（4）对美国出口的需求预期增加；（5）美国相对于国外的生产力预期增加。通过增加 E_{t+1}^e，上述的变化会增加美元资产的相对预期收益率，需求曲线向右移动，导致国内货币（美元）升值。

15.4.2 回顾：改变汇率的因素

表15-2汇总了所有影响国内资产需求曲线并导致汇率变化的因素。当只改变一个因素并保持其他因素（包括即期汇率）不变时，需求曲线会发生变化。同样，投资组合选择理论告诉我们，需求曲线的变化原因主要是美元资产的相对预期收益率变化。

表15-2　　　　移动国内资产需求曲线以及影响汇率的主要因素

因素	因素变化	每种汇率下国内资产需求量的变化	汇率相应的变化，E_t	
国内利率 i^D	↑	↑	↑	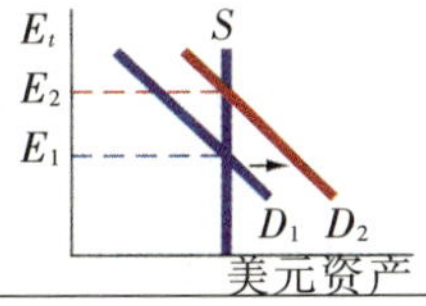
国外利率 i^F	↑	↓	↓	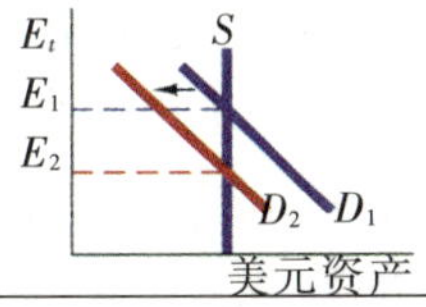
预期国内价格水平*	↑	↓	↓	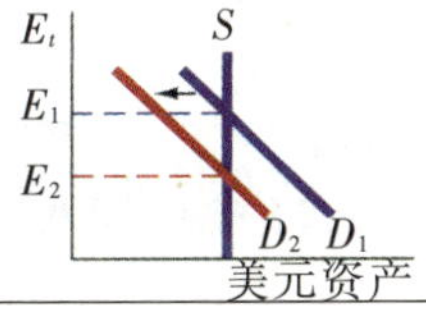
预期贸易壁垒*	↑	↑	↑	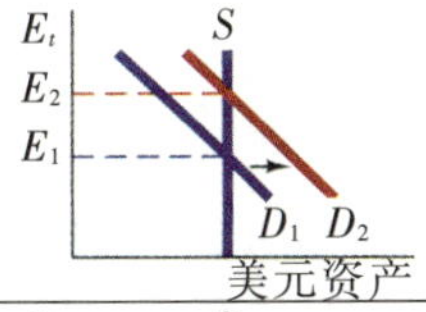
预期进口需求	↑	↓	↓	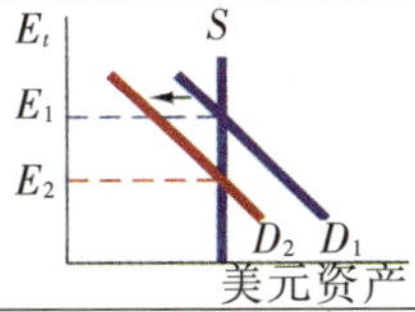
预期出口需求	↑	↑	↑	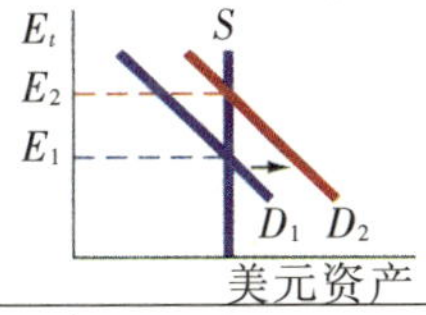
预期生产力*	↑	↑	↑	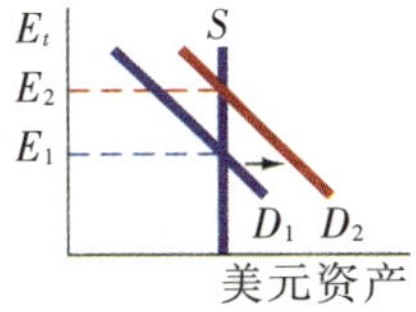

注：*与其他国家相比。

让我们回顾一下当表15-2中每一个因素变化时都会发生什么。记住，为了了解需求曲线变化的方向，我们需要考虑当因素变化时，美元资产的相对预期收益率会发生什么变化。在保持即期汇率不变的情况下，如果相对预期收益率上升，则需求曲线向右移动。如果相对预期收益率下降，则需求曲线向左移动。

1. 当国内资产利率 i^D 上升时，每个汇率点的美元资产预期收益率都会上升，因此需求量增加。因此，如表15-2的第1行所示，需求曲线向右移动，均衡汇率上升。

2. 当国外利率 i^F 上升时，国外资产的收益率上升，因此美元资产的相对预期收益率下降。从而，美元资产需求量下降，需求曲线向左移动，汇率下降，如表15-2的第2行所示。

3. 当预期价格水平较高时，我们对长期汇率的决定因素的分析表明，美元的价值将在未来下降。因此，美元资产的预期收益率下降，需求量下降，需求曲线向左移动，汇率下降，如表15-2的第3行所示。

4. 当预期的贸易壁垒较高时，美元的价值从长期角度来看会上升，美元资产的预期收益率增加。因此，如表15-2的第4行所示，美元资产需求量上升，需求曲线向右移动，汇率上升。

5. 当预期进口需求上升时，我们预期汇率会在长期下降，美元资产的预期收益率下降。因此，在不同的即期汇率点处，美元资产的需求量都会下降，需求曲线向左移动，汇率下降，如表15-2的第5行所示。

6. 当预期出口需求上升时，会发生与上述相反的情况，因为从长远来看，汇率有望升值。美元资产的预期收益率上升，需求曲线向右移动，汇率上升，如表15-2的第6行所示。

7. 随着国内生产力的提高，预期汇率将在长期上升，国内资产的预期收益率上升。因此，如表15-2的第7行所示，在不同的汇率点上，需求量都会增加，需求曲线向右移动，汇率上升。

案例

利率变动对均衡汇率的影响

我们的分析揭示了影响均衡汇率的因素。现在我们将通过该分析来研究利率变化对汇率的影响。

国内利率 i^D 的变化通常被认为是影响汇率的主要因素。例如，我们可以看到金融新闻的头条："美元回升，利率触底反弹"，但是这个标题的观点总是正确的吗？

不一定，因为如果要分析利率变化的影响，我们必须仔细区分变化的来源。费雪公式指出，i^D 等名义利率等于实际利率加上预期通货膨胀率：$i = i_r + \pi^e$。因此费雪公式表明利率 i^D 的变化有两个原因：实际利率 i_r 变化，或预期通货膨胀率 π^e 变化。这两点对汇率的影响是完全不同的，具体取决于这两个因素中哪一个是名义利率变化的根源。

假设预期通货膨胀率保持不变，国内实际利率上升，从而导致名义利率 i^D 上升。在这种情况下，假设预期未来汇率不变的情况是合理的，因为预期通货膨胀不会发生变化。在这种情况下，i^D 的上升增加了美元资产的相对预期收益率，提高了不同汇率水平下的美元资产需求量，还促使了需求曲线右移。我们最终得到了图15-4中描述的情况，即在一切保持不变的情况下，对 i^D 的增加进行分析，我们的外汇市场模型产生以下结果：当国内实际利率上升时，国内货币会升值。

当名义利率由于预期通货膨胀率的增加而上升时，我们得到的结果与图15-4所示结果并不相同。预期国内通货膨胀率的上升导致了美元的预期升值幅度下降，且下降的幅度要大于国内利率 i^D 的增长幅度。*因此，如图15-7所示，在任何既定的汇率下，国内（美元）资产的相对预期收益下降，需求曲线向左移动，汇率从 E_1 下降到 E_2。通过分析我们可以得出这样的结论：当国内利率由于预期通货膨胀率的增加而上升时，国内货币会贬值。

因为这个结论和实际利率上升导致国内利率上升的结论完全不同，所以我们在分析利率对汇率的影响时，必须要区分实际变量和名义变量。

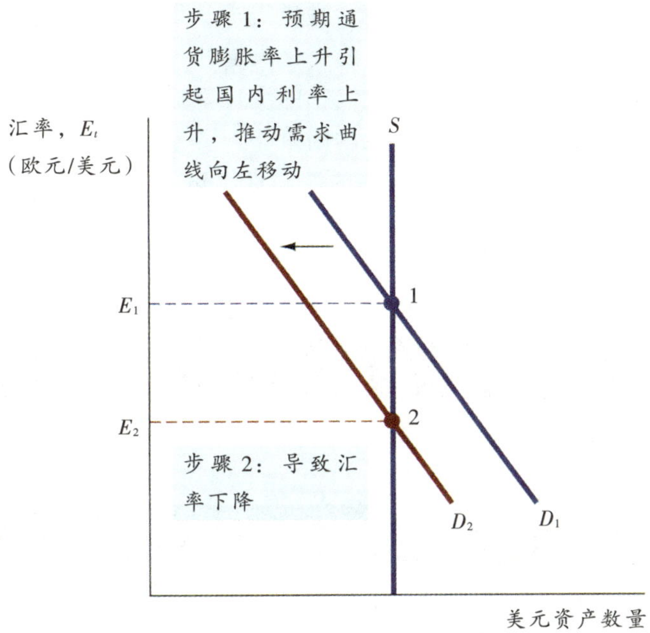

图15-7 由于预期通货膨胀率增加，国内利率上升造成的影响

注：由于国内预期通货膨胀率的上升引起的预期美元升值的下降大于国内利率的增长，国内（美元）资产的相对预期收益下降。需求曲线向左移动，均衡汇率从E_1下降到E_2。

*这个结论是汇率确定的资产市场模型的标准，参见Rudiger Dombusch，“Expectation and Exchange Rate Dynamics”，Journal of Political Economy 84（1976）：1061-1076；Frederic S. Mishkin，“The Real Interest Rate：An Empirical Investigation”，Carnegie-Rochester Conference Series on Public Policy 15（1981）：151-200；Lawrence Summers，“The Nonadjustment of Nominal Interest Rates：A Study of the Fisher Effect”，in Macroeconomics，Prices and Quantities，ed. James Tobin（Washington，DC：Brookings Institution，1983），pp.201-240.

案例

为什么汇率会有波动？

案例

美元和利率

案例

全球金融危机与美元

实践经理

从外汇预测中获利

本章小结

1.外汇汇率（一国货币的价格以另一国的货币表示）非常重要，因为它们影响到在国外销售的本国商品的价格和在国内购买的国外商品的成本。

2.购买力平价理论认为，两国货币之间汇率的长期变化是由两个国家的相对价格水平变化决定的，其他影响长期汇率的因素有关税和配额、进口需求、出口需求，以及生产力。

3.短期汇率是由国内资产相对预期收益率的变化决定的，从而导致了需求曲线的变化。任何影响国内资产相对预期收益率的因素都会导致汇率的变化。这些因素包括国内和国外资产利率的变化，以及影响长期汇率及预期未来汇率变化的因素。

4.资产市场确定汇率的方法可以解释汇率的波动性，以及美元在1980—1984年期间和随后的下降。

5.外汇汇率预测对金融机构的管理人员非常有价值，因为这些汇率影响着机构应该持有以哪些外币计价的资产，以及交易员在外汇市场上应该进行什么类型的交易。

重点词汇

汇率　外汇市场　即期交易　远期交易　即期汇率　远期汇率　升值　贬值　一价定律　购买力平价理论　实际汇率　关税　配额

问答题

1.金融机构从事外汇交易活动的原因是什么？

2.“一个国家的货币疲软（价值下跌）时，该国的经济情况总是会变坏。”这种表述是正确的、错误的，还是不确定？解释你的答案。

3.当美元贬值时，对美国的出口和进口有什么影响？

4.当购买力平价理论成立时，假设印度尼西亚的价格水平相对于欧元区国家的价格水平上升20%，将如何影响印尼卢比相对于欧元的价值？

5.如果对一个国家的出口需求下降，同时进口关税提高，长期来看该国的货币会升值还是贬值？

6.如果马来西亚经济增长率下降（因此，通货膨胀率和名义利率下降），那么与美元相比，马来西亚货币可能受到什么影响？

预测未来：通过绘制适当的汇率市场图来回答以下问题。

7.美国总统宣布，他将采用新的反通货膨胀计划降低通货膨胀率。如果公众信任他，预测美元汇率将发生什么变化。

8.如果英国中央银行通过印制货币来降低失业率，英镑的价值在短期和长期会发生什么变化？

9.阿根廷在近期将意外地宣布对国外进口乳制品征收更高的关税，这会对阿根廷比索的价值有什么影响？

10.如果美国的名义利率上升，而实际利率下降，预测美国汇率会怎样变化。

11.如果美国汽车公司在汽车技术方面取得突破，并且能够生产出油耗60加仑的汽车，那么美国汇率会发生什么变化？

12.假设由于财富增加，相比于本地生产的商品和服务，新加坡人明显增加了对国外商品和服务的消费，新加坡货币的价值会发生什么变化？

13.如果欧洲预期的通货膨胀率下降，导致利率下降，那么美元汇率将发生什么变化？

14.如果欧洲央行决定紧缩货币供给以应对通货膨胀，美元的价值会如何变动？

15.如果法国发生大规模罢工，群众很难购买法国货品，欧元的价值会发生什么变化？

计算题

1.一辆德国跑车售价为7万欧元。如果美元的汇率为0.90欧元每美元，那么该德国汽车的美元价格是多少？

2. 英格兰的投资者以987.65美元购买了91天短期国债。当时，汇率是每磅1.75美元。到期时，汇率为每磅1.183美元。投资者在持有国债期间以英镑计价的回报是多少？

3. 马来西亚投资者于2010年1月1日以每股360美元的价格购买了100股苹果公司股票。苹果公司于2010年12月31日支付了每股1.50美元的年息。投资者在同一天以每股375美元的价格卖出股票。2010年1月1日汇率为3.15林吉特/美元，2010年12月31日汇率为3.20林吉特/美元。那么投资者以马来西亚林吉特计价的总回报是多少？

4. 目前的汇率是0.75欧元每美元，但你认为美元将下跌至0.67欧元每美元。如果一个以欧元计价的债券产生了2%收益率，你期望以美元计价的回报为多少？

5. 英镑与美元之间的6个月远期汇率为每磅1.75美元。如果美国的六个月利率为3%，英格兰的利率高出150个基点，那么汇率是多少？

6. 假设澳元对美元的汇率是1.0757，欧元对美元的汇率是0.7234，那么澳元对欧元的汇率是多少？

7. 新西兰元对美元的汇率为1.36，英镑对美元的汇率为0.62。如果你发现英镑对新西兰元的交易价格为0.49，你怎样才能赚取无风险利润？

8. 在1997年亚洲金融危机期间，泰铢的交易价格为每铢泰铢0.02475美元。泰铢现在交易价格为每泰铢0.03093美元。泰铢价值变化的百分比是多少？你认为它会升值还是贬值？

9. 巴西雷亚尔的汇率为每美元兑换0.375单位雷亚尔。每美元的实际汇率是多少？

10. 墨西哥比索的交易价格是每美元10比索。如果预期一年后美国通货膨胀率为2%，墨西哥的通货膨胀率为23%，那么一年后的预期汇率是多少？

11. 美英之间的即期汇率是每磅1.825美元。英镑和美元之间的6个月远期汇率为每磅1.79美元。美国和英国6个月即期汇率之间的差异百分比是多少？

12. 日元和美元之间的即期汇率是每美元120日元。如果美元与日元间的即期汇率为120日元每美元，相对汇率预期贬值10%，那么新的预期汇率是多少？

13. 如果英格兰的价格水平最近增长了20%，而美国下降了5%，若PPP成立，汇率需变化多少？假设即期汇率为0.55磅每美元。

14. 欧洲一年期存单目前利率为5%，即期汇率为每美元0.99欧元。如果你认为从现在算起一年后的汇率将是1.04欧元/美元，以美元计价的预期收益率是多少？

15. 在日本短期利率为2%，在美国短期利率为4%。目前的汇率是120日元/美元。那么预计远期汇率是多少？

16. 澳大利亚和美国的短期利率分别为1%和3%。目前的汇率是每美元1.0757澳元。假设远期汇率为1.0500澳元/美元，你能套利获得利润吗？

17. 美国的利率为4%，1欧元能兑1美元。欧元预期贬值至每美元1.1欧元。计算德国的利率。

附录：利息平价条件

第16章

国际金融体系

序言

由于美国经济与世界其他国家经济之间相互依存的关系日益加深，如今，国际金融体系在美国的经济活动中发挥了极为重要的作用。在本章中，我们将了解固定汇率机制和管理汇率机制的运作方式，以及它们是如何为金融机构提供大量获利机会的。我们还将关注资本控制和国际货币基金组织在国际金融体系中应发挥什么作用等争议问题。

16.1 外汇市场干预

在第15章中，我们分析了外汇市场，它像是一个完全自由的市场，能够对所有市场压力做出反应。然而，像许多其他的市场一样，外汇市场也存在政府的干预；中央银行通常从事被称作**外汇干预（foreign exchange intervention）**的国际金融交易，以此来影响汇率。在我们目前的国际环境中，汇率每天都在波动，但中央银行试图通过买卖货币来影响国家的汇率。我们可以通过在第15章中所学习到的汇率分析来解释中央银行的干预对外汇市场的影响。

16.1.1 外汇干预和货币供应

要理解中央银行对外汇市场的干预是如何影响汇率的，第一步是了解中央银行在外汇市场出售以外币计价的资产，即**国际储备（international reserves）**对货币基础的影响。假设美联储决定出售10亿美元外国资产，换取10亿美元货币（这项交易在纽约联邦储备银行的外汇柜台进行，详见案例“纽约联邦储备银行外汇交易所的一天”）。美联储购买美元产生两个影响：第一，它减少了美联储持有的10亿美元国际储备；第二，因为美联储从公众手中购买货币，因此流通货币减少10亿美元。我们可以在以下美联储的T型账户中看到（billion=10亿美元，后同）：

美联储			
资产		负债	
外币资产（国际储备）	-$1 billion	流通货币	-$1 billion

因为货币基础是由流通货币和准备金组成的，货币下跌意味着货币基础减少了10亿美元。

如果购买外国资产的人没有通过货币来支付美联储出售的外国资产，而是通过签发国内银行账户的支票进行支付，美联储就会从这些银行的准备金账户中扣除10亿美元。结果就是，美联储（准备金）的存款减少了10亿美元，如下面的T账户所示：

美联储			
资产		负债	
外币资产（国际储备）	-$1 billion	美联储存款（准备金）	-$1 billion

在这种情况下，美联储出售外国资产并购买美元存款的结果是准备金减少了10亿美元，而货币基础同样减少了10亿美元，因为准备金也是货币基础的一部分。

现在，我们发现当中央银行出售国外资产并购买国内银行存款或本国货币时，对货币基础的影响是完全相同的。这就是为什么当我们说中央银行购买本国货币时，不必区分购买的是本国货币还是银行存款。因此，我们得出了一个重要结论：中央银行在外汇市场上购买本国货币并出售外国资产，从而导致了国际储备和货币基础等额下降。

我们可以通过更直接的方法得到同样的结论。中央银行出售外国资产与公开市场出售政府债券没有什么不同。我们在分析货币政策时了解到，公开市场出售会导致货币基础的等额减少。因此，出售外国资产也将导致货币基础的等额减少。同样，中央银行出售本国货币并购买外国资产，如进行公开市场购买，会导致货币基础的等额增加。因此，我们得出以下结论：中央银行在外汇市场上出售本币并购买外国资产，将会导致国际储备和货币基础的等额增加。

案例

纽约联邦储备银行外汇交易柜台的一天

虽然美国财政部主要负责制定外汇政策，但是干预外汇市场的决定是由美国财政部和美联储的联邦公开市场委员会（FOMC）共同做出的。外汇干预的实际执行由纽约联邦储备银行的外汇交易柜台负责，就在公开市场柜台旁边。

负责跟踪外汇市场发展的交易员和分析师由纽约联邦储备银行的外汇经理监督。每天早上7：30，早在黎明前就到达纽约联邦储备银行的交易员会与美国财政部相应部门通电话，并提供海外金融和外汇市场的隔夜活动的最新情况。之后在早上9：30左右，经理及工作人员与美国华盛顿联邦储备委员会的高级职员举行电话会议。下午2：30，他们进行第二次电话会议，由董事会和财政部官员进行联合通报。虽然法案规定财政部在制定外汇政策方面发挥主导作用，但它会尽可能地使各方——财政部、理事会和纽约联邦储备银行——之间达成共识。如果它们认为哪天有必要进行外汇干预（因为美国很少在一年内都不进行外汇干预），经理会指示他的交易员进行计划好的外币买卖。由于汇率干预基金由美国财政部（在外汇平准基金中）和美联储分别持有，经理及工作人员并不是通过纽约联邦储备银行进行基金交易；相反，他们是作为财政部和联邦公开市场委员会的代理人进行这些交易。

作为职责的一部分，在每次联邦公开市场委员会会议之前，工作人员会帮忙为联邦公开市场委员会成员、其他储备银行行长和财政部官员准备一份相关数据的文件。文件主要描述了在国内和国外市场在过去五、六周内的发展状况。因此，这项任务使得工作人员在联邦公开市场委员会会议之前变得特别忙碌。

我们刚才所描述的干预，即中央银行允许买卖本国货币从而对货币基础产生影响，被称为**非冲销式外汇干预（unsterilized foreign exchange intervention）**。但如果中央银行不希望买卖本币对货币基础造成影响，那又该怎么办？中央银行会通过在政府债券市场进行对冲性开放市场操作来抵消外汇干预的影响。例如，美联储购买10亿美元货币并出售10亿美元的外国资产，如我们所见，货币基础将减少10亿美元。美联储可以进行公开市场操作，并购买10亿美元的政府债券，这将使货币基础增加10亿美元。T型账户的结果表明，外汇干预和对冲性公开市场操作没有改变货币基础：

美联储			
资产		负债	
外币资产（国际储备）	−$1 billion	基础货币	0
政府债券	+$1 billion		

进行对冲性公开市场操作，并使货币基础保持不变，这样的外汇干预被称为**冲销式外汇干预（sterilized foreign exchange intervention）**。

现在我们明白了，外汇干预有两种类型：非冲销式和冲销式，让我们看看它们都是如何影响汇率的。

16.1.2 非冲销式干预

你的直觉可能会引导你思考，如果央行想提高本国货币的价值，它应该在外汇市场上买入本国货币并出售外国资产。事实上，这种直觉对于非冲销干预的情况来说是正确的。

回想一下，在非冲销式干预中，如果美联储决定购买美元，就会出售外国资产并换取美元资产，这就像在公开市场出售债券来减少货币基础一样。因此，购买美元会导致货币供应量减少，从而提高国内利率。我们的分析类似于图 15-4 的情况，而图 16-1 再现了同样的情况。[①]货币供应的减少导致美元资产的利率上升，从而增加美元资产的相对预期收益率。需求曲线从 D_1 向右移动到 D_2，汇率上升到 E_2。

我们的分析可以得出以下关于外汇市场非冲销式干预的结论：购买本国货币和出售国外资产这样的非冲销式干预会导致国际储备和货币供应减少，而本国货币升值。

出售本国货币和购买外国资产会产生相反的结果。出售本国货币并购买外国资产（增加国际储备）的方式类似于公开市场购买，能增加货币基础和货币供应。货币供应量的增加降低了美元资产的利率。美元资产的相对预期收益率减少意味着人们将减少购买美元资产，因此需求曲线向左移动，汇率下降。出售本国货币并购买外国资产的非冲销干预会导致国际储备增加、货币供应量增加以及国内货币贬值。

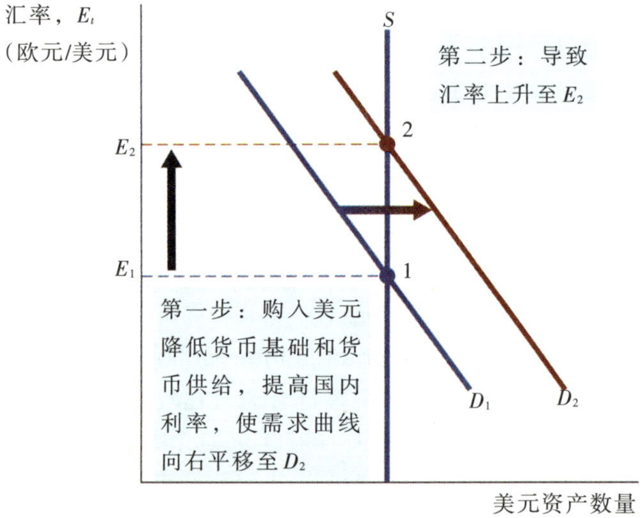

图 16-1　非冲销式购买美元并出售外国资产的影响

注：购买美元以及外国资产的公开市场出售减少了货币基础和货币供应。货币供应下降的结果将导致国内利率的上升，同时提高了美元资产的相对预期收益率。需求曲线从 D_1 向右移动到 D_2，平衡汇率从 E_1 上升到 E_2。

16.1.3　冲销式干预

冲销式干预的关键点在于，中央银行参与对冲性公开市场操作，因此货币基础和货币供应没有受到影响。在我们讨论的汇率决定模型中，我们可以看到冲销式干预对汇率几乎没有影响。冲销式干预使货币供给保持不变，因此利率没有受到直接影响。[②]因为美元资产的相对预期收益率

---

① 美联储通过购买美元进行非冲销式干预，减少了美元资产的数额，这是因为它导致了货币基础下降，而与此同时政府债券仍在公众手中。因此，美元资产的供给曲线将略微向左移动，这也有助于提高汇率，得出与图 16-1 相同的结论。因为货币基础的减少量仅仅是未偿还美元资产总额的一小部分，供给曲线将以不可察觉的量移动。这就是为什么图 16-1 中供给曲线不变的原因。

② 冲销式干预改变了国外证券相对于公众手中的国内证券的数量，这称为组合平衡效应。通过这种效应，中央银行可能会影响国内资产和国外资产之间的利差，并反过来影响国内资产的相对预期回报。实证证据还没有揭示这种组合平衡效应是显著的。然而，冲销式干预可以表明中央银行对未来汇率的期望，因此可能提供一个关于未来货币政策进程的信号。这样的话，冲销式干预可能会导致国内资产需求曲线发生变化，并最终影响汇率。然而，货币政策未来的变化——不是绝对干预——是汇率效应的根源。对于信号传导和组合平衡效应的进一步讨论以及冲销与非冲销干预的可能差异效应，参见 Paul Krugman and Maurice Obstfeld，International Economics，9th ed.（Boston：Addison-Wesley，2012）。

没有受到影响，需求曲线将保持在图16-1中的D_1，汇率也保持在E_1不变。

令人疑惑的是，中央银行买卖被冲销的本国货币并不会导致汇率发生变化。中央银行购买本国货币并不能提高汇率，因为对国内货币供应量或利率没有影响，任何汇率的上升都意味着美元资产的过量供应。随着更多的人愿意出售美元资产而不是购买美元资产，汇率将回到需求和供给曲线相交的初始均衡水平。

16.2 国际收支平衡表

因为外汇干预等国际金融交易对货币政策有非常大的影响，所以我们需要了解如何估量这些交易。**国际收支平衡表**（balance of payments）是一种记账系统，用于记录一个国家（私营部门和政府）和外国之间有直接关系的所有资金收支情况。在这里，我们将讨论在媒体中会经常听到的一些关于国际收支的重要项。①

经常账户（current account）是指涉及当前生产的商品和服务的国际交易。商品出口和进口之间的差额，即贸易净收入，称为**贸易差额**（trade balance）。当商品进口大于出口时，出现贸易逆差（2012年为7 400亿美元）；当出口大于进口时，出现贸易顺差。

经常账户中包括三类净收入（从国外收到的现金流量减去流向国外的现金流量）：投资收入、服务类交易，以及单方面转移（礼物、养老金和外国援助）。例如，在2012年，美国的净投资收入为2 240亿美元，因为美国获得的投资收入超过对外支付。美国人购买的外国服务比外国人购买美国服务要少，因此产生了2 070亿美元净服务收入。由于美国人对外国（特别是外国援助）的单方面转移更多，净单方面转移支出为1 300亿美元。这三个项目加上贸易差额的总和是经常账户余额，2012年余额为4 390亿美元（-\$7 400+\$2 240+\$2 070-\$1 300）的赤字。

国际收支平衡表中的另一个重要项目是**资本账户**（capital account），即资本交易的净收入（如购买股票和债券或银行贷款）。在2012年，资本账户为580亿美元，表明流入美国的资金比流出美国的资金多了580亿美元。另一种说法是，美国的净资本流入为580亿美元。②经常账户和资本账户之和等于**官方储备交易余额**（official reserve transaction balance）（政府国际储备净变化），在2012年为-3 810亿美元（-\$4 390+\$580）。经济学家提及的国际收支中的顺差和逆差，实际上意味着官方储备交易余额的顺差和逆差。

由于国际收支平衡表必须平衡，官方储备交易余额（经常账户加上资本账户）应当等于各国政府之间为国际交易融资转移的国际储备净额：

经常账户+资本账户=政府国际储备的净变化

这个等式说明了为什么经常账户受到经济学家和媒体的重点关注。经常账户表明了美国（私营部门和政府）正在增加还是减少对外国财富的要求权。顺差表明美国正在增加对外国财富的要求权，从而增加持有的外国资产（对美国人来说是好事）；逆差表明，美国正在减少持有的外国资产，外国正在增加对美国财富的要求权。③近年来美国经常账户的逆差现在已超过4 000亿美元，这些巨额逆差可能对美国经济产生负面影响（详见全球视野“为什么经济学家会担心美国经常账户的巨额逆差？”）。

---

① 关于国际收支平衡表的更详细的讨论可以在本书的网站www.pearson.highered.com/mishkin_eakins上的附录中找到。

② 此处显示的资本账户余额包括统计误差项，即由于涉及走私和其他资本流动的未记录交易造成的误差（2012年为-60亿美元）。许多专家认为，保持国际收支平衡表的统计误差项主要包括大量隐藏的资本流动，这就是它在资本账户余额中的原因。

③ 经常账户余额也可以被视为总储蓄超过私营部门和政府在美国投资的金额。美国总储蓄等于美国私营部门和政府持有的总财富的增加。总投资等于美国资本存量（美国的实际资产）的增加。他们之间的区别是美国对外国财富要求权的增加。

全球视野

为什么经济学家会担心美国经常账户的巨额逆差?

16.3 国际金融体系中的汇率制度

国际金融体系中的汇率制度分为两类：固定汇率制度和浮动汇率制度。在**固定汇率制度**(fixed exchange rate regime)下，货币的价值与其他货币——**锚定货币**（anchor currency）——的价值挂钩，因此汇率相对于锚定货币来说是固定的。在**浮动汇率制度**（floating exchange rate regime）下，货币的价值相对于其他货币是波动的。当国家干预外汇市场并试图通过买卖外国资产来影响汇率时，这种制度被称为**有管理的浮动汇率制度**（managed float regime）或**肮脏浮动**（dirty float)。

16.3.1 固定汇率制度

在第二次世界大战后，胜利者建立了固定汇率体系，该体系被称为**布雷顿森林体系**(Bretton Woods System)，是1944年在新罕布什尔镇签订的协议。布雷顿森林体系一直持续到1971年。

布雷顿森林体系创建了**国际货币基金组织**（International Monetary Fund，IMF)，总部设在华盛顿，该组织在1945年有30个原始成员，目前有185个。国际货币基金组织的职责是设定维持固定汇率的规则以及为遇到国际收支困难的国家提供贷款，从而促进世界贸易增长。国际货币基金组织还负责监督成员是否遵守法规，因此还需要收集和标准化国际经济数据。

布雷顿森林体系还设立了国际复兴开发银行，通常被称为**世界银行**（World Bank)。总部设在华盛顿特区，它为发展中国家提供长期贷款，资助大坝、道路和其他有形资产的建设。这些贷款的资金主要来自于世界银行发行的债券，这些债券是在发达国家的资本市场上出售。此外，关税和贸易总协定（GATT）成立，总部设在瑞士日内瓦，主要职责是监督国家间的贸易规则（关税和配额)。关税和贸易总协定后来演变为**世界贸易组织**（World Trade Organization，WTO)。

因为美国在第二次世界大战之后拥有世界上超过1/2的制造能力和世界上大部分的黄金，所以布雷顿森林固定汇率机制是基于每盎司35美元的兑换比率（仅限外国政府和中央银行)。一般为了维持固定汇率，中央银行（包括美国）会干预外汇市场，这些国家买卖美元资产并作为国际储备持有。其他国家指定美元对国际储备资产进行计价，这时美元就称为**储备货币**(reserve currency)。因此，布雷顿森林体系的一个重要特征是将美国作为储备货币国家。即使在布雷顿森林体系崩溃之后，美元仍然作为大多数国际金融交易的储备货币。固定汇率制度是布雷顿森林体系的一个特征，最后于1973年终止。从1979年到1990年，欧洲联盟在其成员国内建立了自己的固定汇率制度，就是欧洲货币体系。在这个系统的汇率制度中，参与国之间的汇率应该在狭窄的范围内波动，被称为“蛇形浮动”。实际上，所有欧洲货币体系的国家都把它们的货币与德国马克挂钩。

16.3.2 固定汇率制度如何运作

通过进行供需分析，图16-2显示了固定汇率制度在实际中是如何运作的。图（a）描述的情况是，本国货币与锚定货币的汇率在E_{par}点固定。由于外国利率上升，需求曲线向左移动到D_1，从而降低了国内资产的相对预期收益率。在E_{par}点，汇率被高估，需求曲线与供给曲线在

D_1处相交。为了使汇率保持在E_{par}，中央银行必须进行外汇市场干预，主要方式是出售外国资产以及购买本国货币。这种行为就像公开市场出售，意味着货币基础和货币供应下降，提高国内资产利率i_D。[①]国内利率的增加同时提高了国内资产的相对预期收益率，需求曲线向右移动。中央银行将继续购买本国货币，直到需求曲线达到D_2，且均衡汇率在图（a）中的点2。

因此，我们得出结论，当本国货币被高估时，中央银行必须购买本国货币来保持固定汇率，但结果是国际储备减少。

图16-2中的图（b）描述了需求曲线向右移动到D_1的情形，因为国内资产的相对预期收益率上升，因此汇率被低估了：初始的需求曲线D_1与供给曲线相交于E_1，该点高于E_{par}。在这种情况下，中央银行必须出售本国货币并购买外国资产。这种行为就像公开市场购买，能增加货币供给并降低国内资产的利率i_D。中央银行不断销售国内货币，并一直降低i_D，直到需求曲线移动到D_2，这时均衡汇率为E_{par}，即图（b）的点2。因此，我们的分析会得出以下结论：当本国货币被低估时，中央银行必须出售本国货币来保持固定汇率，但结果是国际储备增加。

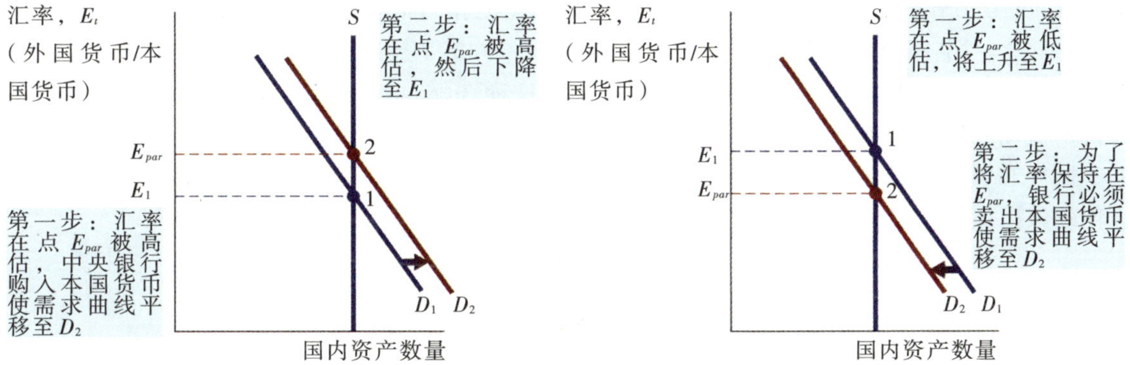

（a）当汇率被高估时的干预　　　　（b）当汇率被低估时的干预

图16-2 在固定汇率制度下对外汇市场的干预

注：图（a）中在E_{par}点的汇率估价是过高的。为了保持汇率在E_{par}（点2）上，中央银行必须购买本国货币来使需求曲线移到D_2。图（b）中汇率在E_{par}点上的估价是偏低的，因此中央银行必须出售本国货币来使需求曲线移动到D_2，并保持汇率在E_{par}（点2）上。

法定贬值和法定升值

如果一个国家的货币被高估，那么中央银行会试图阻止货币贬值，这会导致国际储备的减少。如果一国的中央银行最终用光了国际储备，无法阻止货币贬值，那么**法定贬值（devaluation）**就肯定会发生，即中心汇率被重新设置在较低的水平。

相反，如果一个国家的货币被低估，其中央银行阻止货币升值的行为会导致国际储备增加。正如我们将看到的，中央银行可能不想获得这些国际储备，因此它要重新设置更高水平的中心汇率，即**法定升值（revaluation）**。

完全的资本流动

如果存在完全的资本流动，即国内居民购买外国资产或外国人购买国内资产没有障碍，那么冲销式干预不能将汇率保持在E_{par}，因为我们之前学习过，国内资产的相对预期收益率不受影响。如果汇率被高估，那么国内货币的冲销式购买不会影响相对预期收益率和需求曲线，因此不会消除国内货币贬值的压力。如果中央银行继续购买本国货币，却同时继续冲销操作，它将继续减少国际储备，直到最终耗尽，货币价值最终被迫维持在低水平。

---

① 因为汇率将继续固定在E_{par}，预期的未来汇率保持不变，因此不需要再分析。

16.3.3 政策困境

上述分析的重要影响是，如果一个国家将汇率与大国的锚定货币挂钩，将会失去对其货币政策的控制。如果大国追求紧缩的货币政策并减少其货币供应，将导致大国的预期通货膨胀率下降，从而导致大国的货币升值和小国的货币贬值。小国将其汇率锁定为锚定货币，会发现其货币被高估了，因此必须出售锚定货币并购买本国货币以阻止其货币贬值。这种外汇干预的结果将导致小国的国际储备下降，其货币基础收缩，从而导致货币供应量下降。这种外汇干预的冲销操作会导致小国的国际储备持续减少，直到小国货币贬值。小国无法控制其货币政策，因为其货币供应的变动完全由大国货币供应量的变动决定。

因此，我们的分析表明，一个国家（像欧元区这样的货币联盟）不能同时遵循以下三个政策：（1）资本自由流动；（2）固定汇率制度；（3）独立的货币政策。经济学家认为这会导致**政策困境**（policy trilemma），或者更形象地说叫“**不可能三角**（impossible trinity）”。图 16-3 阐释了政策困境。一个国家只能从三个选项中选择两个。方案 1 是选择资本自由流动和独立货币政策，而不是固定汇率制度，欧元区和美国就做出了这种选择。而中国香港选择了方案 2，也就是资本自由流动和固定汇率制度，所以它没有独立的货币政策。中国内地则选择了方案 3，即有固定汇率制度和独立货币政策，但实行**资本控制**（capital control），对资本自由流动进行限制。因此这种政策困境带来了困难的选择。

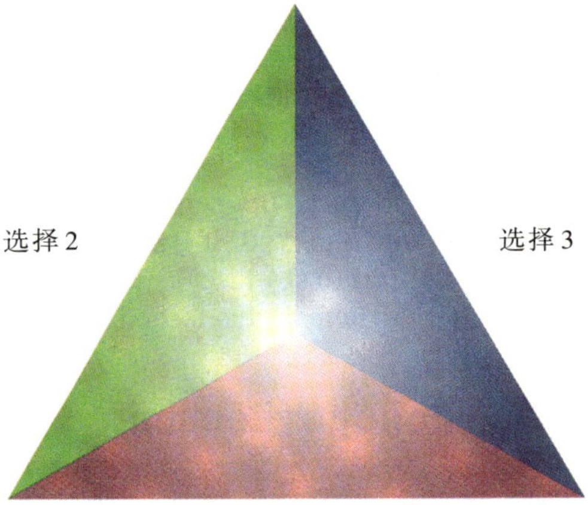

图 16-3 政策困境

注：一个国家（或者货币联盟）不能同时追求这里列出的三个政策：（1）资本自由流动；（2）固定的汇率；（3）独立的货币政策。相反，它只能选择三角形一个边上的两个政策。

16.3.4 货币联盟

作为固定汇率的一种变化形式，**货币联盟**（monetary union/currency union）是指不同国家使用相同的货币。货币联盟的一个早期例子发生在 1787 年，13 个殖民地组成了美国，并放弃了它们各自的货币，选择美元作为货币。最近的货币联盟的例子是欧洲货币联盟（EMU），其中 11 个初始成员国家在 1999 年 1 月采用了欧元作为新货币。

货币联盟的主要经济优势是使跨境贸易变得更容易，因为所有成员国的货物和服务现在都以同一种货币计价。然而，正如我们之前所看到的，与任何固定汇率制度和资本自由流动一样，货币联盟意味着各个国家不再用自己独立的货币政策来应对总需求的下降。货币联盟的这个缺点引发了人们对于欧元区是否会崩溃的担忧，见案例“欧元能生存吗？”。

案例

欧元能生存吗？

16.3.5 货币局制度和货币美元化

小国往往愿意将汇率与大国的汇率挂钩，以便接受大国更严谨的货币政策，从而确保低水平的通货膨胀率。这种策略的一个极端例子是联系汇率制，也称**货币局制度**（currency board），即本国货币由外国货币（如美元）100%支付，中央银行或政府建立兑换这种外币的固定汇率，并且当公众有需求时，可以以此汇率兑换外币。最有趣的案例见全球视野“阿根廷的货币局制度”。一个更极端的案例是**美元化**（dollarization），即一个国家完全放弃本国货币而采用另一种国家货币，一般都是美元，见全球视野“美元化”。

全球视野

阿根廷的货币局制度

全球视野

美元化

16.3.6 投机性攻击

固定汇率制度（如布雷顿森林体系或欧洲货币体系）的一个严重缺点是，它们可能会导致外汇危机，包括对货币的**投机性攻击**（speculative attack），即大量抛售弱势货币或购买强势货币从而导致汇率急剧变化。在下面的情况中，我们将通过汇率决定模型来理解1992年9月欧洲货币体系是如何发生汇率危机的。

16.3.7 有管理的浮动汇率

虽然目前大多数汇率会根据市场每天的变化做出反应，但是许多中央银行仍不愿意放弃干预外汇市场。防止汇率政策的大幅变动有助于进出口公司和个人对于未来发展的计划。此外，国际收支平衡表中为顺差的国家往往不愿意本国货币升值，因为这样会使国内货物变得更加昂贵，而外国货物在国内变得更便宜。因为国内货币升值可能会损害国内企业的销售，同时增加失业，有顺差的国家常常在外汇市场出售货币，并获得国际储备。

国际收支平衡表中为逆差的国家不希望本国货币贬值，因为这使得国外商品对国内消费者来说变得更昂贵，同时还会刺激通货膨胀。为了保持本国货币的价值，有逆差的国家经常在外汇市场买入本国货币，且放弃国际储备。

目前的国际金融体系是固定和浮动汇率制度的混合体系。价格波动会对市场力量做出反应，但不仅仅是由市场决定。此外，许多国家继续保持本国货币与其他国家货币挂钩。

案例

1992年9月的外汇危机

1990年10月，德国中央银行面临通货膨胀的压力日益加大，通货膨胀率从1990年的3%上升到1992年的5%。为了控制货币增长、阻止通货膨胀，德国央行将国内利率提高到接近两位数的水平。图16-4显示了在外汇市场上的上述操作对英镑的影响。注意，在图16-4中，英镑是本国货币，德国马克（1999年欧元出现之前德国的货币）是外币。

德国利率 i_F 上升导致了英镑资产的相对预期收益率下降，并导致需求曲线移动到 D_2，如图16-4所示。而此时供给曲线和需求曲线的交点（点2）低于当时的汇率限制（E_{par}，即每英镑2.778马克）。为了提高英镑相对于马克的价值，并将马克与英镑汇率恢复到汇率制度限制之内，需要做出必要的选择。英格兰银行必须采取紧缩货币政策，从而提高英国利率，这样需求曲线才会移回到 D_1，使均衡保持在点1，即汇率保持在 E_{par}。另一种方法是，德国央行必须采取扩张性货币政策从而降低德国利率。德国利率降低有助于提高英国资产的相对预期收益率，同时需求曲线将移回 D_1，因此汇率保持在 E_{par}。

德国中央银行的主要目标是抵消通货膨胀，并不愿意采取扩张性货币政策，而英国在第二次世界大战以后正面临着极其严重的经济衰退，也并不愿意采取紧缩性货币政策来支持英镑。当面对来自欧洲货币体系其他成员的巨大压力时，这种僵局变得更加明显。在1992年9月16日，对斯堪的纳维亚国家货币的投机性攻击产生了令人担心的结果，之后德国中央银行表示愿意降低贷款利率。在未来的某个时刻，英镑的价值将降到点2。投机者知道英镑即将贬值。结果，英镑的相对预期收益率急剧下降，导致需求曲线最终移动到 D_3，如图16-4所示。

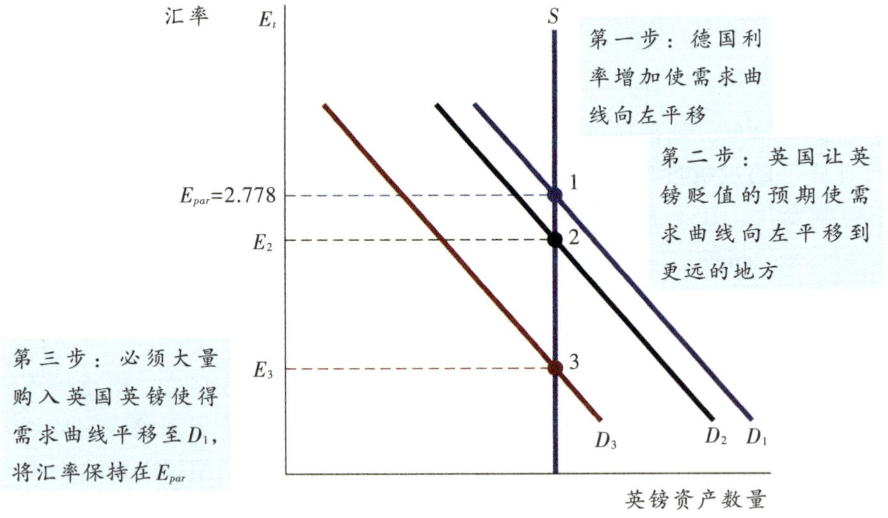

图16-4 1992年外汇市场的英镑

注：投机者认识到英镑很快就会贬值，从而降低了英镑资产的相对预期收益率，导致需求曲线从 D_2 向左移向 D_3。结果是英国央行需要购买更多的英镑，从而提高利率，使需求曲线移回 D_1，并将汇率保持在 E_{par}，即每镑2.778德国马克。

由于需求曲线大幅度向左移动，导致英镑资产的供应过度，这导致投机者大量抛售英镑（并购入马克）。因此，英国央行需要进行干预，从而提高英镑价值和英国利率。尽管英格兰银行采取了干预措施，使英国银行的贷款利率从10%上升到15%，但最终在9月16日，英国决定永久退出欧洲汇率体系，并允许英镑相对于马克贬值10%。

对其他货币的投机性攻击导致西班牙比索和意大利里拉分别贬值5%和15%。为了让货币保值，瑞典央行被迫将日常贷款利率提高到500%。当危机结束时，英国、法国、意大利、西班牙和瑞典央行用于干预行为的资金高达1 000亿美元，仅德国中央银行用于外汇干预的资金就已经达到500亿美元。由于外汇危机导致中央银行持有的国际储备发生大幅度变化，从而严重影响了国际收支平衡表中的官方储备资产项目，这些危机也被称为**国际收支危机**（balance-of-payments crises）。

支持欧洲货币体系的成本对这些中央银行来说并不便宜。据估计，由于在危机期间进行的汇率干预，各国损失了40亿至60亿美元。

实践经理

从外汇危机中获利

16.4 资本控制

因为资本流动是墨西哥和东亚出现货币危机的重要因素，一些政客和经济学家主张新兴市场国家通过限制资本流动来避免金融的不稳定性。资本控制是一个好主意吗？

16.4.1 资本流出控制

资本流出会导致新兴市场国家金融不稳定，因为当国内居民和外国人从一个国家撤回资本时，产生的资本流出迫使该国家的货币贬值。这种风险就是为什么新兴市场国家的一些政治家发现资本控制特别有吸引力的原因。例如，马来西亚总理马哈蒂尔于1998年实施资本控制，以限制东亚危机后的资本流出。

虽然资本控制听起来像一个好主意，但其有几个缺点。第一，实证研究表明，在危机期间对资本流出的控制很少会生效，因为私营部门发现了巧妙逃避它们的办法，并且轻易将资金转移出国；第二，证据表明，在控制措施实施后，因为对政府的信心被削弱，资本流出甚至可能会增加；第三，控制资本流出往往会导致腐败，因为当国内居民试图将资金转移到国外时，政府官员会收到贿赂；第四，控制资本流出可能会麻痹政府，使其认为不必采取措施改革金融系统来应对危机，结果丧失了改善经济运行的机会。

16.4.2 资本流入控制

虽然大多数经济学家发现反对资本流出控制的论据很有说服力，但资本流入控制却得到更多的支持。支持者的理由是，如果投机资本不能进入，那么它也不能突然流出并造成危机。我们在第8章中对东亚金融危机的分析支持了这一观点，即资本流入可能导致银行的贷款扩张以及产生过度的风险，因此很有可能引发金融危机。

然而，对资本流入的控制也有缺点，即可能阻止这些资金进入并用于生产性投资机会。这样的控制可能会限制贷款的发展，随着时间的推移，还会产生严重的资源扭曲和分配不当。实际上，与资本流出控制一样，资本流入控制可能会导致腐败。如今，贸易开放，且存在众多可用于逃避管制的金融工具，人们对资本控制是否有效产生了严重的怀疑。

另外，改善银行监管可以减小由资本流入造成的贷款增加和过度风险等可能性。例如，限制银行借款的增长速度可以限制资本流入。监管控制主要关注的是金融脆弱性的来源而不是症状，这样的监管才能够提高金融系统的效率。

16.5 国际货币基金组织的作用

国际货币基金组织（IMF）最初是根据布雷顿森林体系设立的，目的是帮助各国处理国际收支问题，并通过向逆差国家贷款来保持固定汇率。当1971年布雷顿森林体系的固定汇率崩溃时，国际货币基金组织发挥了新的作用。

虽然国际货币基金组织不再试图鼓励固定汇率，但在最近，其作为国际贷款人的作用变得更加重要。该作用首先在20世纪80年代第三次世界债务危机期间出现，当时国际货币基金组织帮助发展中国家偿还贷款。在1994—1995年墨西哥金融危机和1997—1998年东亚金融危机中，货币基金组织向这些国家和其他受影响的国家提供巨额贷款，帮助它们从金融危机中恢复，并防止这些危机扩散到其他国家。然后从2010年开始，国际货币基金组织开始向希腊、爱尔兰和葡萄牙提供大额贷款，帮助它们避免政府债务违约。国际货币基金组织作为国际最后贷款人来应对金融的不稳定性，但这一角色备受争议。

16.5.1 国际货币基金组织应该是国际最后贷款人吗？

正如我们在第8章中所看到的，当发生金融危机，且金融体系存在运行风险时，大型工业化国家的中央银行可以通过最后贷款人操作来限制银行系统的不稳定。然而，在新兴市场国家，中央银行反通货膨胀的作用遭到质疑，而且债务合同通常是短期并以外币计价的，最后贷款人的操作则成为一把双刃剑，也就是说它可能加剧金融危机也可能缓解金融危机。例如，当美联储在全球金融危机期间（详见第10章）参与最后贷款银行业务时，市场上几乎没有通货膨胀大幅上升的迹象。然而，没有美联储反通胀能力强的中央银行向受到金融危机影响的金融体系贷款，即使是以最后贷款人的名义，也会引起对通货膨胀失控的担忧，从而导致更严重的货币贬值和资产负债表的恶化。金融市场上日益严重的道德风险和逆向选择问题只会加剧金融危机。

新兴市场国家的中央银行发挥最后贷款人的作用非常有限。然而，国际最后贷款人提供的流动性并没有这些不良后果，它稳定了国内货币的价值，加强了国内资产负债表。此外，国际最后贷款人能够防止蔓延现象——对一种新兴市场货币成功进行投机性攻击，引发对其他新兴市场货币的攻击，从而扩大了对金融和经济的破坏。因为对于新兴市场国家来说，有时是需要最后贷款人的，但因为本国无法提供，所以需要一个国际机构发挥该作用。事实上，自1994年墨西哥发生金融危机以来，国际货币基金组织和其他国际机构已开始发挥最后贷款人作用，为受到金融不稳定威胁的国家提供紧急贷款。

然而，国际最后贷款人的支持也为自己带来了风险，特别是当它准备救助不负责任的金融机构而产生过度风险时，最后更容易引发金融危机。在墨西哥和东亚金融危机中，这些国家政府通过国际货币基金组织的支持，来保护银行机构的存款人和其他债权人免受损失。这种安全网造成了道德风险问题，因为如果机构承担太多风险，存款人和其他债权人没有激励来监督这些银行机构，因此就不会在出现风险时撤回存款。最后造成的结果就是鼓励这些机构承担过度风险。

国际最后贷款人必须找到制约这种道德风险问题的方法，否则它只会使情况变得更糟。国际最后贷款人可以明确表示，只会为那些采取适当措施以防过度冒险的政府提供流动性。此外，它可以通过限制政府救助国内金融机构的股东和大量未参保的债权人来降低风险。一些基金组织的批评者认为，国际货币基金组织没有对政府施加足够的压力以控制道德风险问题。

国际组织（例如国际货币基金组织）从事最后贷款银行操作会出现一个问题，就是它们认为如果它们不提供救援，新兴市场国家将遭受极端困难和政治动荡。遭受危机的国家的政治家可能会利用这些担忧，与国际最后贷款人玩博弈游戏：他们抵制必要的改革，希望国际货币基金组织妥协。这些游戏在1994年的墨西哥金融危机期间就出现过，同时也是亚洲金融危机期间货币基金组织和印度尼西亚之间谈判的一个非常重要的特征。

16.5.2 国际货币基金组织应该如何运作？

如果国际货币基金组织明确表示不参与这场博弈游戏，最后的结果可能更好。让步在短期内可能是最简单的方法，但是从长远来看是在支持一种不良行为，一些批评者担心，当面临短期人道主义关怀时，国际货币基金组织可能不够强硬。

货币基金组织受到批评主要是因为向东南亚国家强加了所谓的紧缩方案，侧重于宏观经济政策而不是微观经济政策，以解决金融部门引起危机的问题。这些方案有可能增加对货币基金组织建议书的阻力，特别是在新兴市场国家。紧缩计划允许这些国家的政治家将诸如国际货币基金组织这样的机构冠以反增长的标签，能够利用花言巧语动员公众反对货币基金组织，并避免了他们真正需要对本国金融系统所做的改革。国际货币基金组织的方案侧重于金融部门的改革，这样可以提高金融体系有效性。

成功的最后贷款人操作的重要历史特征是：贷款速度越快，实际借出的金额越少。1987年10月19日股市崩盘之后就发生了这样一起关于美联储的例子。在那一天结束时，为了服务其客户的账户，证券公司需要借用几十亿美元来维持日常交易。然而，鉴于前所未有的发展情况，银行对于未来是否继续向这些公司提供贷款表示担忧。在了解这一点后，美联储实施了最后贷款人操作，明确表示将为证券行业的银行贷款注入流动性。关于这一事件令人惊讶的是，美联储的快速干预不仅使股市崩溃对经济造成的影响很小，而且意味着美联储需要提供的流动性数额也不是很大。

在金融体系遭受重大冲击的一天内，美联储参与了最后贷款人操作，这与国际货币基金组织在最近危机期间提供流动性所用的时间形成鲜明对比。货币基金组织最初的贷款目的是为了在一国经历国际收支危机之后提供资金，由于需要谈判贷款的条件，一般需要几个月的时间才能发放国际货币基金组织提供的资金。到那时，危机可能变得更加糟糕，然后需要更多的资金才能应对危机，因此通常需要扩大基金组织的资源。中央银行可以比基金组织更快地提供借贷的一个原因是，它们已经提前设置了提供贷款的程序，事先商定了贷款的条款。中央银行需要快速提供流动性，以保证对贷款金额的管理，这要求国际最后贷款人提供类似的信贷便利，只要借款人符合条件（如适当监督银行或保持较低的预算赤字），就能够迅速提供资金。国际货币基金组织作为最后国际贷款机构能否促进世界经济更好发展，这类的辩论目前是热门问题。人们将更多关注如何使国际货币基金组织更有效地发挥这一作用，并重新设计，建立新的国际金融结构以减少国际金融的不稳定性，这也是国际货币基金组织改革议题的中心。

本章小结

1. 中央银行出售本国货币并购买外币资产的非冲销式干预，导致国际储备和货币供应增加，本国货币贬值。然而，现有证据表明，中央银行干预对汇率的影响没有长期效果。

2.国际收支平衡表是记录一国和外国之间资金流动收支情况的记账系统。官方储备交易余额是经常账户余额加上资本账户项目的总和。它可以说明在国家之间转移的，为国际交易融通资金的国际储备的数额。

3.在第二次世界大战后，布雷顿森林体系和国际货币基金组织成立，以促成固定汇率制度，其中美元作为储备货币可转换成黄金。布雷顿森林体系在1971年崩溃。现在的国际金融体系包含了有管理的浮动汇率制度和固定汇率制度的因素。虽然中央银行干预外汇市场，一些汇率每天都会波动，但其他汇率是固定的。

4.控制资本流出的做法得到了支持，因为这可能会阻止国内居民和外国人在危机期间把资本从一个国家取出，并减少货币贬值的可能性。如果投机资本不能流动，那么它就不会突然退出并造成危机，这样控制资本流入就变得有意义。然而，资本控制有几个不利条件：它们很少实际有效并导致了贪污腐败，并且可能会容许政府为了处理危机而避免采取必要的措施对其金融体系进行改革。

5.国际货币基金组织最近扮演了最后贷款人的角色。因为新兴市场国家的中央银行可能不能成功执行最后贷款人的操作。一个像国际货币基金组织这样的国际最后贷款人需要减少金融不稳定性。然而，国际货币基金组织作为国际最后贷款人的角色造成了一个严重的道德危机问题，这会导致过度风险行为并很可能造成金融危机，但在政治层面上拒绝放贷可能很难做到。另外，国际货币基金组织需要保持可控的资金数量以便在危机期间能迅速提供流动性资金。

重点词汇

外汇干预　国际储备　非冲销式外汇干预　冲销式外汇干预　国际收支平衡表　经常账户　贸易差额　资本账户　官方储备交易余额　固定汇率制度　锚定货币　浮动汇率制度　有管理的浮动汇率制度　肮脏浮动　布雷顿森林体系　国际货币基金组织　世界银行　世界贸易组织　储备货币　法定贬值　法定升值　政策困境　不可能三角　资本控制　货币联盟　货币局制度　美元化　投机性攻击　国际收支危机

问答题

1.如果美联储在外汇市场上购买美元，同时实行对冲性公开市场操作的冲销式干预，那么对国际储备、货币供应和汇率有什么影响？

2.如果美联储在外汇市场上购买美元，但不进行冲销式干预，那么对国际储备、货币供应和汇率有什么影响？

3.对于以下各项，指出每一项是（美国）国际收支账户的哪一部分（经常账户、资本账户或国际储备净变化），以及它是支出还是收入：

a.一个英国人购买了一只Johnson & Johnson股票

b.一个美国人购买法国航空的机票

c.瑞士政府购买美国短期国债

d.日本人购买加州橙子

e.向洪都拉斯提供外国援助5 000万美元

f.美国银行向墨西哥放贷

g.美国银行借入欧洲美元

4. 为什么美国国际收支赤字对其国际储备的影响与荷兰国际收支赤字的影响不同？

5. 固定汇率推动了一个国家的经济增长，简要讨论其优点和缺点。

6. 如果1美元可兑换成1/20盎司黄金，1瑞士法郎可兑换成1/40盎司黄金，那么美元和瑞士法郎之间的汇率是多少？

7. 如果布雷顿森林固定汇率制度下的国家中心汇率被低估，那么该国中央银行应采取什么样的干预措施，以及对国际储备和资金供应有什么影响？

8. 巨额国际收支顺差如何有助于改善该国的通货膨胀率？

9. 世界贸易组织（世贸组织）是协调世界各国之间贸易的唯一国际组织。在全球金融环境中讨论其职能。

10. 为什么国际收支逆差会迫使一些国家实施紧缩性货币政策？

11. 国际收支平衡逆差有什么不利影响？

12. 美国持续的国际收支逆差如何刺激世界通货膨胀？

13. 国际货币基金组织负责促进国际货币统一以及鼓励金融中介之间的合作。它是如何保持国际经济的稳定的？

14. 为什么在完全浮动汇率制度下，外汇市场对货币基础和货币供应没有直接影响？这是否意味着外汇市场对货币政策没有影响？

15. 1973年之后固定汇率的废除意味着各国奉行更独立的货币政策。这句话是对的、错的，还是不确定？对你的答案进行解释。

16. 资本流出控制是一个好主意吗？为什么？

17. 讨论资本流入控制的利弊。

18. 为什么新兴市场国家的中央银行发现实行最后贷款人操作可能会适得其反？这是否为国际最后贷款人（如国际货币基金组织）提供了理由？

19. 说出世界银行集团内5个机构的名字。它们如何实现“为一个没有贫穷的世界而工作”？

20. 国际贷款人应采取什么步骤来限制道德风险？

计算题

1. 美联储以250万美元购买250万美元的外国资产。使用T型账户显示此公开市场操作的影响。

2. 美联储购买250万美元的外国资产。然而，为了筹集资金，交易柜台销售了250万美元的短期国债。使用T型账户显示此公开市场操作的影响。

3. 如果欧元存款利率为8%，美元存款利率为4%，而汇率为每欧元1.45美元，一年后的市场预期汇率是多少？

4. 美元开始以每欧元1.45美元进行交易，利率和问题3中的相同，然后欧洲央行提高利率，使欧元存款利率上升2%，汇率将发生什么变化（假设预期未来汇率不变）？

5. 如果经常项目账户余额增加20亿美元，而资本账户的余额为35亿美元，那么对官方国际储备有什么影响？

第六部分
金融机构

第17章
银行业与金融机构管理

序言

银行为有生产性投资机会的借款人提供资金，因此银行在确保金融系统以及经济平稳有效运行方面发挥着重要作用。在美国，银行（存款机构）每年提供超过6万亿美元的信用贷款。银行提供各种业务，如为企业提供贷款、帮助大学教育融资、为公众提供购买新车和新房的贷款、为公众提供活期或定期存款账户。

在本章中，我们将分析银行是怎样获得高额的利润的：银行为何以及如何提供贷款？银行是怎样获取资金并管理自身的资产及负债的？银行怎样取得收入？尽管我们重点关注商业银行，因为商业银行是最为重要的金融中介，但许多规则同样适用于其他的金融中介。

17.1 银行资产负债表

为了了解银行业务的运行方式，我们首先考察银行的**资产负债表**（balance sheet），资产负债表是银行资产与负债的清单，正如它的名字一样，它主要反映了“平衡”的概念，也就是说它具有如下特征：

总资产=总负债+资本

银行的资产负债表同样是银行资金来源（负债）与资金用途（资产）的清单。银行通过借款和发行负债（如存款）来筹集资金。之后，银行用筹集的资金购入债券、贷款等资产。银行通过债券和贷款（资产）获得的利息高于银行负债的利息，银行正是通过这种利息差来赚取利润。表17-1展示了2013年美国所有商业银行的资产负债表。

表 17-1　　美国商业银行 2013 年资产负债表

资产		负债	
现金及准备金项目	16	支票存款	2
证券		非交易存款	
美国政府和机构证券	14		
州和地方政府证券及其他证券	8	小面额定期存款（小于10万美元）+储蓄存款	58
贷款		大面额定期存款	11
商业及工业贷款	11		
不动产	26	其他负债	6
同业银行	1		
消费者	8	借款	12
其他	7	银行资金	11
其他资产（如实物资本）	9		
资产总计	100	负债总计	100

17.1.1 负债

银行通过发行负债（如存款）来获取资金，这便是银行资金的来源。银行用发行负债所取得的资金购买能获得收入的资产。

支票存款

支票存款是指允许银行账户所有者给第三方签发支票的银行账户。支票存款包括所有可以签发支票的账户：活期存款账户、货币市场存款账户。1982年的《存款机构法案》引入货币市场存款账户。货币市场存款账户的特征与货币市场共同基金相似，被划为支票存款。但是，货币市场存款账户并不像支票存款一样受准备金要求的约束（详见18章）。表17-1表明，支票存款占据了银行负债的2%。支票存款曾经是银行资金来源中最为重要的组成部分（1960年占据了银行负债的60%以上），但伴随着更具吸引力的新型金融工具（如货币市场存款）的不断出现，支票存款在银行负债中的比例大大缩减。

支票存款和货币市场存款账户都是见票即付，也就是说，只要存款人向银行提出取款申请，银行必须马上为存款人提现。同样，如果支票持有者收到该银行签发的支票，一旦其提出换取现金的需求，银行必须立即支付现金（或者向支票持有者的银行账户汇款）。

对于存款者来说，支票存款是一项资产，因为这是他们财富的一部分。因为存款者可以随时取出存款，银行有义务支付存款，所以支票存款对于银行来说是一项负债。支票存款对于银行来说是一种低成本的资金来源，因为存款者为了随时可以取款而放弃了其他利息收入。银行的支票存款产生的成本包括：存款利息支付和为账户提供的各项服务的成本，其中包括处理、准备、提供高效的柜员和取款机、维护营业网点建筑、广告营销费用。近些年来，银行运营费用中，利息费用（支票存款和非交易性存款的利息）占大概7%的份额，然而与账户有关的服务费用（员工工资、建筑租金等）却占了大概50%的费用比重。

非交易性存款

非交易性存款是银行资金的基本来源（表17-1中显示其占银行负债的69%）。非交易性存款的使用者不能签发支票，但是非交易性存款的利息通常高于支票存款的利息。非交易性存款主要包括两种形式：储蓄存款与定期存款（也叫存单）。

储蓄存款账户曾经是最为典型的非交易性存款账户。这种账户可以随时存取，交易费用和利息记录在银行的月账单上或是账户持有者的存折上。

定期存款有固定期限，一般是几个月到5年以上不等，如果持有者提前取款的话，银行将收取额外的赔偿金（如几个月的存款利息）。对于存款者来说，小额定期存款（少于10万美元的存款）比存折存款更难变现，但它支付的利息更高，对银行来说小额定期存款是一种成本更高的资金筹集方式。

大额定期存款是指金额在10万美元以上的存款，通常由企业或者其他银行使用。大额定期存款是可以转让的，就像债券一样，在到期之前可以在二级市场中进行再次买卖。由于这个原因，可转让大额存单是由公司、货币市场共同基金和其他金融机构购买，是国债和短期债券的替代资产。可转让大额存单自从1961年第一次出现，就变成了银行资金最为重要的来源。

借款

银行可以通过向美联储、联邦住房贷款银行、其他银行或者企业借款筹集资金。从美联储借入的贷款被称为贴现贷款（也称为预付款）。银行也会在联邦资金市场向美利坚银行或其他金融机构借入隔夜准备金。银行借入隔夜准备金来满足美联储的要求，即美联储对于存款准备金的数量要求（联邦基金的名字有时不易理解，因为这些贷款不是由联邦政府或美联储发放的，而是由一家银行借给其他银行的）。其他的借款来源主要包括：银行母公司（银行控股公司）对银行的借款、公司的贷款安排（如回购协议）和欧洲美元的借款（在国外银行或美国银行的国外支行的美元存款）。借款已经成为银行资金的重要来源：在1960年，占银行负债的2%；而现在，占银行负债的12%。

银行资本

银行资产负债表负债项目的最后一项便是银行资本，即银行的净值，是银行总资产和总负债的差额（在表17-1中是银行总资产的6%）。银行资本是通过发行新股或留存收益获得。银行资本是资产价值下降时的缓冲，银行资产价值的下降很可能会导致银行倒闭（负债超过资产，这意味着银行可能面临偿债困难）。

17.1.2 资产

银行通过发行负债从而筹集资金，再通过该资金购入能带来收益的资产。因此银行的资产自然被视作资金的用途，银行通过这些支付利息的资产获得利润。

准备金

所有的银行都在美联储的账户中存有一部分存款。**准备金**（reserves）便是指这部分存款加上银行实际持有的现金。银行实际存有的现金被称为**库存现金**（vault cash），因为这部分资金是隔夜存在银行保管库。尽管准备金并不能获得利息，但银行仍然持有准备金。首先，一些准备金被称作**法定准备金**（required reserves），法律规定银行必须将支票存款中的一定比例（如10%）作为准备金，而这个比例被称作**法定准备金率**（required reserve ratio）。其次，银行持有的额外的准备金，被称作**超额准备金**（excess reserves），因为超额准备金是银行所有资产中流动性最强的资产，当存款人直接取出存款，或是间接签发支票提取银行现金时，银行可以通过超额准备金来满足需要。

托收中款项

假设另一家银行账户签发的现金支票存于你的银行，且支票的现金还未从该家银行收回。这种支票被称为托收中款项，并且该支票对于你的银行来说是一种资产，因为其他银行承诺会在几天内支付现金。

银行同业存款

很多小银行会将资金存在大型银行，以获得各种服务，如支票托收、外汇交易、帮助购买证券等。这就是代理银行系统的一个方面。

总的来说，准备金、托收中款项和银行同业存款，都属于现金科目。在表17-1中它们占据总资产的16%，但它们的重要性与日俱减：1960年，它们曾经占据总资产的20%。

证券

银行持有的证券是一项重要的收益性资产：表17-1中证券项目占银行资产的22%，它们为商业银行提供了10%的收入。证券可以分为三类：美国政府和机构证券、州和地方政府证券，以及其他证券。美国政府和机构证券被视为流动性最高的资产，因为它们很容易进行交易并且交易费用低。由于美国政府证券具有极高的流动性，它也被称为**二级准备金**（secondary reserve）。

银行持有州和地方证券是因为州和地方政府更愿意与持有这种证券的银行合作。与美国国债相比，州和地方政府证券和其他证券的流动性都较低而风险却很高，风险主要是违约风险，指证券的发行者在证券到期时无法偿还本金或是利息的风险。

贷款

银行主要通过发放贷款来获取利润。在表17-1中，银行资产中的53%都来自于贷款，近些年来，贷款带来的收入占银行收入的一半还多。贷款对于个人和公司来说是一项负债，但对于银行来说却是资产，因为它为银行提供了收入。相对于其他的资产来说，贷款的流动性比较弱，因为只有贷款到期时才能够收回现金。举个例子，如果贷款的期限是1年的话，现金不可能在1年之内被收回。相对于其他资产，贷款的违约风险更高。正是由于极低的流动性和极高的违约风险，银行通过贷款获得的收益极高。

如表17-1所示，贷款中商业和工业贷款以及房地产贷款所占比重最大。商业银行同样也发放消费者贷款和银行同业贷款。大多数的银行同业贷款都是在联邦基金市场上借入的隔夜贷款。各种存款机构资产负债表的最重要的区别就在于它们主要发放的贷款不同。例如，存贷款银行和互助储蓄银行专门发放房屋抵押贷款，而信用合作社则主要发放消费者贷款。

其他资产

这类资产主要包括银行所拥有的有形资产（如银行的建筑、电脑、设备等）。

17.2 银行基础业务

在学习银行怎样管理它的资产和负债以获得更高利润之前，你应当首先了解银行的基本运营业务。

总的来说，银行通过出售具有某种特征组合（流动性、风险、规模和回报的特定组合）的负债来获取资金，之后通过该资金购入具有不同特征组合的资产以获得利润。这个过程通常被称作资产转换。举个例子，银行可以用一个顾客在银行中的存款给其他顾客发放抵押贷款。这个银行便是把存款（存款人资产）转换成了抵押贷款（银行资产）。这个过程也可以表示为“短借长贷”，因为银行通过短期存款来发放长期贷款。

银行进行资产转换以及提供其他服务（支票清算、记账、信用分析等）的过程就好像其他公司的生产过程。如果银行能提供低成本的服务并且通过资产赚取持续性的利润，那银行便会盈利，否则银行便会亏损。

假设Jane听说第一国家银行能提供高质量的服务，因此她用100美元开立了一个支票存款账户。她现在有100美元的支票存款，也就是说银行的资产负债表上产生了100美元的负债。银行将这100美元放入现金保管库中，因此银行的库存现金增加了100美元，银行的T型账户如下：

第一国家银行			
资产		负债	
库存现金	+$100	支票存款	+$100

由于库存现金是银行准备金的一部分，我们将改写T型账户如下：

资产		负债	
准备金	+$100	支票存款	+$100

我们注意到，Jane开通了新的支票存款账户，导致银行准备金与银行支票存款等量增加。

如果说Jane想开通100美元的账户的100美元原来存于其他银行，假设这家银行叫作第二国家银行，那这次交易的T型账户将与上面的例子一样。对于第一国家银行的原始影响如下：

资产		负债	
托收中款项	+$100	支票存款	+$100

与上面的例子一样，支票存款增加了100美元，但现在第二国家银行欠第一国家银行100美元。在第一国家银行的T型账户中，这100美元被划分为托收中款项，因为第一国家银行正打算从第二国家银行收回自己这100美元的存款。第一国家银行有权直接要求第二国家银行支付100美元的现金，但如果这两个银行在不同的州，这个转款的过程就要耗费时间和成本。取而代之的方法是：第一国家银行可以将这100美元存入联邦银行，然后联邦银行再向第二国家银行索要。联邦银行将这100美元的准备金从第二国家银行转给第一国家银行，最后，两个银行的资产负债表如下：

第一国家银行				第二国家银行			
资产		负债		资产		负债	
准备金	+$100	支票存款	+$100	准备金	-$100	支票存款	-$100

由Jane发起的存款过程可以总结如下：当一个银行账户签发的支票存于另外一个银行时，这个银行最后收取的准备金与支票金额相等，而原来签发支票的银行的准备金减少相同的数量。因此，当一个银行存款增加时，准备金也增加同样的数量，但是当银行存款减少时，银行的准备金也减少相同数量。

理解了银行怎样失去和得到准备金，现在我们来学习当银行存款发生变化时，银行怎样调整资产负债表来获得利润。让我们回顾上个例子，当第一国家银行刚刚收到100美元的支票存款时，银行需要提取一部分存款作为法定准备金。如果法定准备金率是10%，那么第一国家银行的法定准备金将增加10美元，我们将T型账户改为：

第一国家银行			
资产		负债	
法定准备金	+$10	支票存款	+$100
超额准备金	+$90		

现在，让我们看看对额外的支票存款银行需要做什么。维护这100美元的支票存款成本很大，因为银行必须保存记录，支付出纳费用，支付清算费用等。银行实际遭受亏损！如果银行对存款支付利息，情况就会更糟。如果要盈利，银行必须将其可用的90美元的超额准备金全部或部分进行投资。一个方法是投资证券；另一个方法是发放贷款，如我们看到的，贷款占银行资产总额的约2/3（资金使用）。由于贷款人受到逆向选择和道德风险的信息不对称问题的影响（见第7章），银行会采取措施来减少这些问题的发生率和严重程度。银行贷款人员用“五C”来评估潜在的借款人：性格，能力（偿还能力），抵押品，条件（当地和国际经济条件及国民经济）和资本（净值）。（第23章更详细地讨论了银行降低贷款风险的方法）

我们假设商业银行选择不持有超额准备金，而是全部发放贷款。T型账户如下：

第一国家银行			
资产		负债	
法定准备金	+$10	支票存款	+$100
贷款	+$90		

商业银行如今正在盈利，因为它们用通过持有短期负债（如支票存款）得到的现金流购买长期资产（如高利率的贷款）。就像之前提到的，这种资产转换过程被称为商业银行的“短借长贷”业务。如果贷款的年利率是10%，商业银行通过其贷款得到收入9美元。如果现在账户里有100美元的支票存款，年利率为5%，其他成本为3美元，那么这些存款每年的成本为8美元。这样银行每年在这些存款上取得的利润就是1美元，再加上法定准备金的利息。

17.3 银行管理的一般准则

现在你已经了解银行是如何运营的，让我们看一看银行如何通过管理它的资产和负债来获得最高可能的利润。银行经理主要关注四个问题：第一，当**存款流出**（deposit outflow）（因为存款人取款以及要求支付而造成的存款流失）时，银行要确保有足够准备金来支付给存款者，因此必须实施**流动性管理**(liquidity management)，通过购入有充足流动性的资产来满足银行对存款人的义务。第二，必须通过购入违约率低的资产或使持有资产多样化等方法达到较低的风险水平，即实施**资产管理**（asset management）。第三，获得低成本的资金，即实施**负债管理**（liability management）。第四，银行经理必须决定应该维持的资本量并且获得所需要的资本，即实施**资本充足性管理**（capital adequacy management）。

为了充分了解银行及其他金融机构的管理，我们必须绕过银行资产和负债管理的一般准则，更多地关注金融机构管理资产中的细节。第23章将深入探讨金融机构如何管理信用风险（因借钱者可能违约导致的风险）和利率风险（由利率变化而导致的银行资产收益风险）。

17.3.1 流动性管理以及准备金的作用

现在来看一家典型的银行（第一国家银行），当存款人从普通支票账户、储蓄账户提现或签发支票存到其他银行时，银行是怎样处理这种存款流出的情况。在下列例子中，假设银行持有充足的超额准备金，并且所有存款的法定准备金率都是10%（要求银行必须将定期存款和支票存款的10%作为法定准备金）。假设第一国家银行最初的资产负债表如下：

资产		负债	
准备金	\$20 000 000	存款	\$100 000 000
贷款	\$80 000 000	银行资本	\$10 000 000
证券	\$10 000 000		

银行的法定准备金是1亿美元的10%，也就是1 000万美元。考虑到银行本身持有2 000万美元的准备金，那么第一国家银行拥有的超额准备金为1 000万美元。如果存款流出1 000万美元，银行的资产负债表如下：

资产		负债	
准备金	\$10 000 000	存款	\$90 000 000
贷款	\$80 000 000	银行资本	\$10 000 000
证券	\$10 000 000		

银行减少了1 000万美元的存款，还有1 000万美元的准备金，但是因为现在它的法定准备金是9 000万美元的10%（900万美元），所以它仍然有100万美元超额准备金。总之，如果银行有足够的超额准备金，发生存款流出时，不一定会引起资产负债表的其他部分的变化。

当银行持有的超额准备金不充足时，情况就会变得截然不同。让我们假设第一国家银行最初有100万美元超额准备金，而它额外发放贷款1 000万美元，所以它并没有超额准备金。它最初的资产负债表如下：

资产		负债	
准备金	\$10 000 000	存款	\$100 000 000
贷款	\$90 000 000	银行资本	\$10 000 000
证券	\$10 000 000		

当银行有1 000万美元的存款流出时，资产负债表如下：

资产		负债	
准备金	$0	存款	$90 000 000
贷款	$90 000 000	银行资本	$10 000 000
证券	$10 000 000		

在存款人取出1 000万美元之后，造成准备金等额减少，银行面临一个问题：银行应持有的法定准备金为9 000万美元的10%，即900万美元，但是现在银行没有准备金！为了弥补这个缺口，银行有四个基本选项。第一个是为了获得准备金来弥补存款流出，银行可以在联邦基金市场中向其他银行或其他合作方借款。①如果第一国家银行通过向其他银行和合作方借款获得900万美元来弥补准备金缺口，其资产负债表如下：

资产		负债	
准备金	$9 000 000	存款	$90 000 000
贷款	$90 000 000	借款资金	$9 000 000
证券	$10 000 000	银行资本	$10 000 000

这种操作的成本是这些借款资金的利率，如联邦资金利率。

银行的第二个选择是出售证券来弥补存款流出。例如，银行可以出售900万美元的证券，并将资金存进美联储账户，其资产负债表如下：

资产		负债	
准备金	$9 000 000	存款	$90 000 000
贷款	$90 000 000	银行资本	$10 000 000
证券	$1 000 000		

银行在出售这些证券时会产生一些手续费和交易成本。被列为二级准备金的美国政府证券有很高的流动性，所以销售这些证券的交易成本是很低的。然而，银行持有的其他证券流动性较低，其交易成本相对较高。

银行可以弥补存款外流的第三个方法是向美联储借款。在此例中，第一国家银行可以保持证券和贷款不变，然后从美联储借入900万美元的贴现贷款，资产负债表如下：

资产		负债	
准备金	$9 000 000	存款	$90 000 000
贷款	$90 000 000	来自美联储的借款	$9 000 000
证券	$10 000 000	银行资本	$10 000 000

贴现贷款的成本是支付给美联储的利率（称为贴现率）。

① 第一国家银行向其他银行和公司借款的一条途径是出售可转让定期存单。这种获得资金的方法在负债管理的部分将进一步讨论。

第四个选择是，银行可以减少900万美元的贷款并将该资金存入美联储账户，以此获得900万美元的准备金来满足存款流出的需求。这笔交易使资产负债表变化如下：

资产		负债	
准备金	$9 000 000	存款	$90 000 000
贷款	$81 000 000	银行资本	$10 000 000
证券	$10 000 000		

第一国民银行恢复到良好状态，因为900万美元的准备金满足了法定准备金的要求。

然而，当存款外流发生时，减少贷款的代价是最昂贵的。如果第一国家银行有许多短期贷款不断在短期内进行更新，银行可以通过收回贷款来减少其未偿付贷款总额——也就是说，不续签到期的贷款。对于银行来说不幸的是，这种情况有可能遭到那些贷款没有被更新的客户的反对，因为他们没有做过任何事却得到这样的待遇。事实上，他们可能会将业务转移到其他银行，这对银行来说代价十分高。

银行减少贷款的第二个方法是将其出售给其他银行。而这也产生巨大的代价，因为其他银行并不知道贷款客户的情况，所以可能不愿意以贷款的全价购入（即第7章中讨论的次品车逆向选择问题）。

上述讨论解释了为什么即使发放贷款或持有证券可以获得更高的收益，银行仍持有超额准备金。当发生存款流出时，持有超额准备金可以使银行避免以下行为的成本：（1）向其他银行或公司借款；（2）出售证券；（3）从美联储借款；（4）收回或出售债款。超额准备金是对存款外流时发生相关成本的保险。存款外流产生的成本越高，银行需要持有的超额准备金越多。

就像我们为车辆被盗等意外购买保险一样，一个银行愿意为减少存款流出的成本而支付超额准备金的成本（机会成本，放弃持有贷款或证券等收益性资产所产生的收益）。因为就像保险一样，超额准备金也有成本，所以银行也会采取其他措施来保护自己。例如，它们可能会将持有的资产转换为流动性更强的证券（二级准备金）。

17.3.2 资产管理

既然你已经明白了为什么银行需要流动性，接下来我们可以探讨银行管理资产的基本策略。为了将利润最大化，银行必须追求高回报的贷款和证券，降低风险，并通过持有流动资产来提供充足的流动性。银行通过四个基本方法来完成这三个目标：

第一，银行试图找到愿意支付高利率同时也不太可能拖欠贷款的借款人。它们通过广告宣传其借款利率以及直接联系企业推销贷款。由银行的信贷员判断潜在借款人在利息和本金支付时间方面是否存在信用风险（即进行筛选，以减少逆向选择问题）。通常，银行的贷款政策比较保守，违约率通常不到1%。然而，很重要的一点是，正是因为政策的保守，它们错过了获得高利息的贷款机会。

第二，银行努力购买高回报和低风险的证券。

第三，在管理资产时，银行必须通过多样化策略来降低风险。它们通过购买许多不同类型的资产（短期和长期美国国债、市政债券）并发放许多类型的贷款给客户，从而达到多样化的目标。那些没有充分实现多样化的银行往往在未来会后悔。例如，在1980年，由于银行只集中给能源公司、房地产开发商或农民发放贷款，但能源、房地产和农产品却遭受了巨大的损失。事实上，有很多这样的银行破产，因为它们“把太多鸡蛋放在一个篮子里。”

第四，银行必须管理其资产的流动性，以便它们可以满足存款准备金要求而不必承担巨大的成本。这意味着银行将持有流动性证券，即使它们的收益比其他资产的更低。例如，为了避免存款流出，银行必须决定需要准备多少超额准备金。此外，银行也会持有美国政府证券作为二级准备金，这样即使发生存款流出，也不会产生非常高的成本。再一次强调，银行过于保守是不明智的。如果银行为了避免所有存款外流的相关成本而只持有超额准备金，银行也会遭受损失，因为准备金无法获得利息，而银行为了这些债务却付出了昂贵的代价。银行必须平衡流动性和收益（如贷款之类流动性较差的资产产生的收益）。

17.3.3 负债管理

在20世纪60年代之前，负债管理是一个固定的事务：大多数情况下，银行确定固定债务并重点关注如何达到最优的资产组合。关注资产管理主要有两个原因。第一，超过60%的银行资金来源是支票（活期）存款，而法律规定这些存款不需支付任何利息。因此，银行间不能通过支付利息来竞争这些存款，所以单个银行的存款总量是既定的。第二，因为银行间隔夜贷款市场发展并不成熟，银行几乎不向其他银行借款来满足准备金的要求。

然而，从20世纪60年代开始，在金融中心（如纽约、芝加哥、旧金山）的大型银行（称为货币中心银行）开始探索使资产负债表上的负债产生准备金和流动性的方法。此举导致隔夜贷款市场的扩张。例如可转让定期存单（1961年首次开发）使货币中心银行迅速获得资金。①

负债管理的灵活性意味着银行管理层可能会采取不同的方式进行管理。他们不再需要依赖支票存款作为银行资金的主要来源，因此不再把资金来源（负债）当作既定的。相反，银行积极制定资产增长目标并通过发行债务获得资金。

例如，如今当货币中心银行找到一个有吸引力的贷款机会时，它可以通过出售可转让定期存单获得资金，或者，当银行出现准备金缺口时，它可以在联邦基金市场向其他银行借款而无须支付高额的交易成本。联邦基金市场也可以用来融资贷款。由于负债管理的重要性不断增加，大多数银行通过资产负债管理委员会（ALM）管理资产负债表的项目。

负债管理日益提升的重要性解释了在过去的三十年里，一些银行资产负债表的构成发生的重大变化。近年来，作为银行资金的来源，可转让定期存单和银行借款的重要性大大提高（从1960年银行债务的2%上升到2012年底的23%），支票存款的重要性降低（从1960年银行债务的61%下降到2012年底的2%）。新的有关负债管理的灵活性和高利润的研究也刺激银行增加资产中贷款的比例来获得更高的收入（从1960年银行资产的46%增加到2012年底的53%）。

17.3.4 资本充足率管理

由于三个原因银行必须决定它们需要筹集的资金数量。第一，银行资本有助于防止银行倒闭，如果银行不能履行对存款人和其他债权人的支付义务，银行就会破产。第二，资本的数量会影响银行所有者（股东）的收益 。第三，监管部门对银行资本的最低额有相关要求（银行资本要求）。

银行资本如何帮助防止银行倒闭

让我们考虑资产负债表相似的两个银行，区别是高资本银行的资本资产率为10%，而低资本

① 因为小银行不如货币中心银行的知名度高，所以信用风险较高，它们很难在可转让定期存单市场筹集资金。因此，小银行在负债管理方面并没有那么积极。

银行的资本资产率为4%。

高资本银行				低资本银行			
资产		负债		资产		负债	
准备金	$10 000 000	存款	$90 000 000	准备金	$10 000 000	存款	$96 000 000
贷款	$90 000 000	银行资本	$10 000 000	贷款	$90 000 000	银行资本	$4 000 000

假设两家银行进入了活跃的房地产市场，却发现500万美元的房地产贷款变得一文不值。当坏账被冲销（为零）时，资产总额下降500万美元。因此，银行资本（等于总资产减去负债）也下降了500万美元。这两家银行的资产负债表如下所示：

高资本银行				小资本银行			
资产		负债		资产		负债	
准备金	$10 000 000	存款	$90 000 000	准备金	$10 000 000	存款	$96 000 000
贷款	$85 000 000	银行资本	$5 000 000	贷款	$85 000 000	银行资本	-$1 000 000

高资本银行经营损失500万美元，因为有最初的1 000万美元资本作缓冲，它仍然有500万美元的净资产（银行资本）正值。然而，低资本银行却遇到了大麻烦。其资产的价值低于负债，净资产为-100万美元。因为银行的净资产为负，因此会面临破产：银行没有充足的资产偿付所有负债的持有人。由于低资本银行的所有人会发现他们的投资将化为乌有，他们显然会希望有足够多的资本缓冲能吸收损失，像高资本银行那样。因此，银行保持充足的资本水平的一个重要理由是：银行资本减小了破产的可能性。

银行资本的数量如何影响股东的回报

因为银行的所有者必须知道他们的银行是否管理得当，因此他们需要有效的指标来衡量银行的盈利能力。一个衡量银行盈利能力的基本指标是**资产回报率（return on assets，ROA）**，即每一美元资产的税后净利润：

ROA=税后净利润/资产

资产回报率提供了银行的有效信息，因为它表明了平均每一美元的资产能生成多少利润。

然而，银行的所有者（股东）最关心的是银行的股权投资有多少收入。这些信息体现于银行盈利能力的基本指标——**股本回报率（return on equity，ROE）**，即每一美元权益资本（银行）的税后净利润：

ROE=税后净利润/权益资本

资产回报率（衡量银行运行效率）和股本回报率（衡量银行所有者的投资收益）之间有直接关系。这种关系是由**股本乘数（equity multiplier，EM）**决定，股本系数即每一美元股权（银行）的资产规模：

EM=资产/股权资本

对比后，我们可以发现：

税后净利润/股权资本=税后净利润/资产×资产/股权资本

也就是：

ROE=ROA×EM

股本回报率=资产回报率×股本乘数　　(17.1)

公式17.1说明了在给定的资产数量下，银行持有较小数量的资本（股本）对股本回报率有什么影响。正如我们所见，高资本银行最初的资产为1亿美元，最初的股权为1 000万美元，得到的股本乘数为10（1亿/1 000万）。相比之下，低资本银行只有400万美元的股本，所以它的股本乘数较高，为25（1亿/400万）。假设这些银行一直运行良好，都有相同的资产回报率1%。高资本银行的股本回报率为1% ×10=10%，而低资本银行的股本回报率为1%×25=25%。显然低资本银行的股东比高资本银行的股东更高兴，因为他们的回报是高资本银行的两倍多。我们现在明白了为什么银行的所有者不希望持有过多的资本。在给定的资产回报率下，银行资本越低，银行的所有者资产回报率越高。

股东在安全性和回报之间的权衡

现在我们看到，银行资本既有利益也有成本。银行资本使银行的所有者获益，因为通过减少破产的可能性能使他们的投资更安全。但银行资本也存在成本，因为在给定的资产回报率下，银行资本越高，股本回报率越低。在决定银行资本的数量时，管理者必须决定多少高资本增加的安全性（好处）可以抵消高资本减少的股本回报率（成本）。

在动荡的时期，当贷款巨额亏损的可能性增加时，银行经理可能希望持有更多的资本来保护股东。相反，如果他们有信心，认为不会发生贷款损失，他们可能会减少银行资本的数额，提高股本乘数，从而提高股本回报率。

银行资本要求

银行持有资本是因为监管部门要求它们这样做。由于持有资本的成本较高，银行经理往往希望减少持有的银行资本，甚至低于监管部门要求的数量。在这种情况下，银行资本的数额取决于银行的资本要求。我们将在第18章具体讨论银行资本要求及其在银行监管中发挥的重要作用。

实践经理

管理银行资本的策略

案例

全球金融危机期间资本紧缩是如何引发信贷紧缩的?

17.4 表外业务

虽然资产负债管理一直是银行关注的重点，但近年来，在激烈的竞争环境中，银行开始通过参与表外业务积极寻求利润。[①]**表外业务（off-balance-sheet activity）**包括交易金融工具，通过收费和出售贷款产生收入，以及不在银行资产负债表上但是影响银行利润的活动。实际上，表外活动对于银行的重要性日益增加：自1980年以来，这些活动产生的收入已经翻了一番。

17.4.1 贷款销售

近年来，一类表外业务的重要性不断增加，即通过出售贷款获得收入。**贷款销售（loan sale）**，也称为二级贷款参与，是一种合同，出售全部或部分出自特定贷款的现金流，从而在银行的资产负债表中消除贷款。银行通过设定略高于原始贷款的定价从而赚取利润。由于这些贷款的高利率使其极具吸引力，机构都愿意购买，即使更高的价格意味着它们赚取的利率低于初始贷

① 其他金融中介机构如保险公司、养老基金和金融公司，也都发放私人贷款，我们概述的信贷风险管理原则同样适用于它们。

款的利率（通常在0.15个百分点）。

17.4.2 费用收入

另一种表外业务包括银行为客户提供专门服务而收取的费用，例如代客户进行外汇交易，收付抵押贷款支持证券的利息和本金，为银行承兑汇票等债务证券提供担保（银行承诺，如果发行方不能支付利息和本金，银行会支付利息和本金），并且提供备用信贷额度。有几种类型的备用信贷额度，其中最重要的是**贷款承诺（loan commitment）**，该承诺主要是指在一定时间内银行同意应客户的需求，为客户提供贷款并从中收取一定费用。拥有“透支特权”的储户也可以享受信用额度，这些银行客户可以签发超过其存款余额的支票，实际上，他们签下的是自己的贷款。银行收取费用的其他信用额度包括备用信用证，其可以支持商业票据和其他证券，以及为承销欧洲票据（中期欧洲债券）而提供的信贷额度（称为票据发行工具NIFs，和循环承销工具RUFs）。

表外业务涉及证券担保和备用信贷额度，从而增加了银行面临的风险。即使担保证券不出现在银行资产负债表上，但银行仍然处于违约风险之中：如果证券发行人违约，银行需要承担责任，必须支付给证券持有人。备用信贷额度也使银行处于风险之中，因为当没有足够的流动资金或当借款者具有极大的信用风险时，银行可能被迫提供贷款。

17.4.3 交易活动和风险管理技术

我们将在第24章讨论：银行尝试管理利率风险，就要进行金融期货、债务工具期权和利率互换的交易。参与国际银行业务的银行也在外汇市场进行交易。在这些市场上进行的所有交易都是表外业务，因为它们没有对银行的资产负债表产生任何直接影响。虽然银行在这些市场交易往往是为了减少风险或为其他银行业务提供便利，但银行也可能会尝试预测市场并参与投机活动。这种投机行为的风险极高，事实上也导致了银行的破产，其中最引人注目的是1995年英国巴林银行的倒闭。

虽然交易活动往往利润很高，但风险也极高，因为它们很容易让金融机构和其员工迅速投入巨大的赌注。在特定的交易活动的管理问题中，最为严重的就是第7章讨论过的委托代理问题。鉴于有能力投入极大的赌注，在债券市场、外汇市场和金融衍生品市场，交易员（代理人）都有动机承担过度的风险：如果交易员的交易策略获得了巨大的利润，就有可能获得高薪和奖金；但如果交易员造成了巨大的损失，金融机构（委托人）将弥补这些损失。巴林银行在1995年的倒闭就证明了，一个存在委托代理问题的交易员可以让一个运行良好的机构迅速破产。

为减少委托代理问题，金融机构的管理者必须建立内部控制以防止出现像巴林银行这样的情况。这种控制包括将负责贸易活动的人员和负责记账业务的人员完全分离。此外，管理者必须对交易者的交易总量和机构的风险敞口进行限制。管理者还必须使用最新的计算机技术仔细进行风险评估。其中一种方法涉及风险价值模型。在这种方法中，该机构需要设计一个统计模型，它可以计算出投资组合在给定的时间内可能要承担的最大损失，被称为风险价值，或VAR。例如，一家银行估计它在一天内能承担的最大的损失是：有百分之一的可能损失100万美元。这100万美元就是银行计算的风险价值。另一种方法叫作“压力测试”。在这种方法中，经理需要了解如果发生灾难事件，该模型会发生什么变化。也就是说，经理关注的是如果发生不好的事情，该机构可能要承担的损失。通过风险价值模型和压力测试，金融机构可以评估其风险敞口，并采取措施减少风险。

美国银行监管机构已经开始关注表外业务中不断增长的风险，我们将在第18章学习美国银行监管机构鼓励银行重视风险管理。此外，国际清算银行正在修订额外银行资本要求，这些要求都是基于银行交易活动中的风险价值计算而得。

案 例

巴林银行、大和银行、住友公司、法国兴业银行和摩根大通：流氓交易员和委托代理问题

拥有百年历史的英国巴林银行的倒闭，是一个可悲的道德故事，这个故事讲述了一个流氓交易员产生的委托代理问题是如何让一个一个月前还在健康运行金融机构在下一个月就倒闭的悲剧。

1992年7月，巴林银行在新加坡分公司的新主管Nick Leeson开始推测日经指数（道琼斯股票指数的日本版）。1992年年底，Leeson损失了300万美元，他通过一个秘密账户私自隐藏了这些损失。他甚至欺骗他的上级，让上级相信他为公司带来了巨大的利润，由于公司内部控制的失效，他可以继续执行新加坡交易所的交易并且监督这些交易的账务记录。经营现金业务（如酒吧）的人都知道，如果多人同时管理现金业务，发生欺骗的可能性可以降到很低。同样，对于交易业务来说，绝对不要把后台的管理和前台的管理混在一起。巴林银行的管理严重违反了这项原则。

对于Leeson来说情况并没有好转，他在1994年年底损失了超过2.5亿美元。在1995年的1月和2月，他损失了整个银行。1995年1月17日，日本神户发生地震，他损失了7 500万美元，到周末他已经损失了超过1.5亿美元。当2月23日股市下跌时，造成的损失达到了2.5亿美元，这时他决定叫停并逃离新加坡。3天后，他在法兰克福机场自首。Leeson的损失共计13亿美元，耗掉了巴林银行的资本，最后导致银行倒闭。Leeson随后被定罪，并被送往新加坡监狱。他于1999年获释，并为他的行为道歉。

我们对委托代理问题中信息不对称的分析解释了Leeson的行为和巴林银行管理失效的危险。Leeson能够自己控制交易和后台，这些行为都加剧了信息不对称，因为这减少了委托人（巴林银行）了解的关于Leeson交易活动的信息。这种管理失效增加了道德风险，促使他承担以银行利益为代价的风险，因为他当时不太可能被发现。此外，一旦他遭受巨大的损失，他甚至有更大的动机去承担更高的风险，因为如果他的赌注见效了，他就能扭转他的损失，也能使公司保持良好的信誉，而如果他的赌注失败了，损失也不大，因为无论如何他都会失业。事实上，他的损失越大，他就会下更大的赌注，这解释了为何他的交易量会随着他的损失的增加而增加。如果巴林银行的管理者了解委托代理问题，他们就会更加警惕地查看Leeson的活动，银行可能至今还在运营。

不幸的是，Leeson不是流氓交易员的“亿万富翁俱乐部”（损失超过10亿美元的交易员）中的唯一成员。大和银行纽约分行的井口俊英，也同时控制债券交易操作和后台，并造成了11亿美元的亏损。1995年7月，井口向他上司透露了他的损失，但银行的管理层并没有向监管机构披露这些信息。结果是大和银行被处以3.4亿美元的罚款并被逐出美国。

滨中泰男也是“亿万富翁俱乐部”的一员。1996年7月，他超越了Leeson和井口的记录，为他的雇主住友公司（一个日本的顶级贸易公司）造成了26亿美元的损失。在2008年1月，Jerome Kerviel给法国兴业银行造成了损失，并创造了流氓交易员的历史最高纪录：他进行的未经授权的交易耗费了银行72亿美元。甚至是经营成功的摩根大通银行，在2012年也因Bruno

Iksill（被戏称为“伦敦鲸”）的交易造成了超过20亿美元损失。

这些故事的启示是，从事交易业务的企业必须通过密切监测交易员的交易活动以减少委托代理问题，否则流氓交易员的数量会继续增加。

17.5　衡量银行绩效

要了解一家银行的经营状况，我们需要先看一看银行的利润表，即影响银行盈利能力的收入和费用来源。

17.5.1　银行利润表

表17-2显示了2012年度所有联邦投保商业银行的利润表。

表 17-2　所有联邦投保商业银行的利润表（2012 年）

	金额（10亿美元）		占收入或费用的百分比	
营业收入				
利息收入		445.4		66.2%
贷款利息	352.3		52.4%	
证券利息	65.1		9.7%	
其他利息	28.0		4.2%	
非利息收入		227.4		33.8%
存款账户服务佣金	32.5		4.8%	
其他非利息收入	194.9		29.0%	
总营业收入		672.8		100.0%
营业费用				
利息支出		57.1		11.5%
存款利息	36.5		7.3%	
联邦基金和回购利息	2.2		0.4%	
其他	18.4		3.7%	
非利息支出		388.5		77.9%
职工薪酬福利	173.4		34.8%	
厂房和设备	41.6		8.3%	
其他	173.5		34.8%	
坏账准备		52.8		10.6%
总运营费用		498.4		100.0%
净运营利润		174.4		
证券损益		8.9		
非经常项目净值		-0.1		
所得税		-52.6		
净利润		130.7		

资料来源：http://www2.fdic.gov/SDI/main.asp.

营业收入

营业收入（operating income）是银行持续业务取得的收入。大多数银行的营业收入来自资产的利息收入，特别是贷款利息。如表17-2所示，在2012年利息收入占商业银行营业收入的66.2%。利息收入会随着利率水平的变化而波动，因此当利率在峰值水平时，利息收入占营业收入的百分比也达到顶峰。这发生在1981年，当利率上升到15%以上时，利息收入也上升到银行营业收入总额的93%。

在2012年，非利息收入占营业收入的33.8%，部分来自存款账户服务佣金，但大部分都来自之前提到的表外业务，它为银行带来服务佣金或营业利润。这些表外业务对银行的重要性不断增加。在1980年，来自表外业务的非利息收入只占营业收入的5%，但在2012年已达到了29%。

营业费用

营业费用是银行在持续经营过程中产生的费用。银行营业费用的主要部分是对负债支付的利息，尤其是存款利息。正如利息收入随着利率变化而变化，利息支出也一样。利息费用占营业费用的百分比在1981年达到峰值74%，而当时的利率也是最高值，但在2012年，随着利率降低而降至11.5%。非利息支出包括经营银行的费用：出纳和职员的工资、房租、银行建筑物的维修和水电费、设备采购费，以及电脑等设备的服务费用。

列在营业费用项目最后一项的是坏账准备。如果银行有坏账或预计贷款可能变成坏账，那么银行可以将这笔损失计入坏账准备。坏账准备和贷款损失准备金直接挂钩。当一家银行想将贷款损失准备金增加100万美元时，可以通过增加100万美元坏账准备实现这一目标。

近年来，坏账准备成为银行利润波动的重要因素。20世纪80年代发生了第三次世界债务危机，1986年能源价格急剧下滑，导致能源制造商遭受巨大的贷款损失以及房地产市场崩盘。随之而来的是，坏账准备在20世纪80年代末期特别高，在1987年达到峰值，占营业费用总额的13%。在此之后，贷款损失开始下降，但是在2007—2009年金融危机中又开始急剧上升。2009年，坏账准备再创新高，占营业费用的32.7%。

利润

从2012年6 728亿美元的营业收入中减去4 984亿美元营业费用得到净营业利润1 744亿美元。银行管理者、股东、监管机构密切关注净营业利润，因为这表明了银行基于持续经营的运营状况。

银行出售证券的收入（或者损失）（89亿美元）和非经常事项净值（不经常发生的事件或交易），再加上净营业利润得到1 832亿美元，为税前净利润。税前净利润也叫税前利润，再减去526亿美元所得税就得到1 307亿美元净利润。净利润，通常称作税后利润，是最能说明银行运营状况的数据，因为银行是基于该数据计算留存收益或者支付给股东股利的。

17.5.2 银行绩效的衡量方法

虽然净利润让我们了解到银行的运营状况，但它有一个很大的弊端：没有根据银行的规模进行调整，因此很难横向比较银行间的运营状况。一种考虑到银行的规模从而衡量银行盈利能力的指标是资产回报率。资产回报率对于衡量银行管理人员的工作绩效十分有效，因为它能反映资产产生利润的效率。2013年年初，所有联邦保险商业银行的资产达到133 626亿美元，因此用表

17-2中96亿美元的净利润得到资产回报率：

$$ROA=净利润/资产=\frac{130.7}{13\,362.6}=0.0098=0.98\%$$

虽然ROA提供了有关银行利润的有用信息，但我们已经看到，这不是银行所有者（股东）最关心的事情。他们更关心银行在股权投资中赚取的收益，这个金额是以股本回报率（ROE）衡量的，即权益类资产的每股净收益。2013年年初，美国的商业银行股权资本是15 143亿美元，所以ROE是：

$$ROA=净利润/资产=\frac{130.7}{1\,514.3}=0.0863=8.63\%$$

另一个常见的银行业绩衡量标准称为**净利息收益率（NIM）**，是利息收入与利值支出的差额占总资产的百分比：

$$NIM=（利息收入-利息支出）/资产$$

正如在本章前面看到的，银行的主要中介职能是发放贷款并使用息购买能带来收益的资产。如果银行经理做好资产负债管理工作使银行在资产上赚取大量收益，负债成本低，利润将会很高。银行管理资产和负债的程度受到银行资产所得利息与其负债利息成本之间的差额的影响。这个差距正是净利息收益率所衡量的。如果银行能够以低利息成本的负债筹集资金，以高利息收入获得资产，净利息收益率将提高，银行的获利可能会升高。如果其负债的利息成本相对于其资产获得的利息上升，则净利息收益率下跌，银行盈利能力将相应降低。

17.5.3　近年来银行绩效方法的发展趋势

表17-3提供了1980年至2010年所有联邦保险商业银行的资产收益率（ROA）、净资产收益率（ROE）和净利息收益率（NIM）。因为所有商业银行的股本资本与总资产之间的关系在20世纪80年代保持稳定，ROA和ROE在衡量银行业绩方面逐步趋于一致，并且表明从80年代初期到80年代后期，银行盈利能力急剧下降。最右栏的净利息收益率表明利息支出与利息收入之间的差额，80年代的利息支出相对稳定，甚至有所改善，在20世纪80年代末和90年代初期，这应该有助于银行利润的提升。因此，这个指标告诉我们，80年代后期的银行业绩较差并不是利率变动的结果。

80年代末，商业银行业绩疲软的原因是它们在20世纪80年代初曾经发放过许多危险的贷款，这些贷款搁置太久了。该期间贷款损失准备金额大幅增加，直接影响了净收入，因此导致了资产回报率和净资产收益率下降（第18章和第19章讨论了为什么银行盈利能力变差）。

从1992年开始，银行业绩大幅改善。1992年的股本回报率上升至近14%，在1993—2006年期间保持在12%以上。类似地，资产回报率从1990—1991年的0.5%上升到1993—2006年的1%。表17-3表明银行业恢复健康。然而，在2007—2009年金融危机之后，银行盈利能力急剧恶化，2009年ROE下降至0.7%，ROA下降至0.05%。

表 17-3　　1980-2012 年银行绩效的指标

年份	ROA	ROE	NIM
1980	0.77	13.38	3.33
1981	0.79	13.68	3.31
1982	0.73	12.55	3.39
1983	0.68	11.60	3.34
1984	0.66	11.04	3.47
1985	0.72	11.67	3.62
1986	0.64	10.30	3.48
1987	0.09	1.54	3.40
1988	0.82	13.74	3.57
1989	0.50	7.92	3.58
1990	0.49	7.81	3.50
1991	0.53	8.25	3.60
1992	0.94	13.86	3.89
1993	1.23	16.30	3.97
1994	1.20	15.00	3.95
1995	1.17	14.66	4.29
1996	1.19	14.45	4.27
1997	1.23	14.69	4.21
1998	1.18	13.30	3.47
1999	1.31	15.31	4.07
2000	1.19	14.02	3.95
2001	1.15	13.09	3.90
2002	1.30	14.08	3.96
2003	1.38	15.05	3.73
2004	1.28	13.20	3.54
2005	1.30	12.73	3.50
2006	1.28	12.31	3.31
2007	0.81	7.75	3.29
2008	0.03	0.35	3.16
2009	0.08	0.73	3.49
2010	0.65	5.85	3.76
2011	0.88	7.79	3.60
2012	1.00	8.92	3.42

资料来源：http：//www2.fdic.gov/qbp/2012dec/all1a.html.

本章小结

1.商业银行的资产负债表被认为是银行资金来源和用途的列表。银行负债是资金的来源，包括活期存款、定期存款、美联储的贴现存款、向其他银行和企业的借款以及银行资本。银行资产指的是对资金的使用，包括准备金、托收中款项、银行同业存款、证券、贷款和其他资产（主要是实物资金）。

2.银行通过资产转换的方式获取利润：短期借入（吸收存款）和长期借出（发放贷款）。当银行获得额外储蓄时，准备金也同时增长相同的数目；当银行发放贷款时，准备金也就减少同样的数目。

3.虽然流动资产越多，收益越低，银行仍希望获得更多流动资产。具体来说，由于银行为存款流出提供保险，银行需要持有超额准备金和二级准备金。银行管理资产以追求利润最大化，主要的方法是寻求高回报的贷款和证券，与此同时努力降低风险，以及保持充足的流动性。虽然债务管理曾经是一项稳定的业务，但现在大型银行通过发放可转让定期存单或者向其他银行和公司借款从而积极地寻找资金来源。银行管理其持有的资本金数量以避免发生破产，同时也能达到监管机构规定的银行资本要求。然而，它们并不想持有过多资本，因为这样会降低股东的回报率。

4.表外业务包括交易金融工具，通过收费和出售贷款产生收入，以及其他所有不在银行资产负债表上但是影响银行利润的活动。因为这些表外活动增加了银行的风险，银行管理必须特别注意风险评估程序和内部控制，防止员工有过度冒险行为。

5.银行净营业收入等于营业收入减去营业费用。证券和特别项目的额外收益（或损失）计入净营业收入，然后减去税收得到净收入（税后利润）。衡量银行业绩表现的指标有资产回报率（ROA）、股本回报率（ROE）和净利息收益率（NIM）。

重点词汇

准备金　库存现金　法定准备金　法定准备金率　超额准备金　二级准备金　存款流出　流动性管理　资产管理　资本充足性管理　资产回报率　股本回报率　股本乘数　表外业务　贷款销售　贷款承诺　营业收入

问答题

1.将以下银行资产按流动性从大到小排列：

a.商业贷款

b.证券

c.准备金

d.实物资本

2.如果银行总裁告诉你银行运行得很好，但是从来没有要求回收贷款、买卖证券或为存款流出借款，你愿意买这家银行的股票吗？为什么呢？

3.如果你的银行没有超额准备金，而一个优质客户这时申请贷款，你会不假思索地拒绝他，并解释说你没有任何超额准备金来进行借款吗？你可以选择什么途径得到资金从而放贷给你的客户？

4.请解释为什么隔夜贷款导致现在的银行超额准备金越来越少？

5.假如你是一个银行家，你预期未来的利率会升高，你会选择短期贷款还是长期贷款？

6.“银行管理者们应该寻求怎样用现有的资产带来最大的收益。”你认为这是正确的、错误的，还是不确定呢？说明你的理由。

7.“由于更积极的负债管理，银行业已成为一个更具活力的行业。”你认为这是正确的、错误的，还是不确定呢？说明你的理由。

8.为什么非利息收入是银行营业收入的一部分呢？

9.营业费用的哪个构成部分最容易波动呢？

10.为什么权益的持有者比起ROE更在意ROA？

11.NIM衡量的是什么，为什么银行管理者们这么在乎它呢？

12.如果银行将资金翻倍但是ROA没有发生变化，那ROE会发生什么变化？

13.如果银行发现ROE过低是因为银行有太多的资金，那银行该怎样提升ROE呢？

14.如果银行决定增加银行资本，那么带来的成本和收益是什么呢？

15.如果一家银行的资本要求低于100万美元，那么可以做哪三件事来扭转情况？

计算题

1.Kri银行的资产负债表显示它起初的贷款损失准备金为266万美元。年内，Kri银行冲销了168万美元的不良贷款，并恢复了以前被冲销的贷款44万美元，另外，为当前的收入拨出296万美元的贷款损失准备金。计算年底的贷款损失准备金。

2.X银行的ROE为15%，ROA为1%。这家银行的资本化程度如何？

3.G&H公司发行标准的35年固定利率抵押贷款17万美元，利率为8.6%，48个月后抵押贷款利率跃升至15%。如果G&H销售抵押贷款，会发生多少亏损？

4.参考上一个问题。1981年，国会允许G&H出售抵押贷款并在抵押的剩余寿命期间摊销损失。如何记录这笔交易？年度调整怎样做？什么时候结束呢？

5.对于即将到来的一周，诺贝尔国家银行计划发行5 000万美元的抵押贷款，并在31天内购买2亿美元T-bill。新增存款7 000万美元，预期和其他来源将产生3 000万美元的现金。诺贝尔国家银行估计需要多少资金？

6.一家银行估计需要的活期存款平均为1亿美元，标准差为500万美元。银行希望一直保持8%的最低水平的准备金率。本月最高预期存款水平是多少？它们需要保留多少准备金？置信水平为99%。

下面的问题基于NewBank银行：

7.NewBank开始运营的第一天有600万美元的资本，吸收支票存款1亿美元。该银行发行2 500万美元商业贷款和另外2 500万美元的抵押贷款，其条款如下：

抵押贷款：100个标准的30年固定利率抵押贷款，年均利率为5.25%，每个25万美元。

商业贷款：3年期贷款，每月单笔利息支付0.75%。

如果所需准备金为8%，银行的资产负债表是什么样的？忽略任何贷款损失准备金。

8.NewBank决定在30天内投资4 500万美元国债。目前短期国债交易价格为49 86.70美元（包括佣金），面值5 000美元。它们购买了多少？资产负债表是什么样的？

9.银行在营业的第三天，存款下降了500万美元。资产负债表是什么样的？有没有问题？

10.为了弥补上一个问题的不足，NewBank决定向联邦基金贷款。管理层决定借入本月余下时间（现29天）所需的资金。贴现收益率为2.9%。那么资产负债表在此次交易后看起来如何？

11.到了月底，银行从抵押贷款、商业贷款和账单中收到所有需要的付款。现在收到了多少现金？这些交易如何记录？

12.NewBank还清了联邦基金的借款。那现在还欠多少现金？如何记录？

13.NewBank的月末资产负债表是什么样子？暂不考虑任何税费支出。

14.计算NewBank第一个月的ROA和NIM。假设净利息等于税前利润，并且NewBank适用34%的累进税率。

15.计算NewBank的净资产收益率和最终资产负债表，包括其税收负债。

16.如果NewBank需要将商业贷款的0.25%设为贷款损失储备金，这将如何记录？重新计算NewBank的净资产收益率和最终资产负债表，包括其税收负债。

17.如果NewBank的ROE目标为4.5%，净费用收入为多少才能达到这个目标？

18.付款3年后，其中一个抵押借款人违约。NewBank可以马上拥有房屋的所有权并以175 000美元的价格出售。法律费用达到25 000美元。如果这笔贷款没有设立贷款损失准备金，这个事件怎么记录？

第18章

金融监管

序言

正如我们在之前的章节学习的，金融系统是受到最严格监管的经济部门之一，而银行是受到最严格监管的金融机构。在本章，我们通过建立一个框架来了解为什么金融系统采取这样的监管形式。

不幸的是，最近的全球危机和其他金融危机证明，监管的程序不可能总是运行良好的。这里我们要运用对金融监管的分析来解释全世界银行业的危机，并且讨论如何改革监管体系以预防未来的灾难。

18.1 信息不对称和金融监管

在之前章节里，我们已经了解到信息不对称（金融合同中不同当事人拥有不同的信息）会导致逆向选择和道德风险问题，而这些问题对金融系统造成了非常大的影响。信息不对称、逆向选择和道德风险，都有助于我们理解为什么美国及其他国家选择其现在的金融监管形式。金融监管基本分为十类：政府安全网、资产持有限制、资本金要求、及时纠正措施、授权制度和检查、风险管理评估、信息披露要求、消费者保护、限制竞争、宏观审慎监管。

18.1.1 政府安全网

正如我们在第7章所学，金融中介机构（如银行）特别适合解决逆向选择和道德风险问题，因为它们可以通过发放私人贷款来避免搭便车问题。但是，这种针对搭便车问题的解决办法造成了另一种信息不对称问题，因为存款人缺少关于私人贷款质量的信息。这种信息不对称引发了金融系统无法良好运行的若干原因。

银行恐慌和存款保险的需要

在1934年联邦存款保险公司出现之前，**银行倒闭（bank failure）**（银行无法履行对储户和其他债权人支付的义务，因此银行破产）意味着存款人不得不等到银行清算（银行的资产已经变成现金）时才能得到他们的存款，那时，他们只能得到一部分存款。因为不可能了解银行经理是否有过度冒险行为或是一个彻头彻尾的骗子，存款人可能不愿意将钱存入银行，这样银行的可靠性就减小了。另外，存款人缺少关于银行资产的信息也会引发银行恐慌，正如我们在第8章所学的，产生的后果可能对经济影响巨大。

如果政府安全网不存在，经济受到了不利的冲击，结果就是5%的银行在贷款方面都遭受很大的亏损，然后破产（因负净值而破产）。由于信息不对称，存款人无法辨别他们的银行是运行良好的银行还是那5%无力偿还的银行。好银行和破产银行的存款人都意识到他们可能无法取回他们全部的存款所以想要撤回存款。事实上，因为银行遵循一种"顺序服务原则"（先到先得的基准），存款人拥有很强烈的动机赶去银行，因为如果他们来晚了，银行可能已经耗尽资产，他们就什么都得不到。总之，对于银行系统健全的不确定性会导致好银行和坏银行同时面临挤兑问题，并且一个银行破产能加速其他银行破产（就像传染效应）。如果不能恢复大众信心，银行恐慌也会随之发生。

事实上，银行恐慌是19世纪到20世纪初美国发生的现实情况——美国每20年就会发生一次重大的银行恐慌。甚至在经济高速增长的19世纪20年代，银行破产也是非常严重的问题，平均每年有600家银行破产。

为存款人服务的政府安全网有助于银行运营并防止发生银行恐慌，其通过向存款人提供保护，可以鼓励存款者把资金留在银行。安全网的一种形式就是存款保险，类似于联邦存款保险公司（FDIC）提供的担保。在美国，如果银行破产，存款人在该银行存入的5万美元以内的存款可以得到足额偿付。拥有全额保险的存款人即使担心银行的运营状态也不需要跑去银行取款，因为无论怎样他们的存款价值都不变。1930—1933年，FDIC出现之前，平均每年破产银行的数量超过了2 000家。1934年FDIC成立，然后到了1981年，每年破产银行的数量减少到了15家。

联邦存款保险公司主要通过两种方式来处理破产银行。第一种方式是偿付法，联邦存款保险公司允许银行破产并对25万美元以内的存款提供足额偿付（支付的清偿金出自银行购买的联邦存款保险）。在银行清算后，联邦存款保险公司将与其他银行债权人一起获得银行清算后的资产。

当使用偿付法时，账户存款超过25万美元的持有者，可以得到超过90%的存款，尽管这个过程需要许多年才能完成。

第二种方式叫作收购与接管法，联邦存款保险公司意识到当银行找到有意愿收购，并承担（接管）破产银行所有债务的合伙人时，存款人或者其他债权人都不会遭受损失。联邦存款保险公司通常向合并伙伴提供补贴贷款或购买破产银行较弱的贷款以增加优惠条件。收购与接管法的效果就是联邦存款保险公司已经担保了所有债务和存款，不仅仅是25万美元限额的存款。与偿付法相比，收购与接管法中联邦存款保险公司产生的费用更多，但在1991年新的银行法出台之前，它是联邦存款保险公司处理破产银行非常普遍的办法。

最近几年，政府存款保险越来越受欢迎，已经传播到世界各个国家。这种趋势是否合乎期望，请见全球视野“政府存款保险传播到全世界：这是一件好事吗?”。

全球视野

政府存款保险传播到全世界：这是一件好事吗?

其他形式的政府安全网

存款保险不是政府安全网的唯一形式。在其他国家，政府也会为国内面临挤兑的银行提供帮助，尽管没有明确的存款保险。此外，银行并不是唯一可以对金融系统造成威胁的金融中介。当一个金融机构很大或与其他金融机构相互联系时，它的破产已经潜在地破坏了整个金融体系。的确，正如我们在第8章所了解的，在2008年金融危机中，两个投资银行（贝尔斯登和雷曼兄弟）的倒闭都造成了严重的后果。

政府提供帮助的一种途径就是从中央银行向遇到问题的机构贷款，就像美联储在全球金融危机时做的那样。这种帮助的形式通常被称为“最后贷款人”。在其他情况下，资金直接提供给遇到问题的机构，正如在2007—2009年的金融危机期间，美国财政部和其他国家的做法。政府也还可以接管（国有化）遇到问题的机构并担保所有债权人被全额偿付。

道德风险和政府安全网

即使政府安全网有助于保护存款人和其他债权人，并阻止或者改善金融危机造成的后果，但真实的影响却是有好处也有坏处。政府安全网最严重的缺点就是道德风险，即一项交易的当事人从事某种活动的动机对另一方当事人来说是不利的。一般来说，道德风险是保险安排过程中非常重要的问题，因为保险的出现增加了冒险的动机，从而导致保险赔偿。例如，很多购买汽车碰撞险的司机更可能鲁莽驾驶，因为如果他们发生事故，保险公司会对损坏支付大部分的赔偿金和维修费。

道德风险是政府设计安全网时最担忧的问题。由于存在安全网，存款人和债权人知道一旦金融机构破产，他们将不会遭受损失，所以当他们怀疑这些金融机构承担太多风险时，他们也不会通过撤回资金来约束这些机构。因此，拥有政府安全网的金融机构有更强的动机去承担更多的风险，如果最后银行破产，纳税人将承担最后的损失。金融机构拥有这样的赌注：“正面就是我赚，反面就是纳税人赔。”

逆向选择和政府安全网

政府安全网（如存款保险制度）的另一个问题就是逆向选择，即最想利用保险的人就是那些最可能产生不利影响（银行破产）的人。因为被政府安全网保护的存款人和债权人几乎没有理由去约束金融机构，风险偏好的企业家可能发现金融产业非常具有吸引力，因为他们可以进行更高的风险活动。更糟糕的是，由于被保护的存款人和债权人几乎不监视金融机构的活动，在没有政府的干预下，骗子也会发现金融业非常有吸引力，因为他们可以很容易逃脱欺诈和贪污行为的惩罚。

“大到不能倒”

由政府安全网产生的道德风险问题以及想要防止金融机构倒闭的愿望，会导致金融监管机构陷入进退两难的窘境，即**“大到不能倒”**（too-big-to-fail problem），监管机构不希望关闭大量金融机构从而导致存款人和债权人的损失，因为这么做会导致金融危机。当1984年5月大陆伊利诺伊银行（美国十大银行之一）倒闭时，“大到不能倒”的问题就此产生。当时联邦存款保险公司不仅对10万美元以内的存款账户提供担保（当时最大的限额），也为超过10万美元的存款提供担保，甚至担保大陆银行债券持有人的损失。之后不久，货币监理署（国民银行的监管者）在国会听证会上表示，11家最大的银行都会享受到与大陆伊利诺伊银行相似的待遇。虽然货币监理署没有使用“大到不能倒”的说法（这实际上是由国会议员斯图尔特·麦金尼在国会听证会上提出的），但该术语被用来指代这种政策，即政府为最大的银行的未投保的大债权人提供偿付担保，因而，即使储户和债权人在名义上并没有自动获取这种担保，他们也不会遭受损失。联邦存款保险公司采取的是收购与接管法，向这些资不抵债的银行注入大量资本，之后寻找愿意收购该银行的合伙人接管银行及其存款。“大到不能倒”政策还延伸到在11家最大银行之外的大型银行。（应当注意的是，“大到不能倒”具有一定的误导性，因为当金融机构被关闭或收购时，其经理通常被解雇，而股东的投资也会遭受损失）

“大到不能倒”政策的一个问题就是，它增加了大银行的道德风险激励。如果联邦存款保险公司希望通过偿付法关闭一家银行，只向存款人支付25万美元的限额，当银行破产时，许多存款超过25万美元的存款人将会遭受损失。因此，他们就有动机密切关注银行的活动从而监控银行，并在银行承担太多的风险时撤回他们的存款。为了防止造成存款损失，银行更有可能从事风险较小的活动。但是，一旦存款人知道银行是“大到不能倒”的机构，即使银行承担太多的风险，存款人也没有动机去监控银行或取出他们的存款，因为无论银行怎么做，存款人都不会遭受损失。“大到不能倒”政策的结果就是，大型金融机构可能会冒更大的风险，因此就更有可能发生银行倒闭的事件。对于同样属于政府安全网范围的非银行金融机构，“大到不能倒”政策同样增加了其道德风险激励。这样的结果就是，大型的或相互关联的金融机构更有可能从事高风险的活动，更有可能发生金融危机。

事实上，被认为是“大到不能倒”的金融机构包括贝尔斯登、雷曼兄弟，在全球金融危机期间这些机构都承担了过多的风险，它们的倒闭引发了自大萧条以来最糟糕的金融危机。

金融整合和政府安全网

伴随着金融创新和1994年的《里格尔-尼尔州际银行及分行效率法》和1999年的《金融服务现代化法案》的出台，金融整合快速发展，导致了更多复杂的大型金融组织出现。由于政府安全网的存在，金融整合对金融监管提出了两个挑战。第一，金融机构规模的扩大是金融整合的结果，这种结果加剧了“大到不能倒”的问题，因为还会出现更多的大型机构，这些机构的破产会导致金融体系出现系统风险。因此，更多的金融机构可能会享受“大到不能倒”的政策待遇，这增加了这些大型机构的道德风险激励，促使这些机构冒更大的风险，使金融系统更加脆弱。第二，银行与其他金融服务企业的整合意味着政府安全网需要扩展到证券承销、保险和不动产等新的业务活动领域，在2008年全球金融危机期间就是如此。这加大了这些业务活动过度冒险的可能，同样削弱了金融体系的稳定性。近年来对法律法规的调整，意味着限制复杂的大型金融组织的道德风险动机成为银行监管者在全球金融危机之后面临的一个关键问题。

18.1.2　资产持有限制

正如我们所看到的，与政府安全网相关的道德风险激励会导致许多金融机构过度冒险。银行限制资产的规定旨在将这种风险最小化，因为这些风险会导致纳税人付出高昂代价。

即使没有政府安全网，仍有激励促使金融机构承担更多风险。如果风险资产得到偿付，能给金融机构带来更高的收益，但是如果没有得到偿付，风险资产也可能会造成金融机构破产，然后存款人和债权人都要遭受损失。如果存款人和债权人能够获得银行进行冒险活动的信息进而可以轻易地监控银行活动，当机构承担太多风险时，他们可以立即撤回资金。为防止此类资金的损失，机构将更有可能减少冒险活动。不幸的是，获取一家机构的活动信息，从而了解其承担的风险是一个艰难的任务。因此，存款人和债权人无法约束金融机构进行风险活动。其实在政府安全网（如联邦存款保险）建立以前，政府监管就有强有力的理由减少金融机构的冒险行为。

因为银行很容易出现恐慌，因此它们受到非常严格的监管，并被限制持有普通股票等高风险的资产。银行监管也提倡多样化，降低风险的途径主要是限制特定贷款的数量或限制个别借款人。在2007—2009年金融危机期间政府安全网的范围再次扩大，非银行金融机构在持有风险资产方面可能面临更多的限制。然而，这些限制也可能过于烦琐从而影响金融体系的运行效率。

18.1.3　资本金要求

政府对资本金的强制要求是减少金融机构道德风险的另一种方式，当一家金融机构被迫持有大量的权益资本时，如果机构破产就会导致股东巨大的损失，因此这样的机构可能会选择风险较小的活动。此外，正如在17章讨论的，资本金作为风险发生时的有效缓冲，降低了机构破产的可能性，从而使得金融机构更加安全稳健。

银行和投资银行的资本金要求主要采取两种形式。第一种类型基于**杠杆比率（leverage ratio）**（银行的资本金额除以总资产）。资本完善的银行，杠杆比率必须超过5%。较低的杠杆比率，尤其是低于3%，就会触发监管部门增加对银行的限制。在20世纪80年代，美国银行的最低资本限额就是通过指定最小杠杆比率设定的。

对伊利诺大陆银行进行贷款救助后，美国和世界其他地区的监管机构越来越担心银行持有的风险资产和银行增加的表外业务（资产负债表没有明确指出但却会增加银行风险的活动）。工业化国家的银行官员之间达成协议，成立了巴塞尔银行监管委员会（因瑞士巴塞尔国际清算银行而得名），该委员会执行的**《巴塞尔协议》（Basel Accord）**就是第二种资本金要求，即基于风险的资本金要求。最初的《巴塞尔协议》应用于除了美国最大银行之外的所有银行，并要求银行持有的资本至少占风险加权资产的8%。包括美国在内的100多个国家都采用该协议。资产和表外业务可以分为四类，每类都有不同的权重，并能反映信用风险的程度。第一类权重为零，包括违约风险很小的资产，如准备金和经合组织国家（OECD）发行的政府证券。第二类权重为20%，包括经合组织国家银行的债权。第三类权重为50%，包括市政债券和住房抵押贷款。第四类权重为100%，包括消费者和企业贷款。表外业务也以相似的方式，即分配信贷等价百分比的方式，转换成表内业务，适用于适当的风险权重。

随着时间的推移，《巴塞尔协议》的局限性越发明显，因为协议规定以风险权重来衡量银行风险，然而这与银行实际面临的风险并不相符。这引发了**监管套利（regulatory arbitrage）**，即在实践中，银行在其账面资产中会保留那些资本规定中风险权重相同但风险较高的资产，如向信用评级较低的公司发放的贷款，而剔除那些低风险资产，如向信用评级非常高的公司发放的贷款。结果《巴塞尔协议》反而增加了银行风险，完全与最初的目的背道而驰。为了解决这些局限性，巴塞尔银行监管委员会提出了新资本协议，称作《巴塞尔协议Ⅱ》，在全球金融危机后，委员会又发布了《巴塞尔协议Ⅲ》。这些协议详见全球视野“全球经济危机之后《巴塞尔协议》未来的发展”。

全球视野

全球经济危机之后《巴塞尔协议》未来的发展

从1999年6月开始，巴塞尔银行监管委员会为了改革1988年的《巴塞尔协议》发布了一些提案。这些努力最终产生了《巴塞尔协议Ⅱ》，主要基于以下三点：

1.将大型国际活跃银行的资本金要求与其实际风险更为密切地联系起来。实际风险包括三种类型：市场风险、信用风险和操作风险。它利用标准法规定了更多具有不同风险权重的资产类别。此外，它还允许较为复杂的银行使用自己的信用风险模型，即所谓的内部评级法。

2.着重加强监管过程，尤其是评估机构风险管理的质量，并评估这些机构中是否有适当的程序来确定需要多少的资本。

3.加强市场纪律，主要是增加信息的披露，如增强披露银行信贷敞口、准备金和资本的数量、银行管理人员以及银行内部评级系统的有效性。

虽然《巴塞尔协议Ⅱ》在限制国际活跃银行机构过度冒险的方面有所进步，但是这大大增加了协议的复杂性。协议最初有26页，而最终定稿时超过500页，原定的时间表建议在2001年年底进行最后一轮磋商，于2004年年底新制度生效。然而，银行、贸易协会和国家监督机构导致了上述时间的推迟。直到2004年的6月，最终的版本才被敲定，2008年年初，《巴塞尔协议Ⅱ》被欧洲银行推行实施，而直到2009年，《巴塞尔协议Ⅱ》才在美国完全践行实施。但只有十多家美国的大型银行完全按照《巴塞尔协议Ⅱ》执行，其他的银行只是执行简化版本的协议。

全球金融危机说明新协议有很多局限性。第一，《巴塞尔协议Ⅱ》没有要求银行有充足的资本来应对危机期间的金融震荡。第二，标准法中的风险权重主要依赖于信用评级，事实证明在金融危机严重的时候信用评级是非常不可靠的。第三，巴塞尔协议是顺周期性的。也就是说，当经济形势好的时候要求银行持有较少资本，但是更多的时候并非如此，因此信用循环不断恶化。在糟糕的时期中，因为违约和资产损失的可能性上升，《巴塞尔协议Ⅱ》可能在资本最短缺的时候要求更多的资本。在全球金融危机期间，这个问题引起了高度担忧。危机侵蚀了银行的资本金余额，银行不得不削减贷款，从而严重拖累了实体经济。《巴塞尔协议Ⅱ》进一步加剧了贷款的收缩，对经济体系造成了更为严重的破坏。第四，在金融危机期间，流动性拖垮了很多金融机构，《巴塞尔协议Ⅱ》对此问题没有予以足够的重视。

正是由于存在上述局限性，巴塞尔银行监管委员会于2010年提出了新的资本协议，即《巴塞尔协议Ⅲ》。《巴塞尔协议Ⅲ》通过大大提高资本金要求和改善资本的质量，进一步强化了资本标准；通过提高经济环境好时的资本金要求，降低经济环境不好时的资本金要求，削弱了资本标准的顺周期性；规定了信用评级应用的新规则；对金融机构提出资金稳定性的要求，以便其顺利应对流动性冲击。考虑到强化资本标准可能会导致银行限制贷款，从而阻碍世界各国从之前的深度衰退中企稳复苏的进程，为实现上述目标所推出的政策措施备受争议。《巴塞尔协议Ⅲ》的推进十分缓慢，预计到2019年底才能全面实施。到时《巴塞尔协议Ⅲ》是否能全面到位，以及是否能成功抑制金融机构的冒险行为，具有高度的不确定性。

18.1.4 及时纠正措施

如果金融机构的资本处于一个较低的水平，就会产生两个重要的问题。一个问题是，当银行遭受损失或资产减值时，资本缓冲减少，从而加大银行破产的可能性。另一个问题是，资本减少，金融机构可以损失的切身利益也就减少了，因此更有可能产生过度冒险问题。也就是说，道德风险问题变得更加严重，导致银行破产的可能性加大，纳税人极有可能承受最后的恶果。为了防止这些问题的发生，1991年的《联邦存款保险公司促进法案》提出了及时纠正措施条款，即当银行陷入困境时，联邦存款保险公司应尽早进行有效干预。

美国的银行根据银行资本可以分为五类。第一类为“资本状况良好”，这些银行的资本远远高于最低资本要求，并拥有一些特权，如承销一些证券。第二类为“资本充足”，这些银行满足最低资本要求，并且不必采取纠正措施，但是没有上述那些特权。第三类为“资本不足”，即不满足最低资本要求。第四类和第五类为“资本严重不足”和“资本极端不足”，这些银行支付存款的利率不允许高于平均利率。此外，对于第三类银行，要求联邦存款保险公司采取及时纠正措施，比如要求这些银行提交资本补足计划，限制资产的增长，并且必须得到监管批准才能开设新分行或发展新业务。资本极端不足且权益少于资产的2%的银行属于第五类，联邦存款保险公司采取措施并关闭这些银行。

18.1.5 金融监管：授权制度和检查

对金融机构的管理者以及管理方法进行监督，被称为**金融监管**（financial supervision）或**审慎监管**（prudential supervision），是减少金融业逆向选择和道德风险的重要途径。因为金融机构可能被骗子或野心过大的企业家利用并进行高风险投资活动，所以这类人经营金融机构的积极性更高。而对金融机构的授权制度可以防止这种逆向选择问题发生。通过授权制度，新机构提案会被审查，进而防止金融机构被不良投机者利用。

定期实地检查使监管机构能够监测金融机构持有的资产是否符合资本要求和资产限制，这也有助于防止道德风险的发生。银行测评官为银行提供CAMELS评分。这一评分是其评估的六个方面的缩写：资本充足率，资产质量，管理，收益，流动性和对市场风险的敏感性分析。通过了解银行活动的信息，如果其CAMELS等级十分低，监管机构可以采取正式措施来执行法规或者令其停业并整治，甚至下达关闭银行的命令。为减少道德风险而采取的行动限制了银行承担太多风险，虽然有助于减少逆向选择问题，但因为承担风险的机会较少，风险偏好的企业家不太可能被银行业吸引。需要注意的是，监管机构使用应对逆向选择和道德风险的方法也存在于私人金融市场（见第7章和第17章）。授权制度类似于筛选潜在借款人的行为，限制持有风险资产的规定类似于阻止借款公司从事有风险的投资活动的限制性条款，实地检查类似于贷款机构对借款人的监督。

一家商业银行可以从货币监督管理机构或是州银行管理机构获得银行执照。为了获得银行执照，运营管理银行的人必须提交申请，说明他们是如何运行银行的。在评估过程中，监管机构评判银行是否能通过质量审查、该银行的盈利能力以及银行的原始资本。在1980年之前，银行执照颁发机构通常会探讨是否需要在一个地区开设一个新的银行。通常，如果现存的银行会因为执照的颁发而受到伤害，那么执照就不会被授予。在今天，这种反竞争的立场不再主导执照颁发机构。

一旦一家银行被许可成立，就需要定期提交报告，说明该银行的资产、负债、收入和股息、外汇业务，以及其他详细信息。银行还要接受监管机构每年至少一次确定其财务状况的审查。为避免重复的检查工作，三个联邦机构通常协同工作，并且接受各方的监督审查。这就意味着，国家银行由货币监理署审查，州立银行作为美联储的成员由美联储审查，非美联储成员的银行由联邦存款保险公司进行审查。

银行检查者有时会突然造访（避免银行为应付检查而进行粉饰）。检查者审查银行的账簿，看其是否遵守对其持有资产进行限制的规章制度。如果银行持有风险很大的证券或贷款，银行监管者可以强迫银行将其剥离出去。如果银行监管者认为某笔贷款回收无望，会强迫银行宣布其没有价值（即注销该贷款，这会减少银行的资本）。如果检查者在检查之后，认为银行没有充足的资本，或有不诚实的做法，会宣布该银行为“问题银行”，并对其实施更为频繁的检查。

18.1.6 风险管理评估

传统意义上，实地检查是指集中在某一时点评估金融机构的资产负债表质量，以及机构是否遵守了资本要求和资产持有限制。虽然传统方法对减少金融机构承担过度风险很重要，但当下金融创新已经催生了新的市场和手段，使机构和员工进行巨额投注变得更容易。在新的金融环境中，在特定时间点很健康的金融机构也可能因为交易失败而发生破产的情况，如巴林银行在1995年的破产就是力证（见第17章）。因此，仅对金融机构在某个时间点的情况进行检查，实际上并不会有效地指明不久的将来其是否会过度冒险。

金融机构的环境变化引发了全世界对于审慎监管程序的思考。例如，银行检查者现在将更多的注意力放在评估银行的风险管理流程上。这种思维转变反映在联邦的新风险管理方面——1993年美联储关于交易和衍生品活动的指南。1993年，美联储为检查者制定的《交易和衍生业务的指导准则》将重点放在风险管理领域，反映了监管理念的转变。1994年年初制定的《交易业务指导手册》对这一重点予以扩展并加以规范，为银行检查者提供了评价风险管理体系的工具。1995年年底，美联储和货币监理署宣布将对它们所监管的银行的风险管理程序予以评估。现在，银行检查者就风险管理设定了1~5的级别，作为CAMELS信用评级指标体系中管理评级的组成部分。对银行风险管理进行评级时，主要考虑以下四个因素：（1）董事会和高级管理层实施监督的质量；（2）对所有具有重大风险的业务活动的政策和限制措施的有效性；（3）风险计量和监控体系的质量；（4）预防雇员欺诈和从事未被授权的活动的内部控制措施是否得当。

这一转向侧重于管理流程，也反映在美国银行监管机构处理利率风险的指导方针中。这些指导方针要求银行董事会制定利率风险限额，任命银行管理者管理这种风险，并监督银行风险。指导方针也要求银行的高级管理人员设定正式的风险管理政策和程序，以确保董事会的风险上限不被突破，并实施内部控制来监督利率风险。其中，特别重要的是**压力测试**（stress testing）与计算**在险价值**（value-at-risk，Var）。前者计算的是在虚拟的极端场景下的潜在损失与资本补充需求，后者衡量的是在1%的概率水平下，某一交易组合在未来特定时期内（如两周内）的损失规模。

18.1.7 信息披露要求

在第7章中提到的搭便车问题说明了债务人和债权人并没有充分的理由来提供关于金融机构资产质量的私人信息。为了确定市场可以得到更好的信息，监管者可以要求金融机构制定一个会计原则标准并且广泛公开，这可以帮助市场评估金融机构资产组合的质量以及风险敞口的规模。向金融机构提供更多这些公开的信息可以帮助股东、储户和债权人评估以及监管金融机构，避免其过度冒险。

披露要求是金融监管的重要组成部分。《巴塞尔协议Ⅱ》着重强调了信息披露要求的重要性，要求银行机构就其信贷敞口、准备金规模和资本金水平披露更多的信息，以强化市场纪律。1933年的《证券法》和1934年成立的证券交易委员会也对公开上市发行股份的金融机构等公司提出了信息披露的要求。此外，证券交易委员会还要求金融机构披露表外头寸，以及有关资产组合估价方法的更多信息。

旨在增加信息披露的法律法规十分必要，它可以抑制金融机构过度冒险的动机，改善金融市场上的信息质量，帮助投资者做出正确的决策，从而使金融市场能够更有效地将资本分配到最具生产性用途上。以上提及的证券交易委员会对信息披露的要求，以及证券交易委员会对经纪公司、共同基金、交易所和信用评级机构的监管，目的就是确保这些机构能够提供可靠的信息并保护投资者，从而提高金融市场的效率。2002年《萨班斯-奥克斯利法案》鼓励对公司利润表和资产负债表进行准确的审计，从而将信息披露要求进一步推向深入，该法案成立了旨在监督审计行业的公众公司会计监管委员会（PCAOB），规范了旨在限制金融服务业利益冲突的监管行为。

全球金融危机引起了对**盯市记账法**（**mark-to-market accounting**），又称为**公允价值记账法**（**fair-value accounting**）的争论，根据这种记账法，资产负债表基于资产在市场中的售价对资产进行估价（参见案例“盯市记账法与全球金融危机”）。

案例

盯市记账法与全球金融危机

18.1.8 消费者保护

信息不对称的存在意味着消费者在金融活动中不能掌握足够的信息来保护自己。对消费者进行保护的监管手段有几种形式。1969年《消费者保护法》（Consumer Protection Act，通常被称为《贷款真实性法》）要求所有的贷款人（不仅仅是银行）向消费者提供有关借款成本的信息，包括标准化的利率（又称为年利率或者APR）与贷款的总融资费用。1974年的《公平信用交易法案》（Fair Credit Billing Act)要求债权人，尤其是信用卡发行商提供融资费用评价的方法，并要迅速处理票据投诉事件。

国会也通过了减少信用市场中歧视现象的法令。1974年的《平等信用机会法案》（Equal Credit Opportunity Act)与1976年的补充法案禁止贷款人对借款人的种族、性别、婚姻状况、年龄或国籍加以歧视。这是由美联储的《B条例》（Regulation B)予以管理的。1977年的《社区再投资法案》（Community Reinvestment Act, CRA)则是要预防“红线”行为，即贷款人拒绝向特定区域发放贷款（在地图上以假定的红线标出）。这一法案要求银行在其吸收存款的所有区域发放贷款，如果银行没有遵守这一规定，监管者可以拒绝其合并、开办分支机构或者涉足新业务的申请。

全球金融危机也证明了消费者需要更多的保护，因为很多人在不理解一些贷款条款的情况下偿还贷款。结果由于薄弱的消费者保护制度，百万的储户丧失了抵押品的赎回权，甚至很多家庭都失去了房子。所以，对提高消费者保护的需求十分迫切，详见案例“全球金融危机和消费者保护规定”。

案例

全球金融危机和消费者保护规定

18.1.9 限制竞争

竞争的加剧也会增加道德风险的动机，金融机构因此需要承担更多的风险。由于竞争增加所导致的收益下降会使金融机构的激励机制更倾向于“为保持与上期相同的收益水平，金融机构需要承担更多的风险”。因此许多国家出台了法令来保护竞争环境中的金融机构。在过去，美国将这些法令分成了两种形式：第一种通过限制业务的扩充从而减少银行间的竞争，但是这些法令在1994年被废止了，这部分将在第19章详细介绍；第二种形式的法令可以阻止非银行机构通过从事银行业务与银行进行竞争。这种法令被包含在了《格拉斯–斯蒂格尔法案》中。该法案于1999年被废止。

尽管限制竞争能够保持银行的健康发展，但是它也存在一些严重的缺陷。对竞争的限制会增加对消费者的收费并降低金融机构的效率，因为金融机构之间并不需要积极的竞争。因此，虽然由于存在信息不对称，金融市场中需要设立这些反竞争的法令，但是这并不表示这些法令是有益的。事实上，近几年来工业化国家的政府对于限制竞争的动力正在逐渐减退。管理者需要着手处理电子银行业务中出现的新问题，讨论网络金融中的挑战。

18.1.10 宏观审慎监管与微观审慎监管

在全球金融危机之前，监管机构多热衷于**微观审慎监管**（microprudential supervison），即聚焦于单个金融机构的安全性和运行情况。微观审慎监管将每个机构分开来看，并评估交易活动的风险以及是否符合信息披露的要求。最重要的是，监管机构关注金融机构是否满足资本金率的要求。如果不满足，监管机构将要求金融机构采取正确的行动提升资本金规模或者按照相关要求直接关闭金融机构。

第8章关于全球金融危机的讨论揭示了采取微观审慎监管的方式不足以防止金融危机。影子银行体系证明单个金融机构存在问题将延伸并影响到其他运行良好的金融机构。当存在问题的金融机构为满足资本金要求开始快速抛售资产的时候，市场资产价格将大幅度下降。资产价值下降随后导致其他金融机构也开始抛售资产，这将加速金融机构的降杠杆过程并导致系统性危机。在这种情况下，即使日常运营良好并且资本充足的金融机构也开始陷入困境。

全球金融危机已经清楚地说明金融体系需要**宏观审慎监管**（macroprudential supervison），即聚焦于金融体系整体的安全性和运行情况。与聚焦于单个金融机构的安全性和运行情况不同，宏观审慎监管试图通过评估金融体系整体运行能力的方式缓解并避免系统性的资产抛售和降杠杆问题。此外，因为很多金融机构盲目扩张导致流动性不足或短期融资渠道不足，宏观审慎监管不但关注资本充足问题，也关注金融体系整体的流动性充足问题。

宏观审慎政策的实施有几种形式。**杠杆周期**（leverage cycle）的不断聚集诱发了全球金融危机，它像一个闭合的反馈回路，从信贷扩张开始，引起资产价格升高，在资本金要求不变的情况下金融机构主动增加资本为贷款提供缓冲和支撑，这将导致资产价格进一步升高，至此循环往复。在经济萧条期间，资产价值出人意料地快速下降，并导致信贷短缺。为了缩短杠杆周期，宏观审慎政策将对资本金要求进行反周期操作，即经济繁荣时向上调整资本金要求，经济衰退时向下调整资本金要求。此外，在杠杆周期上升过程中，宏观审慎政策将要求金融机构提高信贷标准或者直接限制信贷增加数量。在下降过程中，宏观审慎政策要求银行体系整体筹集一定数量的新资本，所以银行不需要通过缩减贷款来降低资产水平、提升资产比率。为了保证金融机构具有充足的流动性，宏观审慎政策要求金融机构保持最低的净稳定融资比率（Net Stable Funding Ratio，NSFR），即短期融资占总融资的比率。这里讨论的宏观审慎政策已经被考虑加入《巴塞尔协议Ⅲ》的框架中，但是还没有最终全部完成。

18.1.11 小结

对信息不对称的分析解释了什么类型的金融监管能减少金融体系中的道德风险和逆向选择问题。然而，理解监管背后的理论并不意味着金融体系的理论与监管在实践中是容易做到的。由于种种原因，让监管机构做好它们的工作是困难的。首先，我们在第19章关于金融体系创新的讨论中看到，在寻求利润时，金融机构有强烈的动机规避现有的法规。因此，监管目标是在不断调整的。监管者与金融机构之间不断进行着猫捉老鼠的游戏。金融机构想出各种方法规避管制，因而监管者要不断调整优化其监管行为。在不断变化的金融体系中，监管者不断面临着新的挑战，如果他们不能迅速应对，就可能无法阻止金融机构的过度冒险行为。如果监管者缺乏足够的资源和专门技术，无法阻止金融机构中的“聪明人”规避现有监管，这个问题就会变得十分严重。

此外，还有两个原因可以解释金融监管的困难性。在监管游戏中，胜败取决于细微之处。细节方面微妙的差异可能导致意想不到的后果。除非监管者能够对监督和管理活动掌握得恰到好处，否则可能无法阻止银行的过度冒险行为。此外，被监管的公司可能会疏通政治家，使监管行为向有利于它们的方向倾斜。

基于上述原因，并不能保证监管者能够百分之百有效地保持金融体系的健康性。正如全球视野“国际金融监管”所介绍的，这些问题同样也困扰着美国以外其他国家的金融监管者。事实上，金融监管往往不十分有效，从而引发了美国和世界上其他国家的银行业危机。

由于美国曾经颁布过很多监管金融业的法律，要全部记住十分困难。为了辅助学习，表18-1列举了20世纪以来重要的金融业法律及其主要规定。

表 18-1　　美国主要的金融法规

1913年《联邦储备法案》
建立了联邦储备体系。
1927年《麦克法登法案》
有效禁止银行跨州设立分支机构。
在分支机构的规定上，将国家银行和州银行放在同一起跑线上。
1933年《银行法》(《格拉斯-斯蒂格尔法案》) 和1935年《银行法》
建立了联邦存款保险公司。
隔离商业银行业和证券业。
禁止对支票存款支付利息，限定支票存款业务由商业银行办理。
对其他的存款设置利率上限。
1933年《证券法》和1934年《证券交易法》
要求投资者能获得可供公开买卖的证券的财务信息。
禁止证券销售中的渎职和欺诈行为。
成立证券交易委员会（SEC）。
1940年《投资公司法》和1940年《投资咨询业法》
监管包括共同基金在内的投资公司 。
监管投资咨询业。
1956年《银行持股公司法》和《道格拉斯修正案》
确认银行持股公司（BHCs）的地位。
赋予美联储监管银行持股公司的责任。
1980年《存款机构放松管制和货币控制法》(DIDMCA)
放宽储蓄机构的业务范围。
允许在全国范围内开立可转让支付命令账户和流动账户。
分阶段取消存款利率上限 。
对存款机构实行统一的法定准备金要求。
取消贷款利率上限。

续表

将存款保险额度提高至每个存款账户10万美元。
1982年《存款机构法》(《甘恩-圣杰曼法案》)
赋予联邦存款保险公司和联邦储蓄贷款保险公司在紧急情况下跨州兼并银行和储蓄机构的权力。
准许存款机构开办货币市场存款账户。
放宽对储蓄机构经营商业信贷和消费信贷业务的限制。
1987年《银行平等竞争法案》(CEBA)
给联邦储蓄贷款保险公司注入108亿美元资金。
制定经济萧条地区的监管自律条款。
1989年《金融机构改革、复兴和加强法》(FIRREA)
提供资金，解决储贷协会倒闭问题。
取消联邦储蓄贷款保险公司和联邦住房贷款银行委员会。
成立储蓄监管局来监管储蓄机构。
创立清偿信托公司以解决无力偿债的储蓄机构的问题。
提高存款保险保费。
对储贷协会的业务重新施加限制。
1991年《联邦存款保险公司改进法》(FDICIA)
对联邦存款保险公司补充资本金。
限制经纪存款和“大到不能倒”政策的实施。
设定即时纠正措施的条款。
指示联邦存款保险公司建立基于风险的保险费率制度。
加强对银行的检查，强化资本金要求和信息报告制度。
实施《外国银行加强监督法》(FBSEA)，加强美联储对外国银行的监督。
1994年《里格尔-尼尔州际银行及分行效率法》
取消跨州银行业务的限制。
允许银行跨州设立分行。
1999年《金融服务现代化法》
废除了《格拉斯-斯蒂格尔法案》，取消了银行业和证券业之间的分隔。
2002年《萨班斯-奥克斯利法案》
成立公众公司会计监督委员会(PCAOB)。
禁止某些利益冲突行为。
要求首席执行官和财务总监保证财务报告的真实性，以及审计委员会的独立性。
2005年《联邦存款保险改革法》
合并银行保险基金与储蓄协会保险基金。
个人退休账户的存款保险额度提高为单个账户25万美元。
2010年《多德-弗兰克华尔街改革和消费者保护法案》
设立新的消费者金融保护局，对抵押贷款和其他金融产品实施监管。
要求常规衍生品的清算通过中央清算所和交易所进行。
授权政府接管金融持股公司。
成立金融稳定监管委员会，负责监管具有系统重要性的金融机构。
禁止银行的自营交易以及持有大量对冲基金。

电子金融

银行监管的新挑战

实践经理

国际金融监管

18.2　20世纪80年代的储蓄贷款协会危机和银行危机

在1980年，美国的金融监管在建设安全与健全的银行系统方面起着巨大的作用。1934年以前，银行破产十分普遍，储户常常遭受损失。1934—1980年的这段时期，银行破产十分罕见，每年平均只有约15个商业银行和5个储蓄贷款协会破产。1981年以后，这一美好的局面急剧恶化，商业银行和储蓄贷款协会的破产率与前些年相比上升了10倍。当年的情况如图18-1所示。这一情况发生的原因是什么呢？一个半世纪以来一直良好运行的监管体系为什么会忽然陷入窘境？（20世纪80年代的储蓄贷款协会危机和银行危机是一个腐败丑闻，甚至涉及参议员约翰·麦凯恩，他是2008年的总统候选人，详见第25章）

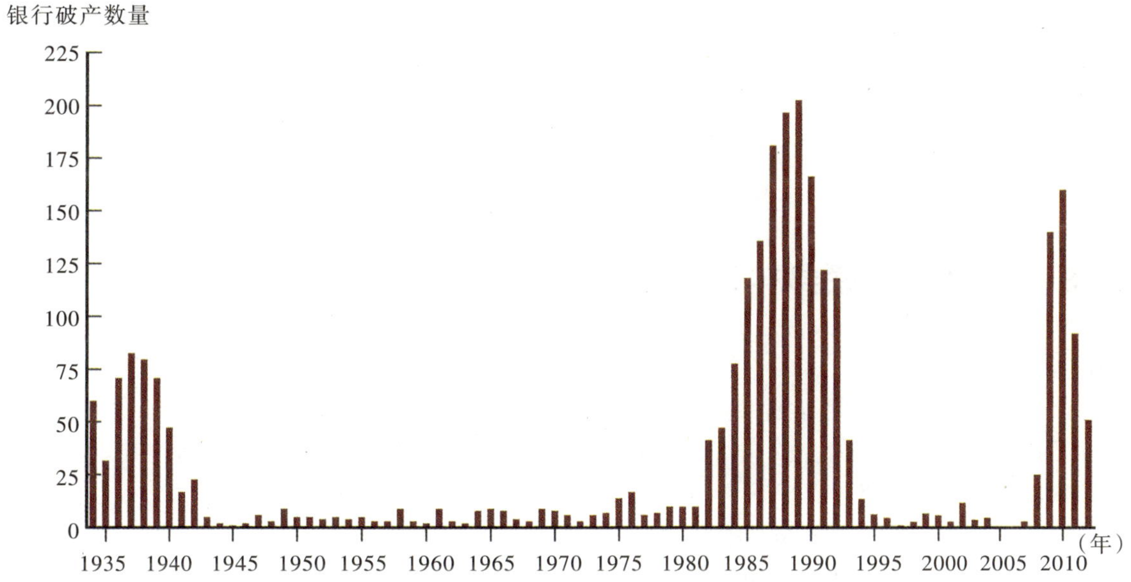

图18-1　1934—2012年美国银行的破产数量统计

整个过程要追溯到20世纪60年代、70年代及80年代早期。当时的金融创新浪潮减少了商业银行体系内某些传统商业链的利润，银行面临着来自新的商业机构在资金来源方面越来越多的竞争，比如在金融市场共同基金方面，新的商业机构甚至使银行失去商业票据市场及资产证券化的商务借款业务。

随着传统业务盈利逐渐减少，到20世纪80年代中期，商业银行不得不寻找新的、有潜在风险的业务来保证盈利，将更大比例的贷款投入不动产、信用贷款以帮助企业进行兼并及杠杆收购（这些贷款被称作高杠杆交易贷款）。存款保险的存在增加了银行的道德风险，因为受到担保的存款人几乎没有动机帮助银行避免更大的风险。不管银行承受的风险多大，存款保险都能保证存款人不遭受损失。

更加火上浇油的是，金融创新产生了新的金融工具，这些金融工具又扩大了银行的风险范围。新的金融期货市场、垃圾债券、互换交易及其他金融工具使得银行更容易承担额外风险——道德风险问题变得更加严峻。20世纪80年代早期，新颁布的法案放松了对银行业的管制，1980年通过的《存款机构放松管制与货币控制法》和1982年的《存款机构法》强化了储蓄贷款协会及共同储蓄银行的能力，为其参与新型高风险业务提供了更多途径。这些储蓄机构之前在向住房抵押提供贷款时几乎全面受限，现在则被允许在商务不动产、消费贷款、商务贷款和租赁方面提供贷款，可贷款额度分别高达40%、30%和10%。随之而来的是储蓄贷款协会允许机构将高达10%的资产投入垃圾债券或直接投资领域（包括普通股票、不动产、服务公司和业务子公司）。

此外，1980年的《存款机构放松管制与货币控制法》将联邦存款保险的限额由每个账户4万美元增加到10万美元，并逐步废止了美联储Q条例规定的存款利率上限。本身就追求利润迅速增长和承担风险项目的各银行和储蓄贷款协会，现在可以通过发行有保险的、利率远高于竞争对手的大额定期存单来筹集资金。如果没有存款保险，银行就不能通过高利率来吸引存款人的资金，因为存款人可能担心无法收回资金。但由于存在存款保险，政府担保了存款人资金的安全，存款人当然十分愿意把资金存入提供更高利率的银行。

这些措施所带来的结果就是商业银行过度冒险，并开始遭受巨大损失，到了20世纪80年代后期，破产银行的数字达到了每年200家。这一损失对于联邦存款保险公司来说就意味着将会在1992年耗尽银行保险基金，基金会进行资产重组。《金融机构改革、恢复和执行法》（详见第25章）提供了占当年GDP 4%的储蓄和贷款产业紧急援助，耗费了纳税人约20亿美元。这一法规没有急于对银行保险基金进行资产重组，也未关注潜在不利因素和存款保险引发的道德风险问题，而是委托美国财政部进行一项综合性研究，并酝酿了一场联邦存款保险制度改革。在该研究于1991年开始后，美国国会通过了《联邦存款保险公司改进法》，引发了银行监管制度的主要改革。

18.3 1991年《联邦存款保险公司改进法》

《联邦存款保险公司改进法》的条款设置主要为达到两大目的：对联邦存款保险公司的银行保险基金进行资产重组；改革存款保险和银行监管制度以使纳税人的损失降到最低。

该法案通过加强联邦存款保险公司对财政部的借款能力，来对银行保险基金进行资产重组，同时委托公司对更高额的存款保险费用进行评估，直到其能够偿还贷款，并达到相当于受保障存款1.25%的保险基金储量水平。

新的评估通过几种方式缩小了存款保险的覆盖面，但最重要的一点是，“大到不能倒”政策被大大限制了。联邦存款保险公司必须用代价最小的方法关闭破产银行，由此使得那些未投保的存款人更容易遭受损失。例外之处在于一家银行会借此条款成为“大到不能倒”的机构，以使其所有存款人——无论他们是否有存款保险——的存款都能得到保护，只要没有对经济状况与金融稳定性产生严重不利影响，这样的行为就会被允许。此外，“大到不能倒”政策生效，要取得占2/3的美联储委员会成员、联邦存款保险公司董事的同意和财政部长的批准。法案还要求，如果美联储长期借款给一家银行，而该银行破产加剧了联邦存款保险公司的损失，美联储就要公布其损失。

可以说《联邦存款保险公司改进法》最重要的特点是提出了快速的修正性条款，如前面所述，这些条款要求联邦存款保险公司要在银行陷入困境时做出更及时、更有力的干预。

该法案还命令联邦存款保险公司发布风险基础保险金，然而联邦存款保险公司并没有很好地执行，因为它为90%以上的银行的超过95%的存款支付了同样的费用。2005年颁布的《联邦存款保险公司改进法》曾试图做出补救，要求承担更多风险的银行支付更高额的保险费用，而不需顾及银行系统的整体稳定和保险基金与保障性存款的关联程度。在这一举措下，承担风险最大的银行支付的存款保险费用是风险最小银行所支付费用的10~20倍。

《联邦存款保险公司改进法》的颁布是银行系统向正确改革方向迈出的重要一步，因为它能促使银行持有更多资本，并减少承担额外风险的可能。对该法案没有恰当处置风险基础保险金的担忧已经得到解决。而对“大到不能倒”问题和与存款保险相关问题的忧虑意味着经济学家们和监管者们要寻求进一步改革，以提升银行系统的安全性和完善性。（进一步讨论FDICIA如何工作以及银行业改革监管系统的其他建议详见本章附录）

18.4 近年来遍及世界的银行危机

难兄难弟的存在或许会让我们感觉稍加轻松，在2007—2009年全球金融危机爆发之前，美国并不是唯一遭遇银行危机的国家。实际上，如表18-2所示，自20世纪80年代起，银行危机就已席卷了全球，其中许多国家所面临的形势要比美国更加严峻。

表18-2　　　　部分国家用于援助银行的成本

国家	日期	成本占GDP比重（%）
印度尼西亚	1997—2001	57
阿根廷	1980—1982	55
冰岛	2008	44
泰国	1997—2000	44
智利	1981—1985	43
马其顿	1993—1995	32
土耳其	2000—2001	32
韩国	1997—1998	31
以色列	1977	30
厄瓜多尔	1998—2002	22
墨西哥	1994-1996	19
中国	1998	18
马来西亚	1997—1999	16
菲律宾	1997—2001	13
巴西	1994—1998	13
芬兰	1991—1995	13
阿根廷	2001—2003	10
约旦	1989—1991	10
匈牙利	1991—1995	10
捷克	1996—2000	7
瑞典	1991—1995	4
美国	1988	4

资料来源：Luc Laeven and Fabian Valencia，“Systemic Banking Crisis Database:An Update，”IMF Working Paper No.WP/12/163（June 2012）.

18.4.1 历史总在重演

在不同国家遭遇的银行危机中，历史总在重演。所有这些国家的银行危机事件都如此相似，以至于总给人似曾相识的感觉。它们都始于薄弱的银行监管系统和政府安全网下的金融自由化或金融创新。尽管金融自由化大体是一件好事，它能提升竞争性，使得金融系统更加高效，但如果监管松懈，也会造成道德风险增加，银行方面过度冒险，最终导致银行危机产生。（本书的第二个网上附录详细讨论了表18–2中列出的许多银行危机）

然而在表18–2中列出的许多银行危机事件中，存款保险并没有起到重要作用。例如，与美联储职能类似的日本联邦储蓄保险公司，由于与美联储相比规模过小，无法在银行系统中发挥显著作用，在第一次银行破产浪潮中几乎立刻耗尽了资源。这个事例表明存款保险也无法在一些银行危机中力挽狂澜。然而，无论存款保险是否在监管中起到了重要作用，所有这些国家都声称政府提供的安全网能帮助银行走出困境。是政府安全网而非存款保险的存在增加了道德风险的激励，让部分银行过度冒险。

18.5 《多德–弗兰克华尔街改革和消费者保护法》

在第8章中详细讨论的全球金融危机，导致了世界各地的银行业危机。如果要问用多大的成本拯救银行，在本部分介绍还太早。考虑到救市的规模和许多金融机构的国有化，金融监管体系正在发生巨大的变化。

全球金融危机呼吁建立新的监管结构以防止危机的反复。2010年7月，经过一年多的讨论，《多德–弗兰克华尔街改革和消费者保护法》（以下简称《多德–弗兰克法案》）最终通过。这是自大萧条以来最为全面的金融改革立法。它讨论了五个不同的监管类别，具体如下：

消费者保护

这项立法创造了一个新的消费者金融保护机构，该机构是由美联储资助和建立的，但它是一个完全独立的机构。它有权审查，并执行监管条例以监督所有发行超过100亿美元资产的住宅抵押贷款的机构，以及将其他金融产品销售给穷人的发行商。它要求贷款人确保有能力偿还住宅抵押贷款，需要核实其收入、信用记录和工作状态。它允许各国对国家银行执行更严格的消费者保护法，并赋予州检察长权力来执行新颁布的法规。它还将联邦存款保险额度永久提升至25万美元。

重组授权

尽管在这项立法之前，联邦存款保险公司有能力发现存在问题的银行并使其破产，但政府对这些以控股公司为主的最大型金融机构没有这样的授权。事实上，美国财政部和美联储辩称，它们无法拯救雷曼兄弟，而不得不让其破产的一个原因是，它们没有合法的手段来接管雷曼兄弟，并将其拆分重组。《多德–弗兰克法案》授予了美国政府对被视为**系统性**（systemic）的金融公司进行重组的权力，因为那些对整个金融体系构成风险的公司的破产会造成更大范围的损失。它还赋予监管机构对金融机构收取超过500亿美元资产以偿还任何损失的权力。

系统风险监管

该法案创建了一个由财政部长主持的金融稳定监督委员会，该委员会将监督资产价格泡沫和系统性风险。此外，它将明确认定哪些金融公司是**系统重要性金融机构**（systemically important financial institution）。这些机构将受到美联储额外的监管，其中包括更高的资本标准和更严格的流动性要求，以及要求它们立出“生前遗嘱”，即如果公司陷入财务困境，建立有序清算计划。

沃尔克法则

银行将被限制在其**专有交易**（proprietary trading）范围内，即用自己的钱进行交易，只允许拥有少量的对冲和私募股权基金。这些条款是以美联储前主席保罗·沃尔克的名字命名的，它们认为银行在得到联邦存款保险的帮助时，不应被允许冒较大的交易风险。

金融衍生工具

收益与先前发行证券挂钩的金融工具称为**金融衍生工具**（financial derivative）。正如第8章所述，信用违约等衍生工具最终成为“大规模杀伤性武器”，这导致了金融危机的爆发。美国国际集团就是在过度使用这些资产后不得不接受援助。为防止这种情况再度发生，《多德-弗兰克法案》要求许多标准化的衍生产品在交易所进行交易，以降低交易的一方因交易风险破产时的损失。更多的定制衍生产品将受到更高的资本要求。银行将被禁止进行一些衍生品交易操作，如那些涉及高风险的互换交易。此外，该法案对衍生品交易的公司施加资本和保证金要求，迫使它们披露更多有关其活动的信息。

18.6 “大到不能倒”与未来监管

《多德-弗兰克法案》对未来的监管列出了很多细节，但是有人认为这些仍不足以解决“大到不能倒”问题——这个导致全球金融危机的重要因素。在这里，我们讨论一下解决“大到不能倒”问题的可行方法，以及未来监管可能发挥作用的地方。

18.6.1 对于“大到不能倒”问题我们能够做些什么？

对于解决“大到不能倒”问题，有三种方法被广泛地讨论。

分割大型的、系统性重要的金融机构

一种消除“大到不能倒”问题的方法是保证没有金融机构可以庞大到摧毁整个金融体系。然后，监管机构将不再需要帮助金融机构脱离困境，只需要让它们遵守市场规定即可。一种让金融机构“瘦身”的方法是在《格拉斯-斯蒂格尔法案》废止之前，对金融机构实施严格的限制条件：强制系统性重要的金融机构将不同业务分散至小型的、联合的公司；或者对金融机构持有的资产总数设置数额限制，强迫系统性重要的金融机构分割成很多个小的部分。

不必惊讶，这些方法都是在竭尽全力抵制大型的金融机构。即使分割系统性重要的金融机构能够消除“大到不能倒”问题，但是大型机构能通过整体的协同效应更好地管理风险或者以更低的价格提供金融服务，而且这样做将会牺牲金融系统的效率。

提高资本要求

因为规模较大的机构有动机承担过多的风险，所以另一种解决“大到不能倒”问题的方法是提升资本要求。更高的资本要求不但能够为具有潜在损失风险的机构提供更大的缓冲空间，而且风险共享机制导致机构有更大的力量应对损失，进而消除道德风险和承担超额风险的动机。

这种方法的另一种表述是更高的资本要求减少了大型金融机构承担风险的收益。此外，系统性重要的金融机构在经济繁荣时承担了大量的风险，所以当信贷迅速扩张时可以提高资本要求，当信贷收缩时降低资本要求。通过这样的操作，资本要求成为帮助抑制信贷扩张和紧缩的反周期工具。

瑞士中央银行在这类方法中扮演债务人的角色：在众多发达国家中，它对大型商业银行的资本要求最高，并当信贷市场变得异常活跃时增加资本要求。关于要求大型金融机构增加双倍资本的法案已经提交到美国国会，但是遭到了这些金融机构的激烈反对。

留给《多德-弗兰克法案》

另一种观点是，通过限制美联储帮助金融机构、加大对系统性重要的金融机构的限制，以及实施沃克尔法则，《多德-弗兰克法案》已经有效地解决“大到不能倒”问题。因此，《多德-弗兰克法案》的作者声明“就像我们知道的，《多德-弗兰克法案》将终结‘大到不能倒’问题”。即使《多德-弗兰克法案》减少了大型金融机构过度承担风险的动机，但仍有很多人质疑法案是否能够彻底解决“大到不能倒”问题。

18.6.2 其他对于未来监管的观点

《多德-弗兰克法案》留下了很多关于未来监管的细节并且没有处理某些重要的管理问题。在这里，我们会重点考虑四个监管方面的问题。

金融服务行业的奖金

在第8章中讨论过，高额的费用和超额的奖金已经引起了公众的愤怒，也刺激金融业推出一些比其宣称的风险更高的证券。监管者，特别是美联储，正在研究管理方法来改变金融服务行业的补贴从而降低风险。比如，监管者正在研究规定：只有那些获得盈利，并在随后几年保持良好运行的公司才能支付高额奖金。这样的规定鼓励员工减少冒险活动，这样他们才可以在未来获得这些奖金。

政府赞助企业

《多德-弗兰克法案》中的一个主要漏洞是它没有关注私有的政府赞助企业，如房利美和房地美。正如我们在第8章所见的，这些公司都陷入了严重的金融问题，需要政府来接盘。这很有可能导致纳税人陷入上千万美元的圈套。为了避免再次发生这样的事情，政府会采取这四条措施之一：

1.通过脱离政府的赞助，将这些企业全部私有化，由此减少隐含的债务支持。

2.通过剥离它们的私有地位和把它们变成政府部门，将这些企业完全国有化。

3.继续让它们成为私有的政府赞助企业，但是加强对它们的监管从而约束其承担的风险并且提高资本要求。

4.继续让它们成为私有的政府赞助企业，但是强迫它们迅速缩小规模，以致其不会在破产时对纳税人造成巨大的损失或对金融体系构成系统风险。

信用评级机构

全球金融危机后，限制信用评级机构的利益冲突的监管已经有所加强，这激励了这些机构提供更值得信赖的评级报告。由信用评级机构做出不精确的评级加剧了金融系统中的危机，并且导致投资者没有足够的信息来做出投资决策。根据近些年信用评级机构的较差表现，新巴塞尔协议中的信用评级的可靠性也被重新考虑。

过度管理的危害

作为全球经济危机的结果，全球的金融监管不会再采取同样的方式。尽管人们清楚阻止类似的危机再一次产生需要更多的监管，但过度或者过少的监管都会危害金融系统的效率。如果新的监管可以控制住金融创新，那么就能够使家庭和企业共同受益，未来的经济也会增长。

本章小结

1.信息不对称、逆向选择和道德风险有助于解释美国和其他国家的十种类型的金融监管：政府安全网、资产持有限制、资本金要求、及时纠正措施、授权制度和检查、风险管理评估、信息披露要求、消费者保护、限制竞争和宏观审慎监管。

2.在20世纪80年代，金融创新和去管理化增加了逆向选择和道德风险问题，并导致了美国的金融危机。

3.1991年《联邦存款保险公司改进法》调整了联邦存款保险公司的银行保险基金的资本，并改善了存款保险和监管体系，因此会减少纳税者的损失。这项法案限制了“大到不能倒”政策的使用，应用及时纠正措施处理问题银行，并设基于风险的存款保险附加费。这些规定减少了银行承担过高风险的动机，并且减少了纳税者的损失。

4.全球银行危机中的一些国家有着显著的相似之处，意味着同样的推力在起作用。

5.2010年的《多德–弗兰克法案》是自大萧条以来最全面的金融改革立法。它的规定涉及五个领域：其一，消费者保护；其二，重组授权；其三，系统风险监管；其四，沃尔克法则；其五，金融衍生工具。未来的监管需要处理五个问题：（1）“大到不能倒”问题，或者说是分离大型金融机构或强制提高资本要求；（2）金融服务行业的奖金；3.政府赞助企业；（4）信用评级机构；（5）过度管理的危害。

重点词汇

银行倒闭　杠杆比率　巴塞尔协议　监管套利　金融监管　审慎监管　压力测试　在险价值　盯市记账法　公允价值计算法　微观审慎监管　宏观审慎监管　杠杆周期　系统性　系统重要性金融机构　专有交易　金融衍生工具

问答题

1.在私人保险方面对于道德风险和逆向选择各举一个例子。

2.如果发生不幸事故，保险公司提供没有限制的火灾保险，会导致什么样的道德风险和逆向选择呢？

3.什么样的银行监管被用来减少存款保险的逆向选择问题？有效吗？

4.什么样的银行监管被用来减少存款保险的道德风险问题？有效吗？

5.“大到不能倒”政策的成本和收益是什么？

6.讨论金融监管对世界的金融自由化方面发挥的作用。

7.为什么银行的资本要求会在长期加强其盈利能力？

8.银行采取了哪些监督手段来维持货币经济增长？

9.1991年《联邦存款保险公司改进法》采取了哪些步骤来加大联邦储蓄保险的作用？

10.为了维持经济增长，中央银行做了哪些风险管理活动？

11.对于银行，储蓄保险额外费用的重要性是什么？

12.你是否认为减少或限制储蓄保险的金额是正确的？解释一下。

13.你是否认为移除国家银行系统的障碍会对整个经济有利？解释一下。

14.银行采取了哪些信息披露要求措施来加强用户即股票持有者、投资者、银行客户的理解？

15.采用盯市记账法计量资本要求如何使经济受益？想要执行会有多困难？

计算题

1.考虑一个倒闭的银行。如果联邦存款保险公司采用了偿付法，180 000美元的存款价值多少？采用收购和接管法呢？哪一种方法花费纳税人的钱多？

2.考虑一个银行有以下的资产负债表（单位：美元）：

资产		负债	
法定准备金	1 600万	支票存款	20 000万
超额准备金	600万	银行资本	1 200万
短期国债	9 000万		
抵押贷款	8 000万		
商业贷款	2 000万		

计算银行风险加权资产。

3.考虑一个银行有以下的资产负债表（单位：万美元）：

资产		负债	
法定准备金	1 600	支票存款	20 000
超额准备金	600	银行资本	1 200
短期国债	9 000		
抵押贷款	8 000		
商业贷款	2 000		

银行承诺贷款2 000万美元给一个金融客户。计算银行在承诺贷款前和承诺贷款后的资本比例和风险加权资产。

（第4—11题与一系列的Oldhat银行交易有关）

4.Oldhat 银行第一天营业有900万美元的资本，收到1.3亿的支票存款。银行宣布有2 500万美元的金融贷款和另外5 000万美元的抵押贷款，有以下几个条件：

抵押贷款：200个标准30年期、分别为25万美元贷款，票面的固定利率为年均5.25%。

金融贷款：3年期贷款，月利率为0.75%。

a.如果法定准备金率为8%，银行的资产负债表是怎样的？忽略掉坏账准备。

b.银行的资本有多雄厚？

5.计算Oldhat营业第一天的风险加权资产和风险加权资本比率。

6.第二天，对于抵押贷款有了个坏消息，抵押贷款率提升到了13%，Oldhat的抵押贷款的市场价值为多少？Oldhat的市场价值资本比率为多少？

7.银行管理者要卖出抵押权以确认公平的市场价值。会计应该怎么处理？对资本会有怎么样的影响？

8.国会同意Oldhat在抵押期间分期偿还损失。如果以这样的方法出售，交易会被怎么记录呢？如何做年度调整？Oldhat的资产负债表会变成什么样子？资本比率是多少？

9. Oldhat决定投资7 700万美元超额准备金在金融贷款上，资本比率会受怎样的影响？风险加权资本比率呢？

10.抵押贷款的坏消息被登载在本地报纸上，导致一个运营600万存款的小银行被取空了。检查一下这个事情发生后银行的情况。

11.Oldhat从隔夜联邦基金借了550万美元来应对需求。资产负债表会变成什么样？银行的资本情况如何？

第19章

银行业：结构与竞争

序言

全世界各个银行的运营（怎样获取、利用、管理资金并获取利润）都非常相似。在所有国家里，银行都是以盈利为目的的金融中介。当你将银行业结构和运营作为一个整体时，会发现美国是十分独特的。在很多国家，由四五个大型银行支配着整个银行业，但是在美国有6 200多家商业银行。

银行越多越好吗？这种多样性意味着美国的银行体系更有竞争力吗？并且比其他国家的银行体系的经济效率更高且更稳健吗？如何解释美国经济和政治体系中如此多的银行机构？在这一章，我们将通过了解商业银行业的历史趋势以及其整体结构来尝试回答这些问题。

我们从了解银行体系的历史发展开始，然后具体介绍商业银行，之后研究美国的银行体系，我们也将了解国际银行背后的力量，并研究这些力量是如何影响我们的。最后，我们会了解金融创新是如何加剧银行业的竞争并如何导致银行业的根本变化的。

19.1 银行体系的历史发展

第一家现代商业银行是于1782年在美国费城创立的北美银行。伴随着该银行的成功，其他银行也开始陆续运行（图19-1提供了关于第二次世界大战前美国银行历史的重要时间线）。

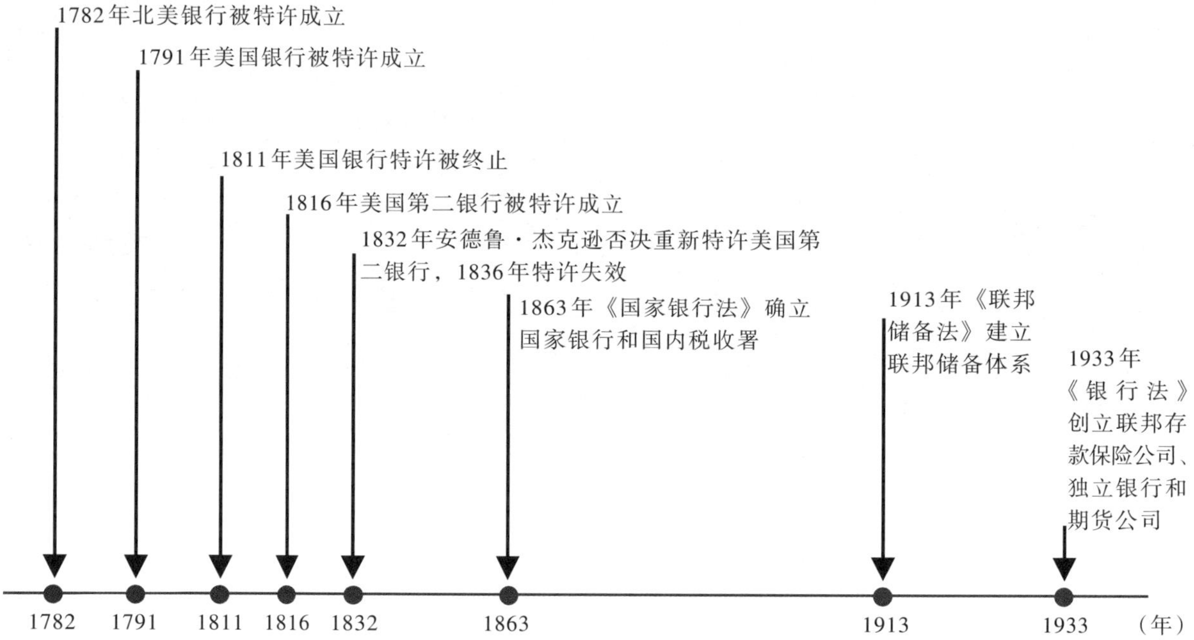

图19-1 美国银行在第二次世界大战前的重要历史日期

美国银行业早期涉及的一个重要争议是联邦政府或者州政府是否应该为银行颁发执照。联邦主义者主张银行的高度中央集权管理并且应由联邦为银行颁发执照。在1791年，他们的努力带来了美国银行业的创新，美国银行创立，它拥有私有银行和中央银行的特点，是一个负责货币数量和信用供给的国家机构。然而，农业和其他利益集团主张由州政府为银行颁发执照。后来，他们对大城市货币利息的不信任增加了关闭美国银行的政治压力，并且在1811年，当美国银行执照不再更新时，他们的努力获得了成功。因为州立银行滥用权力和对中央银行的需求加大（帮助联邦政府在1812年战争期间筹集资本），国会在1816年开创美国第二银行。在美国第二次尝试成立中央银行的过程中，对于中央银行权力的拥护者和反对者之间的紧张关系重新成为一个经常性的主题。随着安德鲁·杰克逊当选总统，由于其对州政府权力的主张，第二银行也被关闭了。1832年的选举后，杰克逊否决了第二银行作为国家银行的执照延期申请，其执照在1836年失效。

直到1863年，美国所有的商业银行被各州的银行委员会授权。没有国家货币，银行主要通过发售纸币（一种在银行间流通的货币，可以兑换黄金）来获得资金。因为许多州对银行的监管非常宽松，因此银行经常会因欺诈或缺乏足够的资本而破产，它们发行的纸币也变得不值钱了。

为了减少州特许银行（也叫**州立银行，state bank**）的泛滥，1863年的《国家银行法》建立了一种联邦特许的银行体系，叫作联邦特许银行（也叫**国民银行,national bank**），由隶属美国财政部的一个部门即货币监理署进行监管。这个法案建立之初通过在州立银行发行的纸币上强加高昂的税费，并对联邦特许银行的纸币免税，以控制减少州立银行的资金。州立银行巧妙地通过吸收储蓄从而避免了被淘汰。最后的结果就是美国现在的**双重银行体系（dual banking system）**，一种是联邦政府监管的银行，另一种是各州监管的银行。

为了促进银行体系更安全地运行，1913年建立了联邦储备体系，即美联储，自此才出现了中央银行。所有的国家银行都被要求加入美联储并且需要遵守美联储制定的一系列规定。州立银行可以选择是否加入这个体系，不过大部分银行因为过高的成员费而没有加入。

在1930—1933年大萧条期间，9 000多家银行倒闭从而使很多储蓄者在商业银行的存款遭受损失。为了保护储蓄者免受太多损失，银行立法组织于1933年建立了联邦存款保险公司，为银行存款提供联邦保险。联邦储备体系的成员被要求为它们的储蓄者购买该保险（基本大部分银行都做到了）。购买这种保险使得银行必须接受由联邦存款保险公司制定的一系列规章制度。

因为商业银行的投资活动被认为是很多银行倒闭的原因，1933年《银行法》（也被称为《格拉斯-斯蒂格尔法案》）规定禁止商业银行从事公司证券的承销或交易等业务（但允许它们销售新发行的政府证券），还限制银行只能购买监管机构批准的债券。同时，规定禁止投资银行参与商业银行活动。事实上，《银行法》规定银行业务与证券公司业务完全分离。

在《银行法》条款（1999年被废止）中，商业银行不得不出售它们所有关于投资银行的业务。举个例子，位于波士顿的第一国家银行，剥离了它的投资银行业务并成立了第一波士顿公司，该公司是现在美国最有影响力的投资银行之一，即瑞士信贷第一波士顿银行的重要组成部分。投资银行也不再继续它们的传统业务即存款业务。尽管摩根大通停止了其投资银行业务并转为商业银行，有些摩根大通的高层又成立了摩根士丹利投资公司——如今另一个大型的投资公司。

19.1.1 多重监管机构

美国的商业银行管理已经发展成一个由多重监管机构进行监管的混乱体系。货币监管署一开始负责监管1 200所国家银行，这1 200所国家银行拥有超过半数的商业银行的资产。美联储和州立银行当局共同负责监管800所属于联邦储备体系会员的州立银行。联邦还对那些拥有一所或多所银行的公司——**银行控股公司（bank holding company）**——进行监管，并对国民银行承担次要责任。联邦存款保险公司和州立银行共同监管4 000所拥有联邦存款保险但不属于联邦储备体系的州立银行。州立银行当局对州立银行中没有联邦存款保险的银行进行单独监管。

如果你觉得美国的银行管理体系非常令人困惑，想一想那些需要处理多重监管体系的银行有多困惑。财政部有很多提议希望能对所有存款机构进行集中管理，从而矫正这些情况。然而，国会没有通过任何一个提议，美国未来能否建立统一的监管制度，目前我们还不能够确定。

19.2 金融创新和影子银行体系的发展

尽管银行仍然是美国最重要的金融机构，近些年来，银行通过储蓄来发放贷款的数量已经开始减少。有些业务已经开始被**影子银行体系（shadow banking system）**代替。在影子银行体系中，银行贷款开始被通过证券市场进行的贷款所替代。

想要了解银行业在这段时间里是如何发展的，我们首先需要明白金融创新的过程。像其他行业一样，金融行业是通过销售产品来获得利益的行业。如果一个肥皂公司发现市场上有对织物软化洗涤的需求，它就会准备新的产品来满足市场的需求。同样的，为了最大化它们的利益，金融机构会开发出新产品来满足自身和客户的需求，换句话说，人们对获取或留住财富的渴望推动了创新发展，从而推动经济发展。对创新过程的分析可以得出以下结论：金融环境的改变会推动金融机构进行具有盈利性的创新。

从1960年开始，金融市场中的个人以及金融机构面临着经济环境的急剧变化。通货膨胀和利率急剧增加并越来越难以预测。这种情况改变了金融市场的需求情况。计算机技术的飞速发展改变了整个金融市场的供给情况。除此之外，金融监管变得越来越困难了。金融机构发现许多传统的业务已经不再有利可图了，过去它们提供给大众的那些金融服务和产品现在也越来越没有市场，很多金融中介机构发现无法通过以前的金融工具再获得资金，而因为缺少资金，它们也会很快被淘汰。为了在新的经济环境中生存，金融机构需要寻找和发展新的产品和服务来满足消费者的需求并获得收益，这种过程也被叫作**金融工程**（financial engineering）。在这种情况下，需求是创新的来源。

目前有三种基本的金融创新动机：应对需求条件改变；应对供给条件改变；规避现行监管。这三种动机相互作用并生产特定的金融创新。现在我们通过一个框架来了解为什么金融机构产生创新。让我们来看看关于金融机构按照这三个基本动机来寻找金融创新并获得利润的例子。

19.2.1 应对需求条件改变：利率波动性

近些年来，经济环境中最重要的改变就是利率波动性日益增加。20世纪50年代，3月期短期国债的利率在1%~3.5%间波动；20世纪70年代，在4.0%~11.5%间波动；20世纪80年代，它的范围变成了5%~ 15%。利率的大幅波动会导致巨额的资本收益或损失，且投资回报率的不确定性增加。与利率变化和回报率的不确定性相关的风险叫作利率风险。利率的大幅波动会导致利率风险增加。

我们可以预测利率风险的上涨会提高对能控制这种风险的金融产品和服务的需求。经济环境的这种变化也会推动一系列金融机构为满足新的需求而进行创新研究并获得利润，从而促进金融工具的创新来降低利率风险。发生在20世纪70年代的2个关于金融创新的例子也证明了这种预测：可变利率抵押贷款和金融衍生品。

可变利率抵押贷款

就像其他投资者一样，金融机构发现在利率风险低的情况下，贷款更具吸引力。它们不希望在发放了利率为10%的贷款2个月后，发现同样的抵押贷款能获得12%的利率。为了降低这种利率风险，在1975年，加州储蓄贷款协会开始提供可变利率抵押贷款，该抵押贷款的利率随市场利率变化而变化。开始，可变利率抵押贷款可能只有5%的利率，6个月后，利率随着半年期的国债利率或涨或跌而改变。当利率上涨时，因为可变利率抵押贷款允许抵押贷款机构通过抵押贷款获取更高的利率，因此利润也会在同期上升。

可变利率抵押贷款这种极具吸引力的特点鼓励了各大抵押贷款机构，以一开始比固定利率抵押贷款更低的利率发放贷款，这也使其在很多家庭中受到欢迎。然而，因为抵押贷款的利息可能增长，因此很多家庭依然喜欢固定利率抵押贷款。两种抵押贷款都十分普遍。

金融衍生品

考虑到对降低利率风险的强烈需求，商品交易所，如芝加哥商品交易所认识到可以研发一种商品帮助投资者和金融机构**对冲**（hedge）利率风险，而它们可以通过出售这种新工具来获利。**期货合约**（futures contract），是卖方同意在未来某个特定的日期以确定的价格向买方提供某种标准化的商品，这种合约已经存在很长一段时间了。芝加哥商品交易所的人员认为如果他们可以在金融工具的基础上创造期货合约，即金融衍生品，由于它们的损益是与之前发行的期货相关联（收益来源于之前发行的有价证券）的，因此投资者可以通过其对冲风险。1975年金融衍生品诞生了。

19.2.2 应对供给条件变化：信息技术

计算机与通信技术的发展是推动金融创新的最重要的供给变化。信息技术对金融创新有两方面的影响。首先，它降低了处理金融交易的成本，使得金融机构为公众创建的金融产品和服务更加有利可图。其次，它使投资者更容易获取信息，从而使企业能够更便捷地发行证券。信息技术的飞速发展导致许多新型金融产品和服务的诞生。

银行信用卡和借记卡

早在第二次世界大战前，信用卡就已经广泛使用了。许多个体商户（希尔斯百货、梅西百货等）使赊账行为制度化，通过为客户提供信用卡使人们无须现金也能购物。第二次世界大战后，出现了全国范围的信用卡，大来俱乐部研发出一种可用于全国各地（包括国外）餐厅的信用卡。美国运通和卡特·布朗士公司研发了类似的信用卡，但由于这些项目的运行成本过高，因此信用卡只面向那些能够负担高额消费的个人和企业发行。

公司发行信用卡的收入来自于向持卡人提供的贷款，以及使用信用卡进行支付的商户缴纳的费用（如买价的5%）。信用卡的成本来自于贷款违约、被窃卡以及处理信用卡交易的费用。

看到大来俱乐部、美国运通和卡特·布朗士公司的成功，银行也想从中获利。在20世纪50年代，几家商业银行试图将信用卡业务推广到更大的市场，但是运行这些项目的成本过高，使得这些项目的早期的尝试都以失败告终。

20世纪60年代，计算机技术的发展降低了信用卡业务的成本，增加了银行信用卡业务盈利的可能性。银行试图再次开展这项业务，并且这次的努力产生了两个成功的银行信用卡项目，即美洲银行信用卡（现为Visa）和万事达信用卡（Master Card）。显而易见，这些项目都十分成功，大约有5亿信用卡用户正在使用，从某种程度上来说，银行信用卡已经如此有利可图，甚至通用汽车、美国电话电报公司都进入了信用卡业务领域。信用卡相比支票更加广泛地应用于消费，这使得信用卡更受消费者的欢迎，消费者同样更加易于获取贷款。

银行信用卡的成功使这些机构想出了另一金融创新，即借记卡。借记卡通常被人们视为信用卡，但其实借记卡与信用卡的不同之处在于信用卡为消费者提供了不用立即还清的贷款，而用借记卡购物时则直接从持有人的账户扣除余额。借记卡甚至更加依赖于即时交易处理技术的低成本，因为利润完全来自于商家在商铺进行借记卡交易时产生的收费。借记卡因此在近几年日益流行起来。

电子银行

现代计算机技术的发展使得客户可以通过电子金融设备（而非人工服务）进行银行业务，从而降低了银行交易成本。电子金融设备的重要形式之一是**自动提款机（automated teller machine，ATM）**，这个设备可以使客户取出现金、存款、从一个账户转账到另外一个账户以及开出支票。自动提款机有许多的优点：支付没有限定时间，可以24小时使用。它不仅会为银行带来更加低廉的交易，也可以放在除银行及支行以外的其他地方，进一步方便了客户。自动提款机的低成本意味着它可以在任何的地方安置，仅在美国的数量就已经超过了25万台。更进一步来讲，当你在欧洲旅行时，从自动提款机提取外币与在本地银行提取现金一样容易。

随着电子通信成本的下降，银行发展了另一金融创新，即家庭银行业务。对于银行来说，通过电话或个人电脑，使银行客户与银行计算机连接起来进行交易，反映了成本效率的理念。现在银行的客户可以在不离开家的舒适情况下进行许多银行交易。对于客户来说，家庭银行业务处理体系的优点是便利，而银行也发现这比客户进入银行内办理业务的成本要少。家庭银行业务处理体系的成功也催生了另一个创新——**自动银行机**（automated banking machine），它体现了银行网站、自动提款机和电话与客户服务之间的相互联系。

随着个人电脑价格的下降，以及其在家庭中的使用数量增加，我们看到了更进一步的创新，一种新型金融机构出现了，即**虚拟银行**（virtual bank），这是一种没有实体的只存在于网络空间的银行。在1995年于亚特兰大建成，但现由加拿大皇家银行运营的第一安全网络银行成为第一家虚拟银行，利用互联网提供一系列金融服务，即接受支票账户、储蓄存款、出卖大型可转让存单、发行ATM卡、提供支付账单设备等。虚拟银行因此使家庭银行业务处理体系进一步发展，使客户在家一天24小时都能享有整套金融服务。紧随其后，1996年美洲银行和美国富国银行进入了虚拟银行领域，而美洲银行成为美国最大的网络银行。那么，虚拟银行会否在日后成为金融机构的主流形式呢？（详见电子金融“虚拟银行会超过实体银行吗？”）

电子金融

虚拟银行会超过实体银行吗？

电子支付

计算机的快速发展以及互联网的普及，使银行客户可以以更低的成本支付电子账单。在以前，你不得不通过邮寄支票的方式来支付账单，现在银行提供了一个网站，你只需要登录，点几下，你的账单就以电子的方式进行支付。你不仅节省了邮票的成本，而且很多时候支付账单成了一种乐趣，几乎不需费力，银行所提供的电子支付体系就可以免去你登录支付账单的步骤。另外，经常性账单甚至会直接从你的银行账户中扣减。银行通过这些服务从两个方面增加利润。首先，电子支付账单意味着银行不需要人工处理纸质交易。当以电子方式支付账单时，预计会比支票支付节省超过一美元的成本。其次，对客户来说，他会更愿意在银行开一个账户。因此，电子支付在美国变得更加常见，但美国在电子支付的使用方面还远远落后于欧洲。

电子货币

电子支付技术不仅能替代支票，还能以**电子货币**（electronic money/e-money）的形式替代现金。电子货币的第一种形式是储值卡。储值卡最简单的形式是消费者花完卡内预先设定的金额，最复杂的形式是**智能卡**（smart card）。它包含自己的计算机芯片，因此可以在需要时将银行账户余额转成电子货币形式。智能卡可以通过自动提款机或有智能卡读取器的个人计算机读取，也可以通过特殊装备的电话读取。

电子货币的第二种形式是**电子现金**（e-cash），可以在网络上购买商品和服务。消费者在与网络连接的银行建立账户就可以获得电子现金，然后通过个人电脑进行交易。当消费者想用电子现金购物时，会在网店上进行购买，对特定的物品点击“购买”选项，这时电子现金会自动从个人电脑转到商户的电脑中。在物品运输前，资金通过从消费者的银行账户转入商户的银行账户，然后商户就可以得到这笔资金。

鉴于电子货币的便利性，你可能会认为我们很快会进入全面电子支付的无现金社会，但是，这并没有发生，具体将在电子金融“我们是否在迈向无现金社会？”中进行分析。

电子金融

全球支付报告2018

垃圾债券

在计算机和先进的电子通信技术发明前，投资者很难获得想要发行证券的公司的相关财务信息。因为鉴别信用风险比较困难，能够出售债券的公司只能是信用评级高的公司（详见第7章）。20世纪80年代以前，只有Baa级及以上评级的公司才能发行债券来筹集资金。在经济衰落时期，一些公司之前发行的长期公司债券，其评级现在降到Baa以下，这样的公司被称为“堕落天使”，它们发行的债券被称为“垃圾债券”。

随着20世纪70年代信息科技的进步，投资者更容易获得公司的财务信息，从而鉴别信用风险。因此，投资者有更强的意愿从知名度低且信用评级低的公司购买长期债券。随着这种供给条件的变化，我们可以预测一些明智的个体投资者会最先提出这样的理念，对于那些不是“堕落天使”而还未达到投资评级的公司可以公开发行新的垃圾债券。这便是一家叫作德崇证券的投资银行从1977年开始从事的工作。垃圾债券是企业债券市场很重要的组成因素，20世纪80年代晚期发行了超过2 000亿美元的垃圾债券。尽管在1989年德崇证券违反证券法，进而影响了垃圾债券业务，但到了20世纪90年代和21世纪，垃圾债券又复苏了。

商业票据市场

商业票据是一种由大型银行和企业发行的短期债务证券。从1970年开始，商业票据市场迅速增长，其未清偿余额由最初的330亿美元上升到2012年年末的超过1万亿美元。事实上，商业票据已经成为成长最快的货币市场工具之一。

信息技术的改善也是商业票据市场快速成长的原因之一。我们已经知道，信息技术的进步可以让投资者更容易鉴别信用风险，因此对于公司来说也更容易发行债务证券。公司不仅更容易在垃圾债券市场发行长期债务证券，还可以更便捷地通过发行短期债务证券，如商业票据，从而筹集资金。许多曾经通过银行借入短期借款的企业，现在频繁地通过商业票据市场来筹集短期资金。货币市场共同基金的发展已经成为另一个影响商业票据市场快速发展的因素。货币市场共同基金需要持有流动性强且高质量的短期资产，如商业票据，这些基金资产增长到2.6万亿美元左右，而这为商业票据创造了足够的市场。投资商业票据的养老基金和其他大型基金不断增长，这也刺激了商业票据市场的成长。

证券化

交易和信息技术进步产生的另一金融创新就是证券化，这是过去20年来最重要的金融创新之一，也在21世纪初期的美国次贷危机中发挥了极其重要的作用。**证券化（securitization）**是将非流动金融资产（如住房抵押贷款、汽车贷款以及信用卡账单，它们曾经是银行利润的主要来源）转化为可供市场买卖的资本市场证券的过程。正如我们所知道的，获取信息能力的提高使销售资本市场证券变得更容易了。除此之外，因为计算机技术的提高降低了交易成本，金融机构发现它们可以以较低的成本将小面额（通常少于10万美元）的贷款组合在一起。例如，在一起将抵押贷款里收取的利息和本金进行捆绑，然后出售给第三方。通过将组合里贷款分割成标准化的面额，金融机构可以将这些收取利息和本金的索取权作为证券卖给第三方。这些证券化贷款的标准化金额使它们变成了流动的证券，而它们实际上是由贷款捆绑而成，这有利于分散风险，因此能够满足消费者的需求。销售证券化贷款的金融机构通过提供服务（主要是收取贷款利息和本金然后转给第三方），并向第三方收取一定的服务费用从而获得利润。

19.2.3 规避监管

我们目前所讨论过的金融创新的过程，在很大程度上和经济学其他领域的创新相同，都是对需求和供给条件改变的反应。然而，比起其他行业，金融产业受到更严格的监管，因此政府监管是促使公司进行创新的动力。企业对限制其盈利能力的监管政策的规避动力也推动其进行金融创新。爱德华·凯恩，一位波士顿学院的经济学家，将规避监管形容为“钻空子”。经济学这样分析创新过程：当经济环境发生变化时，如监管条件太过苛刻以至于可以通过规避监管获得巨额的利润，“钻空子”以及创新变得更有可能发生。

因为在美国，银行业是受到监管最为严格的行业之一，“钻空子”极有可能发生。从20世纪60年代后期到80年代，通胀率以及利率的上升加剧了对这个行业的监管限制，最终导致了金融创新。

两类监管制度严格地制约着银行的盈利能力：法定准备金制度以及存款利率的限制。法定准备金即银行被强制保留一定比例的存款作为准备金（金库现金以及在美联储的存款）。这些法规成为金融创新的主要动力有以下两个原因：

1.法定准备金。理解为什么法定准备金引发了金融创新的关键是意识到这实际上是对存款征税。因为直到2008年，美联储都没有支付银行法定准备金的利息，持有这些准备金的机会成本就是银行本可以用这些钱发放贷款所得的利息。因此每一美元的法定准备金都会强加给银行等价的利率成本，即那些本可以通过贷出这些存款所获得的利率i乘以要求的准备金与存款的比例r。$i\times r$就是强加给银行的成本，相当于对银行的每美元存款都征税$i\times r$。

如果可能的话，避税是银行的一个传统。正如纳税人会钻空子来降低他们的纳税额一样，银行也会钻空子来增加它们的利润，与此同时产生金融创新，以此逃避法定准备金强制征收的存款税。

2.限制存款利息。直到1980年，立法仍禁止大多数的州立银行对支票账户存款支付利息，并且通过Q条例，美联储设置了支付存款利率的最大额度。直到现在，银行都不能对企业的支票账户支付利息。想要避开这些**存款利率上限（deposit rate ceiling）**的渴望导致了金融创新。

如果市场利率超过了Q条例规定的银行可支付的最高利率，那么存款人就会从银行取出一些资金，并把这些钱放到收益率更高的证券中。银行体系中这部分存款的损失，限制了银行可以发放贷款的数量——称为**脱媒（disintermediation）**，并且因此限制了银行的利润。银行有绕开存款利率上限的动机，因为这样的话，它们就可以获得更多的存款并进行贷款进而获得更高的利润。

我们现在来看看，避开利息支付限制以及法定准备金要求如何引起了两大重要的金融创新。

货币市场共同基金

货币市场共同基金发行的股份可以通过签发支票的形式以固定的价格（通常是1美元）赎回。例如，如果你花5 000美元买了5 000股，货币市场基金将这些资金投资于短期货币市场证券（国债、定期存单、商业票据），并获得利息。除此之外，你还可以从持有的货币市场基金的股份中开具最多5 000美元的支票。虽然货币市场基金和活期存款一样可以获取利息，但货币市场基金在法律上并不属于存款，所以它们不受法定准备金或利息支付限额的限制。因此，它们可以支付比银行更高的利率。

第一个货币市场共同基金是由华尔街两个标新立异的人——布鲁斯·本特和亨利·布朗在1970年创立的。然而，从1970年到1977年的低市场利率（恰好略高于Q条例要求的最高利率5.25%~5.5%）并没有令其比银行存款更有优势。在1978年年初，这种情况发生了变化，因为通货膨胀率的上升，市场利率上升至10%以上，这远高于5.5%的利率上限。在1977年，货币市场共同基金的资产不到40亿美元，在1978年则上升到100亿美元，到1979年超过了400亿美元，而到1982年则达到2 300亿美元。现在它们的资产大约为2.6万亿美元。至少可以说，货币市场共同基金已经成为一个成功的金融创新，这正是在七八十年代当利率超过了Q条例限额时，我们预测发生的情况。

讽刺的是，在2008年全球金融危机期间，由布鲁斯·本特建立的货币市场共同基金的风险投资几乎毁掉了整个货币市场共同基金产业。（详见案例“布鲁斯·本特与2008年货币市场共同基金的恐慌”）

案例

布鲁斯·本特与2008年货币市场共同基金的恐慌

流动账户

银行可以避开法定准备金“税收”的另一个金融创新就是**流动账户**（sweep account）。在这种安排下，当每个工作日结束时，任何公司支票账户超过一定金额的余额都会被“清空”并投资到向企业支付利息的隔夜证券。因为这种“清空”的投资不再划分为支票存款，因此它们便不再受限于法定准备金要求，也就不用缴纳“税收”。流动账户还有一个优势就是它们使银行可以向这些账户支付利息，否则在现行的规章制度下是不允许的。因为流动账户太受欢迎了，它们使法定准备金的缴纳额度降低到大多数银行业机构可接受的程度。换句话说，就是银行自愿持有多于要求的准备金。

流动账户的金融创新和货币市场共同基金特别有趣，因为它们的激励不仅来自于想要避免高成本的监管，还来自于供应条件的变化即信息技术的进步。如果没有低成本的计算机技术处理这些账户之间额外的交易，这些创新就不会给银行带来利润，也不会不断发展。技术因素通常都是结合着其他的激励，如规避监管，一同推动创新。

实践经理

从新的金融产品中盈利：本息分离债券的案例分析

我们已经知道，高速计算机的出现降低了处理交易的成本，催生了银行信用卡和借记卡这样的金融创新。因为从金融创新中可以获利，对于金融机构的经理来说思考如何利用计算机科技创造高利润的新型金融产品很重要。为了说明金融机构经理们通过金融创新来增加利润的方式，我们来看一下本息分离债券——于1982年被所罗门兄弟和美林证券首创的金融工具（事实上，这个创新曾经非常成功，以至于美国财政部在1985年发行本息分离债券时复制了它们的做法，见第12章）。

对于投资者来说，即使他们的持有期很长，长期息票债券还是存在问题的，即有太多来自再投资风险的不确定性。即使一个投资者持有一个10年期的长期息票债券，债券的利润也是不确定的。问题在于利息的支付是在债券到期之前进行的，而这些利息必须再重新投资。因为这些利息再投资的利率是浮动的，所以最终债券的利润也是浮动的。相反的是，长期零息债券没有再投资风险，因为它们在债券到期之前不支付利息。持有至到期零息债券的利润在购买的时候就是已知的了。零息债券能够吸引投资者的特质就是不存在再投资风险，因此投资者更愿意接受利率稍微低一点的零息债券，而不愿意承担息票债券的再投资风险。

事实上，零息债券的低利率以及使用计算机技术创造混合型债券的能力带给所罗门兄弟和美林证券的员工们一个极佳的创造利润的创意，所谓的混合债券是从其他证券中衍生出来的。它们可以利用计算机将一个长期国债拆分为一组零息债券。比如，一个100万美元10年期的国债可以拆分出10个10万美元的零息债券，也被称为本息分离债券。本息分离债券的低利率意味着这些债券的价值会超过长期国债的价值，使得所罗门兄弟和美林证券可以通过购买长期国债并将它们作为零息债券进行销售从而获得利润。

为了进一步理解它们是如何运作的，我们来看看100万美元10年期国债，息票利率为10%且到期收益率也是10%，所以按照面值销售。这个债券的现金支出见表19-1第2列。为简化计算，我们假设收益曲线是水平的，所以用来贴现现金流的利率是一样的。因为没有再投资风险的零息债券比10年期的国债更受欢迎，所以零息债券的利率是9.75%，比息票债券10%的利率略低一点。

金融机构经理弗兰将如何创造并销售本息分离债券从而盈利呢？第一步就是要决定本息分离债券的定价。如果她读了关于“利率是什么”的部分，就会发现这很容易：通过使用第3章的现值等式，会发现每一个本息分离债券会以其贴现价值进行销售：

$$PV = \frac{CF}{(1+i)^n}$$

$$\frac{\text{第n年现金支出}}{(1+0.09752)^n}$$

每一年的计算结果见表19-1第4列。当弗兰将这些零息本息分离债券的价值加总后，她发现能得到101.5528万美元，大于100万美元国债的购买价格。只要购买国债并销售零息本息分离债券的成本是小于15 528美元的，那么该零息本息分离债券对于她的金融机构来说就是有利可图的，而这极有可能是因为计算机技术降低了执行这些金融交易的成本。因此弗兰会推荐她的公司去销售这种新型金融产品。因为金融机构现在可以通过销售大量的本息分离债券获得高额的利润，所以会奖励给弗兰一台全新的汽车以及10万美元的额外奖金！

表19-1 **零息国债的市场价值（数据参考以面值出售的10%息票率的10年期的国债）**

年份	现金支出（$）	零息债券利率	零息债券的现值（$）
1	100 000	9.75	91 116
2	100 000	9.75	83 022
3	100 000	9.75	75 646
4	100 000	9.75	68 926
5	100 000	9.75	62 802
6	100 000	9.75	57 223
7	100 000	9.75	52 140
8	100 000	9.75	47 508
9	100 000	9.75	43 287
10	100 000	9.75	39 442
10	1 000 000	9.75	394 416
合计			1 015 528

19.2.4 金融创新及传统银行业的衰落

银行业的传统金融中介作用就是吸收短期存款并发放长期贷款，这一资产转换的过程通常被称为“借短贷长”。这里我们要学习金融创新如何加剧了银行业的竞争，导致整个行业的剧烈变化以及传统银行业务的衰退。

在美国，作为非金融公司借款人的资金来源，商业银行的重要性正在大幅下降。正如图19-2所示，在1974年，商业银行提供了将近40%的资金，到了2012，它们的市场份额缩减到22%。储蓄机构市场份额的下降幅度更大，从70年代的超过20%到2010年的2%。

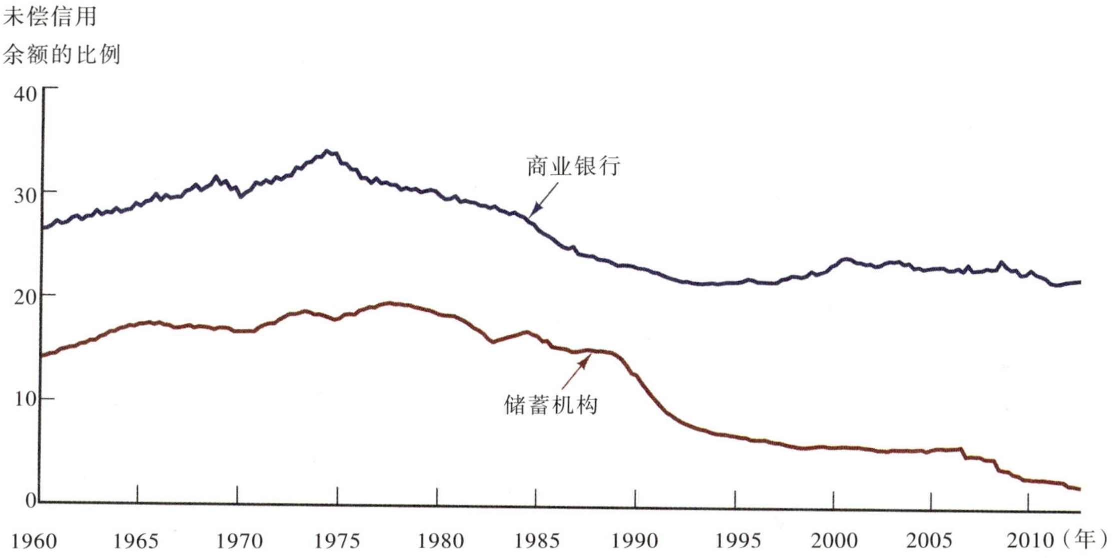

图19-2 1960—2013年所有非金融企业借款中来自银行的份额

为了理解传统银行业规模变小的原因，我们需要看一看之前描述的金融创新是如何导致银行在资产负债表的负债部分获取资金的成本优势变小，同时又失去了资产负债表里资产部分的收入优势的。成本和收入优势同时都变小导致了传统银行业盈利能力的下降，银行正在努力从当前业务过渡到更盈利的新业务。

获取资金（负债）的成本优势变小

直到1980年，银行都受限于存款利率的上限（Q条例），而这限制了它们对支票存款支付利息，也限制了它们支付定期存款的最大利率只能略高于5%。直到20世纪60年代，这些限制变成了银行业的优势，因为它们主要的（超过60%）资金来源都是支票存款，并且这些存款没有利息成本，意味着银行业几乎没有资金成本。不幸的是，银行的这个成本优势并没有持续下去。20世纪60年代后期，通货膨胀率的上涨导致了更高的利率，使得投资者对不同资产的回报率变得很敏感，最后导致了“脱媒”过程，人们开始把钱从低利率的支票存款和定期存款账户中取出，并寻找高回报率的投资。与此同时，规避存款利率上限和准备金要求导致了货币市场共同基金的金融创新，因为储户现在可以在货币市场共同基金账户获得像支票账户一样的服务，同时还获得更高的利率，因此导致银行处于更加不利的位置。这些改变在金融体系里的表现就是：低成本的资金，即支票存款作为银行资金来源的重要性下降了很多，从银行负债的60%降到了不到5%。

银行筹集资金日益困难，导致了其支持20世纪80年代的立法：消除Q条例规定的定期存款利率上限，并允许支票存款支付利息。虽然这些变化帮助银行在获取资金方面更有竞争力，但也意味着它们获得资金的成本大幅上涨，从而减少了相对于其他金融机构的早期成本优势。

利用资金（资产）的收入优势变小

资产负债表负债方面的成本优势下降也是美国银行竞争力下降的一个原因，同时，垃圾债券、证券化、商业票据市场这类金融创新的兴起削弱了它们的收入优势。这令银行失去了市场份额，也促进了影子银行体系增长，其利用这些创新，使借款人能够绕开传统的银行体系。

我们已经看到，信息技术的改进使企业更容易向公众发行证券。相反，这意味着，相比于去银行做短期信贷融资，许多银行优质商业客户发现可以通过商业票据市场更便宜地获取资金。另外，商业票据市场也让主要依靠其融资的金融公司得以拓展原属于银行的业务。与银行在借款客户上有很大重叠的金融公司得以维持市场份额（约占商业银行和工业银行贷款的30%）。垃圾债券市场的出现也侵蚀了银行贷款业务。信息技术的改进使企业更容易直接向公众出售债券，从而绕开银行。财富500强企业在20世纪70年代就开始采用这种方法，现在质量较差的企业借款人较少地使用银行是因为它们可以进入垃圾债券市场。

我们也看到，计算机技术的进步导致证券化，即银行贷款和抵押贷款等非流动性金融资产被转变为有价证券。计算机使其他金融机构现在可以通过统计方法准确评估信用风险，降低了交易成本，从而使贷款成为可能，最终捆绑这些贷款并将其作为证券出售。当计算机可以轻松评估违约风险时，银行不再有贷款优势。没有了以前的优势，即使银行自身参与了证券化过程，也会在与其他机构的竞争中失去部分贷款业务。证券化一直是抵押贷款机构的特殊问题，因为大多数住房抵押贷款现在趋于证券化。

银行的反应

在任何行业中，盈利能力的下降通常导致行业退出（往往由于破产）和市场份额的缩小。在20世纪80年代，美国的银行业也发生了银行合并和倒闭。

为了生存和维持足够的利润水平，许多美国银行面对两个选择。第一种方式是，它们可以试图将传统的贷款业务扩大到新的风险较高的贷款领域。例如，美国银行将其总资金的较大比例投放在商业房地产贷款中，这在传统上是风险较高的贷款。另外，它们增加了为企业兼并和杠杆收购提供的贷款，这是高杠杆的交易贷款。银行传统业务盈利能力下降在一定程度上导致20世纪80年代初和90年代初的银行业危机（见第24章），以及2007年的全球金融危机。

银行试图维持原有利润水平的第二种方式是追求更有利可图的新的表外业务，事实上，表外业务包含了影子银行系统。美国商业银行从20世纪80年代早期开始，资产负债表的表外业务收入即非利息收入占银行总收入的份额翻了一番。然而，这一策略令人们开始关注什么业务适合银行，非传统业务是否风险较大，最终导致银行风险过高。

银行传统业务的下滑意味着银行业已经开始寻求新的业务。这可能是有益的，因为这样会使银行保持活力和健康。的确，银行的盈利能力很高，直到2007年，非传统的表外业务在银行的高收益中发挥了重要作用。但是，银行业的新方向也意味着风险有所增加，因此监管机构需要更加警惕传统银行业务的下滑，这也给银行监管机构带来了新的挑战（见第18章）。

其他工业化国家传统银行业的下滑趋势

由于同样的原因，传统银行业在其他工业化国家的地位也在下降。在美国以外的地区，银行同样丧失了对储户的垄断权力。金融创新与解除管制在世界各地都在发生，并为存款人和借款人创造了有吸引力的替代品。例如，在日本，放松管制为公众提供了一系列新的金融工具，引发了与美国类似的“脱媒”过程。在欧洲国家，创新稳步增长侵蚀了保护银行免受竞争的传统壁垒。

在其他国家，银行也面临证券市场的扩张和影子银行系统增长带来的竞争。金融业放松管制和信息技术发展同时改善了证券市场提供信息的能力，使信息更容易获得、成本更低，公司通过发行证券而不是通过银行来为它们的活动融资。此外，即使在证券市场还不十分发达的国家，银行仍然在失去贷款业务，因为它们最好的企业客户大多进入离岸和境外资本市场，如欧盟债券市场。在较小的经济体中，如澳大利亚，虽然不存在发达的公司债券或商业票据市场，但银行的贷款业务在与国际证券市场的竞争中处于劣势。此外，推动美国证券化的力量同样作用于其他国家，从而削弱了这些国家传统银行业务的盈利能力。并非只有美国银行面临着更为复杂的竞争环境，虽然美国较早出现了传统银行业务衰落的过程，但同样的现象在其他国家也在上演。

19.3 美国商业银行产业结构

截至2013年，美国有大约600家商业银行，这个数字远超世界其他国家。如表19-2所示，可以看到小型银行的相关数字统计，有32.1%的银行拥有的资产不足1亿美元。在加拿大和英国，有5家甚至更少的银行主导整个行业，而美国最大的10家银行持有的资产总共占产业的60%以下，见表19-3。

表19-2　2013年3月美国各商业银行占行业比

资产（$）	银行数量	银行占比（%）	所持资产占比（%）
少于1亿	1 954	32.1	0.9
1亿~10亿	3 607	59.2	7.9
多于10亿	535	8.8	91.2
合计	6 096	100	100

表19-3　2013年美国十大银行

银行	资产（百万美元）	该银行占商业银行资产总和比（%）
1.摩根大通银行	1 947.8	14.58
2.美洲银行	1 429.7	10.70
3.花旗银行	1 319.4	9.87
4.富国银行	1 284.5	9.61
5.美联银行	349.3	2.61
6.PNC金融服务集团	294.5	2.20
7.纽约梅隆银行	281.3	2.11
8.第一资本银行	235.2	1.76
9.道富银行	223.2	1.67
10.TD银行	212.2	1.59
合计	7 577.3	56.70

目前美国大多数产业的公司数量远少于美国商业银行的数量，而大型公司往往会最大程度地主导这些产业（如计算机软件产业由微软公司主导，汽车产业由美国通用、福特、丰田、本田公司主导）。在商业银行业中银行数量很多，并且不存在主导公司，这能说明商业银行业比其他产业更有竞争力吗？

19.3.1 设立分行的限制

美国出现这么多商业银行事实上反映了那些过去限制金融机构设立分行（branches）的规定。每个州关于银行能够设立分行的类型和数量都有各自的规定。例如，东西海岸地区的规定是允许银行在本州设立分行，中部地区的规定则更为严格。1927年的《麦克法登法案》和1956年的《道格拉斯修正案》将国民银行和州立银行放在平等的位置上，禁止银行跨州设立分行，并要求所有国民银行遵守其所在州关于设立分行的规定。

《麦克法登法案》和各州设立分行的规定构成了商业银行业强大的反竞争力量，由于禁止大型银行在附近设立分行，使得很多小银行开始兴起。如果竞争对于社会是有利的，为什么在美国会有限制开设分行的规定呢？最显而易见的原因是美国公众一直对大型银行充满敌意。那些对银行有着最严格限制的州通常就是在19世纪反银行情绪最强烈的州（这些州通常有着大量农业人口，当银行可能会取消那些无法还债的农民的抵押品赎回权时，公众与银行的关系便会间歇性地紧张）。19世纪政治的一个遗留问题便是有着限制设立分行规定的银行体系，并因此产生了许多小型银行。然而，正如我们在本章之后将阐述的，设立分行的限制已被废除，并且逐渐出现全国性银行的趋势。

19.3.2 限制设立分行的反应

美国银行业的一个重要特点便是法规可能会约束竞争但不会完全消除竞争。如前所述，限制性法律法规的存在激发了银行在寻求利益时规避规定并进行金融创新。限制分行的法规促进了两项金融创新的发展：银行控股公司和自动取款机。

银行控股公司

控股公司是拥有几个不同子公司的企业。这种企业所有权的形式对银行的发展相当有利。由于控股公司能够拥有一些子公司的控股权，可以规避禁止设立分行的规定。而且，银行控股公司可以涉及有关银行业的其他业务活动，如提供投资咨询服务，数据处理和传送服务，租赁服务，信用卡服务，以及其他州的贷款服务。

银行控股公司在过去的30年里急剧增长。如今，银行控股公司几乎持有所有大型银行，并且超过90%的存款由银行控股公司下属的商业银行所持有。

自动取款机

另一项规避设立分行限制的金融创新是自动取款机。银行意识到如果没有拥有或租借自动取款机而是使用他人的自动取款机并对每笔交易付手续费，自动取款机便不会被视为银行的分支机构，自然不必受相关规定限制。甚至大多数州的监管机构和法院也这样认为。这样可以使银行拓宽市场，共享设施（如Cirrus和NYCE）可以在全国范围内建立起来。而且，即使银行拥有自动取款机，各个州通常也会设定特殊条款，允许自动取款机的设立范围比传统的分行更为广泛。

正如我们通过本章前文了解的，规避监管并不是自动取款机兴起的唯一原因。更低廉的计算机价格和无线电通信技术的出现使得银行能够以低成本提供自动取款机，进而使其成为具有较好盈利性的金融创新设备。这也进一步说明了技术因素和一定的动机（如规避设立分行限制的动机）相结合，从而会共同推动金融创新。

19.4 银行合并与全国性银行

如图19-3所示，经历了1934年至20世纪80年代中期的一段稳定时期后，商业银行的数量开始大幅下降。是什么导致了这种突然性的数量下降？

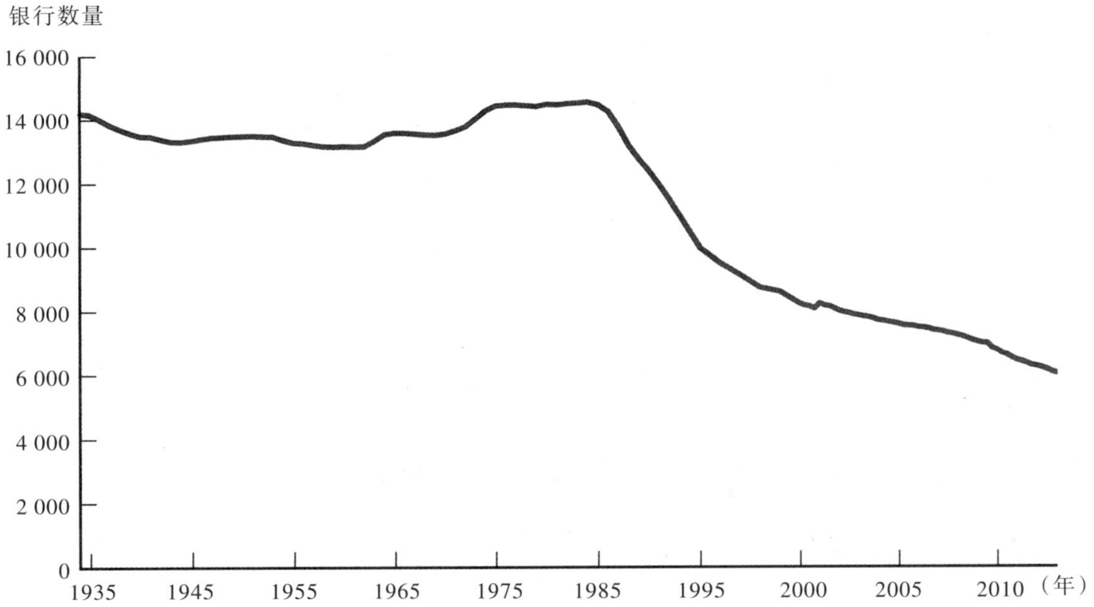

图19-3 美国投保商业银行的数量（1934—2013年）

银行产业在20世纪80年代和20世纪90年代初历经了一段困难时期，破产的银行数量在1985—1992年间和2009—2010年间以超过100%的速度增长（详见第18章）。但是银行的破产只是一部分情况，在1985—1992年间，银行的数量减少了3 000家。而且在1992—2007年间，当银行业恢复健康运行时，商业银行的数量减少了3 800多家，其中不到5%是破产的银行，并且大部分为小银行。因此，我们看到在1985—1992年期间银行破产是减少银行数量的重要因素，但并不是主导因素，并且在2007年可以忽略不计。然而，在全球金融危机期间，银行破产导致银行数量进一步减少。

那么如何解释这种情况呢？答案是银行合并。银行合并或收购其他银行从而创建了更大的实体。这就提出了一个新问题：为什么近几年一直发生银行合并呢？

正如我们所看到的，银行通过"钻空子"降低了法规的有效性，使许多州认识到，允许银行跨州拥有所有权才符合自身的利益。1975年，缅因州颁布了第一个允许州外银行控股公司购买银行的州际银行法案。1982年，马萨诸塞州与其他新英格兰地区各州签署了一项地区协议，允许跨州银行业务，直到20世纪90年代初，几乎所有州都允许了州际银行业务。

随着20世纪80年代初州际银行的壁垒被打破，银行认识到它们可以获得多元化的利益，因为它们现在可以在许多州，而不只是一个州发放贷款。如果一个州的经济疲软，那么另一个州可能经济状况良好，从而降低了多个州同时发生贷款违约的可能性。此外，允许银行在其他州拥有分行意味着它们可以通过收购和合并其他州的银行来扩大规模。合并和收购是1985年银行数量下降的重要原因。放松对州际分行限制的另一个结果是产生了一类新型银行即**超地域银行**

(superregional banks)，即可以和大规模的货币中心银行竞争，但总部不处于货币中心城市（纽约、芝加哥和旧金山）的银行控股公司。北卡罗来纳州夏洛特的美国银行和俄亥俄州哥伦布市的第一银行都属于超地域银行。

毫不奇怪，网络的出现和计算机技术的进步是推动银行合并的另一个因素。因为需要大规模的前期投资来为金融机构设立许多信息技术平台（见电子金融“信息技术和银行合并”），从而增强了规模经济。为了能够利用这些规模经济，银行需要扩大规模，而这种发展引发了额外的并购。信息技术还增强了范围经济，即利用一种资源提供许多不同的产品和服务。有关公司质量和信誉的细节不仅有助于贷款决策，而且能帮助确定其股票价格。同样，一旦向投资者销售一个金融产品，你可能就知道了如何销售另一种。商业人士一般描述范围经济为不同业务线之间的“协同效应”，而信息技术进一步促进了这些协同作用。合并的结果不仅使金融机构变得更大，而且增加了其可以提供的产品和服务的组合。这种合并有两个后果。首先，不同类型的金融中介正在侵占彼此的领域，它们会变得更相似。其次，合并促进了复杂的大型银行组织的发展。这一发展加速了废除关于限制银行和其他金融服务行业联系的《格拉斯-斯蒂格尔法案》的进程。

电子金融

信息技术和银行合并

19.4.1 1994年《里格尔-尼尔州际银行业务及分行效率法》

1994年通过的《里格尔-尼尔州际银行业务及分行效率法》进一步促进了银行并购。这项立法扩大至整个国家范围，并废除了禁止州际银行业务的《麦克法登法案》和《道格拉斯修正案》。这样，银行持股公司不仅可以收购其他州的银行（没有州际法律反对），还可以将自己持股的银行与其他州的银行进行合并。各州也有权退出州际分支机构，但只有得克萨斯州曾做出这个选择。

《里格尔-尼尔州际银行业务及分行效率法》为最终建立真正的全国性银行体系奠定了基础。虽然之前通过银行持股公司的州外收购，已经实现了州际银行业务，但在1994年之前，由于几乎没有州制定有关州际分支机构的法律，真正的州际分支机构是不存在的。允许银行利用分支机构开展州际银行业务十分重要。

全国性的银行开始出现。1998年，美国银行和国民银行开始合并，并且开创了第一家在各海岸有分行的银行。银行并购使得银行组织的业务活动基本遍及美国的50个州。

19.4.2 美国银行业的结构在未来会发生什么样的改变

现在美国的全国性银行已经变成事实了，银行合并对于银行业的好处大大增加，推动着合并走向下一个阶段并且加速商业银行数量的减少。伴随着银行业结构的巨大改变，我们自然要问：10年后，银行业会变成什么样子？

其中一种观点是银行业将会变得与其他国家更相似，美国可能只会剩下几百个银行。另一种更极端的观点是银行业将会朝着加拿大和英国的方向发展，只有少数大银行主导着整个银行业。大部分的专家提供了一种新的观点，美国银行业的结构仍然是独一无二的，但是在不同程度上与之前产生了差别。美国的银行业将有几千家银行，而不是仅剩几百家银行，合并的浪潮会趋于平息。

正如美洲银行和国民银行的合并案例所说明的，银行合并不仅会使银行数量减少，也会将小型银行的资产转移到大型银行。在10年之内，资产在1亿美元以下的银行数量将会减半，但是资产在10亿美元以上的银行数量将翻番。美国现在甚至有了几家资产过万亿的银行（摩根大通、花旗银行、美洲银行等）。

19.4.3 银行合并和全国性银行是一件好事吗？

倡导全国性银行的人认为这将会产生更多高效率的银行、一个更为健康的银行体系，并减少银行破产事件。然而，批判者却认为银行合并会消灭**社区银行**（**community bank**）这样的小型银行，这将减少小型公司的银行贷款。此外，他们担心少数的银行将会主导银行业，导致银行业缺少竞争力。

许多经济学家对这些批判观点持有怀疑态度。正如我们所看到的，研究表明即使是在银行合并之后，美国仍然存在大量的银行。银行业仍会保持高度的竞争力，甚至比现在更具竞争力，因为银行之前一直远离州外银行的竞争，而现在不得不和其他银行进行激烈竞争，从而确保其地位。

看起来社区银行并不会消失。1962年，美国取消对银行分支机构的限制后，引发了这样的担忧：社区银行可能被大型全国性银行驱逐出市场。这种事情不仅没发生，而且大型银行发现小型银行在市场中的份额将超过它们。同样的，加利福尼亚州很早就没有对银行在本州的分支机构进行限制，并鼓励社区银行的发展。

经济学家从银行合并和全国性银行中发现了很多重要的益处。银行地域限制的取消将会增加其竞争力同时剔除低效率的银行，从而提高整个银行业的效率。大型银行的发展也意味着效率的提高，这是因为它们可以利用规模经济和范围经济的优势。银行贷款投资组合的多元化可以降低未来银行发生危机的可能性。在1980年和1990年年初，银行倒闭往往集中在经济衰弱的地区。例如，在1986年石油价格下跌之后，得克萨斯州曾经很盈利的商业银行出现了经营困难，而这时，新英格兰地区的银行却经营得很好。然而，1990—1991年新英格兰地区经济衰退时，该地区的一些银行开始倒闭。随着全国性银行的兴起，银行可以在新英格兰地区和得克萨斯州同时发放贷款，破产的可能性大大降低。原因是当一个地方的贷款出现问题时，它们还可以依赖于另一个地方的贷款。因此，全国性的银行被看作迈向减少银行业危机的重要一步。

这里仍然有两种关于银行合并影响的担忧：第一，小型公司的贷款将减少；第二，银行急于向新市场扩张可能会导致银行倒闭。但是，大部分的经济学家认为银行合并的好处胜过其产生的成本。

19.5 银行业和其他金融服务业的分离

在美国，银行业结构的另一个重要特征是在1933年《格拉斯-斯蒂格尔法案》的指导下，银行业和其他金融服务业（如证券、保险和房地产）分离。在本章的前半部分我们提到过，《格拉斯-斯蒂格尔法案》允许商业银行出售新发行的政府证券但是禁止它们承销公司证券或从事经纪业务。它同时禁止银行参与保险和房地产活动，同样也阻止了投资银行和保险公司参与商业银行的活动并且保护银行免受竞争的威胁。

19.5.1 《格拉斯-斯蒂格尔法案》被突破

尽管《格拉斯-斯蒂格尔法案》对于银行业务有明确的规定，但追求利益和金融创新推动着银行和其他金融机构突破《格拉斯-斯蒂格尔法案》的限制并进入彼此的传统领域。随着货币市场共同基金和现金管理账户的出现，经纪公司通过发行存款工具从事传统商业银行的业务。美联储曾经在1987年利用《格拉斯-斯蒂格尔法案》第20章的一个漏洞，允许银行控股公司承销先前被禁止的证券种类，银行开始进入这一行业。法案的漏洞支持商业银行从事承销活动，只要其收入没有超过附属公司总收入的一定比例。这一比例开始被限制在10%，但是后来升高到25%。在1988年7月，美国的最高法院判决美联储的行为合法，之后，美联储允许商业银行控股公司摩根集团承销公司债券（1980年1月）和股票（1990年9月），这一特权之后还扩展到了其他银行控股公司。监管机构还允许银行从事一些房地产和保险业务。

19.5.2 1999年《金融现代化法案》

由于对商业银行从事证券和保险业务的限制，美国银行与外国银行相比处于竞争的劣势，在20世纪90年代，每次国会会议都要求废除《格拉斯-斯蒂格尔法案》。随着1998年花旗银行（美国第二大银行）和旅行者集团并购美国第三大保险公司，废除《格拉斯-斯蒂格尔法案》的压力进一步升级，直到在1999年变成现实。1999年的《金融现代化法案》允许保险公司和证券公司并购银行，也允许银行承销保险和证券，以及参与不动产业务。在该法案之下，各州仍然保留着监管保险业务的权力，证券交易委员会仍然负责监管证券业务，美国货币监理署有权监管从事证券承销的银行附属公司，而美联储仍有权监管从事不动产、保险业务和大额证券业务的银行控股公司。

19.5.3 金融合并的意义

正如我们所看到的，1994年《里格尔-尼尔州际银行业务及分行效率法》已经激励了银行业的合并。《金融现代化法案》加速了金融合并的过程，因为开放的合并方式不仅在银行间进行，也可以跨越金融服务活动进行。信息技术增强了范围经济，银行和其他类型的金融服务公司（如花旗银行和旅行者集团）的这种合并也越来越常见，更多的大型合并企业也逐渐走上正轨。银行业不仅壮大了实力，同时还变成了更为复杂的组织，能够从事各种金融服务。2007—2009年全球金融危机，加速了银行业的规模扩大以及复杂化的发展趋势。

19.5.4 全球范围内银行业与其他金融服务业的分离

在大萧条的余波中，并不是所有的国家都跟美国一样，将银行和其他的金融服务业分离。事实上，在过去，这种分离是美国与其他国家最突出的差别。在全世界范围内，银行业和证券业只有三种基本模式。

第一种模式是全能银行，即银行业和保险业没有分离，存在于德国、荷兰和瑞典。在全能银行体系下，商业银行提供所有种类的金融服务，包括房地产和保险服务，这些都存在于一个单独的法律实体内。银行可以拥有商业公司的股份。

第二种模式是英国式全能银行体系，存在于与英国有密切联系的国家，如加拿大和澳大利亚，以及现在的美国。英国式全能银行体系中的银行从事保险承销业务，但是它和德国模式有三点不同：独立的合法分支机构更为普遍；商业公司通常不持有银行的股份；银行和保险公司的联系也很少见。

第三种模式的特点是银行和其他金融服务业之间的法律分离，主要存在于日本。美国和日本银行体系之间主要的不同是，日本银行被允许持有商业公司的大量股份，然而美国银行却不能。

此外，大部分美国银行采用的是银行控股公司结构，但这种结构在日本是不合法的。尽管在日本，《证券法》第65章将银行和证券业务分离，但商业银行越来越多地被允许从事证券业务，与美国的银行一样，变得越来越像英国式全能银行体系。

19.6 储蓄业：监管与结构

储蓄业（储蓄贷款协会、互助储蓄银行与信用社）与商业银行业的监管和结构无疑是非常相似的。

19.6.1 储蓄贷款协会

正如商业银行存在着双重银行体系一样，储蓄贷款协会（储贷协会，S&Ls）既可以在联邦政府注册成立，也可以在州政府注册成立。无论由联邦政府还是州政府批准成立，大部分储贷协会都是**联邦住房贷款银行体系（Federal Home Loan Bank System，FHLBS）**的成员。成立于1932年的联邦住房贷款银行体系的运行模式类似于美联储。它包括12家地区联邦住房贷款银行，由储蓄监管局对其予以监管。

联邦存款保险公司为储贷协会提供联邦存款保险，每个账户的限额为25万美元。储蓄监管局对储贷协会进行监管的途径包括：规定最低资本金要求、定期提交财务报告和对储贷协会进行检查。它也是储贷协会的联邦政府注册机构，负责审查这些机构的并购，以及制定有关开办分行的规章制度。

对储贷协会开办分行的监管要比商业银行宽松。过去，几乎所有州都允许储贷协会开办分行。1980年之后，联邦注册的储贷协会可以在所有州内设立分行。1981年，陷入财务困境的储贷协会允许进行跨州分行的并购，全国性的储贷协会已经成为现实。

与美联储一样，联邦住房贷款银行体系向其成员发放贷款（通过发行债券获取资金）。然而，与美联储要求迅速偿还的贴现贷款不同，联邦住房贷款银行体系发放的贷款偿还期较长，利率也低于储贷协会在公开市场上借款的利率。通过这种途径，联邦住房贷款银行体系对储贷协会予以补贴（事实上是对房地产业予以补贴，因为储贷协会发放的大部分贷款属于住房抵押贷款）。

在第18章中我们已经看到，20世纪80年代，储贷协会经历了十分严重的困境。由于现在储贷协会进行的业务与商业银行十分相似，许多专家都认为对储贷协会单独注册和设置专门的监督机构并不符合未来的发展趋势。

19.6.2 互助储蓄银行

互助储蓄银行与储蓄贷款协会类似，由储户共同所有。400家左右的互助储蓄银行中的大约一半是在州政府注册的。虽然互助储蓄银行主要由其注册所在地的州政府监管，但大部分都在联邦存款保险公司投保，每个账户的限额为25万美元。因此，这些银行同样要遵守联邦存款保险公司为州注册银行制定的规章制度。按照规定，没有在联邦存款保险公司投保的互助储蓄银行必须在州保险基金投保。

互助储蓄银行的分行需要遵守注册所在州关于分行的规章制度。由于这些规定不甚严格，大部分互助储蓄银行的资产都在2 500万美元以上。

19.6.3 信用社

信用社是由具有某种联系的特定群体组成的小型合作性贷款机构（如某公司工会成员或

雇员）。它们是唯一免税的存款机构，既可以在联邦政府注册，也可在州政府注册。大约一半以上的信用社是由联邦政府批准成立的。全国信用社管理局（NCUA）负责为联邦注册的信用社颁发执照，并通过设定最低资本金要求、定期提交财务报告和进行检查等手段，对其予以监管。全国信用社管理局的附属机构——全国信用社股份保险基金（NCUSIF）负责为联邦注册和州注册的信用社提供联邦存款保险（每个账户限额为25万美元）。由于信用社发放的贷款大部分是期限很短的消费者贷款，因此不会遭遇储贷协会和互助储蓄银行那样的财务危机。

由于信用社成员具有某种特定联系，因此信用社规模一般较小，大部分资产低于1 000万美元。此外，由于信用社与某一行业或某个公司具有密切关联，当该行业或公司的大量工人被解雇，以致难以偿还贷款时，信用社破产的危险就大大增加了。近来，监管制度发生了重大变化，由于放松了对特定联系的要求，信用社的客户更为多样化，从而促进了信用社的规模扩张，降低了未来发生破产事件的概率。

通常而言，信用社的股东分布在很多州，甚至遍布全世界，因此在联邦注册的信用社可以跨州或跨国设立分支机构。例如，海军联邦信用社的股东是美国海军和海军陆战队的成员，其分支机构遍布全世界。

19.7 国际银行业务

1960年，仅有8家美国商业银行在海外设有分行，其总资产不到40亿美元。现在，大约100家美国银行在海外有分行，总资产超过3.8万亿美元。国际银行业务的飞速发展可以归结为以下三个因素。

第一，1960年之后国际贸易和跨国（全球）公司飞速发展。在海外经营的美国公司需要海外的银行服务为其国际贸易活动融资。例如，为在海外建设工厂，它们可能需要一笔外币贷款；在海外销售商品后，它们需要银行将其收取的外币兑换为美元。虽然外国银行也可以为这些公司提供所需的国际银行服务，但大部分跨国公司仍然希望与已经建立长期联系或者更了解美国商业惯例的美国银行开展业务。国际银行业务随着国际贸易的发展而发展。

第二，美国银行通过积极参与承销外国证券等全球性投资银行业务，赚取了可观的利润。它们还在海外销售保险，从投资银行业务和保险业务中获取大量利润。

第三，美国银行希望引入大量国外存款，即欧洲美元。要理解美国海外银行业的结构，首先需要了解欧洲美元市场，因为这是国际银行业务迅速发展的一个重要来源。

19.7.1 欧洲美元市场

当美国账户的存款被转移到国外的银行，但仍然以美元形式存在时，就产生了欧洲美元。例如，如果劳斯莱斯股份有限公司将1张100万美元的美国账户支票存入伦敦的银行，并指定该存款以美元支付时，就产生了100万美元的欧洲美元（伦敦银行在美洲银行始终有100万美元的存款，所以欧洲美元的产生并没有影响伦敦银行在美洲银行存款的数量）。90%以上的欧洲美元是定期存款，其中，一半以上是到期期限在30天以上的定期存单。未清偿的欧洲美元总额大约为4.9万亿美元，使得欧洲美元市场成为世界经济中最重要的金融市场之一。

为什么劳斯莱斯等公司愿意在美国之外持有美元存款呢？首先，美元是国际贸易中使用范围最广的货币。因此为了便于国际贸易，劳斯莱斯公司愿意持有美元存款。其次，欧洲美元属于“离岸”存款——它们不必遵守所在国家有关法定准备金的要求以及不得将存款向国外转移的限制（被称为资本控制）等政策。（尽管离岸存款一般是用美元来表示的，但也有用其他币种来表示的，离岸存款是参考欧洲汇率的，例如日本的存款被存在欧洲银行被称作欧洲通货）

伦敦是欧洲美元市场的中心，是拥有百年历史的主要国际金融中心。欧洲美元还存在于欧洲之外，能够为这些存款提供离岸待遇的地方，如新加坡、巴哈马群岛和开曼群岛。

通常而言，欧洲美元市场最低交易额为100万美元，将近75%的欧洲美元存款由银行持有。显然，你我都不可能与欧洲美元有直接联系。然而，欧洲美元是美国银行重要的资金来源，美国银行借入的存款超过7 000亿美元。美国银行认为在海外开设分行能吸引美元存款，赚取高额利润，而不仅仅是将海外分行视作从外国银行借入欧洲美元的中介。因此，欧洲美元市场是美国海外银行业务发展的一个重要推动力。

19.7.2 美国海外银行业务的结构

美洲银行在拉丁美洲、远东地区、加勒比地区和伦敦等地设置了较多的海外银行。伦敦的海外银行掌控的资产数量最多，因为伦敦是世界金融中心和欧洲美元的流通中心。拉丁美洲和远东地区也掌握着较多数量的资产，因为这些地区是美国重要的贸易区。加勒比的部分地区由于低关税和少有规章限制，已经变成了纳税的避难所。事实上，巴哈马地区和开曼群岛的海外银行由于其基本职能是记账中心而丧失了正常银行的服务职能，已经变成了“空壳银行”。

美国的银行从事海外业务的另一种公司结构是**爱治法公司**（Edge Act corporation）——一种主要从事国际银行业务的特殊的附属机构。美国的银行（通过其持股公司）可以拥有对外国银行和提供金融服务的外国公司（如财务管理公司）的控制权。美国银行业组织的国际业务主要由美联储的《K条例》（Regulation K）予以规范。

1981年，美联储在美国国内批准了**国际银行设施**（international banking facilities，IBFs），令外国人同样可以在美国开设定期存款账户，并且不受准备金要求和利息管制的限制。国际银行设施同样也对外国人发放贷款，但是不对本土的居民发放贷款。美国通过豁免国家和地方纳税来鼓励国际银行设施的设立。本质上，国际银行设施被视为美国银行的海外银行并且不受本土的纳税条例的影响。设立国际银行设施的目的是鼓励美国本土和外国的银行在美国国内而不是国外开展各项业务。就现在的形势来讲，国际银行设施取得了很好的成果：在设立的两年内资产达到了2 000亿美元，在2009年年末甚至达到了1.3万亿美元。

19.7.3 美国的外资银行

国际贸易的兴起不仅使美国银行在海外开设分支机构，同样也鼓励海外的银行在美国开设分支机构。许多外资银行都在美国取得了显著的成功，目前，外资银行占美国银行资产的比重已经达到28%，并且提供了大部分的贷款，占美国企业贷款的20%。

外资银行通过在美国设立办事处、分部或子公司来参与银行业活动。办事处可以办理贷款或转款业务，但不能为本土的居民办理存款业务。办事处的好处在于它并不受为服务型银行制定的条款的限制（如联邦存款保险公司的要求）。子公司和其他的美国银行一样需要遵守相关的规则，但它们仍然隶属于外资银行。分部一般被冠以外国的名字，但是它们其实是服务型银行。外资银行也促进了爱治法公司和国际银行设施的形成。

在1978年之前，外资银行是不需要遵守为本土银行设定的很多规则条款的，例如它们可以跨过国界线设立分部并且不受法定准备金的限制。但是，1978年的《国际银行法案》的规定使得外资银行和本土银行更为平等。法案规定外资银行可以在指定的州设立服务型的分部，非服务型的分部或者办事处在任何其他州都是允许的。然而，在法案实施之前，外资银行的服务型分部允许在所有州设立。

美国的银行走出了国门，国外的银行也进入了美国，这些都促进了银行业的国际化，这样的国际化也促进了金融市场的一体化。因此，银行的规则条例也趋向国际协调性。例如，1988年《巴塞尔协议》遵循了工业化国家的银行的法定准备金要求。金融市场一体化同样促进了国外银行一体化，第一家万亿资产的银行由此产生——日本工业银行、第一实业银行和富士银行在1999年宣布合并，在2002年实现合并。外资银行在国际银行市场中的重要性日益提升。正如表19-4所示，国际上的十大银行中有九家是外资银行。

表19-4 2012年世界十大银行

银行	资产（百万美元）
1.中国工商银行（中国）	2 811 340
2.汇丰银行（英国）	2 692 540
3.德意志银行（德国）	2 665 400
4.法国农业信贷银行集团（法国）	2 660 860
5.三菱东京UFJ银行（日本）	2 594 820
6.巴黎银行（法国）	2 527 220
7.农业信贷银行（法国）	2 441 180
8.巴克莱银行（英国）	2 401 810
9.摩根大通银行（美国）	2 359 140
10.日本邮政银行（日本）	2 291 350

本章小结

1.美国银行的历史产生了由州和联邦政府建立的双重银行系统。商业银行由多重机构监管：货币监理署、美联储、联邦存款保险公司和银行监管机构。

2.经济环境的变化会加速金融机构进行金融创新。需求条件的变化（尤其是利率的提升），以及供给条件的变化（尤其是信息技术的发展和规避高成本的监管）都成为促进金融创新的推动因素。但是金融创新的诞生，削弱了银行获取资金的成本优势和利用资金的收入优势，造成传统业务盈利空间缩小，传统银行业开始衰落。

3.限制银行分支机构的各州法规和禁止跨州开办分支机构的《麦克法登法案》导致了大量小商业银行的存在。美国商业银行数目众多是过去缺乏竞争的表现，而不是竞争激烈的结果。银行持股公司和自动取款机是对限制开办分支机构的反应，从而弱化了限制措施的反竞争效应。

4.20世纪80年代中期以来，银行合并现象迅速出现。第一个阶段的银行合并是银行破产以及限制设立分支机构的政策效力降低的结果。第二阶段的推动力来自信息技术的迅速发展，以及1994年出台的《里格尔-尼尔州际银行业务及分行效率法》，为建立全国性银行体系奠定了基础。当银行合并浪潮平息时，美国银行体系中可能有几千家银行。大部分经济学家认为银行合并和全国性银行体系的收益要大于成本。

5.《格拉斯-斯蒂格尔法案》将商业银行与证券业务分离。然而，1999年的法案取消了这些行业的分离，《格拉斯-斯蒂格尔法案》自此废止。

6.储蓄业（储贷协会、互助储蓄银行和信用合作社）的监管和结构与商业银行业类似。储蓄贷款协会由储蓄监理局监管，存款保险由联邦存款保险公司提供；互助储蓄银行由各州监管，存款保险由联邦存款保险公司提供；信用合作社则由国家信贷管理局监管，存款保险由全国信用社股份保险基金提供。

7.从1960年开始全球贸易飞速增长，国际银行已经快速成长起来。美国银行通过开设海外分行、控股外国银行、建立爱治法公司以及建立国际银行设施（IBFs），从而开展国际银行的业务。外资银行则通过建立美国分行，以及在美国设立分部或办事处，从而在美国开展业务。

重点词汇

州立银行　国民银行　双重银行体系　银行控股公司　影子银行体系　金融工程　对冲　期货合约　自动提款机　自动银行机　虚拟银行　电子货币　智能卡　电子现金　证券化　存款利率上限　脱媒　流动账户　超地域银行　社区银行　联邦住房贷款银行体系　爱治法公司　国际银行设施

问答题

1.为什么美国是最后拥有中央银行的工业化国家？

2.哪个监管机构对下列商业银行承担主要监管责任？

a.国民银行

b.银行控股公司

c.非美联储成员的州立银行

d.美联储成员的州立银行

3.“加拿大的商业银行业比美国缺少竞争力是因为加拿大由几个大银行主导着这个产业，而美国有大约6 000个商业银行。”这句话是对的、错的，还是不确定的？解释你的答案。

4.分行的缺点是什么，尤其是在当地和国际银行日益增多的情况下。

5.建立一个银行控股公司的优缺点是什么？

6.将国际银行设施引进全球银行市场的优缺点是什么？

7.允许外资银行在你的国家开设分行的优缺点是什么？

8.如果你的活期存款账户所在银行的拥有者是沙特阿拉伯人，你会担心你的存款比在美国银行的安全性低吗？

9.如果一些经济学家宣称会在未来取消准备金要求，这对货币市场共同基金的规模会产生什么影响？

10.为什么一些银行在近几年丧失了获取资金的成本优势？

11.通胀和衰退的区别在哪？央行如何处理这两种情形？

12.银行的资产是什么以及它们是如何维持的？

13.网络银行的优缺点是什么？

14.描述《格拉斯-斯蒂格尔法案》对银行业的贡献，并与《巴塞尔协议》进行比较。

15.解释《金融现代化法案》在银行业中的作用，并与《巴塞尔协议Ⅱ》和《巴塞尔协议Ⅲ》产生的贡献做比较。

第20章 共同基金行业

序言

假设你决定在退休后开始投资，你可能希望持有一些多样化的股票投资组合、一些债券，甚至可能想要持有一些外国公司的股票。现在假设你的预算只允许你每周投资25美元，你会怎样建立退休基金？你可能不想购买个股，但在每次只能花费25美元的情况下，你可能买不起债券。解决这个问题的方法就是投资共同基金。

共同基金通过向许多小投资者出售股票基金从而筹集资金，然后用获得的收入购买有价证券。通过发行小额股票和购买大量有价证券来进行资产转移，共同基金可以利用经纪人佣金的折扣优势来购买多样化的证券投资组合。共同基金使小投资者能在购买证券的过程中花费更少的交易费用，并且通过投资组合的多样化分散风险。

在本章，我们将研究为什么近年来共同基金变得如此热门，共同基金的类型，如何监管共同基金，以及自2001年以来，共同基金行业的利益冲突是如何产生大量丑闻、罚金和诉讼的。

20.1 共同基金的发展

共同基金已经成为很多投资者的投资渠道。2013年年初，57%的退休基金用于共同基金投资。同年，整个美国股票市场的28%由共同基金持有，44%的美国家庭持有共同基金的股票。由于共同基金的普遍性，我们不禁要问：为什么它们提供的服务会使它们的资产在短短25年内从2 920亿美元增加到140 000亿美元。

20.1.1 第一个共同基金

共同基金的起源可以追溯到19世纪中后期的英国。在筹集投资者的资金并且将其投资于不同证券的过程中，形成了投资公司。当这些投资公司通过购买美国铁路债券投资美国经济时，变得更受欢迎。

1824年，随着新投资引进后，第一个基金在波士顿建立。这个基金能持续地提供股票，有在任何时间将基金份额变现的能力，并有防止投资者遭受损失的投资限制。

1929年股票市场崩盘，令小投资者普遍对股票投资，尤其是对共同基金失去信心，导致共同基金的发展倒退了几十年。1940年颁布的《投资公司法》对收费情况以及投资政策的披露提出更多要求，重新振作了整个行业，共同基金开始稳步发展。

20.2 共同基金的优点

共同基金吸引投资者的五个优点如下：

1. 流动性中介。
2. 面值中介。
3. 多样化。
4. 成本优势。
5. 专业化管理。

流动性中介指的是投资者可以用较低的成本将他们的投资变现。如果你买了一份存单或债券，在它到期前想要撤回投资，你就要支付赔偿金或交易费用。此外，如果你购买一份1万美元的存单，即使你只需要5 000美元，你也只能赎回全部的金额。而共同基金允许投资者在任何时间撤回任何金额的投资。一些基金甚至是为短期交易而设的，没有任何赎回费用；而另一些基金是为了长期交易而设的，如果只是短期持有，就会产生赎回费用。

面值中介令小投资者能够购买一些证券，因为如果没有共同基金，投资者将无法负担这些证券。例如，在第11章中我们学到，大部分货币市场证券的面额都很大，通常超过10万美元。通过筹集资金，共同基金可以代表这些投资者购买证券。

多样化（diversification）是投资共同基金的重要优点。正如我们在第4章学到的，通过持有投资组合可以分散风险。小投资者很难在众多不同行业中购买足够多的证券来获取利益。另外，共同基金提供了一种低成本的方法从而能多样化经营外国股票，要知道想要投资没有在美国交易所上市的公司是很困难且很昂贵的。

共同基金投资者拥有显著的成本优势。机构的投资者可以通过协商支付更低的交易费。另外，相对于小额交易来说，10万份以上的大额交易拥有不同的收费结构。通过共同基金购买证券，投资者可以享有更低的交易费用。

专业化管理是促进共同基金发展的一个主要原因。尽管第6章的研究一致表明共同基金没有比市场表现得更优秀，但很多投资者还是愿意依靠专业的理财师来做出投资决策。在讨论过市场有效性原理之后，共同基金没有提供平均值以上的收益也并不令人惊讶。

日益完善的养老金固定缴款计划也是促进共同基金发展的一个因素。在过去，大多数养老金计划要么代表职工进行投资并且保证一定的收益，要么要求职工投资自己公司的股票。而如今，大多数新养老金计划要求员工自己进行养老金投资。根据人们进行养老金投资的发薪日，共同基金提供了完美的养老金投资通道。目前，大约57%的养老金都被用于投资共同基金。随着更多养老金计划将从固定福利转变成固定缴款，这个数量很可能会增加。

在过去的38年里，共同基金投资从470亿美元增长到130 000亿美元以上。这几乎是美国所有商业银行的存款总额。2012年，大约有7 500个不同的共同基金可供投资者选择。有趣的是，分散的共同基金的交易数量比纽约证券交易所和纳斯达克证券交易所加起来的交易数量还多。

20.2.1 共同基金的所有权

大约有5 300万（44%）的家庭拥有共同基金。2013年初，75%的共同基金股份由家庭持有，另一部分由受托人和其他商业机构持有。这与1980年家庭仅占5.7%的持有量相比有了显著提高，如图20-1所示。共同基金的主要投资者主要有中产阶级、平均51岁、已婚、有工作、拥有19万美元资产等特征，其中大约48%的投资者拥有本科学历。93%的投资家庭持有股份的主要原因是为退休做准备。

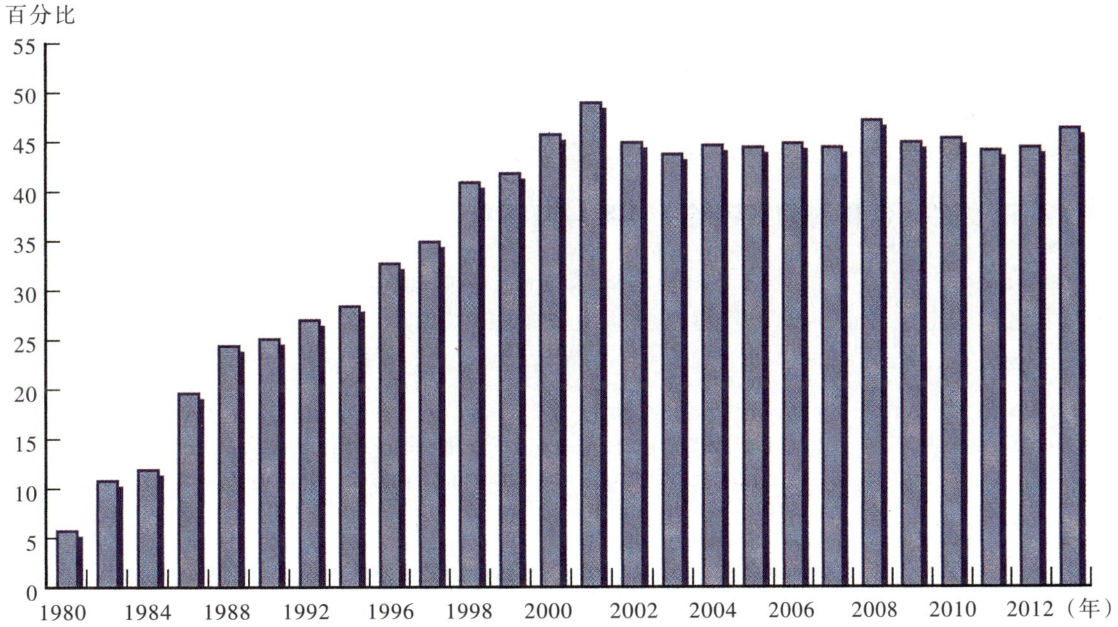

图20-1 共同基金家庭持有比例

资料来源：Investment Company Institute，2012 Investment Company Fact Book，53rd ed.（Washington，DC：ICI），www.icifactbook.org.

2013年年初，共同基金在195 000亿美元的退休市场中占据53 000亿美元（27%）的份额，占共同资金总资产的40%。

投资共同基金的退休存款来源于雇主赞助的固定缴款养老金计划，尤其是401（k）计划和个人退休账户（IRAs）。图20-2显示了所有401（k）共同基金账户的平均资产分配。退休资产的大部分是股权资金，其次是担保投资合同、债券基金和公司股票。

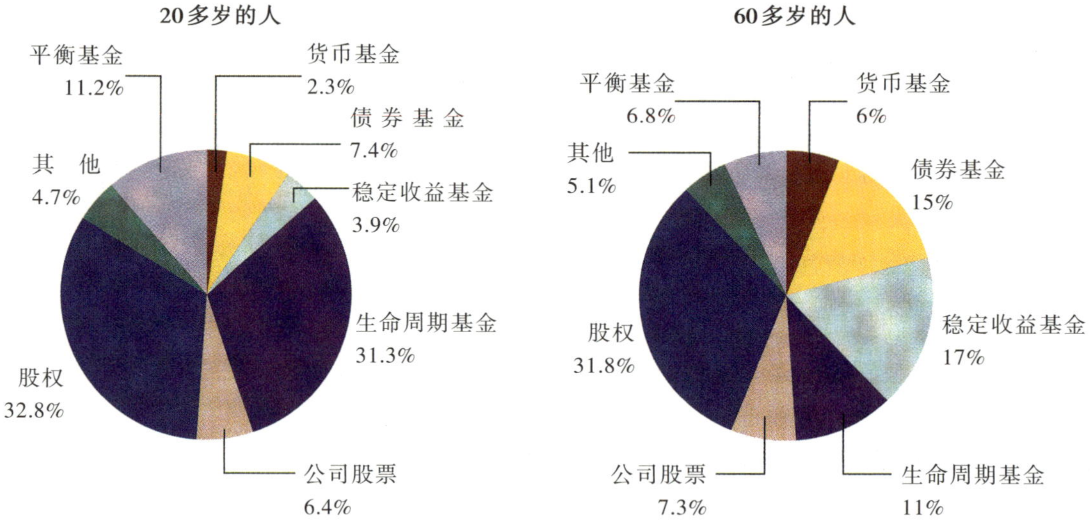

图20-2 所有401（k）共同基金账户的平均资产分配

资料来源：Investment Company Institute，2012 Investment Company Fact Book，53rd ed.（Washington，DC：ICI）. Reprinted with permission.

20.3 共同基金的结构

共同基金公司经常提供一些分散的共同基金。它们被称作复合基金（伞形基金），指的是统一管理并由一只或更多家庭基金组成的一组基金。复合基金的优势在于它们可以在一个家庭的不同基金间快速且容易地进行转换。此外，复合基金可以整合账户信息，以便投资者管理资产。在这一部分我们将研究共同基金的构成和投资基金的类型。

20.3.1 开放式基金和封闭式基金

共同基金有两种结构。第一种叫作**封闭式基金（closed-end fund）**。封闭式基金在首次公开发行中出售固定数量的不可赎回股票，这些股票像普通股一样在场外交易市场中流通。这些股票的市场价值随着基金所持有的固定资产价值波动，主要取决于市场对经理挑选的股票的评估。

这种基金的缺点在于，一旦股票被售出，基金就不能再吸收任何投资。因此，为了发展基金，经理必须建立新的基金。而优点在于，投资者不能撤回投资。投资者收回资金的唯一方式就是出售股票。

如今，封闭式基金已逐渐被**开放式基金（open-end fund）**所取代。投资者可以随时购买开放式基金。它增加了流通在外的股份数量。开放式基金的另一个特征就是允许投资者随时赎回股份。基金每天的净资产都是基于已发行的股票数量以及基金的净资产数量而计算得出。每天股票的买卖都是按照同一个净资产价值进行交易的。具体请看“计算共同基金的净资产价值”的案例。

开放式基金可以促进共同基金的成长。首先，由于基金可以随时赎回，因此投资流动性非常强，而这种流动性对投资者来说意义非凡。其次，共同基金可以自由成长。只要投资者想投资，它就可以无限扩张。例如，先锋标准普尔500指数基金拥有大约1 400亿美元的持股。这些优点解释了为什么98%的共同基金是开放式基金。

案例

计算共同基金的净资产价值

20.3.2　组织结构

不管是开放式还是封闭式基金，都有相同的基本组织结构。基金的投资者就是股东，和公司股东获取剩余收益一样，共同基金的股东也会获得扣除费用后的净收入。

董事会监督基金活动并制定政策。他们也负责委派投资顾问管理投资组合，以及任命主承销商销售基金股份。证交会规定大多数董事要独立于共同基金。

投资顾问需要保证基金的既定目标和政策相一致。实际上，投资顾问对基金所持有的证券进行挑选并且做出购买与出售决策。他们的专业能力决定了基金的成功与否。

除投资顾问之外，基金也会与其他公司签订合同，获得额外服务。这些公司可能包括保险公司、过户代理以及保管人。合同会由独立的公共会计师安排。大型基金可能会在内部安排这些职能，而其他基金可能将其外包。图20-3展示了共同基金的组织结构。

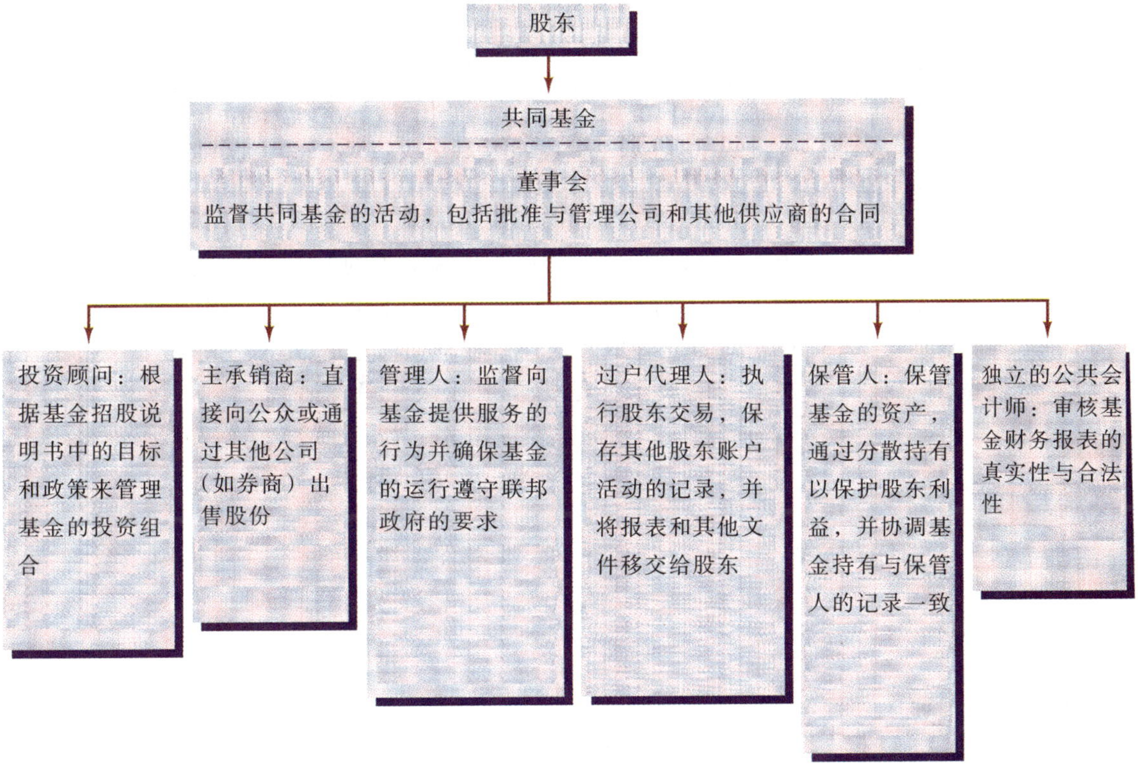

图20-3　共同基金的组织结构

资料来源：Investment Company Institute，2012 Investment Company Fact Book，53rd ed.（Washintgon，DC：ICI）.

20.4 投资目标类别

投资者可以选择四类共同基金：（1）股票基金（股权基金）；（2）债券基金；（3）混合基金；（4）货币市场基金。图20-4展示了不同类型基金的资产分布。

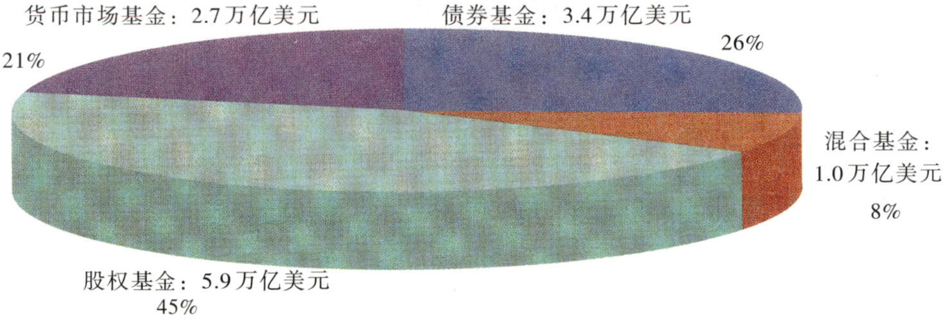

图20-4 不同类型共同基金的资产分布

资料来源：Investment Company Institute，2012 Investment Company Fact Book，53rd ed.（Washintgon，DC：ICI）.

20.4.1 股权基金

股权基金的共同点是它们都投资股票，但它们可以有不同的目标。投资公司协会将其分为三种类型：资本增值型基金、全球型基金以及完全回报型基金。其中资本增值型基金占比最大，有将近44%的份额。这些基金寻求资本的快速增值（增加股价），且不关心股利。这些基金相对风险较大，因为基金经理尝试去选择一些快速增长的公司。例如，20世纪90年代，很多资本增值型基金大量投资高新技术和互联网公司股票。

完全回报型基金占股权基金资产的约29%。这种基金寻求当前收入和资本增值的结合。投资对象包括正在支付股利的成熟型公司和预期股票价格会大幅上涨的成长型公司。相比资本增值型基金，完全回报型基金的风险较低，因为它们选择了许多大规模的公司。这于2000年得到证实，即资本增值型基金损失了16.5%资产，而完全回报型基金只损失了5.7%。

全球型基金主要投资外国公司的股票。这些基金让投资者很容易进行国际化分散投资。很多理财规划师建议投资者至少持有一小部分外国股票，这些全球型基金为其提供了主要渠道。

这里叙述的三种股权基金简化了适用于投资者的股权共同基金的范围。例如，先锋家庭共同基金提供了超过60种不同的股票基金，每种基金的既定目标都不相同。一些股票来自于特殊行业，一些有既定的历史增长率，而另一些是根据市盈率进行选择。共同基金公司尝试提供能满足所有投资者需求的基金。

20.4.2 债券基金

图20-5展示了投资公司协会发布的债券基金类型。战略性收入债券是最受欢迎的美国公司债券组合，它提供了高水平的收益。这种基金中债券的质量会比其他基金低一些，但是它们的收益会更高。投资者想要规避风险并获得高收益。公司债券基金是第二流行的基金种类，主要投资优质的公司债券。政府债券也非常流行。它们基本没有风险，但是相对收益较低。市政府、州政府和国家政府债券是免税的。

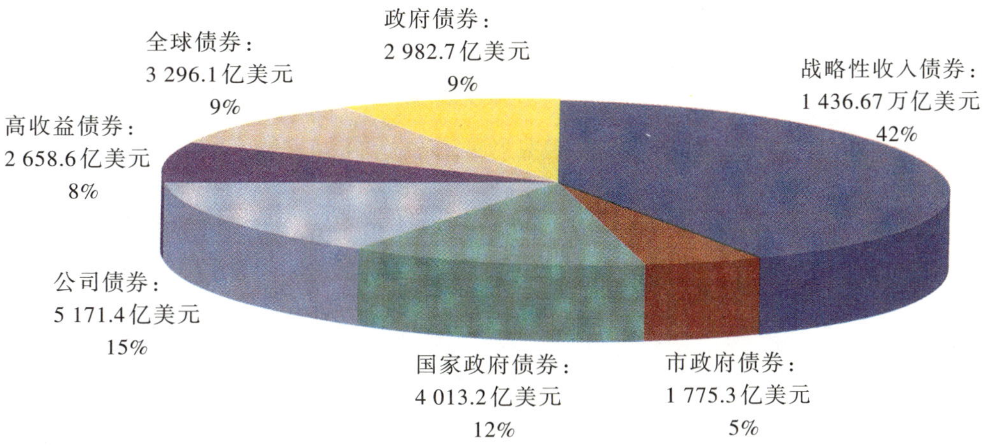

图20-5 不同类型债券共同基金的资产投资

资料来源：Investment Company Institute，2012 Investment Company Fact Book，53rd ed.（Washington，DC：ICI）.

债券的风险比股票小，所以投资者分散投资多种不同的债券就变得不那么重要了，在二手市场上购买和销售债券也变得相对容易。于是，债券共同基金持有的资产只占股票共同基金的1/3左右，也就不那么令人意外了。但是，许多投资者仍然认为债券共同基金的流动性干预和自动再投资的特性非常有价值。

20.4.3 混合基金

混合基金将股权基金和债券基金结合起来。它提供了一种既能把不同种类的证券结合起来，又能把同一种债券的不同发行者结合起来的投资方式。因此，如果一个投资者发现一种混合基金里有他想要的股票和债券，他可以只拥有一项基金。尽管这种方式很方便，大多数投资者还是愿意选择分散基金。只有7%的共同基金账户是混合基金账户。

20.4.4 货币市场基金

货币市场共同基金（MMMFs）起源于20世纪70年代早期。然而，1977年以前的低市场利率（有时低于或略高于Q条例规定的5.25%~5.5%限额）使得它们相对于银行存款来说并无优势。1978年美林证券公司意识到如果为客户提供可以进行存款的账户，就可以为他们提供更好的服务。所以在货币市场共同基金作为小额投资账户被引进之前，当客户想要进行投资时，必须在经纪公司使用支票，并在出售证券时换回支票。然而，拥有货币市场共同基金账户的客户在购买证券时就可以让经纪人从他的账户划款购买股票，或在卖出证券时把这笔钱存进账户。起初，美林证券没有把货币市场共同基金作为收入的主要来源。

20世纪80年代早期，通货膨胀率和利率飞涨。Q条例限制银行存款利率不得高于5.25%。当货币市场利率超过15%时，投资者们大批买入货币市场共同基金。图20-6展示了1975年以来货币市场共同基金的成长。要注意的是，在货币市场证券利率低迷的最后几年里，存款大幅下降。

所有货币市场共同基金都是只投资货币市场证券的开放式投资基金。大多数基金不收取投资者任何费用，包括赎回股份的费用。基金通常有一个最低初始投资额：500~2 000美元。基金的收益率全部取决于证券的表现。

货币市场共同基金的一个显著特点就是有签发支票的特权。它们通常不收取签发支票的费用，只有投资者账户余额超过规定的水平才收取最低费用。这种便利以及市场利率使得货币市场

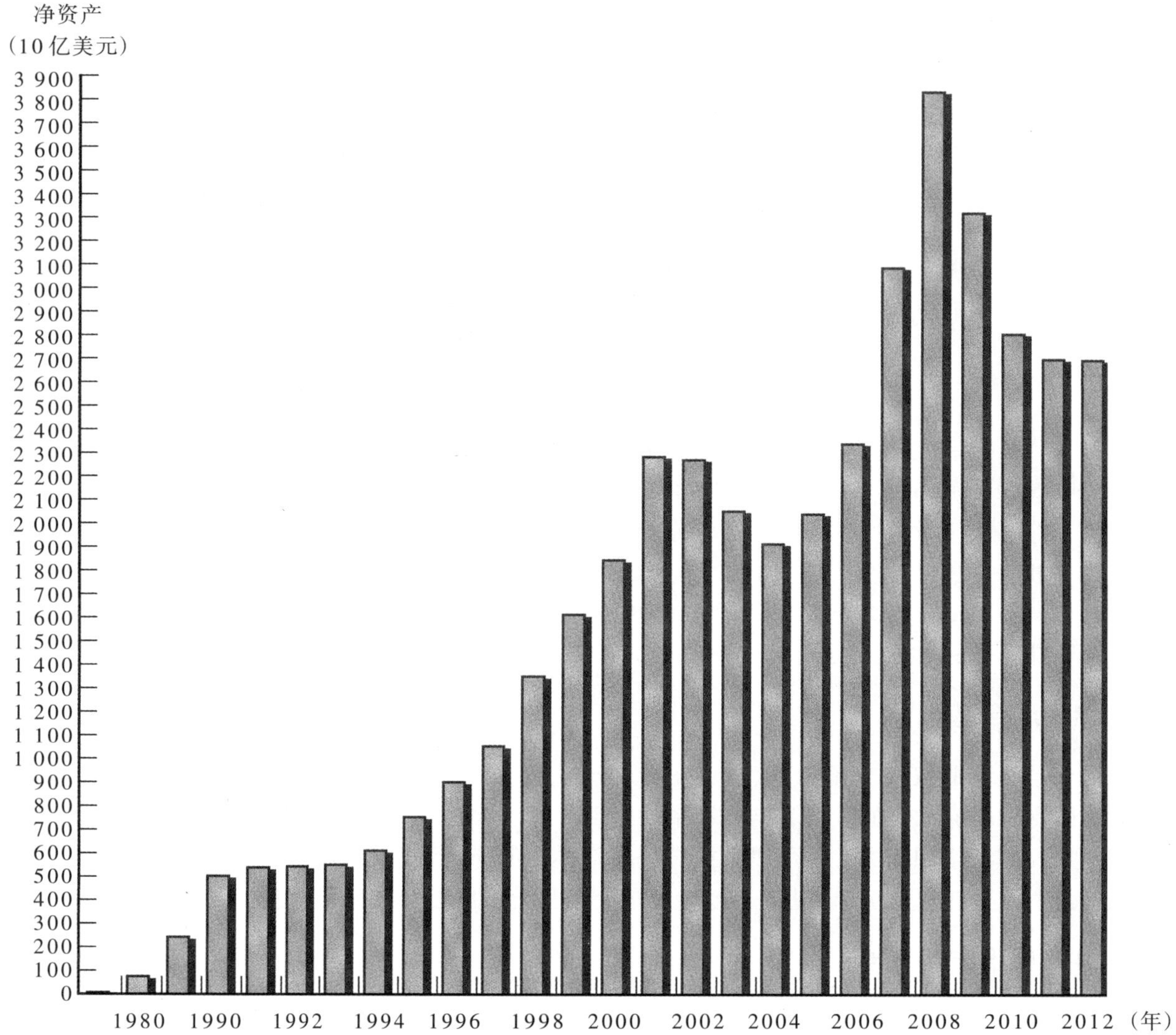

图20-6　货币市场共同基金净资产

资料来源：Investment Company Institute，2012 Investment Company Fact Book，53rd ed.（Washington，DC：ICI）

共同基金在小投资者之中非常受欢迎。

投资者经常从联邦担保的银行和储蓄机构中取钱，然后存进未投保的货币市场共同基金。一个重要的问题是他们为什么愿意付出这种额外的风险代价。原因就是从历史数据来看，这种额外风险非常小。货币市场共同基金的资本又投资于货币市场工具，存单、国债、市政债券和回购协议占据了这些基金的绝大部分。图20-7显示了货币市场基金的资产分布。因为这些证券的违约风险被认为非常低，货币市场共同基金的风险也非常低。投资者发现了这一点，所以愿意放弃银行的安全性，以追求更高的收益。

这种信心在信贷危机发生时也曾受到动摇，有一段时间共同基金不能赎回持有的商业票据。即使商业票据是短期的，并且由大公司发行，但恐慌的情绪仍然迅速蔓延，并且引起证券市场的价值蒸发。2008年9月16日，雷曼兄弟控股公司宣布破产后的第二天，主要储备基金无法以一美元的净资产价值赎回货币市场账户股份，从而导致“跌破一美元”。这导致了全世界货币市场基金的撤离，并且威胁了上百种其他基金的流动性。两天之后，财政部宣布了为货币市场基金提供临时保证计划，并且美联储同意出资购买货币市场基金中的资产及支持商业票据。这些举措

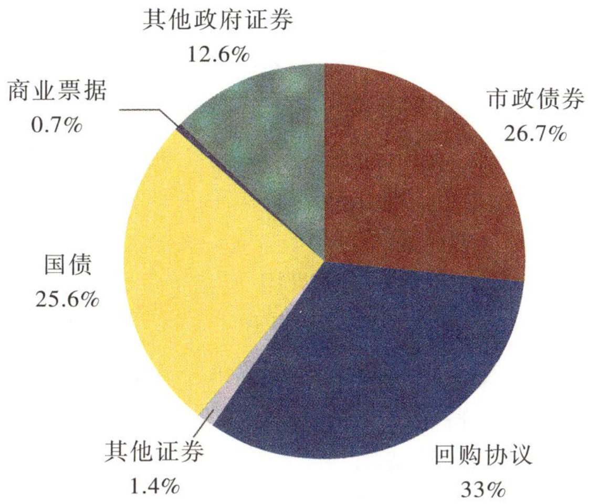

图20-7　2012年货币市场基金资产的平均分布

资料来源：Investment Company Institute，2012 Investment Company Fact Book，53rd ed.（Washington，DC：ICI）

重塑了投资者的信心，至2008年10月，货币市场共同基金增加了1 490亿美元资金。这种趋势持续到了2009年1月，货币市场共同基金的总资产达到约27 000亿美元。

20.4.5　指数基金

指数基金，是不属于前面任何一种分类的特殊的共同基金，是另一种可选择的投资方式。传统基金雇用投资经理选择基金组合的股票和债券。如果我们相信第6章讨论的市场效率的评估，我们就可以认为投资经理选择的股票并不比随便挑选的股票表现更好。如果投资经理不是优秀的选股人，那么我们不禁要问，为什么要付钱给这些不能带来任何边际利益的人。

很多投资者想获取共同基金的利益同时又不想付钱给这些投资经理，那么，最好的选择就是指数基金。指数基金中包含了一个指数下的所有股票。例如，大型先锋标准普尔500指数基金包括指数内的500个股票。份额的持有比例随着指数的变化而变化，很多其他指数基金模拟不同股票和债券指数的活动。

指数基金不需要经理选择证券，因此这些基金成本更低。一些金融专家甚至认为这种基金比大多数投资经理表现得更好，因为它避免了投资顾问的主观臆断和个别投资者的判断。最近退休的标普集团共同基金的CEO约翰·勃格勒承认了一个有趣的事实——他自己就是一个“指数投资者”。

20.5　投资基金的费用结构

起初，大多数共同基金都是由收取佣金的经纪人出售。因为这部分佣金在购买时支付，从赎回的股份中扣除，这些基金被称作**负担基金**（load fund）。如果在购买基金时收取费用，就属于前端收费。大多数前端收费在1%~2%之间，但是有一些超过6%。如果费用在基金取出时收取（通常在5年内逐年递减），就是**后端收费**（deferred load）。这种费用的主要用途就是为销售经纪人提供报酬。后端收费的另一个动机是不鼓励存款提前赎回。

20世纪80年代初期，不收取直接手续费的**无负担基金**（no-load fund）出现了。大多数无负担基金可以由个人投资者直接购买，而不需要中介。现在大约55%的股权基金和65%的债券基金是没有手续费的。很多投资者意识到当初始存款迅速减少，需要更长的时间才能得到无负担基金提供的收益。前端收费基金份额称作A类份额，后端收费基金份额称作B类份额。无负担基金份额就是C类份额。

不管是否收取手续费，所有共同基金账户都有不同的费用。投资者在选择一个共同基金前应该考虑的一个主要因素就是费用的水平。这些费用在资产组合传递给投资者之前从收入中被扣除。因为投资者不直接支付费用，很多人都不知道抽取了这些费用。共同基金通常的费用如下：

- 递延申购手续费（可能发生的延期销售费用）：在赎回时收取，是支付给专业金融人士的另一种服务费。此费用只适用于拥有所有权的前几年，然后就取消了。
- 赎回费：赎回股份时的后端收费，表示为赎回价格的百分比。
- 转换费：把现金从一个基金转移到同一家基金公司的另一个基金时收取的费用。
- 账户维护费：维护低余额账户的费用。
- 12b-1费：如果有的话，就是营销和广告费用，或支付给销售专员的费用。根据法律，12b-1不能超过每年基金平均净资产的1%。

显然，共同基金经理有很多机会向投资者收取费用。投资者应在投资之前谨慎评估费用结构，因为每年费用的波动范围为0.25%~8%。没有研究证明投资者支付更高的费用就会获取更高的收益。相反，大多数费用较高的共同基金的收益并没有比费用较低的高。

在过去的20年里，共同基金行业的竞争导致了费用的降低。1990—2012年，股权共同基金的股东平均总成本降低了20%以上，债券基金的成本降低了31%。一个主要的原因就是美国证券交易委员会规定共同基金必须明确披露所有可能发生的费用和成本。美国证券交易委员会还进一步要求共同基金的招股说明书中必须包括一个标准的样本账户，来列示1万美元资金在1、3、5、10年内的投资情况。相关研究表明投资者明确知道了将发生的费用，并且费用的披露使得投资者能够很容易地比较不同的基金，因此加剧了基金行业的竞争。

20.6 共同基金的监管

为保护投资者，共同基金受到四种联邦法律的监管。1933年《证券法》规定基金必须做出明确披露。1934年《证券交易法》制定了买卖基金份额的反欺诈条例。1940年《投资公司法》要求所有基金都要在美国证券交易委员会注册并且达到相关操作标准。1940年《投资顾问法》对基金顾问进行了相关规定。

作为政府监管的一部分，所有基金必须免费提供两种文件：招股说明书和股东报告。招股说明书说明了基金的目标、费用和支出、投资策略和风险，同时提供如何购买和出售基金份额的信息。美国证券交易委员会要求基金在投资之前或在初始投资确认时提供完整的招股说明书。

年度和半年度的股东报告反映基金的近期表现，也包括其他重要信息，如基金的财务报表。通过分析这些报告，投资者可以知道基金是否有效达成了目标及投资策略。

另外，投资者会收到一份年度报告，里面详细介绍了基金分红的联邦纳税情况。共同基金股东是税务的直接承担人，就如股东本人持有这些潜在的证券一样。同样地，任何基金获得的免税收入也会直接免除股东的税费。

投资基金由经纪公司和机构投资者共同运营，它们控制了美国50%以上的已发行股份。每天70%以上的股票交易都是由机构发起。很多共同基金都由经纪公司运营，另外一些由独立的机构投资者运营。由于股票的持有量由这些投资者决定，因此引发了行业的激烈竞争。这势必引起成本的大幅下降以及交易方式的扩大。例如，电子化交易降低了经纪人在股票活动中的地位。

在美国，共同基金是唯一被立法要求有独立董事的公司。美国证券交易委员会认为独立董事在共同基金监管过程中起着重要作用。2001年1月，美国证券交易委员会采用了实质性规则修订法案，主要是为了增强投资公司董事的独立性并向投资者提供更多信息以评估董事独立性。规则要求：

- 独立董事至少占董事会的大多数。
- 独立董事选择并任命其他独立董事。
- 独立董事的任何法律顾问必须是合法的独立顾问。

另外，美国证券交易委员会要求共同基金发布关于董事会成员的详细信息，包括他们的工作经验和持有的共同基金份额。这种监管共同基金股东利益的体系有助于共同基金行业避免一些系统性风险，并帮助公众建立了对共同基金的信心。

20.7　对冲基金

对冲基金（hedge fund）是一种特殊的共同基金，由于长期资本管理公司的崩溃，对冲基金近期引起了许多关注。在第24章我们将讨论金融市场在各种情况下是如何运用对冲来降低风险的。这些降低风险的策略不能与对冲基金相混淆。尽管对冲基金经常试图保持市场中立，避免了大部分市场变化的冲击，但对冲基金并不是无风险的。

为了说明典型的对冲基金交易，让我们描述一个由长期资本管理公司在1994年进行的交易。基金经理注意到29.5年期的美国长期国债似乎比30年期的长期国债价格更低。经理认为这两种债券的价格随时间变得一致。毕竟，这两种证券由于到期风险的差别不大，所以拥有的风险几乎相同。为了从债券价格的这种暂时差异中获利，基金购入2亿美元的29.5年期国债并卖空2亿美元的30年期国债（卖空意味着基金借入不属于它们的债券然后再卖出，随后基金必须以较低价格买回这些债券来补仓）。长期资本管理公司的净投资是1 200万美元。6个月后，公司通过购入30年期国债并卖出29.5年期国债来补仓。这次交易产生了2 500万美元的利润。[①]

在这笔交易中，经理不关心整个债券市场的涨跌。从这个意义上来说，交易是市场中立的。所有产生的利润所需要的就是债券集中的价格，即一个如期发生的事件。对冲基金经理通过对相关证券之间价格的研究刷新了世界的认知。图20-8展示了对冲基金的投资情况。证券A和证券B变化轨迹一致。在一些点上它们有所偏离，产生了机会。对冲基金会买入B证券，因为它会随着A的增加而增加，并且会卖空A证券。基金经理希望B证券的收益会比A证券的损失更大。偶尔，对机会的研究会使对冲基金采用一种不容易应用到别处的奇异方式——投资问题证券——来参与风险资本融资。

除了个人和机构投资，对冲基金经常设置信用额度来使投资杠杆化。比如，在我们的例子中，长期资本管理公司投资了1 200万美元并赚取了2 500万美元，收益率为108%，即（2 500万美元-1 200万美元）/1 200万美元。假设其中600万美元是借入的资金，那么收益率就是317%，即（2 500万美元-600万美元）/600万美元。长期资本管理公司宣称杠杆比率是20：1；然而，当经济危机发生时，这个数字达到了50：1。案例“长期资本管理公司的崩溃”讨论了长期资本管理公司最终是怎样利用私下救助计划来防止破产的。

---

① Wall Street Journal，November 16，1998，p.A18.

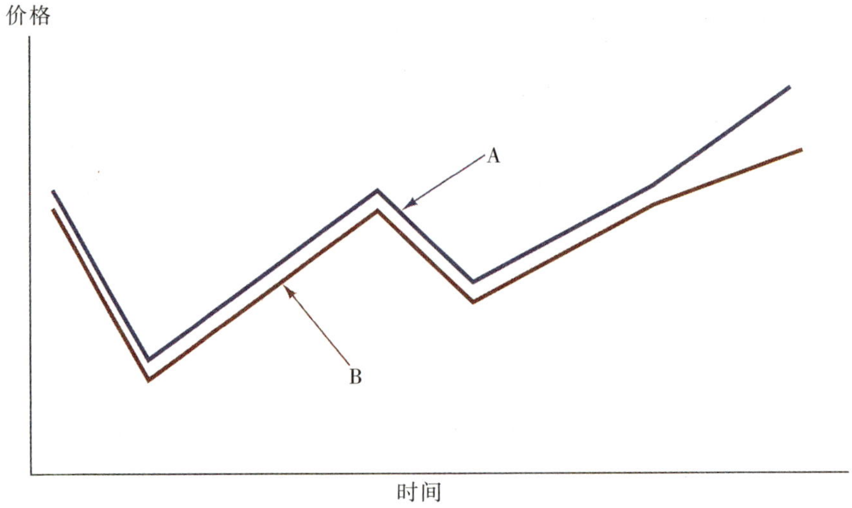

图20-8 两种相似证券的价格

注：对冲基金寻找那些历史轨迹相似但有暂时偏离的证券。在这个例子中，对冲基金会卖空A并购入B。

对冲基金从很多人手中筹集资金并代表他们进行投资，但是一些特点把它们和传统共同基金区分开来。首先，对冲基金有一个10万美元到2 000万美元的最低投资额，而典型的最低投资额是100万美元。大多数对冲基金的设立方式是有限合伙公司。联邦法律限制对冲基金的合伙人不得超过99个，且合伙人每年要有20万美元的稳定收入或除房产外超过100万美元的净资产。如果基金的投资资产达到500万美元，就可以有499个合伙人。所有的这些限制旨在允许对冲基金最大程度上自我约束，这主要是基于富人可以照顾自己的理论。4 000多个对冲基金选择离岸设立来规避管理限制。

其次，对冲基金与众不同是因为它们通常要求投资者进行长达几年的长期投资。这种要求的目的是给经理留出准备长期战略的时间。

对冲基金通常收取高额费用。典型的对冲基金每年会收取1%的资产管理费和20%的利润，有些甚至更多。比如，长期资本管理公司收取2%的管理费和25%的利润。

尽管有争论认为富有的投资者并不需要通过监管保护来避免对冲基金的投资风险，但2006年美国证券交易委员会发布了对冲基金顾问注册的准则。美国证券交易委员会列举了推动新举措的两方面担忧：首先，它们担心对冲基金顾问的欺诈行为；其次，它们对于更多的投资者可能通过“零售”方式参与对冲基金表示担忧，而这正好充分论证了监管需要加强。通过要求顾问注册，美国证券交易委员会可以进行实地检查。它们认为这些检查对于保护国家的证券市场和对冲基金投资者是非常必要的。

案例

长期资本管理公司的崩溃

长期资本管理公司是一家对冲基金公司，其团队包括两个诺贝尔奖获得者和25个博士。它在1998年9月登上报纸头版，因为它需要纽约联邦储备银行的私下救助计划。

长期资本管理公司的经历说明了尽管对冲基金保持市场中立，但对冲基金并不是无风险的。长期资本管理公司预期长期国债和长期公司债券的价差会逐渐缩小。就在长期资本管理公司进行投资后不久，全世界很多股票市场开始暴跌，引发了对于证券质量的"战争"。投资者在公司证券价格下跌时哄抬国债价格。这正与长期资本管理公司之前所预测的相反。当损失越来越多时，长期资本管理公司的债权人要求基金增加其股权头寸。

到了9月中旬，基金无法筹集足够的股权投资来满足债权人的要求。面对潜在的破产风险，以及由将近800亿美元股权和名义价值超过1万亿美元的衍生工具组成的投资组合高度杠杆化，联邦储备银行开始进行干预以防基金破产。美联储的基本推论是长期资本管理公司组合的突然清算会产生无法接受的系统风险。价值数百亿美元的非流动证券会流入已经惶惶不安的市场，从而造成大量债权人和其他组织的巨大损失。一个由银行和经纪公司组成的小组出资36亿美元来防止基金破产。

政府的干预引起了争议，尽管这并没有花费公共基金。很多批评者认为这次干预增加了道德风险，因为这降低了市场对基金经理的约束。然而，支持者认为如果基金破产，带来的经济危害是无法接受的。

对冲基金在长期资本管理公司事件后仍呈下滑趋势。2006年9月，Amarath公司对天然气的预测失败，并在一星期内损失了6亿美元。这是史上最大的对冲基金崩溃。其他基金也遭受了巨大损失，包括Anvanced投资公司（损失4.15亿美元）、Bayou投资公司（损失4.5亿美元）、Lipper可转换债券公司（损失3.15亿美元）。对冲基金是富有的投资者之间的高风险博弈。

20.8 共同基金行业的利益冲突

在第7章我们讨论了金融行业的利益冲突。我们得出的结论就是，近期很多治理问题都是源于委托人与代理人关系不当。现在让我们把注意力集中到共同基金——一个曾经历丑闻、罚金和诉讼的行业，甚至有很多共同基金的经理和CEO都已锒铛入狱。

投资者对于共同基金行业稳定性和真实性的信心是至关重要的。大部分人自己为退休金做规划，而大部分资金都流入了各种各样的基金。如果这些基金只是利用投资者而不能提供他们所需要的回报，人们会发现他们无法退休，或者不得不延迟退休计划。共同基金无法承诺任何特定的回报，这一点毋庸置疑。然而它们应该平等对待投资者，并且明确披露风险和费用。它们必须遵循它们发布的关于管理基金的各项政策规定。

20.8.1 利益冲突的根源

利益冲突是由于信息不对称、委托人和代理人的利益不一致造成的。共同基金的管理结构造成了这样的局面。共同基金投资者作为股东可以选举为他们利益服务的董事，然后董事再选举实际运行共同基金的投资顾问。然而，考虑到典型基金的股东数量巨大，会产生搭便车问题进而阻碍他们对董事和投资顾问的监督。

股东依靠董事会监督投资顾问。不幸的是，最近的一些证据表明，董事会的努力不足以防止资金滥用。补偿投资顾问的激励结构并不能确保他们有动力将股东利益最大化。在缺失监督的情况下，投资顾问会试图增加他们的手续费和收入，即使会损害股东利益。例如，一个机构投资者向基金投入大量存款来换取其他投资者没有的一些贸易特权。因为投资顾问在管理中会获得一定比例的回报，他们也许会选择提供一些特殊服务来增加收入。近期关于共同基金的负面消息也是由于这种利益冲突造成的。（详见案例"许多共同基金都在无视道德准则"）

案例

许多共同基金都在无视道德准则

20.8.2 共同基金的滥用行为

直到2001年，共同基金还可以自夸是一个超过60年都没有丑闻的行业。这一说法在纽约总检察长开始调查共同基金时就不再存在了，共同基金卷入了许多损害受托人利益、违反规定，甚至违反美国证券交易委员会规定的事件。这些滥用行为主要围绕两类活动：逾时交易和择时交易。二者都利用了开放式共同基金的结构，即每天16：00闭市时按照资产净值进行所有的交易，从而为股东提供日常流动性。

1.逾时交易。逾时交易指的是允许16：00以后的交易（本应以第二天价格成交）以当天16：00的价格成交。假设星期三16：00，一笔技术类基金的净资产价值是20美元，交易员在16：00得到了这样一条信息：惠普、英特尔和微软报道了它们上一季度的收入上涨了50%。交易员知道这会对整个行业产生影响，他们想以20美元的价格买入基金。他们确定星期四的净资产价值会有一个实质性的上涨，这样他们可以快速盈利。一个逾时交易者能够以星期三16：00的价格购入基金，然后第二天卖出基金从而获取利润。

首席检察官在国会听证会报告中称“逾时交易就像是在赛马已经冲过线后才下注一样”。这种逾时交易违反了美国证券交易委员会的规定，而这么多年都没有被发现的原因是一些特定的逾时交易通常是可以接受的，并且是合法的。如果一个经纪人在14：00时收到一个顾客的订单，那么这笔订单可能无法在16：00之前与其他订单一起送到基金会。因为投资者是在闭市前下的订单，投资者不能享受逾时交易的好处。逾时交易仅仅是为赶上订单处理提供一个机会。当投资者以损害其他股东的利益为代价进行这种特殊的交易安排时，这种交易才是非法的。

2.择时交易。尽管从技术上来说择时交易是合法的，但它是不道德的，并且在共同基金政策准则中是默认禁止的。择时交易包括利用时差进行套利，特别是对外国股票。共同基金将最近的境外价格设为16：00时的闭市净资产价值。然而，这些价格可能缺少时效性。例如，日本比美国提前9小时闭市，如果日本发布的消息没有反映在闭市价格上，那么净资产的过期价格中就存在套利机会。

大多数共同基金都含有一些费用，旨在抵制这些快速买入卖出的行为。然而，如果一个如美国银行这样的投资者在基金里投入大量存款，这些费用就可能被免除。这就是爱德华·斯特恩和他的金丝雀资本公司所做的事情。2003年9月，斯特恩因为允许美国银行的逾时交易和择时交易被罚款4亿美元。

为了更深刻地理解逾时交易和择时交易给共同基金带来的损害，假设一个科技类基金拥有很多不同公司的股票，总市值为350美元，而你拥有基金1/10的发行股份。基金的净资产价值是每股35美元。现在假设闭市之后科技行业宣布实际的收益比预期的更多，如果每个人都认为明天早上股票价值将会上涨至400美元，你的股票净资产净值就会是40美元。然而，如果一个拥有特权的投资者可以在闭市之后以35美元的价格购入，那么你的股权就会被稀释。因为市场已经关闭，基金不能再购买额外的股票，所以从特权投资者那里获得的35美元将以现金的形式持有。因此，基金资产第二天的价值就是435美元（400美元股票加上35美元现金），净资产价值就是435美元/11=39.54美元，而不是40美元。所有原始投资者将会每股损失0.46美元，而特权投资者赚取4.54美元（39.54-35.00）。

逾时交易和择时交易的成本很难估计，因为不知道这些行为多久发生一次，所以没有可靠的数据。近期学术研究估计了长期投资者的损失可高达49亿美元。[①]（详见案例“美国证交会调查报告显示投资基金滥用行为广泛存在”）

案例

美国证交会调查报告显示投资基金滥用行为广泛存在

20.8.3 政府对基金滥用行为的回应

阿瑟·莱维特——美国证交会前主席承认“尽管丑闻极为糟糕，但我从未想过它真的到来”。事实上证交会虽然监督共同基金行业，但并不是首先发现滥用行为的机构。纽约司法部长艾略特·斯皮策通过对共同基金行业的许多共同参与者提起控告发现了证交会没有察觉的情况。如今这个问题已经被大众所意识到了，证交会和国会都尝试着保障这些基金的安全。

- 更多的独立董事。2006年1月，立法要求基金有独立的董事会主席，并且75%的董事都必须是独立的。另外，独立董事会成员必须每年举行一次没有基金经理参与的行政会议。法律还规定这些独立董事会成员有权雇用员工来支持他们的监督工作。
- 落实16：00净资产价值的规则。通过更严格地执行16：00后的交易按照第二天的净资产价值计算，而不是以滞后的净资产价值进行计算，可以避免逾时交易。然而，这些提议具有争议，因为这波及了一些因为订单挤压而滞后的投资者，这些提议同时也没能阻止跨时区进行的套利。
- 增加和提高赎回费用。大部分基金已经有了防止择时交易的政策，并且也对一些60天或90天内卖出的股票收取赎回费用。而这种强制收费的问题就在于它也惩罚了一些确实由于紧急情况不得不撤资的投资者。这种罚金降低了共同基金的吸引力。因此，2005年3月，实行了自愿赎回费用原则。该法规要求董事会决定其是否应该收取这部分费用来保护股东免受择时交易的损害。
- 增加透明度。另外一些规章都遵循了证交会采取的最普遍的方法，即向公众披露更多运行操作的相关信息。董事会必须更清晰和公开地揭示基金拥有者和投资经理之间的关系。投资经理必须更清晰地披露报酬分配和费用分配。此外，规定还要求披露更多关于共同基金和销售经纪人之间的报酬分配信息。市场通过这个规定规范那些利用利益冲突的公司。

本章小结

1.共同基金在过去20年里快速增长。这一部分是因为需要对自己的退休金负责的投资者增加，另一部分是因为它们有更强的流动性和多样性。

2.共同基金可以分为开放式基金和封闭式基金。封闭式基金股票份额首次发行后不再接受额外资金。大多数基金都是开放式基金，当收到新增款项时可以发行额外股票份额。份额的净资产价值需要每天进行计算。所有当日进行的交易都以净资产价值计量。

3.共同基金的主要分类是股票基金、债券基金、混合基金以及货币市场基金。股票基金和债券基金可以由投资经理管理，或形成指数基金结构，其包括某些指数下的证券，如标普500

① Eric Zitzewitz, Journal of Law, Economics & Organization 19, no. 2 (2003): 245-280; Jason Greene and Charles Hodges, Journal of Financial Economics 65 (2002): 131-158; and Goetzmann, Ivkovic, and Rouwenhorst, Journal of Financial and Quantitative Analysis 36, no. 3 (September 2001): 287-309.

指数。

4.对冲基金从证券的历史关系和其现在市场状况的价差中获利。

5.共同基金由于违反交监会规定而爆出丑闻。大多数滥用行为主要表现为逾时交易和择时交易，当投资者通过存入存款来换取特权时会发生这种情况。根据基金的总资产而不是收益来收费的费用结构造成的利益冲突对此承担部分责任。

重点词汇

多样化　封闭式基金　开放式基金　负担基金　后端收费　无负担基金　对冲基金

问答题

1.共同基金和投资环境的哪些特点导致过去20年中共同基金的快速增长？

2.流动性中介是什么意思？

3.根据第6章对市场效率的讨论，你是否愿意为共同基金投资经理支付高额费用？

4.对冲基金在2007—2009年全球金融危机中起到什么作用？

5.讨论为什么一个共同基金可以通过提供包括50或60个不同股票的共同基金获利。

6.指数基金与积极管理的基金又有怎样的不同？

7.什么是负担基金？

8.后端收费通常是什么结构？

9.对冲基金和共同基金的投资策略有什么不同？

10.是什么促使货币市场共同基金的增长？

11.什么是12b-1费，这些费用的最高金额是多少？

12.股东与投资经理之间利益冲突的主要根源是什么？

13.简述共同基金投资与股票投资的区别。

14.简述共同基金和储蓄账户的区别。

15.有哪些已采纳或正在考虑中的监管措施能够处罚共同基金行业的滥用行为？

计算题

1.1月1日16：00点，共同基金的股票数量和价格如下：

股票	基金拥有股票份额	价格（美元）
1	1 000	1.92
2	5 000	51.18
3	2 800	29.08
4	9 200	67.19
5	3 000	4.51
现金	n.a.	5 353.40

股票3宣布了收益记录，其市场交易价格上升到32.44美元。如果基金（非法）允许投资者以当前的资产净值购入，25 000美元将买多少股？如果基金等到价格调整，可以购买多少股？这种非法交易的利润是什么？假设有5 000股流通股票。

2.共同基金收取6%的前端收费，加上1.75%的费用比率。如果投资者计划持有35年的基金，投资者平均每年支付的费用比例是多少？

3.共同基金提供A类份额，其前端收费为6%，费用比率为0.86%。该基金还提供了B类份额，其后端收费为4%，费用比率为0.97%。在20年范围内，哪一类份额对投资者来说更有吸引力？

4.共同基金报告年末总资产为3 016 000美元，费用比率为0.45%。基金每年收取的总费用是多少？

5.一个200万美元的基金的后端收费为2%，12b-1收费为2%，费用比率为3.8%，扣除费用之前，投资者在年底的基金价值必须达到多少才能保证收支平衡？

6.1月1日，共同基金在16：00有下列资产及价格：

股票	基金拥有股票份额	价格（美元）
1	1 000	1.97
2	5 000	48.26
3	1 000	26.44
4	10 000	67.49
5	3 000	2.59

计算基金的净资产价值，假设有8 000股流通股票。

7.一位基金投资者向基金投资了50 000美元的支票。如果没有前端收费，计算新股份数量和每股价格。假设经理购买1 800股股票3，其余以现金形式持有。

8.1月2日16：00的价格如下：

股票	基金拥有股票份额	价格（美元）
1	1 000	2.03
2	5 000	51.37
3	2 800	29.08
4	10 000	67.19
5	3 000	4.42
现金	n.a.	2 408.00

计算基金的资产净值。

9.假设新投资者卖出420股，他的利润是多少？年回报率是多少？该基金出售800股股票4，以筹集所需的资金。假设每年有250个交易日。

10.为了减少对基金的短期投资，有5%的前端收费和2%的后端收费。同一投资者决定把5万美元重新投资于该基金。计算流通的股票数量。假设基金经理用现金买回同样数量的股票4。

11.1月3日16：00的价格如下：

股票	基金拥有股票份额	价格（美元）
1	1 000	1.92
2	5 000	51.18
3	2 800	29.08
4	9 900	67.19
5	3 000	4.51
现金	n.a.	5 353.40

计算新的净资产价值。

12.新投资者对结果不满意，所以卖出389.09股，获得多少利润？新基金的价值是多少？

第21章

保险公司和养老基金

序言

在本章我们着重关注两类非银行机构——保险公司和养老基金，来继续我们关于金融机构的讨论。在美国，保险是一个重要的行业，大多数人手上都持有一种或多种不同类型的保险产品（健康、人寿、住房、汽车以及伤残等），同时，保险公司的年收入也超过9 150亿美元。保险公司是工商管理专业毕业生的主要雇主。图21-1展示了1960—2011年保险业的就业人数。在20世纪60年代、70年代和80年代初期，这一数字迅速增长（近年来，超过200万美国人从事保险行业）。在最近几年，这个增长率逐渐放缓，不论怎样，有一系列的可能性可以解释这个现象。首先，科技简化了索赔流程，因此商业机构对内部人员的需求减少。其次，其他金融机构，例如商业银行和证券公司的竞争可能会影响保险公司的一些传统业务。

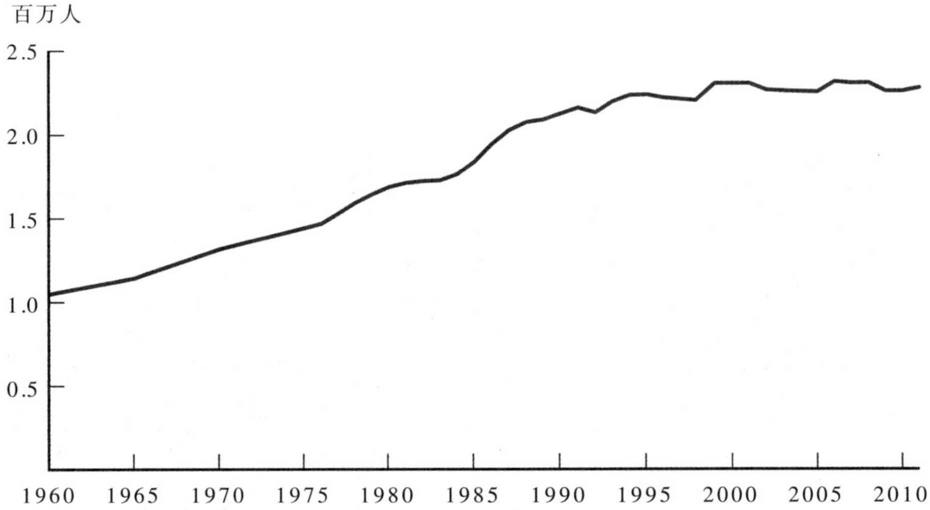

图21-1 1960—2011年美国保险行业员工数量

私人的和公司提供的养老金计划是保险业的主要竞争者。受到良好教育且长寿的员工会比以往投入更多的钱到养老基金。现在超过6 500万人正在投资养老基金。这些养老计划我们也会在本章进行学习。

保险公司和养老基金被认为是金融中介的原因有以下几点：首先，它们从客户手中获得投资资金。例如，当一个人购买人寿保险时，这个人获得人寿保险的同时还累积了现金余额。许多人把购买保险作为他们主要的投资手段。同样地，私人养老基金也会从它的客户手中吸收投资。其次，这两种机构都把它们的钱投入到各种各样可以获得收益的投资中。保险公司和养老基金都发行了大量的商业抵押贷款，还会投资股票和买入债券。因此，这些机构都是金融中介，它们从一方收钱然后投到另一方。

21.1 保险公司

保险公司的主营业务是帮客户规避风险并以此换取费用，而这样的费用被称为保费。保险公司通过收取保费获利，因为这些保费足以支付预期的赔偿。当人们知道在他们的保单生效期间，其支付的服务费可能比预期损失要多时，他们为什么还会购买保险呢？因为大多数人是风险厌恶者，他们宁愿支付一个**确定性等价**（certainty equivalent），如保费，而不是冒可能会导致损失房子或汽车的风险。因此，正是因为人们都厌恶风险，他们宁愿买保险来确切地知道他们的财富情况（当前财富减去保费支出），而不是承担他们财富下跌的风险。

试想如果没有保险，人们的生活会如何变化。如果在紧急情况下不能获得保险公司的帮助，每个人就必须预留准备金。这些准备金不会被拿来进行长期投资，而且必须保持流动性。此外，人们会一直担心自己的准备金是否足以支付家庭可能面临的一些灾难性事件，比如火灾、汽车遭窃或者是家庭支柱去世。保险可以让我们安心，因为意外事件的发生只会对我们的生活产生有限的经济影响。

21.2 保险的基本原则

尽管保险产品和保险公司的种类繁多，但是所有的保险都遵从以下几个基本原则。

1.被保险人（被保险方）与受益人（当发生损失时，收到赔偿的一方）之间必须有一定的关系。另外，受益人必须是可能遭受潜在损害的人。例如，你不能对你邻居家开车的孩子投保，因为如果这个孩子出事的话，你不太可能受到损害。保险公司采取这个政策是因为它们不希望人们把投保作为一种赌博。我们之后将讨论信用违约交换是如何违反这一规则的。

2.被保险人必须向保险公司提供完整准确的信息。

3.被保险人不因保险承保而获利。

4.如果第三方赔偿被保险人的损失，则保险公司的赔付相应扣除。

5.损失一定是可计量的。例如，一个石油公司不能为一块未勘探的油田买保险。

6.保险公司必须有足够多数量的保户以确保风险可以被分散到足够多的保单上。

7.保险公司必须有能力计量发生损失的可能性。

制定这些准则的目的是保持保险过程的完整性。没有它们，人们可能会用保险公司来赌博或者推测未来可能发生的事情。从一个极端的角度来说，这种行为会破坏保险公司保护真正需要的人的能力。另外，这些准则提供了一个通过这些保险产品来分散风险的途径以及为每个保险产品确立一个价格，这将提供一个丰厚的期望收益。但是尽管遵循这些准则，保险公司还是存在很大的信息不对称的问题，我们在第2章已经做过描述。

21.2.1 逆向选择与道德风险

我们还记得，当逆向选择发生时，最有可能从交易中获益的人是那些最积极寻求交易的人，因此他们也最有可能被选中。在第2章我们讨论了逆向选择的背景，信用最差的贷款人往往也是最积极寻求贷款的人。这样的问题同样发生在保险业市场。是很少生病的人会去买健康保险还是被疾病困扰的人会去买健康保险呢？是住在山里的人会去买土地保险还是住在河边的人会去买土地保险呢？在这两种情况下，可能承受更多风险的是去寻求保险的人。逆向选择的含义是，统计整个人群的损失概率可能无法准确反映那些真正想购买保险的人的潜在损失。

逆向选择的问题使保险公司产生了应该选择什么样的保险产品的问题。因为一个不健康的人相比于一个健康的人更可能去买一份健康保险，我们假设保险公司会驳回每一个申请。如果这种情况没有发生，那保险公司就必须找到别的解决办法。例如，大多数的保险公司需要在人寿保险执行之前得到临床试验和原先的医疗数据。保险公司经常为一些特定人群提供优惠的利率，例如特殊行业工作者，因为这样就可以避免逆向选择的问题。

除了逆向选择问题，道德风险同样给保险业带来麻烦。由于损失由保险来承担，而被保险人未能采取适当的预防措施来避免损失时，道德风险就发生了。例如，如果你的车被盗而你知道保险会给你赔偿时，道德风险就可能驱使你不好好锁车门。当飓风来临时，许多帆船的主人就不会摘下他们的旧帆布套，因为他们希望飓风把帆布套毁坏，这样他们就可以向保险公司索赔并用得来的钱买一个新的。那些有新的帆布套的人才会做好预防措施来保护它。

保险公司应对道德风险的一种方法是制定一个**免赔额**（deductible）。免赔额就是被保险人在保险公司进行赔付前自己必须承担的那一部分损失。例如，如果新帆布套价值5 000美元，帆船主人有1 000美元的免赔额，那么他首先会自己承担1 000美元的损失，保险公司会赔偿另外4 000美元。除了免赔额，保险合同中还有其他为了降低风险而制定的条款。例如，对于投保火灾的商业保险，保险公司会要求安装并维护自动喷水灭火装置系统来保证降低火灾发生时造成的损失。

虽然合同条款和免赔额可以减轻道德风险问题，但这些事情依旧是保险公司一直存在的难题。关于保险公司对道德风险和逆向选择的应对措施，我们将在随后的章节中进行更为详细的讨论。

21.2.2 出售保险

对保险公司来说，另一个常见的问题是人们经常不能寻找他们实际需要的保险量。例如，人类的本性倾向于让人们忽略自身的死亡率。基于这个原因，保险并不像许多银行服务，它不会推销自己。保险公司必须雇用大量的销售人员来出售它们的产品。营销的费用大约占到一个保险单成本的20%。一个好的销售人员可以说服人们来购买保险，而这些保险是他们可能需要但从未购买的。

保险的独特之处在于代理人可能将公司置于风险之下。代理人和公司的关系多种多样：独立代理人可以为许多不同的公司售卖保险。他们无须对任何一个企业忠诚，他们仅仅为他们的客户寻找最好的产品。在美国有超过60 000个独立代理人。而独家代理人只为一家公司售卖保险产品。

大部分的代理人，无论是独立代理人还是独家代理人，都赚取佣金。代理人本身通常根本不关心任何一个保险单的风险水平，因为即使损失发生他们也不会损失什么（极少数的佣金受到代理人客户提交的索赔影响）。为了控制代表公司的代理人所承受的风险，保险公司会雇用**承销商**（underwriters），他们对每一个代理人的保险单进行复查并签字，如果他们认定一个保险单的风险是不能接受的，他们有权驳回这个保险单。如果承销商对客户的资质有疑惑，他们可以命令一个独立调查员来审核被保险的财产或要求提供额外的医疗信息。对于保险单是否接受的最后决定可能取决于调查员的报告（参见案例）。

案例

保险经销商：客户同盟

21.3 保险公司的发展和组织

图21-2显示了1950—2011年人寿保险公司的数量，直到1988年，数量一直保持稳定增长。随后这个数字开始下降。另一个关于图21-2有趣的点是保险公司可以被重组成为股份公司或互助储蓄银行。**股份保险公司**（stock company）由股东持有并且目标是赚取利益。

共同保险公司（mutual insurance companies）由股东持有。共同保险公司的目的是以最低的成本为保户提供保险。保险持有者可以用股利来反映公司是盈利的。因为股东持有的股票减少了保险的成本，这可能会降低表面上保险公司的道德风险。共同保险公司股利一个独有的特点，就是不像其他类型的公司那样收到股利需要缴税。国内收入署认为股利是一种保险服务费要价过高的退款。

大多数的新保险公司都是股份公司。图21-2显示，在2011年末，804家保险公司中仅有122家以共同形式组建。

21.4 保险的类型

保险根据被保险的不良事件的不同来进行划分。最普通的划分是人寿保险和财产意外险。在这种最简单的形式下，人寿保险为死者的继承人提供赔偿金。许多保险公司在提供人寿保险的同时也提供退休保险。在这种情况下，保费与附带储蓄计划的人寿保险的成本挂钩。而人寿保险的成本依赖于一些因素，比如保户的年龄、平均期望寿命、健康情况以及保户的生活习惯（是否吸烟、是否有危险的兴趣爱好比如滑雪等），还有保险公司的经营成本。

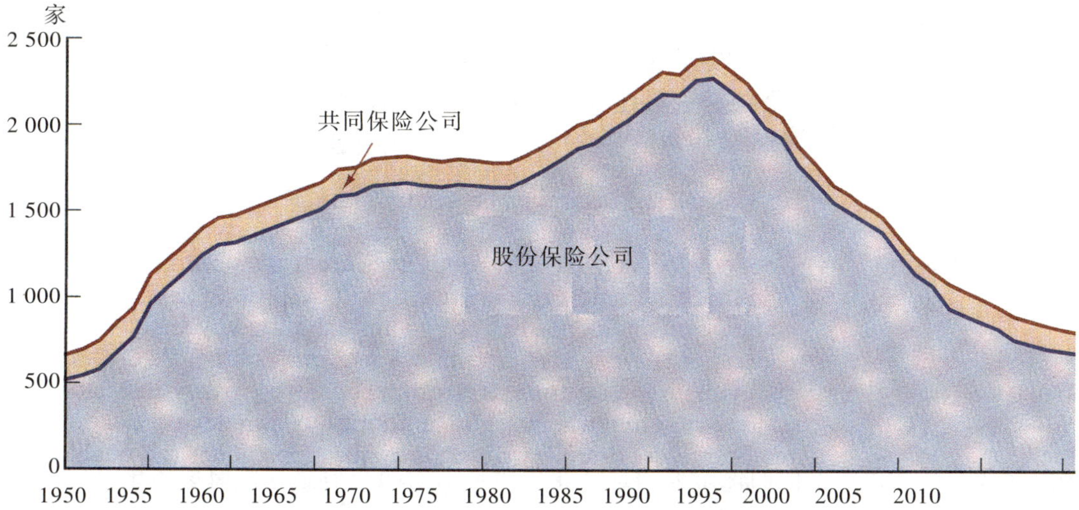

图21-2 1950—2011年美国人寿保险公司的数量

财产意外险保护财产（例如房、车、船舶等等）由于事故、失火、灾难和其他不幸事件而造成的损失。例如，保户为船只和货物投保是一种最古老的保险形式，甚至比人寿保险还早。财产意外险倾向于短期的合同和频繁的更新合同。其他关于人寿保险和财产意外险的不同之处是后者没有储蓄要素。财产意外险的保费仅仅基于持续损失的可能性。这就是如果一个驾驶员曾经超速、发生过事故或者居住在一个高犯罪区域，他的保费就会更高的原因。这里的每一项都会增加保险公司理赔的可能性。

21.4.1 人寿保险

假定生命以可预测的顺序展开：你工作了很多年同时为退休存了一笔钱；然后你退休，靠你以前的劳动成果而活，并在一个适当的时间死去。但是问题是你可能会死得太早，以至于没有时间来养活你的爱人或者你可能活得太久而花光你的退休金。不论哪种情况，对于大多数人来说都是难以接受的。人寿保险的目的就是解除你关于上述事项的顾虑。尽管保险并不能让你对英年早逝有一个舒服的看法，但它至少让你知道你为自己的继承人提供了一份保障，让你的心变得平静下来。人寿保险同样想去帮助那些为退休存钱的人。在这种情况下，保险公司为客户提供终身保障。

人寿保险的基本产品是适度人寿保险、残疾保险、养老金和健康保险。人寿保险会在你死亡时理赔，保护那些依靠你的持续收入生活的人。值得一提的是，在你死亡后获得赔偿的人我们称为受益人。在你由于病痛或者事故不能继续工作时，残疾保险取代了你的一部分收入。**养老金**（annuity）是一种若你比预期活得更久可以帮到你的保险产品。对于一个固定的初始金额或现金流，只要你活着，保险公司就会支付给你一个固定的金额。假如你英年早逝，保险公司的支出就会比预期少。相反，如果你的寿命特别长，保险公司的支出就会比预期多。

这些不同类型的保险中有一个神奇的现象：尽管很难预测一个人伤残的可能性，但是当参保的人数很多的时候，保险公司要支付的数额总量就非常确切了。保险公司收集了一系列的关于健康、残疾和其他相关事项的分析数据。

例如，当死亡的利益必须通过利用预测寿命的精算表来支付的时候，人寿保险公司能够高度准确地进行推算。表21-1列出了不同年龄人们的预期寿命。一个25周岁的女性被认为能再活56.9年，但是一个25周岁的男性被认为只能再活52.4年。

大数定律（law of large numbers）认为当参保的人数足够多时，损失的概率分布是服从正态分布的，这个分布也服从精准的预测。这个分布是非常重要的，因为保险公司为这么多人提供保障，大数定律趋向于让公司的预测更加准确并且让公司对保险产品更好地定价以便获得更高的收益。

人寿保险降低了家庭收入来源被切断的可能性。广义的人寿保险产品分为定期保险、终身保险和万能寿险等。

定期保险

最简单的人寿保险形式就是定期保险，在保单生效时保险公司将履行保险义务。这种形式的保险不包含留存要素。一旦保险期满，就不存在任何的留存收益。在保险期内，由于死亡的可能性增加，所以保险的成本也增加。表21-2显示出一个40岁的不吸烟男性在一家保险公司购买了一份100 000美元的定期保险。第1年的保费是134美元，当他41岁时，这个费用增加到147美元。在42岁时费用增加到153美元，以此类推。当他60岁时，这个100 000美元的保险每年要支付810美元保费。当然，在不同的保险公司这个变化率是不同的，但是这些简单的比率显示出当保险时段变化时每年的花费是怎么增加的。

一些定期保险经常是5年或者10年变更保费。另外，减期保险有一个不变的服务保费，但是保险杠杆逐年减少。

定期保险历来难卖，因为它们一旦到期，投保人没有办法证实已经支付的保费。终身保险解决了这一系列的问题。

表21-1　　2012年美国不同年龄的寿命预期

年龄	男性	女性	总人口
0	76.2	81.1	78.7
1	75.7	80.5	78.2
5	71.8	76.6	74.3
15	61.9	66.7	64.4
25	52.4	56.9	54.8
35	43.1	472	45.3
45	33.9	37.8	36.0
55	25.4	28.8	27.2
65	17.7	20.3	19.2
75	11.0	12.9	12.2
85	5.9	7.0	6.6
100	2.1	2.4	2.4

表21-2　　一个40岁不吸烟男人的100 000美元定期保险年保费

被保险者年龄（岁）	成本（美元）
40	134
41	147
42	153
45	192
50	286
55	461
60	810

终身保险

终身保险在保险持有人死亡的时候会给予一笔补偿金。终身保险需要保户为保险久期支付一定额度的保费。在一开始，保户支付的保费比买一个定期保险还要多。这些超额支出累计起来的现金价值可以被保户以一个合理的价格借走。

生存收益对累计现金价值同样有贡献。当保险池的成员死亡时，剩余的现金值在存活者中被划分。如果保险持有者生存到保险到期，他就会交出现金价值。这些现金价值可以被用来进行一些年金保险投资。通过这种方法，终身保险的保险期限被标榜和投保人的生命一样久。

万能寿险

在20世纪70年代后期，终身保险开始走下坡路，因为保险费的回报率远远低于其他投资的收益率。例如，假如一个投资者买了一个定期保险而不是终身保险并且投资了一个不同的保费。他就像终身保险那样每年都交保费，那么他最后投资账户中的钱会比当初买终身保险的钱要多。投资顾问和保险经销商开始转向，劝客户们远离终身保险。销售宣传语就变成了"买定期保险和投资多样化"。因为这些经销商同样销售其他的投资产品，他们并不能承受保险计划的改变。为防止资金流出，保险公司推出了"万能寿险"。

万能寿险把定期保险和终身保险的优点结合起来。万能寿险的主要好处就是它的现金价值以更高的利率累计。

万能寿险分为两个部分：一个是短期保险，一个是储蓄。万能寿险相对于其他投资计划一个重要的优势就是，它通过储蓄流程获得的利息收入在取出之前都是免税的。为了维持这种税收优待，保险的现金价值不能超过最终收益。

万能寿险的概念提出于20世纪80年代，当时的利率处在一个很高的水平。它一出现就非常受欢迎，而且据估计到1984年，万能寿险的销量已经占到寿险销量的1/3。在利率下降后，它的热度有所降低。

养老保险

如果我们认为定期保险是针对死亡的保险，那么养老保险就是着眼于生活的保险。正如前面所述，存在一个人活得比他的退休基金还要久的风险。如果他们活得比保期还要长，他们可能会花光钱，最后在穷困潦倒中死去。一个避免的方法就是买养老保险。一旦购买了固定数额的养老保险，受益人可以一直拿到钱直到死去。

养老保险会在一定程度上存在逆向选择问题。当人们退休时，他们比保险公司更清楚他们未来的生活情况。那些身体健康、有家族长寿史的人，可能活得更长，所以他们比那些低于平均健康水平的人更有可能购买养老保险。为了避免这个问题，保险公司尝试去为个人的养老保险定价。绝大多数的保险被卖给大型组织的成员，所有由特定退休金计划所涵盖的雇员，都会通过购买的养老保险而自动获得利益分配。因为养老保险自动发生，这样就排除了逆向选择的问题。

人寿保险公司的资产和负债

人寿保险公司从两个渠道获取资金。首先，它们收取保费，这就意味着当保险人死亡时，它们就必须履行义务。其次，它们收到保费后投到人寿保险公司管理的养老基金中。这些基金在性质上被定义为长期资产。

如果人寿保险的负债是长期的、可预期的，人寿保险公司就可以投资长期资产。图21-3展示了人寿保险公司资产分布的情况。绝大多数的资产是长期投资，例如债券。

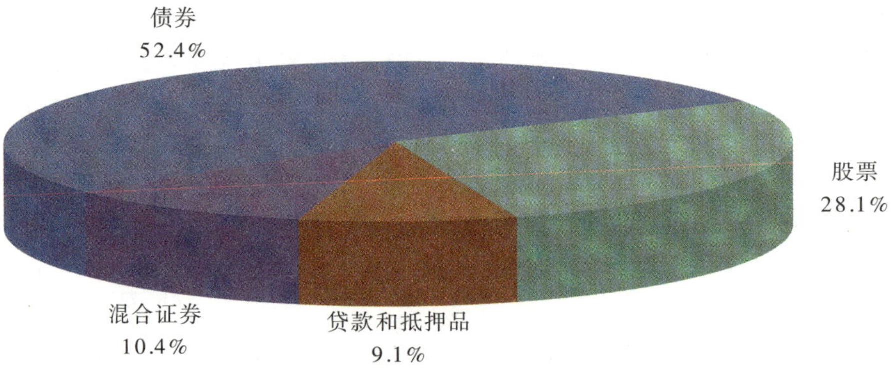

图21-3 人寿保险公司资产分布（2011）

保险公司同样大量投资抵押品和不动产。2012年，大约6%的人寿保险资产投资于抵押品或者直接投资在不动产上。这一比例相比历史水平大幅下降。图21-4列出1920—2012年抵押品投资百分比。抵押品投资的下降，代表了低风险资产的转移，这被投资公司债券和投资政府证券的增加所抵消。

20世纪80年代一些保险公司遭受损失导致低风险资产转移。当保险公司与共同基金和货币市场基金为退休储蓄而竞争时，它们发现需要更高的投资收益率。这就驱使一些保险公司去投资不动产和垃圾债券。这恶化了房地产市场的环境，造成了20世纪80年代房地产泡沫，这些公司同样也遭受了巨额损失。大量房地产损失与垃圾债券投资共同造成了1991年一些大型公司的失败，这其中包括人寿经理公司，它有150亿美元资产，但是共同收益人寿，占据了其中的140亿美元。

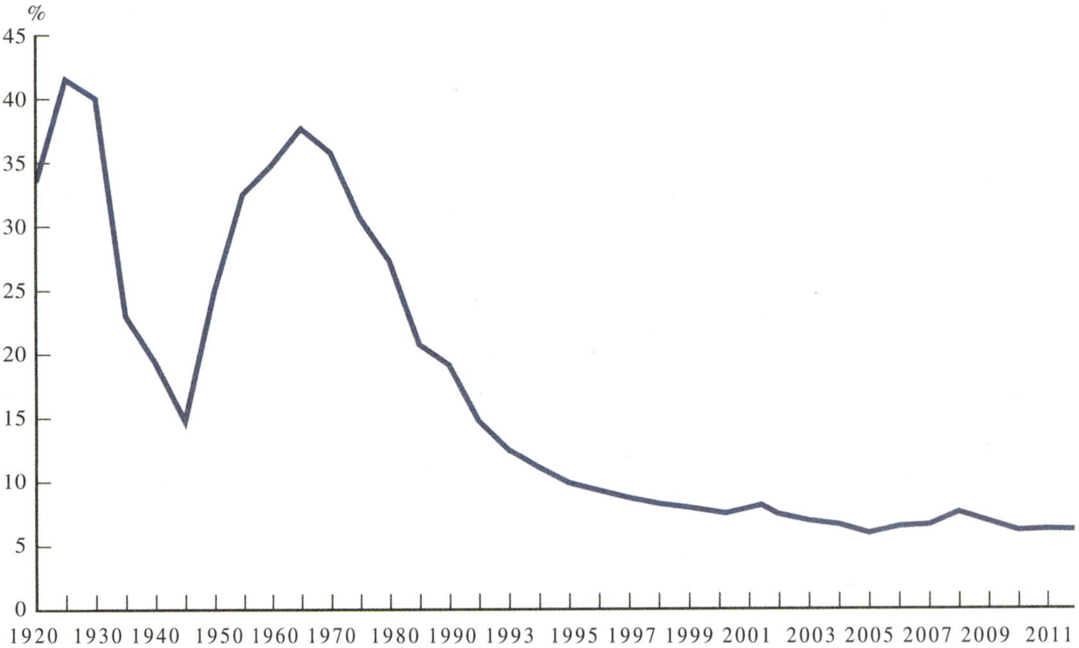

图21-4 1920—2012年抵押品投资占人寿保险公司资产百分比

21.4.2 健康保险

个人健康保险非常可能导致逆向选择问题。那些知道自己将要生病的人极有可能会投保健康保险。这也就导致了个人健康保险非常昂贵，绝大多数的健康保险是公司提供的，公司会为它们的雇员支付部分或者全部的服务费。

绝大多数的保险公司也会提供健康保险。健康保险的保费占据了它们保费收入的24%。人寿保险公司与蓝十字会（BC）和蓝盾（BS）组织竞争，这些组织是由医院赞助的非营利组织。BC通常致力于医院护理，BS则是医生服务。一个国家机构协调和监测73家BC/BS组织。

政府同样通过老年保健医疗制和医疗补助制度参与健康保险。老年保健医疗制为老人提供医药保险，而医疗补助制度为接受救济或者资金短缺的人提供保险。

在1992年的总统大选上，健康保险作为一个主要议题引起了持续关注。原因之一是不断上升的医疗保健费用。在过去，医疗保健费用的上升比生活成本和实际收入的上升要快得多。导致这种增长的一个因素是医院不断提供更先进和昂贵的治疗方法。例如，科学研究表明，降胆固醇药能够降低心血管问题在大部分人群的发病率。这些药物成本大约是一天3美元，而这在20年前还不存在。保险公司用一系列的方法来解决这些成本增加的问题。例如，现今大多数的公司赞助保险是由公司自己运营的，并通过保险公司管理和承担灾难性支出。这激起了赞助公司保持劳动力的健康，并鼓励其员工为医疗设施的使用负责的兴趣。比如说，很多大公司发现聘请医师助手非常合算，这样不仅可以减少医药费，还能减少员工旷工。值得一提的是，公司赞助的健康保险有益于减少肥胖、吸烟的现象，并且让员工去运动和健身也是降低健康保险成本的好方法。

保险公司另一个降低医药成本的尝试就是去控制成本。在提供服务前需要先获得许可，通过与医师团体谈判并签订合同，以更低的成本提供服务和管理。健康保健委员会（HMO）把风险从保险公司转移到提供者那里。保险公司按人数给HMO一笔固定的费用，以交换医疗服务。很多人发现HMO的一个健康形式问题：医疗服务提供者有限制医疗服务的动机。我们需要规章制度，例如，要确保产妇在医院至少待48个小时。

经过激烈的全国民众争论，患者保护与平价医疗法案于2010年3月23日通过。此法案有机会扩展健康保险的覆盖面，囊括3 200万尚未在保的美国人。法案中一些有争议的规定包括：

- 具有通过国家交易标准购买保险的选择
- 提供补贴，帮助低收入人群购买保险
- 限制由于先存条件保险公司拒绝投保
- 没有医疗保险的年轻人在父母的医保计划中受益直至其到26岁
- 至2014年，逐步实现每个人都必须购买保险的计划，若不买将面临罚金

21.4.3 财产意外险

财产意外险是最早的保险形式。早在中世纪，当商人派出船只到境外港口交易时它就存在。一个商人即使愿意承担交易不能带来利益的风险，也不愿意承受沉船或被海盗劫持的风险。为了降低这种风险，商人们开始团结起来并保证彼此的船只免于灾难。随着时间的推移，这个过程越来越复杂，保险政策必须落实到书面上，然后再在主要的贸易中心进行交易。

1666年，伦敦大火促进了火灾保险的兴起。1680年第一个火灾保险公司于伦敦成立。在美国，第一个火灾保险公司是由本杰明·富兰克林带领的一个组织建立的。19世纪初，财产意外险公司的资产甚至超过了商业银行，使得这些公司成为主要的金融中介。20世纪，汽车的发明更激励了财产意外险公司的发展。

当今的财产意外险

财产意外险防止由火灾、盗窃、暴风雨、爆炸，甚至玩忽职守造成的损失。**财产保险**

(property insurance) 保护企业和所有者免于所持财产损失的风险，包括收益性房地产的损失和住宅地产的所有者的经济损失。**意外保险/责任保险** (casualty insurance/liability insurance) 保护被保险人免受产品失败或意外的伤害。例如，你的车险的一部分是财产保险（当你的车受损时支付），另一部分是意外险（当你遭遇事故时支付）。

财产意外险与人寿保险不同，首先，它倾向于短期政策，通常为1年或更短。其次，鉴于人寿保险限制于投保一个事项，财产意外险公司可能针对很多不同事项。最后，财产意外险比人寿保险更难估计潜在损失。这些特点使得财产意外险公司持有比人寿保险公司流动性更强的资产。大范围的损失意味着财产意外险公司必须持有大量流动性资产。

财产保险可以通过**指定险保单** (named-peril policies) 形式或者**开放式保单** (oper-peril policies) 形式提供。指定险保单对保单政策内指定的意外提供保险，而开放式保单针对除政策规定以外的所有危险。例如，很多低洼地区的房主需要购买洪水险。这种保险只赔偿洪水带来的损失，那么它就是指定险。一个房主的保险如果包括防止火灾、飓风、龙卷风和其他灾害，就是开放险。

意外险防范由疏忽造成的经济损失。意外险不仅有由于产品疏漏而可能受控告的制造商购买，还有很多专家例如医生、律师和建筑承包商购买。财产险的风险相对容易预测，因为它通常受限于财产的价值，反而是意外的风险披露更难确定。

意外风险的披露可能有很长的延迟（通常被称作“尾巴”）。这就意味着一个责任声明可能在保单期满很久后才提出。考虑一下轻型飞机制造商提出的责任声明。20世纪50年代、60年代和70年代，赛斯纳和派珀生产了如今仍在使用的飞机。当这些老飞机失事时，这些公司经常被起诉。因为超长的延迟时间，保险费在20世纪80年代大幅上涨，赛斯纳和派珀不得不被迫停产私人飞机。意外险的成本使得飞机价格超出了大多数私人飞行员的承受范围。

陪审团给予的高度责任奖也受到了广泛宣传。这些奖项通常给予那些能做出预判的保险公司。结果责任保费继续上涨。一些州尝试限制责任奖来覆盖这些保险成本。

再保险

保险公司可能降低风险的一个方式是获取**再保险** (reinsurance)。再保险把一部分风险以保费为交换归集到另一个公司。再保险允许保险公司转移大量保单是因为一部分保单实际上是由另一个保险公司实施的。

大约10%的财产意外险是再保险的。小保险公司比大保险公司更频繁地获取再保险。你可以认为它是保险公司的保险。

因为保单的发起人通常比再保险者拥有更大风险，道德风险和逆向选择问题就比较少。这意味再保险需要精确而具体的风险信息。为了简化信息的需要，再保险市场由相对标准化的合同构成。

2002年恐怖主义风险保险法案

2001年9月11日，恐怖分子的袭击，导致那些资金雄厚的保险公司甚至保险行业，都开始重新考虑可能面对的损失。通过保险行业的集中游说，2002年9月26日限制保险公司未来袭击赔偿数额的新立法通过。2002年恐怖主义风险保险法案只限于国际恐怖袭击造成的超过500万美元的损失。法案规定的恐怖袭击一旦发生，政府会支付90%的损失，超过1 000亿美元的损失将不再获得保险的赔付。

21.4.4 保险法规

保险公司比其他金融机构受联邦法规的约束力度小。事实上，美国在1945年通过的《麦克卡兰-费古森法案》明确把保险业从联邦法规中剥离出来。联邦主要监管机构是国内收入署，负责制定特殊的税收规则。

大多数保险法规是州级别的。保险公司不仅要遵守本州制定的标准，还要遵从其他州同类保险的标准。纽约政府要求所有保险公司必须确定自己的投保标准。因为纽约是一个很大的市场，因此不仅针对本土保险公司，也针对所有保险公司。这就使纽约州法规几乎和国家法规具有同等的效力。

大多数法规的目的是保护投保人免受保险公司破产的损失。为了完成这个目标，公司受到资产结构和最低资本比率限制。保险代理人和经纪人必须获取州执照才能销售各类保险：人寿、财产意外、健康保险。这些执照保证经纪人拥有了解他们所销售产品的最低能力。

实践经理

保险管理

银行这类的保险公司都属于把一类资产转为另一种形式的金融中介。保险公司运用保费支付政策来投资债券、股票、抵押贷款和其他贷款等资产；这些资产的投资收益就用来支付保险单。事实上，保险公司把证券、股票和贷款这些资产转为保险单的过程是提供一系列服务的过程（例如，理赔、储蓄计划、友好的保险代理人）。如果保险公司在转移资产的过程中有效地为客户提供了充足的保险服务，并且保证投资是低成本高收益的，它就会赚钱；否则就会赔钱。

在第2章和第7章逆向选择和道德风险中我们知道为什么保险公司这种金融中介对经济非常重要。在这里我们运用逆向选择和道德风险来解释保险行业的实务管理。

在一份保险中，当保险公司鼓励投保方将自己置身于险境来骗取保险的风险存在时，道德风险就产生了。例如，一个投保了珠宝保险的人可能不会采取任何防盗措施，因为如果珠宝被盗后保险公司会进行大部分的赔偿。而可能获取大额保险金的人就更愿意去买保险，这就是逆向选择。例如，一个身患绝症的人可能会想购买高额的人寿和医疗保险，这就会给保险公司带来巨大损失。最小化逆向选择和道德风险来减少这些支出是保险公司一个极度重要的目标，这也是我们在这里讨论保险实务管理的原因。

筛查

为了减少逆向选择，保险公司尝试从好的保险中筛选出不好的。因此，确立有效的信息收集程序是保险管理的一个重要准则。

当你申请汽车保险时，你的保险经销商做的第一件事情就是询问你的行驶记录（超速和出事故的数量）、你开的车的类型和一些确切的个人事项（年龄、婚姻状况）。如果你申请人寿保险，你会经历一个类似的盘问，但是你会被更多地问及一些个人问题，比如你的健康情况、吸烟习惯还有是否吸毒和酗酒。人寿保险公司甚至会去做一个涉及血检和尿检的医学鉴定（通常由第三方公司完成）。保险公司用你提供的这些信息来把你归到一个风险等级当中——统计并预期了你提起保险诉讼的可能性。基于这些信息，保险公司可以决定是否接受你的保险请求或者因为你的风险过高以至于你对于保险公司变成了一个无利润客户而拒绝你。

基于风险的保费

收取保费的多少基于一个保险持有者为保险公司带来多少风险是保险管理机构一个确立已久的准则。逆向选择解释了为什么这个对保险公司的盈利是如此重要。

要理解为什么保险公司要以风险为依据收取保费，我们就来假设一个乍一看好像不公平的以风险为依据的保费收费案例。哈利和赛里，都申请一份汽车保险并且都没有超速和出过事故。然而，哈利20岁，赛里40岁。正常情况下，哈利要承担比赛里更高的保费。保险公司这么做是因为年轻男性的事故率比老年男性的事故率要高。试想，如果一个公司收取保费不是基于个人风险等级，而是基于这些保户的平均风险，那么赛里就支付得过多而哈利支付得过少。赛里可以去别的保险公司以寻求一个更低的费率，但是哈利就会报名参加保险。如果哈利的保险金不够支付他发生事故的可能性，通常情况下，保险公司就会在哈利身上亏损。只有基于风险等级制度，哈利付得更多，保险公司因此才能获利。

限制性条款

保险上的限制性条款是减少道德风险的另一种保险管理工具。这些条款劝阻保险持有人从事会使保险诉讼变得更可能的危险性活动。一种类型的限制性条款使投保人无法受益于使理赔的可能性变高的行为。例如，人寿保险在其保单上注明如果保户自杀的话就无法获得赔偿。限制性条款同样需要被保险人的确切行为以降低理赔的可能性。为了覆盖掉与租金相关的责任，一个租摩托车的公司可能需要为租户提供头盔。限制性条款的作用与债务契约的限制性契约相似之处在第7章中有所描述：这两者都是通过排除不良行为来减少道德风险。

防止舞弊

保险公司同样要面对道德风险，因为投保人有欺骗公司的动机然后寻求理赔，即使这个理赔是不被允许的。例如，一个人并没有服从保险合约限制性条款但仍主张理赔。更糟的是，一个人可能会为并不真正发生的事提出理赔。因此，保险公司一个重要的管理准则就是进行调查，防止欺诈行为，只有投保人有效的索赔才可以获得赔偿。

保险的取消

为保险的取消做准备是保险管理的另一种工具。当投保人参与使理赔可能性增加的活动时，保险公司可以通过警告取消保险来减少道德风险。如果你的汽车保险公司明确写出如果你超速次数过多的话就会取消你的保险，那么你超速的可能性就会降低。

免赔额

免赔额是一个固定的数目，理赔时会从保户的损失中扣除。一个250美元的汽车保险免赔额，意味着如果你因为事故承受了1 000美元的损失，保险公司只会赔给你750美元。免赔额是一个额外的管理工具，来帮助保险公司减少道德风险。有了免赔额，当你提出索赔时，你会遭受与保险公司相似的损失。因为你同样会因为事故承受损失，所以你就会把车开得更加小心。免赔额因此让保险持有者在保险公司获利的范围内做得更好，道德风险也因此减少。同时因为道德风险减少了，保险公司的保费也可以相应降低。

免赔额的另一个功能就是通过迫使保户去承担损失的方式来消除一些小损失的管理成本。

共同保险

一个保险持有者通过保险公司分摊了他一定比例的损失，这样的安排方式我们称为**共同保险**(coinsurance)。例如，一些医疗保险为医疗费用的80%买单，保户在扣除确定的免赔额之后支付20%。共同保险在减少道德风险方面与免赔额起到了相同的作用。一个保险持有者承受了连同保险公司的损失，他就不会有动机去采取行动，比如不及时看医生，这会牵涉到更高的赔偿。共同保险是另外一个有效的保险公司管理工具。

保险总量的限制

还有一个重要的保险公司管理准则就是发行保险的总量应该有所控制，即使一个客户想要购买更多的保险项目。保险项目的价格越高，保户从这些风险事项中得到的理赔就会越多，道德风险也会越高。例如，如果泽尔达的车被赋予了一份超出原有价值的保险，她就不会为防盗做充分的准备，比如确定钥匙拔没拔或者把车放在警报系统下。如果她的车被偷了，那么她一定喜出望外，因为保险公司赔付的钱足以让她买一辆更好的。相比之下，当保险的赔付比车的真实价值小时，她就要承受损失，并且采取防范措施来确保这样的事不会发生。保险公司必须要确定它们的保险金额不会那么高以至于因为道德风险受到更大的损失。

小结

有效的保险管理需要一些实践：信息收集，筛查，基于风险的保费，限制性条款，防止舞弊，保险的取消，免赔额，共同保险和保险总量的限制。所有的这些实践通过让保险持有人更难从增加保险总量和理赔的可能性的角度获利来减少道德风险和逆向选择。从较小收益的有效性来说，具有较低的保险风险（把那些更容易从事的活动摆在首位）的人看起来会从保险中获得较低的收益，也同样更不可能去寻求保险。

21.4.5 信用违约交换

信用违约交换（CDS）已经在之前提到过几次，但是在本章讨论它是最恰当的。CDS是一种防止金融工具违约的保险，通常针对一些证券化类型的债券。典型来说，债权持有人会从投资或保险公司比如AIG，购买CDS，来避免第三方的违约风险。当违约可能性很小时，CDS的成本也很低。当通过保险来降低债券风险时，债券的市场价格就会提高。

1995—2009年，随着证券化抵押品的出售，CDS的数量激增。在2008年达到峰值，大约为65万亿美元（值得注意的是，全世界的国内生产总值大约是60万亿美元）。伦敦保险公司巨头AIG伦敦分部发行了数量巨大的CDS。因为大多数市场参与者没有经历房地产的崩溃，也没有参与抵押债券市场，只有很少一部分发现了CDS的巨大风险。CDS成长的一个原因就是没有真实的制度约束。

在本章开头，我们提到保险的基本原则就是在购买一份保单之前，你必须有一些可以失去的东西。你不可以因为发现你的邻居最近身体不好就为他买保险。而CDS市场允许投机。如果他们发现一个公司看起来状况不好，即使他们不持有该公司的任何股份，也可以购买保险来防止它的破产。很多人认为这是赌博，事实上，美国国会也于2000年通过了一部国家博彩法律作为商品期货现代化法案的一部分来防止CDS的这种行为。

次贷危机爆发时，CDS的风险性也随之曝光，这也导致了它们的破产和来自AIG的1 820亿美元的紧急援助。

单一险种保险

保险公司可能直接用保单而不是用CDS提供信用保险。然而，保险行业规范不允许财产保险公司、意外事故保险公司、人寿保险公司或多业务保险公司经营信用保险。**单一险种保险公司**（monoline insurance company）专营信用保险，因此当债券发行人违约时，它是唯一获准对及时偿还债券本金和利息提供保证的保险公司。金融集团和美国城市债券保险这些保险公司，已经成为市政债券市场的中坚力量，它们对这些证券中的很大一部分进行担保。当一个市政债券信用评级较低时，称为A级，由单一保险公司承保的称为AAA级。这降低了市政当局的利息成本，所以它值得市政当局为保单支付额外费用。当然，这要求单一保险公司需要有一个很高的信用评级。当单一保险公司在次贷危机期间信用评级被降低时，不仅它们受到损害，市政债券市场同样如此（参见案例：次贷危机和单一保险公司）。

案例

次贷危机和单一保险公司

21.5 养老金

养老金计划（pension plan）是一个在员工工作时积累，并在退休后支付的资产池。养老金公司是发展最快的金融中介。

在美国城市化进程中，人们意识到他们不能依赖孩子来度过晚年。在乡村文化时期，人们倾向于一起在农场生活。资产一代一代地延续下去，这就意味着晚辈会照顾长辈。当家庭成员离开农场且变得分散，年长一辈对财务支持的机会和期望也就越来越低。

养老金计划发展的第二个原因是人们的寿命更长了，并且退休年龄更小。在乡村模式下，人们在进入退休年龄以后仍然劳作。然而在很多美国城市的公司里，是鼓励年老员工退休的。他们通常身居高位并且赚取很高的工资，因此可能没有年轻的员工效率高。这种寿命更长且退休年龄更小的趋势就导致每个人都想早点退休。那么就必须用某种方式来资助，这时养老金计划就是一个很好的选择。

21.6 养老金的类型

养老金计划可根据不同的方式来归类。可以通过固定收益或固定缴款计划来分类，也可以通过私人或公共计划来分类。

21.6.1 固定收益养老金计划

在**固定收益计划**（defined-benefit plan）下，计划发起者向员工承诺退休后具体的收益。支出通常是由工龄和员工最终薪水组成的公式决定的。如下：

每年的支出=2%×最后3年的年均收入×工龄

如果一个员工工作了35年，最后3年的年均收入是50 000美元，那么每年养老金收益就是

0.02×50 000× 35=35 000美元

固定收益计划把责任交给员工，由他们提供充足的基金来确保约定的付款得以实现。养老金计划的外部审计员需要决定公司是否提供了充足的基金。如果公司准备的基金充足，那么这个计划就是**资金到位**（fully funded）的。如果多于这个数量，就是**资金过剩**（overfunded）。但是通常基金是不足的，那么就造成了**资金不足**（underfunded）。例如，如果简·布朗每年对她的养老金计划投入100美元，利率是10%，那么贡献和收益会达到1 753美元。如果10年后她的固定收益小于等于1 753美元，那这个计划就是资金到位的，因为她的贡献和收入超过了初始投资。但是如果固定收益是2 000美元，那么计划就是资金不足的，因为她的贡献和收入没有达到这个数量。当员工不能对计划做出充足贡献时，资金不足比较常见。令人惊奇的是，公司支持一个资金不足的计划是合法的。

21.6.2 固定缴款养老金计划

顾名思义，**固定缴款计划**（defined-contribution plans）只规定对基金贡献多少。退休福利全部依赖于基金的收益。固定缴款计划的发起者通常在养老基金的每个工资结算周期里为每个员工的工资设定一个固定百分比。在一些情况下，员工也参与计划的贡献。一个保险公司或基金经理担当受托人，对基金资产进行投资。通常情况下，员工可以指定他们个人账户的基金投资方向。比如，一个保守的员工可能会偏向于政府债券，而一个激进的投资者可能会选择投资公司股票。

当员工退休后，他们的养老金账户余额可以转移到年金或者其他一些形式的分配方式。

固定缴款养老金计划越来越流行。很多现存的固定收益计划都在向这种形式转变，并且事实上所有新设的基金都采取了固定缴款的形式。一个原因是固定缴款计划把监督养老金计划归为员工的责任而不是雇主的责任，这就降低了雇主的责任。

这个计划的一个问题在于，参与者可能没有理解需要分散他们的投资。例如，很多公司主动鼓励员工投资公司股票。公司的动机是更好地将员工和股东的利益捆绑在一起。但是缺点就在于如果公司破产，员工会受到更大伤害。首先他们失业了，其次他们的退休投资也蒸发了。另一个问题在于，很多员工不熟悉投资，因此很难做出明智的长期决策。

21.6.3 私人和公共养老金计划

私人养老金计划（private pension plan），由员工、团体和个人发起，近年来成长迅速。因为人们开始逐渐意识到社会保障的不确定性并且更加积极地为退休做准备。在过去，私人养老金计划通常以政府和企业债券的证券形式发行。尽管这些形式仍在养老金计划资产中扮演着重要角色，公司股票、抵押、公开市场票据和定期存款也开始登上舞台。图21-5显示了养老基金计划资产的分布。它们现在是股票市场上最大的金融机构投资者。如果养老金计划经理们选择控制公司管理，那么这对他们来是说一个潜在的强推动力（详见案例：养老金的力量）。

案例

养老金的力量

私人发起养老金计划之外的另一种选择是公共计划，尽管在很多例子中两者区别很小。**公共养老金计划**（public pension）是由政府机构发起的。

图21-5 私人养老金计划资产分布（2012年末）

最大的公共计划是联邦老年和残疾保险项目（简称社会保障）。此计划于1935年建立，为老龄化的美国人提供保障。它是一个现收现付制系统——员工为当前接受者提供福利。下一代再为这一代提供福利。很多人害怕当他们退休时，基金不能履行这项义务。这种恐惧来自于基金20世纪70年代遇到的问题，人们意识到婴儿潮时期（1946—1964）出生的大量人群会迅速增加退休人群基数。

社会保障惠及的退休者数量是基于每个人的历史收入决定的。员工贡献了当前最高工资113 700美元的6.2%。雇主贡献了同样的数量。重新分配福利有一个明确的数量，低收入员工相对于高收入员工来说有较高收益。一个评估养老金计划收益的方法是比较月收益和退休前收入。个人收入的替代比率从一个年收入15 000美元的人的49%到一个年收入53 400美元的人的24%。

图21-6显示社会保障基金的总资产在20世纪70年代末和80年代初有所下降，同时被保险人数增加。这种情况导致项目贡献的增加和项目福利的减少。为了增强公众信心，社会保障系统开始建立应对婴儿潮人群退休的储备。

问题是7 700万的婴儿潮人群将很快达到退休年龄。同时，支撑每个退休人员的人数将会在2035年从3.3下滑至2.1。政府预测2021年成本将会超过收益，导致资产余额的减少。近年来，政府公布了信托基金耗尽的预测日期。有很多可变因素影响这个日期，所以现在应该是一段时间而不是某一个特定日期。目前预测社会保障信托基金有95%的概率会在2028—2044年耗尽（见图21-7）。在这之后，税收只会覆盖75%的收益。

目前有很多维持社会保障计划的提议。AARP票选出最不会引起反对的方式是提高员工在任意1年投入基金的最高上限。2013年征税最高工资是113 700美元，占总收入的85%。这是从1983年对收入90%征税时确定下来的。很可能这是改变的一个方式。

另一个可能的改变就是调整可以得到收益的最低年龄。1984年规定，1960年以后出生的人直到67岁才可以领取全额福利。1874年一家铁路公司建立养老金计划时原始退休年龄是65岁。这个决定的基础是人们认为65岁是可以安全驾驶火车的最大年龄。之后这个规则被合并到了1934年联邦铁路退休法案。因为火车不再需要人来驾驶，退休年龄就有所改变。好消息是退休年龄的微小改变对社保基金余额产生很大影响。

另一个提议是更改计算社保付款的生活经费调整方式。当前福利支付方式是基于CPI指数调整的。经济学家认为这夸大真实的膨胀情况可能是因为忽视了客户选择更便宜的东西。评论家认为当承认这种有效性时，CPI又低估了药费的增加，这是退休者支出的一个很大组成部分。

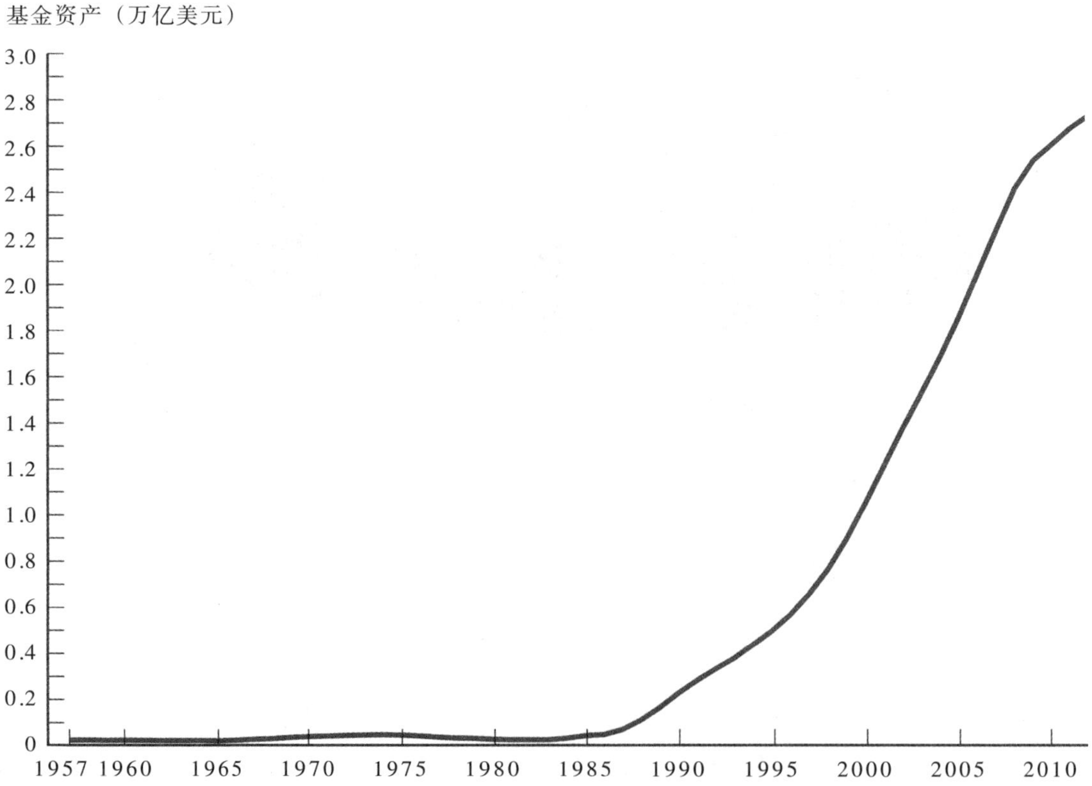

图21-6 社会保障基金资产，1957—2013

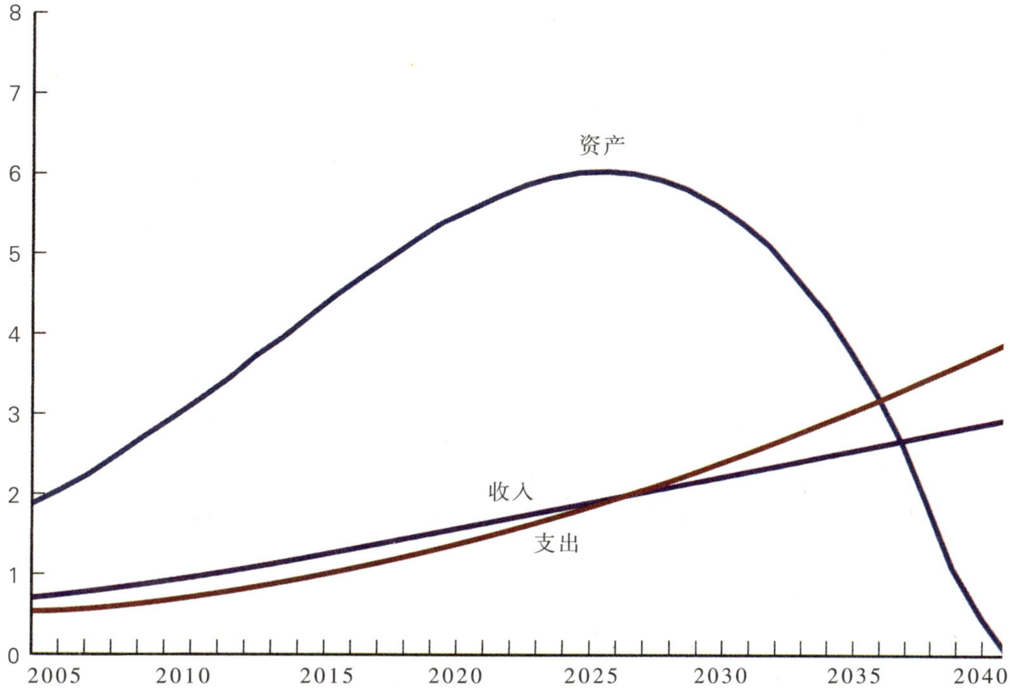

图21-7　社会保障信托基金资产投影

另外一个建议是由于意识到受益者比过去活得更久，政府应该按照更长的时间段来调整福利支付。

在2000年的股票市场下跌之前，很多投资者要求社保私有化。而私有化最大的障碍是，基金如果释放到私人账户去就不能支付当前退休者的福利了。这对当前问题无疑是雪上加霜。分析师估计要转移到一个资金到位私人计划的成本是巨大的——大约为1 000亿美元。分析师认为，随着时间的流逝，私有化会逐渐把社会保障从短期的、现收现付制系统转变成不动产完全积累制。然而，2000—2002年和2007—2008年的股价下跌降低了私有化的支持率。

短期来看，社保改革可能会采取增税，降低福利，延迟获利，或者三者兼具的方式。比如说，开始获利的年龄已经从65岁增加到了67岁。一些计划甚至提出延迟到70岁。

我们必须牢记对于社会保障的估计是基于我们所知的事实。但是很多因素是不稳定的。举个例子，对于癌症的研究近来引起了很多注意。如果找到了能够治愈绝症的方式，那么基金就会面临更大的问题。

对社会保障系统进行准确估计是很难的。1995年，社保管理机构估计，基金会消亡于2029年，而不是现在预测的2041年。很多因素都影响着基金，比如寿命、出生率，甚至是合法和非法移民率。当政府也放任不管时，员工应该意识到他们不能依靠这个系统来保障他们的主要退休收入。将来，退休前收入的替代比率将会继续下降。

21.7　养老金计划的监管

很多年来，养老金计划相对来说很少受到政府制度约束。很多公司把养老金福利当作一种工作奖励和激励机制。通常，退休金是从当前收入中支付的。当一个公司破产，或被其他公司收购时，福利也就终止了。在大萧条时期，广泛的养老金计划破产导致日益增多的规章和社会保障系统的建立。

1949年美国最高法院的一项重要决议是养老金福利是合法的集体谈判和工会谈判的一部分。这项决议导致现存的计划数量的增长，因为工会对其成员施压，要求他们建立这种计划。

21.7.1 员工退休所得保障法案

影响养老基金最重要也是最综合性的一项法案就是1974年通过的**员工退休所得保障法案**（ERISA）。员工退休所得保障法案设立了所有退休金计划必须遵守的特定标准。违反法案的退休金计划可能失去税收优势。这个法案的动机在于很多员工做出多年贡献的计划一旦失败，他们的利益就会受到很大损害。法案的原则性特点如下：

- ERISA建立了基金指导方针
- 当员工跳槽时可将积分由原工作单位转至现单位
- 计划必须有最低保障期需求。保障期指的是一个员工必须工作多久才能取得退休金。最高保障期是7年，尽管大多数计划都短于这个年份。退休金总是很快被授予
- 它增加了养老金计划的披露需求，为员工提供更多更详细的健康和投资信息
- 它将监管的责任分配给劳工部

ERISA也建立了**养老金福利保障公司**（PBGC）——一个和FDIC类似的政府代理平台。如果一个投资不足的计划破产了，或者因为其他一些原因不能履行养老义务，它就对养老金上限（目前每人每年超过57 000美元）有保障作用。养老金福利保障公司向养老金计划收取额外费用，但是它也可以向美国财政部借款（上限为1亿美元）。养老金福利保障公司目前已经针对4 500余起失败的养老金计划向887 000余人进行了赔偿。

超过66%的养老金固定收益计划资产投资于股票。当市场价格很高时，大多数固定收益养老金计划都受到充分资助。然而，2009年市场随着低利率和低迷的经济呈现下滑，很多养老金计划被置于险境。因此，2012年PBGC产生了291亿美元赤字。

养老金计划的会计很难评估一个基金是投资不足还是投资过剩。这些计算背后的假设被不断的修正和论证约束。资金短缺的公司有很多不提供资金的动机，国会也勉强迫使企业支付更多资金，即使这会使它们承担更高风险。

PBGC正面临着具有广泛影响的基金危机。很多固定收益养老基金都有严重问题，因为它们的投保者寿命增加了，医疗费用也增加了，而此时微薄的公司收入使它们很难履行基金义务。目前航空和钢铁行业占据了PBGC的大量赔偿份额。比如，2005年美国航空终止了它的固定收益计划。从那时开始，PBGC向122 000名参与者支付了超过76亿美元的赔偿金。图21-8展示了1980年起每年向计划参与者支付的赔偿金。

很多参与固定收益计划的公司发现很难和具有更低成本的固定收益计划的公司竞争。这种竞争劣势增加了一些公司弥补不了赤字的可能性。比如，通用汽车公司每台车的边际利润大约是0.5%。摩根士丹利估计通用汽车的相关成本大约是每台车1 784美元，而丰田是每台车200美元。

当公司面临价格劣势时常常会破产。由于更高的成本，包括养老金义务，伯利恒钢铁公司和美国国家钢铁公司都于2002年申请破产，并且终止养老金计划。PBGC目前正在支付以前钢铁工人200 000余人的福利。国际钢铁集团收购了这些老钢铁公司，现在是美国国内最大的钢铁制造商。员工的固定缴款成本大概是45亿美元。在破产之前，伯利恒钢铁公司在退休金福利费用上每年单独支付5亿美元。

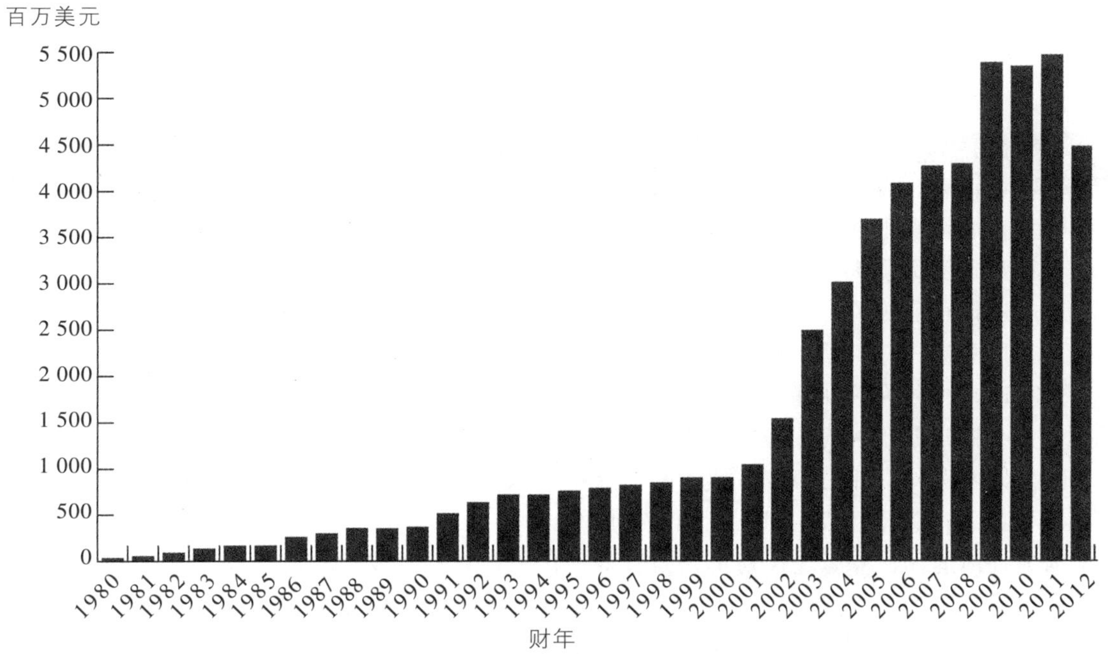

图21-8 PBGC总福利支付额

如果固定收益计划持续破产，PBGC将会被强制承担养老基金的责任。如果经济持续低迷，这些义务会压垮PBGC的财务资源。在这种情况下，纳税人可能会被要求弥补差额。

政府不直接负责支持PBGC。然而，大部分观察家认为政策上不会允许领取养老金的人损失利益。临时办法是允许公司在计算养老金时采取更高利率，以减少它们的退休金负债。希望就是经济复苏，股票上涨，这样股票利率就会上涨。这种技术（监管宽容）被用来延长储蓄和解决20世纪70年代的次贷危机。我们只希望这次它更加奏效。

2006年养老金保护法案的通过解决了投资不足以及养老金计划失效等日益严重的问题。法案提供了更强的养老金资金规则、更强的透明度和更强的养老金保险系统。

21.7.2 个人退休计划

1978年养老金改革法案修正了1962年个体税收退休法案，授权**个人退休账户**（IRA）。IRA允许向不被其他养老计划覆盖的人们（比如自由职业者）提供一个纳税递延储蓄账户。1981年和1982年的法案扩展了这些账户的资格，使它们几乎适用于所有人。IRA受到了极大的欢迎，在某种程度上它们的使用导致了政府巨大的税收损失，导致了国会在1986年发布的税收改革法案中的一些条款大幅削弱这些资格。

基奥计划是自由职业者的一个可选择的退休储蓄计划。基金可以被存放在储蓄机构——人寿保险公司，或者证券公司。基奥计划的所有者拥有一些基金投资的处理权。

1997年1月，1996年发布的小企业保护法案开始生效。这部法案创造了精简的退休计划，随之而来的是所谓的SIMPLE IRA和401（k）计划，针对100或更少的雇员。SIMPLE退休计划变得更受欢迎，特别是在小企业中间。

21.8 养老基金的未来

我们认为随着人口的增长和老龄化，养老基金将会继续成长、普及。工人们在刚入职的几年会发现关于退休投资的讨论逐渐进入了他们的对话当中。这种高度的关注将使养老基金更受欢迎并且更多样化。我们也可以期待养老金在控制更多股票数量的过程中获取公司更多的权利。

本章小结

1.因为人们是规避风险的，而且希望远离风险，所以保险公司会存在。保险通过降低人们可能发生的财产或生命损失来使人们从中获益。

2.逆向选择和道德风险是保险业本身的固有问题。很多保险政策的条款——包括免赔额、应用筛选、风险费率——都旨在降低它们的影响。

3.保险通常被分为两种基本类型：人寿保险和财产意外险。很多人寿保险产品也作为储蓄工具。财产意外险通常比人寿保险保期更短。

4.因为人寿保险责任是很容易预测的，这些承保人就可以投资长期资产。财产意外险公司必须拥有较强的资产流动性以应对不能预期的赔付。

5.因为提前退休，养老金计划正作为长寿一代的计划日渐成长。

6.有两种主要的养老金计划：固定收益和固定缴款。固定收益计划按照一个预先建立的准则支付收益。固定缴款计划仅指定储蓄多少；利润取决于计划产生的收益。

7.最大的公共养老金计划是社会保障，是一个现收现付制系统。当前退休人员从当前工人那里收到付款。很多人担心随着退休人员的增加，社会保障系统会入不敷出。

8.当计划发起者破产或者由于其他原因不能进行支付时，大多数私人养老金计划都是由养老金福利保障公司担保的。

重点词汇

确定性等价　免赔额　承销商　股份保险公司　共同保险公司　养老金 大数定律　财产保险　意外保险/责任保险　指定险保单　开放式保单　再保险　共同保险　单一险种保险公司　养老金计划　固定收益计划　资金到位　资金过剩　资金不足　固定缴款计划　私人养老金计划　公共养老金计划　职工退休所得保障法案　养老金福利保障公司　个人退休账户

问答题

1.即使预期损失比从保险公司拿到的赔偿少，人们为什么还是会去买保险？

2.当为老人买保险的时候，你会考虑哪些可能因素？把这些因素与你买终身寿险和短期人寿保险时所考虑的相比较。

3.什么是信息不对称？它是如何影响保险公司的？

4.当与保险业相联系时，逆向选择和道德风险的区别是什么？

5.当逆向选择和道德风险造成损失时，保险公司是怎么保护它们自己的？

6.独立代理和总代理之间的区别是什么？

7.绝大多数的保险公司都以共有和股份形式建立吗？

8.保险公司是如何定价它们的产品以解决信息不对称的问题？

9.短期保险的优点和缺点各是什么？

10.财产和意外保险针对的是什么风险？

11.再保险的好处是什么？为什么它在沿海地区比如百慕大和开曼群岛非常畅销？

12. 福利型和贡献型养老金的区别是什么？

13. 私人养老金的风险较高而且最近几年口碑不好，讨论原因。

14. 什么是费用发生拨款制养老金？

15. 社会保障为何最终走向破产？

计算题

1. 研究表明，你的城市每年会有1 500 000辆汽车因为被盗、碰撞等原因造成价值30 000 000美元的不可挽回的损失。如果40%的服务费被用来支付费用，那么要赔付给车主们多少钱？

2. 如果英国人的期望寿命是80年，标准差是11年。那么你活到120岁以上的概率有多大？

3. 你富有的父亲去世了，给你留下了一笔价值200 000美元的人寿保险。保险公司同样给予你每年收到9 000美元的权利，今天收到了第一笔钱。你要使用什么权利？

4. 一个家庭手工业者预计因为产品缺陷被起诉的概率是每件每年2%。如果这个公司最近生产了25件手工品，那么它不收到起诉的概率是多少？

5. 科欧运动用具凭借过去的经验得出的预期损失及其可能性如下表所列。科欧损失5 000美元或者更多的可能性是多大？如果一家保险公司提供了一笔1 500美元的可扣除的保险，那么科欧要支付多少钱？

损失（美元）	可能性（%）
30 000	0.25
15 000	0.75
10 000	1.50
5 000	2.50
1 000	5.00
250	5.00
0	75.00

6. 客户需要退休计划的援助。这些是相关要点：

姓名，Dave，21岁，想要在65岁的时候退休。

Dave可任意处理的收入是每月2 000美元。

Dave选择的IRA的平均年收益率是8%。

如果他每月把一半的可支配收入存入账户，那么他在65岁的时候会有多少钱？如果他想在65岁时有5 000 000美元，那么他每月要存多少钱？

7. 当开一个IRA账户的时候，投资者有两个期权。一个常规的IRA账户，增加的资金在最初不征税，但在退出时征税。一个Roth IRA账户，资金在最初征税，但在退出时不征税。如果一个投资者想要在税前向IRA账户投资15 000美元，那么30年后两种期权有什么不同？假设投资者目前是25%的税级，IRA的年收益率是6%。

8. 一个雇员每年存200美元给自己的养老金账户（年末存）。那么5年后总的养老金资产是多少？假设这个计划在这段时期每年可以取得盈利15%。

9.保罗的车滑离了结冰的路面，造成了2 500美元的车损。他也因为受伤花了1 300美元治疗。他的车险有500美元的免赔额度。他的健康保险有100美元的免赔额度并且承担了75%的总医药费。那么保罗现款支付的事故损失是多少钱？

第22章

投资银行、证券经纪人和交易商，以及风险投资公司

序言

如果你决定利用从室友那里听到的热门股票消息，那么你也许还需要与证券公司进行沟通。糖果制造商WWCF的新任CFO也是一样的，如果要求CFO协调债券销售或者发行额外的股票，那么他可能也需要与证券公司进行交流。如果你的祖父决定将他的公司卖给公众，你可能需要与证券公司的投资银行家一起帮助他。最后，如果你正在为规模小但是具有成功前景的企业筹集资本，那么你也可能需要风险投资公司的帮助。

证券市场（包括债券和股票交易）的顺利运行包括几个金融机构的合作，其中有证券经纪人和交易商，投资银行和风险资本公司。这些机构都没有列入我们第2章的金融中介名单，因为它们没有中介的功能，即通过发行债务而获取资金，然后利用这些资金获得金融资产。然而，在引导资金从储蓄者转到消费者的过程中，它们起着极其重要的作用。

那么现在，让我们看看证券市场是如何运作的，回顾一下第2章研究的一级和二级证券市场之间的区别。在**一级证券市场**（primary market），新发行的债券由公司或最终使用资金的政府机构出售给购买方，而**二级证券市场**（secondary market）交易的是在一级市场上出售的证券（因此是二手交易），投资银行协助证券在一级市场进行初次销售；证券经纪人及交易商协助证券在二级市场的买卖。最后，风险投资公司为尚未准备好对公众出售证券的公司提供资金。

22.1 投资银行

投资银行家在汤姆·沃尔夫的《夜都迷情》中被称作是“宇宙的主宰”。他们是华尔街的精英。他们从提供的金融类服务中获得了这种声誉。投资银行最广为人知的是作为中介机构帮助企业筹集资金。然而，这个定义太过狭隘，无法准确全面地表达出这些公司提供的许多有价值和复杂的服务（虽然它的名字是投资银行，但并不是普通意义上的银行。也就是说，它不仅仅是一个接受存款然后贷出存款的金融中介机构。）除了承担股票、债券和商业票据的初始销售外，**投资银行**（investment bank）无论是作为并购领域的造市商，还是作为买方和卖方的中介机构和富人的经纪人，都发挥了关键的作用。一些知名的投资银行公司有摩根士丹利、美国银行、美林、瑞士信贷和高盛。

投资银行区别于股票经纪人和交易商的一个特点是，它们通常通过向客户收取费用获得收入而不是向股票交易收取佣金。这些费用通常设定为交易金额的固定百分比。因为交易常常会涉及巨额资金，因此费用可能会非常大。而大额交易费用所占比例会比较小，约为3%，小额交易的占比反而会更大，有时甚至超过10%。

22.1.1 背景

在19世纪初，大多数的美国证券需要在欧洲出售。因此，大多数证券公司都是将经营证券业务作为副业来发展。例如，摩根通过修建铁路积累了最初的财富。为了帮助筹集用于铁路扩张的资金，摩根的父亲居住在伦敦，向欧洲的投资者出售摩根铁路证券。随着时间的推移，证券业务的营利能力明显增强，业务范围也随之扩大。

在大萧条之前，纽约许多大型的货币中心银行出售证券，同时也进行常规的银行业务。在大萧条期间，约有10 000家银行倒闭（约占商业银行的40%）。这直接导致**《格拉斯-斯蒂格尔法案》**（Glass-Steagall Act）的通过，该法案将商业银行业务与投资银行业务分离开来。

《格拉斯-斯蒂格尔法案》规定，商业银行代表其客户购买或出售证券是非法的行为。这项法案的原意是将商业银行与风险较大的证券业务分离开来。也有人担心可能会出现利益冲突，使商业银行面临更大的风险。例如，假设在商业银行工作的投资银行家对新股票的定价出现失误。在向客户承诺他可以以20美元的价格卖出股票后，却没有实现承诺，投资银行家可能会到商业银行的投资部门沟通，希望这些股票的价格上涨。这样的话，存款人可能面临由于银行错误投资而产生的亏损风险。

监管机构认为还存在另外一个问题。假设投资银行家仍然不能以20美元的价格卖掉股票，他可以打电话给他的银行客户，可以为他们提供贷款购买部分发行的股票。如果股票价格在未来上涨的话，这不会产生什么问题，但如果下跌，即证券的价值将小于贷款时的金额，那么客户可能不会偿还贷款。许多行业观察家认为，这种做法部分归咎于在大萧条期间发生的一些银行倒闭。然而，银行游说人士认为，只有大型银行才能参与发行证券，实际上倒闭的银行大多数是小型银行。

当《格拉斯-斯蒂格尔法案》将商业银行业务与投资银行业务分开时，新的证券公司被创立了，其中许多公司提供投资银行服务（向公众出售新证券）和经纪人服务（向公众出售已发行的证券）。

商业银行和投资银行之间的法律壁垒自1980年以来逐渐消失。一个显著的趋势是商业银行收购了投资银行。例如，在1997年，银行家信托公司收购了亚历克斯布朗公司——全国最古老的一家投资银行。银行家信托公司随后被德意志银行收购，后者花费了大量的资金建立自己的投资银行部门。美国银行收购了蒂芬斯有限公司，而国民银行收购了蒙哥马利证券公司。在2009年金融危机期间，美国银行收购了美林证券，摩根公司收购了贝尔斯登，巴克莱收购了雷曼兄弟一些剩余的资产。

22.1.2 承销股票和债券

当公司想要借款或者筹集资金时，它可以决定发行长期债务或权益工具。然后，它通常雇用一家投资银行以促进证券的发行和后续的销售。投资银行可能承销证券的发行。承销股票或债券发行的方式是要求证券商以预定价格购买全部的数量，然后在市场上转售。在承销的过程中提供一些相关的服务。

提供建议

大多数公司不经常发行资本市场证券。公司超过80%的扩张，都是提供从上期盈利中的留存收益进行融资。因此，大多数公司的财务经理不熟悉如何进行新的证券发行。然而投资银行家可以，因为他们每天参与这个市场，因此可以为考虑销售的公司提供建议。例如，公司可能不知道是否应该通过出售股票或通过出售债券来筹集资本。投资银行家也许能够帮助指出，例如，市场目前可以为公司的股票支付较高的价格（历史上较高的市盈率），而债券目前的利率相对较高（因此价格较低）。

公司也可能需要关于应该何时提供证券的建议。例如，如果竞争对手最近发布了利润不佳的盈余报告，它可能需要在尝试销售之前等一段时间：公司想要在一个良好的时机出售股票，从而获得市场上最高的价格。另外，由于每天与证券市场互动，投资银行家可以提供公司发行的最好时机的建议。

最困难的建议可能是，投资银行家必须告知客户证券应该以什么价格出售。在这点上，投资银行家和发行公司有着不同的动机。首先，考虑公司想以最高价销售股票。假设你建立一个公司并良好地经营了20年。你现在想把它销售给公众然后退休。如果以每股10美元的价格销售50万股，你会获得500万美元。如果你以每股12美元的价格销售，你会获得600万美元。

然而投资银行家不想标价过高，因为在大多数证券承销协议里，他们会以协议价购买全部股票，然后通过经纪公司重新销售。他们以高于支付给发行公司的价格卖出股票，从而获得利润。如果发行价格定得过高，银行不能卖出股票，从而会造成损失。

如果当前市场上存在发行公司先前发行的股票报价，那么证券定价就不是很难，这称为**新增发行**（seasoned issue）。当公司在交易中第一次发行股票时即称为**首次公开募股（IPO）**，股票就很难定价。投资银行要用所有的知识和技术来合理定价。如果发行公司和投资银行可以就价格达成一致，投资银行家就可以辅助完成下一个阶段，提交所需要的文件。

提交文件

除了为公司提供咨询服务，投资银行家还要辅助准备**美国证券交易委员会**（SEC）所需的文件。投资银行和一级市场的运行受到证券交易委员会严格的控制，证券交易委员会制定了1933年和1934年证券交易法案来确保潜在投资者获取足够的信息。向公众发行新证券（1年内数量超过150万且到期期限超过270天）的发行者必须向证券交易委员会提交**登记说明书**（registration statement）。说明书包括公司的财务状况、管理状况、竞争状况、行业状况和经历等情况。在股票发行之前，公司还需要披露资金的用途、经理对风险的评估情况。发行者在这些都完成之后需要等待20天才能发行股票。美国证券交易委员会随后审核这些信息，如果公司20天内没有其他违反规定的行为，才可以销售股票。

美国证券交易委员会的评审绝不代表背书。它们的通过仅仅意味着所有需要的文件都在说明书里，但并不能证实信息的准确性。如果说明书中的信息造假从而导致损失的话，就会卷入法律诉讼中。在一些极端的案例里，甚至可能导致刑事诉讼。

一部分登记说明书可以复制并且可供投资者浏览。这种广为传阅的文件叫作**招股说明书**（prospectus）。在法律上讲，投资者在投资一个新股票之前，公司必须提供招股说明书。

在登记说明书审批过程中，投资银行家还有其他琐事要参与。为了发行债务，投资银行家必须：

- 获得一家以上的信用评级公司的信用评级，比如标普或穆迪公司
- 雇用债券顾问发布报告，为了证明发行的合法性
- 选择一个受托人，主要负责监督发行者是否履行了合同中阐述的义务
- 印刷证券并准备发行

对于证券的发行，投资银行家可以安排证券在其中一个证券交易所上市。显然，投资银行家可以在证券实际出售之前提供很好的服务来帮助发行人。

承销

一旦所有的书面工作完成，投资银行家可以继续进行实际承销工作。在预先指定的日期，发行人将以商定的价格将所有的股票或债券卖给投资银行公司。然后投资银行家必须以更高的价格向公众发行这些证券来赚取利润。2013年美国及全球十大证券和股票承销商见表22-1。

表 22-1　美国及全球十大证券和股票承销商，2013 年

排名	承销商	收益（百万美元）
1	高盛投资公司	5 218.4
2	摩根士丹利投资公司	5 036.7
3	J.P.摩根公司	3 879.1
4	美银美林银行	3 870.9
5	巴克莱银行	3 652.9
6	瑞士信贷集团	2 993.4
7	花旗集团	2 110.6
8	瑞士联合银行	987.2
9	德意志银行	431.5
10	贝尔德公司	270.0

资料来源：复兴资本公司

通过同意承销证券，投资银行公司向公众证明证券的质量。我们再次看到，信息不对称如何有助于证明中介的必要性。投资者不想在购买股票之前，还要花费几周进行艰难的技术研究。他们也不相信公司的内部人员能够准确地报告其状况。相反，他们依赖投资银行收集有关公司信息的能力，以便准确地确定公司的价值。他们相信投资银行的评估，因为它在评估过程中通过实际购买证券来支持其意见。投资银行家意识到他们有责任准确真实地报告信息，因为一旦他们失去投资者的信任，他们将不能够再进行交易。

投资银行公司在这一点上显然面临巨大的风险。一种降低风险的方式是形成**辛迪加**（syndicate）。辛迪加由若干个投资银行公司组成，而每个公司都会购买一部分证券。然后，辛迪

加内的每个投资银行公司负责转售其持有的证券。大多数发行的证券由辛迪加出售，因为这是一种在众多公司之间分散风险的有效方式。

投资银行通过商业期刊上的广告来宣传即将推出的证券产品。传统的广告是在金融版面上很大篇幅的广告。根据外形，这些广告被称作“**墓碑广告**（tombstone）”，上面列出了辛迪加内所有的投资银行公司。

投资银行家在转售给公众之前，持有证券的时间越长，价格下降导致损失的风险就越大。投资银行公司加速销售的一种方式是在投资银行实际拥有所有权之前就征求投资者购买证券的意向。然后，当实际拥有证券所有权时，可以马上提交订单，然后迅速将证券转移给最终的买方。

大多数投资银行家都隶属于全国都设有销售办事处的大型经纪公司（多功能证券公司）。在发行日之前，这些办事处会互相联系，销售代理人将与他们的客户进行沟通，询问他们是否想要查看新证券的招股说明书。目标是发行**全额认购**（fully subscribe）。全额认购是指所有可供出售的证券在发行日之前全部被订购。证券发行也可能是**不足额认购**（undersubscribed）。这种情况下，销售代理不能为他们的客户在这种证券上提供足够的利益，导致发布日期前不能出售所有的证券。另一个问题是，也可能是**超额认购**（oversubscribed），这种情况是购买数量比实际的证券多。

现在假设，最好的选择是证券被超额认购，但实际上，这将使投资银行家与客户间的关系疏远。假设你是第一次发行证券，并与你的投资银行家协商，以每股20美元的价格出售50万股股票。现在你发现，这个证券是超额认购，你会觉得很失望，投资银行家把价格设置得太低了，结果使你遭受了损失。你会认为，也许股票可以卖到每股25美元，你可以收取额外的250万美元［（25美元-20美元）×500 000=250万美元］。你和其他的发行公司，以后可能不太会继续聘用这个投资银行家了。

同样严重的是，证券出现认购不足现象，因为需要将价格下调到低于投资银行家付给发行人的价格，以便将所有的证券卖给公众。投资银行公司由于涉及的证券数量很大，所以会遭受巨大的损失。例如，当谷歌上市时，有超过2 400万股股票被出售。如果价格降低至每股25美元，那么损失将超过600万美元。投资银行家承受的高风险，解释了他们为什么是华尔街最精英和最高薪的专业人士，甚至许多人每年赚取数百万美元。

代销

承销证券发行的另一种方法是根据代销协议（best efforts agreement）提供证券。在代销协议中，投资银行家以佣金形式出售证券，不保证能达到发行公司可以接受的价格。代销协议对投资银行家的优势是没有证券定价失误的风险，也不需要在估计证券的市场价值上耗费太多的时间。投资银行家只需以客户要求的价格提供证券。如果证券未能出售，则可以取消发行。

私募

销售证券的另一种方法称为私募（private placement）。在私募中，证券被出售给有限的投资者，而不是公众整体。私募的优点在于，只要满足某些限制性条件，证券就不需要向美国证券交易委员会注册。投资银行家也经常参与私募交易。然而，投资银行家不需要进行私募，他们通常通过向发行公司提供关于该证券的适当条款和通过识别潜在购买者来促成交易。

私募的买方实力必须足够强大，以便可以一次购买大量证券。这意味着通常情况下，买家是保险公司、商业银行、养老基金和共同基金。私募在债券中比股票更为常见。高盛是私募市场上最活跃的投资银行公司。

图22-1显示了向公众发行证券的过程。

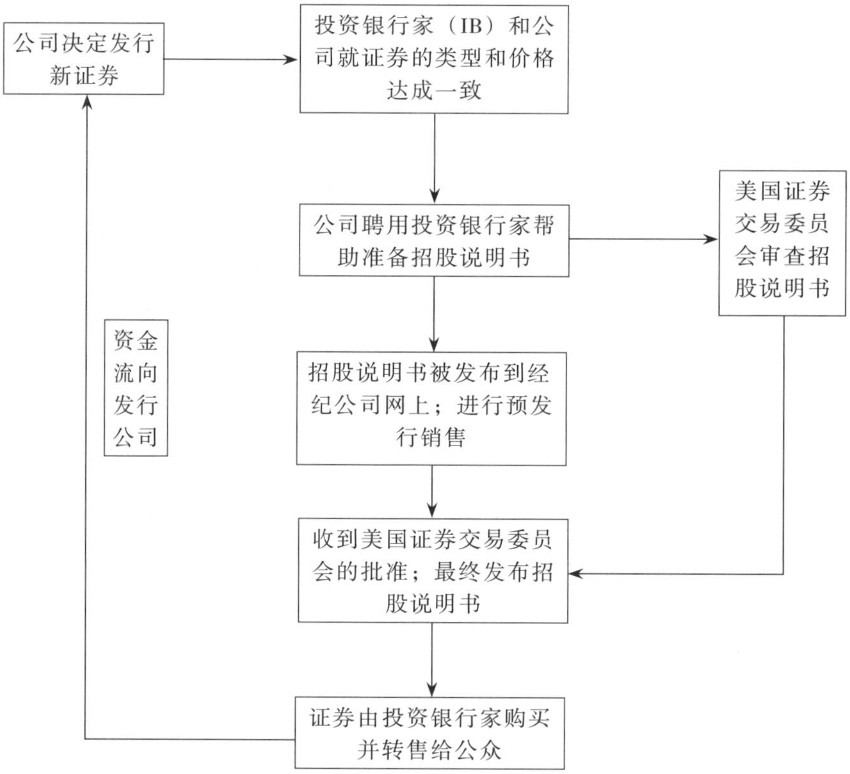

图22-1　聘用投资银行家向公众发行证券

22.1.3　股权销售

投资银行提供的另一项服务是帮助公司的销售或公司的某些部门。例如，在1984年，美泰公司旗下的电子业务子公司遭受重大损失时，其公司陷入了非常严重的银行贷款危机。美泰公司决定寻求德瑞赛投资银行公司的帮助。公司重组的第一步就是出售所有的非玩具业务。美泰公司恢复了正常运转，直到1999年由于收购了一家软件公司而再次遇到问题。在2000年，美泰公司再次利用投资银行家的服务出售了这家子公司。

任何股权出售的第一步，都是卖方确定企业的价值。投资银行家提供当前市场上类似公司的详细分析，并应用各种复杂模型来确定公司的价值。不像一盒洗涤剂或者一块糖，正在经营的企业并没有固定的价格。公司的价值是基于买方的考虑。如果买方只对实物资产感兴趣，那么该公司价值仅仅是有限的价格。如果买方认为购买该公司可以与其他公司产生协同效应，那么公司价值将会是非常不错的价格。尽管标准具有弹性，但是投资银行家已经开发了很多模型工具来为企业所有者确定公司价值的范围。

现金流如何贴现取决于竞标的公司。同样，还有投资银行家的帮助。他们可以进行谨慎的调查，以便了解市场上谁可能更感兴趣。另外，他们将准备一份**机密备忘录**（confidential memorandum），详细列出潜在客户所需的财务信息。所有准买家必须签署保密协议，规定他们不会将该信息与第三方竞争或与第三方共享。投资银行将筛选潜在客户，以确保信息仅提供给有资格的买方。

股权出售的下一步是由潜在买家发出**意向书**（letter of intent）。这份文件表明购买意愿，并概述初步条款。投资银行家将代表卖方协商销售条款，并帮助分析和确定竞争报价的排名。投资银行家甚至可以帮助安排结构性融资，以便获得更好的报价。

一旦意向书被卖方接受，那么**尽职调查期**（due diligence）就开始了。买家利用20~40天的时间来验证机密备忘录中信息的准确性。验证结果会体现在**最终协议**（definitive agreement）的条款上。该协议将严格评估收集的信息并将随后谈判的结果转换为具有法律约束力的合同。

正如以上论述所表明的，促成企业销售需要各种各样的专业技能。为了满足这些需求，投资银行通常派出掌握多种能力的专家小组与客户合作开展项目。这些团队包括律师、金融分析师、会计师和行业专家。

22.1.4 合并与收购

投资银行自20世纪60年代就一直活跃在**并购市场**（mergers and acquisitions market）。当两家公司组成一家新公司时，就会发生合并。两家公司都支持合并，并且新公司的高管通常从两家公司内选出，然后组成新的管理团队。股东将持有的股票换成新公司的股票。在收购中，一家公司通过购买另一家公司的股票获得其所有权。通常这个过程是友好的，并且公司同意通过资源的组合来获得某些经济利益。一家遭受金融压力的公司甚至会寻求另一家公司的收购，这并不奇怪。在其他的时候，被购买的公司可能会抵制。被抵制的收购被称作敌意收购。在这些情况下，收购方试图购买目标公司的足够股份，以获得董事会的大多数席位。然后董事会成员可以通过投票，决定将目标公司与收购方公司进行合并。

投资银行家为收购方和目标公司服务。收购方公司需要投资银行的帮助去寻找有吸引力的目标公司，征求股东出售股票的过程被称为要约收购，并且筹集所需要的资金完成交易。目标公司可以聘请投资银行家，以帮助阻止不受欢迎的收购企图。

合并和收购市场需要非常专业的知识和技能。参与这一市场的投资银行家都受到过很高端的培训（因此也必然是高薪）。最著名的参与合并和收购的投资银行家是迈克尔·R.米尔肯，他曾在德瑞赛公司工作，米尔肯发明了垃圾债券，具体情况我们在第12章讨论过。垃圾债券是高风险、高回报的债券，主要用于融资收购。通过允许公司筹集大量资本，即使是小公司也可以收购大型公司。20世纪80年代，米尔肯主要活跃在这个市场上，同时并购活动达到了顶峰。1990年2月13日德瑞赛公司申请破产，因为其垃圾债券组合的违约率上升，经济发展缓慢，监管部门迫使存款和贷款行业脱离垃圾债券市场。米尔肯被判处证券欺诈罪，并被送进监狱。

由于德瑞赛公司和垃圾债券市场的崩溃，20世纪90年代初的合并和收购活动变得缓慢。健康的经济和监管体系的变化都导致了90年代中后期并购的复苏，特别是商业银行的行业并购。直到2001—2008年的经济衰退期间，合并和收购活动才再次放缓。

许多知名的投资公司在2008—2009年的信贷危机中遇到了重大的财务困难。它们的问题主要有几个原因。首先，一些投资公司购买并持有由次级抵押贷款发行的债券投资组合。由于市场意识到了这些证券的质量不能支持它们的价格，投资公司发现无法出售它们。其次，当信贷市场崩溃时，一些投资公司遇到了资金流动性的问题。它们有已经到期的证券，需要提供资金，但是并没有新的资金来源。

贝尔斯登公司是在2008年4月由摩根集团收购，其中有联邦援助的290亿美元。2008年9月，美国银行收购了美林证券，这导致美国银行在随后的几个月内遭受了重大的损失。与此同时，雷曼兄弟是第一家宣布破产的大型投资公司。其许多资产后来被巴克莱公司收购。很显然，如果不是政府进行强制干预，许多投资公司都将破产。

22.2 证券经纪人和交易商

证券经纪人和交易商在二级市场进行交易。经纪人是纯粹的中间人，是投资者在买卖证券时的代理人。他们的作用是将买家与卖家联系起来，这是他们获得佣金的原因。

与经纪人相反，交易商通过给定的价格买卖证券从而联系买卖双方。因此，交易商通过高于他们支付的价格来出售这些证券，也就是说，他们通过买价（购买这些证券时支付的价格）和卖价（销售这些证券时的价格）之间的差价获利。这是一个高风险的业务，因为交易商持有的证券可能上涨也可能下跌；近年来，有几家专门从事证券交易的公司陆续倒闭。相比之下，经纪人不会面临这种风险，因为他们不必拥有涉及其业务的证券。①

22.2.1 经纪人服务

证券经纪人提供多种类型的服务。

证券指令

如果你打电话给证券经纪公司购买股票，你会和一个接受你的交易指令的经纪人进行交谈。你有三种类型可供选择：市价指令、限价指令和卖空。

两种最常见的证券指令是市价指令和限价指令。当你选择**市价指令**（market order）时，你要求你的代理以当前市场价格买入或卖出证券。选择市价指令，可能存在市场价格与你做出投资决策的价格不一致的风险。如果你以较低的价格购买股票，那么没有什么损失，但如果是以高的价格购买，你可能会后悔做出的决定。从发出指令到被执行期间发生的价格变化，最有名的事件是1987年10月19日的股市崩盘。惊慌失措的投资者告诉他们的经纪人出售他们的股票，但那天的交易量如此巨大以至于当时的技术无法满足要求，因此许多指令直到几个小时后才能执行。当它们被执行的时候，股票的价格已经远低于发出指令时的价格。

除了市价指令，还有**限价指令**（limit order）。这种指令的买进指令对于最高可接受的价格有相关规定，而卖出指令则指定了最低可接受的价格。例如，你可以发出限价指令，以100美元每股的价格卖出100股的IBM公司股票。如果IBM公司股票的当前市场价格小于100美元，则指令不会被执行。未执行的限价指令会报告给在交易所工作的专家。当股价按照限价指令的趋势发展时，专家将会发起交易。

止损指令（stop loss order）和限价指令类似，但只适用于你已拥有的股票。此指令会告诉你的经纪人，当股票达到某个价格时卖出。例如，你以每股20美元购买了股票。你不想在这个股票上遭受重大损失，因此你将止损指令确定为18美元。如果股票价格降到18美元，经纪人将出售股票。在对玛莎·斯图沃特案件的审判中，止损指令受到了极大的关注。她涉嫌交易有关英克隆制药公司股票的内幕信息。她辩解：出售股票的原因是她在英克隆制药公司股票上发出的止损指令是60美元。她被定罪表明，法官不相信这个指令是真实的。

当投资者相信股票的价格在未来会上涨时，他们买入股票并持有，直到价格上涨。然后他们可以出售股票来赚取利润和收益。如果投资者认为股票会在未来下跌，那么可以做些什么呢？解决的办法是**卖空**（short sell）。卖空要求投资者从经纪公司借入股票并在当天出售，并承诺将来通过购买这些借入的股票。假设你刚刚试用了新的苹果笔记本电脑，并觉得它会卖得不好（事实上，在1995年，苹果公司不得不召回所有Powerbook型号的电脑来维修）。你可能认为，随着市

---

① 很容易记住交易商和经纪人之间的区别，你可以从汽车交易商和房地产经纪人的角度考虑。汽车交易商拥有汽车的所有权，并将其转售给公众。房地产经纪人不拥有房产的所有权，他们只是中间人。

场对其产品的了解，苹果的股价可能会下跌。要利用这种情况，你可以指示你的经纪人卖空苹果的100股股票。经纪人将代表你从另一个投资者那里借入100股股票，并以当前市场价格出售。当然，你没有拥有那些股票。它们是被借用的，在未来的某个时候，你将被要求以新的市场价格购买这100股股票来偿还。如果你是对的，苹果公司的股票价格下降，你将以比你早期出售它们时更低的价格购买股票，以此赚取利润。当然，如果你是错的，苹果公司的股票价格上涨，你将会遭受损失。

市价指令和限价指令可以让你从股价上涨中获益，卖空可以让你从股价下跌中获益。分析师会关注卖空股票的数量，作为投资者预测未来股价可能下跌的分析指标。

其他业务

除了证券交易，股票经纪人还提供许多其他服务。投资者通常将他们的证券存放在经纪人处以便保管。如果证券留给经纪人，联邦政府机构即证券投资者保护公司（SIPC）将为其提供保险。这种保险不是针对证券价值的损失，而是仅仅针对证券本身不受损失。

经纪人也提供**保证金贷款**（margin credit）。保证金贷款是指由经纪公司垫付的贷款，以帮助投资者购买证券。例如，如果你确信英特尔公司的股票将在其推出最新的计算机芯片时快速上涨，那么你可以通过从经纪公司借款来增加你可以购买的股票数量。如果你有5 000美元，并且额外借得5 000美元，那么你可以购买价值10 000美元的股票。然后，如果像你预测的那样价格上涨，那么你可以赚取几乎是你没有贷款时的两倍。美联储规定了经纪公司借出的金额占购买股票总价的百分比。保证金贷款的贷款利率通常比主流利率（信誉良好的大型企业借款人的利率）高出1或2个百分点。

如第19章所述，竞争的压力使经纪公司提供各种服务，还从事传统上应该由商业银行进行的活动。1977年美林公司创立了现金管理账户（CMA），它提供一系列金融服务，包括信用卡、直接贷款、签发支票权，在货币市场共同基金中出售证券的收益将自动投资，以及统一记录保管。CMA被其他经纪公司采用并迅速传播。许多这些账户都具备签发支票的权利，并提供ATM和借记卡。通过这些方式，它们可以直接与银行竞争。

经纪公司的现金管理账户的优点是，它们使买卖证券变得更容易。当投资者购买证券时，股票经纪人可以从账户中取出资金，并在投资者出售证券时将资金存入账户。

全方位服务经纪公司与贴现经纪公司

在1975年5月1日之前，几乎所有的经纪公司都收取相同的佣金。经纪公司间的区别主要在于它们的研究及与客户的关系。1975年5月，国会认定固定佣金不利于竞争，并通过了1975年《证券法修正案》，废除了固定佣金制度。现在，经纪公司可以收取任何它们希望得到的费用。这导致了两种不同类型的经纪公司：全方位服务经纪公司和贴现经纪公司。

全方位服务经纪公司为客户提供研究方案和投资建议。全方位服务经纪公司通常会向它们的客户邮寄每周和每月的市场报告和建议，以鼓励他们投资某些证券。例如，当经纪公司的投资银行部门提供首次公开发行时，经纪人将联系他们感兴趣的客户，并提供招股说明书。全方位服务经纪公司试图与客户建立长期关系，帮助他们建立符合其财务需求和风险偏好的投资组合。当然，这种额外关注的成本非常高，必须在初始交易时要求支付更高的费用。美林是最大的全方位服务经纪公司，拥有大约17 000名财务顾问和2.2万亿美元的客户资产。

贴现经纪公司仅根据要求执行交易。如果你想购买一个特定的证券，你可以打电话给贴现经纪公司，并提出你的要求。它们通常不提供建议或研究方案。由于经营贴现经纪公司的成本远低于经营全方位服务公司的成本，因此收取的交易费用较低。这些费用可能仅是全方位服务经纪公司收取的费用的一部分。嘉信理财公司是最著名的贴现经纪公司。许多贴现经纪公司在历史上由大型商业银行拥有，这些商业银行被禁止提供全方位经纪服务。

无论你选择哪种类型的经纪公司，它们都是交易所的主要成员，并与纳斯达克（全国证券交易商协会自动报价系统）计算机联网。假设你向当地的美林公司购买10 000股的IBM股票。你的经纪人会向纽约证券交易所（NYSE）的美林交易商发送一条电子信息，以你的名义购买10 000股的IBM股票。在纽约证券交易所的地板上有圆形的工作区域，所有证券专家都聚集在那里进行交易。每个专家负责多个股票。美林的场内交易商知道负责IBM的专家在哪里，然后联系该人实现你的订单。购买确认后，你当地的经纪人会收到通知，然后他通知你交易已经完成（详见案例）。较小的指令将由计算机系统处理，并联系买卖双方。

案例

使用限价指令簿的例子

假设一名在纽约证券交易所的交易员是负责Circuit City公司股票的专家。限价指令簿如下所示：

未完成的Circuit City公司的限价指令簿

买进指令		卖出指令	
37.00	100	37.37	200
37.12	300	37.50	500
37.25	100	37.62	100

买入指令列出的是投资者愿意购买该股票的最高价格。卖出指令列出的是投资者愿意出售该股票的最低价格。目前，由于没有交叉价格或共同价格，因此没有交易发生。换句话说，目前还没有人愿意以任何人都想支付的价格出售Circuit City公司的股票。

现在假设该专家收到新的购买200股的市价指令，以当前的最佳市场价格进行购买。专家将查询卖出指令栏，并以每股37.37美元的价格完成指令。

接下来，专家收到一份300股的限价指令，要求以每股37.12美元卖出。再一次，专家将查阅限价指令簿，只是这次是查阅买进指令栏。此限价指令单将以每股37.25美元的价格出售100股以及每股37.12美元的价格出售200股。

然后，假设该专家又收到了以每股36.88美元的价格买入500股的限价指令。由于没有相同金额的卖出指令能够匹配，因此该指令会添加到限价指令簿中，此时此处显示如下：

未完成的Circuit City公司的限价指令簿

买进指令		卖出指令	
36.88	500	37.50	500
37.00	100	37.62	100
37.12	100		

22.2.2 证券交易商

证券交易商持有证券存货，并将其卖给想要购买的客户。他们还持有从想要出售证券的客户那里购买的证券。

过分强调交易商对美国金融市场平稳运行的重要性是不可能的。需要考虑投资者在购买证券之前所需要的是什么。除了要求公平的回报，投资者希望投资很容易变现，也就是说，如果它不再适合投资者的投资组合时，可以被快速出售。我们考虑一下，如果一个相对来说没有名气的小型公司，试图向公众出售证券。投资者也许会尝试购买该公司的证券，但如果这些证券不能轻易变现，那么投资者不可能选择它们。这时，交易商变得非常关键。他们随时可以建立证券市场，换言之，他们确保投资者可以卖出或购买证券。因此，交易商也被称为**造市商**（market makers）。当投资者希望出售一种很少被交易的股票时（没有活跃的二级市场），不太可能存在其他投资者同时购买该证券的机会。这种非同步交易问题的解决办法是，交易商从投资者处购买证券，并且在另一个投资者准备好购买它之前，保留相应存货。这里的学问在于，如果交易商不提供服务并鼓励投资者购买这种证券，那么投资者可能并不愿意接受这种证券。在金融市场不发达的国家，交易商不会为不受欢迎的证券提供市场，那么对于小型、新型或区域型公司来说很难筹集资金。证券造市商对于美国小型企业的健康和成长至关重要。

22.3 证券公司的监管

许多金融公司从事三种证券市场活动。这些金融公司包括经纪公司、交易商和投资银行。美国最大的金融公司是美林；其他的知名公司包括摩根士丹利投资公司和所罗门美邦（花旗集团的一个部门）。美国证券交易委员会不仅监管公司的投资银行业务，而且还限制经纪人和交易商进行证券欺诈和交易内幕信息，内幕信息是只有公司管理层才知道的未公布的消息。

在讨论金融监管时，重要的是要认识到，公众对金融市场的信心取决于我们的经济增长情况和公司能够继续利用市场筹集新资本的能力。如果公众认为还有其他具有优势信息的强大参与者，那么市场将不能从这些小投资者那里吸引资金。最终，市场可能会崩溃。

由于信息不对称，投资者不会像公司内部人士那样充分了解公司提供的证券。如果所有证券设定平均价格时缺少这样的信息基础，那么好的证券将被取消，而只有价格过低或过高的证券将继续出售。如果仅仅提供这些证券，平均价格会下降。现在，任何价值超过新平均价格的证券都将被撤销。最终，市场会崩溃，因为平均证券的质量和市场价格都会下降。“柠檬问题”的一个解决方案就是政府规范全面披露，以便减少信息不对称。

证券法的设计有两个目的：保护市场的完整性，以及限制证券公司之间的竞争，以减少破产的可能性。1933年和1934年通过的两项法案为今天证券市场的监管提供了基础。这些法案在大萧条之后不久就被通过，主要是解决当时很多人的问题，人们认为市场滥用是美国面临经济困境的原因。1933年和1934年的法案主要规定如下：

- 成立证券交易委员会（SEC），负责管理证券法案
- 要求发行人发行新证券时进行登记，并向潜在投资者披露所有相关信息
- 要求所有上市公司向SEC提交年度和半年度报告，上市公司也必须在发生影响投资者“重大利益”的事件时提交报告
- 要求内部人员买入或卖出股票时提交报告
- 禁止任何形式的市场操纵行为

在这些法案被通过之前，市场一直被滥用。例如，在1933年进行的一项研究表明在1932年有127个“投资资金池”操作的证据。投资资金池可以被用来操纵市场。一群投资者聚在一起，散布损害公司健康的谣言。这些传言造成公司股价下跌。当价格下降到一定程度时，投资池的成员就开始购买股票。一旦他们都持有了低价购买的股票后，投资组织的成员就开始散布公司的好

消息，使股票价格上涨。显然，投资组织的成员可以获得巨大利润。小部分不知情的投资者将会投资失败。这些做法被1933年和1934年颁布的证券法案所禁止。

如我们在讨论私募时指出的，并非所有证券发行都受证交会监管。如果证券每年发行的金额少于150万美元，或如果证券在不到270天内到期，或者证券是由美国政府或大多数市镇发行的，则不需要在证交会注册。

其他对证券公司有重要意义的法案，包括1933年的《格拉斯-斯蒂格尔法案》，该法案将商业银行和投资银行分离开来（大部分被《金融服务现代化法案》废除）；1940年《投资顾问法案》，要求投资顾问在证券交易所登记；以及1970年《证券保护公司法案》，建立了证券投资者保护公司，为公司客户的现金账户提供高达10万美元的保险，为证券文件提供高达50万美元的损失保险。在第18章我们讨论了与银行和证券公司相关的其他法规。

22.4 证券公司与商业银行的关系

多年来，商业银行一直努力游说立法机构放松监管，从而有助于它们与证券公司竞争。思考一下银行业务是如何被蚕食的。在美林公司推出现金管理账户之前，支票账户只能由一家银行提供。然而美林公司的账户服务不仅提供了低成本的支票账户，而且支付的利息也高于法律允许银行支付的利息。证券公司被允许提供贷款，提供信用卡和借记卡，提供ATM，而且，最重要的是可以出售证券。此外，证券公司还可以出售某些类型的保险。这就不难理解为什么银行家感到很失望。法律禁止他们与证券公司竞争，但却没有法律限制证券公司与银行竞争。

商业银行在国会上要求获得一个“公平竞争“的环境。如第18章所述，1980—1982年监管的放松大大减缓了资金从商业银行向证券公司的流动；然而，银行仍然没有被允许出售证券，但这种情况在逐渐改变。

22.5 私人股权投资

当你谈论投资时，你通常讨论股票和债券。这两种证券都出售给公众，并受到美国证券交易委员会的监督。这些证券的绝大部分由经纪人和交易商处理和持有。然而，有一种可以替代公众股权投资的方式，就是私人股权投资。私人股权投资，不是通过向公众出售证券来募集资本，而是形成有限合伙公司，从少数富有的投资者那里筹集资金。在广泛的私人股权领域中，最常见的是风险基金和**资本收购**（capital buyout）。在许多情况下，同一家公司在两个领域都很活跃。这个行业的主要投资者包括KKR（科尔伯格·克莱维斯·罗伯特公司）、贝恩资本和黑石集团。

22.5.1 风险投资公司

假设你想要经营一个你认为很可能成功的新活动。然而，由于它是新的领域且很难预测，你不能通过常规渠道来获得资金。商业银行不会为你提供贷款，因为没有现金流能够用于偿还贷款。公司很难通过投资银行向公众出售股票，因为这是一家新公司，并且还没有证明它可以成功。在没有其他资金来源的情况下，你的理念可能没有真正的机会去实现。这时，风险投资公司就可以提供给你创立公司所需要的资金。

行业概述

风险资本通常被定义为向刚刚成立的公司提供的创业资金。这笔钱通常由有限合伙人募集，并由普通合伙人投资于预计未来具有高回报的公司。

自20世纪40年代中期以来，风险投资公司促进了美国高科技企业及创业群体的发展。这些公司的活动创造了就业机会，促进了经济增长并提高了国际竞争力。风险投资家在20世纪80年代和90年代期间支持了许多成功的高科技公司，包括苹果公司、思科公司、基因泰克公司、微软公司、网景公司和太阳微系统公司。还有一些服务公司，如史泰博公司、星巴克公司和天然冰王公司，也受益于风险融资。事实上，20世纪80年代到90年代之间的大部分经济增长都可以归功于风险资本行业提供的资金。表22-2显示了20世纪90年代期间风险资本的快速增长以及2000年和2009年市场变缓后风险投资活动的迅速下降。

表22-2　　1990—2012年间风险资本投资

年份	受资助公司数量	投资总额（百万美元）
1990	1 317	3 376.21
1991	1 088	2 511.43
1992	1 294	5 177.56
1993	1 151	4 962.87
1994	1 191	5 351.18
1995	1 327	5 608.30
1996	2 078	11 278.60
1997	2 536	14 903.00
1998	2 974	21 090.60
1999	4 411	54 203.70
2000	6 342	104 986.80
2001	3 787	40 686.70
2002	2 617	21 824.00
2003	2 414	19 678.30
2004	2 571	22 117.40
2005	2 646	22 765.80
2006	3 746	26 315.36
2007	4 027	30 518.26
2008	3 985	27 992.29
2009	2 795	17 680.25
2010	3 625	23 311.33
2011	3 964	29 551.45
2012	3 770	26 874.14

资料来源：http：//www.avca.org/inaex.php?option=com_content＆view=article＆id=78＆llemid-102

风险投资家减少信息不对称

信息的不确定性和不对称性常常伴随着刚刚成立的公司，特别是在高科技领域。这些公司的经理可能有许多浪费的支出活动，例如租赁昂贵的办公场所，因为经理可能从中获利，而不必支付所有的成本。外部投资者早期很难了解高科技企业的活动，因此产生了其他类型的成本。例如，一家生物技术公司创始人投资的研发，也许会带来很多个人赞誉，但却没有多少机会获得重大投资回报。由于这些信息不对称，外部融资可能是昂贵的、困难的，甚至很难获得外部融资。

风险投资公司可以减少信息不对称，从而使公司得到在别处无法获得的资金。首先，与银行贷款或债券融资相反，风险投资公司持有公司的股权。公司股票通常是私人持有，所以股票不公开交易。私人持股公司的股权流动性很弱。因此，风险资本投资都是长期的。合伙人不期望在几年内获得任何回报。相比之下，大多数股票投资者都急于通过股票升值或股利来获得回报。他们通常不愿意等待几年的时间，去考察一个新的创新或发明是否会产生利润。同样，大多数债券投资者也不会耗费几年的时间，等到公司收入增长时才能获得利息收入。风险投资填补了其他资本来源渠道无法提供的重要缺口。

作为解决信息不对称问题的第二种方法，风险资本通常伴随着附加条件，值得注意的是，风险资本公司的合伙人在融资公司的董事会任职。风险投资公司不是被动的投资者。它们积极地尝试通过咨询、援助和联系业务为企业增加价值。风险投资家可以将两家公司结合起来，相互补充彼此的活动。风险投资公司将运用它们的专业知识来帮助公司解决各种融资和公司增长相关的问题。风险投资合伙人在董事会上将仔细监督和管理公司的支出，以帮助保护企业的投资。

风险投资家控制经理的一种有效方法是，只有在企业表现出正在朝着最终目标的进展时，才会分期向公司注入资金。如果发展停滞或市场改变，就会扣留资金以减少损失。

风险投资隐含的意义是一种高风险和高回报的期望。风险投资公司在数百家公司中仔细搜索，希望能找到一些拥有增长潜力的公司。尽管在这种详尽的搜索下，选定的公司最初除了拥有一个独特和有前途的想法外通常什么都没有。风险投资家通过在一个基金内发展创业公司组成的投资组合来减少风险。此外，许多风险资本合伙企业将同时管理多个基金。通过投资多家创业公司可以分散风险，从而大大降低了遭受损失的风险。

风险投资的来源

第一个真正的风险投资公司是美国研究与发展公司（ARD），于1946年由麻省理工学院校长卡尔·康普顿和当地商界领袖建立。他们的成功大部分归因于花70 000美元投资了一家数字设备的新公司。在接下来的30年中，这份启动基金的价值增长到3.55亿美元。[①]

在20世纪50年代至60年代期间，大多数风险资本资金用于房地产和油田的开发。到了20世纪60年代末，向金融技术创业转变。高科技仍然是风险投资的主要领域。

风险投资资金来源已经从富有的个人转向养老基金和大公司。1979年，美国劳工部阐明了**谨慎人原则**（prudent man rule）（该原则限制养老基金进行风险投资），允许进行一些高风险资产的投资。这导致了养老基金大量涌入风险投资项目。

当许多公司减少内部的研发支出，以支持外部创业公司时，风险投资项目的企业融资会增加。如果项目获得成功，公司就可以启动。一些证据也进一步推动了这种变化，许多内部研发中心的优秀理念无法被利用，或者由于跳槽的员工带到新公司实现商业化。拿薪酬的员工往往不像那些企业家希望可以通过产生新想法从而获得利润。通过投资创业公司，企业可以受益于新的发现，同时也能支持创业精神。

风险投资公司的结构

大多数早期的风险投资公司都是封闭式共同基金。封闭式共同基金向投资者出售固定数量的股份。一旦所有股票已经售出，就不能再筹集额外的资金。相反，如果想要获得更多的资金，就需要建立一个新的风险投资基金。这种组织结构的优点在于它提供了风险投资所需的长期资金。投资者不能像他们从开放式共同基金中那样撤出资金。

在20世纪70年代到80年代间，风险投资公司开始转为有限责任合伙公司。这种组织结构不

---

① 这部分资料引自“风险资本革命”，Paul Gompers and Josh Learner，*Journal of Economic Perspectives*,no.2（Spring 2001）：145-168.

受证券法案的约束，包括1940年《投资安全法案》中烦琐的披露要求。虽然这两种组织形式都继续使用，但目前大多数的风险投资公司还是采用有限责任合伙公司的形式。

交易的生命周期

大多数风险投资交易遵循的生命周期都很类似，首先，以有限责任合伙公司建立风险投资公司并筹集资金。其次，将资金投资于创业公司。最后，风险投资公司撤出投资。

接下来，我们来详细地看一下这个过程。

资金筹集

一家风险投资公司开始会募集投资者的资金投入。正如所讨论的那样，这些投资者通常是养老基金、大公司和富有的个人。风险投资公司通常有一个想要筹集的总额。一般风险基金平均只有几个投资者，最多也不超过100个有限合伙人。由于最低承诺的金额通常非常高，因此，大多数个人投资者通常无法进入风险投资。

一旦风险基金开始投资，将要求其有限合伙人兑现承诺的资金。这种资金从投资者转向风险基金的过程有时被称为“到位基金”或“实收资本”。风险投资公司通常根据需要募资。

有限合伙人了解，风险基金的投资是长期的。它可能在几年后才开始支付第一笔投资的回报。在许多情况下，资本可能被占用7~10年。潜在的投资者必须仔细考虑这种投资的弱流动性。

投资

一旦获得承诺资金，风险基金就可以进入投资阶段。风险基金可以专门从事一个或两个行业部门，或者也可以着眼于所有的现有机会，风险基金将投资重点放在有限的区域，以便更容易审查和监督公司的活动。

通常，风险投资家在真正的产品推出之前，甚至是在组建一个真正的公司之前，先进行投资。这被称为**种子投资**（seed investing）。在生命周期中，投资于一家刚刚起步的公司被称为**早期投资**（early-stage investing）。最后，一些基金集中于**后期投资**（later-stage investing），主要提供资金帮助公司扩大规模来进行公共融资。

一般情况下，约60%的风险基金资本进行种子投资，约25%进行早期投资，约15%用于后期投资。

退出

风险资本投资的目标是帮助培育一家公司，直到它可以获得其他的资本。风险公司希望能够在7~10年的时间内撤出投资。后期投资可能只需要几年，一旦退出，合伙人将获得他们的利润份额，基金就此解散。

风险基金可以通过多种方式退出投资。最具吸引力也最常见的是通过首次公开发行股票。在公开发行股票时，虽然风险投资公司被认为是“内部人员”，并接受该公司的股票，但是该公司股票如何出售或者几年清偿会受到相应的监管和限制。一旦股票可以自由交易，通常在2年之后，风险基金将股票分配给其有限合伙人，然后他们可以持有股票或者出售股票。在过去的25年里，有超过3 000家由风险基金资助的公司进行了首次公开发行股票。在高峰期间，258家有风险基金投资的企业进行了首次公开发行股票。

虽然不那么明显，但其实常见的风险投资退出方式是兼并和收购。在这种情况下，风险公司从收购公司获取股票或现金，然后将这些收益分配给有限合伙人。风险投资并购交易的数量在2000年达到了峰值269个。

风险基金的营利能力

风险投资的风险很高。大多数的创业公司并不成功。尽管风险投资公司提供了仔细的监督和建议，但是在新的理念或想法产生利润之前必须要越过无数的障碍。如果说风险投资是高风险的，那么也必须说它有高回报的可能性，这样才能吸引投资者继续提供资金。

从历史上看，风险投资公司是非常有利可图的，尽管它们有着高风险。20年间的平均回报率为23.4%。20世纪90年代对于风险投资家来说是一段美好的时光。10年间的平均回报率为30%。1995—2000年，平均回报率飙升到50%。

在20世纪90年代末，风险资本回报率仍然非同寻常。例如，在1999年回报率超过165%。不幸的是，由于技术市场的升温，风险投资回报也开始下降。截至2000年，平均回报率只有37.5%，并且在2001年，风险投资公司公布的第一季度报告中，亏损达到了8.9%。在2008—2009年，风险资本市场受到了经济衰退的影响，亏损达到了16.5%。电子金融专栏会解释风险资本公司遭受损失的可能原因。

电子金融

风险投资家失去了对互联网公司的关注

22.6 私人股权收购

在上一节中，我们了解到，新成立的公司通常通过风险投资公司筹集资金。待私人公司成熟之后，有保证盈利的情况下，向公众出售股票。**私人股权收购**（private equity buyout），并不是私人公司上市，而是上市公司私有化。

在典型的私人股权收购中，公司的上市股份由有限合伙公司（为此目的而形成的公司）购买。由于公众股票随后退出，公司不再受到外界对上市公司的控制和监管，也不必对各种各样的股东做出回应。

22.6.1 私人股权收购的优势

私人股权合伙人和私人控股公司的经理谈到了一些私人股权结构的优势。首先，作为私营公司，它们不受2002年《萨班斯-奥克斯利法案》中有争议的法规约束。许多管理人员和CEO抱怨说，满足《萨班斯-奥克斯利法案》的要求很烦琐并且需要大量时间，而这些时间本来可以用于更多的生产活动。

其次，公开上市公司的CEO经常感到来自生产季度利润的压力。在私人股权的情况下，首席执行官通常有更多的时间和灵活性来制定扭转公司所需的转变策略。上市公司的CEO只需要说服私人股权公司的管理合伙人，而不是试图说服成千上万不同的投资者。这种自由度的增加已经吸引了国内最知名的企业领袖，比如杰克·韦尔奇（通用电气前首席执行官）、迈克尔·艾斯纳（迪士尼前首席执行官）、郭士纳（IBM前首席执行官），以及德雷克斯勒（GAP公司的前首席执行官）。高级CEO被私人控股公司吸引的一个原因是，他们可以更容易通过公司的所有者权益获利。通常情况下，招聘的高管人员拥有很少的现金收入，但他们有机会将自己的资金投入到公司，通常占据了公司20%的所有权。有些人认为，这将使高管的利益与私人股权合伙人的利益保持一致。

22.6.2 私人股权收购的生命周期

典型的私人股权收购建立了合伙关系并联系私人股权投资者以保证参股。每个投资者通常保证出资至少100万美元，并同意在一段时间内资金合伙控制，通常为5年或更长时间。

例如，某个合伙公司现在确定了一家表现不佳的公司，它认为可以通过新的管理好转起来。利用合伙人的股权资金，公司购买了该公司流通在外的股份，然后选举新的CEO和董事会负责公司运营。管理合伙人往往是积极参与公司管理的人员。

一旦公司复苏并且收入和营利能力开始增强，它将被出售给另一个公司或向公众首次公开发行上市。这就是私人收购中的投资者获得回报的方式。因为公司现在更强大，预计售价将高于原先购买和私人化的价格。

本章小结

1.证券经纪人和交易商，协助上市公司在一些二级市场（如交易所）上交易证券，与此相同，投资银行协助上市公司在初级市场出售初始证券。证券交易委员会规范管理证券市场中的金融机构，并确保为潜在投资者提供充足的信息。

2.承销是投资银行公司通过从发行人手中购买所有股票，然后在市场上转售股份，从而拥有股票的所有权。根据价格设置是否正确，来判断发行可能是超额认购、认购不足还是完全认购。

3.投资银行通过提供咨询、整理文件和营销发行来协助发行公司。投资银行通常协助兼并和收购以及私人投资。

4.证券公司作为中介，通常不具有所有权。证券交易商买卖证券，然后通过这样的方式造市。交易商通过经常买卖证券，来保证市场的流动性。

5.投资者可以下达指令，即以当前市场价格买入证券，也就是市价指令。他们也可以限制出售证券的最低价格或购买证券的最高价格，这种指令被称为限价指令。

6.除了代表客户进行交易外，一些经纪公司还提供研究和投资建议。这些被称为全方位服务经纪公司。经纪公司还储存证券，预先贷款购买证券，并提供现金管理账户。

7.私人股权投资包括风险基金投资和上市公司的股权收购。一个典型的风险基金投资包括汇集来自投资者的资金，然后用于支持一家新公司直到上市。在股权收购中，投资者的资金再一次被汇集，但这次是被用来购买上市公司的控股权，然后被私人化。

重点词汇

一级证券市场　二级证券市场　《格拉斯-斯蒂格尔法案》　新增发行　首次公开募股　美国证券交易委员会　登记说明书　招股说明书　辛迪加　墓碑广告　全额认购　不足额认购　超额认购　机密备忘录　意向书　尽职调查期　最终协议　并购市场　市价指令　限价指令　止损指令　卖空　保证金贷款　造市商　资本收购　谨慎人原则　种子投资　早期投资　后期投资　私人股权收购

问答题

1.立法分离商业银行和投资银行的动机是什么？

2.投资银行和商业银行的风险有何不同？

3.投资银行承销证券是什么意思？这与代销有什么不同？

4.投资银行的主要职能是什么？

5.一个证券通过美国证券交易委员会审查是否意味着投资者可以买入该证券而不必担心投资损失？

6.承销发行时形成的辛迪加有什么优点？

7. 投资银行家、证券经纪人和证券交易商的作用有何不同？
8. 为什么投资银行家建议公司使用代销而非承销的方式发行证券？
9. 敌意收购的迹象和原因是什么？
10. 交易商提供什么有价值的服务来促进交易并保持市场流动性？
11. 市价指令和限价指令之间的区别是什么？
12. 风险投资家作为积极的投资者是如何发挥作用并增值的？
13. 为什么商业银行反对经纪公司提供许多原来为银行保留的服务？
14. 私人股权投资策略与对冲基金策略有何不同？

计算题

亚马逊公司于1997年5月首次公开发行。

在首次公开发行之前，下列有关发行股份的资料已列入最终招股说明书：

		流通股比例	
姓名与地址	实际拥有股票的数量	发行前	发行后
Jeffrey P.Bezos C/o Amazon.com，Inc. 1516 Second Avenue，4th Floor Seattle，WA 98101	9 885 000	7.5%	41.4%
L.John Doerr Kleiner Perkins Caufield & Byers 4 Embarcadero Center，Suite 3520 San Francisco，CA 94111	3 401 376	16.4	14.3
Tom A.Alberg	195 000	*	*
Scott D.Cook	75 000	*	*
Patricia Q.Stonesifer	75 000	*	*
所有管理层（14人）	15 688 925	72.5	63.5
所有流通在外的股票数	20 858 702	100.0	—

在首次公开发行中，该公司发行了300万股新股。初始价格为18.00美元/股，投资银行家每股收取1.26美元的承销费用。第一天的收盘价为23.50美元。

1. 这次发行的总收益是多少？亚马逊能保留多少？投资银行家能获得多少？分别占多少比例？

2. Doerr的Kleiner Perkins Caufield & Byers公司拥有大量的股份。这些股票在第一天结束时的市场价值是多少？

3. 亚马逊作为公开上市公司，第一天之后的市场价值是多少？

4. 请参阅第13章的问题中提到的eBay的首次公开发行。eBay的承销费用占募集资金的比例是多少？模式与此次是否相同？

5. 为了进一步验证这个问题，请查看Blue Nile公司的首次公开发行。通过美国证券交易委员会的网站上可以找到相关数据。http：//www. sec. gov / Archives / edgar / data / 1091171 / 000089161804001024/v97093b4e424b4.htm.发行价格是多少？承销商收取的费用是多少百分比？

6. 对于Blue Nile公司，公司的预期收益是多少？是确定的吗？你做了何种假设？你将如何验证这一点？

7. 你想买入200股股票，目前每股交易价格为100美元。你的经纪公司允许保证金销售，52%的开户保证金和27%的维持保证金。这是什么意思？如果你以60美元的价格平仓，你的回报是什么？

8. 证券的限价指令簿如下：

未完成的限价指令簿			
买进指令		卖出指令	
25.13	200	25.37	400
25.21	600	25.39	300
25.24	300	25.42	300

专家收到以下指令：

- 市价指令：销售400股
- 限价指令：25.39美元每股，买入200股
- 限价指令：25.31美元每股，买入600股

这些指令应该如何操作？处理这些指令后，限价指令簿是什么样的？

第七部分
金融机构的管理

第23章

金融机构的风险管理

序言

管理金融机构从来不是一项容易的任务，而且近年来由于经济环境中不确定性的增加，这项工作变得更加困难。利率变得更加不稳定，导致金融机构的利润和持有的资产和负债价值都出现大幅度的波动。此外，正如我们在第5章中所看到的，贷款和其他债务工具的违约率也急剧上升，导致金融机构遭受大量损失。鉴于这些情况，金融机构管理者变得更加关注对风险的管理，而风险主要来自于利率波动和借款人违约。

在本章中，我们将探讨金融机构的管理人员如何应对信用风险（由于借款人违约而产生的风险）以及利率风险（利率波动带来的风险）。我们将讨论这些经理衡量风险的工具，以及为减少风险而采取的策略。

23.1 信用风险管理

金融机构（如银行、保险公司、养老基金和金融公司）的主要业务是贷款。这些机构为了获得高额利润，必须使所有贷款都能够被偿还（因此具有低信用风险）。逆向选择和道德风险的概念（在第2章和第7章中讨论过）提供了相关框架，来帮助我们理解金融机构管理者必须遵循的原则，即最小化信用风险以及提高贷款偿还率。

贷款市场发生逆向选择的原因是，产生不良信用风险的一般都是排队贷款的人（最可能违约的贷款人）；换句话说，那些最有可能产生不利结果的人是最有可能被选中的人。如果风险非常高的投资项目能够成功，那么拥有这种项目的借款人将会获得很大的收益，因此他们是最希望获得贷款的人。然而，显然，他们是最不可取的借款人，因为他们更可能无法偿还贷款。

贷款市场存在道德风险的原因是，借款人可能有动机参与对贷款人不利的活动。在这种情况下，贷款人更可能遭受违约风险。一旦借款人获得贷款，他们更有可能投资高风险的项目，因为如果这些项目成功，借款人可以获得更高的收益。然而，这种高风险增加了他们无法偿还贷款的可能性。

为了获利，金融机构必须避免逆向选择和道德风险问题，因为这些问题会增加贷款违约的可能性。金融机构努力解决这些问题，这有助于解释管理信用风险的一些原则：筛选和监督、建立长期客户关系、贷款承诺、担保抵押、补偿余额以及信用配给。

23.1.1 筛选和监督

贷款市场存在信息不对称，主要是因为贷款人对借款人的投资机会和活动了解的信息少于借款人。这种情况导致金融机构进行信息生产的两种活动：筛选和监督。

筛选

贷款市场的逆向选择问题要求贷款人筛选出较差的信用风险，这样贷款对他们有利可图。要实现有效的筛选，贷款人必须收集与借款人相关的可靠信息。有效的筛选和信息收集是信用风险管理的重要原则。

当你申请消费者贷款（例如汽车贷款或住房抵押贷款）时，你需要做的第一件事就是填写表格，主要是关于你的个人财务的信息。你需要填写你的薪水、银行账户和其他资产（如汽车、保单和家具），以及未偿还贷款；你的贷款记录、信用卡和账单偿还记录；你工作的年限以及雇主情况。你还需要填写个人信息，例如你的年龄、婚姻状况和子女情况。贷款人通过这些信息计算出你的“信用评分”（即从你的答案中得出的统计数据），从而评估你的信用风险是否良好，预测你能否偿还贷款。你的风险无法完全量化，所以贷款人也必须做出判断。负责贷款的工作人员主要职责是，决定你是否应该得到贷款，工作人员可能致电你的雇主或与你提供的联系人谈话。工作人员甚至可能根据你的举止或外表做出判断。

当金融机构进行商业贷款时，也会有类似的筛选和收集信息过程。机构会收集有关公司的利润和损失（收入）及其资产和负债的信息。贷款人还必须评估未来的业务情况。因此，除了获取有关销售数据等信息，贷款人员可能还会询问有关公司未来计划、贷款目的和行业竞争的问题。贷款人员甚至可以访问该公司，以获得相关业务的第一手资料。无论是个人还是商业贷款，金融机构最基本的原则都是需要更多的信息。

贷款专业化

金融机构贷款的一个令人费解的特征是，它们总是专门向本地公司或特定行业的公司（如能源）发放贷款。从某种意义上来说，这种行为出人意料，因为这意味着金融机构没有使其贷款组合多样化，从而导致自己面临更多的风险。但从另一个角度来看，这种专业化也有一定道理。逆向选择问题要求金融机构筛选出不良的信用风险。相比于收集远处公司的信息，金融机构能够更容易收集本地公司的信息并确定其信用。同样，通过将贷款集中在特定行业的公司，金融机构会对这些行业更了解，因此能更好地预测哪些公司将及时偿还债务。

限制性条款的监督和执行

一旦发放贷款，借款人就有动机参与高风险的活动，然后导致贷款人无法收回贷款。为了减少这种道德风险发生的可能性，金融机构必须遵守信用风险管理的原则，即贷款人应将限制借款人从事高风险活动的相关规定（限制性条款）写入贷款合同。通过监督借款人的活动，了解他们是否遵守限制性条款，如果没有遵守的话，需要执行条款，这样贷款人可以确保借款人不会以贷款人的利益为代价去参与高风险活动。金融机构对于筛选和监督的需求解释了为什么它们花费这么多钱用于审计和信息收集活动。

23.1.2　建立长期客户关系

金融机构管理者获得借款人信息的另一种方式是建立长期的客户关系，这也是信用风险管理的另一个重要原则。

如果一个借款人在很长一段时间内与一个金融机构有支票或储蓄账户或是其他贷款的往来，贷款人就可以查看借款人过去的活动，并对借款人有一定了解。通过检查储蓄账户的余额，贷款人员可以了解潜在借款人的资金流动性，以及1年中什么时候借款人对现金有很强的需求。通过审查借款人签发的支票，可以了解借款人的供应商。如果借款人曾经向金融机构借款，该机构就会有贷款偿付的记录。因此，长期的客户关系降低了信息收集的成本，并更容易筛选出不良信用风险。

贷款人的监督需求增加了长期客户关系的重要性。如果借款人以前从金融机构借款，该机构便已经建立了监督该客户的程序。因此，监督长期客户的成本低于新客户的成本。

长期客户关系有利于客户和金融机构。曾经合作过的公司将会发现以较低的利率更容易获得贷款，因为金融机构更容易确定预期的借款人是否具有良好的信用风险，并且在监督借款人时产生较少的成本。

长期的客户关系对金融机构还有另一个优势。当机构将限制性条款写入贷款合同时，金融机构经理不能想到所有的可能；总是会有参与风险活动的借款人没有被排除。然而，如果借款人想要与金融机构保持长期关系，方便未来以较低的利率获得贷款，这样的情况该怎么办？然而，即使贷款合同中没有对这些风险活动的限制，借款人也有动机避免对金融机构不利的活动。事实上，如果金融机构经理不喜欢借款人的所作所为，即使借款人没有违反任何限制性条款，经理也有权阻止借款人从事此类活动：这可能使借款人未来无法获得新贷款。因此，长期的客户关系使金融机构能够处理意料之外的道德风险。

23.1.3　贷款承诺

银行有一种特殊的手段可以将长期的客户关系制度化，那就是**贷款承诺**（loan commitment）。贷款承诺是银行承诺（在指定的未来时间段内）为企业提供给定金额的贷款，其利率与某些市场利率挂钩。银行的大部分商业和工业贷款是根据贷款承诺安排发放的。对于公司来说，好处就是当公司需要贷款时，贷款承诺可以为其提供信用来源。对于银行来说，好处就是贷款承诺促进长期客户关系，从而促进信息收集。此外，贷款承诺协议要求企业定期向银行提供有关收入、资产和负债情况，以及业务活动等方面的信息。贷款承诺是降低银行筛选和信息收集成本的重要方法。

23.1.4 抵押品

贷款的抵押要求是一种重要的信用风险管理工具。有抵押品的贷款通常被称为**担保贷款**（secured loan）。抵押品，即借款人违约时承诺给予贷款人的资产补偿。抵押品也减轻了逆向选择，因为它减少了贷款违约情况下贷款人的损失。它也减少了道德风险，因为如果出现贷款违约，借款人将损失更多。如果借款人出现贷款违约，贷款人可以出售抵押品并使用所得款项弥补其贷款损失。因此，抵押要求为金融机构发放贷款提供重要的保护措施，这就是在金融机构贷款时普遍采用抵押品的原因。

23.1.5 补偿余额

银行提供商业贷款时所需的一种特殊形式的担保抵押称为**补偿余额**（compensating balance）：接受贷款的公司必须在银行支票账户中存有最低的金额。例如，一家获得1 000万美元贷款的企业可能需要在其银行支票账户中存有至少100万美元的余额。如果借款人违约，银行可以用这100万美元的补偿余额来弥补贷款的损失。

除了作为担保抵押，补偿余额有助于增加贷款偿还的可能性。补偿余额可以帮助银行监视借款人，从而减少道德风险。具体来说，通过要求借款人在银行使用支票账户，银行可以观察公司的支票付款活动，这可以了解大量有关借款人财务状况的信息。例如，借款人的支票账户余额的持续下降可能表示借款人有财务困难，账户变化可能意味着借款人从事有风险的活动；也许供应商的变化意味着借款人正在开发新的业务。借款人支付过程的任何重大变化都意味着银行应该进行调查。因此，补偿余额使得银行更容易监督借款人，是信用风险管理另一个重要工具。

23.1.6 信用配给

金融机构处理逆向选择和道德风险的另一种方式是**信用配给**（credit rationing）：即使借款人愿意支付规定的利率，甚至是更高的利率，金融机构也会拒绝向其发放贷款。信用配给有两种形式：第一种是贷款人拒绝向借款人发放任何款项的贷款，即使借款人愿意支付较高的利率。第二种是贷款人愿意发放贷款，但对贷款金额的限制小于借款人的意愿。

首先，你可能会对第一类信用配给感到困惑。毕竟，即使潜在的借款人存在信用风险，为什么贷款人不以更高的利率续订贷款呢？答案是逆向选择阻止这种解决方案。投资项目风险较高的个人和公司正是那些愿意支付最高利率的借款人。如果借款人进行高风险投资并且投资成功，那么借款人将变得非常富有。但贷款人不想要这样的贷款，因为信用风险太高；可能的结果是借款人不会成功，而贷款人的贷款也无法得到偿付。对贷款人而言，收取较高的利率只会使逆向选择变得更糟；也就是说，它增加了贷款人发放具有不良信用风险的贷款的可能性。因此，贷款人不愿以更高的利率发放贷款；反而是采取第一类信用配给，并拒绝发放贷款。

金融机构利用第二种信用配给以防止道德风险：它们向借款人提供贷款，但贷款的数额会小于借款人希望的数额。因为贷款数额越大，道德风险带来的利益越大，所以这种信用配给是必要的。例如，如果金融机构提供给你1 000美元的贷款，你可能会采取让你能够偿还贷款的行动，因为你不想影响你未来的信用评级。但是，如果金融机构借给你1 000万美元，你更有可能飞往里约热内卢庆祝。你的贷款额越大，参与无法偿还贷款的活动的可能性越大。因为如果贷款额很小，更多的借款人能偿还贷款，金融机构向借款人提供的贷款金额小于他们希望的数额，从而进行信用配给。

23.2 利率风险管理

随着20世纪80年代利率波动性不断增加，金融机构管理者开始关注面临的利率风险，即利率变化引起的收益风险。事实上，第18章讲过，由于没有妥善管理利率风险，导致许多储蓄和贷款协会倒闭，通过这些我们可以更清楚地了解利率风险的危害。要了解利率风险是什么，让我们来看看第一国家银行的资产负债表：

第一国家银行			
资产		负债	
准备金和现金项目	500万美元	支票存款	1 500万美元
证券		货币市场存款账户	500万美元
1年内	500万美元	储蓄存款	1 500万美元
1~2年	500万美元	存单	
2年以上	1 000万美元	可变利率	1 000万美元
住宅抵押贷款		1年内	1 500万美元
可变利率	1 000万美元	1~2年	500万美元
固定利率（30年）	1 000万美元	2年以上	500万美元
商业贷款		联邦基金	500万美元
1年内	1 500万美元	借款	
1~2年	1 000万美元	1年内	1 000万美元
2年以上	2 500万美元	1~2年	500万美元
实物资本	500万美元	2年以上	500万美元
		银行资本	500万美元
总计	10 000万美元	总计	10 000万美元

银行经理评估利率风险的第一步是决定哪些资产和负债对利率较为敏感，即有哪些资产和负债需要根据利率变化在1年内重新定价。注意，对利率敏感的资产或负债可能在1年内根据利率重新定价，原因可能是债务工具在1年内到期，或者是因为利率变动后自动完成了重新定价，如可变利率抵押贷款。

对于许多资产和负债，确定它们是否对汇率敏感很简单。在我们的例子中，很显然利率敏感性资产是1年内到期的证券（500万美元），可变利率住宅抵押贷款（1 000万美元）和1年内到期的商业贷款（1 500万美元），总计3 000万美元。然而，一些看起来像固定利率资产的资产，1年内不用根据利率重新定价，但实际上也包含对利率敏感的部分。例如，虽然固定利率住宅抵押贷款可能到期期限是30年，但房主可以通过出售房屋或其他方式提前偿还抵押贷款。这意味着在1年内，这些固定利率住房抵押贷款的一部分将得到偿还，而且这部分的利率将被重新定价。根据过去的经验，银行经理知道20%的固定利率住房抵押贷款将在1年内偿还，这意味着这些抵押贷款中有200万美元（1 000万美元的20%）对利率敏感。银行经理将这200万美元加入已经计算出的3 000万美元利率敏感性资产中，因此利率敏感性资产共计3 200万美元。

银行经理现在通过类似的过程来确定利率敏感性负债的总额。很明显，利率敏感性负债包括货币市场存款账户（500万美元），可变利率存单和1年内到期的存单（2 500万美元），联邦基金（500万美元）和1年内到期的借款（1 000万美元），共计4 500万美元。银行可以随时改变支票存款和储蓄存款的利率，尽管银行通常希望这些利率能长时间保持固定。因此，这些负债只是部分而不是全部对利率敏感。银行经理估计，10%的支票存款（150万美元）和20%的储蓄存款（300万美元）应被视为对利率敏感。4 500万美元加150万美元和300万美元，最后得到利率敏感性负债的总额为4 950万美元。

现在银行经理可以分析如果利率上升1个百分点，例如平均从10%升到11%会发生什么。资产收入增加32万美元（1%×3 200万美元的利率敏感性资产），而负债支出增加49.5万美元（1%×4 950万美元的利率敏感性负债）。第一国家银行的利润现在下降了17.5万美元（32万美元-49.5万美元）。另一种思考这种情况的方法是第17章中描述的净利息收益概念，即利息收入减去利息支出后再除以银行资产。在这种情况下，利率上升1%导致净利息收益率下降0.175%（-17.5万/1亿美元）。相反，如果利率下降1%，通过同样的推理，第一国家银行的收入会增加17.5万美元，其净利息收益率会上升0.175%。这个例子说明了以下几点：如果金融机构的利率敏感性负债比资产多，利率的上升将降低净利息收入以及收入，而利率的下降将提高净利息收入以及收入。

23.2.1 收入缺口分析

一个简单且快速就能衡量银行收入对利率变化的敏感性的方法是**缺口分析**（gap analysis）（也称为**收入缺口分析**（income gap analysis）），即利率敏感性资产与利率敏感性负债的差额。计算缺口（GAP）可以写为

$$GAP=RSA-RSL \tag{23.1}$$

其中 RSA=利率敏感性资产

RSL=利率敏感性负债

在我们的例子中，银行经理计算 GAP 为

$$GAP=3\ 200\text{万美元}-4\ 950\text{万美元}=-1\ 750\text{万美元}$$

然后将 GAP 乘以利率的变动值可以得到对银行收入的影响：

$$\Delta I=GAP\times\Delta i \tag{23.2}$$

其中 ΔI=银行收入的变化

Δi=利率的变化

例23.1 收入缺口分析

使用公式23.1计算出缺口为1 750万美元，如果利率上升1%，收入的变化是多少？

>解决方案

收入的变化是－175 000美元。

$$\Delta I=GAP\times\Delta i$$

其中

$$GAP=RSA-RSL=-1\ 750\text{万美元}$$

$$\Delta i=\text{利率变化}=0.01$$

因此，

$$\Delta I=-1\,750\text{万美元}\times 0.01=-175\,000\text{美元}$$

我们刚刚进行的分析被称为基本缺口分析，并且它存在一些问题，就是许多非利率敏感性资产和负债具有不同的到期日。为了解决这个问题，我们可以采用期限分段法，用来测量若干期限各子区间的间隙（称为期限分段），以便可以计算在较长期限内利率变化的影响。

例 23.2　收入缺口分析

第一国家银行的经理注意到，银行资产负债表允许他将资产和负债置于更精确的到期期限，从而能够估计出未来1~2年内潜在的收入变化。这一时期的利率敏感性资产包括1~2年内到期的500万美元的证券，1~2年内到期的商业贷款1 000万美元，以及额外的银行预期能够得到的200万美元（固定利率抵押贷款的20%）。这一期间的利率敏感性负债包括500万美元的1~2年期存单，500万美元的1~2年期借款，150万美元的支票存款（银行经理估计支票存款的10%为利率敏感），以及额外的300万美元的储蓄存款（估计储蓄存款的20%）。在未来1~2年内，如果利率上升1%，计算缺口和收入的变化量。

>解决方案

计算得1~2年期间的缺口为250万美元。

$$GAP=RSA-RSL$$

其中

$$RSA=1\,700\text{万美元}$$

$$RSL=1\,450\text{万美元}$$

从而，

$$GAP=1\,700\text{万美元}-1\,450\text{万美元}=250\text{万美元}$$

如果利率仍然上升1%，那么在第2年收入将提高25 000美元。

$$\Delta I=GAP\times\Delta i$$

其中

$$GAP=250\text{万美元}$$

$$\Delta i=0.01$$

因此，

$$\Delta I=250\text{万美元}\times 0.01=2.5\text{万美元}$$

通过使用更精确的期限分段法，银行经理可以了解当未来几年内利率发生变化时，银行收入将会发生什么。

23.2.2　久期缺口分析

到目前为止，我们研究的缺口分析只关注利率变化对收入的影响。显然，金融机构的所有者和管理者不仅关心利率变化对收入的影响，还关心利率变化对金融机构净资产的市场价值的影响。[①]衡量利率风险的另一种方法称为**久期缺口分析**（duration gap analysis），用于考察金融机构净资产的市场价值对利率变化的敏感性。久期分析基于Macaulay的久期概念，测量的是证券支付现金流的平均寿命（在第3章中描述）。回想一下，久期是一个有用的概念，因为在利率变化

① 请注意，净资产的计算是根据历史成本（账面价值），这意味着资产和负债的价值基于其初始价格。然而，账面价值净资产并不能完整显示公司的真正价值；净资产的市场价值提供了更准确的衡量标准。这就是为什么当利率变化时，久期缺口分析重点关注净资产的市场价值而不是账面价值的变化。

很小时，通过以下公式，它提供了证券的市场价值对其利率变化的敏感性：

$$\% \Delta P \approx -DUR \times \frac{\Delta i}{1+i} \tag{23.3}$$

其中

$\% \Delta P$=（$P_{t+1}-P_t$）/P_t=证券市场价值的百分比变化

DUR=久期

i=利率

在确定银行资产负债表上所有资产和负债的久期后，银行经理可以通过这个公式来计算当利率变化时，每个资产和负债的市场价值如何变化，然后计算对净资产的影响。然而，有一个更简单的方法来计算，来源于第3章中学习久期的基本事实得出：久期是累加的；也就是说，证券组合的久期是各个证券久期的加权平均值，权重反映了投资组合中每个证券的比例。这意味着，银行经理可以先计算资产和负债的平均久期，然后利用得出的数据来估计利率变化对市场价值的影响。要了解银行经理如何做到这一点，让我们回到第一国家银行的资产负债表。银行经理已经使用第3章中概述的过程来计算每个资产和负债的久期，如表23-1所示。对于每个资产，经理将通过久期乘以资产的金额再除以总资产（这种情况下为1亿美元）来计算加权久期。例如，如果是1年内到期的证券，经理将0.4年的久期乘以500万美元除以1亿美元，能够获得0.02的加权久期（注意，实物资产不用现金支付，因此它们的久期为零）。所有资产都这样做，然后加起来，银行经理就得到资产的平均久期为2.70年。

对于负债经理也采用类似的过程，并且不包括资本的总负债为9 500万美元。例如，支票存款的加权久期是将2年久期乘以1 500万美元除以9 500万美元，得到0.32的结果。将这些加权久期求和，经理将获得负债的平均久期为1.03年。

例 23.3　久期缺口分析

银行经理想知道当利率从10%上升到11%时会发生什么。总资产为1亿美元，总负债为9 500万美元。使用公式23.3计算资产和负债市场价值的变化。

>解决方案

资产总值为1亿元，资产市值减少250万元（1亿美元× 0.025=250万美元）。

$$\% \Delta P \approx -DUR \times \frac{\Delta i}{1+i}$$

从而

DUR=期限=2.70

Δi=利率变化=0.11−0.10=0.01

i=利率=0.10

从而，

$$\% \Delta P \approx -2.70 \times \frac{0.01}{1+0.10} = -0.025 = -2.5\%$$

总负债为9 500万美元，负债市值下降90万美元。

$$\% \Delta P \approx -DUR \times \frac{\Delta i}{1+i}$$

从而

DUR=期限=1.03

$$\Delta i = 利率变化 = 0.11 - 0.10 = 0.01$$

$$i = 利率 = 0.10$$

从而，

$$\%\Delta P \approx -1.03 \times \frac{0.01}{1+0.10} = -0.009 = -0.9\%$$

结果是，银行的净资产将下降160万美元（-250万美元-（-90万美元））

银行经理可以通过计算所谓的久期缺口，更快地获得答案，公式如下：

$$DUR_{gap} = DUR_a - \left[\frac{L}{A} \times DUR_l\right] \tag{23.4}$$

其中　DUR_a=资产的平均久期

DUR_l=负债的平均久期

L=负债的市场价值

A=资产的市场价值

表 23-1　**第一国家银行资产和负债的久期**

	金额（百万美元）	久期（年）	加权久期（年）
资产			
准备金和现金项目	5	0.0	0.00
证券			
1年内	5	0.4	0.02
1~2年	5	1.6	0.08
2年以上	10	7.0	0.70
住宅抵押贷款			
可变利率	10	0.5	0.05
固定利率（30年）	10	6.0	0.60
商业贷款			
1年内	15	0.7	0.11
1~2年	10	1.4	0.14
2年以上	25	4.0	1.00
实物资本	5	0.0	0.00
平均久期			2.70
负债			
支票存款	15	2.0	0.32
货币市场储蓄存款	5	0.1	0.01
储蓄	15	1.0	0.16
存单			
可变利率	10	0.5	0.05
1年内	15	0.2	0.03
1~2年	5	1.2	0.06
2年以上	5	2.7	0.14
联邦资金	5	0.0	0.00
借款			
1年内	10	0.3	0.03
1~2年	5	1.3	0.07
2年以上	5	3.1	0.16
平均期限			1.03

例 23.4 差距分析

根据例23.3中提供的信息，通过公式23.4确定第一国家银行的久期缺口。

>解决方案

第一国家银行的久期缺口为1.72年。

$$DUR_{gap}=DUR_a-\left[\frac{L}{A}-DUR_l\right]$$

DUR_a=资产的平均久期=2.70

L=负债的市场价值=95

A=资产的市场价值=100

DUR_L=负债的平均期限=1.03

因此

$$DUR_{gap}=2.70-\left(\frac{95}{100}\times 1.03\right)=1.72\text{年}$$

例 23.5 久期缺口分析

如果利率从10%上升到11%，那么净资产的市场价值变化为多少？（使用公式23.5）

>解决方案

利率从10%上升至11%，将导致净资产的市场价值变动为-1.6%。

$$\frac{\Delta NW}{A}=-DUR_{gap}\times\frac{\Delta i}{1+i}$$

从而

DUR_{gap}=久期缺口=1.72

Δi = 利率变化 = 0.11 - 0.10 = 0.01

i=利率=0.10

从而，

$$\frac{\Delta NW}{A}=-1.72\times\frac{0.01}{1+0.10}=-0.016=-1.6\%$$

估计一下如果利率变化会发生什么？银行经理使用公式23.4中DUR_{gap}的计算来获得净资产的市场价值相对于总资产的变化百分比。换句话说，净资产的市场价值作为资产的百分比的变化计算为

$$\frac{\Delta NW}{A}=-DUR_{gap}\times\frac{\Delta i}{1+i} \tag{23.5}$$

由于资产总额为1亿美元，例23.5表明净资产市场价值下降160万美元，这与我们在例23.3中得到的数额相同。

正如我们的例子所表明的，收入缺口分析和久期缺口分析表明，如果利率上升，第一国家银行会受到影响。事实上，在这个例子中，我们看到利率从10%上升到11%将导致净资产的市场价值下降160万美元，也就是银行初始资本的1/3。因此，银行经理意识到银行面临巨大的利率风险，因为利率上升可能导致它损失大量的资本。显然，收入缺口分析和久期缺口分析有助于金融机构经理分析该机构的利率风险。

23.2.3 非银行金融机构的例子

目前为止我们主要关注的是涉及银行机构借入短期借款并发放长期贷款的例子，所以当利率上升时，机构的收入和净资产下降。收入缺口和久期缺口分析同样适用于其他金融机构。此外，重要的是，你应该注意到，一些金融机构的收入缺口和久期缺口与银行的迹象相反，因此，当利率上升时，收入和净资产都上升而不是下降。为了更全面地了解收入缺口和久期缺口分析，让我们来看一家专门发放消费者贷款的非银行金融机构——友好财务公司（见表23-2）。

表23-2 友好财务公司的资产负债表

友好财务公司			
资产		负债	
现金和存款	300万美元	商业票据	4 000万美元
证券		银行贷款	
1年内	500万美元	1年内	300万美元
1~2年	100万美元	1~2年	200万美元
2年以上	100万美元	2年以上	500万美元
商业贷款		长期债券和其他长期债务	4 000万美元
1年内	5 000万美元	资金	1 000万美元
1~2年	2 000万美元		
2年以上	1 500万美元		
实物资本	500万美元		
总计	10 000万美元	总计	10 000万美元

友好财务公司的经理计算的利率敏感性资产包括500万美元的1年内到期的证券，加上5 000万美元的1年内到期的消费者贷款，总计为5 500万美元的利率敏感性资产。然后，经理计算的利率敏感性负债包括1年内到期的商业票据4 000万美元，加上1年内到期的300万美元的银行贷款，总计为4 300万美元。然后计算收入缺口：

$$GAP=RSA-RSL=5\ 500\text{万美元}-4\ 300\text{万美元}=1\ 200\text{万美元}$$

为了计算对利率的影响，如果利率上升1%，经理将得到的1 200万美元缺口乘以利率变化得到以下结果：

$$\Delta I=GAP\times\Delta i=1\ 200\text{万美元}\times1\%=12\text{万美元}$$

因此，经理发现，当利率上升1%时，财务公司的收入将增加12万美元。与第一国家银行相比，当利率上升时公司能够获利，主要原因在于友好财务公司的收入缺口是正的，因为它的利率敏感性资产比负债多。

像银行经理一样，友好财务公司的经理也对如果利率上升1%，公司净资产的市场价值是多少很感兴趣。因此，经理计算资产负债表中每个项目的加权久期，将其加起来（见表23-3），就得到资产的久期为1.14年以及负债的久期为2.77年。然后计算久期缺口：

$$DUR_{gap}=DUR_a-\left(\frac{L}{A}\times DUR_l\right)=1.14-\left(\frac{90}{100}\times2.77\right)=-1.35\text{年}$$

由于友好财务公司的久期差是负的，经理意识到利率从10%上升到11%将增加公司净资产的市场价值。经理通过计算净资产的市场价值来验证这一点：

$$\frac{\Delta NW}{A}=-DUR_{gap}\times\frac{\Delta i}{1+i}=-（-1.35）\times\frac{0.01}{1+0.10}=0.012=1.2\%$$

资产为1亿美元，这一计算表明，净资产将以市场价值上升120万美元。

即使收入缺口和久期缺口分析表明当利率上升时，友好财务公司可以从中获益，但经理意识到如果利率下降，公司净资产的收入和市场价值将下降。因此，就像银行经理一样，财务公司经理也意识到该机构面临巨大的利率风险。

表23-3　　友好财务公司资产和负债久期

	金额（百万美元）	久期（年）	加权久期（年）
资产			
现金和存款	3	0.0	0.00
证券			
1年内	5	0.5	0.03
1~2年	1	1.7	0.02
2年以上	1	9.0	0.09
消费者贷款			
1年内	50	0.5	0.25
1~2年	20	1.5	0.30
2年以上	15	3.0	0.45
实物资本	5	0.0	0.00
平均久期			1.14
负债			
商业票据	40	0.2	0.09
银行贷款			
1年内	3	0.3	0.01
1~2年	2	1.6	0.04
2年以上	5	3.5	0.19
长期债券和其他长期债务	40	5.5	2.44
平均久期			2.77

23.2.4　收入缺口和久期缺口分析的一些问题

虽然你可能认为收入缺口和久期缺口分析十分复杂，但进一步的复杂情况使金融机构经理的工作变得更难。

我们在讨论收入缺口和久期缺口分析时使用的一个假设是，当利率水平变化时，不同到期日的利率变化完全相同。这就是说，我们假设在收益率曲线的斜率保持不变的情况下进行我们的分析。实际上，久期缺口分析的情况更糟糕，因为久期缺口假设所有到期日的利率都相同，换句话说，假设收益率曲线是水平的。然而，我们在第5章中讨论的利率期限结构表明，收益率曲线并不是水平的，收益率曲线的斜率存在波动，当利率发生变化时，曲线趋势也会发生变化。因此，为了真正准确地评估利率风险，金融机构经理必须评估当利率水平变化时，收益率曲线的斜率可能发生什么，然后在评估利率风险时考虑这些信息。此外，久期缺口分析基于公式23.3中的近似值，因此仅当利率变化较小时有效。

收入缺口分析的一个问题是，金融机构经理必须估计假设为固定利率但可能为利率敏感性的资产和负债的比例。这包括预测提前偿还贷款的可能性或当利率变化时，客户转移存款的可能性。这种预测并不容易，因此，金融机构经理对收入缺口的估计可能不是很准确。因为许多现金付款是不确定的，所以在计算资产和负债的久期时可能会出现问题。因此，久期缺口的估计可能不准确。

这些问题是否意味着银行和其他金融机构的管理者应该放弃用缺口分析作为衡量利率风险的工具呢？金融机构确实使用更复杂的方法来衡量利率风险，例如情景分析和风险价值分析，更好地利用计算机更准确地衡量利率变化时资产价格的变化。然而，收入缺口和久期缺口分析仍能提供简单的框架帮助金融机构管理者进行利率风险的评估，因此在金融机构管理者评估利率风险时，它们是非常有用的工具。

实践经理

管理利率风险的策略

一旦金融机构管理者对其机构进行收入缺口和久期缺口分析，他们必须决定采取哪些替代战略。如果第一国家银行的经理坚信利率会在未来下降，他可能不采取行动，因为知道银行的利率敏感性负债比资产多，因此预期利率下降时将会从中受益。然而，银行经理还认识到，第一国家银行仍面对大量的利率风险，因为总是存在利率上升而不是下降的可能性，正如我们所看到的，这种结果可能使银行破产。经理可能通过购买期限较短的资产或将固定利率贷款转换为可变利率贷款，从而缩短银行资产的久期，以提高利率敏感性。或者，银行经理可以延长负债的久期。通过对银行资产和负债的这些调整，银行受到利率波动的影响将减小。

例如，银行经理可能决定将利率敏感性资产的数额增加到4 950万美元，等于4 950万美元的利率敏感性负债，从而消除收入缺口。或者，经理可以将利率敏感的负债降至3 200万美元，使其等于利率敏感性资产。无论哪种情况，收入缺口现在都为零，因此利率变化不会影响下一年银行的利润。

或者，银行经理可以通过调整资产和负债，使银行净资产的市场价值对利率风险完全免疫，从而使久期缺口等于零。为此，管理者可以在公式23.4中将DUR_{gap}设为零，并求解DUR_a：

$$DUR_a=\frac{L}{A}\times DUR_l=\frac{95}{100}\times 1.03=0.98$$

这些计算表明，经理应该将银行资产的平均久期减少到0.98年。要验证久期缺口是否等于零，则计算为

$$DUR_{gap}=0.98-\left(\frac{95}{100}\times 1.03\right)=0$$

在这种情况下，使用公式23.5，当利率变化时，市场价值的净资产将保持不变。或者，银行经理可以计算负债的久期是多少时能导致久期缺口为零。为此，将等式23.4中DUR_{gap}等于零并求解DUR_l：

$$DUR_l=DUR_a\times\frac{L}{A}=2.70\times\frac{100}{95}=2.84$$

这一计算表明，通过将银行负债的平均久期增加到2.84年可以消除利率风险。经理再次通过计算，验证久期缺口是否为零

$$DUR_{gap}=2.70-\left(\frac{95}{100}\times 2.84\right)=0$$

通过改变资产负债表来消除金融机构利率风险存在的问题是，在短期内这样做的成本非常昂贵。由于其专业领域，金融机构可能将资产和负债锁定在特定久期。幸运的是，最近开发的金融工具（如金融期货、期权和利率互换）可以帮助金融机构管理利率风险，而不需要它们重新调整

资产负债表。我们将在下一章讨论这些工具，以及如何使用它们来管理利率风险。

本章小结

1.逆向选择和道德风险的概念解释了涉及贷款活动的许多信用风险管理原则的来源，包括筛选和监督、建立长期客户关系、贷款承诺、抵押品、补偿余额和信用配给。

2.随着近年来利率波动的增加，金融机构更加关注面临的利率风险。收入缺口和久期缺口分析有助于金融机构判断其利率敏感性资产是比负债更少（在这种情况下，利率上升将减少收入，利率下降将提高收入），还是比负债更多（在这种情况下，利率上升将提高收入，利率下降将减少收入）。金融机构可以通过调整资产负债表以及利用新的金融工具来管理利率风险。

重点词汇

贷款承诺　担保贷款　补偿余额　信用配给　缺口分析　收入缺口分析　久期缺口分析

问答题

1.金融机构如何筛选潜在借款人？除了逆向选择的原因之外，它们为什么这样做？你能想到另一个原因吗？

2.在全球金融危机之后，银行在相互借贷方面变得更加谨慎。为什么？

3.“如果更多的客户想以当前利率借款，金融机构可以通过提高贷款利率来增加利润。”这个说法是正确的、错误的还是不确定的？解释你的答案。

4.为什么多收集消息是银行家的优点？

5.一家银行几乎总是坚持要求：借款的公司需要在银行存入补偿余额，为什么？

6.金融机构可以通过什么途径分散其工具中的风险？

计算题

1.银行发行10万美元的30年期可变利率住房抵押贷款，年利率为4.5%。如果在前6个月之后收益率下降到4.0%，对第1年的利息收入的影响是什么？

2.银行发行15万美元的35年期固定利率住房抵押贷款，年利率为5.5%。如果在发放住房抵押贷款之后，收益率下降到5.0%，那么对住房抵押贷款的价值有什么影响？

3.计算10万美元的30年期固定利率住房抵押，年利率为7.0%。如果发放抵押贷款之后收益率下降到6.5%，那么价格的预期百分比变化是多少？

4.当利率从10%上升至12%时，20万美元的35年期固定利率抵押贷款的价值降至179 074美元。抵押的近似久期是多少？

5.计算商业贷款的久期。贷款的面值为200万美元，按年付息，年利率为8%。贷款期限为4年，目前的贷款市场利率为8%。

6.银行的资产负债表包括5.6亿美元的利率敏感性资产和9.3亿美元的利率敏感性负债。计算收入缺口。

7.计算一个金融机构的收入缺口，该机构的利率敏感性资产为4 000万美元，利率敏感性负债为9 600万美元。如果利率从8%上升到9.6%，预期的收入变化是多少？

8.计算以下项目的收入缺口：

800万美元的准备金

2 500万美元的可变利率抵押贷款

400万美元的支票存款

200万美元的储蓄存款

600万美元的2年期存单

9. 下列财务报表是本年度的财务报表。根据过去的情况，你可以知道每年预付10%的固定利率抵押贷款。你还能估计利率敏感的是10%的支票存款和20%的储蓄存款。

第二国家银行目前的收入缺口是多少？ 如果利率下降75个基点，银行当前的净利息收入将会发生什么变化？

第二国家银行			
资产（美元）		负债（美元）	
准备金	1 500 000	支票存款	15 000 000
证券		货币市场存款	5 500 000
1年内	6 000 000	储蓄账户	8 000 000
1~2年	8 000 000	存单	
2年以上	12 000 000	可变利率	15 000 000
住宅抵押贷款		1年内	22 000 000
可变利率	7 000 000	1~2年	5 000 000
固定利率	13 000 000	2年以上	2 500 000
商业贷款		联邦基金	5 000 000
1年内	1 500 000	借款	
1~2年	18 500 000	1年内	12 000 000
2年以上	30 000 000	1~2年	3 000 000
建筑物等	2 500 000	2年以上	2 000 000
		银行资本	5 000 000
总计	100 000 000	总计	100 000 000

10. 芝加哥大道银行有以下资产：

资产	价值（美元）	久期（年）
短期国债	100 000 000	0.55
消费者贷款	40 000 000	2.35
商业贷款	15 000 000	5.90

芝加哥大道银行的资产组合的久期是什么？

11. 一家银行在其投资组合中增加了一个债券。债券的久期为12.3年，成本为1 109美元。在购买债券后，银行发现市场利率预计从8%上升到8.75%。债券价值的预期变化是什么？

12.计算资产的平均久期为3.60、负债的平均久期为0.88、利率从5%上升至5.5%时，资产负债市场价值的变化。

13.施普林格银行的资产总额为1.8亿美元，久期为5年；负债总额为1.6亿美元，久期为2年。如果利率从9%下降75个基点，银行的资本总额比率有什么变化？

14.泰勒银行基金的经理管理以下资产和负债：

资产	价值（美元）	久期（年）
债券	75 000 000	9.00
消费者贷款	875 000 000	2.00
商业贷款	700 000 000	5.00
负债	**价值（美元）**	**久期（年）**
活期存款	300 000 000	1.00
储蓄账户	?	0.50

如果经理希望久期缺口为3.00，银行应提高储蓄账户到什么水平？假设资产和负债之间的任何变化都是持有现金的变动（久期为0）。

15.下列财务报表是本年度的财务报表。在查看数据后，计算银行的久期缺口。

第二国家银行					
资产（美元）		**久期**	**负债（美元）**		**久期**
准备金	5 000 000	0.00	支票存款	15 000 000	2.00
证券			货币市场存款	5 000 000	0.10
1年内	5 000 000	0.40	储蓄存款	15 000 000	1.00
1~2年	5 000 000	1.60	存单		
2年以上	10 000 000	7.00	可变利率	10 000 000	0.50
住宅抵押贷款			1年内	15 000 000	0.20
可变利率	10 000 000	0.50	1~2年	5 000 000	1.20
固定利率	10 000 000	6.00	2年以上	5 000 000	2.70
商业贷款			银行间贷款	5 000 000	0.00
1年内	15 000 000	0.70	借款		
1~2年	10 000 000	1.40	1年内	10 000 000	0.30
2年以上	25 000 000	4.00	1~2年	5 000 000	1.30
建筑物等	5 000 000	0.00	2年以上	5 000 000	3.10
			银行资本	5 000 000	
总计	100 000 000		总计	100 000 000	

对于问题16~23，假设第一国家银行最初的资产负债表如表23-2所示，利率最初为10%。

16. 如果第一国家银行出售1 000万美元2年后到期的证券，然后替换成1年内到期的证券，银行的收入缺口是多少？如果利率下降3个百分点，明年利润会发生什么？

17. 如果第一国家银行决定将其500万美元的固定利率抵押贷款转换为可变利率抵押贷款，其利率风险会发生什么变化？解释收入缺口和久期缺口分析。

18. 如果第一国家银行的经理调整了固定利率抵押贷款，将1年内偿还的百分比从20%降到10%，那么预估银行面临的利率风险的变化是多少？如果利率下降2个百分点，明年利率会发生什么变化？

19. 如果第一国家银行的经理调整了利率敏感性支票存款的百分比，从10%升到25%，那么预估银行面临的利率风险的变化是多少？如果最近利率上升5个百分点，明年的利润会发生什么变化？

20. 鉴于表23-1中的久期估计，如果利率上升10个百分点，银行的净资产会发生什么？银行会继续交易吗？为什么或者为什么不？

21. 如果第一国家银行的经理将银行资产的久期调整为4年，负债的久期调整为2年，如果利率上升2个百分点，对净资产的影响是多少？

22. 鉴于问题21中的久期估计，银行如何改变其资产的久期，以使其净资产免于利率风险？

23. 鉴于问题21中的久期估计，银行如何改变其负债的久期，以使其净资产免于利率风险？

对于问题24~29，假设友好财务公司最初的资产负债表如表23-2所示，利率最初为8%。

24. 如果友好财务公司的经理决定出售1 000万美元的公司消费者贷款，一半是1年半以内到期，一半是2年后到期，并利用所得到的资金购买1 000万美元的国债，公司的收入缺口是多少？明年如果利率下降5个百分点，利润会怎样？友好财务公司如何改变其资产负债表，从而使收入免于这种利率变化？

25. 如果友好财务公司增加了2 000万美元的商业票据，并利用这笔资金发放2 000万美元1年内到期的消费者贷款，那么它的利率风险会发生什么变化？在这种情况下，怎样调整资产负债表才能消除收入缺口？

26. 鉴于表23-2中的久期估计，如果利率上升3个百分点，那么友好财务公司的净资产会发生什么？公司会保持业务吗？为什么或者为什么不？

27. 友好财务公司的经理调整公司资产的久期为2年，负债的久期为4年，如果利率上升3个百分点，对净资产的影响是什么？

28. 鉴于问题27中的久期估计，友好财务公司应如何改变其资产的久期，以使其净资产免于利率风险？

29. 鉴于问题27中的久期估计，友好财务公司应如何改变其负债的久期，以使其净资产免于利率风险？

第24章

金融衍生品对冲交易

序言

从20世纪70年代开始，直到80年代和90年代，金融机构给这个世界带来了越来越多的风险。利率的波动幅度越来越大，证券市场的不稳定性不断提高。由于这些变化，金融机构管理者越来越关心如何能够为其所在的企业降低面临的风险水平。在控制风险的巨大需求下，在19章介绍过的金融创新过程说明可以通过发明新的金融工具来降低风险，进而帮助金融机构管理者更好地管理风险。这些金融工具，被称为**金融衍生品**（financial derivative），即它们的支付和收益依赖于某些事先发行的证券，它们是非常有用的风险控制工具。

在这一章里，我们将学习金融机构管理者在降低风险时使用的最重要的金融衍生品：远期合约、金融期货、期权和互换。我们不但考察这些金融衍生品在市场中如何交易，还考察金融机构管理者如何使用它们来降低风险。

24.1 对冲交易

金融衍生品在降低风险方面非常有效，这是因为它会帮助金融机构进行**对冲交易**（hedge），即从事一种金融交易来降低某种风险。一方面，当一个金融机构购买了一种资产时，就说明这家金融机构处于**看涨**（**多头** long position）的位置。如果这个资产的收益率存在不确定性，这个金融机构就面临风险。另一方面，如果这个金融机构与另一方签约，在未来的某个时刻向其出售这个资产，这个金融机构就处于**看跌**（**空头** short position）的位置，同样也面临一定的风险。金融衍生品在降低风险时使用，是由于得到以下关于对冲交易基本原理的启示：**风险对冲**（hedge risk）是指从事一项金融交易，通过进行额外的看跌（空头）交易抵消看涨（多头）交易的风险，或者进行额外的看涨（多头）交易抵消看跌（空头）交易的风险。换句话说，如果一个金融机构已经购买了某种证券并因此处于看涨（多头）的位置，它将采取以下对冲交易：通过签订合约的形式承诺在未来某个时刻卖出这个证券（进行看跌（空头）交易）。相反，如果这个金融机构处于看跌（空头）位置，即在未来某个时刻要卖出某种证券，它将采取以下对冲交易：通过签订合约的形式承诺在未来某个时刻买入这个证券（进行看涨（多头）交易）。我们将通过远期合约的例子了解如何使用这个对冲的方法。

24.2 远期合约

远期合约（forward contracts）是缔约双方同意在未来某个时间点进行某项金融交易的一项协议。本章提到的远期合约均是指债券交易工具，被称为**利率远期合约**（interest-rate forward contract）；在本章后面的内容中我们将讨论外汇期货合约。

24.2.1 利率远期合约

利率远期合约包括未来卖出或者买入某个债券和一些其他的规定：（1）关于在未来需要交易的债券的具体特征要求；（2）未来交易债券的数量（交割数量）；（3）未来交易时债券的价格（利率）（交割价格）；（4）未来交易进行的具体时间（交割日）。举例来说，第一国家银行与Rock Solid保险公司签订利率远期合约，银行将在1年后向保险公司卖出面值为500万美元、票息利率为6%、到期日为2023年的国债（一种票息债券），卖出价格与面值一致，到期收益率与债券票息利率一致，为6%。因为保险公司将在未来买入债券，它就处于看涨（多头）的位置；反观银行，它将卖出债券并处于看跌（空头）的位置。

实践经理

使用远期合约对冲利率风险

24.2.2 远期合约的优势与劣势

远期合约的优势是可以灵活地满足交易双方的需求。这意味着，像第一国家银行这样的机构可以完全对冲其投资组合中特定债券的利率风险，其过程与之前的例子相似。

然而，远期合约具有两种严重的问题，制约着它的有效性。第一，像第一国家银行这样的机构，想要找到愿意与其进行远期合约交易的另一方（counterparty）是非常困难的。有很多经纪人或中介机构从事交易双方的匹配工作，就像第一国家银行和Rock Solid保险公司。即使是这样，也很少有机构恰好愿意进行以票面利率6%、2023年到期的国债为标的的相关交易。这就意味着，像第一国家银行这样的机构，希望进行特定远期合约交易时，可能无法找到愿意交易的另一方。而且，即使第一国家银行能够找到愿意交易的另一方，由于愿意交易的对手很少，最终很难获得较高的交易价格。这是利率远期合约市场中的重要问题，进而导致合约交易很难进行，最终使得合约交易价格处于不利的水平。按照金融领域的术语来说，远期合约市场缺乏流动性（需要注意的是，市场流动性比资产流动性的意义要更加广泛。对于资产来说，流动性是指变现的容易程度；而市场的流动性是指进行金融交易的容易程度。）

第二，远期合约具有违约风险。假设在这一年中，利率升高导致国债的价格下降。因为Rock Solid保险公司能够以低于合约约定价格买入此类国债，所以可能会拒绝履行与第一国家银行的远期合约。或者，Rock Solid保险公司不像其名字一样坚强，并在1年内倒闭，无法履行远期合约交易。因为没有外部的第三方对远期合约进行担保，第一国家银行的唯一办法就是到法院起诉Rock Solid保险公司。但是，整个司法过程是费时费力的。而且，如果Rock Solid保险公司已经破产，第一国家银行将直接面临损失。当市场上国债价格下跌时，第一国家银行无法按照与Rock Solid保险公司约定的价格卖出国债，只能以市场上的较低价格进行交易。

远期合约中的违约风险说明进行合约交易的各方必须核查对方的信息，确保对方在财务与声誉方面状况良好，能够履行合约义务。因为核查信息的过程花费巨大，而且前几章讨论过的逆向选择和道德风险等问题也会出现，所以违约风险是阻碍使用利率远期合约的主要原因。

当违约风险问题与市场流动性不足问题共同发生时，我们发现这些远期合约对金融机构来说作用不大。即使利率远期合约的市场存在（特别是国债和抵押担保证券方面的），其交易规模也远小于我们在下面将要介绍的金融期货市场。

24.3 金融期货市场

当利率远期合约市场存在违约风险和流动性问题时，我们需要对冲利率风险的其他方法。芝加哥交易所于1975年推出的金融期货合约为我们提供了这个方法。

24.3.1 金融期货合约

金融期货合约（financial futures contract）与利率远期合约相似，它规定一种金融工具在未来某一时刻由一方交割给另一方。但金融期货合约与利率远期合约相比仍有一些不同之处，并能够克服远期合约的流动性和违约问题。

为了了解金融期货合约的全貌，让我们考察市场中交易最频繁的一种期货合约——芝加哥交易所中的国债期货合约（本段内容下面的“金融期货对冲交易”会展示这些合约是如何定价、报价的。）金融期货合约的价值为债券的10万美元面值。合约价格以点数表示，每一点等于1 000美元，最小的价格变化单位为1/32点，即31.25美元。这个合约规定，债券的交割日距离债券的到期时间至少为15年（这些债券不能够被发行方——财政部赎回，只有当债券距离到期时间小于15年时方可进行赎回）。如果国债合约进行交割并清算，国债的票面利率不等于合约规定的6%，则债券交割的数量需要进行调整，以反映交割债券价值与票息为6%的债券之间的价值差异。

与远期合约的术语相同，交易一方买入期货合约，即承诺买入（接受交割）债券并处于看涨（多头）的位置；卖出期货合约的另一方，即承诺卖出（交割）债券并处于看跌（空头）的位置。

为了更加深入地了解期货合约，让我们考虑买入和卖出国债期货合约的情况。假设2月1日，你卖出一份价值10万美元的6月底到期合约，合约价格为115（即11.5万美元）。如果你卖出这份合约，你将承诺在6月底，以11.5万美元的价格，向交易的另一方交割面值为10万美元的长期国债。如果你在115这个价格上买入这份合约，你将承诺在6月底，支付11.5万美元的价格，向交易的另一方购买面值为10万美元的长期国债。如果6月底合约到期时，长期国债的利率上升导致国债的价格降低至110（即面值为10万美元的国债价格为11万美元），合约的买方将损失5 000美元。这是因为买方支付11.5万美元的价格购入国债，但是这些国债的市场价格仅为11万美元。但是，作为合约的卖方将获得5 000美元的利润（不考虑代理费用和其他支出）。这是因为这些买家出价为11.5万美元的国债，你在市场中仅需要支付11万美元就可以买到。

如果我们认识到下面这段话的含义，就可以轻松地描述期货合约买方或期货合约卖方的情况。当期货合约到期时，期货合约的价格趋近于需要交割的合约标的资产的价格。为了证明上述论述，让我们考虑一份6月底到期的合约。合约的标的资产是面值为10万美元的国债，合约价格为110，即11万美元。如果期货合约售价低于110，假设为109，即交易者可以以10.9万美元的价格买入合约，并立即在市场上以11万美元的价格卖出交割获得的国债，并获得1 000美元的利润。因为获得这些利润没有任何风险，每个人都愿意参与这项令人高兴的交易。这就意味着，每个人将试图买入合约，并最终导致合约价格上涨。当合约价格上涨到110时，获得利润的机会消失，合约的买入压力消失。相反地，如果期货合约的价格高于110，例如111，每个人都愿意卖出合约。这样合约的卖方将赚取1 000美元的利润。因为这些利润没有任何风险，交易者愿意不断地卖出期货合约直到合约的价格下降至110，即合约价格不会带来任何利润。在期货市场中，无风险获利机会不断被降低至消除的过程被称为套利（arbitrage）。而套利行为将确保到期的期货合约价格等于需要交割的标的资产的价格。

理解了期货合约到期时的价格等于交割标的资产价格这一事实，当利率发生变化时就非常容易地观察到谁将获得利润或遭受损失。当利率上升后，国债在6月底到期时的市场价格为110，所以国债期货合约的价格也将变为110。于是，如果你在2月份以115的价格购买合约，你将损失5个点，即5 000美元（10万美元的5%）。但是，如果你在2月份以115的价格卖出期货合约，当价格下降至110就意味着你将获得5个点的利润，即5 000美元。

实践经理

金融期货对冲交易

刚刚描述的对冲交易可以被称为**微观对冲交易**（micro hedge），因为金融机构针对自己持有的特定资产采取利率风险对冲交易。金融机构热衷于进行的第二类对冲交易可以被称为**宏观对冲交易**（macro hedge），即对机构持有的整体投资组合进行对冲交易。例如，如果一家银行负债的利率敏感程度高于资产，就像我们在第23章中看到的，则利率上升将导致银行的价值下降。通过卖出利率期货合约，当利率上升时银行将赚取利润用以抵消整体价值下降的损失，进而对冲了利率风险。（关于如何通过金融期货对冲利率风险的例子和具体内容，请参看本书网站上的本章附录 www.pearsonglobaleditions.com/mishkin）

24.3.2 市场中从事金融期货交易的组织

在美国，金融期货合约是在有组织的交易所中进行交易的，例如芝加哥交易所、芝加哥商品交易所、纽约期货交易所、堪萨斯城市交易所。这些交易所之间具有很强的竞争关系，它们设计期货合约、建立交易规则来吸引更多的期货交易。

美国的金融期货交易及相关交易受到商品期货交易委员会（Commodity Futures Trading

Commission，CFTC）的监管。这个委员会成立于1974年，接管了农业部关于期货市场监督管理的职责。CFTC监管期货交易和期货交易所，保证市场的价格没有被操纵；同时负责对代理人、交易所进行登记和审计工作，防止欺诈行为并确保交易所财务能力水平。另外，CFTC对新制定的期货合约进行审批，确保这些合约能够适应市场的需求。表24-1列出了《华尔街日报》刊登的交易量最大的金融期货合约和交易汇率。

近几年，随着其他金融市场的全球化发展，金融期货市场之间也存在着激烈的海外竞争。

表24-1　　美国主要的金融期货合约

合约种类	合约金额	交易所	未平仓合约（2013年7月）
利率合约			
长期国债	100 000美元	CME	576 609
中期国债	100 000美元	CME	2 342 207
5年期国债	100 000美元	CME	1 611 675
2年期国债	200 000美元	CME	840 701
联邦基金	5 000 000美元	CME	311 772
欧洲美元	1 000 000美元	CME	8 933 577
股票指数合约			
标准普尔500指数	250美元×指数	CME	165 532
道琼斯工业指数	10美元÷指数	CBT	14 436
纳斯达克100指数	100美元÷指数	CME	405 306
货币期货			
日元	12 500 000日元	CME	172 270
欧元	125 000欧元	CME	227 631
加元	100 000加元	CME	111 336
英镑	62 500英镑	CME	152 076
瑞士法郎	125 000瑞士法郎	CME	36 147
墨西哥比索	500 000墨西哥比索	CME	101 051

资料来源：www.cmegroup.com/market-data/volume-open-interest/index.html.

24.3.3 金融期货市场的全球化

因为美国期货交易所最先发展了金融期货交易，所以美国在20世纪80年代主宰了世界的金融期货交易。例如，在1985年排名前十位的期货合约均在美国交易所进行交易。随着金融期货市场的快速增长及美国交易所获得的巨大利润，国外交易所看到了获利的机会并开始进入这一领域。在20世纪90年代之后，在伦敦国际金融期货交易所交易的欧洲美元合约、东京证券交易所交易的日本国债和欧洲日元合约、法国国际交易所交易的法国国债合约、大阪证券交易所交易的日经225合约，均成为世界上交易广泛的期货合约。甚至很多发展中国家，也参与其中。在1996年，7个发展中国家（新兴市场国家）建立了期货交易所，而且交易所的数量在成倍增长。

国外竞争同样促进了那些最初产生于美国的最畅销金融期货合约的发展。这些在国外交易所交易的合约与在美国交易的合约完全相同，而且优势在于当美国交易所关闭的时候仍然可以进行交易。GLOBEX电子交易平台促进了金融期货的24小时全天候交易，交易者可以在交易所关门的时候，进行跨国期货交易。金融期货交易已经完全实现国际化，美国与国外交易所之间的竞争也日趋激烈。

24.3.4 期货市场成功的原因分析

在2013年7月19日，未平仓国债合约数量达到576 609份，总价值高达570亿美元（576 609×10 000美元），这证明金融期货市场中的国债交易获得了巨大成功。金融期货合约与远期合约在市场组织的差异能够帮助解释为什么金融期货市场如此成功。

期货合约的几个特征在设计上克服了期货合约的流动性问题。第一个特征是，期货合约与远期合约相比，其交割数量和交割日期是标准化的，从而使不同参与者在期货市场中更容易达成匹配，进而提升了整个市场的流动性。以国债合约为例，交割数量是面值为10万美元的国债，交割日期是3月、6月、9月和12月的最后一个工作日。第二个特征是，当买入或者卖出期货合约后，可以在交割日之前继续交易（买入或者卖出）。相比之下，一旦远期合约达成，它通常不可以再进行交易。第三个特征是，与远期合约不同，交割日交割的不是某种特殊类型的国债。不同的是，任何到期年限超过15年并且在15年之内不能被赎回的国债均可以进行交割。允许持续交易和允许交易多种而非一种国债，都增加了期货市场的流动性。

期货合约另一个优势特征在于允许交割多种债券，这就限制了某些人囤积居奇控制市场和“压缩”已经卖出合约的交易者。为了囤积居奇并控制市场，某些人买入全部可以进行交割的证券，所以处于看跌（空头）位置的投资者在交割日，将无法从市场中获得合约要求交割的证券。结果，那些囤积居奇的人可以恣意设定价格，将符合期货合约规定的债券卖给看跌（空头）位置的投资者。囤积居奇的人赚取暴利，但是处于看跌（空头）位置的投资者则遭受惨重的损失。很显然，市场中囤积居奇人的存在将抑制投资者选择看跌（空头）位置，进而导致市场规模的萎缩。由于允许交割多种证券，期货合约使得控制市场的难度增加，因为必须要购买大量的债券才能实现市场控制。囤积居奇只具有理论上存在的可能，如下面案例介绍的内容，囤积居奇和控制市场是监管者和交易所在设计期货合约交易规则时考虑的重要因素。

期货市场与远期市场交易组织的不同，可以克服远期市场中日益增加的违约风险问题。两种合约相似，都必须具有处于看涨（多头）位置的买家和处于看跌（空头）位置的卖家。但是，期货合约的买家和卖家在签订合约时不直接联系，而是与期货交易所的清算中心签订协议。这种设置的目的是，期货合约的买家不需要担心卖家的财务状况和信誉度，反之亦然。因为清算中心可靠的财务实力，期货合约的买家和卖家不需要担心违约风险问题。

为了确保清算中心财务状况稳健，不会陷入财务危机进而危及合约交割，期货合约的买家和卖家都必须存入初始存款，这被称为**保证金要求**（margin requirement）。例如，每份国债合约需要在代理公司的保证金账户中存入2 000美元。期货合约采取**逐日盯市**（marked to market）的记账方法和规则。这说明，在每个交易日结束后，期货合约价值的变动会通过保证金账户的增加或者减少反映出来。假设在周三早上按照115的价格买入国债合约后，当日的收盘价，即结算价，降低至114。你的合约损失1个点，即1 000美元；卖给你合约的卖家将赚取1个点，即1 000美元。1 000美元的收益被增加到卖家的保证金账户中，账户总额增加到3 000美元。同时，1 000美元损失从你的保证金账户中支取，所以你的账户现在只剩下1 000美元。如果保证金账户中余额降低至最低保证金要求（通常与初始保证金要求相等，但可能会略低于初始要求）水平之下，该交易者就会被要求向保证金账户中增加资金。举例来说，如果最低保证金要求为2 000美元，你将必须存入1 000美元到保证金账户，使保证金增加到2 000美元。保证金要求和逐日盯市规则会降低交易者发生合约违约的可能性，从而保护期货交易免于损失。

与远期市场相比，期货市场的最后一个优势是，大部分期货合约都不会在交割日进行标的资产的交割，但是远期合约必须要交割标的资产。交易者卖出期货合约后，可以反向买入期货合约来避免在交割日进行标的资产交割。因为同时处于看涨（多头）位置和看跌（空头）位置就意味着交易者将债券交割给自己。根据交易所规定，交易者可以同时抵消两份合约。允许交易者抵消他们的合约，降低了期货市场的交易成本，期货交易者将避免标的资产交割的成本。而在远期市场，降低交易成本是非常困难的事情。

案例

亨特兄弟和白银崩溃

实践经理

利用远期合约和期货合约进行外汇风险对冲交易

24.4 股票指数期货

就像我们看到的，金融期货市场非常有助于对冲利率风险。但是，那些管理共同基金、养老金和保险公司的金融机构经理，也会担心由股价波动造成的**股票市场风险**（stock market risk）。1982年，为满足股票市场风险管理的需要，股票指数期货被发明，并成为所有期货合约中交易最广泛的合约品种。

24.4.1 股票指数期货合约

要了解股票指数期货合约，让我们先考察一下在美国交易最为广泛的股票指数合约——标准普尔500指数期货合约（标准普尔500指数衡量了500只美国交易最广泛的股票的价值）。股票指数期货合约与其他金融期货合约不同，它到期时交割现金而不是交割证券。现金交割使得合约具有流动性更高这一有利特征，而且克服了有人想要囤积居奇与控制市场的可能性。以标准普尔500指数合约为例，在最终的结算日，相当于250美元与指数乘积的现金被交割。所以，如果在清算日时指数为1 000点，则交割金额为250 000美元。合约的价格依赖于指数，所以1点指数的变化表示合约价值变化250美元。

为了了解全部过程，让我们看看当你买入和卖出期货合约时会发生什么事情。假设在2月1日，你以1 000点的价格（即为250 000美元）卖出一份6月份合约。通过卖出合约，你将承诺在6月底的清算日，支付等于250美元与标准普尔500指数乘积的金额。如果在1 000点的价格买入合约，买家将同意在6月底的清算日，支付250 000美元换回250美元与标准普尔500指数乘积相等的金额。如果股票市场不景气导致标准普尔500指数在清算日下跌至900点，因为合约买家同意按照约定支付250 000美元换回225 000美元（900×250美元），所以买家损失25 000美元。但是，你作为合约卖家，将获得25 000美元的利润，因为你同意接受250 000美元的合约价格，但是只需要支付225 000美元。因为支付金额和接受金额之间相互抵消，只有25 000美元需要交割；你作为合约的卖家，从买家那里接受25 000美元。

案例

程序交易和投资组合保险：它们应该为1987年的股票市场大跌承担罪责吗？

实践经理

利用股票指数期货进行对冲交易

24.5 期权

期权可以成为另一个对冲利率和股票市场风险的金融工具。**期权**（option）是一份合约，它赋予买方权利，在某一特定时间内，按照某一特定价格买入或者卖出标的金融资产，这一特定价格被称为**行权价格**（exercise price）或**执行价格**（strike price）。当期权的所有者行使买入或者卖出的权利时，期权的卖方（有时称为发行人）具有买入或者卖出标的金融资产给期权买方的义务。这些期权合约的特点非常重要，需要再次强调：期权的买方或者所有者不是必须执行期权；他可以不执行期权直到期权到期。因此，期权的所有者没有采用任何行动的义务，而是具有选择是否执行期权的权利。相对来说，期权的卖方就没有选择；当期权所有者执行期权时，他必须买入或者卖出金融工具。

因为在某一特定价格买入或者卖出金融工具的权利具有价值，期权的所有者愿意为此支付的费用，称为**期权费**（premium）。期权合约主要有两种类型：**美式期权**（American option），可以在期权到期日之内随时执行期权；**欧式期权**（European option），只能在期权到期日执行期权。

期权合约的发行可基于多种金融工具。仅基于股票的期权合约称为**股票期权**（stock option），这种期权的历史已经很久了。基于金融期货的期权合约称为**金融期货期权**（financial futures option），或者通常称为**期货期权**（futures option），它出现于1982年并已经成为交易最广泛的期权合约。

你可能想知道为什么期权合约更倾向于基于金融期货而不是像债券或存款等标的债权工具。就像你在本章之前内容中看到的，在清算日，套利行为导致期货合约的价格和交割的债权工具的价格趋同。所以，你会发现投资者在持有债权工具期权与持有期货合约期权之间不存在任何差异。但是，金融期货合约被设计得非常合理，所以期货市场的流动性高于标的债权工具市场。投资者更愿意持有基于流动性更强的工具的期权合约，就像上述的基于期货合约的期权。这也解释了为什么最受欢迎的期货期权的标的资产与表24-1列出的许多期货合约是相同的。

期货市场的监管者被分为证券交易委员会（SEC，监管股票期权），以及商品期货交易委员会（CFTC，监管期货期权）。监管者注重确保期权的发行方具有足够的资产以便很好地执行合约义务；监督交易者和交易所防止欺诈与失误，确保市场没有被控制。

24.5.1 期权合约

看涨期权（call option）是一种合约，赋予所有者在特定时间内按照行权价格买入金融工具的权利。**看跌期权**（put option）也是一种合约，赋予所有者在特定时间内按照行权价格卖出金融工具的权利。区分看涨期权和看跌期权不是容易的事情。为了简单明了，只需要记住持有看涨期权买入金融工具等同于具有在特定价格上买入金融工具的选择权。而持有看跌期权卖出金融工具等同于具有向另一方出售金融工具的选择权。

24.5.2 期权与期货合约的损益

为了更加深入了解期权合约，让我们首先通过下表观察2月份国债期货合约的期权。

100 000美元国债期货合约的期权，点数和100%的1/64

	看涨期权收盘			看跌期权收盘		
行权价格	2月	3月	4月	2月	3月	4月
110	1-39	1-52	1-29	0-02	0-15	0-49
111	0-45	1-05	0-57	0-08	0-32	1-13
112	0-09	0-34	0-32	0-36	0-61	—
113	0-02	0-13	0-16	1-28	1-40	—
114	0-01	0-04	0-07	—	2-31	—
115	0-01	0-01	0-03	—	3-28	—

如果你按照115的价格（即115 000美元）买入期货合约，你同意支付115 000美元买入100 000美元面值的长期国债，并在2月底进行交割。如果你在115的价格上卖出期货合约，你同意在2月底卖出100 000美元面值的长期国债，收入115 000美元。国债期货合约的期权具有以下几个特征：（1）到期日与标的期货合约相同；（2）这是美式期权，所以在到期日之前随时可以行权；（3）期权费（期权价格）以点计价并与期货合约相同，所以每1点对应1 000美元。如果期权费为2 000美元，你按照115的价格买入2月到期的国债期货合约的看涨期权合约，你便获得了在2月底到期日之内的任何时间，按照115的价格（每份合约115 000美元）买入2月到期的国债期货合约的权利。相同地，当你支付2 000美元，按照115的价格买入2月国债期货合约的看跌期权，你便获得了在2月底到期日之内的任何时间，按照115的价格（每份合约115 000美元）卖出2月国债期货合约的权利。

期货期权合约有些复杂，想探索如何使用期权对冲风险，让我们先考察2月到期的国债期货合约的看涨期权合约的损益情况。11月，我们的老朋友——投资人欧文，支付2 000美元期权费，按照115的行权价格买入2月到期的国债期货合约的看涨期权合约（我们假设欧文在2月底到期日行权，而不会在此到期日之前行权。）在2月底到期日，假设期货合约的标的国债价格为110。在到期日，套利推动期货合约的价格与标的债券价格趋同，所以在2月底到期日的期货合约价格同样为110。如果欧文在115的价格上执行看涨期权并买入期货合约，即按照115的价格买入并按照市场110的价格卖出，那么他将遭受损失。但是欧文很聪明，他不会行权，而他只会损失之前支付的2 000美元期权费。在这种情况下，当标的金融工具的价格低于行权价格，看涨期权被称为“价外期权”（out of money）。当价格为110（低于行权价格）时，欧文的损失为他事先支付的2 000美元的期权费。这些损失标注在图24-1（a）的A点上。

在到期日，如果期货合约的价格为115，看涨期权可称为“平价期权”（at the money）。欧文选择行权并买入期货合约或者放弃行权是没有区别的，因为行权价格与市场价格相同（均为115）不会带来损失和收益。由于他事先已经支付2 000美元的期权费，所以当价格为115时他的净损失为2 000美元，参照图24-1（a）点B。

如果期货合约在到期日时的价格为120，期权被称为“价内期权”（in the money），欧文选择行权会获得收益：他将会按照行权价格115买入期货合约，然后按照120的价格卖出，所以会获得每份100 000美元国债合约5%的收益（5 000美元利润）。因为欧文为期权合约支付2 000美元的期权费，所以他的净收益为3 000美元（5 000美元-2 000美元）。当价格为120时获得的3 000美元的利润被标注为点C。相似地，如果期货合约的价格上涨至125，期权合约将获得8 000美元的净收益（行权后获得的10 000美元减去2 000美元的期权费），标注在点D。标注这些点，我们可以得到图24-1（a）中看涨期权弯折的利润曲线。

假设欧文没有在11月份买入期货期权合约，而是在115的价格上买入2月到期的100 000美元国债期货合约。如果2月底到期日的债券价格下降到110，意味着期货合约的价格也将下降到110，欧文将损失5个百分点，即5 000美元。期货合约在110价格水平上的损失为5 000美元，即图24-1（a）点A′。当到期日的价格为115时，欧文的期货合约的利润为0，即点B′。当价格为120时，欧文的期货合约将获得5%的利润，即5 000美元（点C′）；当价格为125时，将获得10%的利润，即10 000美元（点D′）。标注这些点，我们从图a中得到了期货合约线性的利润曲线（直线）。

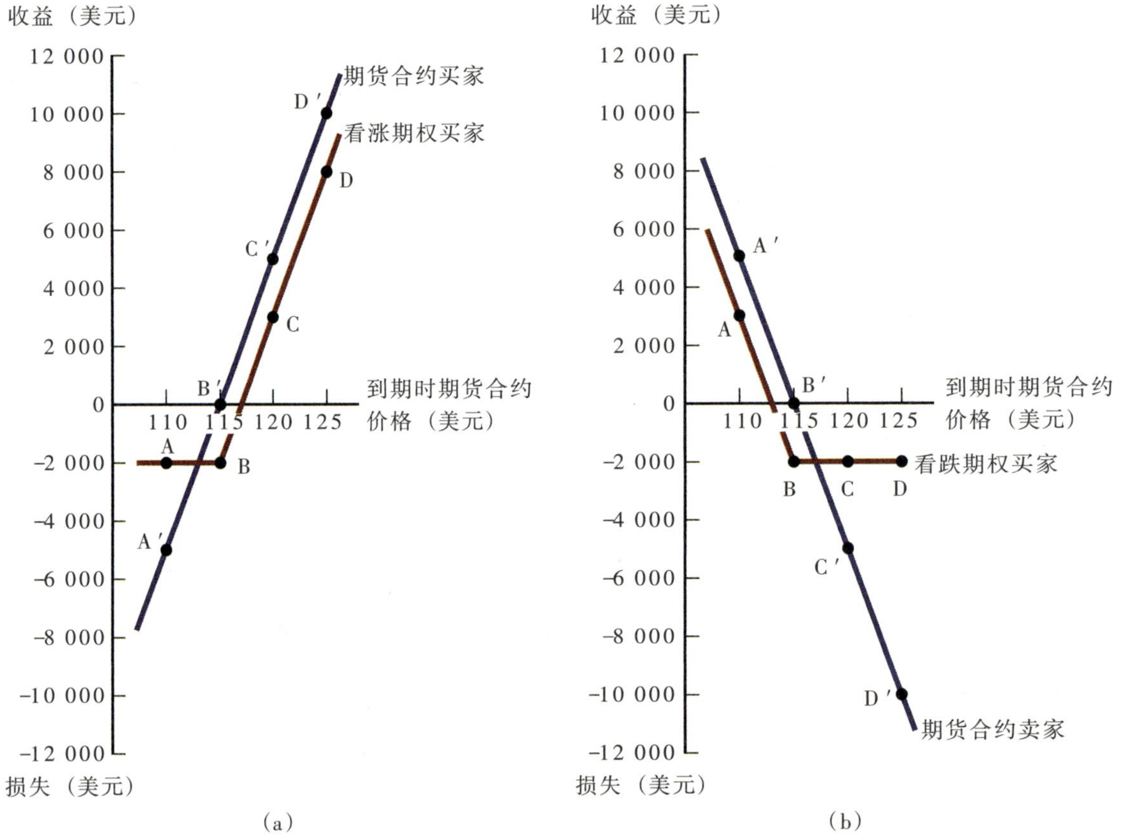

图24-1 期权合约与期货合约的损益

期货合约是2月到期的100 000美元国债合约。期权合约是基于行权价格为115的期货合约。图24-1（a）表示看涨期权买家和期货合约买家的损益，图24-1（b）表示看跌期权买家和期货合约卖家的损益。

现在，我们能看到期货合约和期权合约的主要区别。图24-1（a）中期权合约利润曲线表示，期货合约具有线性的利润方程：利润随着标的金融工具的价格每一点增长而增加。相反，期权非线性的、弯折的利润曲线，意味着利润不随着标的金融工具的价格每一点增长而增加。非线性利润曲线的原因是，看涨期权能够防止欧文损失超过2 000美元的期权费。相反，如果到期日时期货合约的价格下降至110，欧文的损失为5 000美元。如果价格下降得更多，欧文的损失会更多。期权合约类似于保险一样的特征解释了为什么期权的买入价格被认为是一种保险费。一旦标的金融工具的价格上涨并超过行权价，欧文的利润会线性增加。欧文想要获得期权合约而不是期货合约就必须放弃一些利益。就像我们从图24-1（a）中看到的，当标的金融工具的价格上涨并超过行权价格时，欧文持有期权合约的利润总是低于期货合约的利润2 000美元，恰好等于期权费的价格。

图24-1（b）标注了欧文买入看跌期权的获利情况。欧文支付2 000美元期权费买入行权价格为115的看跌期权（具有卖出的权利），即他将卖出而不是买入期货合约。在这个例子中，如果到期日国债期货的价格超过115的行权价格，看跌期权被称为“价外期权”。欧文不想执行看跌期权，即卖出他持有的期货合约，因为行权价格低于市场价格的看跌期权会带来损失。不执行期权，他只损失之前支付的2 000美元的期权费。一旦期货合约的价格降低至行权价格115以下，欧文就会执行看跌期权，因为他以115的价格卖出期货合约，而这些合约的市场买入价格更低。在这种情况下，标的工具的价格低于行权价格，看跌期权可称为“价内期权”，期货合约价格下降导致期货利润的线性增长。如图24-1（b），看跌期权的利润方程是弯折的，这表示欧文被确保其遭受的损失不会高于支付的期权费。卖出期货合约的利润曲线与图24-1（a）中期货合约的利润曲线恰好相反，同样也是线性的。

图24-1（b）验证了图24-1（a）的结论，期权合约的利润是非线性的，而期货合约的利润是线性的。

期货合约和期权合约的另外两个区别也一定要说明。第一，两个合约的初始投资是不同的。就像我们之前看到的，当期货合约被出售时，投资者必须支付固定资金，即保证金账户中的保证金。但是，当期权合约被出售时，初始投资为必须支付的期权费。第二，期货合约的逐日盯市制度导致持有资金每日发生变化，而期货合约只有在到期日才会有资金流动。

24.5.3 影响期权费的因素

这里有一些关于期权合约期权费定价的有趣现象。第一个现象是，如果合约的行权价格设定在较高的水平，看涨期权的期权费会很低而看跌期权的期权费就会很高。举例来说，如果一份合约的行权价格不是115而是112，3月份看涨期权的期权费将从1 45/64下降到16/64，3月份看跌期全的期权费将从19/64上升到1 54/64.

图24-1中，我们分析的期权合约利润方程能够帮助我们解释这些现象。如图24-1（a），标的金融工具（国债期货合约）的低价格与看涨期权行权价格产生的低利润相关。所以，行权价格越高，看涨期权的利润就越低，像欧文这样的投资者只愿意支付较低的期权费。同样地，从图24-1（b）中可知，标的金融工具的低价格与看跌期权行权价格产生的高利润相关。所以，行权价格越高，看跌期权的利润就越高，期权费也随之水涨船高。

第二个现象是，距离期权行权日的时间越长（到期日之前），看涨和看跌期权的期权费就越高。举例来说，如果行权价格是112，看涨期权的期权费会从3月的1 45/64，4月的1 50/64，涨到5月的2 28/64。相似地，看跌期权的期权费从3月的19/64，4月的1 43/64，涨到5月的2 22/64。这个关于距离行权日时间越长期权费越高的现象，也可以通过期权合约的非线性利润方程来解释。如果距离到期日延长，标的金融工具的价格在到期日之前升高或降低的可能性增加。如果价格变得非常高并超过行权价格，看涨期权将获得很高的收益；如果价格变得非常低并低于行权价格，损失会很少，因为看涨期权的所有者将不会简单地执行期权。到期时间越长，标的金融工具价格产生巨大波动的概率就增加，看涨期权的平均利润就会增加。

类似的推理过程告诉我们，随着到期时间增加，标的金融工具价格产生巨大波动的概率增加，看跌期权也会变得更有价值。低价格概率的增加导致看跌期权获利的可能性升高。但是，高价格概率增加不会导致看跌期权的巨大损失，因为所有者同样决定不执行期权。

思考这种推理过程的另一个角度是，期权合约交易组织发现，“如果有利，我会赚钱；如果不利，不会赔很多”。在到期日之前，价格波动越频繁，两种期权的价值就越高。因为距离到期时间越长，到期日之前的价格波动就越频繁，期权合约价值就越高。

我们之前的推理过程解释了期权费的另一个重要事实。如果标的工具价格波动剧烈，看涨和看跌期权的期权费都将变得更高。在给定到期时间内，价格波动剧烈意味着到期之前的价格变化更频繁。期权的特征“如果有利，我会赚钱；如果不利，不会赔很多”就意味着到期日之前价格剧烈变化概率越大，期权的平均利润就越高，投资者就愿意支付更高的期权费。

24.5.4 小结

我们在对标的金融工具价格变化如何影响期权利润进行分析后，得出了如下关于决定期权合约的期权费的结论。

1. 当其他条件不变时，行权价格越高，看涨期权的期权费越低，看跌期权的期权费越高。

2. 当其他条件不变时，距离到期时间越长，看涨和看跌期权的期权费越高。

3. 当其他条件不变时，标的金融工具价格波动越剧烈，看涨和看跌期权的期权费越高。

我们推导出来的这些结论会出现在很多正式的模型中，例如布莱克-斯科尔斯模型。它分析了期权费如何定价。你可能会在未来的金融课程中学习这些模型。

实践经理

期货期权的对冲交易

24.6 利率互换

在远期、期货和期权之外，金融机构还可以使用另外一种重要的金融衍生品来管理风险。**互换**（swap）是一种金融合约，赋予合约的一方将持有的现金流与另一方持有的现金流进行交换的义务。互换有两种基本类型：**货币互换**（currency swap）是指一种货币的现金流与另一种货币的现金流交换；**利率互换**（interest-rate swap）是指不同利息支付之间相互交换。我们主要关注利率互换。

24.6.1 利率互换合约

利率互换是管理利率风险的重要工具，1982年在美国第一次出现，当时使用金融工具降低利率风险的需求不断上升。最常规的利率互换（plain vanilla swap，普通债券利率互换）具有以下规定：（1）只交换利率支付；（2）利率的类型（可变或固定利率）；（3）**名义本金**（notional principal）的数量，计算利息支付的数额；（4）可进行交换的时间期限。还有很多其他类型更加复杂的互换，包括远期互换和期货互换（称为swaptions），但是这里我们只关注利率互换。图24-2表示的是中西储蓄银行和友谊金融公司之间的利率互换。中西储蓄银行同意在未来10年中，支付给友谊金融公司100万美元本金、5%利率的现金流；友谊金融公司同意在相同的时间内，支付给中西储蓄银行100万美元本金、1年期国债利率加1%利率的现金流。因此，就像图24-2中表示的，每年中西储蓄银行将向友谊金融公司支付100万美元本金、5%的利息，同时友谊金融公司将支付给中西储蓄银行100万美元本金、1年期国债利率加1%的利息。

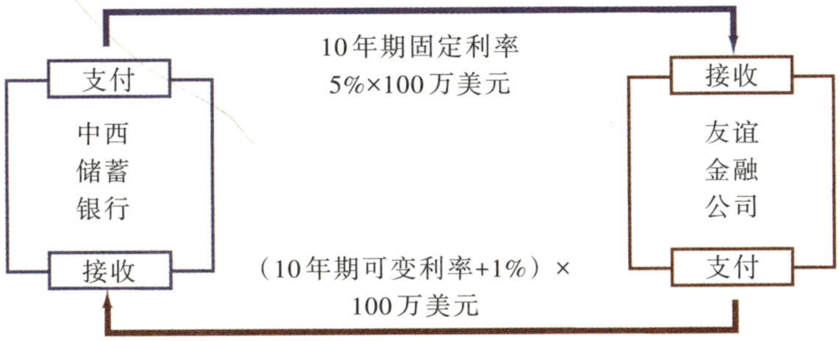

图 24-2 利率互换的支付

注：根据互换协议，10年期、100万美元的名义本金，中西储蓄银行支付100万美元×10年期固定利率5%给友谊金融公司；反过来，友谊金融公司同意支付（10年期国债利率+1%）×100万美元给中西储蓄银行。

实践经理

利率互换对冲交易

24.6.2 利率互换的优势

为了降低利率风险，中西储蓄银行和友谊金融公司可以不使用利率互换，而是通过将固定利率资产转变为浮动利率资产来实现资产负债表的重组。然而，由于一些原因，这个策略会给两个金融机构带来巨大成本。第一，当金融机构在重组资产负债表的时候会产生巨大的交易成本。第二，不同的金融机构在向特定顾客发放固定期限贷款的时候具有信息优势。因此，为了降低利率风险而调整资产负债表的方式将导致信息优势丧失，而这些优势是金融机构不愿意放弃的。利率互换能够为金融机构解决这些问题，因为它能够将固定利率资产转变为浮动利率资产而不需要影响资产负债表。避免巨额的交易成本的同时，金融机构能够继续向它们具有信息优势的顾客发放贷款。

我们已经看到金融机构能够使用其他的金融衍生品来对冲利率风险，例如期货合约和期货期权。利率互换与其他金融衍生品相比，在对冲交易中具有更大的优势：它们可以持续很长的时间，有的时候可以持续20年；但是金融期货和期货期权的期限一般来说比较短，基本上不会超过1年。如果金融机构需要在更长的时间内对冲利率风险，金融期货和期权市场可能就不是最好的选择。相反，你可以选择互换市场。

24.6.3 利率互换的劣势

虽然利率互换的重要优势使得它受到金融机构的追捧，但同样具有劣势并限制了它的使用。互换市场，与远期市场相似，可能会遇到流动性不足的问题。让我们回顾一下中西储蓄银行和友谊金融公司之间的互换合约。就像远期合约，中西储蓄银行很难联系到友谊金融公司并进行互换交易。另外，即使中西储蓄银行能够找到像友谊金融公司这样的交易对家，它也很难通过谈判得到满意的交易，因为它找不到愿意进行交易谈判的其他对家。

与我们在远期合约见到的相同，互换合约也面临着违约风险。如果利率上升，友谊金融公司更愿意放弃互换合约，因为它获得的固定利率支付要小于能够从市场获得的利率收入。它将放弃履行合约，这会导致中西储蓄银行的损失。另外，友谊金融公司可能破产，这就意味着它持有的互换合约将无法充分执行。

需要注意的是互换合约的违约风险不是产生现金流的名义本金的违约风险，因为名义本金根本没有进行交换。如果友谊金融公司破产，因为100万美元的1年期贷款和支付给中西储蓄银行的利息均无法实现，中西储蓄银行也将停止对友谊金融公司的支付。如果利率下降，这是符合中西储蓄银行利益的，因为中西储蓄银行将收到5%固定利率的利息支付，而支出浮动利率的利息，由于后者开始下降，前者高于后者。因此，互换合约的违约不一定意味着另一方产生损失。中西储蓄银行只有当利率上升，违约发生时，才会从违约中遭受损失。即使这样，互换违约损失也将远小于名义本金的损失，因为利息支付数量要远小于名义本金的数量。

24.6.4 利率互换交易中的金融中介机构

就像我们刚才看到的，金融机构必须关注互换违约带来损失的可能性。就像远期合约，互换合约的每一方必须充分掌握其他对家的信息，以便确保合约能够被充分执行。互换市场中交易各方的信息需求和流动性问题，限制了互换市场的有效性。但是，就像我们在第7章中看到的，当信息问题和流动性问题困扰市场的时候，金融中介机构就会试图解决问题。这就是互换市场正在发生的。金融中介机构，例如投资银行和大型商业银行，有能力以更便宜的价格获得互换合约交易各方信誉度和可靠性的信息，也能够为互换合约找到相互匹配的对家。因此，大型商业银行和投资银行建立互换市场，并在其中扮演中介的角色。

24.7 信用衍生品

近年来，一种新型的衍生品逐步出现并用来对冲信用风险。类似于其他的衍生品，**信用衍生品**（credit derivative）基于事先发行债券支付现金流，但是一方要承担信用风险。在过去的10年中，信用衍生品市场成长很快，这些衍生品目前的名义价值近千亿美元。这些信用衍生品有很多的形式。

24.7.1 信用期权

信用期权（credit option）的作用原理类似于我们在本章之前讨论的期权。在支付费用之后，期权的买方获得接受利润的权利，利润基于标的债券的价格或者某种利率。假设你买入100万美元通用汽车债券，但是担心SUV车型潜在销量下降导致评级机构会下调通用汽车债券的信用评级（降低信用评级）。就像我们在第5章看到的，下调评级将导致通用汽车债券价格下降。为了保护自己，你可以买入期权，例如支付15 000美元，在与现价相同的行权价格上卖出100万美元债券。在此策略下，如果通用汽车债券价格下降，你会执行期权并以购买时的价格卖出债券，所以你将不会遭受任何损失。此外，你将还能够收获通用汽车债券价格上涨带来的收益。

信用期权的第二种形式是将利润与利率变化联系起来，例如信用差价（一个特定评级下债券平均利率与无违约风险债券（例如美国财政部债券）利率之间的差值）。假设你公司的评级是Baa，计划三个月内发行1 000万美元1年期债券，信用差为1%（例如，该债券支付的利率高于1年期国债利率1%）。你担心市场会认为具有Baa评级的公司在未来几个月内整体的风险会增加。如果这些事情恰好发生在3个月后你准备发行债券的时候，你支付的利率将远超过国债利率1个百分点以上，发行债券的成本也会上升。为了避免这些高成本，你会买入，例如支付20 000美元获得基于1 000万美元Baa债券的信用期权，你将获得现金流等于100万美元乘以市场中Baa债券平均信用差与1%的差值。如果信用差上升至2%，你将收到期权带给你的100 000美元（（2%-1%）×1 000万美元），这恰好抵消掉你为1 000万美元债券支付的高于1%的超额利息支出。

24.7.2 信用互换

假设你管理一家在休斯敦的银行——石油钻探银行（ODB），专门向附近区域的特定行业的石油钻探公司提供贷款。另一家银行——马铃薯农场银行（PFB），专门向爱达荷州马铃薯农场主提供贷款。ODB和PFB两家银行均面临一个问题，因为它们贷款组合的多样性不充足。为了保护ODB避免石油市场崩溃引发石油钻井公司的大部分贷款产生违约，你将获得一个贷款支付协议。例如，你将石油钻井公司的100万美元贷款支付给PFB，作为交换，PFB将马铃薯农场主的100万美元的贷款支付给你。这样的交易，具有风险的贷款支付在二者之间进行交换，被称为**信用互换**（credit swap）。互换的结果是，ODB和PFB增加了贷款组合的多样性并降低了整体风险，因为现在每家银行的贷款收入都来自不同类型的贷款。

另外一种信用互换的形式是**信用违约互换**（credit default swap），即使它的功能更类似于保险。希望对冲信用风险的一方支付一笔固定费用，换回由信用事件引发的或有支付，例如，某一企业的破产或评级机构下调企业的信用评级。举例来说，你可以用信用违约互换对冲100万美元通用汽车的债券。你持有信用违约互换并且每年支付1 000美元，作为交换，你将在通用汽车债券评级下降时获得10 000美元的补偿。如果信用事件发生，通用汽车债券评级下降导致价格下降，你收到的支付将抵消你低价卖出债券遭受的损失。

24.7.3 信用关联票据

还有一种类型的信用衍生品是**信用关联票据**（credit-linked note），它是一种债券和信用期权的联合品。就像任何一种公司债券，信用关联票据将获得定期票息（利率）支付和债券到期日时面值的支付。如果票据的一个特定金融变量发生变化，票据的发行方有权利（期权选择）减少票据的支付。举例来说，通用汽车发行一种信用关联票据，票息利率为5%，当国家SUV销售指数下降10%时，通用汽车有权将票息利率降低2%。在这种情况下，虽然SUV销售下滑导致利润损失，但信用票据支付的减少能够抵消利润损失，进而通用汽车降低了它的风险。

案例

全球金融危机的教训：金融衍生品何时会成为全球的定时炸弹

即使金融衍生品在对冲风险中非常有用，但第8章讨论的AIG崩溃说明它们能对金融体系造成真正的风险。因此，沃伦·巴菲特警示了金融衍生品的危险，将它们描述成为“大规模杀伤性金融武器”。特别可怕的是全球金融合约的名义价值超过了500万亿美元。近期全球的金融危机告诉我们，金融衍生品何时能成为定时炸弹并摧毁全球金融体系。

围绕着金融衍生品有两个主要的担忧。第一个是金融衍生品允许金融机构增加自己的杠杆。也就是说，这些机构持有标的资产的数量是它们持有现金所能购买资产数量的很多倍。增加杠杆能让它们接受巨大的投机，但是它们的错误将击垮整个机构。这就是当陷入信用违约互换市场时，发生在AIG身上真实的事情。更重要的是，AIG在信用违约互换市场的投机行为已经潜在地给整个金融系统带来了危机。全球金融危机的一个重要的教训是，衍生品市场中有一个参与者持有巨额头寸是非常危险的。

第二个担忧是，银行持有名义本金巨大的金融衍生品，特别是利率和货币互换，远远超过银行的资本数量，所以衍生品给银行带来了严重的破产风险。银行是金融衍生品市场中主要的参与者，特别是利率和货币互换市场。我们之前讨论的内容表明，它们是中立的市场发起人，因为它们可以在原本无法进行互换交易的双方之间发挥媒介作用。然而，关注银行利率和货币互换的名义数额，我们会对银行的风险情况产生误解。银行作为互换市场中的中介，当交易双方中一方出现违约时，常常只承担信用风险。而且，这些互换不像贷款，不包含名义本金的支付，而是基于名义本金的少量支付。举例来说，当利率是7%时，100万美元的支付仅为70 000美元。互换合约的信用风险评估表明，它们大约只占名义本金的1%，而且衍生品给银行带来的信用风险不到贷款整体信用风险的1/4。银行衍生品头寸的信用风险与银行面对的其他信用风险相一致。此外，总审计局的分析指出，由银行衍生品合约导致的实际信用损失非常小，仅占整体信用风险的0.2%。因此，在最近的全球金融危机中，金融体系遭受到巨大的压力，银行的衍生品风险却不是一个严重的问题。

结论是，最近的事件说明，金融衍生品给金融体系带来了巨大的危险，但是有一些危险被夸大了。其中，最大的危险是金融机构的交易活动，对于信用衍生品来说是特别正确的，就像AIG在CDS市场中的表现。正如第18章讨论的，监管者已经对这些危险加强了监管，而且针对如何正确进行衍生品交易，不断提出新的披露要求和管理指南。其中特别关注的是，需要金融机构披露衍生品合约的风险，所以监管者能够确定大型机构没有在市场中进行过量的交易，银行的衍生品风险相对于资产来说较低，就像AIG案例中的那样。另一个担心是，信用衍生品需要一个更好的清算机制，所以一个机构的破产不会给其他衍生品头寸较少的机构带来危机，即使它们有很多抵消头寸。更好的清算机制，既能够像期货市场那样使得衍生品交易有组织地进行，也能够产生一个清算组织来结算所有交易。像纽约联邦储备银行这样的监管者已经积极针对这些思路提出建议计划。

相比之下，利率衍生品的信用风险看起来可以被金融机构经理或是机构的管理者，通过标准的信用风险处理方法进行管理。

全球金融危机必然带来新的衍生品市场监管。业界也要觉醒并发现衍生品的危险之处在哪里。现在的希望是通过市场和监管者的相关努力，使衍生品产生的定时炸弹可以被拆除。

本章小结

1. 利率远期合约承诺在未来的某一时间卖出债券工具，能够被用于对冲利率风险。远期合约的优势是非常灵活，但劣势是面临违约风险和市场流动性问题。

2. 金融期货合约与利率远期合约非常相似，它规定必须按照未来确定的时间将债券工具在远期交割给另一方。但是与远期合约相比，它的优势是不需要承受违约风险，而且流动性更好。远期和期货合约能够被金融机构使用来对冲利率风险。

3. 股票指数期货是一种金融期货，它的标的金融工具是一种股票市场指数，如标准普尔500指数。股票指数期货能够通过降低投资组合结构风险或锁定股票价格的方式，对冲股票市场风险。

4. 期权合约赋予合约购买者在特定的时间内，按照执行价格（行权价格），买入（看涨期权）或卖出（看跌期权）一种证券。期权的利润方式是非线性的——利润增长的数量不总是与标的金融工具价格的变化数量相同。期权的非线性利润方程揭示了为什么它们的价值（反映在支付的期权费上）与看涨期权的行权价格负相关，与看跌期权的行权价格正相关，与看涨和看跌期权的到期时间正相关，与看涨和看跌期权标的资产的价格波动剧烈程度正相关。金融机构使用期货期权对冲利率风险，这与金融期货和远期合约相似。期货期权更善于宏观对冲交易，因为它们比金融期货承担更少的会计问题。

5. 利率互换是指不同利息支付之间的交换，而且具有与远期合约相似的违约风险和流行性问题。因此，利率互换经常在中介机构的组织下进行，例如大型的商业银行和投资银行。金融机构发现，利率互换在对冲利率风险中非常有效。与金融期货和期权相比具有较大的优势，它们有较长的交易期限。

6. 信用衍生品是一种新型的衍生品，支付基于之前发行的、具有信用风险的证券。这些衍生品——信用期权、信用互换和信用相关票据——能够用于对冲信用风险。

7. 对于衍生品的危险有三个担忧：它们允许金融机构更加容易地增加杠杆并承担巨额负债（通过有效使用衍生品来持有大量的标的资产，总数超过现金所能购买到的资产数量），它们非常复杂，导致金融机构经理很难掌握。它们使金融机构面对巨大的信用风险，因为巨额的衍生品合约名义本金超过了机构的资产。第二个危险看起来被夸大了，但是使用衍生品增加杠杆使得危险是真实的。

重点词汇

金融衍生品　对冲交易　看涨（多头）　看跌（空头）　风险对冲　远期合约　利率远期合约　金融期货合约　套利　微观对冲交易　宏观对冲交易　保证金要求　逐日盯市　股票市场风险　期权　行权价格　执行价格　期权费　美式期权　欧式期权　股票期权　金融期货期权　期货期权　看涨期权　看跌期权　互换　货币互换　利率互换　名义本金　信用衍生品　信用期权　信用互换　信用违约互换　信用关联票据

问答题

1. 汤姆，一位资深的股票代理商，必须在一群大四的大学生进行实践访问、拜访他的办公室的时候，准备一场关于期权的演讲。汤姆应该在演讲中阐述期权的哪些种类和特征？

2. 托尼，一位资深的金融分析师，必须在接下来的会议中，为潜在的高价值投资者准备一份关于利率互换的计划书。请帮助托尼准备一个令人信服的演讲。

计算题

1. 如果你管理的养老金将在12个月后获得2.4亿美元的收入，你将使用什么样的远期合约来锁定现有的利率水平？

2. 如果你管理的投资组合持有价值为5 000万美元、票息利率为7%、2037年到期、价格为115美元的国债，你在未来的1年中将使用什么样的远期合约来对冲这些债券的利率风险？

3. 在清算日，交割的国债卖出价格为105，但是国债期货合约的卖出价格为106，则期货价格会发生什么样的变化？解释你的答案。

4. 如果你以109的价格，买入20万美元3月到期的国债合约，清算日时的交割国债价格为103，合约给你带来多少利润和损失？

5. 假设你管理的养老金将在1年后获得200万美元的现金流入，你希望能够确保投资的长期债券提供9%的利率收入。你如何使用期货市场来实现你的利息收入？

6. 你将如何使用期权市场来实现计算题5中的目标？与期货合约相比，使用期权合约的优势和劣势是什么？

7. 如果你买入10万美元国债期货合约的看跌期权，行权价格为97，清算日国债的价格为

130，这份合约是价内期权、价外期权还是平价期权？如果期权费为5 000美元，期权合约的利润和损失是多少？

8. 假设你买入10万美元国债期货合约的看涨期权，行权价格为110，期权费为1 500美元。如果在起算日，期货合约的价格为111，期权合约的利润和损失是多少？

9. 为什么波动性越大、距离到期日时间越久，看涨期权和看跌期权的期权费就越高？

10. 如果你管理的储蓄和贷款之间有4 200万美元的缺口，设计一份利率互换合约，消除利率变化给储蓄和贷款的收入风险。

11. 如果你在1年后需要支付2亿欧元，你如何使用12.5万欧元的期货合约对冲这笔支出的外汇风险？

12. 如果你的公司要在6月份，即3个月之后，给一家德国的公司支付1 000万欧元，你如何使用12.5万欧元的期货合约对冲这笔支出的外汇风险？

13. 假设你的公司将在6个月后收到3 000万欧元，现在的汇率为1欧元兑换1美元。如果你希望对冲这笔收入的外汇风险，你将使用哪种远期合约？

14. 一个对冲交易者在5份价格为98 5/32的国债期货合约中选择看跌（空头）位置。每一份合约的价值为10万美元。当交易结束时，价格为95 12/32。这个交易的收入和损失分别是多少？

15. 一家银行发行10万美元的30年期可变利率的抵押贷款，名义年利率为4.5%。如果6个月后利率下降至4%，12个月后的利息收入有什么影响？假设银行使用181天的国债并选择看跌（空头）位置来对冲这个风险。10万美元面值的合约初始价格为97 26/32，最终价格为98 1/32。你认为这种方式有用吗？

16. 劳拉，一个债券组合投资经理，管理着1 000万美元的投资组合。这个投资组合的到期时间为8.5年。劳拉希望使用国债期货将到期时间缩短至6年。国债期货的到期时间为0.25年，交易价格为975美元（面值为1 000美元）。这个想法如何实现？

17. 有一份价值100万美元、3个月到期的国债期货合约。如果你在价格为96.22时选择看涨（多头）位置，并在随后以96.87的价格卖出，这个交易的总收入和损失是多少？

18. 芝加哥信用银行持有1亿美元的资产和8 300万美元的负债。资产的久期（到期时间）为5.9年，负债的久期为1.8年。这个银行将使用多少份期货合约才能完全对冲自身的利率风险？可行的国债期货合约的久期为10年，面值为100万美元，卖出价格为97.9万美元。

19. 一家银行发行了300万美元的商业抵押贷款，年利率为8%，10年到期，按月支付利息。这家银行计划在两个月后卖出这份商业抵押贷款。如果当贷款卖出时，年利率上涨了45个基点，这个银行会遭受什么样的损失？

20. 假设在上一题中，银行对部分贷款进行对冲交易，卖出3份10年期国债期货合约，价格为100 20/32。每一份合约的价值为100万美元。2个月后，期货合约的价格下降至98 24/32。这个期货交易的利润和损失是多少？

21. 斯普林格国家银行持有1.8亿美元，到期时间为5年；总负债为1.6亿美元，到期时间为2年。银行管理层预期利率可能快速地从9%下降至8.25%。一种国债期货合约可以用于对冲交易。这份合约的到期时间为6.5年，现价为99 5/32。银行需要多少份合约才能够对冲预期的利率变化？假设每一份合约的面值为100万美元。

22. 上一个问题中，利率确实与预期一样下降，国债合约的价格为103 5/32。如果银行执行期货合约，最后带来利润还是损失？期货交易是否能够抵消银行股票价值的变化？

23. 一家银行发行了10万美元固定利率的30年期抵押贷款，名义年利率为4.5%。如果当抵押贷款发行后，利率立刻下降至4%，抵押贷款的价值如何变化？假设银行使用2份10年期国债期货进行对冲交易，并选择看跌（看空）位置。合约的面值为10万美元，初始价格为64 12/32，到期价格为67 16/32。这个交易对银行的影响是什么？

24.一个银行客户将在6月份去伦敦购买10万英镑的新材料。现价和期货汇率如下：

汇率（美元/英镑）

时间	汇率
现价	1.5342
3月	1.6212
6月	1.6901
9月	1.7549
12月	1.8416

客户使用6月份期货完全对冲现有风险。当6月份到期时，实际汇率为1.725美元兑换1英镑。她的收益是多少？

25.一份国债看跌期权合约，行权价格为101 12/32。合约的标的资产为10万美元国债，期权费为750美元。在清算日，实际国债价格下降至98 16/32。看跌期权的利润和损失是多少？

26.一份国债看跌期权合约，行权价格为101 12/32。合约的标的资产为10万美元国债，期权费为750美元。现在国债的实际价格为100 1/32。你在这种情况下如何进行套利活动？

27.一家银行承诺在30天内支付2年期的500万美元商业贷款。贷款利率需要在现在决定。现在，这种类型贷款的利率为7.5%。为了对冲利率的下降，银行买入一份30天期的最低利率合约，名义价值为1 000万美元，最低利率为7.5%。30天之后，实际利率下降至7.2%。这个贷款每年的预期利息收入是多少？需要为这份期权合约支付多少钱？

28.一位信托经理希望使用道琼斯看跌期权对冲1亿美元股票投资组合的短期下跌风险。这份期权60天后到期，行权价格为9 700，期权费为50美元。这份合约的现价为10 100。她需要使用多少份期权合约？选择看涨（多头）位置还是看跌（空头）位置？这些合约的成本是多少？如果股票投资组合与道琼斯指数完全相关，当期权到期时，股票投资组合的价值是多少（包括支付的期权费）？

29.一份互换合约要求德宾工业公司每年按照1年期国债利率加1.5%利率支付利息，目前利率为6%。作为回报，德宾工业公司将收到6%的固定利率收入。互换合约的名义面值为5万美元。这份合约带给德宾工业公司的年净利率是多少？

30.NNWB银行在发行可变利率抵押贷款方面具有一个特别的优势，但是不希望承担这些贷款带来的利率收入风险。银行目前持有一份价值为2 500万美元的抵押贷款投资组合，利率为基础利率加150个基点，并且每月调整一次。目前的基础利率是4%。某投资银行为NNWB设计了一份互换合约，用2 500万美元名义价值的6.5%固定利息支付交换现有的可变利息收入。如果NNWB同意这份合约，它第一个月收到和支付的利息是多少？当基础利率突然增加200个基点后会怎么样？

网上学习

网上章节

第25章　新兴市场经济体的金融危机
第26章　储蓄协会和信用社
第27章　金融公司

网上附录

网上练习